Trutz Fries

Amazon Marketplace

Das Handbuch für Hersteller und Händler

Rheinwerk
Computing

Liebe Leserin, lieber Leser,

Amazon Marketplace ist Deutschlands größter Online-Marktplatz. Hersteller und Händler treffen hier auf 44 Millionen Kunden – das sind drei Viertel aller deutschen Internetnutzer. Doch der attraktive Vertriebskanal hat auch eine Kehrseite: Die Konkurrenz ist enorm, die Regularien sind unübersichtlich. Einsteiger verlieren hier schnell den Überblick, und auch etablierte Profi-Seller müssen ständig am Ball bleiben, wenn sie nachhaltig Erfolg haben möchten.

Damit Sie direkt richtig einsteigen und sich auch langfristig auf Amazon Marketplace zurechtfinden, stellt Ihnen Trutz Fries diesen Begleiter zur Seite. Das Handbuch beginnt mit ganz grundlegenden Fragen: Wie sieht ein sinnvolles Produktportfolio aus? Was darf ich überhaupt anbieten? Und was hat es mit den verschiedenen Produktnummern auf sich?

Im Anschluss erfahren Sie, wie Sie Produktlistings optimieren, wichtige Kennzahlen ermitteln und Geschäftsprozesse automatisch abwickeln. Schließlich erhalten Sie hilfreiche Tipps zur Buchhaltung und Rechtsprechung. Wenn Sie eine leicht lesbare, umfassende Einleitung suchen, die Sie auch jederzeit als Nachschlagewerk nutzen können, dann werden Sie von dieser Lektüre profitieren.

Um die Qualität unserer Bücher zu gewährleisten, stellen wir bei Rheinwerk stets hohe Ansprüche an Autoren und Lektorat. Falls Sie dennoch Anmerkungen und Vorschläge zu diesem Buch formulieren möchten, so freue ich mich über Ihre Rückmeldung.

Ihr Stephan Mattescheck
Lektorat Rheinwerk Computing

stephan.mattescheck@rheinwerk-verlag.de
www.rheinwerk-verlag.de
Rheinwerk Verlag · Rheinwerkallee 4 · 53227 Bonn

Auf einen Blick

Wir hoffen, dass Sie Freude an diesem Buch haben und sich Ihre Erwartungen erfüllen. Bitte teilen Sie uns doch Ihre Meinung mit. Eine E-Mail mit Ihrem Lob oder Tadel senden Sie direkt an den Lektor des Buches: *stephan.mattescheck@rheinwerk-verlag.de*. Im Falle einer Reklamation steht Ihnen gerne unser Leserservice zur Verfügung: *service@rheinwerk-verlag.de*. Informationen über Rezensions- und Schulungsexemplare erhalten Sie von: *hendrik.wevers@rheinwerk-verlag.de*.

Informationen zum Verlag und weitere Kontaktmöglichkeiten finden Sie auf unserer Verlags-website *www.rheinwerk-verlag.de*. Dort können Sie sich auch umfassend und aus erster Hand über unser aktuelles Verlagsprogramm informieren und alle unsere Bücher versandkostenfrei bestellen.

An diesem Buch haben viele mitgewirkt, insbesondere:

Lektorat Stephan Mattescheck, Roman Lehnhof
Korrektorat Marita Böhm, München
Herstellung Jessica Boyken
Einbandgestaltung Julia Schuster
Titelbild Vecteezy: © frankmib6
Typografie und Layout Vera Brauner
Satz III-satz, Husby
Druck und Bindung Beltz Bad Langensalza

Dieses Buch wurde gesetzt aus der TheAntiquaB (9,35/13,25 pt) in FrameMaker.
Gedruckt wurde es auf chlorfrei gebleichtem Offsetpapier (90 g/m²).

Bibliografische Information der Deutschen Nationalbibliothek
Die Deutsche Nationalbibliothek verzeichnet diese Publikation in der Deutschen Nationalbibliografie; detaillierte bibliografische Daten sind im Internet über *http://dnb.d-nb.de* abrufbar.

ISBN 978-3-8362-4490-9
© Rheinwerk Verlag GmbH, Bonn 2017
1. Auflage 2017

Inhalt

3   Auswahl der passenden Produkte

4 Einrichtung des Verkäuferkontos 81

5 Erstellung von Produktlistings und Angeboten 93

6 Aufbau von Rezensionen 147

13   Prozessautomatisierung mithilfe der MWS-Schnittstelle

14   Einsatz von Warenwirtschaftssystemen

15   Einsatz von Drittanbieter-Tools

16   Rechtliche Besonderheiten

17   Buchhaltung, Umsatzsteuer & Co.

Geleitwort der Fachgutachter

Amazon hat sich seit der Gründung 1994 von einem reinen Onlineshop für Bücher zu einem der wichtigsten und größten Akteure, aber auch Innovationstreiber im europäischen und globalen E-Commerce entwickelt und scheucht mit seiner fast grenzenlosen und angstfreien Innovationsfreudigkeit und gnadenlosen Kundenfreundlichkeit (oft zulasten der Hersteller und Händler, die auf Amazon verkaufen) den Handel sprichwörtlich vor sich her. Und Amazon ist weit mehr als nur ein Onlineshop und Marktplatz. Beispielsweise hat sich der Konzern in wenigen Jahren zu einem der ganz Großen im Bereich der Cloud-Lösungen und Serverinfrastruktur entwickelt, und aktuell baut Amazon seine Innovationsführerschaft anhand vieler neuer Technologien wie z. B. Amazon Echo/Alexa (Sprachassistent mit künstlicher Intelligenz) weiter aus.

Hersteller wie Händler sollten sich in jedem Fall ehrlich und ohne wie auch immer geartete Vorbehalte mit Amazon beschäftigen und sich konkret fragen, wie sie mit der Dominanz des E-Commerce-Giganten und dessen Visionen für die Zukunft umgehen und idealerweise ein Stückchen vom Kuchen für sich ergattern oder wenigstens erfolgreich verteidigen können. Denn eines ist klar: Amazon macht vor keiner Branche und keiner Produktkategorie halt und versucht, sich immer tiefer im Bewusstsein, im Kaufverhalten und in unserem Handels- und Wirtschaftssystem zu verankern. Amazon Fresh (Lebensmittel), Amazon Go (stationäre Supermärkte), Eigenmarken in verschiedenen Segmenten oder eine eigene Flugzeugflotte inklusive Flughafen – Amazon versucht, sich so breit wie möglich aufzustellen, aber vor allem auch, so viel wie möglich selbst abzudecken, und scheut auch vor risikoreichen Investitionen nicht, bzw. es werden Flops in Kauf genommen, wie das Amazon Fire Phone drastisch gezeigt hat.

Tatsache ist aber, dass viele Hersteller und Händler vom weltweiten Marktplatz Amazon profitieren können und es bereits tun. Es gibt aber natürlich auch zahlreiche Risiken rechtlicher, steuerlicher oder finanzieller Natur. Wichtig dabei ist also eine entsprechend sorgfältige Chancen- und Risikobewertung sowie eine genaue Analyse des Marktes, damit Anfängerfehler und Fehleinschätzungen sowie Folgeprobleme so weit wie möglich vermieden werden können.

In diesem Buch erfahren Sie alle wichtigen Themen, notwendigen Schritte und lernen alle Möglichkeiten kennen, die Sie als Hersteller bzw. Händler auf Amazon haben. Sie lernen, von welchen Faktoren es abhängt, ob der Verkauf auf Amazon gewinnbringend und nachhaltig erfolgreich sein kann, und auf welche rechtlichen, technischen und strategischen Fragen Sie achten müssen bzw. welche sie vorab klären sollten. Damit kommt dieses Buch genau zur richtigen Zeit und erfüllt eine wichtige Hilfestellung für all jene, die sich jetzt mit Amazon intensiver beschäftigen wollen oder müssen.

Der Autor Trutz Fries ist erfahrener Händler, Tool-Entwickler und Amazon-Konferenz-Organisator und kennt somit die strategischen Fragen und alltäglichen Probleme gleichermaßen, die Unternehmen in Bezug auf Amazon beschäftigen. Sein umfassendes Wissen zeigt sich in jedem Kapitel anhand konkreter Empfehlungen, Tipps und Screenshots, die man nur in der Praxis sammeln und lernen kann, davon profitieren die Leser dieses Buches in jedem Fall enorm.

In unserer täglichen Arbeit in unserer Marktplatz-Agentur merken wir, wie wichtig der Know-how-Transfer von Praxiserfahrungen und die Möglichkeit, Problemlösungen nachzuschlagen, für Amazon-Händler und jene, die es werden wollen, sind. Auch Amazon selbst hat den Bedarf erkannt und im Rahmen des Förderprogramms *Unternehmer der Zukunft*, an dem wir ebenfalls inhaltlich beteiligt sind, entsprechende Tutorials geschaffen. Dieses Buch erfüllt in gewohnt hoher Rheinwerk-Qualität genau diese Anforderungen: Es ist ein Einsteiger- und Nachschlagewerk mit umfangreichen, aber gleichermaßen leicht verständlichen und gut strukturierten Inhalten – aus unserer Sicht das ideale Buch für jeden Amazon-Seller. Selbst erfahrene Amazon-Händler können noch viel Neues dazulernen, denn bis dato war der Handel auf Amazon vor allem Learning by Doing, das ändert sich mit diesem Buch somit. Auch wir werden es als Standardwerk für unsere Kunden von MarktPlatz1 und für die Teilnehmer unserer Amazon-Workshops und -Seminare verwenden und weiterempfehlen.

Salzburg, 2017

Klaus Forsthofer und **Karim-Patrick Bannour**

Amazon-Händler und -Berater sowie Gründer von MarktPlatz1

www.marktplatz1.com

Vorwort

Amazon hat es in den letzten Jahren geschafft, seine Vormachtstellung bei den Konsumenten weiter auszubauen. Geschätzt jede zweite eCommerce-Bestellung wird bereits über die Plattform abgewickelt. Tendenz steigend. Ein großer Teil des Umsatzes wird dabei über den Marketplace abgewickelt, auf dem neben Amazon auch weitere Händler ihre Produkte anbieten können. Über das Programm *Versand durch Amazon* macht es Amazon vielen Händlern einfach, logistisch in der Bundesliga zu spielen. Eine Expansion auf die anderen europäischen Marktplätze ist mit Amazon mit wenigen Mausklicks möglich, stellt den Händler aber vor allem steuerlich vor einige Herausforderungen.

Amazon hat aus diesen Gründen für viele Händler in den letzten Jahren massiv an Bedeutung gewonnen und ist für die meisten schon jetzt der mit Abstand stärkste Absatzkanal. Wieder andere Händler haben ihren eigenen Onlineshop komplett aufgegeben und konzentrieren sich auf den Marktplatz Amazon.

Gibt es schon viele gute Bücher über E-Commerce im Allgemeinen oder Onlineshops im Besonderen, so gibt es aktuell noch kein Buch zum Verkaufen auf dem Amazon-Marketplace. Dieses Buch stellt einen ersten Versuch dar, wichtige Prozesse zu erläutern und konkrete Hilfestellung zu geben. Das Buch richtet sich an Händler und Hersteller, die sich erstmalig mit Amazon als Absatzkanal beschäftigen, und nimmt sie an die Hand – von der Einrichtung eines Verkäuferkontos bis zur Erfolgskontrolle. Das Verkaufen auf Amazon bietet viele Herausforderungen im Detail, und wahrscheinlich ist es ein Ding der Unmöglichkeit, alle Aspekte zu beleuchten. Ich hoffe trotzdem, dass die wichtigsten Punkte enthalten sind und Ihnen helfen, Ihr Geschäft auf Amazon zu starten und weiter auszubauen. Gern möchte ich das Buch mit Ihrer Hilfe auch in Zukunft verbessern und erweitern. Schicken Sie mir daher gern Ihr Feedback an *buch@amalytix.com*, oder nehmen Sie Kontakt mit mir auf XING oder Facebook auf. Und wenn Sie auf dem Laufenden bleiben möchten, empfehle ich Ihnen meinen Newsletter (*http://news.amalytix.com*), auf dem ich wöchentlich relevante Nachrichten für Amazon-Verkäufer zusammenfasse.

Im Rahmen der Recherche wurde ich von befreundeten Händlern und Fachleuten maßgeblich unterstützt. Besonders bedanken möchte ich mich bei Werner Schobert von AmaZervice, der mich durch den Steuerdschungel geführt hat, Dr. Rolf Claessen und Christian Solmecke, die mir bei den Rechtsthemen zur Seite standen. Beide unterhalten hervorragende YouTube-Kanäle, deren Abonnement ich jedem Händler ans Herz lege. Stephan Bruns und Gregor Arentz haben mich durch wertvolle Hinweise zum fast fertigen Manuskript unterstützt. Mein besonderer Dank gilt meiner Familie und insbesondere meiner Frau, die mir stets den Rücken freihält und ohne die dieses Buch nicht möglich gewesen wäre.

Köln, April 2017

Trutz Fries

Kapitel 1
Einleitung

Bevor Sie sich auf das Abenteuer »Verkaufen auf Amazon« einlassen, sollten Sie einige grundlegende Überlegungen anstellen, damit die Expedition erfolgreich verläuft. Sie begeben sich auf einen der am härtesten umkämpften Marktplätze weltweit. Auf keinem anderen Marktplatz werben so viele Verkäufer mit ihren Produkten um die Gunst der Kunden. Diese wiederum sind durch Amazons kundenfreundliches Verhalten gewohnt, Waren zu bestellen, diese schnell zu erhalten und bei Nichtgefallen zurückzugeben. Amazon wiederum ist Wettbewerber und Marktplatzbetreiber zugleich. Das ist in etwa so, also würden Sie als Regionalligist Fußball gegen Bayern München spielen und die Bayern dürfen auch den Schiedsrichter stellen. All diese und noch mehr Faktoren bedeuten für Sie als einzelnen Händler eine Menge Herausforderungen. Sie sollten sich daher zu Beginn gut überlegen, mit welcher Strategie Sie langfristig erfolgreich sein möchten, um doch ein paar Tore zu erzielen.

1.1   Das richtige Mindset

Wenn Sie planen, auf Amazon zu verkaufen, sollten Sie sich als Händler darauf einstellen, dass Sie sich auf fremdes Territorium vorwagen, auf dem ganz eigene Regeln gelten, die sich zudem ständig ändern. Sind Sie in Ihrem stationären Handelsgeschäft oder Onlineshop selbst Herr im Haus und bestimmen (innerhalb gesetzlicher Vorgaben), was Sie wie tun, so müssen Sie sich als Händler auf Amazon den dortigen Gepflogenheiten anpassen. Und sofern Sie nicht richtig viel Umsatz machen, ist es Amazon auch mehr oder minder egal, ob Sie auf diesem Marktplatz vertreten sind oder nicht. Zwar freut sich Amazon über Vielfalt und Konkurrenz, aber auch als großer Händler sind Sie nicht davor gefeit, dass Amazon Ihnen von heute auf morgen den Laden dichtmacht, wenn es Grund zur Annahme hat, dass Sie nicht richtlinienkonform arbeiten.

Dieser Kontrollverlust stellt manchen Händler mental vor Herausforderungen. Schnell fühlt man sich ungerecht behandelt, ist frustriert, wenn man keinen Spezialisten ans Telefon oder den eigenen Wunsch nicht erfüllt bekommt.

Auch hinsichtlich der Kundenorientierung müssen Sie sich an Amazons Vorgaben halten. Amazon möchte das kundenfreundlichste Unternehmen der Welt werden.

Entsprechend kulant behandelt Amazon seine Kunden und erwartet das auch von den Marketplace-Händlern. Während dieses Buch entstand, hat Amazon seine Rückgaberichtlinien auf Händler mit Eigenversand ausgedehnt, was dem Kunden weitere Rechte einräumt. Für Sie als Händler bedeutet dies, dass Sie gegebenenfalls auch Retouren erstatten müssen, bei denen das Produkt nicht mehr für den Wiederverkauf geeignet ist. Selbst wenn Sie hier von der Gesetzeslage her im Recht sind, kann Ihnen eine enge Auslegung am Ende unzufriedene Kunden bescheren, die Ihrem Unmut mit negativen Verkäuferbewertungen Luft machen. Zu viele davon und Ihre Verkaufsberechtigung steht auf dünnem Eis. Stellen Sie sich also darauf ein, dass dieses Verhalten einfach »dazugehört«. Preisen Sie höhere Retourenquoten mit ein, und finden Sie sich damit ab, auch wenn es Ihnen im Einzelfall schwerfällt.

Sie sollten sich auch darauf einstellen, dass der Schiedsrichter während des Spiels die Spielregeln ändert, um in der Analogie des Fußballs zu bleiben. Amazon passt die Richtlinien ständig an, um Fehlentwicklungen zu korrigieren oder noch kundenfreundlicher zu werden. Bleiben Sie also auf dem Laufenden, und akzeptieren Sie Veränderungen. Apropos Spielregeln: Auch wenn es immer wieder Spielsituationen gibt, in denen der Schiedsrichter nicht so genau hinsieht, empfehle ich Ihnen dringend, sich trotzdem an die Regeln zu halten. Eine Tolerierung aktuellen Verhaltens heute heißt nicht, dass das auch in Zukunft so bleibt. Je genauer Sie sich heute an die Richtlinien halten, umso weniger Ärger haben Sie morgen.

Sie sollten zudem bereit sein, stets dazuzulernen. So steht Amazon z. B. noch am Anfang, was die Vermarktung der Produkte über das interne Anzeigensystem *Gesponserte Produkte* oder *Amazon Marketing Services* angeht. Schaut man sich an, was Google in den letzten Jahren hier aufgebaut hat, kann man in etwa abschätzen, wo die Reise auch bei Amazon hingeht. Um wettbewerbsfähig zu bleiben, müssen Sie auf der Höhe der Zeit bleiben oder entsprechendes Know-how in Ihrem Unternehmen aufbauen. Letzteres ist einfacher gesagt als getan. Derzeit ist mir noch kein Ausbildungsberuf »Marktplatzhandelskaufmann« bekannt. Mit Ausnahme dieses Buches gibt es nur wenig externalisiertes Wissen. Wachsen Sie bereits bzw. planen Sie zu wachsen, sollten Sie sich Gedanken machen, wie Sie es intern schaffen, Amazon-spezifisches Wissen aufzubauen und zu binden. Denn diese Leute werden sehr begehrt sein.

Es zwingt Sie keiner, auf Amazon zu verkaufen, aber wenn Sie sich dazu entscheiden, müssen Sie die neuen Spielregeln tolerieren. Das sagt sich leicht, kann doch in bestimmten Fällen die eigene finanzielle Existenz von den Entwicklungen auf dem Marktplatz abhängen. Versuchen Sie, sich auf die Chancen zu konzentrieren, die sich durch Amazon ergeben, und lassen Sie sich nicht von Widrigkeiten von Ihrem Weg abbringen. Erfolgreiche Händler wachsen mit und nicht gegen Amazon.

1.2   An wen sich dieses Buch richtet

Dieses Buch richtet sich an Hersteller und Händler, die über den sogenannten *Marketplace* selbst als Händler (auch *Seller* genannt) auftreten und damit in direkten Kontakt mit Käufern treten möchten.

Als Marketplace-Händler sind Sie selbst für alle Schritte im Prozess verantwortlich: Erstellung des Produktlistings, Versand der Ware bzw. Einlagerung der Ware im Rahmen des *Fulfillment by Amazon*(FBA)-Programms, Beantwortung von Kundenanfragen, Bewerbung der Produkte, um nur einige Aufgaben zu nennen.

Relevant ist dieses Buch sowohl für Entscheider als auch operativ Verantwortliche. Entscheider können sich durch die Lektüre des Buches einen Überblick über die einzelnen Prozessschritte und die zugehörigen Erfolgsfaktoren verschaffen. Nach der Lektüre können diese einschätzen, welche Chancen sich durch Amazon als zusätzlichen Vertriebskanal ergeben, aber auch, welche Herausforderungen auf die Organisation zukommen.

Operativ Verantwortliche finden in diesem Buch hilfreiche Tipps für die konkrete Umsetzung, angefangen von der Einrichtung des Verkäuferkontos bis zur regelmäßigen Erfolgskontrolle.

Das Buch setzt im Hinblick auf Amazon als Vertriebskanal keine besonderen Vorkenntnisse voraus. Auf die Besonderheiten des E-Commerce im Allgemeinen wird jedoch nicht weiter eingegangen. Auch kaufmännische Grundkenntnisse werden vorausgesetzt.

Einen Steuerberater sowie Rechtsanwalt kann und will dieses Buch nicht ersetzen. Ich empfehle daher bei steuerlichen oder rechtlichen Themen ausdrücklich die frühzeitige Einbindung der jeweiligen Experten.

Das Buch beleuchtet auch nicht die Generierung von Produktideen, die Suche nach dazu passenden Lieferanten oder den Import nach Deutschland. Es wird vorausgesetzt, dass Sie bereits über bestehende Produkte verfügen und diese über den Amazon Marketplace verkaufen wollen.

Das Buch eignet sich daher z. B. für Hersteller, die nunmehr in das Business-to-Consumer(B2C)-Geschäft einsteigen und den Vertriebskanal Amazon nicht anderen Händlern oder Amazon selbst überlassen möchten. Dies macht immer dann Sinn, wenn der Hersteller vermeiden möchte, dass es zu einem Preiskampf zwischen den eigenen Händlern kommt. Tritt der Hersteller als Händler auf, kann er auf Preis, Produktauswahl und -präsentation direkten Einfluss nehmen.

Das Buch eignet sich auch für Händler, die bereits einen eigenen Onlineshop betreiben oder auf anderen Marktplätzen wie z. B. eBay aktiv sind und nun als zusätzlichen Vertriebskanal Amazon erschließen möchten.

Das Buch richtet sich an *Vendoren*, die mit dem Gedanken spielen, (wieder) Marketplace-Händler zu werden. Vendoren sind Hersteller oder Großhändler, die Produkte an Amazon verkaufen, wobei Amazon diese Produkte anschließend auf dem eigenen Marktplatz an den Endkunden weiterverkauft. Die Abläufe für Vendoren unterscheiden sich von denen der Seller in vielen Bereichen deutlich. So haben Vendoren andere Möglichkeiten im Bereich des Produktlistings oder der Vermarktung der Produkte innerhalb von Amazon. Auf alle diese Besonderheiten wird in diesem Buch explizit *nicht* eingegangen.

Das Buch ist hilfreich für Unternehmer, die ein eigenes Produkt entwickelt haben und nun nach passenden Vertriebskanälen suchen. Je nach Zielgruppe und Markenstrategie kann Amazon in Betracht gezogen werden.

1.3   Die richtige Strategie

Bevor Sie mit Amazon starten, gibt es auch noch Antworten auf strategische Fragen zu finden. Die häufigsten Fragen, die sich Händler in diesem Zusammenhang stellen (müssen), sind:

▶ Passt Amazon zu meiner Marken- und Unternehmensstrategie?

▶ Passt Amazon zu meinen bestehenden Verkaufskanälen?

▶ Wie bleibe ich als Händler/Hersteller langfristig wettbewerbsfähig?

▶ Wie vermeide ich eine zu große Abhängigkeit von Amazon?

Es gibt hier keine allgemeingültigen Antworten, zu unterschiedlich sind die Ausgangspositionen je Unternehmen. Dennoch werde ich auf ein paar immer wiederkehrende Aspekte eingehen.

1.3.1   Marken- und Unternehmensstrategie

Die Frage, ob Amazon zur eigenen Markenstrategie passt, stellt sich aktuell vornehmlich für Premium- und Luxusmarken. Letztere haben die Frage – meiner Meinung nach – zu Recht mit Nein beantwortet, aber bei Premiummarken ist die Antwort schon nicht mehr so leicht, und die Grenzen zwischen Premium- und Luxusmarke sind fließend. Marken wie French Connection, Hugo Boss, New Balance, Levi's, Tommy Hilfiger, Puma sind bereits mit Teilen ihres Sortiments auf Amazon präsent. Unabhängig davon, wo Sie sich gerade positionieren (wollen), müssen Sie sich darüber klar werden, dass Sie nur geringen Einfluss auf das Markenerlebnis Ihrer Kunden beim Kauf haben. Im Gegenteil: Ihr Produkt steht bei Amazon in einer Reihe mit Billig- oder No-Name-Produkten, Eigenmarken und auch Premiumprodukten. Schaut man sich die Produktdetailseiten von Amazon derzeit an, so sind diese für normale

Händler (noch) kaum individualisierbar. In den USA gibt es für Händler, die die Markenregistrierung durchlaufen haben, schon *extended brand content pages* (Seiten mit mehr Gestaltungsspielraum für Markeninhaber), aber auch hier sind Sie weit davon entfernt, detailliert Einfluss auf das Design zu nehmen. Um ein krasses Beispiel zu wählen: Würde Louis Vuitton heute entscheiden, seine Produkte auch auf Amazon anzubieten, wäre die Marke wohl über Nacht zerstört.

Umgekehrt eignet sich Amazon natürlich hervorragend für die typischen Konsum- und Gebrauchsgüter. Auch als (unbekannte) Eigenmarke können Sie aus den vorgenannten Gründen mit größeren Marken durchaus konkurrieren. Der typische Amazon-Kunde achtet bei seinem Kauf häufig auf den Preis, die Leistung (ausgedrückt in den Bewertungen) und Verfügbarkeit eines Produktes. Die Marke spielt in vielen Fällen eine untergeordnete Rolle.

Mindestens genauso entscheidend wie der Einfluss auf die eigene Marke ist die veränderte Kundenbeziehung. Zwar zeigt Ihnen Amazon an, wer Ihr Produkt gekauft hat – schließlich müssen Sie die Ware ja verschicken –, aber die E-Mail-Adresse des Käufers gibt Ihnen Amazon schon nicht mehr. Sie haben daher keine Möglichkeit, mit Ihren Kunden eine langfristige Beziehung aufzubauen, um diese von Ihrer Marke zu begeistern, mit Folgeangeboten zu beglücken oder einfach nur informiert zu halten. Amazon beschränkt die Kommunikation mit dem Kunden auf die direkt mit der Transaktion zusammenhängenden Themen. Anschließendes Marketing ist nicht gewünscht. Der Kunde gehört damit Amazon und nicht Ihnen. Allein diese Tatsache veranlasst einige Hersteller oder Händler dazu, Amazon zu vermeiden, hängt doch gegebenenfalls das ganze Geschäftsmodell davon ab, begeisterte Kunden zu gewinnen und Folgekäufe zu generieren.

1.3.2   Integration in die bestehenden Distributionskanäle

Viele Hersteller stellen sich dieser Tage die Frage, ob das klassische Vertriebskonzept (Hersteller → Großhandel → Einzelhandel → Kunde) noch tragfähig ist in Zeiten zunehmender Marktmacht von Amazon und anderen Marktplätzen. Bei vielen Produkten stiften die Zwischenhändler kaum einen Mehrwert, im Gegenteil: Jeder der Marktteilnehmer möchte noch mitverdienen, was entweder den Druck auf die eigene Marge erhöht oder das Produkt aus dem Markt preist. Zudem beobachten viele Hersteller, dass ihre Groß- oder Einzelhändler das Produkt selbst auf Amazon anbieten, was nicht selten zu Preiskriegen führt, was wiederum andere Einzelhändler verärgert oder der Produktpositionierung schadet. Händler geben sich bei Fremdprodukten auch häufig nicht allzu große Mühe bei der Pflege der Produktdetailseiten, profitieren doch im Zweifel auch alle Konkurrenten von einer Optimierung. Hersteller haben zudem ein größeres Interesse an der Auswertung und Beantwortung der Rezensionen, geht es doch um »ihr« Produkt.

Viele Hersteller haben die Frage daher auch schon für sich beantwortet und wissen, dass langfristig kein Weg an Amazon vorbeiführt, und suchen jetzt einen Weg, selbst auf Amazon anzubieten, ohne die bestehenden Handelspartner zu verärgern. Schließlich ist die Abhängigkeit noch groß, und das wird sich auch so schnell nicht ändern. Die erste Frage, die sich Hersteller hier stellen, ist, ob sie selbst *auf* Amazon als Seller verkaufen möchten oder ihre Ware im Rahmen des Vendoren-Programms *an* Amazon verkaufen (den Unterschied der beiden Programme erläutere ich später, das Vendoren-Programm wird in diesem Buch jedoch nicht behandelt). Wählt man als Hersteller das Marketplace-Modell und tritt als Händler auf, behelfen sich viele Hersteller mit der Gründung von neuen Unternehmen, die den Direktvertrieb über Amazon übernehmen. Auf diese Weise möchte man die offene Konfrontation mit den bestehenden Partnern vermeiden.

Unabhängig davon, wie Ihre Situation im Detail aussieht: Sie sollten sich intern mit Ihren übrigen Vertriebskanälen gut abstimmen, denn die Präsenz der eigenen Produkte auf Amazon wird in aller Regel zu einer Kanalverschiebung führen, bei der Umsätze von anderen Kanälen auf Amazon übertragen werden und damit auch die Abhängigkeit von Amazon steigt. Im Anschluss müssen Sie sich eine klare Preisstrategie überlegen. In der Regel möchten Hersteller, dass ein bestimmter Preis im Handel nicht unterschritten wird, um eine ruinöse Preisspirale zu vermeiden. Sie müssen sich dann nur die Frage stellen, wie Sie mit Händlern umgehen, die Ihren Vorstellungen nicht entsprechen. Aber Achtung: Hier müssen Sie als Hersteller natürlich die gesetzlichen Vorgaben beachten! Schon ein einfaches Telefonat mit dem jeweiligen Händler, in dem Sie mit ihm über dessen Preis reden, kann schon als unrechtmäßige Durchsetzung von Mindestpreisen gewertet werden.

1.3.3 Was ist Ihr »unfairer Vorteil«?

Verkäufer aus Nordamerika, Europa, Asien und anderen Kontinenten bieten ihre Waren direkt in Deutschland an. Täglich kommen neue Verkäufer hinzu. Insbesondere asiatische Hersteller lassen immer häufiger den Zwischenhandel aus und bieten direkt auf Amazon an. Und dieser Trend wird weiter zunehmen. Amazon trägt sein Übriges dazu bei, indem es die Transportwege zwischen Asien, Europa und Nordamerika optimiert.

Amazon selbst mischt als Verkäufer mit und macht Verkäufern und gegebenenfalls auch Ihnen mit Fremd- und Eigenmarken Konkurrenz. Gängige Produkte werden von einer Vielzahl von Verkäufern gleichzeitig angeboten. Ausgeklügelte Algorithmen passen die Preise – z. T. ohne Rücksicht auf negative Deckungsbeiträge – im Sekundentakt an. Ein Preiswettbewerb ist nur bei Einsatz entsprechender Technik und Skalenvorteilen zu gewinnen.

Da müssen Sie sich als Händler die Frage stellen, warum gerade Sie glauben, hier langfristig bestehen zu können. Was ist Ihr »unfairer Vorteil«, der von anderen Händlern oder Herstellern nur schwer zu kopieren ist?

In der Management-Literatur werden häufig vier generische Unternehmensstrategien unterschieden, mithilfe derer sich Unternehmen einen strategischen Vorteil verschaffen können:

1. Kostenführerschaft
2. Differenzierung
3. fokussierte Kostenführerschaft
4. fokussierte Differenzierung

Während es im stationären Handel Unternehmen wie z. B. Wal-Mart gibt, die versuchen, eine Kostenführerschaft in einem breiten Sortiment zu übernehmen, übernimmt Amazon diese Rolle auf dem eigenen Marktplatz. Es gibt keinen anderen Händler im Marketplace, der auch nur annähernd so groß und breit aufgestellt ist. Die meisten Händler fokussieren sich auf eine Kategorie und versuchen, sich hier durch niedrige Preise (Modell 3) oder besondere Produkte (Modell 4) zu differenzieren.

Händler, die eine **Preisstrategie** verfolgen, schaffen dies durch hochautomatisierte Prozesse in allen Bereichen, die es ihnen erlauben, mit wenig Personal viele Produkte mit geringer Marge zu handeln. Ein gutes Verständnis der Nachfrage hilft dem Händler dabei, seine Bestände im jeweiligen Lager so zu minimieren, dass der Warenumschlag hoch und die Warenverfügbarkeit stets gegeben ist. Manche Händler haben ihre Lieferketten so stark optimiert, dass sie Waren in dem Moment erst beim Lieferanten bestellen, wenn die Bestellung bei Amazon eingegangen ist. Die Ware wird dann bei der Eingangskontrolle gar nicht mehr eingelagert, sondern direkt verschickt. Diese Händler verfügen in der Regel über eine hohe Technikkompetenz, setzen selbst entwickelte Warenwirtschaftssysteme ein, die auf ihre Anforderungen hin optimiert sind und ihnen eine sehr exakte Kostenkontrolle erlauben. Sie setzen auf breiter Front Repricing-Tools ein, um die Buybox zu gewinnen, zu verteidigen oder die Marge zu optimieren. Durch ihre Größe können diese Händler günstig einkaufen und geben Preisvorteile direkt an die Kunden weiter, wenn es nötig ist. Verdient wird nicht über eine hohe Marge, sondern durch viele Verkäufe mit teils geringen Gewinnspannen. Das Zauberwort lautet hier also *Skalierung*. Dazu gehören auch die Optimierung Hunderter, wenn nicht Tausender Produktbeschreibungen auf unterschiedlichen Märkten, das Aufsetzen und Auswerten großer Werbekampagnen sowie das gesamte Daten- und Angebotsmanagement. Grundsätzlich handeln diese Händler sehr analytisch und sind in der Lage, aus ihren Daten umsetzbare Erkenntnisse zu erzielen. All dies führt zu Kostenvorteilen, die nur schwer kopierbar sind.

Bei der **Differenzierung** fokussieren sich Händler häufig auf eine oder wenige Unterkategorien und bieten Produkte an, die sich aufgrund bestimmter Eigenschaften und häufig auch durch eine höhere Qualität vom Wettbewerb unterscheiden. Die Händler verkaufen meist unter Eigenmarken und versuchen, diese Marke auf Amazon zu etablieren. Die Produkte sind im mittleren bis höheren Preissegment positioniert. Die Händler studieren die jeweilige Nische sehr genau und bedienen mit ihren Produkten nur eine bestimmte Kundengruppe. Kundenservice spielt eine große Rolle. Die Händler studieren die Feedbacks ihrer Kunden sehr genau und lassen dies in die Produktentwicklung einfließen. Die Produkte verfügen häufig über viele überdurchschnittlich positive Bewertungen, Wiederkaufraten sind regelmäßig überdurchschnittlich. Zudem sind derart spezialisierte Händler in der Lage, neue Trends frühzeitig aufzuspüren und schnell umzusetzen. Dazu verfügen sie über gute Kontakte zu dem jeweiligen Lieferanten bzw. Hersteller der eigenen Produkte, der in dem Konzept eine Schlüsselrolle einnimmt.

Beide Strategien sind natürlich Extreme und Mischformen grundsätzlich auch möglich. Grundsätzlich sollten Sie aber versuchen, die Positionierung in der Mitte (*Stuck in the Middle*) zu vermeiden, da Sie dann von beiden Seiten angreifbar sind, gerade weil Sie nicht klar positioniert sind. Ab einer gewissen Umsatzgröße kommen Sie bei der Differenzierungsstrategie auch nicht umhin, Ihre Prozesse zu automatisieren.

1.3.4 Abhängigkeiten vermeiden

Mit dem Wachstum der Umsätze, die über Amazon generiert werden, entsteht für viele Händler gleichzeitig eine Abhängigkeit von diesem Marktplatz. Amazon ist schon heute für die meisten Händler der stärkste Kanal. Viele Händler haben auch schon ihren eigenen Onlineshop abgeschaltet, da es für sie zu teuer geworden ist, über diesen Kanal profitabel zu verkaufen. Stattdessen konzentriert man sich voll auf das Wachstum auf Amazon. So nachvollziehbar diese Entscheidung auch ist, umso mehr erhöht sich dadurch auch das Risiko. Die Risiken entstehen zum einen durch den stetig zunehmenden Wettbewerb. Nur weil man heute profitabel verkauft, heißt das noch lange nicht, dass das in sechs Monaten auch noch so sein wird. Zum anderen ist auch die Verkaufsberechtigung nicht in Stein gemeißelt. Ein paar grobe Fehler (selbstverschuldet oder nicht) können reichen, um für immer von dem Marktplatz verbannt zu werden. Amazon erlaubt Ihnen als Händler, nur ein Konto zu betreiben. Anträge auf ein Zweitkonto (sozusagen als Backup) werden in aller Regel abgelehnt. Bei aller Freude über das zunehmende Wachstum sollten Sie sich als Händler immer fragen: Was wäre, wenn ich morgen nicht mehr auf Amazon verkaufen könnte? Wie würden Sie dann Ihre Ware loswerden? Was bedeuten ausbleibende Umsätze für Ihre Liquidität? Wie lange könnten Sie durchhalten, wenn Amazon keine Auszahlungen mehr vornimmt? Viele Händler versuchen aus diesem Grund, so weit wie möglich zu diversifizieren und sind auf so vielen Marktplätzen präsent wie möglich. Auch der eigene Onlineshop sollte aus diesem Grund nicht nur aus Profitabilitätsaspekten gesehen werden. Egal, wie Ihr Plan B aussieht, Sie sollten einen Plan haben.

Kapitel 2
Amazons Strategie, Historie und Funktionsweise des Marktplatzes

Wenn Sie planen, auf Amazon zu verkaufen, oder bereits dort aktiv sind, macht es Sinn, sich etwas näher mit dem Unternehmen zu beschäftigen, mit dem Sie eine Geschäftsbeziehung eingehen. Denn diese Beziehung ist dynamisch und nicht ganz unkompliziert, daher sollten Sie sich von Beginn an im Klaren sein, wo die Chancen, aber auch die Risiken liegen.

Wenn Sie verstehen, wie Amazon denkt und handelt, können Sie bestimmte Entwicklungen besser einschätzen und Chancen und Risiken für Sie und Ihr Geschäft frühzeitig erkennen. Insbesondere sollten Sie sich über Ihre Rolle als Marketplace-Händler im Klaren sein. Aus welchen Gründen lässt Amazon weitere Händler auf die Plattform? Wird der Marketplace auch in Zukunft noch eine Rolle spielen? Warum baut Amazon eine eigene Logistikflotte auf, um Waren schneller von China nach Deutschland zu bringen, und welchen Einfluss hat dies auf mich als Händler?

Was Amazon als Nächstes tut, weiß nur Amazon selbst, und was die künftigen Entwicklungen angeht, hält Amazon sich in seiner Kommunikation recht bedeckt. Aber Amazon hat in den letzten Jahren klare Muster an den Tag gelegt, sodass einige mögliche Entwicklungen schon heute absehbar sind.

2.1   Amazons Philosophie, Strategie und deren Umsetzung

Amazon ist 1995 in einer Garage gestartet mit dem Ziel, das kundenfreundlichste Unternehmen der Welt zu werden. Und dieser Leitsatz durchzieht das Unternehmen noch heute und steht im Mittelpunkt der Unternehmensphilosophie.

Im Gegensatz zu vielen anderen börsennotierten Unternehmen denkt Amazon dabei langfristig. In all den Jahren nach dem Börsengang hat Amazon frei werdende Mittel stets in das eigene Wachstum oder neue Projekte reinvestiert, anstatt diese an seine Aktionäre auszuschütten oder in der eigenen Kasse anzusparen. Dies wird besonders an der in Abbildung 2.1 dargestellten Umsatz- und Gewinnentwicklung deutlich.

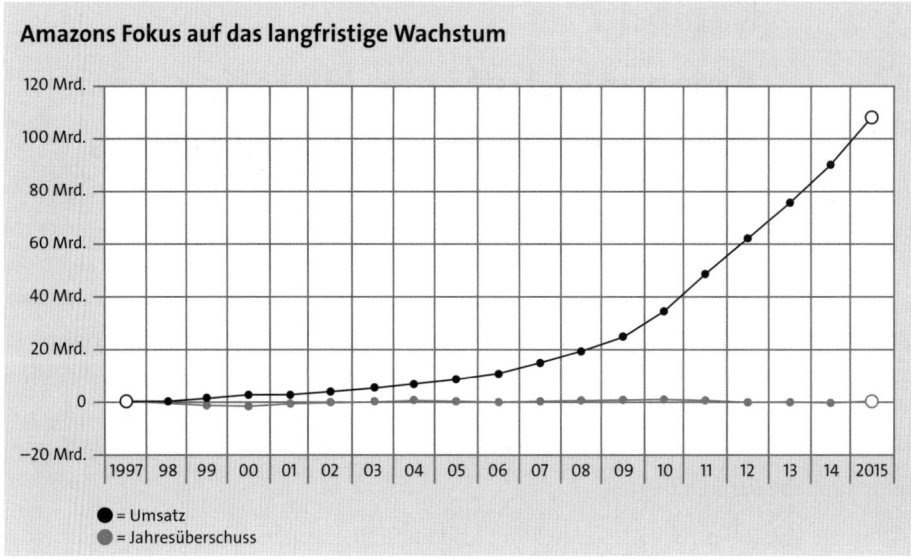

Abbildung 2.1 Entwicklung von Umsatz und Gewinn 1997 bis 2015 in US-Dollar

Das hat Amazon bei Investoren in der Vergangenheit viel Kritik eingebracht. Lange bezweifelte man, ob Amazon jemals profitabel werde. Dabei hat Jeff Bezos selbst bereits im ersten Brief an die Aktionäre die eigene langfristige Strategie erklärt.

2.1.1 Amazons erster Brief an seine Aktionäre

In diesem »Letter to shareholders« aus dem Geschäftsbericht von 1997 geht Bezos auf das enorme Potenzial ein, das im E-Commerce liegt. Um dieses Potenzial zu heben, bedarf es signifikanter Investitionen, um sich etablierte Wettbewerber vom Hals zu halten und Marktführer zu bleiben. Schon in den ersten Absätzen macht Bezos daher deutlich: »It's all about the long term.« Mit kurzfristigen Gewinnen ist nicht zu rechnen, schließlich befinde man sich noch am »Tag 1« der Unternehmensentwicklung.

In diesem Brief an die Aktionäre erläutert Bezos schon früh die Grundprinzipien, nach denen Amazon handelt und entscheidet:

▸ Im Fokus aller Entscheidungen steht immer der Kunde.

▸ Investitionen werden danach beurteilt, ob durch diese die Position des Marktführers gehalten oder erreicht werden kann. Kurzfristige Gewinnerwartungen von Investoren oder anderen Marktteilnehmern spielen bei der Entscheidungsfindung keine Rolle.

▸ Einige Investitionen werden sich rückblickend gelohnt haben, andere nicht. Man wird in jedem Fall etwas gelernt haben.

▶ »Klotzen statt kleckern«: Amazon denkt groß und investiert lieber in große Projekte anstatt in Themen mit begrenztem Potenzial.

▶ Angesichts (zum damaligen Zeitpunkt) anhaltender Verluste möchte Amazon ein kostenbewusstes Unternehmen bleiben.

▶ Hat Amazon die Wahl zwischen Wachstum und Profitabilität, wird sich Amazon zum jetzigen Zeitpunkt für Wachstum entscheiden, da Größe und damit einhergehende Skaleneffekte entscheidend für den langfristigen Erfolg sind.

Daran hat sich aus Sicht Bezos' bis heute nichts geändert. In jedem weiteren Geschäftsbericht verweist Bezos auf genau diesen Brief an die Aktionäre aus dem Jahr 1997 und lässt diesen immer wieder abdrucken. Auch heute – knapp 20 Jahre nach dem Börsengang – sei noch immer »Tag 1«. Noch heute geht es darum, seine Position als Marktführer zu verteidigen und weiter in die Marke und neue Services zu investieren, bevor es andere tun. So schließt Bezos in seinem Brief an die Aktionäre stets mit den Worten: »As always, I attach a copy of our original 1997 letter. Our approach remains the same, and it's still Day 1.«

2.1.2   Den Kunden im Fokus

Amazon hat früh erkannt, dass sich durch die Nutzung des Internets als Vertriebskanal Vorteile ergeben, aus denen sich ein »unfairer Vorteil« gegenüber dem stationären Handel ergibt. Die Idee, Bücher zu verkaufen, kam erst im zweiten Schritt. Vorausgegangen waren zwei Fragen: Bei welchem Produkt kann ich als Internethändler a) bessere Preise und b) eine größere Auswahl bieten als jeder andere Händler? Bezos prüfte vor dem Hintergrund dieser Fragen unterschiedliche Produktkategorien auf ihre Eignung und entschied sich am Ende für die Kategorie Bücher.

Und diese Fragen treiben das Unternehmen noch heute um. Jeff Bezos hat seine Strategie Anekdoten zufolge wie folgt auf eine Serviette gezeichnet:

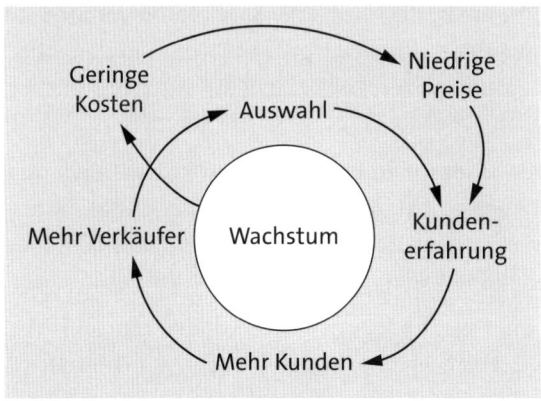

Abbildung 2.2 Amazons Strategie

In Abbildung 2.2 erkennt man die zentrale Rolle des Kunden, dessen Zufriedenheit gesteigert werden soll. Eine hohe Kundenzufriedenheit führt zu mehr Kunden, die wiederum mehr Verkäufer anziehen, sodass die Auswahl größer wird, was wiederum die Kunden glücklich macht. Dieser Kreislauf setzt sich weiter fort, sodass noch ein zweiter Effekt zum Tragen kommt: Amazon wächst und kann dadurch Skalenvorteile realisieren, die wiederum zu günstigeren Preisen führen, was wieder auf das Thema Kundenzufriedenheit einzahlt.

Der Kunde steht bei Amazon stets im Mittelpunkt. Anstatt sich mit dem Wettbewerb zu befassen, fragt man sich bei Amazon, welchen neuen Service sich die Kunden wünschen. Dabei möchte man sich bei Amazon nicht mit kleinen Problemen befassen, sondern denkt stattdessen gern groß.

Steht eine neue Idee im Raum, beginnt stets Amazon damit, schon zu Beginn des Projektes eine Pressemitteilung zu verfassen, die den Kundennutzen des neuen Projektes genau beschreibt und auf mögliche Fragen der Kunden eingeht. Diese Pressemitteilung wird natürlich nicht veröffentlicht, sondern soll das interne Projektteam zwingen, sich von Beginn an in die Rolle des Kunden zu versetzen und klar herauszuarbeiten, welchen Nutzen das neue Produkt oder der neue Service stiftet. Erst wenn diese Pressemitteilung ausgefeilt ist, beginnt die eigentliche Arbeit, beginnt die Umsetzung.

Das rasante Wachstum ist demnach kein Zufallsprodukt, sondern das Ergebnis von Amazons Unternehmensstrategie. Denn erst ab einer gewissen Unternehmensgröße ergeben sich Kostenvorteile und lassen sich bestimmte Folgeprojekte realisieren.

2.1.3 Die Rolle der Prime-Mitgliedschaft

Amazon möchte den Kunden eng an sich binden, sodass dieser gar nicht erst auf die Idee kommt, wo anders zu bestellen. So führte Amazon 2005 die *Prime-Mitgliedschaft* ein. Für eine fixe Gebühr von 99 USD bekam der Kunde seine Waren innerhalb von zwei Tagen kostenfrei geliefert. Heute ist die Anzahl der Services, die Amazon im Rahmen seiner Prime-Mitgliedschaft anbietet, ungleich größer. Prime-Kunden erhalten heutzutage u. a. kostenlosen taggleichen Versand, Zugriff auf Amazons Bücher, Musik- oder Videobibliothek.

Die Kunden nehmen dieses Angebot, insbesondere aufgrund des kostenfreien Versandes, dankend an. Schätzungen zufolge hat Amazon heute über 80 Millionen Prime-Mitglieder, den Großteil davon in den USA, wo ca. 40 % aller Haushalte eine Prime-Mitgliedschaft besitzen, Tendenz steigend.

Damit nistet sich Amazon tief in die Gewohnheiten seiner Kunden ein und wird immer häufiger zur ersten Adresse, wenn es darum geht, Waren im Internet zu suchen und zu bestellen. Jede zweite Bestellung geht schon heute auf das Konto eines Prime-Mitgliedes. Und gemäß Analysen der Unternehmensberatung Evercore geben

2

Prime-Mitglieder umso mehr aus, je länger diese Prime-Mitglied sind, d. h., die Bindung wird immer intensiver.

2005 wurde Amazon aufgrund der Tatsache, dass es für 99 USD kostenlosen Versand anbieten wolle, für verrückt erklärt. Rückblickend war dies aus Sicht von Amazon eines der besten Kundenbindungsprogramme, das sich – und da sind wir wieder beim Thema Langfristigkeit – erst nach vielen Jahren wirklich ausgezahlt hat.

Bei seinen Projekten *Amazon Music* und *Amazon Video* legt sich Amazon mit Anbietern wie Netflix oder Spotify an. Das zeigt u. a., wie ambitioniert bei Amazon gedacht wird. Keine Idee, keine Aufgabe ist zu groß, als dass sie nicht umgesetzt werden kann. Und da Amazon seinen Gewinn im Kerngeschäft sucht, wird es schwer, gegen diese Angebote zu bestehen, müssen diese Angebote für sich genommen nicht profitabel sein. Der Kunde erhält sie im Rahmen seiner Prime-Mitgliedschaft quasi gratis.

2.1.4   Vertikale Integration

Bevor ein Produkt beim Kunden landet, geht es durch viele Hände, angefangen beim Hersteller bis zum Paketboten, der das Produkt zustellt. Amazon beschränkt sich dabei nicht nur auf seine Rolle als Händler, ganz im Gegenteil: Amazon schaut sich jeden Schritt in der Wertschöpfungskette genau an und fragt sich stets, ob man diesen Schritt nicht billiger, schneller oder besser selbst erledigen kann.

Am Beispiel Bücher wird dies deutlich. Amazon begann als reiner Händler, der die Bücher lediglich durchhandelte. Mit der Zeit übernahm Amazon weitere Elemente in der Wertschöpfungskette. So betreibt Amazon heutzutage eigene Warenlager, hat eine Plattform für gebrauchte Bücher geschaffen, hat mit dem Kindle einen eigenen E-Book-Reader veröffentlicht und damit den Markt für E-Books revolutioniert, hat die Rolle des Verlegers übernommen, indem es Autoren ermöglicht, eigene Bücher zu veröffentlichen (gedruckt oder als E-Book), und stellt ausgewählte Titel in einer Art Bücherei Prime-Mitgliedern kostenlos zur Verfügung.

Aktuell arbeitet Amazon unter dem Projektnamen *Dragon Boat* mit Hochdruck daran, seine Fähigkeiten als Logistiker weiter auszubauen – sowohl auf der Langstrecke als auch auf der sogenannten »letzten Meile« bis zum Kunden. Amazon hat sich in China als Logistikunternehmen registriert und sich Kapazitäten auf Schiffen und Flugzeugen gesichert (siehe Abbildung 2.3). Das ist eigentlich die Domäne von Logistikern wie DHL, UPS oder Fedex. Es kann davon ausgegangen werden, dass Amazon demnächst Transportservices von China direkt bis zur Haustür des Kunden anbieten wird. Der Transport, der heute noch durch ein sehr bürokratisches, kompliziertes und kaum automatisiertes Dokumentenmanagement geprägt ist, wird dadurch radikal vereinfacht, da man es nur noch mit einem Ansprechpartner zu tun hat, der Transport, Zollabwicklung und das Dokumentenhandling übernimmt. Die Übergabepunkte wären dann reibungslos.

Abbildung 2.3 Amazons erstes eigenes Flugzeug »Amazon One«. (Quelle: Amazon)

Für Amazon ist das auch der Versuch, seinen großen asiatischen Konkurrenten Alibaba in Schach zu halten, der schon auf dem Sprung nach Europa ist und den großen Vorteil hat, den direkten Draht zu den Herstellern in China zu besitzen.

Auch hier ist davon auszugehen, dass Amazon dieses Angebot nicht nur selbst nutzen wird, um eigene Waren schneller aus den chinesischen Fabriken in die USA und nach Europa zu bringen. Wahrscheinlich wird es diese Dienstleistungen auch Dritten zur Verfügung stellen und damit den nächsten Industriezweig auf den Kopf stellen.

Auch auf der letzten Meile, die aktuell mehrheitlich von DHL, Hermes & Co. bedient wird, baut Amazon eigene Kapazitäten auf. Im Großraum München hat Amazon bereits eigene Paketzentren errichtet und sich ein Zustellnetz aus lokalen Lieferdiensten aufgebaut. Weitere Verteilzentren in der Nähe von weiteren Großstädten seien bereits in Planung.

Auch eine eigene Packstation hat Amazon bereits im Einsatz. Das *Amazon Locker* genannte Pendant zu DHLs Packstation steht Kunden in Berlin und München bereit. Ein europaweiter Ausbau sei geplant, was die Zustellung in unterschiedlichen Ländern stark vereinfachen und beschleunigen könnte.

2.1.5   Nutzung von Skaleneffekten

Amazon war und ist schon immer ein kostenbewusstes Unternehmen, da man Preisvorteile stets an den Kunden weitergeben möchte. Amazon sucht daher aktiv nach Möglichkeiten, in unterschiedlichen Bereichen so groß zu werden, dass sich aus der Größe entsprechende Kostenvorteile ergeben. Anders gesagt: Je mehr ein Produkt oder Service nachgefragt wird, umso billiger kann man diesen anbieten.

2

Offenkundig wird dieser Vorteil, wenn Amazon selbst als Händler auftritt. Je mehr Kunden bei Amazon direkt bestellen, umso größer ist Amazons Verhandlungsmacht gegenüber dem jeweiligen Hersteller.

Aber Größenvorteile ergeben sich nicht nur auf der Einkaufsseite, sondern auch bei der Unterhaltung von Infrastruktur-Dienstleistungen insbesondere im Bereich IT und Logistik. Amazon geht dabei noch einen Schritt weiter und verkauft diese Infrastruktur-Dienstleistungen an Dritte.

Bei der IT resultierte dieser Schritt aus dem eigenen Bedarf. Im Rahmen seiner Produktentwicklung stieß Amazon schnell auf das Problem, dass jedes Team an einer eigenen IT-Infrastruktur bastelte, um seine Ideen zu realisieren. Damit interne Teams das Rad nicht jedes Mal neu erfinden müssen, entwickelte Amazon ein internes Baukastensystem für typische IT-Anforderungen (Server, Datenbanken, Speicherplatz u. v. m.).

Dieses Baukastensystem mit dem Namen AWS (*Amazon Web Services*) stellt Amazon heute auch anderen Unternehmen zur Verfügung, um weitere Skalenvorteile zu realisieren. Auf diese Weise wurde Amazon zum größten Cloud-Anbieter weltweit. Große Unternehmen lassen ihre Anwendungen in der Amazon-Cloud laufen, und Amazon verdient jedes Mal mit. Und das, obwohl Amazons Kerngeschäft im Onlinehandel liegt.

Gleiches wiederholte sich im Bereich Logistik. Marketplace-Händler können Amazons Warenlager inklusive zugehöriger Dienstleistungen wie Lagerung, Verpackung, Versand, Retourenabwicklung gegen eine Gebühr mitnutzen. Das verschafft Amazon wiederum günstigere Unterhaltskosten und steigert gleichzeitig die Kundenerfahrung durch eine höhere Auswahl und schnelleren Versand. Auch bei dem Projekt Dragon Boat ist davon auszugehen, dass Amazon Kapazitäten der hierfür extra angeschafften Schiffe und Flugzeuge anderen Kunden zur Verfügung stellen wird.

2.1.6   Kultur

Schaut man sich die Errungenschaften von Amazon in all den Jahren an, kommt man schnell ins Staunen und fragt sich unweigerlich: Wie schaffen die das? Eine Antwort ist sicher in der – nicht unumstrittenen – Kultur bei Amazon zu suchen, die seit den Anfängen bis heute von Jeff Bezos persönlich geprägt ist.

»Es ist nicht leicht, bei Amazon zu arbeiten«, sagt Bezos selbst, wenn er potenzielle Mitarbeiter interviewt. »Bei Amazon muss man lang, hart und intelligent arbeiten.« Erfüllt man nur zwei der drei Kriterien, ist das nicht genug.

Bei Amazon arbeite man an großen revolutionären, innovativen Veränderungen, und diese Arbeit sei nun mal nicht leicht, so Amazon über sich selbst. Daher ist Amazon kein Arbeitgeber, der zu jedem passe.

Die Maßstäbe, die an die Mitarbeiter gelegt werden, seien nahezu unerreichbar hoch. Die Leistungen aller Mitarbeiter werden regelmäßig gegeneinander gemessen, und diejenigen Mitarbeiter mit den wenigsten Punkten erhalten *Entwicklungspläne*. Sind Mitarbeiter mit den Leistungen ihrer eigenen Kollegen nicht zufrieden, können diese direkt Feedback an den jeweiligen Chef geben.

Ob Ziele erreicht werden oder nicht, wird anhand von harten Fakten entschieden. So hat in der Regel jedes Produkt und jedes Projekt klare Metriken und Zielvorgaben. Es wird von den Mitarbeitern dabei erwartet, dass diese ihre Zahlen im Kopf haben und auch entsprechend argumentieren. Das schaffe eine enorme Klarheit, wenn es darum ginge, Entscheidungen zu treffen.

Auf der anderen Seite erhalten die einzelnen Teams eine Menge Autonomie. So hat Bezos das Prinzip der *2-Pizza-Teams* geprägt. Um nicht in Bürokratie zu versinken, sollten Teams nur so groß sein, dass man sie spätabends mit zwei Pizzen satt bekommt. Entscheidungen können so schnell getroffen und umgesetzt werden. Das gilt insbesondere für Entscheidungen, die sich später gegebenenfalls noch korrigieren lassen. Hier hält man sich nicht lange mit vielen Seiten starken Entscheidungsvorlagen auf, sondern vertraut auf die Erfahrung und Intuition der Manager.

Das Prinzip der Autonomie setzt sich fort bis in den Kundenservice. Dort werden die Mitarbeiter mit vergleichsweise viel Macht ausgestattet und können z. B. einzelne Produkte oder ganze Händler sperren – egal, wie viel Umsatz daran hängt –, wenn es Probleme aufseiten des Endkunden gibt.

Bezos' Hauptaufgabe heutzutage sei es, diese besondere Leistungskultur zu erhalten, denn sobald »Amazon wie Microsoft werde«, sei es praktisch dem Untergang geweiht. Auch dies zeigt sich in Daten: Einer Umfrage aus dem Jahr 2013 der Firma PayScale zufolge hat Amazon die geringste mittlere Verweildauer von Angestellten: So bleibt im Schnitt ein Mitarbeiter lediglich ca. ein Jahr bei dem Unternehmen.

2.2   Amazons Entwicklung von der Gründung bis heute

2.2.1   1994 – Amazons Gründung

Amazons Geschichte beginnt Mitte 1994, als die Firma unter dem damaligen Namen *Cadabra* ins Firmenregister eingetragen wurde. Gegründet wurde Cadabra von Jeffrey (»Jeff«) P. Bezos im Alter von 30 Jahren, der zuvor bei einer Investmentfirma an der Wall Street arbeitete.

Nach der Lektüre einer Analyse des Potenzials des Internets überlegte Bezos, welche Produkte sich am besten für den Vertrieb über das Internet eignen würden. Er identifizierte 20 Kategorien und wählte daraus fünf aus: Bücher, CDs, Videos, Computerhardware und -software. Seine Wahl fiel schlussendlich auf Bücher: Die Auswahl war

groß, Preisnachlässe waren möglich, und die Aufträge konnte er direkt an Zwischenhändler weiterleiten.

Als Firmensitz wählte er Seattle, da hier die Umsatzsteuer gering war, es einen Flughafen gab und ein Vertriebszentrum des Buchhandels in direkter Umgebung lag.
Bezos war wichtig, dass sein erster Firmensitz eine Garage hatte, damit auch er wie
Apple aus einer Garage starten konnte. Berichten zufolge konnte die Familie Bezos zu
einem späteren Zeitpunkt keinen Haartrockner anschalten, weil aufgrund der Vielzahl der Computer in der Garage häufig die Sicherungen herausflogen.

2.2.2 1995 – Amazon.com geht online

Am 16. Juli 1995 ging Amazon.com unter neuem Namen online (siehe Abbildung 2.4).
Der Name wurde geändert, da der Anwalt des Unternehmens, Todd Tarbert, eine zu
große Ähnlichkeit mit dem Wort Kadaver sah. Bezos hatte zwischenzeitlich den
Namen Relentless.com favorisiert, was einen Ausblick auf Bezos' Ambitionen gibt.
Noch heute verweist diese Domain auf amazon.com.

Welcome to Amazon.com Books!

One million titles, consistently low prices.

(If you explore just one thing, make it our personal notification service. We think it's very cool!)

SPOTLIGHT! -- AUGUST 16TH
These are the books we love, offered at Amazon.com low prices. The spotlight moves **EVERY**
day so please come often.

ONE MILLION TITLES
Search Amazon.com's million title catalog by author, subject, title, keyword, and more... Or take
a look at the books we recommend in over 20 categories... Check out our customer reviews and
the award winners from the Hugo and Nebula to the Pulitzer and Nobel... and bestsellers are
30% off the publishers list...

EYES & EDITORS, A PERSONAL NOTIFICATION SERVICE
Like to know when that book you want comes out in paperback or when your favorite author
releases a new title? Eyes, our tireless, automated search agent, will send you mail. Meanwhile,
our human editors are busy previewing galleys and reading advance reviews. They can let you
know when especially wonderful works are published in particular genres or subject areas. Come
in, meet Eyes, and have it all explained.

YOUR ACCOUNT
Check the status of your orders or change the email address and password you have on file with
us. Please note that you **do not** need an account to use the store. The first time you place an
order, you will be given the opportunity to create an account.

Abbildung 2.4 Amazons erste Homepage zum Start im Juli 1995. (Quelle: Amazon)

Zu Beginn hatte Amazon ca. 1 Million Titel in seiner Datenbank und wurde schnell durch Seiten wie Yahoo und Netscape bekannt. In der ersten Woche setzte Amazon Bücher im Wert von 846 USD um, in der zweiten stieg der Umsatz auf 12.000 USD.

Amazons erster Mitarbeiter Shel Kaphan erinnert sich an eine Zeit, in der bei jeder Bestellung eine Glocke klingelte und man sich dann um den Computer versammelte, um zu schauen, ob man den Kunden persönlich kannte. Die Glocke musste aber bald abgestellt werden, da sie irgendwann zu häufig klingelte. Das erste über Amazon verkaufte Buch trug den Titel »Fluid Concepts & Creative Analogies: Computer Models of the Fundamental Mechanisms of Thought«.

Bereits nach einem Monat hatte Amazon Aufträge aus allen 50 Bundesstaaten und 45 Ländern. Dabei hatte das Unternehmen nur die Topseller (ca. 2.000 Titel) wirklich vorrätig. Alle nicht vorrätigen Bücher wurden nach Eingang der Bestellung bei Zwischenhändlern beschafft und neu verpackt.

Amazon legte früh Wert darauf, dass die Website von Amazon.com kundenfreundlich war. Dazu gehörten schnelle Ladezeiten und die Möglichkeit, dass Kunden Rezensionen und Kommentare zu Büchern hinterlassen konnten. Das war zur damaligen Zeit keine Selbstverständlichkeit. Viele Beobachter wunderten sich, warum Amazon es zulasse, dass Käufer Produkte negativ bewerten und dies auch noch öffentlich machen. Hierzu muss man sich wieder in die Philosophie Amazons hineindenken, nach der Amazon das kundenfreundlichste Unternehmen der Welt werden möchte. Und dazu gehört auch, seinen Kunden die Informationen an die Hand zu geben, die sie brauchen, um eine gute Kaufentscheidung zu treffen.

Amazons Wachstum wurde durch dessen *Associates*-Programm beflügelt. Hier konnten Privatpersonen und Unternehmen einen Teil des Umsatzes verdienen, wenn diese Besucher über Buchempfehlungen auf die Seite von Amazon leiteten.

2.2.3   1997 – Amazon geht an die Börse

Amazon war noch keine zwei Jahre alt, da ging das Unternehmen an die Börse. Die Erlöse aus dem Börsengang wurden größtenteils in die Internetseite sowie den Ausbau der Distributionszentren gesteckt. Kurze Zeit später setzte Bezos das Ziel, dass 95 % aller Bestellungen taggleich versendet werden sollten, sofern das Buch auf Lager war. Im Oktober 1997 (gut zwei Jahre nach dem Start) erreichte Amazon die Marke von 1 Million Kunden. Bereits ein halbes Jahr später durchbrach Amazon die 2-Millionen-Marke.

2.2.4   1998 – internationale Expansion und Einstieg ins Musik- und Videogeschäft

Im Juni 1998 bot Amazon neben Büchern auch Musik-CDs an. Die Kunden konnten vor dem Kauf in die Titel hineinhören, was damals eine Innovation war. Erfolgreiche

Konzepte wie Kundenrezensionen wurden auf das Musikangebot übertragen. Im November kamen Video-DVDs hinzu.

Anfang 1998 akquirierte Amazon Onlinebuchhändler in Großbritannien und Deutschland und erweiterte so sein internationales Angebot. Im Oktober 1998 gingen Amazon.de und Amazon.co.uk online.

2.2.5 1999 – Amazon Auctions

1999 wollte Amazon dem Auktionshaus eBay Konkurrenz machen und startete im März *Amazon Auctions*, ein Produkt, das zu einem späteren Zeitpunkt wieder eingestellt wurde, da Amazon in diesem Bereich gegen den Platzhirsch eBay nicht ankam. Ein Misserfolg war Amazon Auctions jedoch insofern nicht, als aus den Erfahrungen im September *Amazon zShops* und daraus schließlich der spätere *Marketplace* (November 2000) entstand.

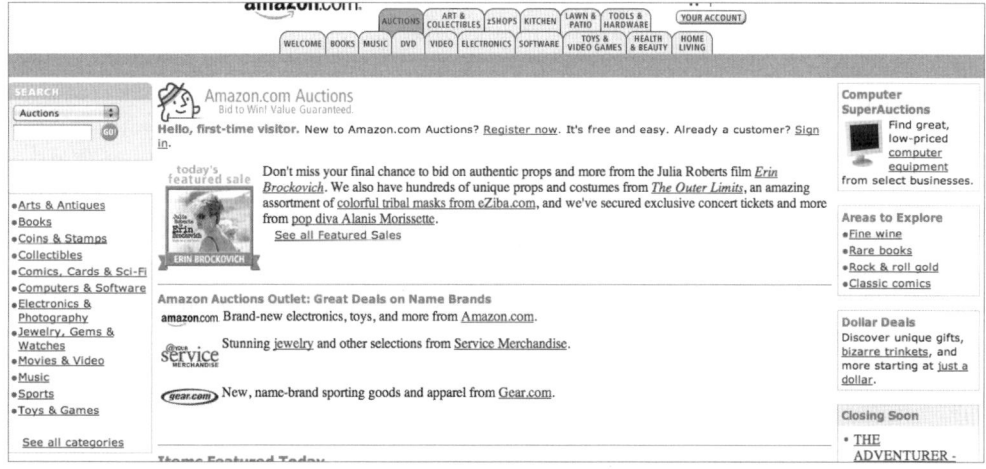

Abbildung 2.5 Amazon Auctions, ein Vorläufer des Marketplace (Quelle: Way Back Machine)

Hatte sich Amazon bis dahin auf Medien im weiteren Sinne konzentriert, so kamen im Juli 1999 Elektronikartikel und Spielsachen hinzu. Weitere Kategorien folgten, was immer neue Anforderungen an die Distributionszentren mit sich brachte.

2.2.6 2000 – Dotcom-Blase und das Wachstum geht weiter

Die zu dieser Zeit herrschende Dotcom-Blase ging auch an Amazon nicht spurlos vorüber. So kürzte auch Amazon zu dieser Zeit massenhaft Stellen und schloss ein Distributionscenter in den USA. Das Wachstum war jedoch nicht aufzuhalten, zumal Amazon auch Kooperationen mit großen Warenhausketten in den USA schloss und deren Produkte in das eigene Sortiment aufnahm. Im August 2000 startete der französische Marktplatz Amazon.fr, und ein paar Monate später kam bereits Japan hinzu.

Im Bereich der Zustellung macht Amazon zum ersten Mal im November 2000 von sich reden, als es die kostenfreie Zustellung ab einem Bestellwert von 99 USD einführt (*Super Saver Shipping*). Im August 2002 wurde dieser Wert auf 25 USD reduziert, was in der Logistikindustrie noch heute als *Amazon-Effekt* bezeichnet wird. Kunden legten auf einmal mehr in den Warenkorb, um in den Genuss des kostenlosen Versandes zu kommen. In Deutschland konnten Kunden Bücher ab einem Mindestbestellwert von 20 € kostenlos liefern lassen.

Im November startete dann auch *Amazon Marketplace*. Amazon erlaubte es Händlern zum ersten Mal, deren Angebote auf der Produktdetailseite, die bislang nur Amazon vorbehalten blieb, zu präsentieren. Amazon zShops wurde später eingestellt und alle zShop-Händler wurden gebeten, auf Amazon Marketplace zu migrieren. Nach einem Jahr machte der Marketplace bereits 5 % der gesamten Bestellmenge aus. Heute sind es mehr als 40 % weltweit.

2.2.7   2005 – Amazon Prime

Um die Kunden noch enger an sich zu binden, startete Amazon im Februar 2005 das Programm *Amazon Prime*. Gegen eine jährliche fixe Gebühr konnten Kunden in den USA in den Genuss einer Zustellzeit von zwei Tagen kommen. Üblich waren zu dem Zeitpunkt eher vier bis sechs Werktage. Das Angebot war unabhängig von der Anzahl der Bestellungen und kostete das Unternehmen zu Beginn eine Menge Geld.

Prime-Mitglieder erhalten nicht nur Vorteile beim Versand, sondern können auch auf ein umfangreiches Musik- und Videoangebot zurückgreifen. Aber auch die Versandmöglichkeiten haben sich seitdem geändert. Heute können Prime-Mitglieder in den USA, aber auch international, in ausgewählten Städten die tagegleiche Zustellung bzw. eine Zustellung innerhalb von ein bis zwei Stunden (*Prime now*) wählen.

2.2.8   2006 – Fulfillment by Amazon (FBA) und Amazon Web Services

Im Jahr 2006 ermöglichte es Amazon den Marketplace-Teilnehmern zum ersten Mal, die Ware in den Amazon-eigenen Distributionszentren einzulagern und von dort zu verschicken. Damit trug Amazon der zunehmenden Bedeutung des Marketplace Rechnung und sorgte dafür, dass die Ware noch schneller beim Kunden ist und noch mehr Produkte Teil des Prime-Angebotes werden. Seit der Einführung 2006 nutzen immer mehr Verkäufer die Logistik-Infrastruktur Amazons. Im Jahr 2014 wuchs die Anzahl der FBA-Nutzer um 65 %. Neben dem Marketplace war dies das zweite große Angebot an Externe, die eigene Infrastruktur Dritten zugänglich zu machen.

Auch das dritte Angebot ließ nicht lange auf sich warten. Im gleichen Jahr ermöglichte Amazon Dritten unter dem Produktnamen *Amazon Web Services* (AWS) den Zugang zu seiner IT-Infrastruktur. Das Angebot entstand aus dem eigenen Bedarf, interne Projekte schneller umsetzen zu können. Projektteams verbrachten viel Zeit mit der Umsetzung der IT-Anforderungen, und teilweise wurden bestimmte Dinge doppelt entwickelt.

Heute hat Amazons AWS über eine Millionen Kunden und gehört zu den führenden Cloud-Anbietern weltweit. Fast monatlich bringt das AWS-Team neue Produkte für die Amazon Cloud auf den Markt.

2.2.9 2007 – Kindle

Im Jahr 2007 brachte Amazon seinen ersten E-Book-Reader in den USA an den Start. Seit 2009 ist der Kindle auch in Deutschland erhältlich. Ungefähr zur gleichen Zeit wurden entsprechende Apps für die unterschiedlichen Mobilplattformen (u. a. iOS und Android) veröffentlicht, damit Kindle-Inhalte auch auf anderen Geräten konsumiert werden können. Bereits 2011 verkaufte Amazon USA zum ersten Mal mehr E-Books als gedruckte Bücher.

Nach dem Erfolg der ersten Geräte startete in Deutschland 2011 der deutsche Kindle-Shop. Über das *Kindle Direct Publishing*-Programm können Autoren ihre Bücher direkt im Kindle-Shop veröffentlichen. Die genaue Anzahl von verfügbaren E-Books ist nicht bekannt, dürfte sich aber im unteren einstelligen Millionenbereich bewegen. Der Kindle wurde in den Folgejahren mehrfach überarbeitet, und mit dem Kindle Oasis ist bereits die nunmehr achte Version auf dem Markt.

Seit Oktober 2016 haben Prime-Mitglieder durch das Programm *Prime Reading* kostenlos Zugriff auf nach eigenen Angaben über 1.000 Bücher sowie diverse Zeitschriften.

2.2.10 2007 – Amazon Fresh

Seit 2007 mischt Amazon auch im Bereich der Lebensmittel-Logistik mit. Kunden können sich dort auch frische Supermarktartikel wie Milch oder Käse kurzfristig liefern lassen. In Deutschland ist dieser Dienst noch nicht gestartet, allein in Städten, die *Amazon Now* anbieten, kann man sich bereits nicht verderbliche Lebensmittel wie z. B. Bier liefern lassen.

Der deutsche Markt für Lebensmittel ist einer der kompetitivsten weltweit, daher dürfte der Start von *Amazon Fresh* im Mai 2017 (siehe Abbildung 2.6) in Deutschland von besonderem Interesse für alle Marktteilnehmer sein – Verbraucher wie Anbieter.

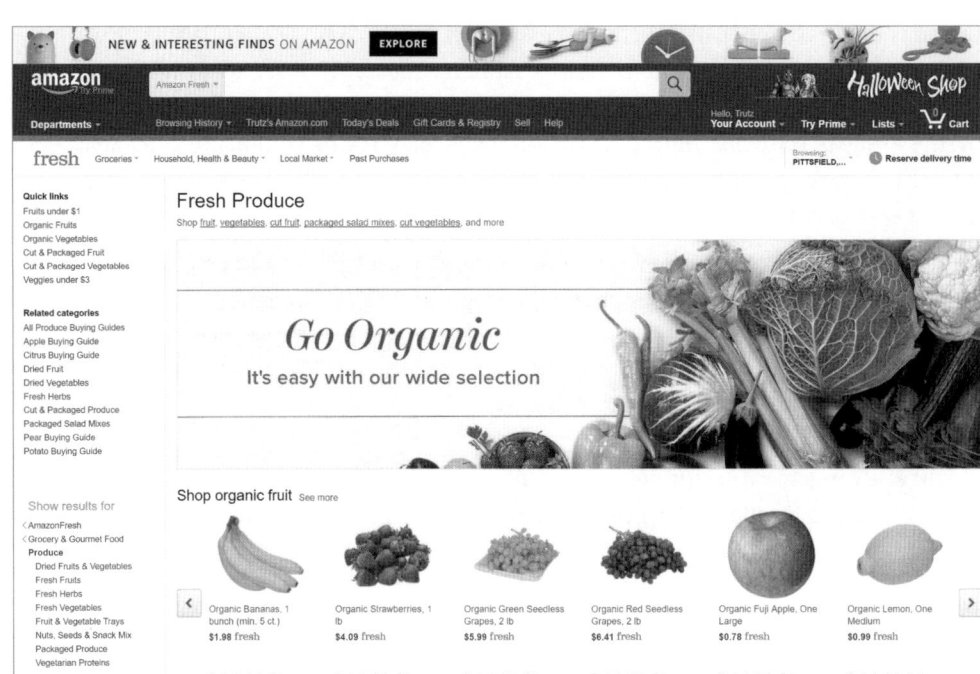

Abbildung 2.6 Frische Produkte bei Amazon Fresh

2.2.11   2008 – Frustfreie Verpackung

In 2008 sagte Amazon mit dem Programm *Frustfreie Verpackung* schwer zu öffnen-
den Verpackungen den Kampf an. Statt aufwendiger Verpackung verwendet Amazon
bei eigenen ausgewählten Produkten wiederverwertbare Kartons, die einfach zu öffnen sind und keine überflüssigen Materialien enthalten wie Blisterverpackungen,
Drahtbinder oder Plastiktüten. Damit Marketplace-Händler sich mit dem Siegel
Frustfreie Verpackung schmücken können, muss diese bestimmte Kriterien erfüllen.

2.2.12   2014 – Amazon Business

Seit 2014 versucht sich Amazon unter der Bezeichnung *Amazon Business* auch im
B2B(Business-to-Business)-Segment (siehe Abbildung 2.7). Hier kaufen nicht Endverbraucher, sondern Firmen. Die Verkäufer wiederum können ihre bestehenden oder
exklusiven B2B-Produkte mit Netto- und Staffelpreisen versehen, die von den Preisen für Endverbraucher abweichen können. Die Firmen auf Käuferseite können ihren
Mitarbeitern bestimmte Zugänge einrichten und spezielle Freigabeprozesse definieren. Nach eigenen Angaben machten bereits über 300.000 Firmen weltweit von diesem Angebot Gebrauch. Auch in Deutschland ist Amazon Business bereits verfügbar.

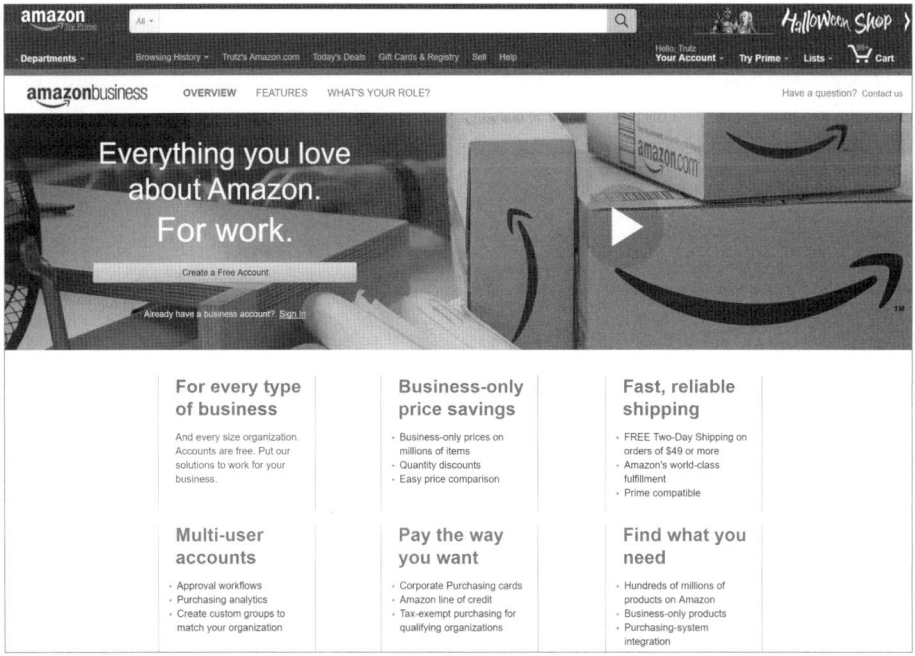

Abbildung 2.7 Amazon Business auf Amazon.com

2.2.13   2014 – Amazon Echo

Wird heute noch ein Großteil aller Bestellungen über den Computer eingegeben, sind es morgen mobile Endgeräte wie Smartphones und Tablets. Übermorgen wird es die Spracherkennung sein, und Amazon positioniert sich hier mit *Amazon Echo* frühzeitig, um eine passende Schnittstelle anzubieten (siehe Abbildung 2.8).

Abbildung 2.8 Amazon Echo (Quelle: Amazon)

Amazon Echo ist Lautsprecher und Mikrofon zugleich. Spricht man das Gerät mit dem Namen *Alexa* an, so nimmt es Sprachbefehle entgegen. Das Gerät versteht derzeit Anfragen nach dem Wetter, Verkehr, Sportereignissen, erfüllt Musikwünsche u. v. m. Amazon Echo kann zudem über dasselbe WLAN angebundene Geräte wie Lichtschalter, Lampen oder Thermostate steuern.

2.2.14   2014 – Prime Now

Nachdem Amazon mit seiner Prime-Mitgliedschaft bereits neue Maßstäbe in Sachen Liefergeschwindigkeit im Markt gesetzt hat, geht *Prime Now* noch einen Schritt weiter. Artikel, die über Prime Now verfügbar sind, können innerhalb von zwei Stunden (gratis) oder einer Stunde (kostenpflichtig) zugestellt werden.

Aktuell ist Prime Now in ausgewählten Städten der USA, in London sowie in Berlin und München verfügbar (Stand Oktober 2016). Die Bestellung erfolgt über eine spezielle Prime-Now-App. Der Mindestbestellwert liegt derzeit bei 20 €. Wählt der Kunde die 1-Stunden-Option, so kostet dies in Deutschland derzeit 6,99 € zusätzlich.

Im Prime-Now-Sortiment sind u. a. verpackte, frische und tiefgekühlte Lebensmittel, Getränke, Obst und Gemüse, Artikel des täglichen Bedarfs, Elektronikgeräte, Bücher, Spielwaren, Drogerieartikel, DVDs und Bekleidung enthalten.

2.2.15   2015 – Amazon Launchpad

2015 startete Amazon seine Plattform für Startups, die an neuen Produkten arbeiten und nach Fertigstellung auf der Suche nach den ersten Kunden sind (siehe Abbildung 2.9).

Abbildung 2.9 Amazon Launchpad

Hier möchte Amazon mit seinem eigenen Shop für derartige Produkte unterstützen.

Startups müssen sich für das Programm registrieren. Nach der Aufnahme in das Programm können die Startups ihre Produktlistings erstellen. Dabei können sie auf Marketingtools zurückgreifen, die sonst nur Vendoren vorbehalten sind, u. a. eine individuelle Gestaltung der Produktseite. Zudem werden ausgewählte Produkte auf der Startseite und in einem speziellen Shopbereich vorgestellt.

Aktuell wird Amazon Launchpad in den folgenden Ländern angeboten: USA, Großbritannien, China, Deutschland und Frankreich.

2.2.16   2015 – Amazon Dash

Bei *Amazon Dash* handelt es sich um ein kleines Gerät mit einem Knopf, mit dem man eine im Vorfeld festgelegte Bestellung auslösen kann. Das Gerät wird direkt an dem Ort des Verbrauches angebracht, in Abbildung 2.10 z. B. direkt an der Waschmaschine. Sobald das jeweilige Produkt, hier ein Flüssigwaschmittel, nachbestellt werden muss, reicht ein Drücken des Knopfes, und schon geht eine Bestellung an Amazon. Amazon Dash eignet sich daher am ehesten für die Güter des täglichen Bedarfs.

In Deutschland ist das Produkt seit August 2016 auf dem Markt. Hier herrscht aktuell noch eine Rechtsunsicherheit, ob eine Bestellung auf diesem Wege ausgelöst werden kann. Der Dash-Button kostet in Deutschland bei der Anschaffung einmalig 4,99 €, allerdings wird der Betrag auf die erste Bestellung angerechnet. Beim Start waren 35 Marken beteiligt, deren Produkte über den Dash-Button bestellt werden können. In den USA, wo Amazon Dash schon länger läuft, sind es bereits 100 Marken.

Abbildung 2.10 Amazon-Dash-Button im Einsatz (Quelle: Amazon)

2.2.17 2016 – Amazon Handmade

Amazon Handmade ist eine Plattform für Kunsthandwerker, die ihre Einzelstücke nun auch auf Amazon einstellen können. Voraussetzung ist, dass diese Produkte handgefertigt und nicht industriell hergestellt worden sind. Entsprechend unterscheiden sich auch die Produktdetailseiten (siehe Abbildung 2.11). Das Produkt sowie der jeweilige Kunsthandwerker stehen im Vordergrund. Die Produktdetailseite ist dominiert von einer großen Bildergalerie. Da es prinzipbedingt keine anderen Händler für das Produkt gibt, entfällt die Übersicht, welche anderen Händler dieses Produkt verkaufen. Da der Kunde auch Maßanfertigungen bestellen kann, können der Bestellung im Bestellprozess weitere Angaben hinzugefügt werden. Und da viele Produkte erst nach Bestellung gefertigt werden, kann sich der Händler mit der Lieferung bis zu 30 Tage Zeit lassen.

Unter der Buybox wird der jeweilige Kunsthandwerker prominent vorgestellt. Ein Klick weiter und Sie landen auf dessen Profil, das auch deutlich individueller gestaltet werden kann als die übliche Profilseite für Marketplace-Verkäufer.

Die Verkaufsprovision beträgt einheitlich 12 % auf alle Handmade-Produkte. Die monatliche Gebühr für professionelle Marketplace-Verkäufer fällt nicht an, sofern ausschließlich in dieser Kategorie verkauft wird. Marketplace-Händler können sich für diese Kategorie gesondert freischalten lassen.

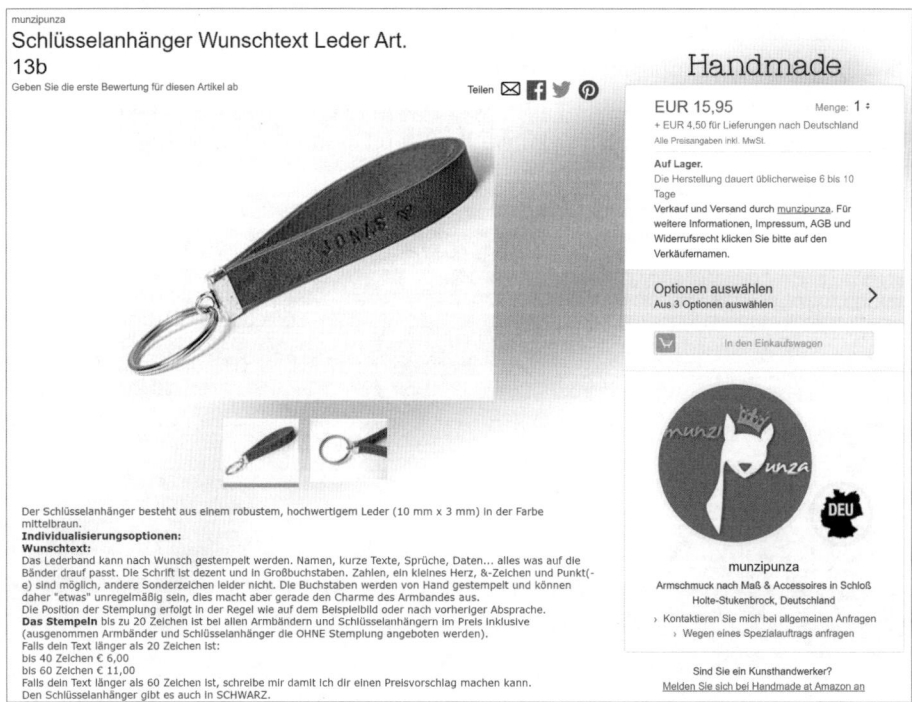

Abbildung 2.11 Produktdetailseite auf Amazon Handmade

2.3 Funktionsweise des Marktplatzes

Fragt man die Endkunden, die bei Amazon einkaufen, wo sie ein Produkt gekauft haben, dann lautet meist unisono die Antwort: »Das habe ich bei Amazon gekauft.« Und viele Käufer gehen davon aus, dass bei jedem Produkt Amazon selbst der Verkäufer ist, was aber nur bei ca. der Hälfte aller verkauften Produkte der Fall ist.

Amazon hat eine Doppelrolle, wenn es um den Marktplatz geht: Amazon ist sowohl Betreiber des Marktplatzes als auch einer von vielen Händlern und von diesen mit Abstand der größte. Und mittlerweile ist Amazon nicht nur reiner Händler, sondern lässt auch gut laufende Produkte unter diversen Eigenmarken herstellen, die bekannteste unter ihnen dürfte *Amazon Basics* sein.

Im Folgenden erkläre ich die grundsätzliche Funktionsweise des Marktplatzes sowie damit zusammenhängende Begrifflichkeiten, sodass Sie einen guten Überblick über die Zusammenhänge erhalten, falls Sie komplett neu in das Thema einsteigen.

2.3.1 Amazon, Seller und Vendoren

Wie Sie in der Historie gesehen haben, ist Amazon ursprünglich als Buchhändler gestartet. Damals war Amazon noch der einzige Verkäufer auf der Plattform. Erst im Laufe der Zeit hat Amazon seine Plattform für andere Händler geöffnet, und auch hier hat Amazon mehrere Anläufe unternommen, bevor der Marktplatz die Form angenommen hat, die er heute hat. Versuchte Amazon zu Beginn, mit Amazon Auctions dem damals sehr erfolgreichen Marktplatz eBay Konkurrenz zu machen, führte es im Jahr 1999 die sogenannten zShops ein, bei denen ein Händler – parallel zum Angebot von Amazon – seinen eigenen Onlineshop einrichten konnte. Schon damals verdiente Amazon bei jedem Verkauf mit, wenn auch die Gebühren deutlich niedriger waren als heute.

Die zShops hatten jedoch aus Kundensicht den Nachteil, dass das gleiche Produkt auf unterschiedlichen Seiten gefunden werden konnte: einmal bei Amazon selbst und gegebenenfalls auch in einem oder mehreren zShops der jeweiligen Händler. Dies versuchte Amazon im Rahmen des Projektes mit der Bezeichnung *Single Detail Page* zu ändern und führte alle Produkte zusammen: Der Marketplace in der heutigen Form war geboren.

Seit diesem Tag konkurrieren Marketplace-Händler (auch *Seller* genannt) und Amazon selbst um die Warenkörbe der Kunden. Amazon selbst kauft die Ware bei den Herstellern (oder Zwischenhändlern) ein. Die Hersteller oder Zwischenhändler, die an Amazon verkaufen, nennt man auch *Vendoren*.

Auch wenn sich dieses Buch ausschließlich an Seller richtet, zeige ich Ihnen kurz die wesentlichen Unterschiede zwischen Sellern und Vendoren auf. Denn – entsprechender Erfolg vorausgesetzt – es kann gut sein, dass Amazon auch eines Tages auf Sie als Seller zukommt und Sie fragt, ob Sie nicht Vendor werden möchten.

Ablauf für Seller

Um Seller zu werden, melden Sie sich in *Seller Central*, der Onlineplattform für Seller, an. Dort erstellen Sie eigenständig Ihre Produktlistings und setzen auch selbst die Preise fest. Bei den Produktlistings sind Sie auf einfachen Text und 9 Bilder beschränkt.

Sofern Sie die Logistik Amazons nutzen, senden Sie Ihre Ware in der von Ihnen bestimmten Menge an eins von Amazons Logistikzentren. Sobald die Ware bei Ihnen und/oder Amazon eingetroffen ist, schalten Sie Ihr Listing scharf, und es kommt zu ersten Verkäufen.

Als Seller sehen Sie genau, wer was wann bei Ihnen bestellt hat. Sofern Sie die Ware selbst verschicken, müssen Sie die Ware im Falle eines Verkaufs selbst an den Käufer schicken. Nutzen Sie die Logistik Amazons, tut Amazon das automatisch für Sie. In diesem Fall profitieren die Kunden von den Versandvorteilen für Prime-Mitglieder.

Für den Verkauf berechnet Ihnen Amazon eine prozentuale Gebühr, die von der Ware und Kategorie abhängig ist, in der das Produkt verkauft wird. Versendet Amazon Ihre Ware, so kommen noch Kosten für die Lagerung und den Versand auf Sie zu.

Als Seller sind Sie auch dafür verantwortlich, Ihren Kunden eine ordentliche Rechnung auszustellen sowie innerhalb von 24 Stunden auf Fragen der Kunden zu antworten.

Als Seller müssen Sie bestimmte Qualitätskriterien erfüllen, um Ihren Status als Seller zu behalten. Dazu gehört u. a., dass Sie Bestellungen schnell und reibungslos abwickeln und auf Kundenanfragen zügig reagieren. Ihre Verkäuferbewertungen sollten zu einem sehr großen Prozentsatz positiv sein. Erfüllen Sie bestimmte Kriterien nicht, kann dies zur Schließung Ihres Verkäuferkontos führen.

Um Ihre Produkte zu bewerben, können Sie selbstständig Anzeigen (*Gesponserte Produkte*) innerhalb von Seller Central schalten, sodass Ihr Produkt für bestimmte Suchanfragen der Kunden im Anzeigenbereich der Suche bzw. Produkten angezeigt wird.

Planen Sie die Expansion auf weitere internationale Marktplätze, können Sie das selbst bestimmen.

Ablauf für Vendoren

Um Vendor zu werden, müssen Sie von Amazon eingeladen werden. Eine eigenständige Registrierung ist nicht bzw. nur über das eingeschränkte Programm *Vendor-*

Express möglich, auf das hier nicht näher eingegangen werden soll. Haben Sie eine entsprechende Einladung erhalten, können Sie sich in *Vendor Central* anmelden, der Onlineplattform für Vendoren.

Amazon verhandelt dann das Produktportfolio sowie die Einkaufspreise mit Ihnen. Die sich daraus ergebende Marge ist in der Regel deutlich niedriger, als wenn Sie als Seller verkaufen und an Amazon die prozentuale Provision bezahlen.

Als Vendor haben Sie im Rahmen des Produktlistings die Möglichkeit, sogenannten *A+ Content* zu erstellen. Bei A+ Content können Sie Ihr Produktlisting um verkaufsfördernde Elemente wie Videos, Tabellen oder Fotos ergänzen sowie dieses typografisch ansprechender gestalten. Den Endpreis für Ihr Produkt legt Amazon (meist automatisch) fest. Auf diesen haben Sie als Vendor nur indirekt im Rahmen der Verhandlung Ihres Verkaufspreises an Amazon Einfluss. Amazon bestellt dann nach Bedarf die Ware bei Ihnen, und sobald eine Order von Amazon eingeht, müssen Sie die Ware an Amazon versenden.

Ist das Listing online, erscheint bei Ihrem Produkt der Hinweis *Verkauf und Versand durch Amazon*, was bei einigen Käufern besonderes Vertrauen in das Produkt erzeugt und in der Regel zu höheren Verkaufszahlen führt, als würde das gleiche Produkt von einem Seller angeboten werden. Prime-Kunden genießen automatisch alle Versandvorteile, da das Produkt via Amazon verschickt wird.

Als Vendor sehen Sie nicht, wer was wann kauft. Sie erhalten lediglich Statistiken, was wann wie oft verkauft wurde, jedoch nicht, von wem.

Amazon regelt die gesamte Kommunikation mit den Käufern. Technischen Support kann Amazon naturgemäß nicht leisten, da Amazon kein Experte für Ihr Produkt ist. So kann es passieren, dass ein Bedienungsfehler seitens des Käufers zu einer Retoure führt, da ihm vom Kundensupport nicht geholfen werden kann. Retouren regelt Amazon stets großzügig im Sinne des Käufers.

Um Ihr Produkt zu bewerben, steht Ihnen als Lieferant ein ganzes Arsenal an Marketingmöglichkeiten zur Verfügung, die weit über das Instrumentarium hinausgehen, das Ihnen als Seller zur Verfügung steht. Aber jedes Instrument ist mit Kosten verbunden, sodass wie bei jeder Marketinginitiative geschaut werden muss, was funktioniert und was nicht.

Ob Ihr Produkt auf weiteren Marktplätzen angeboten wird, entscheidet Amazon allein.

Vergleich des Seller- und Vendoren-Programms

Welches der Programme letztlich das für Händler/Hersteller geeignete ist, hängt von einer Vielzahl von Faktoren ab und kann nicht pauschal beantwortet werden. Die wesentlichen Unterschiede sind noch mal in Tabelle 2.1 gegenübergestellt.

	Seller	Vendor
Teilnahme	selbstständig möglich (+)	nur auf Einladung (−)
Produktlisting	Standardlisting (−)	A+ Content möglich (+)
Kundenvertrauen	normal (+/−)	hoch (+)
Aufwand	hoch (−)	gering (+)
Preishoheit	direkt (+)	nicht gegeben (−)
Absatzförderung	eingeschränkt (−)	vielfältig (+)
Konditionen	Provision vom Umsatz gegebenenfalls zzgl. Kosten für FBA (+)	Verkauf an Amazon zum Einkaufspreis gegebenenfalls zzgl. Werbekostenzuschüssen (−)

Tabelle 2.1 Vor- und Nachteile Seller vs. Vendoren

Da ich mich in diesem Buch auf den Marketplace fokussiere, soll uns das Programm für Vendoren ab jetzt nicht weiter interessieren.

2.3.2 Produkte und Produktnummern

Nachdem Sie einen groben Überblick über das Seller- und Vendoren-Programm erhalten haben, geht es nun um die Produkte auf Amazon. Amazon hat hier einige wichtige Konzepte eingeführt, die Sie im Überblick kennen sollten. In den späteren Kapiteln gehe ich noch mal auf einige Elemente gezielt ein.

Was viele Einsteiger zu Beginn irritiert, sind die diversen Produktnummern, die einem Artikel an verschiedenen Stellen im Verkaufsprozess anhängen. Fangen wir mit der wichtigsten Nummer an, der ASIN.

Die ASIN

ASIN steht für *Amazon-Standard-Identifikationsnummer*. Hierbei handelt es sich um eine zehnstellige Nummer, die aus Buchstaben und Ziffern bestehen kann. Diese Nummer vergibt Amazon selbst für jedes Produktlisting. Eine ASIN ist innerhalb eines Marktplatzes (z. B. Deutschland) immer einzigartig und kann nicht doppelt vorkommen.

Ein Produkt kann (muss aber nicht) in verschiedenen Varianten daherkommen, z. B. in unterschiedlichen Größen (S, M, L) und/oder Farben (Rot, Grün, Blau). Jede einzelne Variante erhält eine eigene ASIN. Man spricht hier von der sogenannten *Child-ASIN*. Damit Amazon aber weiß, welche Produkte einer Variantenfamilie zusammengehören, erhalten alle Varianten noch eine sogenannte *Parent-ASIN*. Bei der Parent-ASIN handelt es sich um ein virtuelles Produkt, das man selbst nicht kaufen kann, sondern nur den Zweck, mehrere Varianten unter einem Dach zusammenzufassen, damit alle Varianten einer Familie innerhalb der jeweiligen Varianten angezeigt werden können.

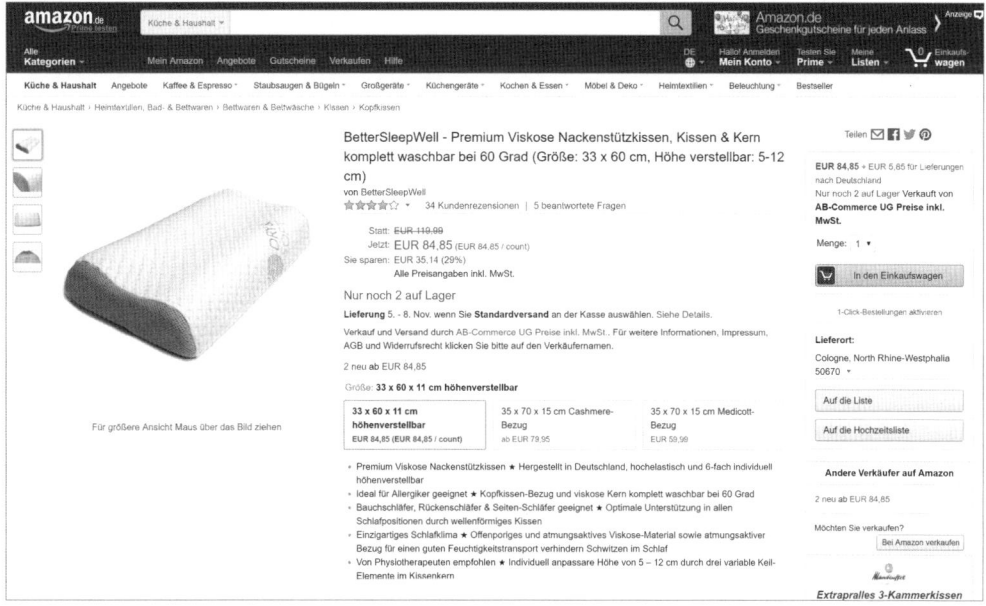

Abbildung 2.12 Produkt mit drei Varianten

In Abbildung 2.12 sieht man ein Nackenstützkissen, das in drei verschiedenen Varianten daherkommt. Die Varianten unterscheiden sich hier in Material und Größe und wurden vom Hersteller frei definiert. Schaut man sich die zugehörigen ASINs dieser Produkte an, erhält man folgendes Bild:

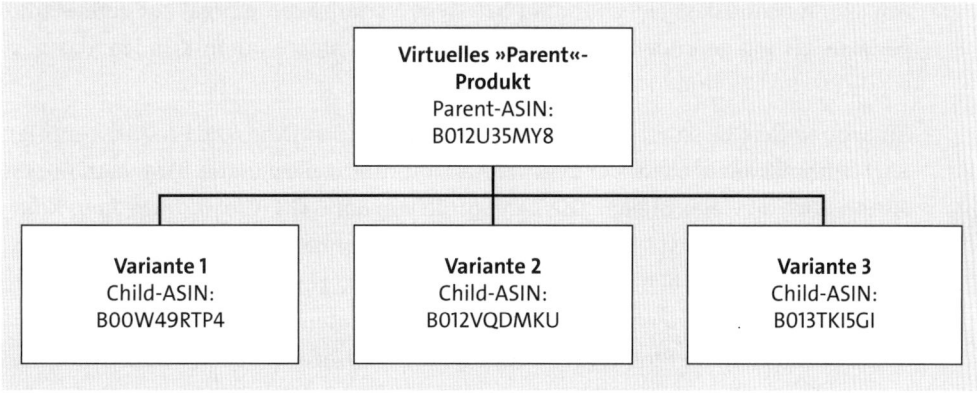

Abbildung 2.13 Hierarchie der Parent-Child-ASINs

Ruft man das virtuelle Parent-Produkt über die o. a. ASIN auf (*http://www.amazon.de/dp/B012U35MY8*), zeigt Amazon einem automatisch eine Variante dieser Produktfamilie an.

Man kann auch eine Produktfamilie mit nur einem Kind, einer Child-ASIN, anlegen. In diesem Fall fällt die Darstellung der verschiedenen Varianten weg, da es nur eine gibt. Kommt eine zweite Variante hinzu, wird die Auswahl der unterschiedlichen Varianten wieder eingeblendet.

Die Darstellung von Varianten kann dabei sehr unterschiedlich sein. So kommt die Auswahl von Varianten entweder als Vorschaubild der einzelnen Bilder daher, als Auswahlfeld oder – wie im Beispiel oben – durch Anzeige der Varianten-Kurzbeschreibungen.

Ob Sie die Produkte einer Produktfamilie in einer Parent-Child-Beziehung oder als für sich stehende Produkte (ohne Parent) anlegen, stellt Amazon Ihnen frei. Beide Vorgehensweisen haben Vor- und Nachteile, auf die ich später noch eingehe.

Ein Listing besteht aus unterschiedlichen Elementen. Jede Variante verfügt in der Regel über einen eigenen Titel, eigene Aufzählungspunkte, eine eigene Beschreibung, eigene Bilder, eigene Größen/Abmessungen u. a. Alle Varianten teilen sich jedoch die *Fragen & Antworten* sowie die Bewertungen einer Produktfamilie und damit die Bewertungen als solches sowie das aggregierte Rating in Form der Sterne (z. B. 4.3).

Die ASIN eines Produktes ist übrigens für jeden Marktplatz (zumindest innerhalb Europas) identisch, d. h., die ASIN für das Nackenstützkissen im Beispiel oben ist auf dem Marktplatz Frankreich (sofern es dort angeboten wird) die gleiche wie auf dem Marktplatz Deutschland. Es ist natürlich trotzdem möglich, die jeweiligen Produktbeschreibungen anzupassen und in die Landessprache zu übersetzen.

EAN und GTIN

Amazon möchte, dass jedes Produkt bzw. jede Variante nur einmal auf dem Marktplatz als Listing gefunden werden kann. Dies erleichtert es dem Kunden, das passende Produkt zu finden und Preise zu vergleichen.

Amazon fordert Sie daher bei der Anlage eines Listings auf, die zum Produkt gehörige EAN-Nummer anzugeben. Der Begriff EAN ist mittlerweile veraltet. Trotzdem finden Sie ihn noch an vielen Stellen. Die EAN wurde von der GTIN (*Global Trade Item Number*) abgelöst. Bei der GTIN handelt es sich um eine eindeutige, standardisierte Nummer, die im Verkehr befindliche Produkte eindeutig kennzeichnen soll. Die GTINs werden in Deutschland von der GS1 verwaltet. Verkaufen Sie bereits bestehende Produkte, so haben diese Produkte in der Regel bereits eine eigene EAN/GTIN-Nummer. Bringen Sie Produkte unter einer eigenen Marke in den Verkehr, müssen Sie für die-

2

ses Produkt i. d. R. eine neue GTIN vergeben. Hierzu müssen Sie von der GS1 einen eigenen Nummernblock erwerben.

Da Amazon die Angabe einer EAN/GTIN von einigen Ausnahmen abgesehen verpflichtend macht, kann Amazon anhand dieser Nummer erkennen, ob es bereits ein Listing zu dieser EAN/GTIN gibt. Falls ja, können Sie kein neues Listing erstellen bzw. die Listings werden zu einem Listing zusammengeführt.

SKU und FNSKU

Damit das Produkt eines konkreten Listings nun auch von den Kunden gekauft werden kann, bedarf es eines konkreten Angebotes von mindestens einem Händler. Auf Händler-Seite vergeben Sie für jedes Produkt, das Sie als Händler im Bestand führen und auf Amazon anbieten, eine wiederum innerhalb Ihres Kontos eindeutige Nummer. Diese Nummer bezeichnet man als SKU (*Stock Keeping Unit*). Die SKU sehen nur der jeweilige Händler und Amazon und sie kann frei vergeben werden. Es macht jedoch Sinn, sogenannte »sprechende« SKUs zu vergeben, damit Sie anhand der SKU erkennen können, um welches Produkt es sich handelt.

Bei Amazon geben Sie implizit zu jeder SKU an, wie diese verschickt wird (z. B. via Amazon oder Eigenversand), welchen Zustand dieses Produkt hat (z. B. neu oder gebraucht) und zu welchem Preis Sie dieses Produkt verkaufen. Die SKU hängen Sie dann an das Listing mit der korrekten Child-ASIN an.

Sie können auch mehrere SKUs an eine Child-ASIN hängen. Das macht z. B. immer dann Sinn, wenn Sie das gleiche Produkt einmal via FBA und einmal im Eigenversand anbieten möchten. Auf diese Weise stellen Sie sicher, dass das Produkt nicht ausverkauft ist, sollte der FBA-Bestand bei null sein, Sie das Produkt aber noch im eigenen Lager haben und von dort auch versenden können. Da dieses Produkt in zwei unterschiedlichen Lägern liegt, erhält es auch unterschiedliche SKUs. Diese können dann auch unterschiedliche Preise haben, z. B. um den unterschiedlichen Versandformen Rechnung zu tragen.

Verkaufen mehrere Händler die gleichen Produkte einer Produktfamilie, könnte sich folgendes Bild ergeben:

Variante	1	2	3
ASIN	B123456781	B123456782	B123456783
Händler 1: — SKU Eigenversand — SKU FBA	AB_CD_MFN AB_CD_FBA	AB_EF_MFN	AB_GH_FBA

Tabelle 2.2 Angebote unterschiedlicher Händler (SKUs) zu einer Produktfamilie

Variante	1	2	3
Händler 2: — SKU Eigenversand	S00001		T00002
Händler 3: — SKU FBA		X38372F	X29377D

Tabelle 2.2 Angebote unterschiedlicher Händler (SKUs) zu einer Produktfamilie (Forts.)

Erst das Zusammenspiel aus ASIN und SKUs ergibt für den Kunden erwerbbare Produkte. So gibt es zwei Händler, die Variante 1 verkaufen (1 × FBA, 2 × Eigenversand), zwei Händler, die Variante 2 verkaufen (1 × Eigenversand, 1 × FBA), und drei Händler, die Variante 3 verkaufen (3 × FBA).

In Seller Central wird dieser Unterschied nicht ganz deutlich, da Sie häufig ASIN und SKU in einem Rutsch anlegen. Es ist jedoch für das allgemeine Verständnis wichtig, diesen Unterschied zu kennen.

Die SKU muss innerhalb Ihres Seller-Kontos eindeutig sein. Wie bei der ASIN ist es so, dass die SKU marktplatzübergreifend die gleiche ist. Auch können mehrere Händler die gleiche SKU vergeben. Da die SKU immer nur in Kombination mit dem jeweiligen Händler-Konto verarbeitet wird, sind Dopplungen hier kein Problem, sondern eher die Regel. Die Käufer bekommen Ihre SKU ohnehin nie zu Gesicht.

Nutzen Sie zudem das FBA-Programm von Amazon, so erhält jedes Produkt, das physisch im Lager von Amazon liegt, noch eine eigene Nummer, nämlich die sogenannte FNSKU (*Fulfillment Network SKU*), die innerhalb der Amazon-Logistikzentren verwendet wird. Häufig muss diese Nummer in Form eines Barcodes dann auf dem Produkt selbst angebracht sein, damit dieses innerhalb der Logistikzentren verarbeitet werden kann. Mehr dazu später zum Thema Sendungsvorbereitung.

Die Buybox

Wir haben gesehen, dass mehrere Händler das gleiche Produkt anbieten können. Aber welcher von diesen Händlern erhält nun den Zuschlag, wenn ein Kunde das Produkt ohne nachzudenken in den Warenkorb legt, zur Kasse geht und bezahlt? Hier kommt das Konzept der *Buybox* (auch *Einkaufswagenfeld* genannt) zum Tragen. Ich nutze im Folgenden »Buybox« und »Einkaufswagenfeld« synonym, da sich unter Verkäufern beide Begriffe eingebürgert haben.

Was genau ist eigentlich die Buybox? Werfen Sie einen Blick auf Abbildung 2.14:

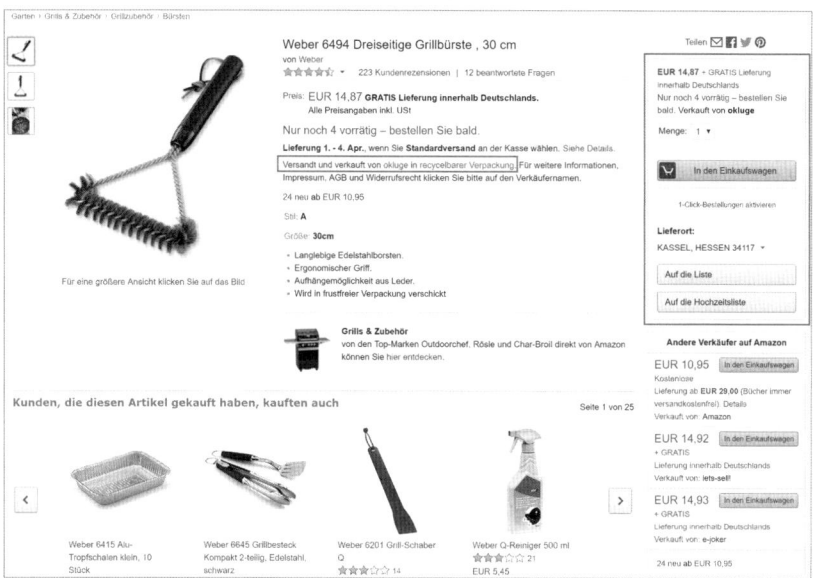

Abbildung 2.14 Buybox

Dieses Produkt wird derzeit von 24 unterschiedlichen Händlern inklusive Amazon selbst zu unterschiedlichen Preisen via FBA und Eigenversand angeboten:

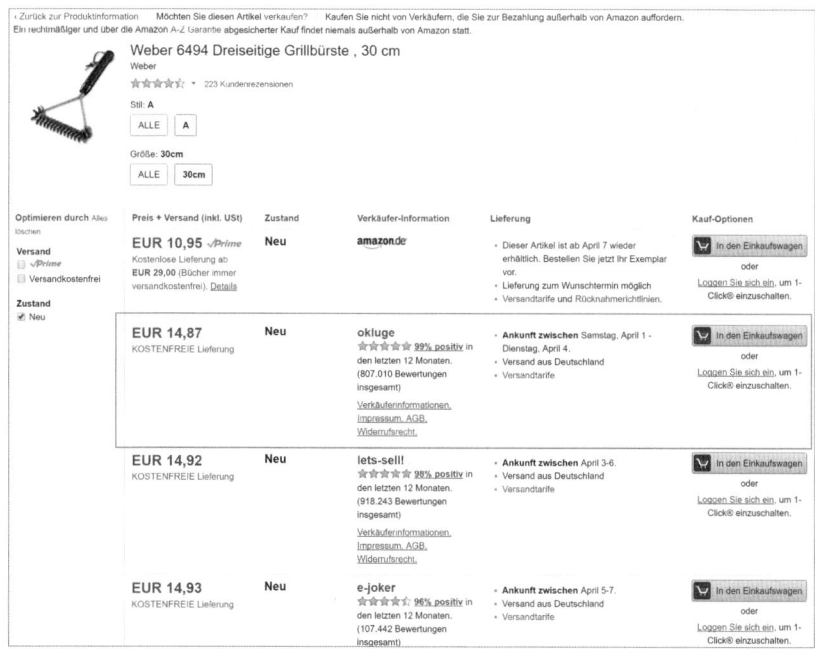

Abbildung 2.15 Auf dieser Übersichtsseite aller Anbieter des Produktes ist der Händler markiert, der zum Zeitpunkt des Seitenaufrufes die Buybox besaß.

In der folgenden Tabelle sind die vier günstigsten Angebote der Übersicht zusammengefasst:

Händler	Preis inklusive Versand	Eigenversand/FBA	BuyBox?
Amazon.de	10,95 €	FBA	Nein
Händler 1	14,87 €	Eigenversand	Ja
Händler 2	14,92 €	Eigenversand	Nein
Händler 3	14,93 €	Eigenversand	Nein

Tabelle 2.3 Übersicht über die vier günstigsten Angebote

Amazons Algorithmus hat jedoch aus diesen 24 Angeboten ein konkretes Angebot von Händler 1 ausgewählt, das zum Zuge kommt, wenn der Käufer dieses in den Einkaufswagen legt. Händler Nr. 1 »besitzt« damit mit einem Angebot zu einem bestimmten Zeitpunkt das Einkaufswagenfeld. Dieses kann sich bei hart umkämpften Produkten übrigens sekündlich ändern, da viele Händler über automatische Preisanpassungen versuchen, das Einkaufswagenfeld zu gewinnen. Daher besitzt man das Einkaufswagenfeld immer nur zu einem bestimmten Zeitpunkt.

Welche Faktoren Amazon in die Auswahl des jeweiligen Produktes für die Buybox einfließen lässt, ist nicht bekannt. Eine große Rolle spielen jedoch der Preis, die Versandart sowie die Historie des jeweiligen Händlers. Dass der Preis zwar ein sehr wichtiges, aber nicht das allein ausschlaggebende Kriterium ist oder Amazon grundsätzlich die Buybox erhält, sieht man schön an dem o. g. Beispiel, welches eher ungewöhnlich ist angesichts der Preisdifferenz und der Verfügbarkeit im Eigenversand.

Für Sie als Händler ist es wichtig zu verstehen, dass der Besitz der Buybox erheblichen Einfluss auf Ihren Umsatz nimmt. Besitzen Sie die Buybox, erhalten Sie fast alle Käufe, die in diesem Zeitraum stattfinden. Besitzen Sie sie nicht, passiert das Gegenteil. Zwar können Kunden auch von einem ganz bestimmten Händler kaufen (im o. a. Fall z. B. von Amazon), aber nur die wenigsten Käufer machen sich die Mühe und schauen nach, ob sie auch wirklich vom billigsten Anbieter kaufen.

Kapitel 3
Auswahl der passenden Produkte

Grundsätzlich können Sie auf Amazon (fast) alles verkaufen. Selbst große Industriemaschinen im fünfstelligen Bereich wurden schon auf dem Marktplatz gesichtet. Dennoch macht es – gerade wenn Sie über eine Vielzahl möglicher Produkte verfügen – Sinn, sich Gedanken darüber zu machen, mit welchen Produkten Sie starten wollen.

Einige Produkte sind vom Verkauf auf Amazon grundsätzlich ausgeschlossen. Bei anderen Produkten gelten wiederum unterschiedliche Einschränkungen, die entweder den Versand oder Sie als Verkäufer betreffen. Haben Sie ein Produkt gefunden, das Sie auf Amazon anbieten können, so sollten Sie die Nachfrage und Wettbewerbssituation für dieses Produkt analysieren, um für sich zu entscheiden, ob Sie mit diesem Produkt erfolgreich werden. In diesem Zusammenhang stelle ich Ihnen einige Tools vor, um Nachfrage und Angebot zu analysieren. Am Ende dieses Kapitels zeige ich Ihnen, wie Sie für ein konkretes Produkt ausrechnen können, ob Sie es auf Basis Ihrer Einkaufskonditionen und des gewünschten Verkaufspreises profitabel anbieten können.

Die folgenden Punkte sollen Ihnen als Entscheidungshilfe dienen, passende Produkte für den Marktplatz auszuwählen. Schlussendlich sollte jedoch Ihre Intuition das letzte Wort haben. Und häufig hilft auch einfach ausprobieren. Es passiert regelmäßig, dass vermeintliche Topseller zu Ladenhütern werden und umgekehrt.

3.1 Unzulässige Angebote

Es gibt einige Produkte, die von keinem Verkäufer angeboten werden dürfen. Diese lassen sich grob in folgende Kategorien einsortieren:

▶ Produkte, die gegen gesetzliche Vorschriften verstoßen (illegal erworbene Produkte, pornografische Schriften, rassistisches oder gewaltverherrlichendes Material)

▶ Produkte, die Urheberrechte verletzen (z. B. Kopien von Büchern, Filmen, Software, Kleidung, frei im Internet verfügbare Inhalte)

▶ Produkte, die vom Hersteller oder einer staatlichen Behörde zurückgerufen wurden

- ▶ Produkte, die ein bestimmtes Gefährdungspotenzial besitzen (z. B. bestimmte Chemikalien, Pflanzenschutzmittel, Hoverboards, Feuerwerkskörper, umweltgefährdende Produkte)
- ▶ Produkte, die aufgrund von Kategoriebeschränkungen verboten sind
- ▶ Produkte, die von Amazon als unzulässig betrachtet werden

Es würde zu weit führen, alle Beschränkungen im Detail zu erläutern. Zu unterschiedlich sind die jeweiligen Ausschlüsse bzw. die Ausnahmen davon. Beispiel gefällig? In der Kategorie *Tiere & Tierprodukte* explizit erlaubt ist Kopi-Luwak-Kaffee von freilebenden Tieren. Verboten sind jedoch Naphthalin-Mottenkugeln. Haben Sie also den Verdacht, dass eines Ihrer Produkte unzulässig sein könnte, sollten Sie einen Blick auf die Seite *Kategorie-, Produkt- und Inhaltsbeschränkungen* in der Seller-Central-Hilfe werfen:

https://sellercentral-europe.amazon.com/gp/seller/registration/participationAgreement.html/?itemID=201743940&language=de_DE

3.2   Beschränkte Kategorien und Produkte

Einige Kategorien und Produkte unterliegen bei Amazon einer Zulassungsbeschränkung, d. h. bevor Sie dort verkaufen dürfen, müssen Sie für die Kategorie bzw. das Produkt von Amazon freigeschaltet werden. Dies sind insbesondere Kategorien, bei denen es eines bestimmten Vertrauens in den Verkäufer bedarf, um Betrug oder Missbrauch auszuschließen.

Mit Stand von November 2016 unterlagen die folgenden Kategorien einer Zulassungsbeschränkung:

- ▶ Beauty
- ▶ Spielzeug (nur von November bis Januar)
- ▶ Elektrogeräte für Schönheit, Entspannung und Gesundheit
- ▶ Bier, Wein & Spirituosen
- ▶ Schmuck
- ▶ Uhren
- ▶ Drogerie & Körperpflege
- ▶ Bekleidung
- ▶ Handmade at Amazon
- ▶ Erotik
- ▶ Lebensmittel & Getränke
- ▶ Made in Italy

Die Anforderungen an den Verkäufer bzw. die Produkte, die man als Verkäufer innerhalb einer Kategorie anbieten muss, um eine Freischaltung für die jeweilige Kategorie zu erhalten, unterscheiden sich von Kategorie zu Kategorie. Häufig sind es jedoch die folgenden Punkte:

▶ Registrierung im Verkaufstarif *Professionell* im Programm *Verkaufen bei Amazon*

▶ Angebot von zwei oder mehr (neuwertigen) Artikeln in der jeweiligen Kategorie

▶ Besitz einer Rücksendeadresse im jeweiligen Land bzw. Angebot von kostenlosen Rücksendungen

▶ Beantwortung von Kundenanfragen in der jeweiligen Landessprache

▶ Besitz von Nachweisen hinsichtlich des Bezugs der angebotenen Produkte (z. B. Herstellerrechnungen)

▶ Bereitstellung von Produktbildern zwecks Nachweis, dass die Anforderungen an Produktbilder erfüllt werden

▶ Kennzeichnung der Produkte mit EAN/GTIN-Strichcodes

Um zur Weihnachtszeit in der Kategorie *Spielzeug* zu verkaufen, müssen Sie bestimmte Leistungsdaten erfüllen (u. a. mindestens 25 Bestellungen im Zeitraum September bis Oktober des laufenden Jahres, eine geringe Stornorate vor Erfüllung von Bestellungen, geringe Rate an verspäteten Lieferungen, geringe Rate an Bestellmängeln). Die genauen Informationen je Kategorie finden Sie auf der Seite *Freischaltung für Kategorien mit Zulassungsbeschränkung beantragen* in der Seller-Central-Hilfe:

https://sellercentral-europe.amazon.com/gp/help/200333160/ref=ag_200333160_cont_xx

3.3   Produkte, die von »Versand für Amazon« ausgeschlossen sind

Planen Sie, mit Ihren Produkten am Programm *Versand durch Amazon* (Fulfillment by Amazon, FBA) teilzunehmen, gelten für Sie weitere Beschränkungen. Ein paar davon sollen hier beispielhaft aufgenommen werden. Versenden Sie Ihre Produkte ausschließlich im Eigenversand, so gelten diese Einschränkungen für Sie nicht.

Verboten im Rahmen des Programms Versand durch Amazon sind u. a.:

▶ Gutscheine oder Wertkarten, die einen Geldwert repräsentieren

▶ nikotinhaltige Produkte

▶ cognachaltige Getränke oder Lebensmittel

▶ Schusswaffen, Waffenteile, Munition oder sonstige Waffen

▶ Teile von Tieren, die unter Artenschutz stehen

▶ gebrauchte Fahrzeugteile

▶ verschreibungs- oder apothekenpflichtige Arzneimittel

▶ DVDs/Blu-ray-Discs mit bestimmten Ländercodes oder FSK/USK-Einstufungen

Von Amazon nicht bearbeitet werden können …

- ▶ Produkte, die schwerer als 30 kg sind
- ▶ Produkte, deren längste Seite größer als 150 cm ist
- ▶ Produkte, deren Gurtmaß 3 m übersteigt
- ▶ Produkte, die Amazons Fall- oder Schütteltest nicht überstehen
- ▶ scharfkantige Produkte
- ▶ Tiere oder Pflanzen
- ▶ gekühlte oder tiefgefrorene Produkte
- ▶ Lebensmittel, sofern der Verkäufer keine explizite Genehmigung dafür hat
- ▶ schokoladenhaltige Produkte im Zeitraum Mai bis Oktober
- ▶ Produkte, die innerhalb der nächsten 15 Monate ablaufen
- ▶ Lebensmittel, deren Mindesthaltbarkeitsdatum innerhalb von 70 Tagen erreicht wird
- ▶ bestimmte Gefahrgüter und -stoffe
- ▶ Betäubungsmittel
- ▶ Schmuck im Wert von über 500 €
- ▶ Produkte, die nicht die erforderlichen Kennzeichnungen oder Warnhinweise aufweisen
- ▶ Produkte, die nicht ordnungsgemäß versiegelt sind
- ▶ Lithium-Batterien, die Amazons Anforderungen an Lithium-Batterien nicht erfüllen (*https://sellercentral-europe.amazon.com/gp/help/200383420/ref=ag_200383 420_cont_201730840*)

Die gesamte Liste der ausgeschlossenen Produkte finden Sie hier:

https://sellercentral-europe.amazon.com/gp/help/201730840?ie=UTF8

3.4   Nachfrage- und Wettbewerbssituation

Aufgrund des individuellen Konsumverhaltens gibt es Produkte, die sich häufiger verkaufen als andere. Für Händler sind Produkte mit hoher Nachfrage grundsätzlich interessanter als absolute Nischenprodukte. Produkte mit hoher Nachfrage rufen jedoch auch entsprechend viele Anbieter auf den Plan, was wiederum Druck auf die Preise ausübt. Nur große Händler mit entsprechender Einkaufsmacht haben in derartigen Märkten eine Chance, wettbewerbsfähig zu agieren. Es hängt daher sehr von Ihren persönlichen Voraussetzungen ab, auf welche Märkte Sie sich konzentrieren sollten. Als kleiner Anbieter gehen Sie wahrscheinlich eher in eine Nische, als großer Händler trauen Sie sich eher in umkämpfte Massenmärkte.

In jedem Fall sollten Sie sich Ihren Markt und die dort herrschende Angebots- und Nachfragesituation genauer anschauen. Hierzu gibt es passende Tools, die Ihnen helfen sollen, zu einer ersten Einschätzung zu gelangen.

3.4.1   Bestimmung der Nachfrage

Die Nachfrage nach einem bestimmten Produkt (und damit auch indirekt nach einem bestimmten Produkttyp) können Sie über den *Amazon Bestseller-Rang* (BSR) abschätzen. Der Amazon Bestseller-Rang eines bestimmten Produktes wird von Amazon stündlich auf Basis der Abverkaufszahlen der letzten 24 Stunden bestimmt und sagt aus, wie häufig sich ein Produkt im Vergleich zu anderen Produkten der gleichen Kategorie verkauft hat. Er hat damit keine absolute, sondern nur eine relative Aussagekraft. Werfen Sie zur Verdeutlichung einen Blick auf Abbildung 3.1:

Zusätzliche Produktinformationen	
ASIN	B00JY2SLEW
Durchschnittliche Kundenbewertung	★★★★☆ ▾ 252 Kundenrezensionen
Amazon Bestseller-Rang	Nr. 301 in Drogerie & Körperpflege (Siehe Top 100) Nr. 2 in Drogerie & Körperpflege > Medizinische Geräte & Verbrauchsmaterialien > Medizinische Geräte > Blutdruckmessgeräte > Oberarm-Blutdruckmessgeräte > Digitale Oberarm-Blutdruckmessgeräte
Produktgewicht inkl. Verpackung	998 g
Versand:	Dieser Artikel wird, wenn er von Amazon verkauft und versandt wird, ggfs. auch außerhalb Deutschlands versandt. Näheres erfahren Sie im Bestellvorgang.
Im Angebot von Amazon.de seit	26. April 2014

Abbildung 3.1 Amazon Bestseller-Rang für ein Produkt aus der Kategorie Drogerie & Körperpflege

In diesem Beispiel handelt es sich um ein Blutdruckmessgerät. Dieses hatte zum Zeitpunkt, an dem der Screenshot entstanden ist, einen Bestseller-Rang von 301 in der Kategorie *Drogerie & Körperpflege*, d. h. von allen Produkten, die in dieser Hauptkategorie gelistet sind, steht dieses Produkt an Platz 301, wenn es um die Verkaufszahlen der letzten 24 Stunden geht. Daher gilt, umso geringer der BSR, desto häufiger verkauft sich dieses Produkt im Vergleich zu anderen Produkten. Das Produkt, das sich innerhalb einer Kategorie am häufigsten verkauft, hat den BSR 1. Ich betone noch mal, dass der BSR immer relativ zu sehen ist. So ist es nicht ungewöhnlich, dass der BSR für ein Produkt steigt, obwohl sich an den Verkaufszahlen nichts geändert hat. Das passiert immer dann, wenn sich andere Produkte noch häufiger verkaufen als das betroffene Produkt und sich so an dem Produkt »vorbeischieben«.

Zum anderen ist es wichtig zu verstehen, dass der BSR immer nur eine Momentaufnahme ist. So gibt es eine Vielzahl von Gründen, warum der BSR stark schwanken kann. Dies gilt insbesondere für saisonale Artikel, die zu einer bestimmten Jahreszeit besonders (un)gefragt sind. Auf der anderen Seite können Verkäufer den Abverkauf durch Preismaßnahmen oder Gutscheinaktionen gezielt steigern. Möchte man sich ein realistisches Bild von dem durchschnittlichen BSR machen, lohnt sich immer eine Betrachtung zu mehreren Zeitpunkten. Der BSR eines bestimmten Produktes wird letztlich davon beeinflusst, zu welchen Suchbegriffen ein Produkt an welcher Position angezeigt wird. Produkte, die für eine Vielzahl häufiger Suchen weit oben angezeigt werden, werden in der Regel einen höheren BSR haben als Produkte, die für Suchen mit geringen Suchvolumen weiter unten angezeigt werden.

Es gibt einige Tools am Markt, die versuchen, anhand des BSR die Verkaufszahlen zu schätzen. Diese Schätzungen sind immer mit Vorsicht zu genießen, da häufig unklar ist, wie diese Schätzungen entstehen. Häufig zeigt ein Vergleich der Schätzung mit tatsächlichen Absatzdaten auch größere Abweichungen. Gemäß meinen Erfahrungen sollten Sie einen Sicherheitsabschlag von bis zu 50 % vornehmen, wenn Sie auf Basis dieser Zahlen Entscheidungen treffen. Dies ist jedoch je nach Produkt stark unterschiedlich.

Um die Nachfrage für einen bestimmten Produkttyp einzuschätzen, lohnt es sich, mehrere Produkte zu einem generischen Suchbegriff zu betrachten.

Für Tabelle 3.1 wurde auf Amazon nach dem Begriff »Blutdruckmessgerät« gesucht. Die ersten zehn Produkte im Suchergebnis zu diesem Produkt hatten einen BSR zwischen 29 und 22.626. Im Median lag dieser bei 337. Die geschätzten Absatz- und Umsatzdaten pro Monat entstammen dem kostenpflichtigen Tool *JungleScout*.

#	ASIN	Preis	BSR	Absatz (geschätzt)	Umsatz (geschätzt)
1	B00440D8A6	22,99 €	29	3.775	86.787 €
2	B00CJFDP9C	28,37 €	126	2.995	84.968 €
3	B001QB2MGM	14,99 €	294	2.006	30.070 €
4	B00A6QWL1E	19,99 €	1.198	476	9.515 €
5	B008KWO3Q2	19,95 €	412	1.514	30.204 €
6	B01JRWU2ZO	17,99 €	22.626	28	504 €
7	B003YUBXFO	37,99 €	271	2.119	80.501 €
8	B00VV8FCXU	15,95 €	1.218	471	7.512 €
9	B001AIS28I	59,90 €	337	181	10.842 €
10	B008RM35S2	18,99 €	1.999	300	5.697 €

Tabelle 3.1 BSR der Top-10-Produkte für den Suchbegriff »Blutdruckmessgerät« gemäß dem Tool »JungleScout«

Laut JungleScout wird das Produkt auf Position 1 knapp 3.800 Mal im Monat verkauft, was zum aktuellen Preis einen Umsatz von knapp 87.000 € ausmacht.

Es sei noch angemerkt, dass man BSR-Zahlen zwischen den Kategorien nicht vergleichen kann. Ein Produkt mit einem BSR von 100 in der Kategorie *Küche & Haushalt* hat andere Absatzzahlen als ein Produkt mit dem gleichen BSR in einer anderen Kategorie. Mithilfe des BSR können Sie also ein Gefühl dafür bekommen, welche Produkte vergleichsweise häufig verkauft werden.

3.4.2   Bestimmung der Nachfrage im Zeitablauf

Einige Produkte werden saisonal häufiger nachgefragt. Ein saisonaler Nachfrageverlauf muss nicht unbedingt schlecht sein. Letztlich ist entscheidend, was Sie auf Jahressicht mit einem Artikel umsetzen können. Ein saisonaler Verlauf hat lediglich starke Auswirkungen auf Themen wie Lagerhaltung und Cashflow, daher sollte man sich immer im Klaren sein, ob ein Artikel Nachfrageschwankungen unterliegt oder nicht.

Mithilfe ausgewählter Tools können Sie (näherungsweise) erkennen, ob ein bestimmter Artikel oder eine bestimmte Produktkategorie saisonalen Nachfrageschwankungen unterliegt. Eines dieser Tools ist *Google Trends*. Hierbei handelt es sich um ein kostenfreies Onlinetool von Google, das die Häufigkeit von bestimmten Suchanfragen über einen bestimmten Zeitraum ausweist. In Abbildung 3.2 sehen Sie den Verlauf zur Suche nach »Blutdruckmessgerät«:

Abbildung 3.2 Google Trends-Ergebnis zum Suchbegriff »Blutdruckmessgerät«

Dargestellt ist die relative Häufigkeit des Suchbegriffs »Blutdruckmessgerät« für die letzten fünf Jahre. Die Nachfrage ist kaum saisonal und über den Langzeittrend stabil. Anders sieht das Bild beim Thema Lichterkette aus:

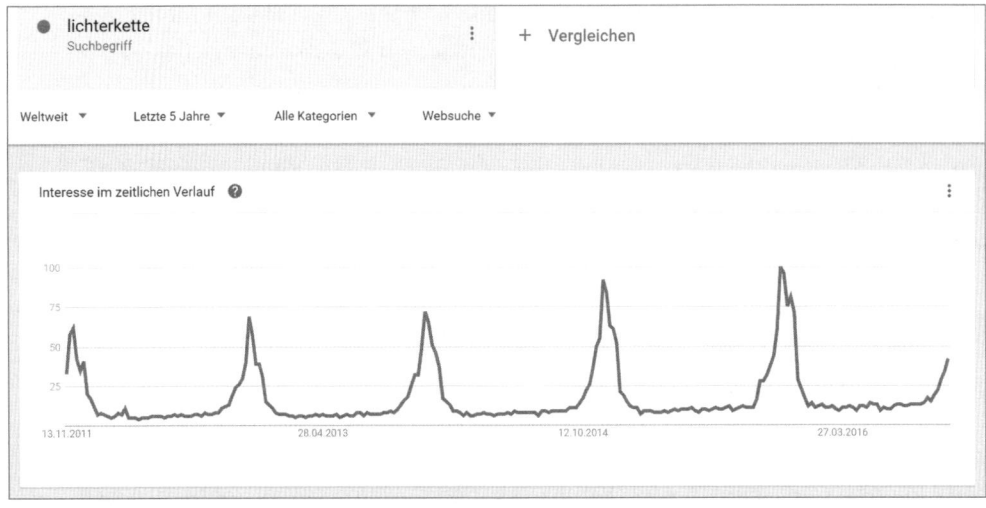

Abbildung 3.3 Google Trends-Ergebnis zum Suchbegriff »Lichterkette«

Hier lassen sich zwei Dinge ablesen. Zum einen gibt es unterjährig eine stark schwankende Nachfrage (immer kurz vor Weihnachten geht die Nachfrage hoch), und zum anderen lässt sich ein positiver Langzeittrend erkennen, d. h., es wurde jedes Jahr häufiger nach dem Begriff »Lichterkette« gesucht.

Abbildung 3.4 zeigt Ihnen letztes Beispiel für ein Produkt (Pokerkoffer), das ebenfalls einen leicht zyklischen, aber langfristig sinkenden Nachfrageverlauf hat:

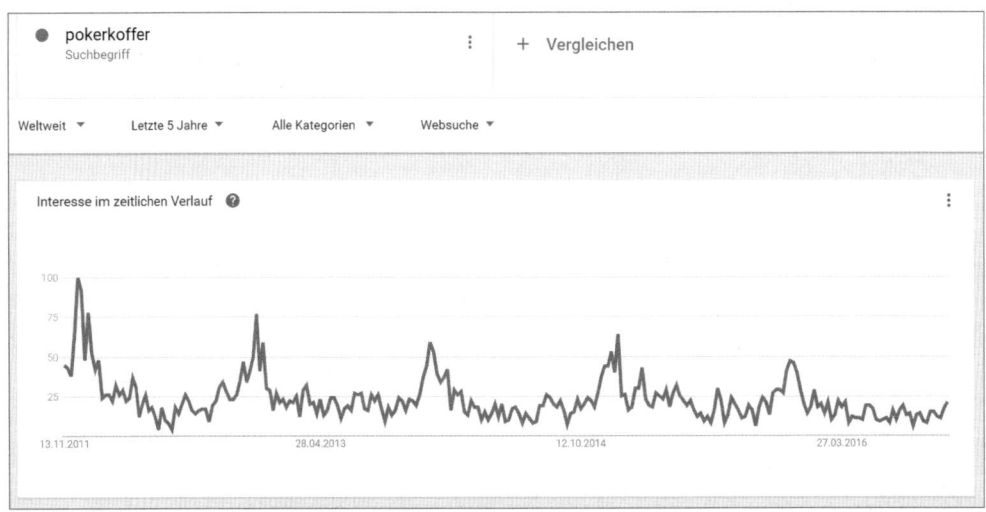

Abbildung 3.4 Google Trends-Ergebnis zum Suchbegriff »Pokerkoffer«

Eine Abfrage in Google Trends gibt natürlich nicht das Suchvolumen auf Amazon wieder, dennoch kann in der Mehrzahl aller Fälle angenommen werden, dass das Ergebnis repräsentativ ist.

Möchten Sie den Verlauf des BSR für ein bestimmtes Produkt nachvollziehen, müssen Sie auf andere Tools zurückgreifen. Eines dieser Tools heißt *Keepa* (*http://www.keepa.com*). Hier können Sie eine ASIN eingeben und – sofern die Daten zur Verfügung stehen – erhalten im Gegenzug den Verlauf des BSR für den vorliegenden Zeitraum. In Abbildung 3.5 sehen Sie das Beispiel einer Sonnencreme:

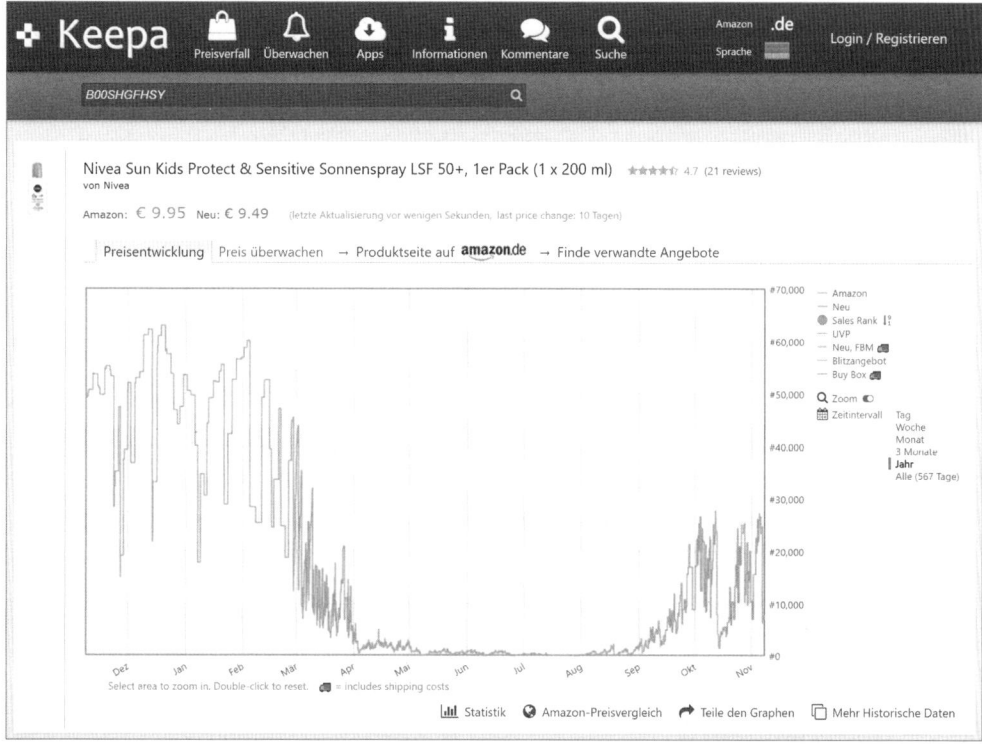

Abbildung 3.5 Verlauf des BSR für eine Sonnencreme eines deutschen Herstellers

Hier lässt sich schön der stark saisonale Verlauf nachvollziehen. In den Sommermonaten wird das Produkt häufiger verkauft (niedriger BSR) als in den Wintermonaten.

Ein anderes Tool mit ähnlicher Funktionalität heißt *camelcamelcamel* (*https://www.camelcamelcamel.com*). Um den BSR für ein Produkt im Zeitablauf abzurufen, benötigt man einen kostenlosen Account. Das Ergebnis für das gleiche Produkt sieht dann so aus:

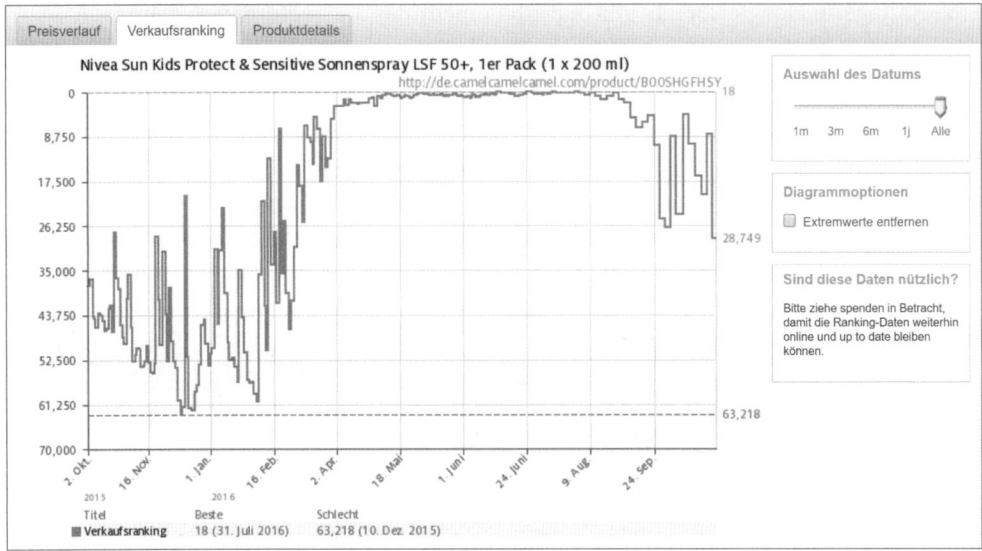

Abbildung 3.6 Verlauf BSR gemäß dem Tool »camelcamelcamel«

3.4.3   Einschätzung der Wettbewerbssituation

Nachdem Sie ein Gefühl dafür erhalten haben, wie stark und in welchem Zeitraum Produkte bei Amazon nachgefragt werden, gilt es nun, den Wettbewerb einzuschätzen. Ziel ist es, ein Gefühl dafür zu erhalten, ob Sie es mit Ihrem Produkt schaffen werden, mit vertretbarem Aufwand zu bestimmten Suchbegriffen in den Top 10 gelistet zu werden.

Sofern Ihr Produkt eine hohe Vergleichbarkeit zu den bestehenden Angeboten aufweist, bestimmen die folgenden Faktoren, wie umkämpft Ihre Produktkategorie ist:

▶ Anzahl der angebotenen Produkte

▶ Anzahl der Händler

▶ Preisniveau und Versandart der Produkte

▶ Anzahl und Höhe der Bewertungen der Top-10-Produkte

▶ Anzahl der Händler, die Anzeigen für die Produkte schalten

Um ein erstes Gefühl dafür zu erhalten, wie umkämpft eine bestimmte Produktkategorie ist, lohnt es sich, eine einfache Amazon-Suche zum Hauptsuchbegriff des eigenen Angebotes durchzuführen. Amazon gibt nämlich nicht nur die Suchergebnislisten zurück, sondern auch die Anzahl der zu diesem Suchbegriff gefundenen Produkte.

Je höher diese Zahl ist, umso stärker ist der Wettbewerb einzuschätzen. Dabei sollten Sie verschiedene Suchbegriffskombinationen durchspielen und auch solche verwenden, die auf Ihr Produkt zugeschnitten sind. Finden sich im folgenden Beispiel (siehe Abbildung 3.7) noch 9,3 Millionen Produkte zum Thema iPhone Hülle, so sind es »nur« noch rund 200.000 Produkte zum Suchbegriff »iPhone Hülle Leder schwarz 7«. Das Beispiel zeigt, dass man schon anhand dieser Zahlen schnell feststellen kann, dass die Konkurrenz in diesem Bereich sehr hoch ist. In der Regel werden Sie kaum einen Bereich finden, in dem es nicht schon mehrere Hundert Angebote zu einem generischen Suchbegriff gibt. Das liegt unter anderem auch daran, dass Amazon auch eine Vielzahl von Produkten einblendet, die nicht 100%ig zu dem jeweiligen Suchbegriff passen. Suchen Sie z. B. nach »Kissen«, werden Ihnen auf den hinteren Seiten auch Stempelkissen angezeigt.

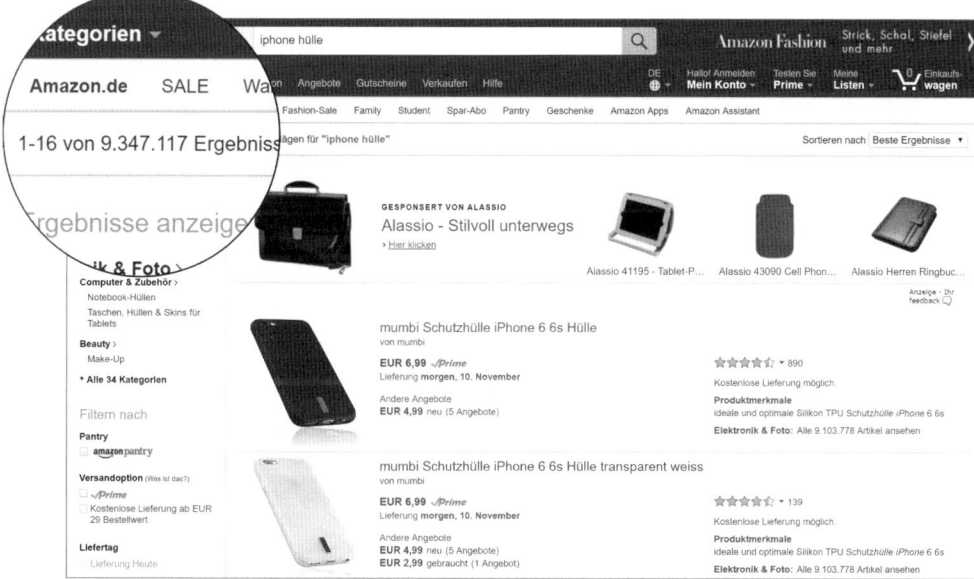

Abbildung 3.7 Amazon findet über 9,3 Millionen Produkte zum Suchbegriff »iPhone Hülle«

Wie bei den Produkten gilt auch hier: Je mehr Händler bereits in einer bestimmten Kategorie vertreten sind, umso stärker dürfte der Preiskampf sein. Ein unglaublich hart umkämpfter Bereich sind z. B. Druckerpatronen, wie Abbildung 3.8 zeigt.

Schauen Sie also immer, wie viele Händler das Produkt noch verkaufen. Es genügen schon wenige Händler, um einen ruinösen Preiskrieg auszulösen. Das erkennen Sie in der Regel auch immer daran, dass die Preise ungewöhnlich krumm sind. Das ist ein Zeichen dafür, dass Algorithmen (sogenannter *Re-Pricer*) am Werk sind, die die Preise automatisch anpassen (z. B. senken), wenn diese z. B. merken, dass sie die Buybox verloren haben.

	Image	MP	Title ASIN | Brand	Price	Sales rank Category	Sellers	Seller (Buybox)	Reviews	Rating	LQI	Weight	
		▬	HP 301XL Schwarz Original Druckerpatrone mit hoher Reichweite für HP Deskjet, HP … B003LNLPJS ⧉ | HP	€ 22.33	12 *Bürobedarf & Schreibwaren*	432	Amazon	412	4.2	60	0.059 kg	👁
		▬	HP 301 Schwarz Original Druckerpatrone für HP Deskjet, HP ENVY, HP Photosmart B003LNLPQ6 ⧉ | HP	€ 12.90	2 *Bürobedarf & Schreibwaren*	302	Amazon	901	4.2	60	0.059 kg	👁
		▬	HP 901 Farbe Original Druckerpatrone für HP Officejet B0019ZS5SM ⧉ | Hewlett-Packard	€ 20.22	139 *Bürobedarf & Schreibwaren*	282	Amazon	339	4.4	60	0.041 kg	👁
		▬	HP 950XL Schwarz Original Druckerpatrone mit hoher Reichweite für HP Officejet P … B005LU5U4K ⧉ | Hewlett-Packard	€ 29.74	18 *Bürobedarf & Schreibwaren*	272	Amazon	572	4.3	60	0.159 kg	👁
		▬	HP 300 Schwarz Original Druckerpatrone für HP Deskjet, HP ENVY, HP Photosmart B003CS473S ⧉ | Hewlett-Packard	€ 14.86	150 *Bürobedarf & Schreibwaren*	253	Amazon	818	4.3	60	0.499 kg	👁
		▬	HP 21/22 Multipack Original Druckerpatronen (1x Schwarz, 1x Farbe) für HP Deskje … B00P7STNAG ⧉ | Hewlett-Packard	€ 32.71	258 *Bürobedarf & Schreibwaren*	243	Amazon	649	4.3	75	0.558 kg	👁
		▬	HP 920 Multipack Original Druckerpatronen (Schwarz, Blau, Rot, Gelb) für HP Offi … B009KF5T90 ⧉ | Hewlett-Packard	€ 55.00	31 *Bürobedarf & Schreibwaren*	243	FBM	585	4.3	30	0.082 kg	👁

Abbildung 3.8 Eine Vielzahl von Händlern verkauft die gleichen Druckerpatronen. (Quelle: AMALYTIX)

Sie sollten bei der Durchsicht der Händler auch prüfen, ob Amazon selbst als Händler mitmischt. Amazon genießt bei vielen Kunden ein hohes Vertrauen und hat dadurch einen Wettbewerbsvorteil. Auch ist Amazon nicht zwingend darauf angewiesen, bei jedem Produkt Gewinn zu machen, und kann daher bei Preiskämpfen weiter mitgehen als mancher Wettbewerber. Im Beispiel von Abbildung 3.8 wird auch sehr deutlich, wie stark Amazon als Wettbewerber ist. Bei sechs der o. a. Listings besitzt Amazon die Buybox, obwohl es mehrere Hundert andere Händler gibt, die alle den Kürzeren ziehen.

Eines der wichtigsten Kriterien dürfte das aktuelle *Preisniveau* der Produkte sein, die mit Ihrem Produkt vergleichbar sind. Aufgrund der Tatsache, dass auf Amazon mehrere Händler um die Buybox des gleichen Produktes konkurrieren und der Preis ein wichtiges Kriterium zur Gewinnung der Buybox ist, kommt es schnell zu Abwärtsspiralen bei der Preisbildung. Zudem sind auch viele Käufer recht preissensibel und wählen bei gleicher Qualität häufiger das günstigere Angebot unter Einbeziehung der Versandkosten.

Sie sollten daher recht genau kalkulieren, ob Sie bei dem gängigen Preisniveau inklusive aller Kosten noch einen Gewinn erwirtschaften können. Wie so eine Kalkulation aussehen könnte, zeige ich Ihnen später.

Mittlerweile verfügen auch viele Käufer über die *Prime-Mitgliedschaft* und profitieren von kostenlosem Versand, sofern der Versand via Amazon erfolgt. Viele Käufer setzen bei der Suche sogar schon den Haken, um sich nur Produkte anzeigen zu lassen, die über Prime verfügbar sind.

Konkurrieren Sie also mit vielen Produkten, die via Prime verfügbar sind, wird es bei Eigenversand für Sie ungleich schwieriger. Umgekehrt können Sie, wenn Sie als einer von wenigen Prime anbieten, einen Großteil der Nachfrage auf sich ziehen.

Als Nächstes sollten Sie einen Blick auf die Anzahl und Höhe der *Bewertungen* der Produkte auf der ersten Suchergebnisseite werfen, die zu Ihrem Hauptsuchbegriff angezeigt werden bzw. die zu Ihrem Produkt am ähnlichsten sind. Viele Käufer ziehen die Rezensionen zu Hilfe, bevor sie ihre Kaufentscheidung treffen. Je mehr gute Rezensionen ein Produkt auf sich vereinen kann, desto eher ist ein Kunde geneigt, dieses Produkt zu kaufen. Umgekehrt haben es Produkte ohne Rezensionen bei Amazon schwer.

Sie sollten sich die Bewertungen Ihrer Konkurrenten auch mal genauer anschauen. Viele Händler helfen bei der Erstellung von Rezensionen nach, indem sie kostenlose Exemplare an *Produkttester* verteilen. Sie erkennen solche Bewertungen häufig daran, dass diese Bewertungen auffallend ausführlich ausfallen. Häufig (nicht immer) fehlt bei diesen Rezensionen auch der Zusatz *Verifizierter Kauf*. Und in der Regel wurden diese Rezensionen auch innerhalb einer kurzen Zeit abgegeben. Sofern dies der Fall ist, kann es für Neueinsteiger schwer werden, langfristig mehr oder bessere Bewertungen zu erhalten als der Wettbewerber. Aber auch ein anderes Szenario ist denkbar: Hat der Konkurrent viele Bewertungen, die im Muster dem Beispiel von Abbildung 3.9 entsprechen, kann es diesem Händler passieren, dass er einige dieser Bewertungen verlieren wird, da Amazon in der Zwischenzeit anreizbasierte Rezensionen verboten hat.

⭐⭐⭐⭐⭐ **Super Kabel zu gutem Preis**
Von Michael am 5. November 2016
Größe: HDMI / weiß - 2 Meter

Wie auf dem Foto zu sehen wurde das Kabel in einer wieder verschließbaren Plastiktasche geliefert. Die Stecker sind zusätzlich noch mit kleinen Plastikkappen geschützt was ich sehr gut finde. In der Tasche befindet sich außerdem ein kleiner Zettel mit Kontaktdaten falls man nicht zufrieden ist mit dem Kabel bzw. die Bitte das Kabel zu bewerten.

Das (2m) Kabel ist von Stecker Ende zu Stecker Ende etwas über 2.01m lang. Die Kabelstärke liegt bei etwa 7,5 mm und ist für diese Stärke sehr flexible. Ein Knickschutz an den Steckern ist auch vorhanden, allerdings funktioniert der meiner Meinung nach nur links und rechts vom Stecker aus gesehen aber nicht nach oben/unten.
Die Abmessungen der Stecker (ohne dem Teil der in der Buchse verschwindet) sind rund 4,4 x 2 x 1,1 cm.
Das Kabel macht einen sehr wertigen Eindruck und hat bisher zwischen meinem Blu-ray Player und TV einwandfrei funktioniert. Auch ist das Kabel ausreichend flexibel um mal mit einem engeren Biegeradius verlegt zu werden.

Zu diesem Preis und in dieser Qualität ist das Kabel voll in Ordnung!

Ich konnte dieses Produkt im Zuge eines Produkttests gratis testen. Meine Bewertung wurde aber in keiner Weise beeinflusst und entspricht meiner Meinung über das Produkt.

Abbildung 3.9 Typisches Beispiel für eine Bewertung im Rahmen eines Produkttestes

Grundsätzlich ist ein Produkt als umso stärker einzuschätzen, wenn es a) über viele positive Bewertungen verfügt, die b) von »echten« Käufern stammen. Treffen beide

Fälle zu, kann davon ausgegangen werden, dass das Produkt die Erwartungen der Käufer erfüllt hat. Die Anzahl der Bewertungen geben – unter den o. g. Einschränkungen – zudem einen Hinweis darauf, wie häufig ein Produkt gekauft wird. Geht man davon aus, dass ein konstanter Anteil von Käufern eine Bewertung abgibt, so folgt aus einer Vielzahl von (echten) Bewertungen umgekehrt, dass viele Käufer dieses Produkt in der Vergangenheit erworben haben. Viele Verkäufe helfen dem Produkt wiederum, in den Suchergebnislisten weiter nach vorn zu kommen.

Ihr letzter Blick sollte auf die *Anzeigen* (*Gesponserte Produkte*) fallen, die andere Händler zu den gängigen Suchbegriffen für dieses Produkt schalten. Im besten Fall finden Sie dort noch keine Anzeigen. Das würde Ihnen erlauben, sich zu vergleichsweise niedrigen Kosten an die Spitze der Suchergebnisse zu katapultieren, was ein unschätzbarer Vorteil sein kann. Häufig werden Sie jedoch bereits Anzeigen zu diesem Produkttyp finden. Dann sollten Sie schauen, wie viele verschiedene Händler sich im Anzeigengeschäft Konkurrenz machen. Ist die Anzahl gering, so besteht die Chance, dass die durchschnittlichen Klickpreise noch nicht allzu hoch ausfallen dürften. Eine geringe Anzahl von Händlern lässt Ihnen gegebenenfalls auch noch mehr Spielraum bei Nischen-Keywords.

3.5   Größe und Gewicht

Wenn Sie planen, Ihr Produkt über Amazons FBA-Programm versenden zu lassen, so sollten Sie nicht nur prüfen, ob Ihr Produkt a) die Bedingungen erfüllt, um via FBA verschickt zu werden, und b) ob es sich preislich für Sie lohnt. Grundsätzlich wird es für Sie umso teurer, je größer und schwerer Ihr Produkt ist. Das gilt sowohl für den Versand als auch für die Lagerkosten. Tabelle 3.2 zeigt drei fiktive Beispiele:

Produkt	Abmessungen	Gewicht	Versand-kosten	Lagergebühr (pro St./Monat)
1	15 × 15 × 2 cm	150 g	1,81 €	0,01 €
2	35 × 10 × 10 cm	2,5 kg	4,20 €	0,10 €
3	50 × 50 × 50 cm	6,5 kg	6,28 €	3,50 €

Tabelle 3.2 Beispiele für Kosten bei Versand via FBA aus dem Lager in Polen nach Deutschland und Lagerung im Oktober

Man erkennt auf den ersten Blick, dass große Produkte schnell teuer werden, was Lagerung und Versand angeht. Dies sollten Sie unbedingt in der Kalkulation einplanen. Bei großen und/oder schweren Produkten entscheiden sich aus diesem Grund viele Händler für den Eigenversand, da dieser bei Produkten mit hohem Preisdruck nicht immer profitabel über Amazon abgebildet werden kann. Kleine und leichte

Produkte eignen sich daher eher für den Versand durch Amazon. Letztlich entscheidet jedoch immer die individuelle Kalkulation.

3.6   Alleinstellungsmerkmal

Nach dem eher analytischen Blick auf Preise, Kosten und Bewertungen lohnt jetzt der Blick auf das Produkt als solches. Innerhalb einer Produktkategorie gibt es in der Regel vielfältige Möglichkeiten, das jeweilige Produkt zu positionieren und vom Wettbewerb abzugrenzen. Abgrenzungen können z. B. in der Qualität begründet sein. Verkaufen Sie z. B. eine Gesichtscreme, können Sie hochwertige Inhaltsstoffe einsetzen, um sich vom günstigeren Wettbewerb abzugrenzen. Zudem können Sie sich durch andere Materialien, weitere Größen, Farben, dem äußeren Erscheinungsbild u. v. m. abgrenzen. Sie können das Produkt auch als Dreierpaket anbieten und entsprechende Rabatte einpreisen.

Eine Abgrenzung über einen günstigeren Preis ist nur in den Fällen zu empfehlen, wenn Sie als Händler einen »unfairen Vorteil« in der Beschaffung haben, z. B. weil Sie das Produkt selbst herstellen und Ihre Mitbewerber nur Händler sind. Haben Sie diesen Vorteil nicht, dann ziehen andere Händler (mit eventuell längerem Atem als Sie) schnell nach.

Ein Alleinstellungsmerkmal ist zudem umso nachhaltiger, je weniger leicht es sich imitieren lässt. Bieten Sie ein Produkt in einer anderen Farbe an, so ist es für Wettbewerber schnell zu kopieren. Verfügen Sie stattdessen über ein urheberrechtlich geschütztes Design, ist dies schon schwieriger. Sofern Sie bereits über eine starke Eigenmarke verfügen, können Sie sich auch damit vom Wettbewerb abgrenzen. Das setzt natürlich voraus, dass Ihre Marke auch positive Eigenschaften transportiert. Eine No-Name-Marke hilft Ihnen in der Regel nicht, sondern schützt Sie gegebenenfalls nur vor Verkäufern, die auf Ihr Listing aufspringen wollen.

Um sich vom Wettbewerb abzugrenzen, haben viele Verkäufer in der Vergangenheit sogenannte Produktbundles entworfen. Dabei wurde dem Hauptprodukt noch ein oder mehrere günstige Zusatzprodukte hinzugefügt und als Paket verkauft (z. B. Zubehör oder Broschüren). Technisch gesehen, handelte es sich dadurch um ein neues Produkt, und der Verkäufer konnte dafür eine neue Produktdetailseite anlegen. Dies hatte den Vorteil, dass der jeweilige Verkäufer in der Regel allein auf diesem Listing verkauft hat und somit immer das Einkaufswagenfeld besaß. Die angebotenen Zusatzprodukte waren meist sehr günstig und haben den Verkaufspreis nicht oder nicht wesentlich erhöht, sodass die Käufer häufig zu dem Bundle und nicht zum einzelnen Produkt gegriffen haben. Diese Methode war unter Verkäufern daher sehr beliebt, hat aber gleichzeitig zu einem Wildwuchs bei den Produktdetailseiten geführt, sodass Amazon sich gezwungen sah, hier einzuschreiten. Seit März 2017 sind

Produktbundles nur noch in klar definierten Ausnahmefällen möglich. Immer noch erlaubt sind die folgenden Arten der Zusammenstellung:

▶ erhöhte Stückzahlen identischer Artikel

▶ Bundles, die auch von Amazon angeboten werden

▶ Bundles, die von dem Hersteller mit einer eigenen EAN als solche definiert und angeboten werden

Darüber hinaus hat Amazon noch für einige Kategorien bestimmte Ausnahmeregelungen erlassen. Diese sowie eine vollständige Übersicht inklusive Beispielen finden Sie hier:

https://sellercentral-europe.amazon.com/gp/help/200442350

3.7   Verbrauchs- vs. Gebrauchsgüter

Als Verkäufer profitieren Sie von Produkten mit einer hohen Wiederkaufrate. Hat ein Kunde einen Artikel bereits einmal bestellt und ist bei Amazon angemeldet, wird ihm dieser auf der jeweiligen Produktseite auch angezeigt (siehe Abbildung 3.10).

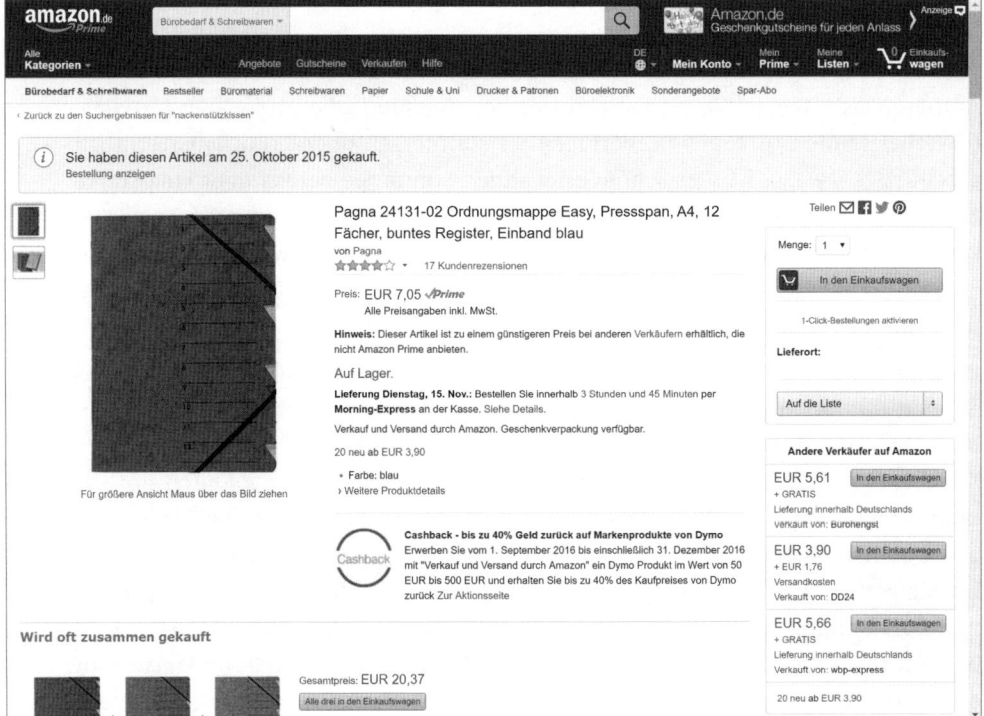

Abbildung 3.10 Anzeige seitens Amazon, dass ein Artikel bereits zu einem früheren Zeitpunkt bestellt wurde

Klickt der Kunde auf den Link BESTELLUNG ANZEIGEN, wird ihm die Option geboten, diesen Artikel gleich noch mal zu bestellen:

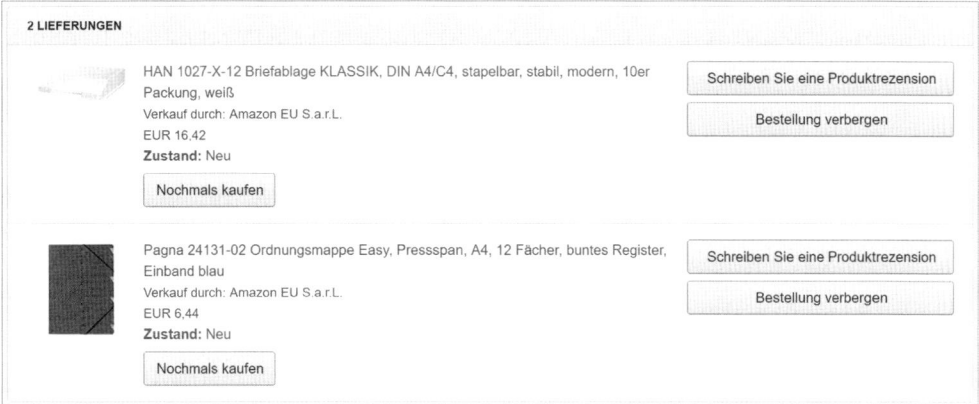

Abbildung 3.11 Kunden können bereits gekaufte Artikel einfach erneut in den Warenkorb legen.

Hatten die Kunden eine positive Produkterfahrung, werden diese nicht erneut nach einem passenden Produkt suchen, sondern auf ihre Erfahrung zurückgreifen und das Produkt nochmals kaufen. Viele Händler, die Verbrauchsgüter verkaufen, berichten daher von hohen Wiederkaufraten bei derartigen Produkten. Amazon bietet für bestimmte Produkte auch das sogenannte *Spar-Abo*, allerdings haben noch nicht alle Händler Zugriff auf diese Funktion.

Verbrauchsgüter sind daher für Händler aus den eben genannten Gründen sehr attraktiv. Wenn ich mich zwischen einem Gebrauchs- oder Verbrauchsgut entscheiden müsste, würde ich unter gleichen Bedingungen immer zum Verbrauchsgut tendieren, da Folgekäufe hier wesentlich einfacher zu generieren sind.

3.8   Marken, Gebrauchsmuster und Patente

Als Händler sollten Sie sich davor in Acht nehmen, Produkte zu vertreiben, die mit einem Schutzrecht versehen sind, sofern Sie diese Produkte nicht vom jeweiligen Inhaber des Schutzrechtes erworben haben. Schutzrechte gibt es viele, und ich gehe auf diese später noch mal ein. An dieser Stelle nur so viel: Prüfen Sie vor Beginn, ob die Produkte, die Sie vertreiben,

▶ markenrechtlich oder

▶ durch ein Patent oder

▶ durch ein Geschmacks- oder Gebrauchsmuster

geschützt sind.

Falls dem so ist und Sie nicht über die nötigen Distributionsrechte verfügen, sollten Sie die Finger davon lassen. Es droht Ihnen nicht nur Ungemach seitens der Konkurrenz und des Inhabers des jeweiligen Schutzrechtes, auch Amazon selbst geht hart gegen Verkäufer von z. B. gefälschten Waren vor, was zur Schließung des Verkäuferkontos bis hin zur Klage seitens Amazon führen kann. Im November 2016 ging Amazon zusammen mit dem Hersteller der TRX Fitnessgeräte gegen Händler vor, die gefälschte Waren unter der Marke TRX verkauften.

Besonders sollte man bei Ware aufpassen, die in China produziert wird. Die Hersteller dort nehmen es nicht allzu genau, wenn es um Schutzrechte geht. Am Ende sind jedoch Sie als Händler in der Verantwortung und müssen die Konsequenzen tragen.

Ein bekanntes Beispiel aus der Vergangenheit ist ein vom Niederländer Marijn Oomen entwickelter aufblasbarer Liegesack (siehe Abbildung 3.12), der schnell von vielen Herstellern in China kopiert wurde. Das Patent hat der Erfinder mittlerweile an die Firma Fatboy verkauft, die das Produkt unter der Marke Lamzac vertreibt und gegen Plagiate vorgeht.

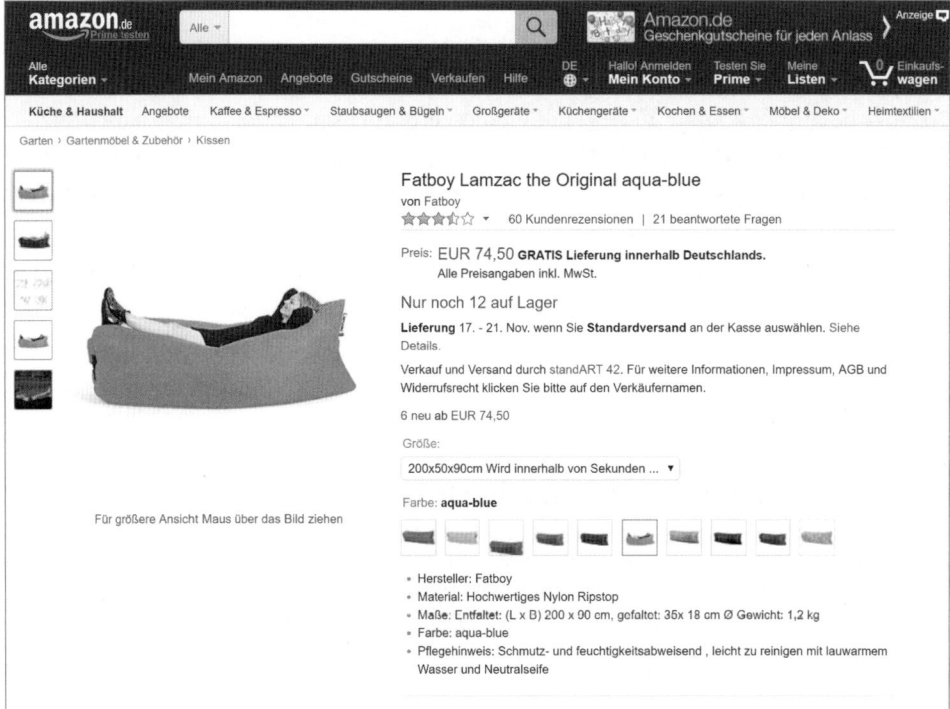

Abbildung 3.12 Der Original-Lamzac von der Firma Fatboy

Sucht man auf der Plattform Alibaba.com nach Lamzac, findet die Suchmaschine für Hersteller aktuell über 7.000 Anbieter, die diese Marke in der Artikelbeschreibung aufführen:

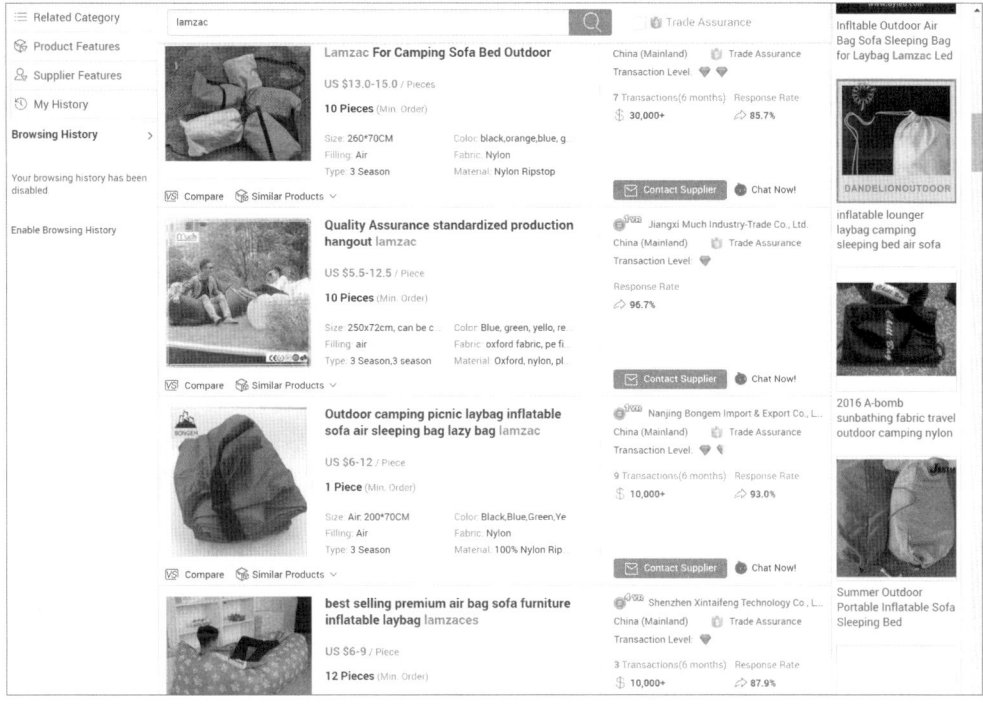

Abbildung 3.13 Auszug aus Alibabas Suchergebnis nach »Lamzac«

Dieses Beispiel soll Ihnen verdeutlichen, wie leicht es sein kann, Produkte, die eigentlich Schutzrechten unterliegen, zu vertreiben.

3.9   Ermittlung der Profitabilität auf Produktebene

Am Ende des Tages hilft Ihnen das beste Produkt nichts, wenn langfristig nach Abzug aller direkten Kosten für Beschaffung, Versand und Vertrieb kein positiver Deckungsbeitrag erwirtschaftet werden kann. Im Folgenden zeige ich Ihnen daher kurz auf, wie ein Deckungsbeitrag auf Produktebene errechnet werden kann. Ich gehe dabei nur auf die wesentlichen Kostenpositionen ein. Am Ende müssen Sie dieses Modell auf Ihre Bedürfnisse – insbesondere die Kostentreiber und Gewinnanforderungen – anpassen.

Ich gehe bei meinen Berechnungen davon aus, dass Sie vorsteuerabzugsberechtigt sind. Alle Rechnungen werde ich daher immer auf Netto-Basis durchführen, da die Umsatzsteuer für Sie ein durchlaufender Posten ist. Sind Sie Kleinunternehmer im Sinne des § 19 UStG, müssen Sie die gleiche Rechnung stets inklusive Vor- und Umsatzsteuer durchführen.

Ich will Ihnen die Rechnung anhand eines vollkommen fiktiven Beispiels näherbringen. Die Werte werden in der Realität sicher abweichen. Im Beispiel geht es um hochwertige Teelichthalter, die aus China beschafft werden.

3.9.1 Kosten für die Beschaffung

Unter den Kosten für die Beschaffung fallen alle Kosten, die anfallen, bis Sie das Produkt versandfertig in Ihrem bzw. dem Lager von Amazon haben. An erster Stelle stehen die Kosten, die Ihr Lieferant Ihnen für die Herstellung bzw. den Verkauf der Ware abverlangt. In unserem Beispiel verlangt der chinesische Hersteller bei einer Bestellmenge von 1.000 Stück 2,50 USD für das Produkt und gibt als Zusatz *FOB Ningbo* an. Der Gesamtwert der Bestellung beträgt also 2.500 USD bzw. 2.250 € bei einem angenommenen Wechselkurs von 0,90 €/USD.

FOB ist ein sogenannter *Incoterm* und steht für *Free on Board*, d. h., der Lieferant liefert das Produkt bis zum Hafen in Ningbo. Für alle weiteren Kosten ist der Verkäufer zuständig. Ihr Spediteur möchte 850 € netto für den Seetransport haben.

Auch der Zoll verlangt gemäß Warentarif 6 % vom sogenannten Zollwert. Der Zollwert setzt sich – von einigen Ausnahmen abgesehen – aus den Kosten für die Beschaffung zzgl. Frachtkosten zusammen. In unserem Beispiel sind dies also 2.250 € + 850 € = 3.100 €; 6 % auf 3.100 € sind 186 €. Für den Transport im Inland in Ihr Lager fallen weitere 600 € an.

Insgesamt zahlen Sie demnach 3.886 €.

Kostenart	Wert in €
Lieferant für 1.000 St.	2.250
Seefracht inklusive Handling	850
Zollwert	3.100
Zollsatz 6 %	186
Einfuhrkosten	3.286
Straßentransport innerhalb Deutschlands	600
Gesamtkosten bis Lager in Deutschland	**3.886**

Tabelle 3.3 Ermittlung der Beschaffungskosten

3.9.2 Zusatzkosten, um das Produkt für den Verkauf vorzubereiten

Bevor Sie das Produkt bei Amazon einlagern können, muss es noch aufbereitet werden. Sie haben sich dafür entschieden, dem Produkt eine hochwertige vierfarbige

Kartonverpackung zu spendieren. Hierfür berechnet Ihnen der Hersteller der Verpackung 900 €. Um das Produkt in die Verpackung zu bekommen, zahlen Sie einer Aushilfskraft 200 €.

Zudem benötigen Sie noch fünf hochwertige Produktfotos, die mit jeweils 60 € pro Stück zu Buche schlagen.

Schließlich schicken Sie die Ware in mehreren Kartons zu Amazon, wofür noch mal 30 € anfallen.

Ihre Gesamtkosten haben sich daher wie folgt erhöht:

Kostenart	Wert in €
Gesamtkosten bis Lager in Deutschland	3.886
Gestaltung der Verpackung	250
Produktion der Verpackung inklusive Versand	900
Fotos	300
Versand zum Lager Amazon	30
Gesamtkosten bis Lager Amazon	5.366

Tabelle 3.4 Ermittlung der Gesamtkosten

Bis die Ware im Lager von Amazon angekommen ist, sind Kosten in Höhe von 5.366 € aufgelaufen. Pro Stück ergibt das 5,37 € netto. Zu den anfänglichen 2,50 USD (= 2,25 €) kam also fast noch mal knapp der gleiche Betrag an zusätzlichen Kosten hinzu.

3.9.3   Verkaufsgebühr Amazon

Haben wir uns bei den Kosten für Einkauf, Fracht etc. von »unten nach oben« gearbeitet, drehen wir die Kalkulation jetzt um und rechnen vom Verkaufspreis inklusive USt. rückwärts.

Sie glauben, dass Sie für diesen Teelichthalter aufgrund der angebotenen Qualität, Ausführung und Konkurrenzsituation maximal 16,90 € inklusive 19 % USt. erzielen können. Die Umsatzsteuer müssen Sie von Ihren Einnahmen abziehen, daher verbleiben Ihnen noch 14,20 €.

Als Nächstes müssen Sie die Verkaufsprovision des Produktes bestimmen, die bei jedem Kauf anfällt. Ich gehe bei den Beispielen davon aus, dass Sie das *Professionelle Verkäuferkonto* gewählt haben, welches derzeit mit 39 € pro Monat zu Buche schlägt. Im Gegensatz zum *Basiskonto* fällt hier keine feste Gebühr je Artikel von 0,99 € an.

Amazon unterscheidet grundsätzlich Medienproduke (Bücher, Musik, Videos, DVDs) von Nichtmedienprodukten (alles andere). Bei beiden Produktkategorien wird eine prozentuale Verkaufsgebühr erhoben, die von der Kategorie, in der das Produkt angeboten wird, abhängt. Amazon erhebt für jeden Verkauf eine Mindestgebühr, sofern die ermittelte prozentuale Gebühr unter der Mindestverkaufsgebühr liegt.

Mit Stand von November 2016 stellt sich die Verkaufsgebühr wie folgt dar:

Kategorie	Variable Abschlussgebühr	Mindestverkaufsgebühr
Additive Fertigung	12 %	0,50 €
Auto & Motorrad	15 %	0,50 €
Baumarkt	12 %	0,50 €
Bier & Wein	15 %	–
Bücher, Musik, VHS, DVD	15 %	–
Computer	7 %	0,50 €
Computerzubehör	12 %	0,50 €
Elektroinstallation	12 %	0,50 €
Elektronik	7 %	0,50 €
Elektronikzubehör	12 %	0,50 €
Elektrogroßgeräte	7 %	0,50 €
Fahrräder	10 %	0,50 €
Industrielle Werkzeuge & Instrumente	12 %	0,50 €
Lebensmittel	15 %	–
Materialtransport-produkte	12 %	0,50 €
Musikinstrumente & DJ-Equipment	12 %	0,50 €
Reifen	10 %	0,50 €

Tabelle 3.5 Verkaufsgebühren je Kategorie, Stand: November 2016

Kategorie	Variable Abschlussgebühr	Mindestverkaufsgebühr
Schmuck	20 %	1,50 €
Schleifmittel & Veredelungsprodukte	12 %	0,50 €
Software, Videospiele	15 %	–
Spirituosen	15 %	–
Sport & Freizeit	15 %	–
Systemgastronomie-Ausrüstung & -Zubehör	15 %	0,50 €
Uhren	15 %	1,50 €
Videospielkonsolen	8 %	–
Zubehör für Amazon-Geräte	45 %	0,50 €
Zubehör für Gewerbe, Industrie & Wissenschaft	15 %	0,50 €
Alles andere	15 %	0,50 €

Tabelle 3.5 Verkaufsgebühren je Kategorie, Stand: November 2016 (Forts.)

Die Verkaufsgebühr bezieht sich dabei immer auf den Bruttoverkaufspreis. Verkaufen Sie also in der Kategorie *Sport & Freizeit* einen Tennisschläger für 99,00 € inklusive USt., so zahlen Sie an Amazon eine Provision in Höhe von 15 %, was 14,85 € (exklusive USt.) entspricht.

> **Rechnerisch korrekter Prozentsatz der Verkaufsprovision**
>
> Da die Umsatzsteuer für Sie ein durchlaufender Posten ist, sich die variable Abschlussgebühr aber auf den Bruttoverkaufspreis bezieht, ist die rechnerisch richtige Verkaufsprovision höher, sofern man den Nettoverkaufspreis zugrunde legt. Bei einem Bruttoverkaufspreis von 99,00 € beträgt der Nettopreis 83,19 €. Bezieht man die variable Abschlussgebühr in Höhe von 14,85 € auf den Nettopreis, so ergibt sich eine rechnerische Abschlussgebühr in Höhe von knapp 18 %.

Bei Medienartikeln kommt noch eine weitere *Abschlussgebühr* hinzu, die durch die Versandart bestimmt wird:

Typ	Deutschland Standard-versand	Deutschland Express-versand	EU, Schweiz, Liechten-stein	Übriges Europa	Andere Länder weltweit
Bücher	1,01 €	2,03 €	1,01 €	6,86 €	3,23 €
Musik	0,81 €	2,03 €	1,91 €	7,91 €	5,82 €
Videos (VHS)	0,81 €	2,03 €	1,86 €	6,86 €	3,23 €
DVDs	0,81 €	2,03 €	1,91 €	8,91 €	7,32 €

Tabelle 3.6 Abschlussgebühren ab 1. August 2017

Verkaufen Sie ein Buch für 49,00 € inklusive USt., so zahlen Sie sowohl 15 % auf 49,00 € als auch 1,01 €, insgesamt also 8,36 €.

In unserem eingangs erwähnten Beispiel des Teelichthalters müssen wir 15 % auf 16,90 € zahlen, was 2,54 € entspricht.

Die aktuelle Preisübersicht finden Sie hier:

https://services.amazon.de/programme/online-verkaufen/preisgestaltung.html

3.9.4 Versandkosten »Versand durch Amazon«

Da Sie das Produkt via Amazon verschicken lassen, kommen noch Kosten für Versand und Lagerung hinzu.

Die Kosten für den Versand ergeben sich aus den Abmessungen sowie des Gewichtes des Produktes inklusive Verpackung.

Grob unterscheidet Amazon hier erneut zwischen Medien- und Nichtmedienprodukten sowie Produkten in Übergröße. Ein Produkt fällt dann in die Kategorie *Übergröße*, wenn eine der folgenden Bedingungen zutrifft:

▶ Gewicht > 12 kg

▶ Länge > 45 cm

▶ Breite > 34 cm

▶ Höhe > 26 cm

Für diese drei Kategorien gelten jeweils unterschiedliche Preismodelle.

Unser Teelichthalter hat eine Größe von 20 × 20 × 10 cm und wiegt 350 g (die Verpackung von Amazon nicht eingerechnet). Ein Blick in Amazons Preisübersicht (siehe Abbildung 3.14) ergibt folgenden Preis:

Nicht-Medienprodukte	Großbritannien (£)	DE (€)	FR (€)	IT (€)	ES (€)	Verkauft bei Amazon.co.uk (£)	Nicht Großbritannien (€)
Kleiner Briefumschlag	1,09	1,63	2,02	2,31	1,76	2,48	2,90
Standardbriefumschlag: 100 g	1,21	1,80	2,13	2,38	1,91	2,60	3,04
Standardbriefumschlag: 250 g	1,34	1,81	2,29	2,47	1,96	2,64	3,09
Standardbriefumschlag: 500 g	1.54	1,94	2,50	2,73	1,99	2,69	3,15
Großer Umschlag: 1.000 g	1,77	2,32	2,54	3,08	1,99	3,06	3,58
Standardpaket: 250 g	1,73	2,36	2,57	3,14	2,17	3,15	3,68
Standardpaket: 500 g	1,79	2,46	2,79	3,27	2,28	3,26	3,81
Standardpaket: 1.000 g	1,84	3,03	3,53	3,83	2,81	3,76	4,40
Standardpaket: 1.500 g	2,26	3,17	3,74	4,13	2,95	3,88	4,54

Abbildung 3.14 Kosten Versand durch Amazon für Nichtmedienprodukte

Da die kürzeste Seite unseres Produktes die Maximalgrößen für den *Großen Briefumschlag* überschreitet, müssen wir in der Kategorie *Standard-Paket* schauen. Die Verpackung für ein Paket wiegt 100 g. Daher wiegt die ausgehende Sendung insgesamt 450 g (350 g + 100 g). Wir landen somit in der Zeile *Standardpaket: 500g*. Pro versendetem Artikel innerhalb Deutschlands werden demnach 2,46 € fällig.

Amazon hat vor Kurzem eine weitere Gebühr eingeführt, um die deutschen Distributionszentren zu entlasten und Händler dazu zu bewegen, die Waren in Amazons Distributionszentren in angrenzenden Nachbarstaaten zu lagern. Pro Sendung, die aus Deutschland heraus verschickt wird, fallen weitere 0,50 € an. Insgesamt müssen Sie also im Beispiel 2,46 + 0,50 € = 2,96 € pro Artikel zahlen.

Die gesamte Gebührenübersicht finden Sie hier:

https://services.amazon.de/programme/versand-durch-amazon/preisgestaltung.html

3.9.5 Lagerkosten »Versand durch Amazon«

Im Rahmen des Programms *Versand durch Amazon* verschickt Amazon die Ware nicht nur, sondern lagert sie auch. Dafür stellt Ihnen Amazon eine Gebühr abhängig vom belegten Lagerraum in Rechnung. Der Preis für einen Kubikmeter Lagerraum wiederum richtet sich nach dem Kalendermonat. In der Vorweihnachtszeit (Oktober, November, Dezember), in der die Lager von Amazon mit Ware überquellen, stellt Amazon derzeit 28,00 € pro Kubikmeter in Rechnung, in der übrigen Zeit (Januar bis September) sind es 20,00 € pro Kubikmeter und Monat.

Die Gesamtkosten für die Lagerung hängen nun davon ab, wie schnell es Ihnen gelingt, das Produkt zu verkaufen. Gehen wir von konstant 200 Verkäufen im Monat aus, so dauert es fünf Monate, bis die Ware abverkauft ist. Im Durchschnitt liegt die Hälfte unseres Bestandes im Lagerhaus (also 500 Exemplare). Ein Exemplar hat ein

Volumen von 0,2 m × 0,2 m × 0,1 m = 0,004 m³. 500 Exemplare belegen also einen Raum von exakt 2 m³ (500 × 0,004 m³). Gehen wir davon aus, dass der Verkauf im Zeitraum März bis Juli erfolgt, so müssen wir in diesem Zeitraum im Mittel 2 m³ × 20,00 € = 40,00 € pro Monat an Amazon zahlen. Insgesamt belaufen sich die Lagerkosten daher auf 5 × 40 € = 200 € oder 0,20 € pro Stück.

Nachdem wir nun alle Kosten kennen, können wir folgende Gesamtrechnung aufstellen:

Beschreibung	Wert in €
Preis inklusive USt.	16,90
abzgl.19 % USt.	2,70
Nettoverkaufspreis	14,20
Amazon Verkaufsgebühr	2,54
Amazon Versandgebühr	2,96
Amazon Lagergebühr	0,20
Produktstückkosten inklusive Nebenkosten	5,37
Stückgewinn	3,13

Tabelle 3.7 Ermittlung des Stückgewinns

3.9.6 Auswirkungen von Retouren

Nun ist es insbesondere im Distanzhandel so, dass Verbraucher nicht immer glücklich mit dem erworbenen Produkt sind. Ein bestimmter Prozentsatz eines Artikels wird von den Kunden retourniert und ist häufig nicht mehr für den Wiederverkauf geeignet. Die Quote nicht wiederverkaufbarer Retouren hat ganz wesentlichen Einfluss auf die Profitabilität.

Wird ein Artikel vom Kunden retourniert, wickelt Amazon den Kauf wieder rückwärts ab, d. h., Amazon zieht Ihnen den jeweiligen Umsatz vom Konto ab und erstattet Ihnen (teilweise) die Verkaufsgebühr.

Dazu ein (vereinfachtes) Beispiel: Angenommen, die Teelichter haben eine Retourenquote von 5 % und die Retouren sind nicht wiederverkäuflich. Amazon zieht dann wieder bei 50 Bestellungen (5 % von 1.000) den Umsatz ein (50 × 14,20 € = 710 €) und erstattet Ihnen 80 % der Verkaufsgebühr von 50 × 2,54 € = 101,60 €. Die Differenz von 710 € und 101,60 € belastet unser Gesamtergebnis, was sich dann wie folgt darstellt:

	Pro Stück	Pro Monat	Gesamt
Verkaufte Menge		200	1.000
Verkaufspreis brutto	16,90 €	3.380 €	16.900 €
Mehrwertsteuersatz	19 %		
Verkaufspreis netto	14,20 €	2.840 €	14.202 €
Amazon Verkaufsprovision in €	2,54 €	507 €	2.535 €
FBA-Gebühr	2,96 €	592 €	2.960 €
Lagergebühr	0,20 €	40 €	200 €
Stückkosten	5,37 €	1.074 €	5.370 €
Nettogewinn vor Retouren	**3,13 €**	**627 €**	**3.137 €**
Kosten Retouren (5 %)	0,61 €	122 €	610 €
Nettogewinn nach Retouren	**2,53 €**	**505 €**	**2.527 €**

Tabelle 3.8 Vereinfachte Ermittlung des Nettogewinns nach Retouren

Dieses Beispiel ist bewusst kurz gehalten. Kosten für die Rücksendung oder Vernichtung der Retouren wurden nicht berücksichtigt. Und auch Kosten für Werbung auf dem Marktplatz Amazon blieben hier außen vor. Zudem geht das Beispiel implizit davon aus, dass der zu erzielende Verkaufspreis stabil ist. Doch gerade aufgrund des hohen Wettbewerbs ist das nicht immer gewährleistet. Und natürlich sind auch Gemeinkosten, die im Rahmen Ihres Geschäftes entstehen, hier nicht berücksichtigt. Das Beispiel macht jedoch deutlich, dass der Deckungsbeitrag trotz eines vielfach höheren Verkaufspreises deutlich niedriger ausfällt als z. B. im stationären Handel. Eine gute Kalkulation ist daher die Grundlage für den langfristigen Erfolg. Planen Sie ausreichend Puffer ein, damit auch im Falle eines Preisdrucks noch ausreichend Marge für Sie übrig bleibt und Sie diese gegebenenfalls nutzen können, um Ihr Produkt in der Anfangsphase zu bewerben.

Kapitel 4
Einrichtung des Verkäuferkontos

Bevor Sie Ihre Karriere als Marketplace-Händler bei Amazon starten können, müssen Sie sich bei Amazon einmalig registrieren. Die Registrierung erfolgt zunächst für das Programm *Verkaufen bei Amazon*. Möchten Sie zudem am Programm *Versand durch Amazon* und anderen Programmen teilnehmen, muss dies im zweiten Schritt geschehen.

Amazons Marktplätze laufen auf technisch getrennten Infrastrukturen. Möchten Sie sich z. B. für das Verkaufen auf dem US-amerikanischen Markt registrieren, müssen Sie erst auf *http://services.amazon.com* gehen und sich von dort aus weiterhangeln. Für das Verkaufen innerhalb Europas können Sie von *http://services.amazon.de* aus starten (siehe Abbildung 4.1). Dies wird dann Ihr »Heimatmarkt«, von dem aus Sie alle weiteren Aktivitäten auf den anderen Marktplätzen starten. Amazon treibt die Integration jedoch immer weiter voran, daher sollten Sie sich zu Beginn noch mal informieren, ob der unten beschriebene Ablauf noch aktuell ist.

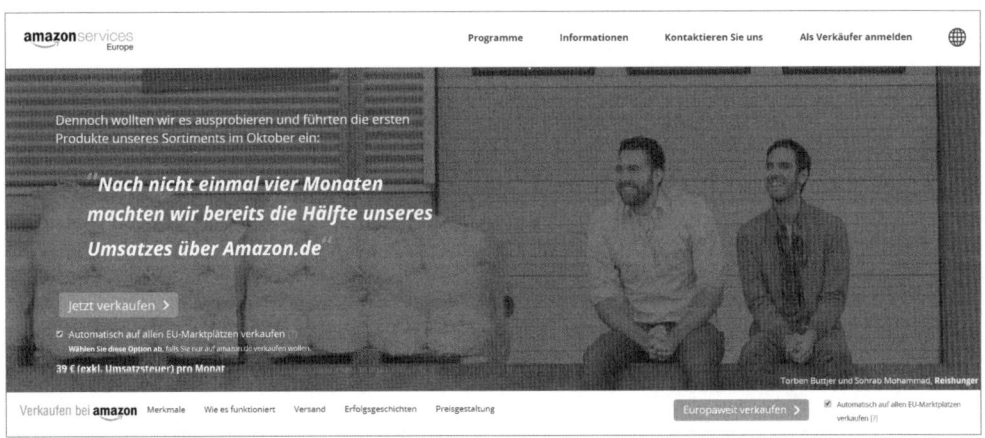

Abbildung 4.1 Registrierung für das Programm »Verkaufen bei Amazon«

Wenn Sie sich als Händler für Amazon registrieren möchten, werden Sie zuerst vor die Wahl gestellt, ob Sie ein *Basiskonto* oder ein *Professionelles Anbieterkonto* einrichten möchten. Um es direkt vorwegzunehmen: Sie wollen in 99 % der Fälle ein Professionelles Anbieterkonto eröffnen. Der Vollständigkeit halber zeige ich Ihnen die

Unterschiede trotzdem kurz auf. Die Tarife unterscheiden sich im Wesentlichen in den Möglichkeiten, die Ihnen als Verkäufer im jeweiligen Tarif zur Verfügung stehen, sowie in der Preisgestaltung.

Das Basiskonto eignet sich in der Regel für Verkäufer, die nur wenige Artikel pro Monat verkaufen möchten. Das liegt im Wesentlichen an der Preisstruktur, die keine monatliche Grundgebühr vorsieht, dafür aber eine feste Verkaufsgebühr je Artikel von 0,99 €. Hinzu kommt eine prozentuale Verkaufsprovision in Abhängigkeit von der Kategorie und gegebenenfalls noch eine weitere Gebühr für Medienprodukte. Hinsichtlich der Funktionen ist das Basiskonto deutlich eingeschränkt. So können Sie z. B. nicht in den folgenden zulassungsbeschränkten Kategorien verkaufen:

- Bekleidung
- Bier & Wein
- Computerzubehör
- Drogerie, Körperpflege & Gesundheit
- Elektronikzubehör
- Lebensmittel
- Parfümerie & Kosmetik
- Schmuck
- Spirituosen
- Uhren

Sie haben auch keinen Zugriff auf die Schnittstellen (APIs) von Amazon, die von Warenwirtschaftssystemen oder Tools genutzt werden, um Ihr Konto zu verwalten bzw. zu überwachen. Ihnen fehlen wichtige Auswertungsfunktionen, die als Berichte in Seller Central zur Verfügung gestellt werden. Sie können im Basiskonto auch keine Produktanzeigen im Programm *Gesponserte Produkte* schalten.

Beim Professionellen Anbieterkonto gelten alle diese Einschränkungen nicht. Dieses kostet Sie zum Zeitpunkt des Entstehens dieses Buches 39 € pro Monat. Dafür fällt keine fixe Verkaufsprovision pro Order an. Man kann auf diese Weise schnell ausrechnen, dass sich ein Professionelles Anbieterkonto schon dann lohnt, wenn man mehr als 40 Artikel pro Monat verkaufen wird.

Das Professionelle Anbieterkonto erlaubt Ihnen zudem, sich für die zulassungsbeschränkten Kategorien zu bewerben (automatisch zugelassen sind Sie dafür nicht), und Sie haben vollen Zugriff auf die MWS (*Merchant Web Services*)-Schnittstellen. Und natürlich haben Sie auch vollen Zugriff auf alle Bereiche in Seller Central, also auch auf die Statistiken und Berichte sowie den Bereich *Werbung*, in dem Sie Produktanzeigen im Programm Gesponserte Produkte schalten können.

	Basiskonto	Professionelles Anbieterkonto
Kosten pro Monat	0 €	39 €
Feste Gebühr pro Verkauf	0,99 €	0 €
Variable Verkaufsprovision	bei beiden Konten gleich, abhängig von der jeweiligen Kategorie	
Verkauf in zulassungsbeschränkten Kategorien möglich	nein	ja
Zugriff auf die MWS-API	nein	ja
Schaltung von Produktanzeigen (Gesponserte Produkte)	nein	ja
Zugriff auf Statistiken und Berichte	nein	ja

Tabelle 4.1 Unterschiede Basiskonto und Professionelles Anbieterkonto

Im Zweifel registrieren Sie sich für das Professionelle Anbieterkonto. Mir sind Fälle zu Ohren gekommen, in denen sich ein nachträglicher Wechsel als schwierig herausgestellt hat.

Amazon hat es Verkäufern kürzlich deutlich vereinfacht, Produkte, die z. B. in Deutschland gelistet sind, auch automatisch auf andere Marktplätze zu übertragen (siehe Abbildung 4.2). Bevor Sie diese Option aktiviert lassen, sollten Sie kurz intern klären, ob die nötigen Voraussetzungen in Ihrem Unternehmen gegeben sind. So hat der Verkauf auf anderen Marktplätzen sowohl steuerliche als auch logistische Implikationen, jeweils abhängig davon, ob Sie Eigenversand anbieten oder am Programm *Versand durch Amazon* teilnehmen. Wenn Sie sich hier nicht sicher sind, können Sie den internationalen Verkauf auch zu einem späteren Zeitpunkt noch einrichten.

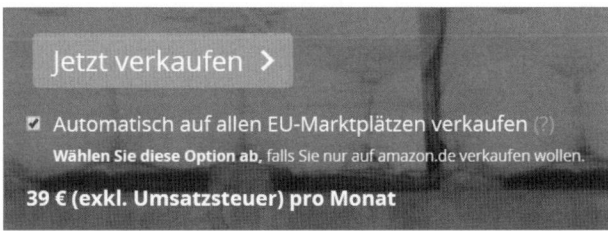

Abbildung 4.2 Amazon fragt Sie auch schon vor der Registrierung, ob Sie automatisch auf allen europäischen Marktplätzen verkaufen möchten.

Wenn Sie auf REGISTRIEREN SIE SICH JETZT klicken, kommen Sie zum nächsten Schritt, in dem Sie eine E-Mail-Adresse und ein Kennwort vergeben müssen:

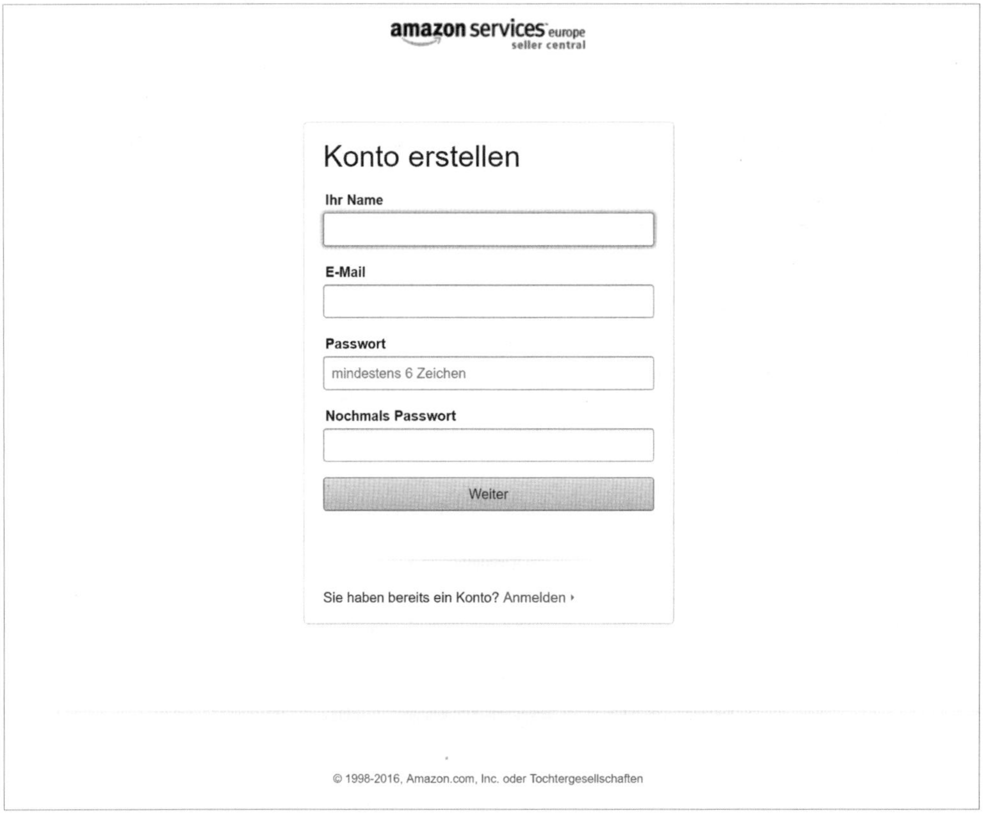

Abbildung 4.3 Erstellung eines Kontos für Seller Central

Unten werden Sie gefragt, ob Sie bereits ein Konto haben. Theoretisch könnten Sie auch Ihr Konto nutzen, welches Sie für den Einkauf auf Amazon nehmen. Es empfiehlt sich aber unbedingt, ein separates Konto für Ihre Verkaufsaktivitäten zu eröffnen. Stellen Sie sich vor, Ihr Partner übertreibt es bei den Retouren, und plötzlich wird Ihr Konto geschlossen. Bei Amazon kann es dann schnell passieren, dass auch andere Services, die mit diesem Konto verknüpft sind, von der Schließung betroffen sind.

Auf der nächsten Seite werden Sie gebeten, Angaben zu Ihrem Unternehmen zu machen (siehe Abbildung 4.4). In der Regel werden Sie hier bei Land »Deutschland« und bei Unternehmensform »Unternehmen in Privatbesitz« eintragen. Ist Ihr Unternehmen an der Börse notiert, wäre »Börsennotiertes Unternehmen« der richtige Eintrag. Auf der folgenden Seite müssen Sie weitere Angaben zu Ihrem Unternehmen machen (siehe Abbildung 4.5).

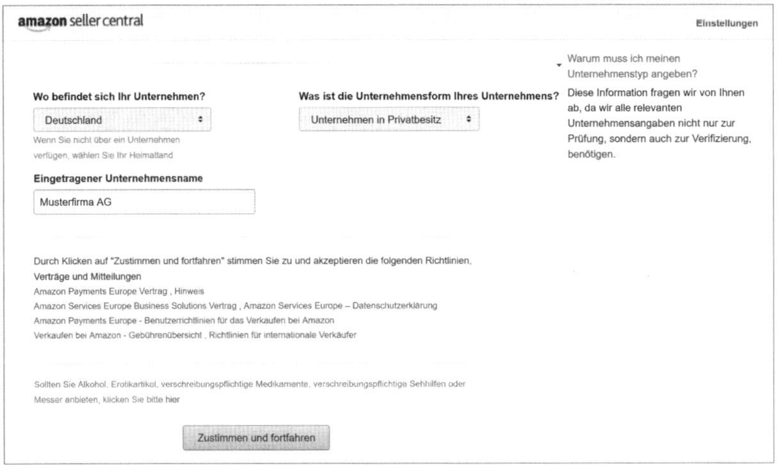

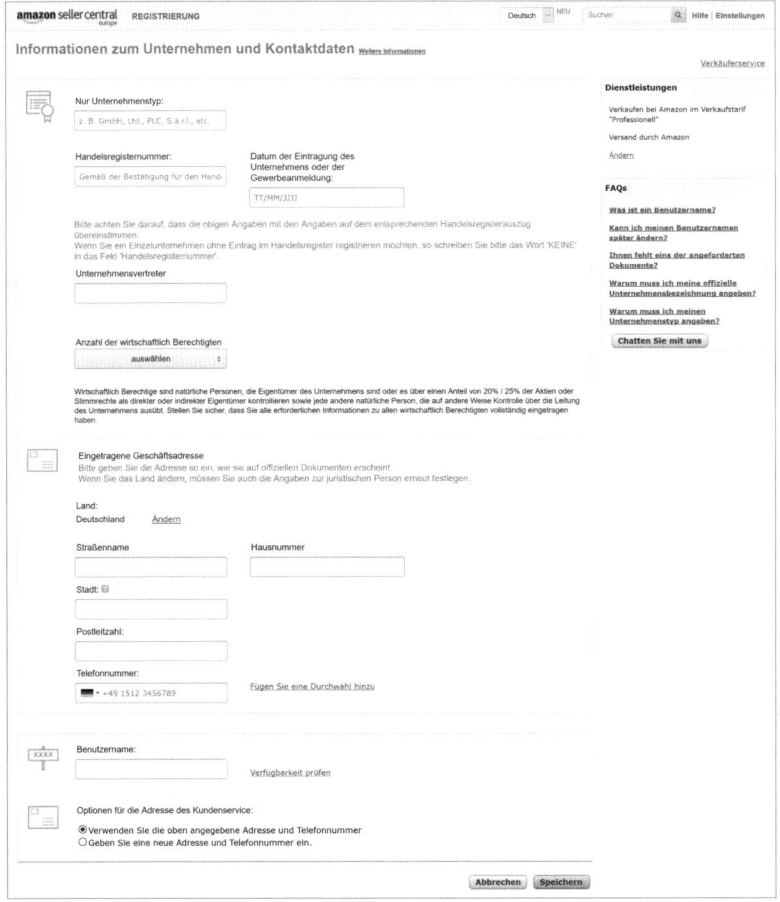

Abbildung 4.4 Angaben zu Land und Unternehmensform

Abbildung 4.5 Informationen zum Unternehmen und Kontaktdaten

Sollte Ihr Unternehmen nicht im Handelsregister eingetragen sein (z. B. bei Einzel-
unternehmen), tragen Sie unter Handelsregisternummer »Keine« ein. Unter BE-
NUTZERNAME geben Sie den Namen Ihres Unternehmens an. Diesen können Sie
später auch noch ändern. Nachdem Sie alle weiteren Daten ergänzt haben, klicken Sie
auf SPEICHERN. Auf der nächsten Seite werden Ihnen Ihre Angaben noch mal angezeigt, und Sie müssen weitere Angaben zu Ihrem Unternehmen machen:

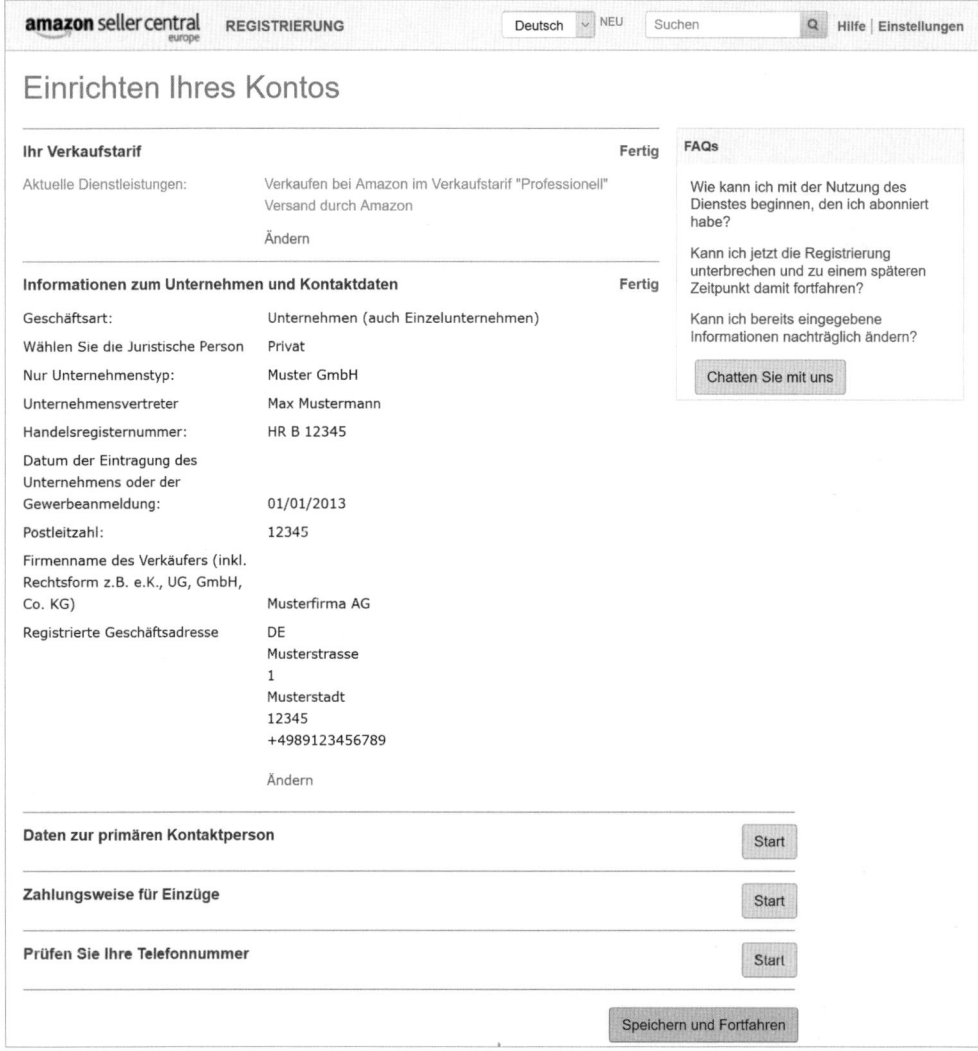

Abbildung 4.6 Ergänzung weiterer Angaben zum Verkäuferkonto

Auf dieser Seite können Sie die Daten zu der primären Kontaktperson und Ihrer
Bankverbindung/Kreditkarte hinterlegen bzw. Ihre Telefonnummer bestätigen.

Für die primäre Kontaktperson müssen Sie noch die Nummer eines gültigen Perso-
nalausweises bzw. Reisepasses angeben (siehe Abbildung 4.7). Bei der primären Kontaktperson muss es sich übrigens nicht zwingend um einen gesetzlichen Vertreter
bzw. einen wirtschaftlich Berechtigten handeln. Sind Sie keines von beiden, können
Sie beide NEIN-Felder anklicken.

Abbildung 4.7 Daten zur primären Kontaktperson

Auf der Seite für die Zahlungsweise können Sie entweder via IBAN/BIC eine gültige
Bankverbindung angeben oder eine Kreditkarte hinterlegen. Diese wird genutzt, um
Ihr Konto mit Zahlungen zu belasten.

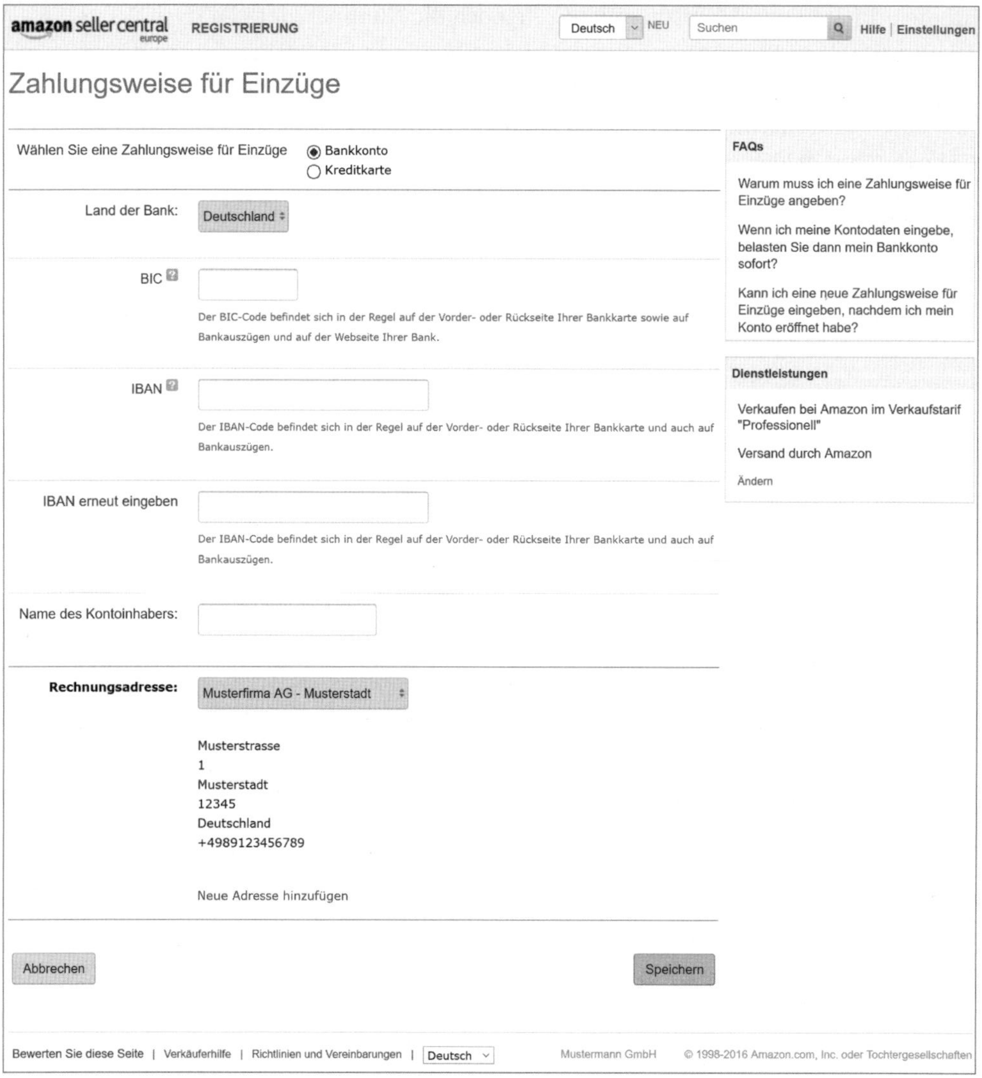

amazon seller central   REGISTRIERUNG   Deutsch ⌄ NEU   Suchen   🔍 Hilfe | Einstellungen
europe

Zahlungsweise für Einzüge

Wählen Sie eine Zahlungsweise für Einzüge   ⦿ Bankkonto
⚪ Kreditkarte

Land der Bank: [Deutschland ⇕]

BIC ❓   [   ]

Der BIC-Code befindet sich in der Regel auf der Vorder- oder Rückseite Ihrer Bankkarte sowie auf
Bankauszügen und auf der Webseite Ihrer Bank.

IBAN ❓   [   ]

Der IBAN-Code befindet sich in der Regel auf der Vorder- oder Rückseite Ihrer Bankkarte und auch auf
Bankauszügen.

IBAN erneut eingeben   [   ]

Der IBAN-Code befindet sich in der Regel auf der Vorder- oder Rückseite Ihrer Bankkarte und auch auf
Bankauszügen.

Name des Kontoinhabers: [   ]

Rechnungsadresse: [Musterfirma AG - Musterstadt   ⇕]

Musterstrasse
1
Musterstadt
12345
Deutschland
+4989123456789

Neue Adresse hinzufügen

[Abbrechen]   [Speichern]

Bewerten Sie diese Seite | Verkäuferhilfe | Richtlinien und Vereinbarungen | [Deutsch ⌄]   Mustermann GmbH   © 1998-2016 Amazon.com, Inc. oder Tochtergesellschaften

FAQs

Warum muss ich eine Zahlungsweise für
Einzüge angeben?

Wenn ich meine Kontodaten eingebe,
belasten Sie dann mein Bankkonto
sofort?

Kann ich eine neue Zahlungsweise für
Einzüge eingeben, nachdem ich mein
Konto eröffnet habe?

Dienstleistungen

Verkaufen bei Amazon im Verkaufstarif
"Professionell"

Versand durch Amazon

Ändern

Abbildung 4.8 Angaben zur Bankverbindung bzw. Kreditkarte

Zu guter Letzt müssen Sie noch Ihre Telefonnummer bestätigen lassen. Dies erfolgt entweder durch einen automatisierten Anruf oder per SMS. Im Falle des Anrufs müssen Sie am Telefon einen Code eingeben, der Ihnen während des Anrufes auf der Website angezeigt wird. Nutzen Sie die SMS-Funktion, so erhalten Sie den Code per SMS und müssen ihn auf der Website eingeben.

Sofern Sie alle Schritte erfolgreich durchlaufen haben, ist die Einrichtung des Kontos abgeschlossen, und Sie finden sich in einem leeren Seller-Central-Konto wieder (siehe Abbildung 4.10).

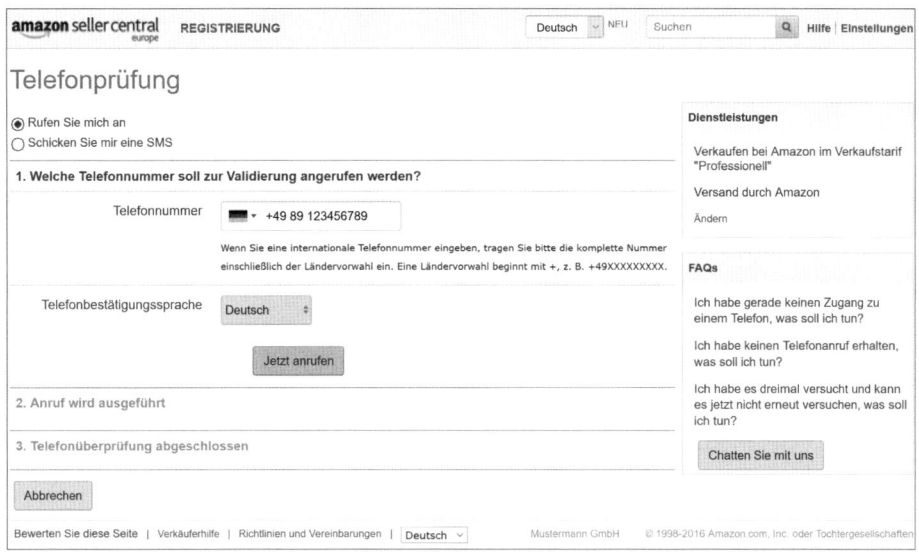

Abbildung 4.9 Überprüfung der Telefonnummer

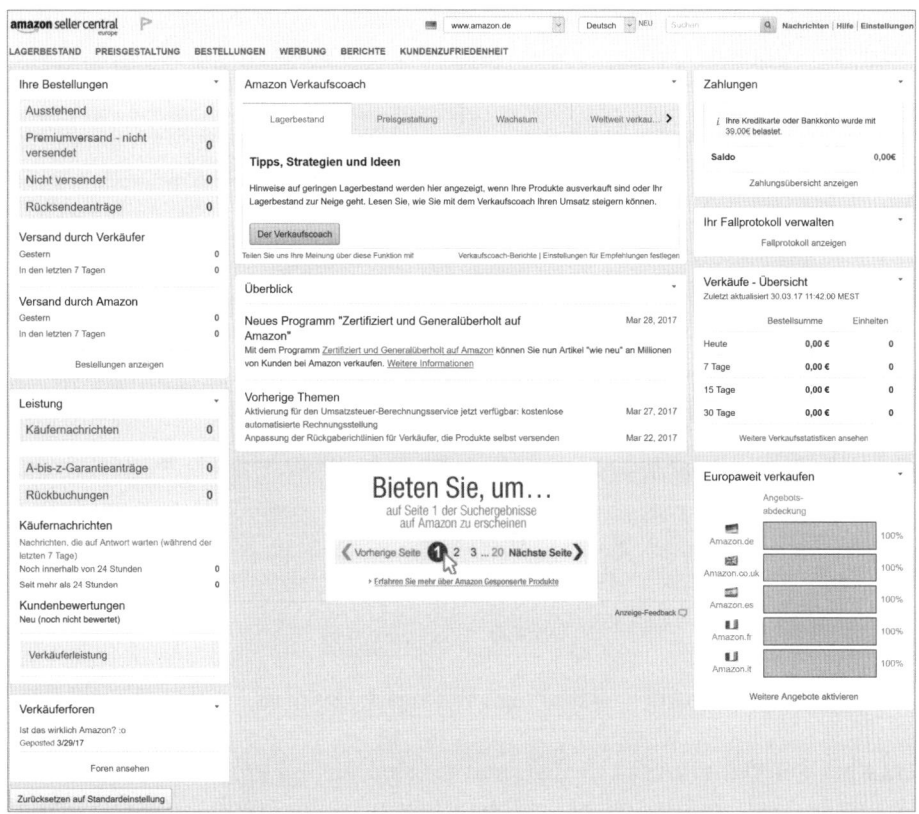

Abbildung 4.10 Die Schaltzentrale für Ihre künftigen Aktivitäten: das Portal »Seller Central«

Wenn Sie sich zum ersten Mal bei Seller Central anmelden, landen Sie auf der Startseite, auf der verschiedene Informationsboxen um Ihre Aufmerksamkeit buhlen. Diese Module können Sie später an Ihre Bedürfnisse anpassen und auch auf der Startseite verschieben. Im Verlauf dieses Buches schauen wir uns einige Bereiche noch genauer an.

Ist die Registrierung für das Programm *Verkaufen auf Amazon* abgeschlossen, sollten Sie sich als Nächstes direkt für die Programme *Versand durch Amazon*, *Gesponserte Produkte* und *Amazon Business* registrieren. Dies ist weit weniger aufwendig als die Registrierung für den Marketplace.

Gehen Sie in Seller Central auf EINSTELLUNGEN • INFORMATIONEN ZUM VERKÄUFERKONTO und dort im Bereich IHRE PROGRAMME auf den Punkt VERWALTEN. Auf der nächsten Seite können Sie sich dann mit jeweils einem Klick für das Programm Versand durch Amazon, Gesponserte Produkte und Amazon Business registrieren (siehe Abbildung 4.11).

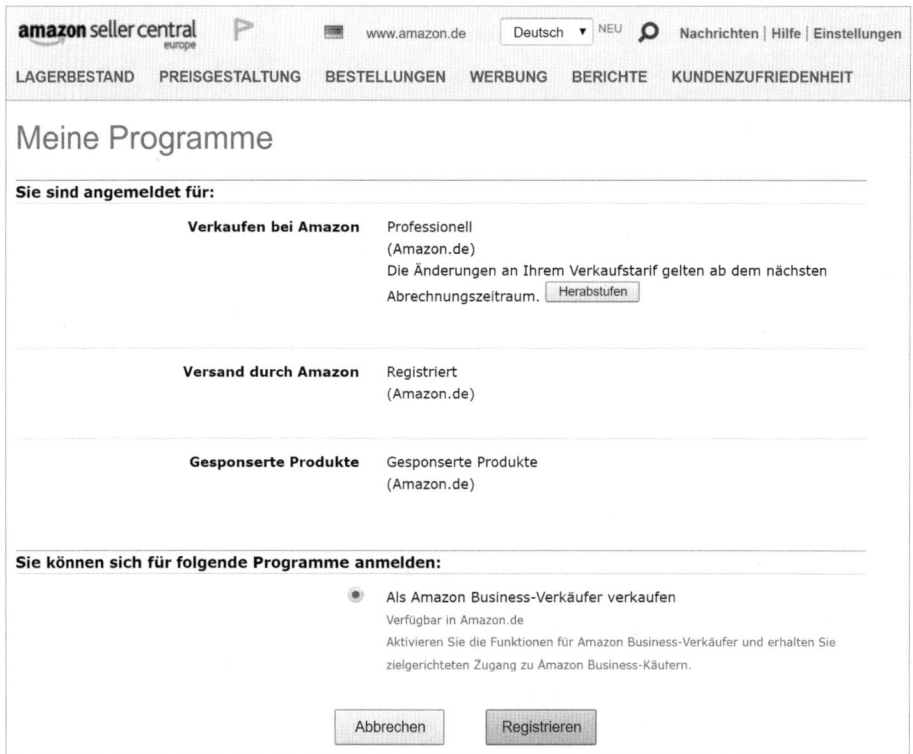

Abbildung 4.11 Registrierung für das Programm Amazon Business

Ein Klick auf REGISTRIEREN genügt, und Sie sind für das Programm angemeldet. Wenn alles geklappt hat, sollte es in Ihrem Account unter EINSTELLUNGEN • INFORMATIONEN ZUM VERKÄUFERKONTO jetzt so aussehen:

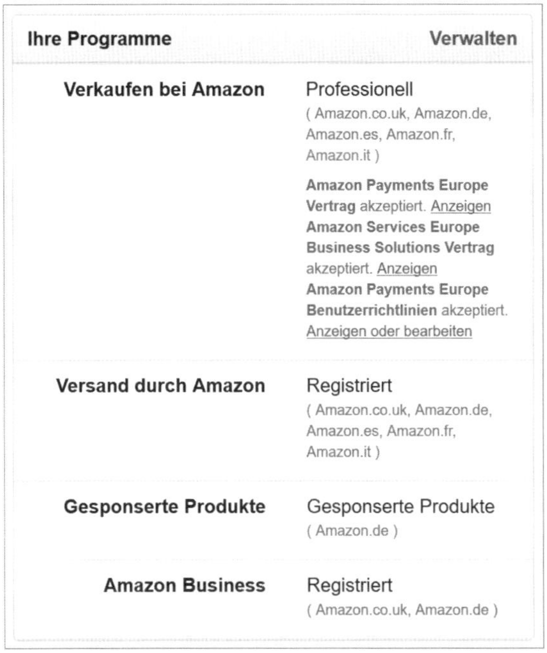

Ihre Programme	Verwalten
Verkaufen bei Amazon	Professionell (Amazon.co.uk, Amazon.de, Amazon.es, Amazon.fr, Amazon.it) **Amazon Payments Europe Vertrag** akzeptiert. Anzeigen **Amazon Services Europe Business Solutions Vertrag** akzeptiert. Anzeigen **Amazon Payments Europe Benutzerrichtlinien** akzeptiert. Anzeigen oder bearbeiten
Versand durch Amazon	Registriert (Amazon.co.uk, Amazon.de, Amazon.es, Amazon.fr, Amazon.it)
Gesponserte Produkte	Gesponserte Produkte (Amazon.de)
Amazon Business	Registriert (Amazon.co.uk, Amazon.de)

Abbildung 4.12 Registriert für alle relevanten Programme

Zu guter Letzt möchte ich Ihnen empfehlen, für Ihr Verkäufer-Konto die sogenannte *Zwei-Faktor-Authentifizierung* zu aktivieren. Immer mehr Kriminelle machen Jagd auf die Zugangsdaten von Händlerkonten, um diese zu missbrauchen. Die entsprechenden Phishing-Mails wirken oft täuschend echt, zumal auch jede echte E-Mail von Amazon unterschiedlich aussieht. Ist die Zwei-Faktor-Authentifizierung aktiviert, erhalten Sie während des Logins noch eine Nachricht auf Ihr Smartphone, die einen Sicherheitscode enthält. Diesen benötigen Sie, um sich final anzumelden. Sie erhöhen auf diese Weise die Sicherheit Ihres Kontos deutlich.

Kapitel 5
Erstellung von Produktlistings und Angeboten

Das Verkäuferkonto ist nun eingerichtet, und die ersten Produkte, die auf Amazon verkauft werden sollen, sind identifiziert. Jetzt geht es im nächsten Schritt darum, diese Angebote auf dem Marktplatz zu veröffentlichen. Bevor wir jedoch das erste Angebot erstellen, stelle ich Ihnen den Ort vor, auf dem sich Käufer und Verkäufer auf Amazon begegnen: die Produktdetailseite.

Für viele Produkte existiert bereits ein Eintrag in Amazons gigantischem Produktkatalog. Aber unabhängig davon, ob Sie eines der bestehenden Produkte verkaufen oder einen neuen Eintrag (eine neue Produktdetailseite) erstellen müssen, sollten Sie auf jeden Fall über ein gutes Grundverständnis zum Aufbau der Produktdetailseiten verfügen. Zu Beginn dieses Kapitels schauen wir uns daher die Produktdetailseiten einmal von außen an, so wie auch jeder Käufer sie zu Gesicht bekommt. Anschließend schauen wir uns an, welche Anforderungen an eine Produktdetailseite gestellt werden und was eine gute Produktdetailseite auszeichnet. Das Konzept der Produktdetailseite sorgt auch immer wieder für Verwirrung, ist man doch bei einem einfachen Onlineshop gewohnt, dass der Betreiber des Shops auch immer der Verkäufer ist. Bei Marktplätzen wie Amazon ist das anders: Hier muss man gedanklich den Katalogeintrag vom Angebot eines oder mehrerer Händler trennen. Die Tatsache, dass sich Angebot und Produktdetailseite stellenweise vermischen und manchmal beides in einem Rutsch erstellt wird, macht dies nicht einfacher.

Nachdem wir uns die Produktdetailseite angeschaut haben, erstellen wir erst ein konkretes Angebot für eine bereits bestehende Produktdetailseite und im Anschluss ein weiteres Angebot für ein Produkt, das noch über keinen Katalogeintrag (keine Produktdetailseite) bei Amazon verfügt.

5.1 Die Produktdetailseite von außen betrachtet

Bevor ich Ihnen die Inhalte vorstelle, die Sie als Seller direkt beeinflussen können, zeige ich Ihnen in Abbildung 5.1 eine ganze Produktdetailseite aus der Helikopterperspektive. Das ist insofern ganz interessant, als man auf einen Blick sieht, was sich da auf der Seite alles so tummelt.

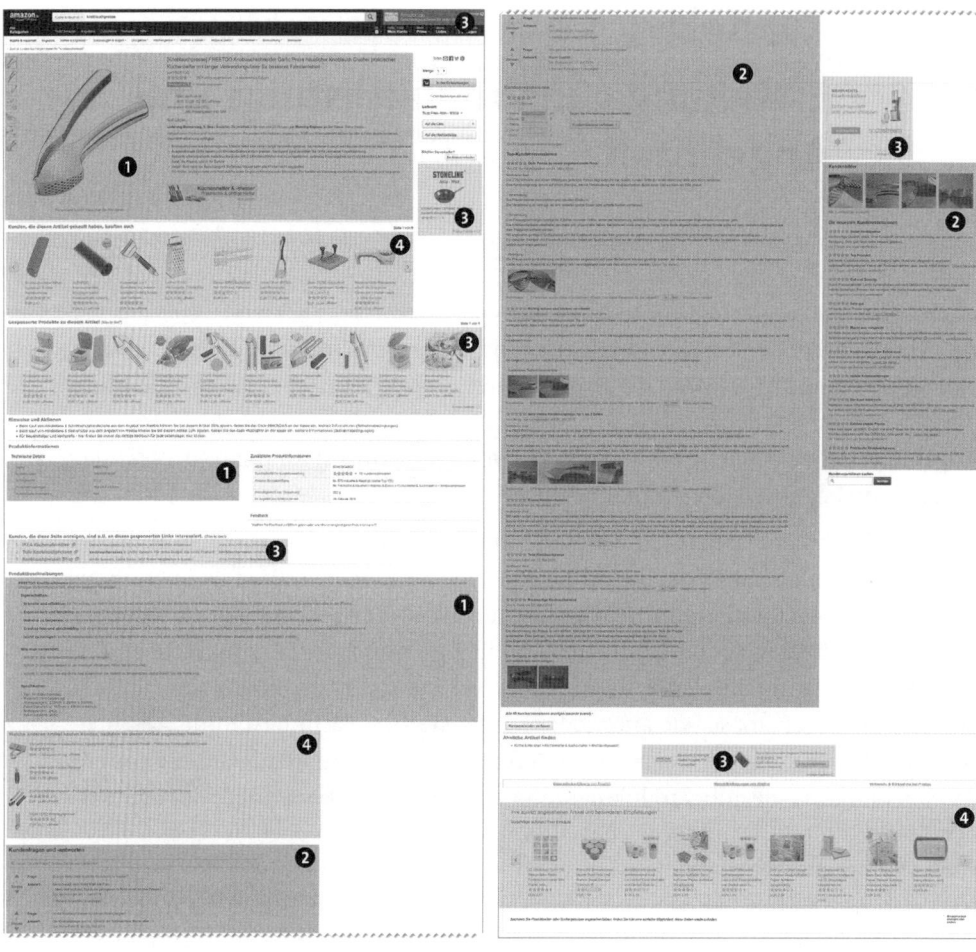

Abbildung 5.1 Eine Produktdetailseite in der Übersicht

Den mit ❶ gekennzeichneten Bereich können Sie als Seller direkt beeinflussen – Schreibrechte für die Produktdetailseite vorausgesetzt. Dazu gehören die Bilder, der Titel, der Preis, Varianten, Attribute, Produktbeschreibung und ein paar Dinge mehr. Auf diese gehen wir im Folgenden im Detail ein.

Amazon nutzt die Seite aber auch für viele andere Zwecke. Zum einen wird den Kundenrezensionen ❷ viel Platz eingeräumt, und Amazon nutzt die Seite auch, um Ihnen bezahlte Werbung ❸ anzuzeigen. Mit ❹ markiert sind die Bereiche, in denen Amazon dem Besucher andere Produkte zeigt, die also von Ihrem Listing wegführen. Sie sehen: Der Anteil an der Seite, den Sie beeinflussen können, ist gering, daher sollten Sie den Platz, der Ihnen zur Verfügung steht, möglichst gut nutzen. Schauen wir uns diese Elemente jetzt genauer an.

In Abbildung 5.2 ist lediglich der obere Teil einer Amazon-Produktdetailseite dargestellt. Das Beispiel einer Produktbeschreibung findet sich weiter unten auf der Seite
(Abbildung 5.22).

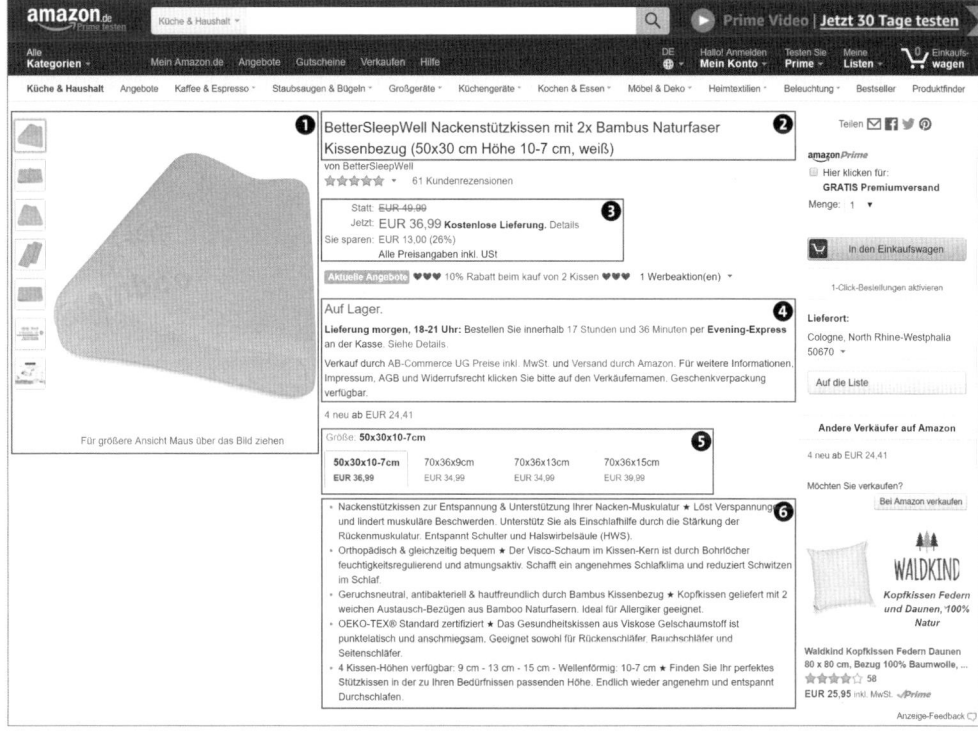

Abbildung 5.2 Oberer Teil eines typischen Amazon-Produktlistings

Mit Zahlen markiert sind die Bereiche, auf die Sie als Marketplace-Verkäufer einen
direkten Einfluss haben:

❶ Bilder   ❹ Verfügbarkeit

❷ Titel   ❺ Varianten

❸ Preis   ❻ Aufzählungspunkte

Im Folgenden gehen wir die einzelnen Punkte kurz durch. Ich zeige Ihnen dabei, wo
Sie die jeweiligen Angaben erstellen und worauf es im Einzelnen ankommt.

5.1.1   Bilder

Bilder haben – häufig unbewusst – einen großen Einfluss auf die Kaufentscheidung
potenzieller Käufer. Bei zwei vergleichbaren Produkten »gewinnt« das Produkt mit
den besseren Produktbildern. Hier sollten Sie als Verkäufer daher nicht sparen,
sowohl was Qualität als auch Quantität angeht. Als Marketplace-Verkäufer können

Sie einem Listing bis zu neun Bilder hinzufügen. Amazon unterscheidet dabei zwischen dem *Hauptbild* und ergänzenden Bildern. Das Hauptbild ist immer das erste Bild, das auch in den Suchergebnissen angezeigt wird. Für dieses Bild gelten spezielle Anforderungen:

▶ Im Hauptbild muss das Produkt scharf abgebildet sein und auf einem reinweißen Hintergrund stehen. Zudem muss das Produkt mindestens 85 % der Bildfläche füllen.

▶ Auf dem Hauptbild sollte nur das abgebildet sein, was auch tatsächlich verkauft wird. Verzichten Sie daher auf nicht im Preis enthaltenes Zubehör oder Ähnliches. Muss dieses jedoch angedeutet werden, so hat es sich eingebürgert, dass es in hellem Grau dargestellt wird, um zu betonen, dass dieser Bestandteil nicht enthalten ist.

▶ Hauptbilder dürfen keinen zusätzlichen Text (Logos, Wasserzeichen etc.) enthalten.

▶ Das Produkt muss im Hauptbild fotorealistisch abgebildet werden. Verboten sind reine Illustrationen. Erlaubt sind jedoch hochwertige computergenerierte Renderings.

▶ Die längste Seite des Bildes darf nicht kleiner als 500 Pixel sein.

▶ Im Falle von Kleidung darf sich das Produkt nicht auf einer Schaufensterpuppe befinden.

Bei den ergänzenden Bildern haben Sie etwas mehr Freiraum. Hier können (und sollten) Sie das Produkt bzw. entsprechende Details auch in einer Nahaufnahme darstellen. Üblich sind auch Fotos der Verpackung oder Fotos vom Produkt in einer natürlichen Umgebung, um ein Gefühl für die Größe bzw. die Abmessungen des Produktes zu bekommen.

Im Beispiel von Abbildung 5.3 hat der Verkäufer die Produktbestandteile individuell hervorgehoben und deren Maße angegeben:

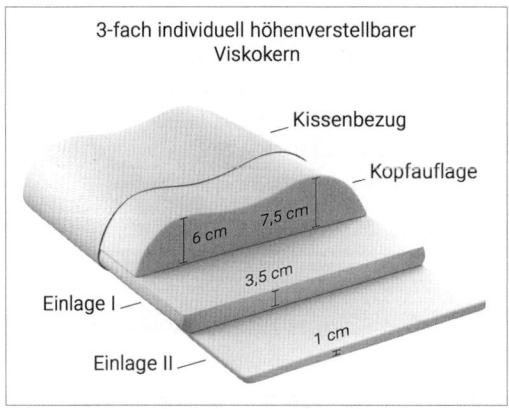

Abbildung 5.3 Zusätzliche Größenangaben, die im Hauptbild so nicht möglich wären

Da der Kunde zudem die Möglichkeit hat, mit der Maus über das Bild zu fahren und dieses dadurch vergrößert darzustellen, sollte das Bild eine Abmessung von mindestens 1.000 Pixeln haben. Erst dann wird diese Möglichkeit für den Kunden geschaffen.

Grundsätzlich sollten Sie so viele Bilder hinzufügen wie möglich. Allerdings sollte jedes Bild einen einzigartigen Zweck erfüllen. Ein Bild, welches dem Betrachter keine zusätzliche Information oder Emotion vermittelt, können Sie weglassen – getreu dem Motto »So viel wie möglich, so wenig wie nötig«.

In der Regel fertigt der Hersteller entsprechende Bilder seiner Produkte an. Diese können Sie – sofern sie eine ausreichende Qualität haben und der Lieferant Ihnen die Nutzungsrechte einräumt – für das Listing übernehmen.

Müssen Sie selbst Bilder erstellen, sollten Sie das Profis überlassen. Die Aufnahme von hochwertigen Produktfotos ist eine Kunst für sich. Beim Shooting kommt es darauf an, das Produkt perfekt zu belichten. Ohne professionelles Equipment und viel Erfahrung kommen Sie hier nicht weit. Doch ein gutes Foto allein reicht nicht. Häufig muss dieses noch nachträglich bearbeitet werden, z. B. um es freizustellen und auf reinem Weiß zu präsentieren, die Farben hervorzuheben u. v. m. Überlassen Sie dies Leuten, die sich damit auskennen. Große Händler, die wöchentlich viele neue Produkte listen, haben sich häufig ein kleines Fotostudio eingerichtet, in dem ein interner oder externer Fotograf schnell neue Bilder erstellen kann. Es gibt auch eine Vielzahl von Fotografen und Dienstleister, die sich hierauf spezialisiert haben. Gerade wenn Produkte eine bestimmte Größe nicht unter- oder überschreiten, können diese in hoher Stückzahl fotografiert und automatisch freigestellt werden.

Eine Alternative zum Foto ist das sogenannte *Rendering*. Hier wird das Produkt komplett am PC »nachgebaut« und ein 3D-Modell erstellt. Dieses Modell kann dann vor beliebigen Hintergründen und Lichtquellen positioniert werden, und man erhält im besten Fall Ergebnisse, die sich nur schwerlich von einem perfekten Foto unterscheiden lassen (siehe Abbildung 5.4). Auch können Sie auf diese Weise besonders kleine oder filigrane Artikel detailgenau abbilden, die sich nicht ohne Weiteres mit einem Standardfoto-Setup fotografieren lassen. Komplexe Visualisierungen wie Explosionszeichnungen lassen sich sogar ausschließlich am Computer erstellen. Renderings finden deshalb heute schon bei vielen Produkten, die einfache geometrische Formen aufweisen oder schwierig zu fotografieren sind, Anwendung. Werfen Sie mal einen Blick auf die Produktbilder von USB-Kabeln (siehe Abbildung 5.4), Kosmetikprodukten oder Nahrungsergänzungsmitteln – die Qualität steht und fällt immer mit dem 3D-Modell. Hier kann man sich wie so oft viel oder wenig Mühe geben. Entsprechend fotorealistisch fällt dann das Ergebnis aus.

Haben Sie erst einmal ein vollständiges 3D-Modell von Ihrem Produkt erstellen lassen, können Sie dieses in verschiedenen Perspektiven darstellen. Auch Farbvarianten lassen sich dadurch schnell erzeugen. Das 3D-Modell kann auch im Rahmen eines Videos eingebettet werden. So kann das Produkt z. B. in einer Kamerafahrt inszeniert werden.

Abbildung 5.4 Beispiel für ein gerendertes Bild, das vollständig am Computer erstellt wurde

Renderings sind daher eine einfache Möglichkeit, sich vom Wettbewerb abzuheben, sofern dieser diese Möglichkeit noch nicht einsetzt. Die Kosten pro Bild sind in der Regel deutlich höher als ein Standardfoto in einem Standard-Lichtsetup, aber je nach Absatzpotenzial haben sich solche Kosten schnell wieder rentiert. Spätestens dann, wenn das Produkt von einem Fotografen individuell fotografiert werden müsste, lohnt sich der Preisvergleich, zumal gute Rendering-Spezialisten gegebenenfalls auch im Ausland gefunden werden können und man auf diese Weise Unterschiede in globalen Gehaltsniveaus für sich nutzen kann. Aber gerade dann gilt, dass man nur mit echten Experten arbeiten sollte. So tummeln sich z. B. auf der Plattform *Fiverr* viele Anbieter, die entsprechende Services für um die 100 USD anbieten. Die Qualität ist aber häufig deutlich schlechter im Vergleich zum Ergebnis eines echten Spezialisten. »You get what you paid for« gilt auch hier.

5.1.2   Produkttitel

Der Titel gehört neben dem Bild mit zu den wichtigsten Eigenschaften, umreißt dieser doch, worum es sich bei dem Produkt handelt. Der potenzielle Kunde wird häufig anhand des Titels entscheiden, ob das Produkt zu seinem Bedarf passt. Suchbegriffe, die im Titel eines Produktes vorkommen, werden von Amazon im Rahmen der Suche mit höchster Priorität berücksichtigt. Nicht zuletzt setzt Amazon klare Vorgaben, wie ein Titel aufgebaut werden sollte. Grund genug, sich ein paar Gedanken zur richtigen Formulierung zu machen.

Wenn Kunden ein Produkt auf Amazon kaufen, geht dem Kauf in aller Regel eine Produktsuche voraus. Hierzu nutzen Kunden die interne Suche von Amazon. Diese wiederum greift auf die im Listing in Textform vorliegenden Informationen zurück, um die Relevanz eines bestimmten Produktes hinsichtlich der Suchbegriffe des Kunden zu prüfen. Es ist daher entscheidend, dass die gängigen Suchbegriffe insbesondere im Titel des Produktes vorkommen, da Amazon den Begriffen, die im Produkttitel vorkommen, eine hohe Relevanz zuweist. Wie Sie die richtigen Suchbegriffe finden, zeige ich Ihnen im Abschnitt 5.2.

Amazon hat für jede Kategorie sogenannte *Style Guides* veröffentlicht, die für die Artikel der jeweiligen Kategorie bestimmte Vorgaben machen, u. a. was den Aufbau des Titels angeht. Diese Style Guides (siehe Abbildung 5.5) finden Sie innerhalb der Hilfe von Seller Central (*https://sellercentral-europe.amazon.com/gp/help/1641/ref= ag_1641_cont_200270100*).

Abbildung 5.5 Die Style Guides für alle Kategorien finden Sie in der Hilfe bei den Lagerbestandsdateivorlagen.

So sieht z. B. der Style Guide für die Kategorie *Elektronik* den Titelaufbau nach folgendem Muster vor:

Marke + Serie bzw. Modell(nummer) + wesentliche Eigenschaften + Stückzahl + Farbe

Darüber hinaus stellt Amazon folgende Eigenschaften an den Titel:

▶ korrekte Groß- und Kleinschreibweise

▶ Zahlen sollten als Ziffern und nicht in Worten geschrieben werden (*2* statt *zwei*).

▶ Die Länge sollte nicht mehr als 150 Zeichen betragen.

- ▶ Die Sprache muss Deutsch sein.
- ▶ Kompatible Produkte gehören nicht in den Titel, sondern in die Aufzählungsliste.
- ▶ Preise oder Zustandsbeschreibungen dürfen nicht im Titel erwähnt werden.
- ▶ Sonderzeichen sollten im Titel nicht genutzt werden (Beispiel: ! € $ *).
- ▶ keine rein werblichen Aussagen wie *Bestseller*, *Testsieger*, *Versandkostenfrei* oder *Made in Germany*

Sie werden schnell feststellen, dass sich nicht alle Verkäufer an diese Vorgaben halten. Dennoch rate ich Ihnen, die Vorgaben ernst zu nehmen, können zu krasse Abweichungen schließlich die Suspendierung des Produktlistings zur Folge haben.

Hinsichtlich der Länge des Titels sollten Sie im Hinterkopf behalten, dass viele Nutzer die mobile Amazon-App auf dem Smartphone nutzen. Auf dem Smartphone wird der Titel in maximal drei Zeilen dargestellt. Alles, was darüber hinausgeht, wird abgeschnitten. Es hängt vom konkreten Titel ab, bei welcher Länge abgeschnitten wird. Bestimmte Buchstaben nehmen dabei mehr Platz in Anspruch als andere. In der Regel wird der Titel nach 70 bis 100 Zeichen abgeschnitten (siehe Abbildung 5.6).

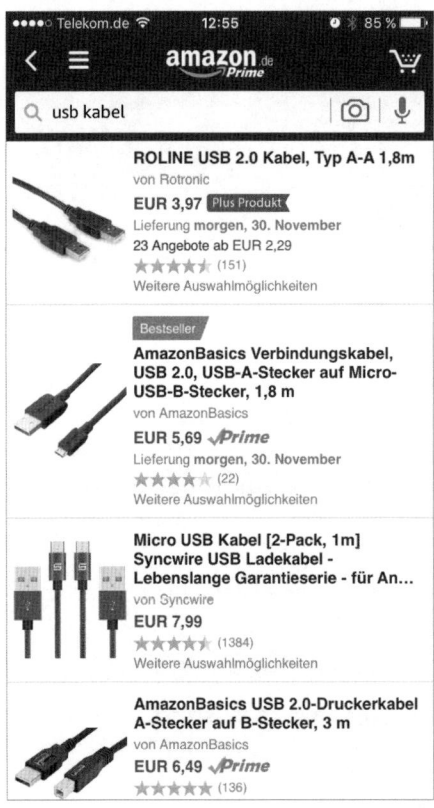

Abbildung 5.6 Suchergebnisse mit gekürztem Titel in der Amazon-App für iOS

5.1.3 Preis

Bei Amazon haben Sie – wie im stationären Handel auch – die Möglichkeit, neben dem Listenpreis einen sogenannten Angebots- oder Streichpreis zu setzen. Von dieser Möglichkeit machen auch viele Händler Gebrauch, um dem Kunden eine Ersparnis zu suggerieren. Sobald Sie einen Angebotspreis gesetzt haben, wird der reguläre Preis durchgestrichen und der Angebotspreis inklusive Ersparnis in % und absolut angezeigt.

Statt: ~~EUR 69,99~~
Jetzt: EUR 57,99 *Prime*
Sie sparen: EUR 12,00 (17%)
Alle Preisangaben inkl. USt

Abbildung 5.7 Beispiel für ein Listing mit Listen- und Angebotspreis

Rechtliche Zulässigkeit von Streichpreisen

Der Gesetzgeber hat bei der Preisauszeichnung klare Grenzen gesetzt. In Kapitel 16 erfahren Sie mehr über die rechtliche Zulässigkeit von Streichpreisen.

Sofern der Artikel nicht via Prime verfügbar ist, werden in der Regel (nicht immer) auch die Versandkosten mit angezeigt:

Preis: EUR 8,99 + EUR 4,99 für Lieferungen nach Deutschland
Alle Preisangaben inkl. USt

Hinweis: Keine Versandvorteile für Prime-Mitglieder. Angebote mit kostenlosem Prime-Versand stehen Ihnen unter Alle Angebote zur Verfügung.

Abbildung 5.8 Preisauszeichnung für ein Listing, bei dem Versandkosten anfallen

Als Händler haben Sie jedoch auch die Möglichkeit, den Artikel versandkostenfrei anzubieten. Dies sieht dann für den Kunden so aus:

Preis: EUR 44,70 **GRATIS Lieferung innerhalb Deutschlands.**
Alle Preisangaben inkl. USt

Abbildung 5.9 Preisauszeichnung für ein Listing, bei dem die Versandkosten bereits enthalten sind

Als Händler können Sie zudem gesonderte Angebote definieren, z. B. einen bestimmten Rabatt, der ab dem Kauf von zwei oder mehr Produkten greift. Sofern bei einem Produkt ein solcher Rabatt verfügbar ist, wird dieser dem Kunden auch angezeigt. Dabei lassen sich auch einem Produkt mehrere Aktionen zuordnen:

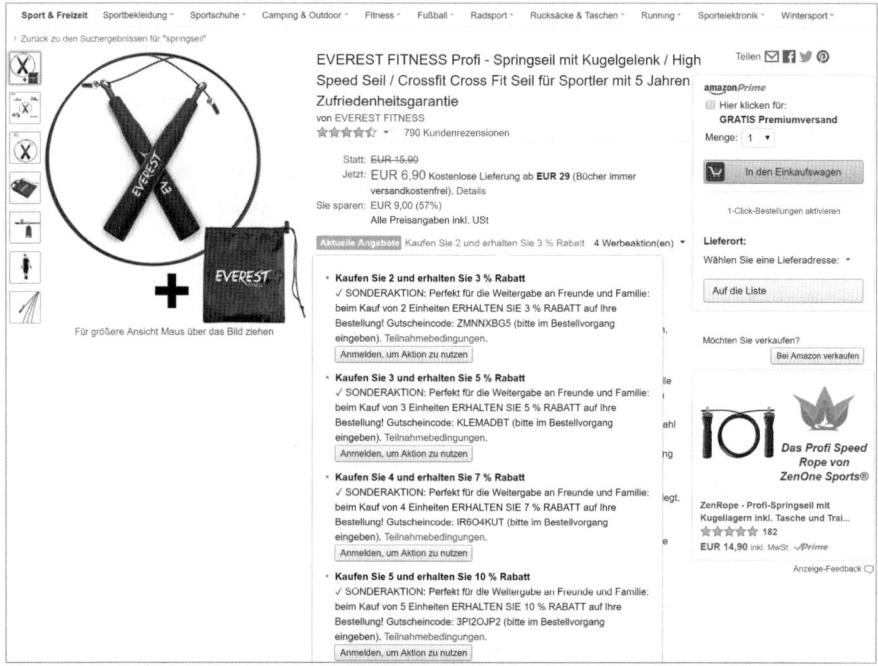

Abbildung 5.10 Beispiel für ein Produkt mit einer Rabattstaffel je nach gekaufter Menge

Niedrigpreisige Produkte mit einem Preis um die 5 €, die via Amazon versendet werden, werden als sogenannte *Plus-Produkte* ausgezeichnet (siehe Abbildung 5.11). Ganz
scharf scheint die Grenze nicht zu sein, da je nach Produkt das Plus-Badge bei verschiedenen Grenzen zuschlägt. Diese Produkte können nur bestellt werden, wenn
der Warenkorb einen Wert von mindestens 20 € erreicht hat. In der Regel ist das ein
absoluter *Conversion-Killer*. Im Rahmen des Eigenversandes gilt diese Einschränkung
natürlich nicht.

Abbildung 5.11 Artikel, der als Plus-Produkt erhältlich ist

5.1.4   Verfügbarkeit

Unterhalb des Preises wird dem Kunden die Verfügbarkeit erläutert. So wird dem Kunden angezeigt, ob der jeweilige Artikel auf Lager ist und wer Verkäufer und Versender der Ware ist. Amazon gibt auch einen ungefähren Liefertermin an. Dieser hängt davon ab, ob Amazon oder der Händler die Ware verschickt. Betrachten Sie folgendes Beispiel:

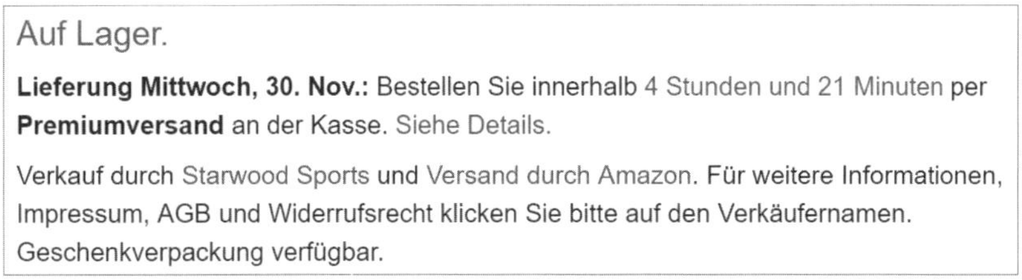

Auf Lager.

Lieferung Mittwoch, 30. Nov.: Bestellen Sie innerhalb 4 Stunden und 21 Minuten per **Premiumversand** an der Kasse. Siehe Details.

Verkauf durch Starwood Sports und Versand durch Amazon. Für weitere Informationen, Impressum, AGB und Widerrufsrecht klicken Sie bitte auf den Verkäufernamen. Geschenkverpackung verfügbar.

Abbildung 5.12 Anzeige der Verfügbarkeit eines FBA-Artikels (nicht angemeldet)

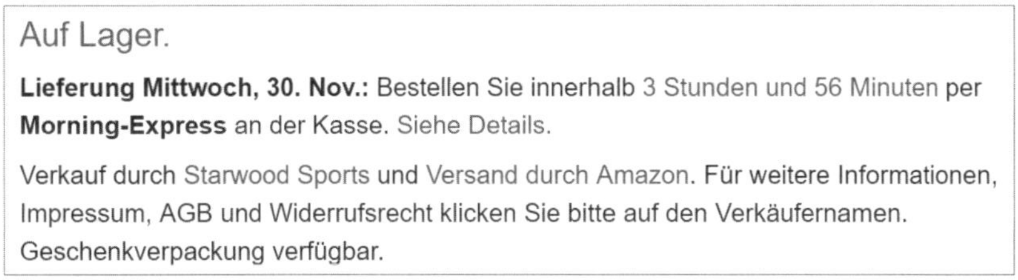

Auf Lager.

Lieferung Mittwoch, 30. Nov.: Bestellen Sie innerhalb 3 Stunden und 56 Minuten per **Morning-Express** an der Kasse. Siehe Details.

Verkauf durch Starwood Sports und Versand durch Amazon. Für weitere Informationen, Impressum, AGB und Widerrufsrecht klicken Sie bitte auf den Verkäufernamen. Geschenkverpackung verfügbar.

Abbildung 5.13 Anzeige der Verfügbarkeit eines FBA-Artikels für ein eingeloggtes Prime-Mitglied

Im Beispiel ist der Verkäufer Starwood Sports, und der Versand erfolgt durch Amazon. Da Amazon den Versand kontrolliert, kann Amazon auch angeben, unter welchen Umständen ein Versand am nächsten Tag möglich ist. Die gängigen Versandformen sind dabei die folgenden:

Versandform	Zeitpunkt der Zustellung
Standardversand	1–2 Werktage nach Versand
Premiumversand	1 Werktag nach Versand
Premiumversand Langstrecke	2 Werktage nach Versand
Morning-Express	Zustellung bis 12 Uhr am Werktag nach Versand
Same-Day (Evening-Express)	Zustellung am Versandtag zwischen 18 und 21 Uhr

Tabelle 5.1 Gängige Versandformen bei Amazon

Prime-Mitglieder erhalten dabei diverse Versandkostenvorteile.

Verschickt der Händler die Ware selbst, kann das zum Beispiel so aussehen:

Auf Lager.

Lieferung 2. - 5. Dez. wenn Sie **Standardversand** an der Kasse auswählen. Siehe Details.

Verkauf und Versand durch RCEE. Für weitere Informationen, Impressum, AGB und Widerrufsrecht klicken Sie bitte auf den Verkäufernamen.

Abbildung 5.14 Verfügbarkeit eines Artikels, der vom Händler verschickt wird

Hier gibt Amazon statt eines konkreten Liefertermins einen Zeitraum von bis zu drei Tagen an, der zwei Tage hinter dem aktuellen Datum liegt.

Sind nur noch wenige Artikel verfügbar, zeigt Amazon auch das an:

Nur noch 8 auf Lager

Lieferung 1. - 5. Dez. wenn Sie **Standardversand** an der Kasse auswählen. Siehe Details.

Verkauf und Versand durch HC-Handel Gross-und Einzelhandel. Für weitere Informationen, Impressum, AGB und Widerrufsrecht klicken Sie bitte auf den Verkäufernamen.

Abbildung 5.15 Verfügbarkeit eines FBM-Artikels mit begrenzter Stückzahl

5.1.5 Varianten

Bei Amazon haben Sie die Möglichkeit, auf einer Produktdetailseite auch mehrere Varianten des Artikels anzubieten. Diese Varianten können sich in einem oder mehreren Merkmalen unterscheiden. Typische Unterscheidungsmerkmale sind z. B. Größe und Farbe. Die Varianten stellt Amazon dabei stets unterschiedlich dar. Hier ein paar Beispiele für typische Variantenanzeigen:

Abbildung 5.16 Eindimensionale Varianten auf Basis der Größe mit Anzeige des Variantennamens, des Preises und der Prime-Verfügbarkeit

Abbildung 5.17 Eindimensionale Varianten auf Basis der Farbe mit Produktvorschau, Preis und Prime-Verfügbarkeit

Abbildung 5.18 Zweidimensionale Variantenbeziehung (Größe, Farbe) mit Produktvorschau und Anzeige nicht verfügbarer Kombinationen

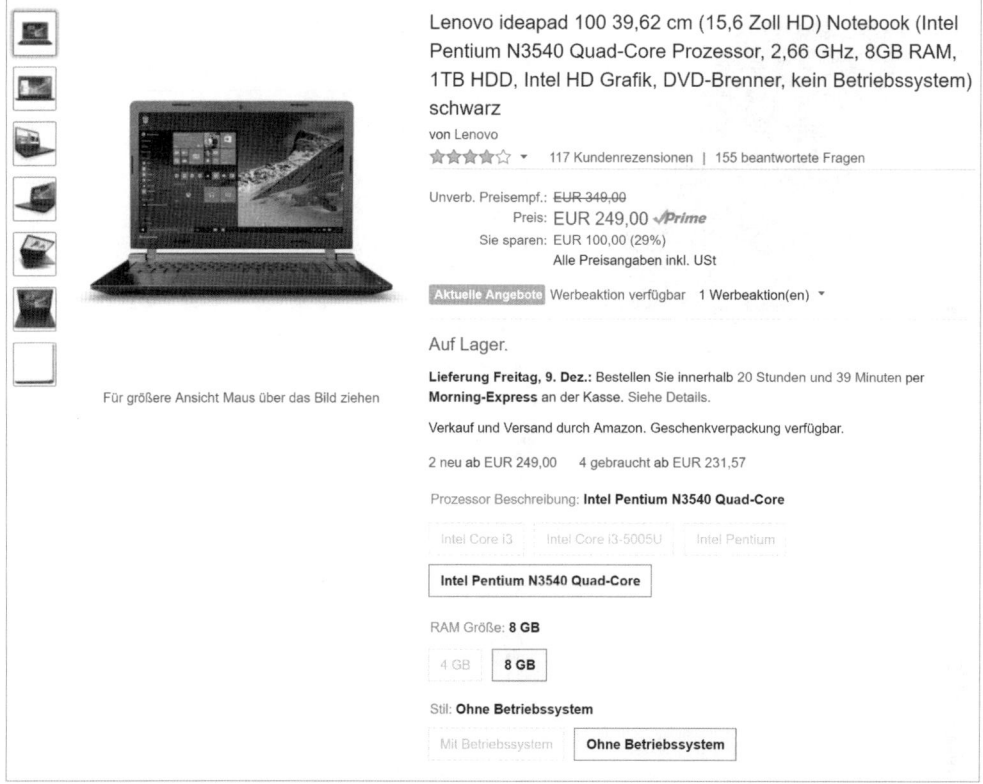

Abbildung 5.19 Dreidimensionale Variantenbeziehung auf Basis von Prozessor, Arbeitsspeichergröße und Software

5.1.6 Attribute

Für Amazon typisch sind auch die optionalen Attribute (auch als *Bullet points* bezeichnet), die ein Verkäufer direkt unterhalb der Variantenbeziehung angeben kann. Da diese bei vielen Browsern in der Regel direkt nach dem Seitenaufruf sichtbar sind, kommt ihnen eine besondere Bedeutung zu. Sie müssen diese Angaben nicht machen, allerdings verschenken Sie damit eine wertvolle Möglichkeit, den potenziellen Käufer von Ihrem Produkt zu überzeugen.

Im Folgenden sehen Sie zwei Beispiele von Verkäufern, die ihre Attribute unterschiedlich nutzen. Im Beispiel von Abbildung 5.20 werden die Attribute im Sinne der Style Guides umgesetzt. So heißt es im Style Guide der Kategorie *Haushalt*: »Sie machen damit in knapper, eingängiger Form auf die Vorteile eines Produkts aufmerksam. Jeder Aufzählungspunkt sollte höchstens 15 Wörter enthalten.«

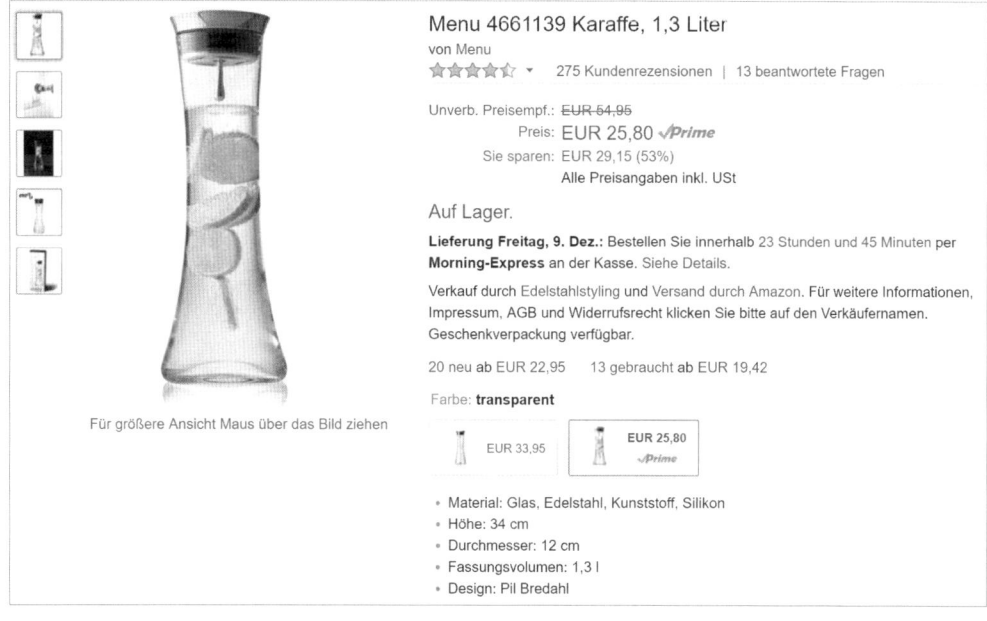

Abbildung 5.20 Nutzung der Attribute für die Anzeige wesentlicher Produkteigenschaften

In Abbildung 5.21 sehen Sie ein Beispiel eines Verkäufers, der die Attribute nutzt, um den Käufer vom Produkt zu überzeugen:

Abbildung 5.21 Nutzung der Attribute im Sinne der Verkaufsförderung mit zusätzlichem Einsatz von Sonderzeichen

Diese Art der Attribute sieht man heutzutage häufiger. Der Verkäufer nutzt zusätzliche Sonderzeichen, um die Aufmerksamkeit der Käufer auf die Attribute zu lenken. Im letzten Aufzählungspunkt macht der Verkäufer noch eine händlerspezifische Aussage, die gemäß Style Guide nicht erlaubt ist. Zum Zeitpunkt der Erstellung dieses Buches wurde die Nichtbeachtung von Style Guides nicht weiter geahndet. Die Erfahrung zeigt jedoch, dass sich dies schnell ändern kann. So verlockend es als Händler auch ist, den Platz für weitere Verkaufsargumente zu nutzen: Ich rate Ihnen, sich hier an die Style Guides zu halten und Ihre Verkaufsargumentation in der Produktbeschreibung unterzubringen.

5.1.7   Produktbeschreibung

Weiter unten auf der Seite finden Sie die Produktbeschreibung (siehe Abbildung 5.22). Der potenzielle Käufer muss hier schon ein gutes Stück nach unten scrollen, um sie zu Gesicht zu bekommen.

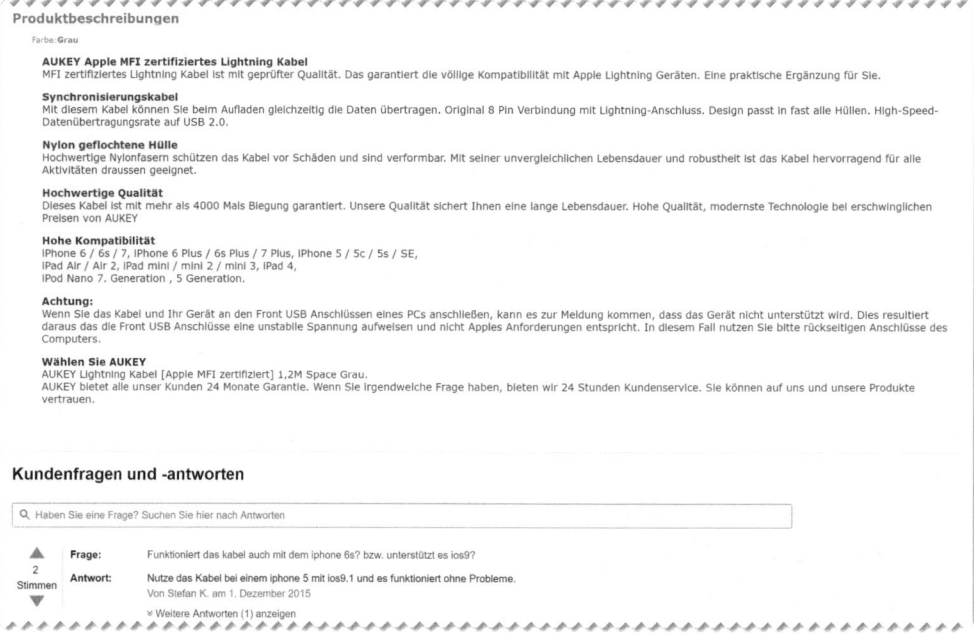

Abbildung 5.22 Die Produktbeschreibung befindet sich im unteren Bereich der Seite.

In der Produktbeschreibung können Sie noch mal in die Details gehen und Dinge beschreiben, für die oben kein Platz war oder die einfach weniger wichtig sind, als dass sie oben genannt werden sollen. Hier haben Sie nur wenige Möglichkeiten der Formatierung. Lediglich Abschnitte können Sie fett schreiben und mit bestimmten Sonderzeichen arbeiten, z. B. um eine Aufzählung zu simulieren.

5.2   Recherche passender Suchbegriffe (Amazon SEO)

Bevor Sie mit dem Anlegen eines Produktes beginnen, müssen Sie etwas Vorarbeit leisten, um sicherzustellen, dass Ihr Produkt später gefunden wird. Hintergrund ist, dass unterschiedliche Menschen mit unterschiedlichen Begriffen nach dem gleichen Artikel suchen. Es gilt herauszufinden, welche Begriffe dies sind, um speziell diese Begriffe oder Kombinationen davon in den Produkttitel, die Attribute, die Produktbeschreibung und die Suchbegrifffelder aufzunehmen. Diesen Prozess bezeichnen viele auch als *Amazon SEO*. SEO steht für *Search Engine Optimization*, was so viel heißt wie *Suchmaschinenoptimierung*, und ist ein Begriff, der von Betreibern von Internetseiten häufig genutzt wird, wenn diese versuchen, die Auffindbarkeit ihrer Seite bei der Suchmaschine Google zu steigern. Viele Händler haben diesen Begriff für sich übernommen und sprechen daher jetzt von Amazon SEO. Das klingt kompliziert, ist es aber nicht. Letztlich geht es darum, zu verstehen, welche Suchbegriffe für ein Produkt relevant sind, und diese schließlich im Produktlisting unterzubringen. Sie können dabei noch einen Schritt weitergehen und verschiedene Varianten eines Produktlistings testen, um zu messen, welches Listing die meisten Verkäufe generiert. Ich werde mich hier jedoch auf die Recherche passender Suchbegriffe beschränken.

Nehmen wir als Beispiel an, Sie möchten eine Brieftasche verkaufen. Allein für diesen Gegenstand gibt es mehrere Oberbegriffe:

▶ Brieftasche

▶ Geldbörse

▶ Portemonnaie

▶ Portmonee (neue Rechtschreibung)

▶ ...

Wonach suchen potenzielle Käufer, wenn sie sich ein neues Portemonnaie kaufen möchten? Finden wir es heraus, denn es gibt einige Tools, die Sie hierbei unterstützen.

5.2.1   Amazon Suggest

Was liegt näher als Amazon selbst zu fragen, wonach die Leute suchen. Wahrscheinlich haben Sie diesen Service schon selbst Hunderte Male in Anspruch genommen. Denn Amazon versucht zu erraten, wonach Sie suchen, indem es Ihre Suchbegriffe durch passende ergänzt. Das Ganze nennt sich Neudeutsch *Amazon Suggest* (frei übersetzt: Amazons Vorschläge) und sieht dann so aus:

Abbildung 5.23 Amazons Suchvorschläge für den Begriff »Brieftasche«

Hier erkennen Sie mehrere Dinge auf einmal:

1. Mögliche Kategorien sind *Koffer, Rucksäcke & Taschen* sowie *Schuhe & Handtaschen*.

2. Passende/naheliegende Suchbegriffe für den Begriff »Brieftasche« sind »Herren«, »Damen« (nicht »Frauen«), »Leder«, »groß« und »klein«. Damit bekommen Sie einen guten Anhaltspunkt für mögliche Begriffe, die Sie in Ihr Listing aufnehmen sollten, sofern sie auf Ihr Produkt zutreffen.

Sie können diesen Prozess noch weiter fortsetzen, indem Sie auch die erweiterten Begriffe in die Suchzeile eingeben:

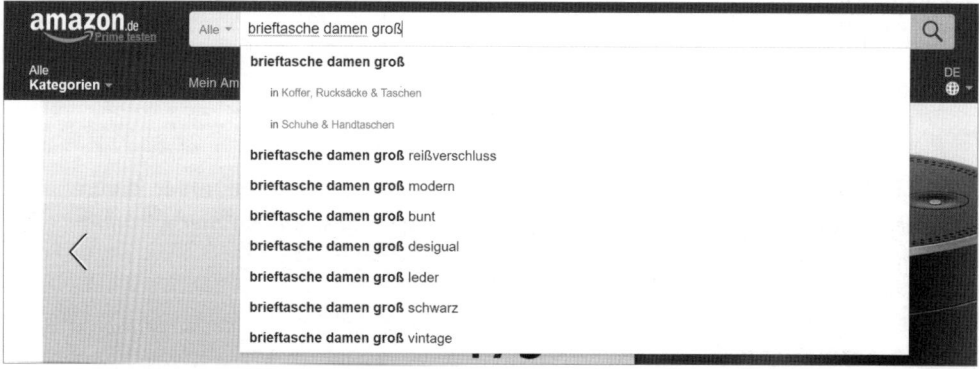

Abbildung 5.24 Suchvorschläge für erweiterte Suchbegriffe

Weitere Begriffe treten nun zutage, z. B. »modern«, »Reißverschluss«, »bunt« oder Markennamen. Auch das Prinzip wird an dieser Stelle deutlich. Ähnliche Abfragen können Sie jetzt auch bei der Suchmaschine Google durchführen und bekommen auf diese Weise noch weitere Ideen für mögliche Suchbegriffe:

Abbildung 5.25 Suche nach dem Begriff »Brieftasche« und Ergebnisse von Google Suggest

Wenn Sie jetzt jeden Oberbegriff inklusive aller Unterbegriffe per Hand in das jeweilige Suchfeld eingeben und sich die entsprechenden Ergebnisse notieren, dauert es sehr lang, bis sie eine vollständige Liste aller möglichen und unmöglichen Suchbegriffe beisammenhaben. Für diesen Zweck habe ich ein kostenloses *Keyword Tool* gebastelt, das exakt diese Aufgabe übernimmt. Sie finden es unter *http://www.amalytix.com.*

Sie geben dabei ein Ausgangs-Keyword vor, und das Tool fragt bei den von Ihnen ausgewählten Suchmaschinen alle möglichen Ergänzungen ab:

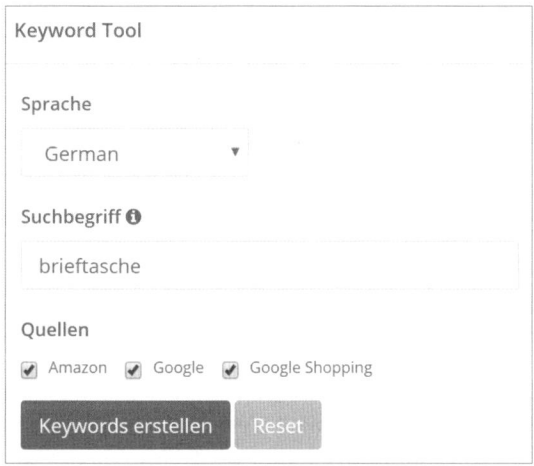

Abbildung 5.26 AMALYTIX Keyword Tool zum Abfragen von
Suchbegriffskombinationen für ein Ausgangs-Keyword

Das Tool bezieht dabei unterschiedliche Quellen in die Recherche mit ein. Dabei sucht es nicht nur nach Kombinationen, bei denen das Ausgangs-Keyword am Anfang steht, sondern auch nach Varianten, bei denen der Suchbegriff innerhalb oder am Ende der Suchphrase auftaucht (z. B. »edle Brieftasche«). In unserem Beispiel findet das Tool 732 mögliche Suchbegriffe:

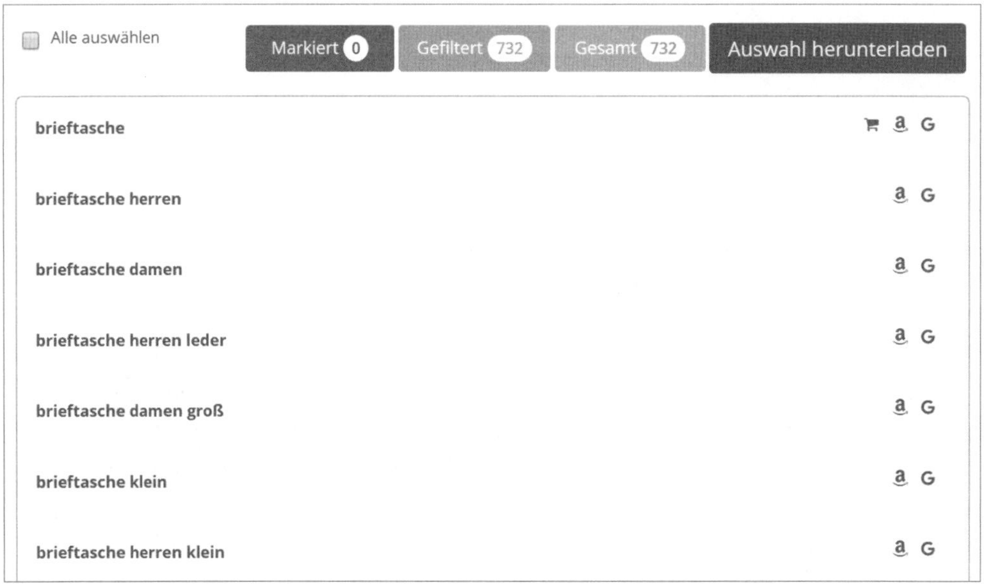

Alle auswählen	Markiert 0	Gefiltert 732	Gesamt 732	Auswahl herunterladen
brieftasche				🛒 a G
brieftasche herren				a G
brieftasche damen				a G
brieftasche herren leder				a G
brieftasche damen groß				a G
brieftasche klein				a G
brieftasche herren klein				a G

Abbildung 5.27 Ergebnis der Recherche für das Keyword »Brieftasche«

Entsprechende Suchen können Sie jetzt für die anderen Oberbegriffe wie z. B. »Geld-börse« oder »Portmonee« durchführen. Sie erhalten auf diese Weise eine sehr lange Liste von möglichen Suchbegriffen. Nun haben wir zwar weitere Ideen zu möglichen Begriffen gesammelt, die das Listing enthalten sollte, aber wir wissen immer noch nicht, welche Suchphrasen am wichtigsten sind. Hier kommt ein weiteres Tool aus dem Hause Google zum Tragen.

5.2.2   Google Keyword-Planer

Auch wenn Google und Amazon nichts miteinander zu tun haben, so gibt es doch einige Gemeinsamkeiten. Google verdient sein Geld mit Anzeigen, die u. a. passend zu bestimmten Suchbegriffen geschaltet werden. Daher hat Google ein großes Inte-resse, seinen Werbekunden möglichst viele Ideen zu präsentieren, zu denen man Werbung schalten könnte. Google hat daher ein Tool entwickelt, das nicht nur zu bestimmten Ausgangsbegriffen weitere passende Begriffe ausspuckt, sondern zudem angibt, wie oft danach gesucht wird. Und dieses Tool können Sie auch nutzen, um noch mehr Keywords für Ihr Produkt zu recherchieren. Einzige Voraussetzung ist, dass Sie ein aktives Google-AdWords-Konto haben, auf dem Anzeigen geschaltet wurden oder werden. Das Tool nennt sich *Keyword-Planer*. Sie finden es unter folgen-der URL:

https://adwords.google.de/KeywordPlanner

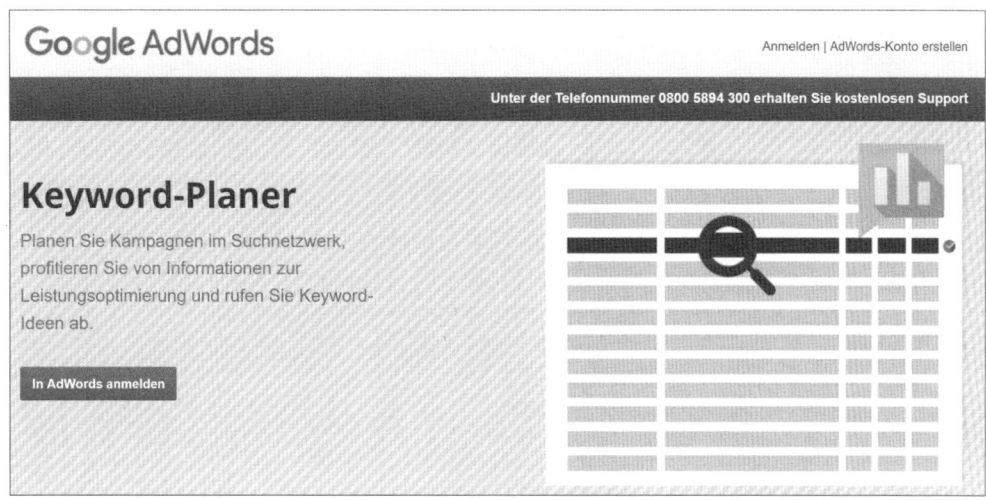

Abbildung 5.28 Startseite des Google-Tools »Keyword-Planer«

Im ersten Schritt nutzen wir den Keyword-Planer also, um noch weitere Suchbegriffe für unser Listing zu finden. Starten Sie daher mit dem Punkt MITHILFE EINER WORT-GRUPPE, EINER WEBSITE ODER EINER KATEGORIE NACH NEUEN KEYWORDS SUCHEN:

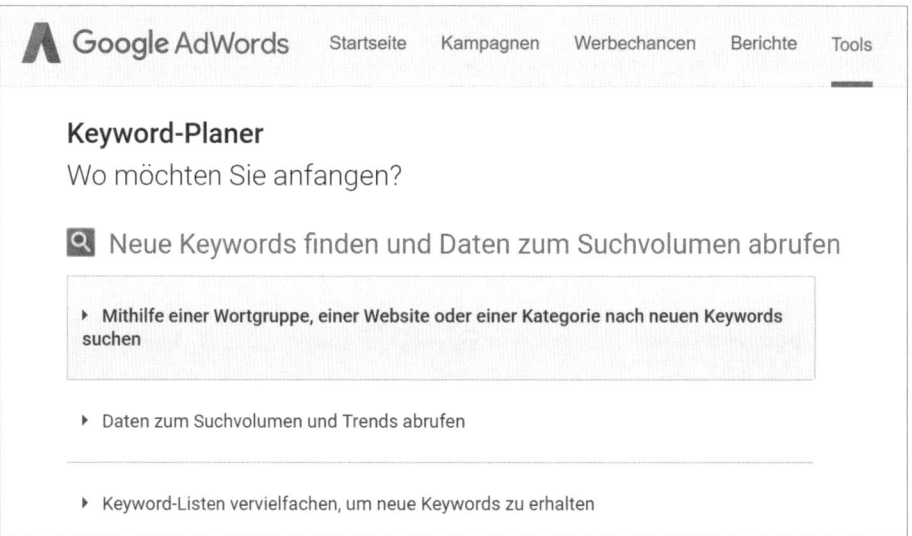

Abbildung 5.29 Beginnen Sie Ihre Recherche mit der oben ausgewählten Suche.

Geben Sie auf der folgenden Seite unsere drei Ausgangs-Keywords in das obere Such-feld ein (siehe Abbildung 5.30). Sie können zudem weitere Einschränkungen treffen, indem Sie z. B. eine Kategorie vorgeben oder Einstellungen bezüglich der Sprache treffen.

Abbildung 5.30 Suche nach weiteren Suchbegriffen mithilfe des Keyword-Planers

Das Ergebnis lässt nach einem Klick auf IDEEN ABRUFEN nicht lange auf sich warten (siehe Abbildung 5.31).

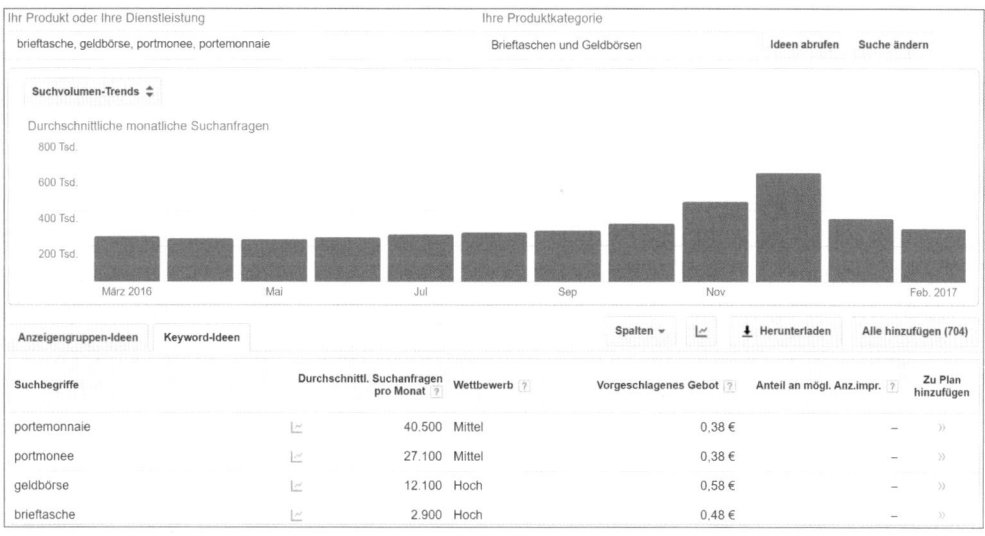

Abbildung 5.31 Suchvolumina je Suchbegriff und im Zeitverlauf

Hier lässt sich auf einen Blick erkennen, dass die meisten Menschen immer noch nach dem Begriff »Portemonnaie« suchen und weniger nach »Brieftasche«. Zudem ist eine schwach ausgeprägte Saisonalität erkennbar. Zu Weihnachten werden wohl vermehrt Portemonnaies verschenkt.

Die Übersicht in Abbildung 5.32 zeigt weitere interessante Begriffe, die wir vorher nicht kannten.

Keyword (nach Relevanz)		Durchschnittl. Suchanfragen pro Monat ?	Wettbewerb ?
geldbörse damen leder	⊵	1.600	Hoch
brieftasche damen	⊵	590	Hoch
kreditkartenetui	⊵	4.400	Hoch
geldbeutel leder	⊵	390	Hoch
leder portemonnaie damen	⊵	1.600	Hoch
leder geldbeutel	⊵	1.000	Hoch
geldtasche	⊵	1.300	Hoch
herren geldbeutel	⊵	880	Hoch
leder portemonnaie herren	⊵	1.300	Hoch
brieftasche herren	⊵	1.000	Hoch
kleine geldbörse	⊵	1.000	Hoch

Abbildung 5.32 Google gibt auch weitere Keyword-Ideen aus.

Hier finden sich weitere Schreibweisen, die von der ursprünglichen abweichen und ebenfalls in das Listing mit aufgenommen werden können. Alle Ideen, die Google Ihnen jetzt ausgibt, können Sie auch als CSV-Datei herunterladen und z. B. in Excel importieren. Wenn Sie diese Liste mit der Liste aus dem kostenlosen Keyword-Tool kombinieren, haben Sie eine unsagbar lange Liste möglicher Suchbegriffe. Nun gilt es herauszufinden, welche Suchbegriffe am häufigsten von den Nutzern gesucht werden. Auch hier hilft der Keyword-Planer weiter, da dieser Suchvolumina für jede Kombination ermitteln kann. Einschränkend muss erwähnt werden, dass diese Werte nur für die Suchmaschine Google und nicht für Amazon ermittelt wurden.

Gehen Sie wieder auf die Startseite des Keyword-Planers, und wählen Sie dort den Bereich DATEN ZUM SUCHVOLUMEN UND TRENDS ABRUFEN aus (siehe Abbildung 5.33). Kopieren Sie dort die bereits ermittelten Suchbegriffe in das Feld KEYWORDS EINGEBEN, oder wählen Sie eine Textdatei aus, die diese Keywords enthält. Klicken Sie anschließend auf SUCHVOLUMEN ABRUFEN.

Abbildung 5.33 Ermitteln von Suchvolumina anhand Ihrer erstellten Listen

Sie erhalten jetzt eine lange Liste Ihrer Suchbegriffe, die mit Daten zum Suchvolumen ergänzt sind. Diese Liste können Sie jetzt absteigend nach den Suchvolumina sortieren und erhalten damit eine Priorisierung, welche Begriffe Sie in Ihr Listing aufnehmen sollten.

Es lohnt sich, mit dem Keyword-Planer noch weiter herumzuexperimentieren. Er bietet noch viele weitere Funktionen an, um Keyword-Listen zu erstellen. So können Sie z. B. beliebige Keywords miteinander kombinieren oder sich Keyword-Vorschläge auf Basis von bestehenden Internetseiten (dazu gehören auch Amazon-Listings) erstellen lassen. Nachdem Sie jetzt wissen, welche Suchbegriffe Sie in Ihre Produktdetailseiten einbauen sollten, machen wir uns daran, diese zu erstellen.

5.3   Erstellung von Angeboten und Produktdetailseiten mithilfe von Seller Central

Nachdem Sie alle Elemente des Produktlistings kennengelernt haben, geht es darum, Angebote und Produktdetailseiten bei Amazon anzulegen. Sofern Sie keine Warenwirtschaft einsetzen und stattdessen direkt mit Seller Central arbeiten, stehen Ihnen grundsätzlich zwei Möglichkeiten zur Verfügung. Sie können Angebote und Produktdetailseiten einzeln über Seller Central oder mehrere Produkte auf einmal über die sogenannten *Lagerbestandsdateien* anlegen. Beides schauen wir uns im Detail an.

In diesem Abschnitt geht es um das einzelne Anlegen der Artikel über die entsprechenden Formulare in Seller Central. Und wir beschränken uns vorerst auf den deutschen Marktplatz. Um einen Artikel anzulegen, melden Sie sich in Seller Central an und gehen auf LAGERBESTAND • LAGERBESTAND VERWALTEN • PRODUKT HINZU-FÜGEN. Sie werden mit der folgenden Maske begrüßt:

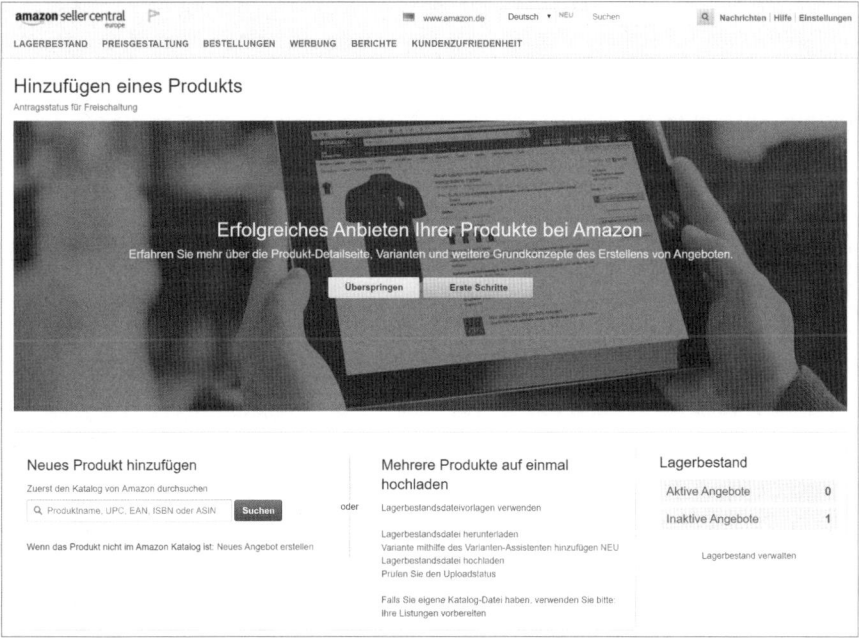

Abbildung 5.34 Anlegen eines Produktes in Seller Central

Auf der ersten Seite werden Ihnen die jeweiligen Optionen noch mal vorgestellt. Jetzt kommt es darauf an, ob Sie ein bereits bestehendes Produkt verkaufen möchten oder ob es diesen Artikel auf Amazon noch nicht gibt. Verkaufen Sie ein bestehendes Produkt, spricht man auch von *Fremdprodukten*, da Sie nicht Hersteller dieses Produktes sind. Verkaufen Sie ein eigenes Produkt, z. B. unter einer Eigenmarke, spricht man von *Eigenprodukten*.

5.3.1   Verkauf eines Fremdproduktes

Sofern das Produkt bei Amazon bereits einen Katalogeintrag besitzt, müssen Sie im ersten Schritt die ASIN für dieses Produkt herausfinden. Diese finden Sie auf der jeweiligen Produktdetailseite. Geben Sie einfach die ASIN des bestehenden Produktes auf o. g. Seite ein, und klicken Sie auf Suchen. Auf der nächsten Seite werden Ihnen die Suchergebnisse angezeigt:

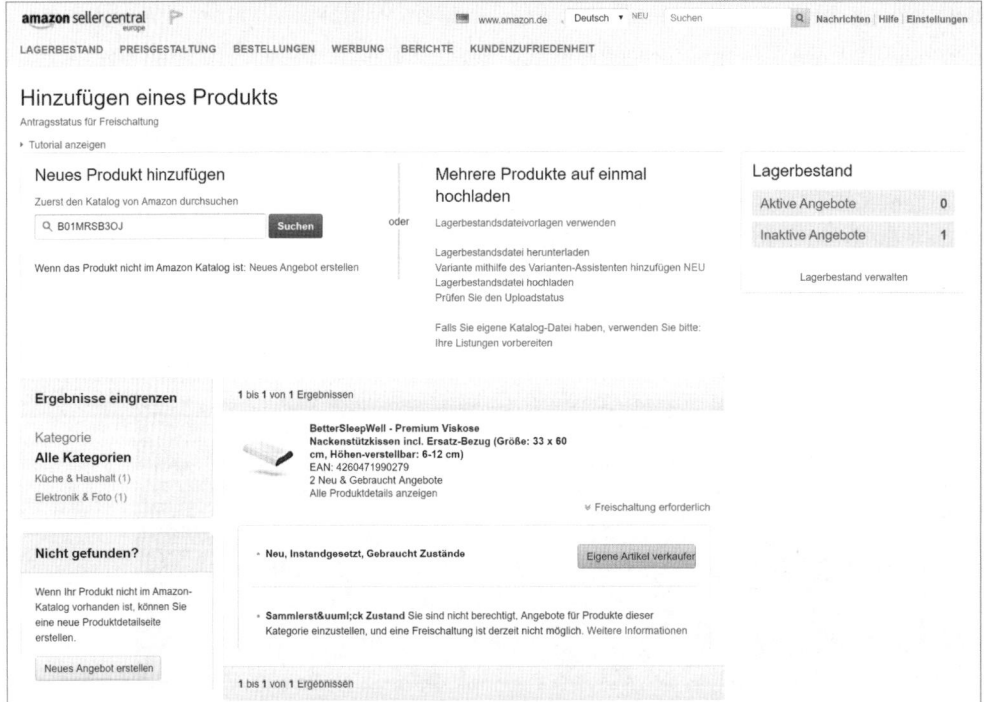

Abbildung 5.35 Suchergebnis zu einer bestimmen ASIN

Sofern es den Artikel gibt, wird er Ihnen angezeigt. Wenn Sie diesen Artikel ebenfalls verkaufen möchten, klicken Sie einfach auf den Button Eigene Artikel verkaufen. Auf der nächsten Seite (siehe Abbildung 5.36) müssen Sie nur noch die für Sie relevanten Angaben zum Preis, dem Zustand und der verfügbaren Menge machen, wobei die Menge nur dann relevant ist, wenn Sie das Produkt im Eigenversand anbieten.

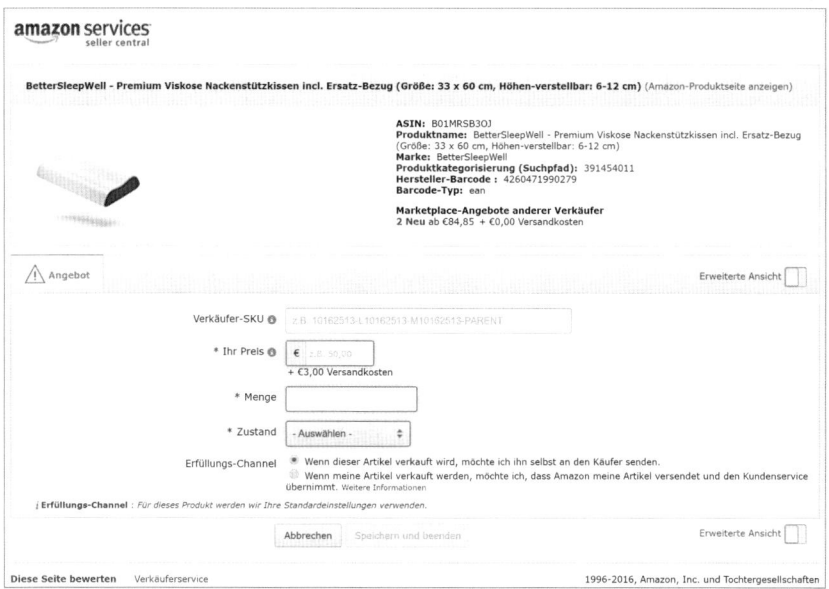

Abbildung 5.36 Fehlende Angaben beim Verkauf eines Fremdproduktes

Sofern Sie einen zeitlich begrenzten Angebotspreis definieren möchten, müssen Sie in die ERWEITERTE ANSICHT wechseln. Dort werden Ihnen weitere Optionen angezeigt:

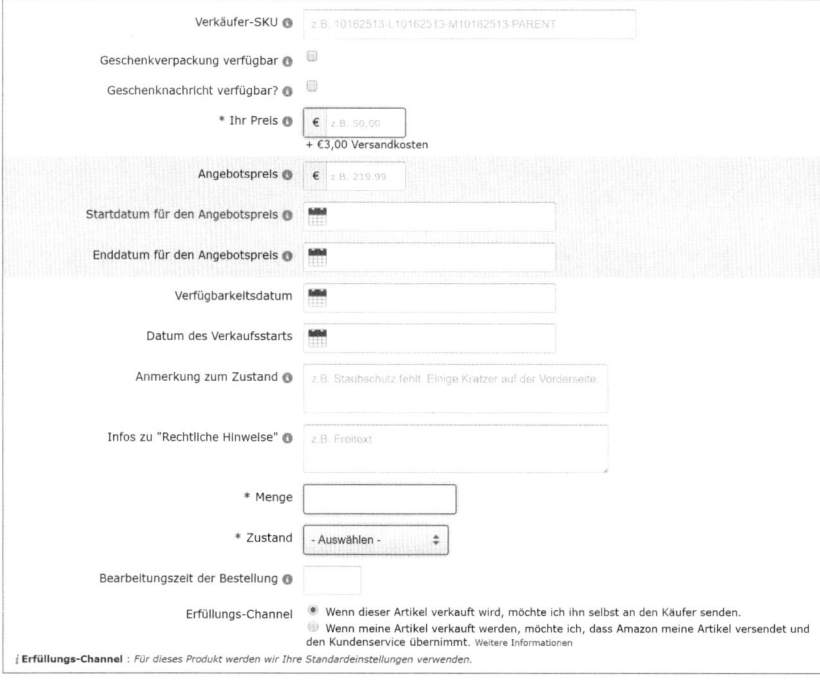

Abbildung 5.37 Erweiterte Ansicht beim Verkauf von Fremdprodukten

Hier können Sie auch Angaben dazu machen, ab wann das Produkt verfügbar sein wird. Sobald Sie den neuen Artikel gespeichert haben, bestätigt Ihnen Amazon dies noch mal per E-Mail. Sie haben an dieser Stelle keinen Einfluss auf die anderen Elemente des Listings wie Produkttitel, Attribute oder Beschreibung. Hierzu fehlen Ihnen die Schreibrechte, die immer nur bei einem Verkäufer liegen können. Wenn Sie später diesen Artikel bearbeiten, können Sie in den jeweiligen Feldern zwar Einträge machen, diese werden aber nicht in das Listing übernommen.

5.3.2   Verkauf eines neuen Produktes ohne Varianten

Wenn Sie einen neuen Artikel anlegen möchten, der noch nicht im Produktkatalog von Amazon enthalten ist, klicken Sie auf der ersten Seite auf NEUES ANGEBOT ERSTELLEN. Es öffnet sich eine neue Maske, in der Sie gebeten werden, das Angebot in Amazons Produktkatalog einzusortieren:

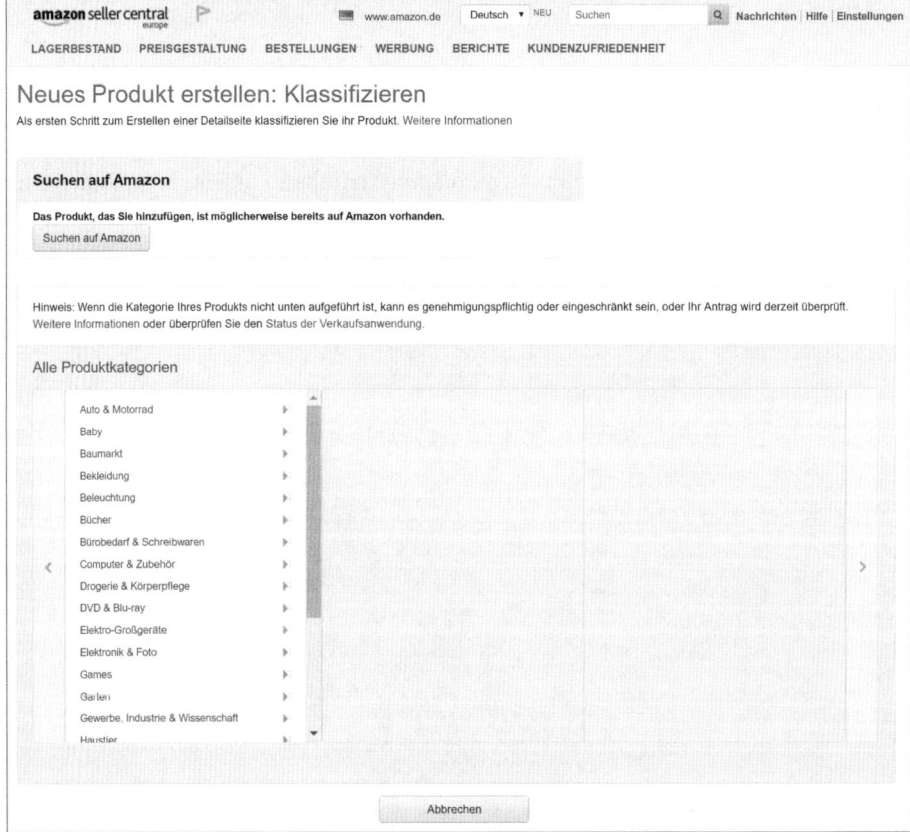

Abbildung 5.38 Klassifikation eines neuen Produktes

Amazon hat seine Produkte in wenige Haupt- und viele Tausend Unterkategorien einsortiert. Um das Produkt richtig einzusortieren, können Sie sich hier durch den

Kategorienbaum durchklicken. Sind Sie auf der untersten Ebene angelangt, klicken Sie einfach auf AUSWÄHLEN. In unserem Beispiel wollen wir ein Kopfkissen verkaufen, unsere Auswahl lautet daher: KÜCHE & HAUSHALT • HEIMTEXTILIEN, BAD- & BETTWAREN • BETTWAREN & BETTWÄSCHE • KISSEN • KOPFKISSEN.

Auf der nächsten Seite werden Sie erneut mit der Ihnen mittlerweile bekannten Eingabemaske für die Produkteigenschaften begrüßt:

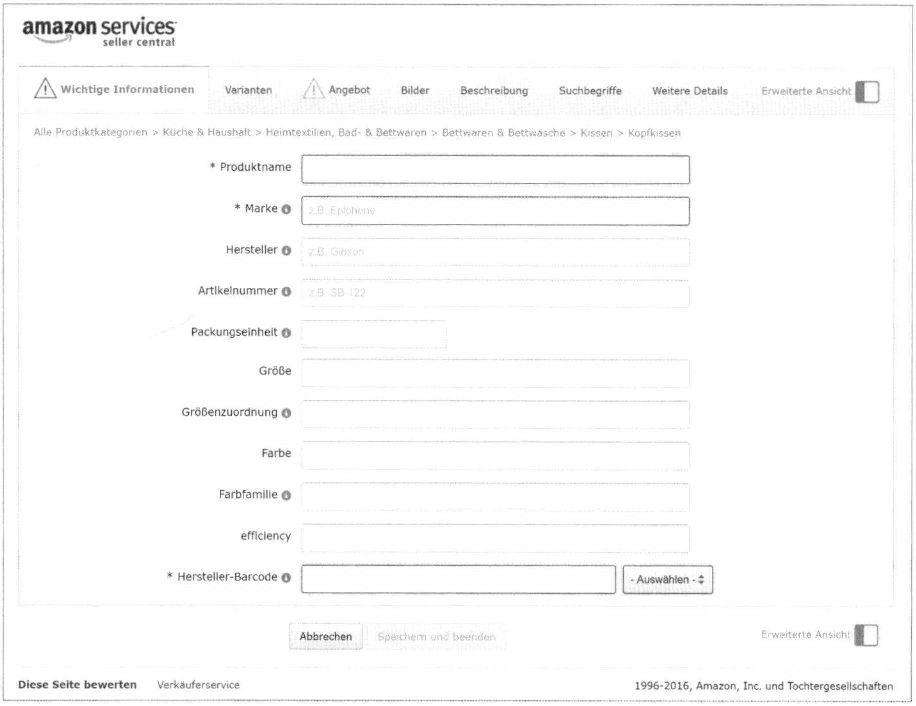

Abbildung 5.39 Anlegen eines bisher noch nicht vorhandenen Produktes (erweiterte Ansicht)

Kategoriespezifische Felder

Es hängt sehr von der zuvor ausgewählten Kategorie ab, welche Felder Ihnen hier angezeigt werden und welche davon Pflichtfelder sind. So werden Ihnen z. B. in der Bücherkategorie Auswahlfelder angezeigt, um was für einen Einband es sich handelt. In wieder anderen Kategorien müssen Sie z. B. Warnhinweise gemäß der EU-Spielzeugrichtlinie auswählen.

Jetzt möchte Amazon noch ein paar weitere Angaben, nämlich u. a. den Produktnamen, die Marke des Produktes sowie den Hersteller-Barcode. Um bei Amazon Artikel verkaufen zu können, benötigen Sie in aller Regel für jeden Artikel eine eindeutige GTIN (*Global Trade Item Number*).

GTIN/EAN

Die GTIN wurde früher auch als EAN bezeichnet, aber diese Bezeichnung ist mittlerweile veraltet. Die GTINs werden in Deutschland von der GS1 verwaltet. Die GS1 bietet verschiedene Pakete an, die sich in der Größe des Nummernkreises unterscheiden. Sie können dort aktuell 1.000, 10.000 oder 100.000 Nummern lizenzieren. Die GS1 schickt Ihnen jedoch nicht eine komplette Übersicht über alle lizenzierten Nummern, sondern lediglich Ihre *Globale Lokationsnummer* (GLN). Anhand der GLN, einer fortlaufenden Nummer und einer Prüfziffer müssen Sie sich dann Ihre eigenen 13-stelligen GTINs selbst »zusammenbauen«.

Im Tab ANGEBOT können Sie die Ihnen bekannten Angaben zu (Angebots-)Preis, Menge etc. machen. Hier findet sich auch eine andere wichtige Einstellung, nämlich die sogenannte *Verkäufer-SKU*. Diese können Sie nur einmalig vergeben und anschließend nicht mehr ändern. Falls Sie nichts angeben, vergibt Amazon eine zufällige Zahlen-Buchstaben-Kombination für Sie. Es hat sich bewährt, eine »lesbare« SKU zu vergeben, die z. B. wie folgt aufgebaut sein könnte:

Marke + Produkt + Variante + Versandart (Eigenversand, FBA)

Dazu ein Beispiel: BSW_Kissen_15CM_FBA.

Im Tab BILDER können Sie – wie der Name sagt – Bilder zum Produkt hochladen:

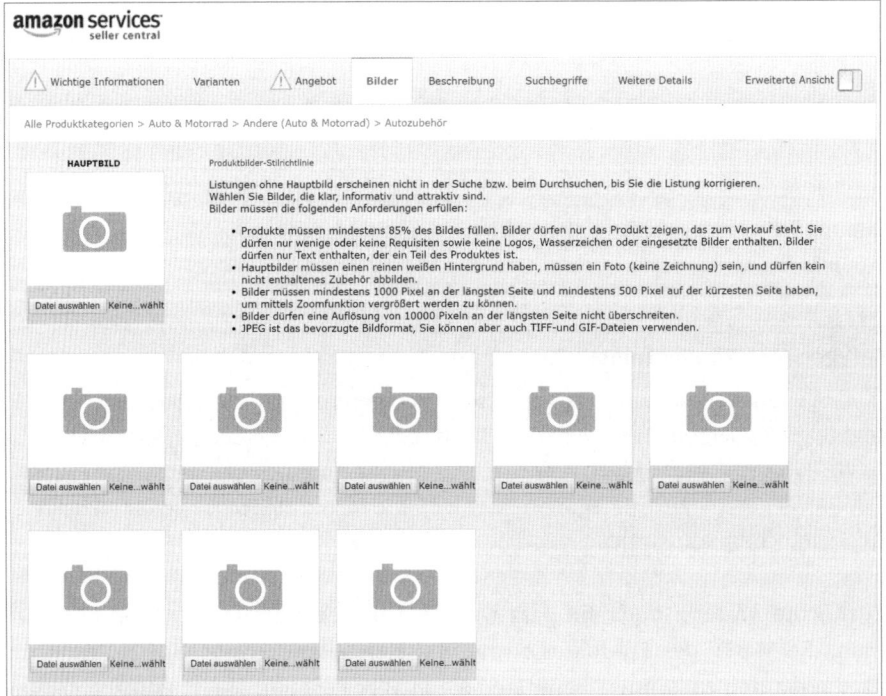

Abbildung 5.40 Hochladen der Produktbilder

Amazon unterscheidet hier, wie bereits beschrieben, zwischen dem Hauptbild und weiteren Bildern. Insgesamt können Sie bis zu neun Bilder hochladen. Die Reihenfolge der Anzeige auf der Produktdetailseite wird dadurch bestimmt, wo Sie welches Bild hochladen. Diese lässt sich nachträglich nicht ändern, daher sollten Sie kurz darüber nachdenken, welches Bild Sie wo hochladen. Generell gilt: vom Allgemeinen zum Besonderen, d. h., zeigen die ersten Bilder das Produkt in der Totalen, folgen im Weiteren Bilder mit Details, Abmessungen oder Gütesiegel. Im Tab BESCHREIBUNG geben Sie sowohl die Attribute als auch die Produktbeschreibung ein.

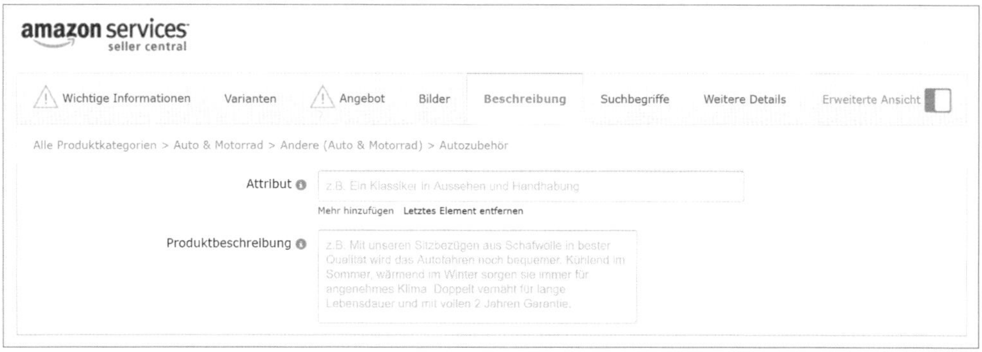

Abbildung 5.41 Maske für Produktbeschreibung und Attribute

Sie können bis zu fünf Attribute mit jeweils maximal 500 Zeichen eingeben. Standardmäßig wird nur das erste Attributfeld angezeigt. Um weitere Attribute hinzuzufügen, klicken Sie auf MEHR HINZUFÜGEN.

Bei der Produktbeschreibung haben Sie in der Regel die Möglichkeit, einfache HTML-Befehle einzugeben. Bei einigen Produktkategorien ist dies aus bestimmten Gründen jedoch nicht möglich, z. B. *Möbel*. Hier eine Übersicht über die gängigen HTML-Befehle, die Sie in der Produktbeschreibung nutzen können:

HTML-Code	Auswirkung
` `	Zeilenumbruch
`Dieser Text ist <b>fett</b> formatiert.`	Dieser Text ist **fett** formatiert.
`Dieser Text ist <i>kursiv</i> formatiert.`	Dieser Text ist *kursiv* formatiert.

Tabelle 5.2 Beispiele für HTML-Befehle und deren Auswirkung

Wenn Sie zudem noch etwas Abwechslung in die Attribute und Produktbeschreibung bringen möchten, können Sie auch bestimmte Sonderzeichen einbauen, um die Aufmerksamkeit des Käufers auf bestimmte Punkte zu lenken. Sie sollten es hier aber nicht übertreiben, da ein übermäßiger Gebrauch nicht in Amazons Interesse ist.

So können Sie z. B. das Aufzählungszeichen nutzen, um eine Aufzählung in der Produktbeschreibung zu simulieren, da Amazon den dafür gedachten HTML-Code nicht (mehr) zulässt. In einem kleinen Test ist es mir sogar gelungen, einige der bekannten Emojis in die Attribute einzubinden. Einige wurden dabei automatisch gelöscht, andere blieben aber erhalten. Ich würde Ihnen jedoch davon abraten, diese zu nutzen, da es meines Erachtens nicht im Interesse von Amazon ist, dass sich Emojis in die Produktlistings einschleichen.

Im Beispiel in Abbildung 5.42 wurde die Überschrift fett markiert und eine Aufzählung mithilfe des Sonderzeichens, das einen kleinen schwarzen Aufzählungspunkt darstellt, erzeugt. Zudem wurden Absätze eingefügt, um die Lesbarkeit zu erhöhen.

Abbildung 5.42 Nutzung von einfachen HTML-Befehlen sowie Sonderzeichen

Im Tab SUCHBEGRIFFE können Sie noch weitere Suchbegriffe hinterlegen, zu denen Ihr Produkt gefunden werden soll (siehe Abbildung 5.43).

Abbildung 5.43 Bei den Suchbegriffen können Sie weitere Suchwörter einfügen, zu denen Sie gefunden werden möchten.

Der Tab ist nur dann sichtbar, wenn Sie in die ERWEITERTE ANSICHT wechseln. Auch hier können Sie pro Zeile 1.000 Zeichen hinterlegen. Allerdings gibt es Hinweise, dass

Amazon nur die ersten 250 Zeichen (gemessen über alle Zeilen) auswertet und mehr Zeichen sogar schädlich sind, da dann auch die ersten 250 Zeichen ignoriert werden. Hier sollten Sie ggfs. also selbst experimentieren. Zum Erscheinungszeitpunkt dieses Buches kann vieles schon wieder anders sein. Ich persönlich gehe davon aus, dass diese Suchbegrifffelder irgendwann verschwinden werden – aktuell werden sie von vielen Händlern dazu missbraucht, möglichst viele Suchbegriffe unterzubringen, unabhängig von deren Relevanz.

Viele Verkäufer nutzen diese Felder, um z. B. Fremdmarken einzutragen. Davon kann ich nur abraten, auch wenn dies kurzfristig mehr Besucher für Ihr Produkt geben mag. Das Einbinden von Fremdmarken ist aus zweierlei Gründen problematisch.

Erstens begehen Sie dabei gegebenenfalls einen Wettbewerbsverstoß, da Sie die Marke des Wettbewerbers für eigene kommerzielle Zwecke nutzen. Zwar ist von außen nicht direkt einsehbar, welche Suchbegriffe Sie hier eintragen, aber der betroffene Markeninhaber kann gegebenenfalls mithilfe einer einfachen Suche nach der eigenen Marke feststellen, welche Verkäufer hier (möglicherweise) einen Markenverstoß vergehen, und diesen an Amazon melden. Amazon ist sehr empfindlich, wenn auch nur der Verdacht besteht, dass es sich um einen potenziellen Markenverstoß handelt, und nimmt in der Regel sofort Ihr Listing und gegebenenfalls Ihren ganzen Account offline.

Zweitens tun Sie auch dem potenziellen Käufer keinen Gefallen, denn dieser sucht ja direkt nach der Marke des jeweiligen Herstellers.

Auf der Seite Weitere Details finden Sie noch eine Vielzahl weiterer Einstellungen, die Sie zu Ihrem Produkt vornehmen können (siehe Abbildung 5.44). Auch das Aussehen dieser Seite hängt sehr davon ab, in welcher Kategorie Sie das Produkt verkaufen. Auf dieser Seite verstecken sich auch die Felder, die Sie benötigen, wenn Sie verpflichtet sind, einen Grundpreis für Ihr Produkt anzugeben. Das ist u. a. immer dann nötig, wenn Ihr Produkt z. B. nach Gewicht, Volumen oder Menge verkauft wird.

5.3.3   Hinzufügen eines Produktes mit unterschiedlichen Varianten

Bieten Sie das gleiche Produkt in verschiedenen Varianten (z. B. Farben und/oder Größen) an, so sollten Sie die unterschiedlichen Variationen des Produktes als Varianten anlegen. Dies hat die Konsequenz, dass die unterschiedlichen Varianten auf jeder Produktdetailseite der zugehörigen Varianten angezeigt werden. Dem potenziellen Käufer geben Sie so die Möglichkeit, das für ihn am besten passende Produkt zu wählen, sei es hinsichtlich Größe, Geschmack, Ausstattung oder Ähnlichem. Eine andere Konsequenz ist, dass die Bewertungen aller Varianten zusammengefasst und in Summe angezeigt werden.

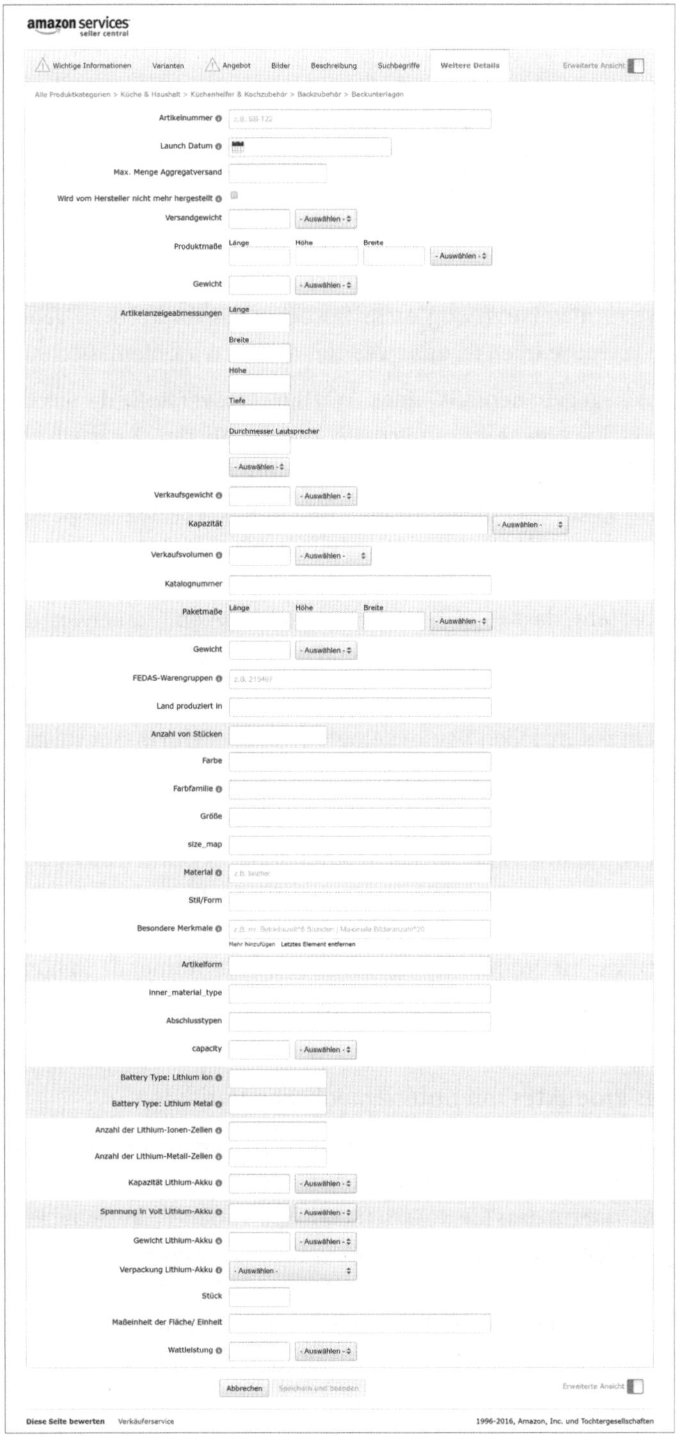

Abbildung 5.44 Tab »Weitere Details« in der erweiterten Ansicht

Das ist in aller Regel ein Vorteil, da Sie auf diese Weise schneller zu Bewertungen kommen. Erfüllt jedoch eine oder mehrere Varianten die Kundenerwartungen nicht, so ziehen diese Varianten die Gesamtbewertung nach unten. Dies können Sie später zwar heilen, indem Sie die betroffenen Varianten wieder herauslösen, löschen und neu anlegen, aber das ist dann mit etwas mehr Aufwand verbunden.

Richtlinien für das Anlegen von Varianten

Amazon hat sehr detaillierte Vorstellungen davon, welche Artikel als Varianten angelegt werden dürfen und welche nicht. Da sich diese Richtlinien in letzter Zeit häufiger geändert haben, empfehle ich Ihnen die Lektüre der entsprechenden Hilfe-Seite in Seller Central, bevor Sie erstmalig Variantenartikel anlegen. Dort sind auch Beispiele vorhanden, die die aktuellen Richtlinien näher erläutern. *https://sellercentral-europe.amazon.com/gp/help/201972390*

Um einen neuen Variantenartikel hinzuzufügen, wählen Sie wie gehabt erst die Kategorie aus. Dann tragen Sie unter WICHTIGE INFORMATIONEN die erforderlichen Informationen ein. Die Informationen, die Sie hier und in die anderen Felder eingeben, werden für alle Varianten übernommen, sodass Sie diese im Nachgang gegebenenfalls noch überarbeiten müssen. Unter VARIANTEN wählen Sie dann das für Sie passende Variantenkriterium aus, z. B. FARBE. Im nächsten Schritt geben Sie allen Varianten einen entsprechenden Namen. Bei Farben ist dies in der Regel der Name der Farbe (siehe Abbildung 5.45).

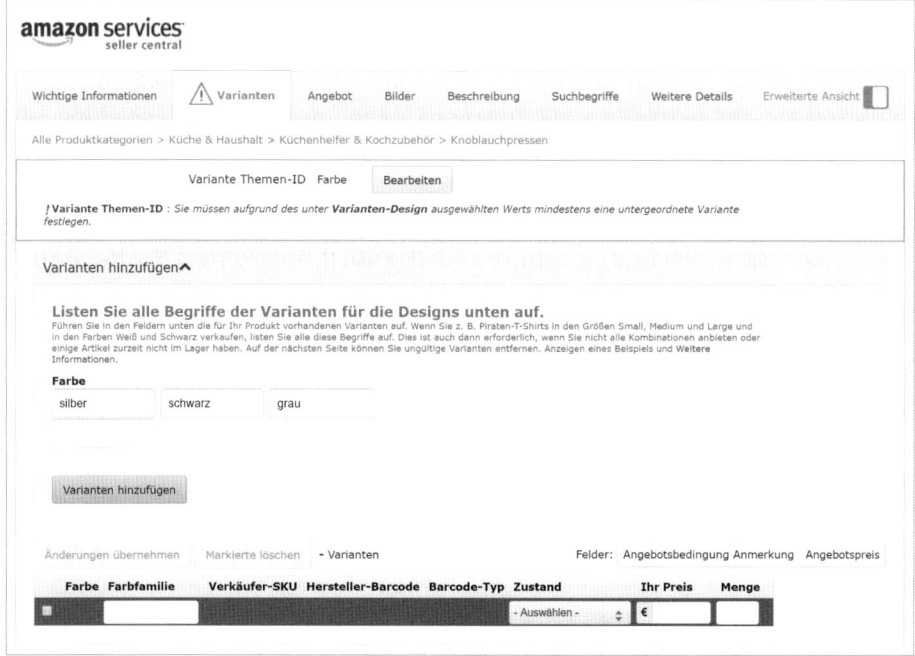

Abbildung 5.45 Variantenkriterium »Farbe« mit drei Farbvarianten

Klicken Sie dann auf VARIANTEN HINZUFÜGEN. Amazon legt Ihnen je Variante eine Zeile an, die Sie mit den Pflichtangaben füllen müssen:

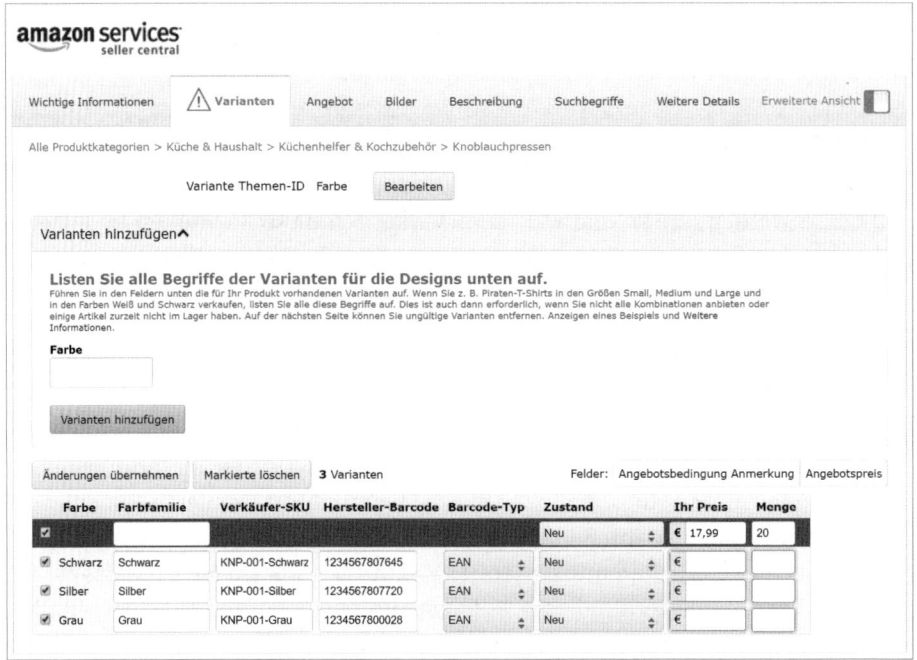

Abbildung 5.46 Anlegen von drei Varianten mit Übernahme des Preises

Wenn Sie einen Standardwert für mehrere Varianten übernehmen möchten, können Sie ihn in die Kopfzeile der Tabelle eingeben, die betroffenen Produkte markieren und dann auf ÄNDERUNGEN ÜBERNEHMEN klicken. Im Beispiel in Abbildung 5.46 wird dies für die Felder PREIS und MENGE sowie alle Artikel vorgenommen. Eventuell bestehende Werte werden dabei überschrieben. Ebenfalls müssen Sie für jede Variante eine gültige GTIN/EAN-Nummer sowie eine eigene Verkäufer-SKU eingeben. Klicken Sie abschließend auf SPEICHERN UND BEENDEN. Amazon legt bei drei Varianten insgesamt vier Produkte an: eine sogenannte *Parent-ASIN* und drei *Child-ASINs*:

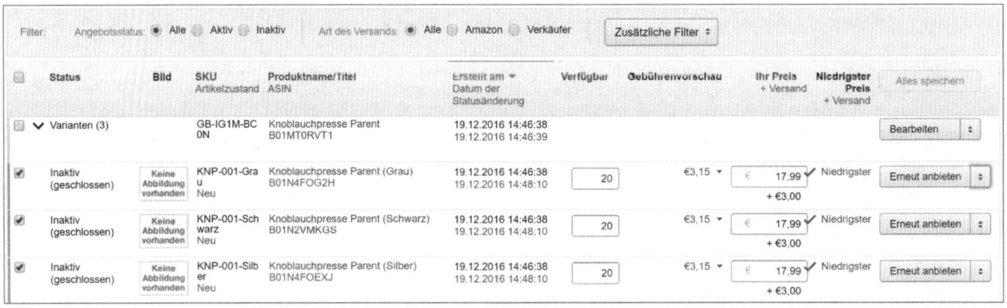

Abbildung 5.47 Parent-ASIN und Child-ASINs in Seller Central

Da in diesem Fall der Name *Knoblauchpresse Parent* bei der Erstellung der Varianten angegeben wurde, wurde dieser für alle Varianten übernommen. In der Regel müssen Sie jetzt jede einzelne Variante weiter bearbeiten, um z. B. Titel, Bilder, Attribute und Beschreibung anzupassen. Dies funktioniert wie bereits oben beschrieben. Grundsätzlich sollten Sie wissen, dass die Angaben in den Child-ASINs immer Priorität gegenüber denen in der Parent-ASIN haben, sprich, ändern Sie den Produkttitel in der Parent-ASIN, ändert sich dieser nicht auf den jeweiligen Varianten-Seiten. Sie sollten jetzt also fortfahren und die Besonderheiten der jeweiligen Varianten ergänzen bzw. korrigieren. Bei Farbvarianten ist dies z. B. ein anderes Hauptbild.

5.4   Erstellung von mehreren Listings mithilfe von Lagerbestandsdateien

Sie haben jetzt gelernt, wie Sie mithilfe von Seller Central einzelne Artikel anlegen können. Haben Sie jedoch einen größeren Katalog von Artikeln, den Sie bei Amazon einstellen möchten, ist diese Art der Produktanlage sehr umständlich. Amazon bietet Ihnen daher die Möglichkeit, die Artikel in Form von Listen hochzuladen. Hierbei handelt es sich in der Regel um Excel-Dateien, die nach den Vorgaben von Amazon gefüllt werden müssen.

Amazon nennt diese Dateien *Lagerbestandsdateien*. Diese Dateien sind in Zeilen und Spalten organisiert. Für jedes Produkt gibt es eine Zeile. Jede Spalte repräsentiert dabei ein Feld, das Sie als Verkäufer mit Ihren Angaben füllen können oder müssen. Wie bei Seller Central unterscheidet Amazon zwischen obligatorischen und optionalen Feldern.

Je nachdem, was Sie vorhaben, stellt Ihnen Amazon unterschiedliche Vorlagen bereit. Hier ein paar gängige Anwendungsfälle:

▸ Sie möchten Artikel anlegen, die sich noch nicht im Katalog von Amazon befinden (es gibt keine ASIN für diesen Artikel), und dafür gleichzeitig ein Angebot einstellen.

▸ Sie möchten sich mit Ihrem Angebot an bereits bestehende Artikel im Katalog von Amazon (eine ASIN gibt es schon) anhängen.

▸ Sie möchten die Preise und/oder verfügbaren Mengen für Artikel, die sich bereits in Ihrem Verkäuferkonto befinden, aktualisieren.

▸ Sie möchten die Produktdetails (z. B. die Beschreibung) bestehender Artikel, die sich bereits im Katalog von Amazon befinden, aktualisieren.

▸ Sie möchten Ihr Angebot für Artikel, die sich derzeit in Ihrem Verkäuferkonto befinden, beenden.

Sie haben bereits beim Anlegen eines Artikels über Seller Central gesehen, dass unterschiedliche Kategorien unterschiedliche Formularfelder bereithalten. Das liegt einfach daran, dass Amazon für unterschiedliche Artikel auch unterschiedliche Informationen vorhalten möchte bzw. muss. Diese Komplexität spiegelt sich auch in den Lagerbestandsdateien wider. Insbesondere wenn Sie dem Katalog neue Artikel hinzufügen, müssen Sie daher eine kategoriespezifische Lagerbestandsdatei verwenden.

Amazon stellt aber auch generische – also kategorieunabhängige – Lagerbestandsdateien zur Verfügung. Diese können Sie z. B. nutzen, wenn Sie ein bestehendes Angebot aktualisieren (Preis, Menge ...) oder sich an einen bestehenden Artikel anhängen möchten. Auch diese generischen Vorlagen kommen in unterschiedlichen Formen daher. So hält Amazon z. B. unterschiedliche Vorlagen bereit, je nachdem, ob es sich um Medien- oder Nichtmedienartikel handelt.

Sie merken schon: Sich im Dschungel der unterschiedlichen Lagerbestandsdateien zurechtzufinden ist nicht ganz einfach. Und dabei fängt die eigentliche Komplexität erst richtig an, wenn man als Verkäufer vor der Aufgabe steht, diese Dateien richtig zu füllen. Grund genug also, hier genauer hinzuschauen.

5.4.1   Herunterladen einer kategoriespezifischen Lagerbestandsdatei

Wenn Sie bei Amazon ein Produkt verkaufen, das noch nicht im Katalog vorhanden ist, oder eine bestehende Angebotsseite mit aktuellen bzw. zusätzlichen Daten ergänzen möchten, müssen Sie die kategoriespezifischen Lagerbestandsdateien verwenden. Um diese zu erhalten, gehen Sie in Seller Central auf LAGERBESTAND • MEHRERE ARTIKEL HOCHLADEN. Dann landen Sie auf folgender Seite:

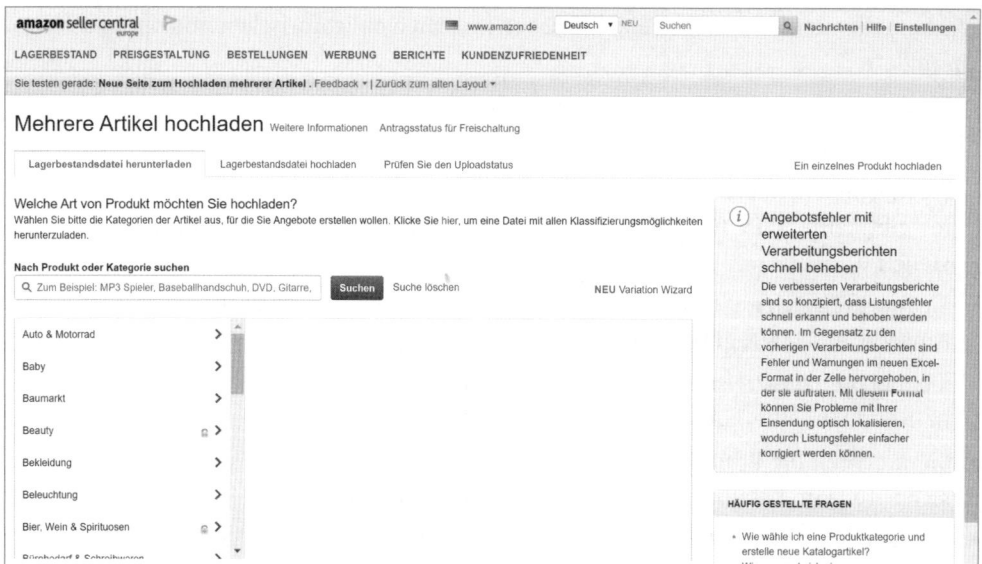

Abbildung 5.48 Um eine kategoriespezifische Lagerbestandsdatei herunterzuladen, müssen Sie erst die Kategorie bestimmen.

Neue Version der Seite

Sollten Sie noch auf der Vorgängerversion der Seite landen, können Sie auf dieser Seite oben auf JETZT TESTEN: NEUE SEITE ZUM HOCHLADEN MEHRERER ARTIKEL klicken, um auf die neue Seite zu gelangen, die wesentlich benutzerfreundlicher ist.

Es kommt jetzt darauf an, aus welchen Kategorien Ihre Artikel stammen. Stammen Ihre Artikel, die Sie hochladen möchten, aus unterschiedlichen Bereichen, müssen Sie Amazon vorher mitteilen, um welche Kategorien es sich handelt. Amazon stellt nämlich die Lagerbestandsdatei individuell für Sie zusammen. Um die benötigten Kategorien zu ermitteln, haben Sie zwei Möglichkeiten.

1. Sie geben unter NACH PRODUKT ODER KATEGORIE SUCHEN einen generischen Produktnamen ein. Amazon schlägt Ihnen dann passende Kategorien vor. Das ist ganz praktisch, da es nicht immer auf der Hand liegt, welche die passende Kategorie für ein Produkt ist.

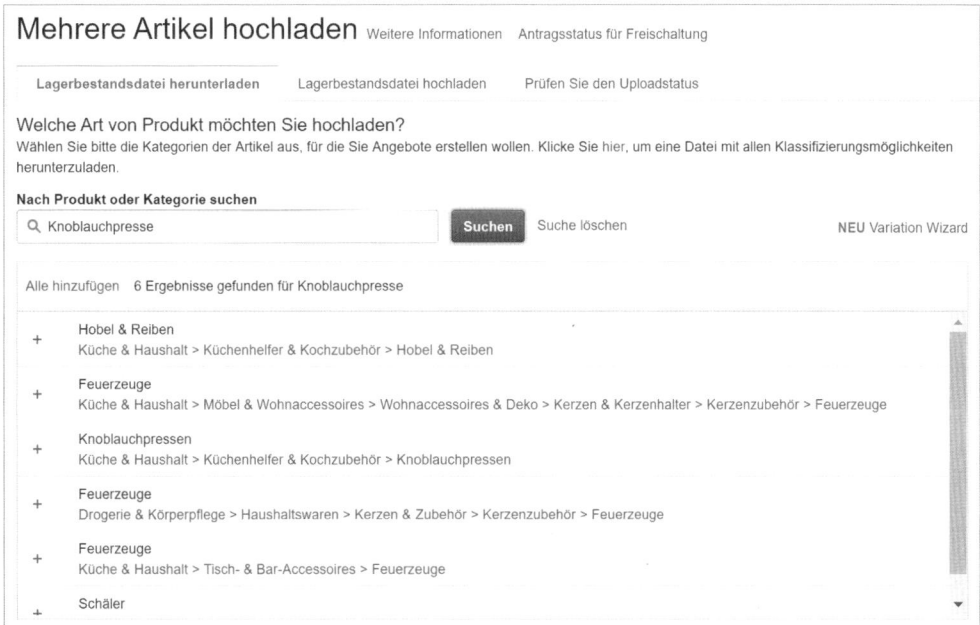

Abbildung 5.49 Auswahl der Kategorie auf Basis des Produkttyps

Sofern die richtige Kategorie gefunden wurde, klicken Sie anschließend auf das +-Zeichen, um diese zu übernehmen.

2. Sie klicken sich durch den Kategorienbaum und ermitteln die jeweilige Unterkategorie selbst. Wenn Sie sich nicht sicher sind, können Sie auf der Marktplatz-Seite auch nach Konkurrenzprodukten suchen und auf der Produktdetailseite nachschauen, wo diese gelistet sind.

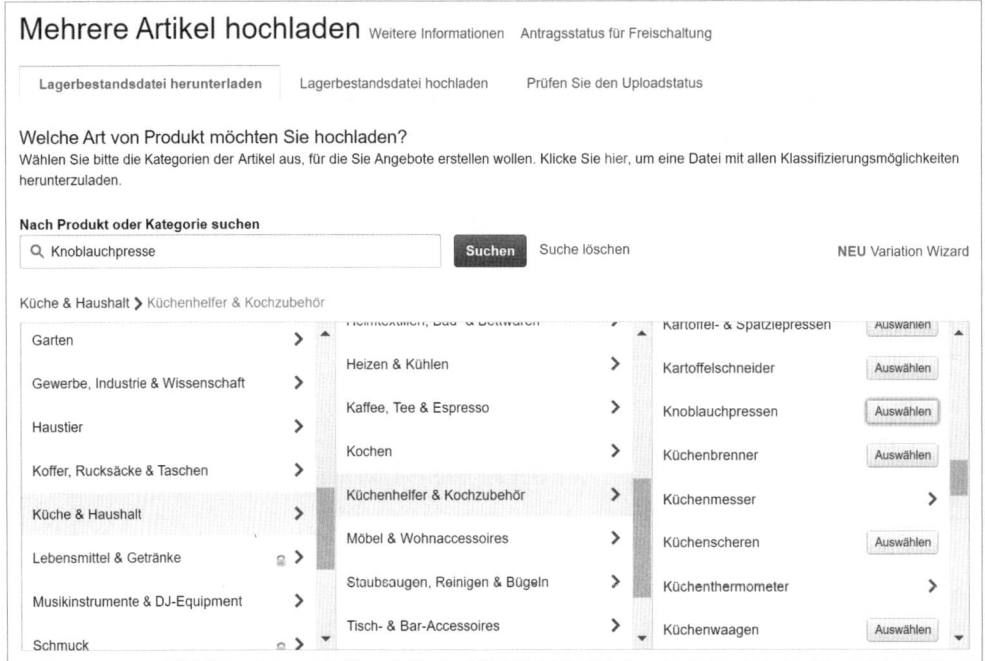

Abbildung 5.50 Auswahl der Kategorie mithilfe des Kategorienbaums

Haben Sie die passende Kategorie gefunden, klicken Sie anschließend auf AUSWÄHLEN.

Das müssen Sie jetzt für alle Produkte wiederholen, die Sie hochladen möchten, was je nach Anzahl der Produkte ein aufwendiger Prozess sein kann. Daher sollten Sie die Vorlage, die Sie im Anschluss erhalten, gut abspeichern, um diesen Prozess nicht erneut durchführen zu müssen. Alternativ können Sie die Artikel natürlich auch in mehreren Schritten hochladen. In diesem Fall genügt dann die Auswahl der für den jeweiligen Schritt benötigten Kategorie.

Immer wenn Sie eine weitere Kategorie auswählen, taucht diese unterhalb in einer Liste auf. Das könnte dann bei drei Kategorien z. B. so aussehen:

Sie können die entsprechende Lagerbestandsdateivorlage aus der Tabelle unten herunterladen. Die Tabelle enthält auch Informationen zur Kategorisierung, die Sie in die Datei eintragen können, um sicherzustellen, dass Kunden Ihre Artikel bei Amazon.de finden können.

Alle entfernen	Gewählte Klassifizierungen	Node ID	Klassifizierungspfad
✕	Schäler	3177974031	Küche & Haushalt/Küchenhelfer & Kochzubehör/Schäler
✕	Feuerzeuge	2970847031	Drogerie & Körperpflege/Haushaltswaren/Kerzen & Zubehör/Kerzenzubehör/Feuerzeuge
✕	Knoblauchpressen	3177931031	Küche & Haushalt/Küchenhelfer & Kochzubehör/Knoblauchpressen

Vorlage erstellen

Abbildung 5.51 Auswahl von drei Kategorien für die Erstellung der Lagerbestandsdatei

Tipp: Drucken Sie sich die Übersicht aus

Beim Ausfüllen der Lagerbestandsdatei müssen Sie später die Kategorienummer für jedes Produkt angeben. Die Kategorienummer ist die *Node ID*, die in dieser Liste dargestellt wird. So können Sie später einfach nachschlagen, welche die richtige Nummer ist.

Wenn Sie nun alle Kategorien beisammenhaben, klicken Sie auf VORLAGE ERSTELLEN. Nach kurzer Zeit erfolgt automatisch der Download der hierzu passenden kategoriespezifischen Lagerbestandsdatei.

Wenn Sie diese Datei mit Microsoft Excel öffnen, finden Sie eine Arbeitsmappe mit mehreren Blättern vor, von denen fünf für Sie interessant sind.

▶ Das Blatt *Instruktionen* enthält ausführliche Informationen in deutscher und englischer Sprache. Tipp: Wenn die deutsche Übersetzung etwas unklar ist, dann schauen Sie in die englische. Viele Texte werden vom Englischen ins Deutsche übersetzt – und das nicht immer 100%ig korrekt, da die Übersetzungen häufig von fachfremden Übersetzern vorgenommen werden.

▶ Das Blatt *Info zu Produktabbildungen* enthält noch mal die Vorgaben für die Produktfotos sowie einige Beispiele.

▶ Das Blatt *Datendefinitionen* enthält Erläuterungen zu jeder in dem Blatt *Vorlage* aufgeführten Spalte bzw. Feld. Hier können Sie nachschlagen, wenn Sie sich nicht sicher sind, was in der jeweiligen Spalte einzutragen ist. Dort finden Sie neben der Erläuterung auch immer ein Beispiel sowie die Angabe, ob es sich um ein Pflichtfeld handelt oder nicht.

▶ Das Blatt *Vorlage* enthält die eigentliche Vorlage, die Sie ausfüllen müssen. Auf diese Vorlage gehen wir gleich noch genauer ein.

▶ Das Blatt *Beispiel* enthält drei konkrete Beispiele, wie die Vorlage ausgefüllt werden sollte. Das erste Beispiel ist ein Produkt, das ohne Varianten angelegt wird. Im zweiten Beispiel sehen Sie ein Produkt, das zwei Varianten enthält. Das dritte Beispiel zeigt, wie eine Variante aus Beispiel 2 wieder gelöscht wird.

Nun haben Sie also die Vorlage erfolgreich erstellt. Im Weiteren schauen wir uns einige typische Anwendungsmöglichkeiten rund um das Thema Lagerbestandsdateien an.

5.4.2   Erstellen eines neuen Artikels im Katalog inklusive Angebot

Wenn Sie die Datei und dort das Blatt *Vorlage* öffnen, die wir weiter oben beispielhaft erstellt haben, erschrecken Sie bitte nicht. Dort befinden sich jetzt knapp 176 Spalten, die Sie für jedes Produkt füllen können. Das liegt daran, dass wir in dem vorherigen

Schritt drei verschiedene Kategorien ausgewählt haben. Doch nicht alle Spalten sind für Sie bzw. das Produkt relevant. Amazon hat die Spalten dankenswerterweise farblich eingefärbt, um dem Nutzer den Überblick zu erleichtern. Die Spalten lassen sich in neun Gruppen einteilen. Neben den Gruppen habe ich auch die Felder mit aufgeführt, die bei der Anlage eines Produktes verpflichtend sind:

▶ **Allgemeine Produktinformationen**

- SKU

- Produktname

- Hersteller-Barcode

- Barcode-Typ

- Hauptkategorie

- Marke

▶ **Angaben zu Ihrem Angebot**

▶ **Produktabmessungen**

▶ **Produktbeschreibung**

- Nummer der Unterkategorie

▶ **Produktbilder**

- URL Hauptbild

▶ **Angaben zum Versand**

▶ **Variantenbeziehung**

▶ **Konformitätsangaben**

▶ **Sonstige kategorieabhängige Angaben**

Sie sehen: Insgesamt sind es nur acht Felder, die Sie zwingend ausfüllen müssen, um ein neues Produkt anzulegen. In unserem Beispiel werden wir jedoch deutlich mehr Felder nutzen, da wir unser Produkt ja so genau und gut wie möglich präsentieren möchten. Legen wir also los.

In unserem fiktiven Beispiel möchten wir eine neue Knoblauchpresse mit zwei Farbvarianten (rot, blau) anlegen. Dazu öffnen Sie jetzt die Excel-Datei, die Sie im vorherigen Abschnitt erstellt haben, und arbeiten sich von links nach rechts durch die Vorlage. Die meisten Felder sind selbsterklärend, daher gehe ich nur auf die Besonderheiten ein. Bei zwei Farbvarianten müssen wir insgesamt drei Produkte anlegen: ein virtuelles Produkt (den Parent-Artikel), auf welches sich die beiden Varianten (Children) beziehen können, um eine Produktfamilie zu bilden. Ich werde im Folgenden einfach von Parent und Child sprechen, da es sich um die bei Amazon üblichen Begriffe handelt.

Unter PRODUKTKATEGORISIERUNG (SUCHPFAD) wählen Sie für alle drei Zeilen aus der Dropdown-Liste die Kategorie-Nummer aus, die für die Knoblauchpresse passt. Jetzt merken Sie auch, warum es sinnvoll ist, sich diese bei der Erstellung der Lagerbestandsdatei zu notieren.

Unter VERKÄUFER-SKU vergeben Sie (wenn nicht bereits anderweitig festgelegt) eine beliebige interne Artikelnummer, die es in Ihrem Angebot noch nicht gibt. Die SKU muss für jeden der drei Artikel unterschiedlich sein. Ich empfehle, »lesbare« SKUs zu verwenden, da Ihnen die SKUs in Berichten häufiger begegnen. An das Ende der SKU hängen wir noch ein Kürzel für die jeweilige Variante an. Unsere drei SKUs könnten z. B. so aussehen:

▶ KNOFI_KNP_01_PARENT

▶ KNOFI_KNP_01_ROT_FBA

▶ KNOFI_KNP_01_BLAU_FBA

Der Aufbau je SKU ist in unserem Beispiel MARKE_ARTIKEL_VARIANTE_VERSAND-ART, aber Sie können auch beliebige Zeichen wählen oder ein völlig anderes Muster.

Unter HERSTELLER-BARCODE geben wir für die Child-Produkte unsere 13-stellige GTIN-Nummer ein. Der Parent-Artikel benötigt keine eigene Nummer. Unter BARCODE-TYP geben Sie GTIN bzw. EAN an, falls es bei GTIN zu Fehlermeldungen kommt.

Die Felder HERSTELLER und MARKE verstehen sich von selbst. Unter PRODUKTNAME geben Sie jeweils den Produkttitel ein. Für den Parent können Sie einen einfachen Namen wählen, der die Familie später als solche erkennbar macht. Relevant für das jeweilige Listing sind die Daten der Child-Artikel. Hier müssen Sie natürlich kleinere Anpassungen vornehmen, wenn z. B. das Unterscheidungskriterium (in unserem Fall die Farbe) im Titel vorkommt. Wir fügen also in unseren Titel an passender Stelle »Blau« bzw. »Rot« ein. Den Parent nennen wir einfach »KnoFix Knoblauchpresse 01 Parent Rot/Blau«.

Unter PRODUKTTYP wählen Sie die jeweilige Hauptkategorie aus, die zu der Knoblauchpresse passt. In unserem Beispiel wäre der passende Eintrag HOME. Unter PREIS tragen Sie Ihren Listenpreis ein.

Amerikanische Trennzeichen

Wenn Sie die Lagerbestandsdatei aus bestimmten Gründen als Textdatei hochladen müssen, müssen Sie darauf achten, dass Sie das amerikanische Zahlen- und Datumsformat verwenden. Hier wird der Punkt als Dezimaltrennzeichen verwendet und das Datum in der Form *JJJJ-MM-TT* notiert. Das Trennzeichen können Sie in Excel unter DATEI • OPTIONEN • ERWEITERT ändern:

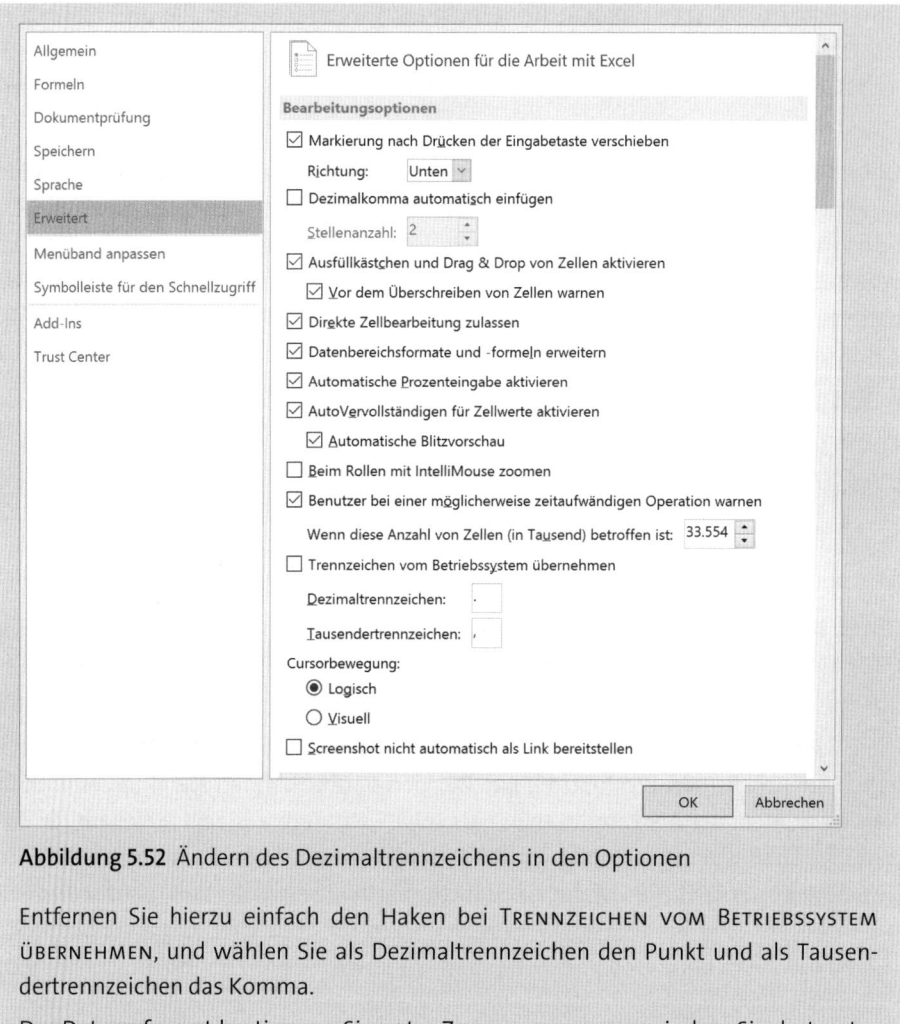

Abbildung 5.52 Ändern des Dezimaltrennzeichens in den Optionen

Entfernen Sie hierzu einfach den Haken bei TRENNZEICHEN VOM BETRIEBSSYSTEM ÜBERNEHMEN, und wählen Sie als Dezimaltrennzeichen den Punkt und als Tausendertrennzeichen das Komma.

Das Datumsformat bestimmen Sie unter ZELLEN FORMATIEREN, indem Sie dort unter BENUTZERDEFINIERT ein Sonderformat der Form *JJJJ-MM-TT* definieren.

Den Angebotspreis – sofern Sie einen angeben möchten – definieren Sie später weiter rechts in der Tabelle. Da wir den Artikel via FBA verschicken möchten, lassen wir die Spalte ANZAHL leer. Würden Sie den Artikel im Eigenversand anbieten, könnten Sie hier die für diesen Verkaufskanal verfügbare Menge eingeben.

Jetzt haben wir den ersten Abschnitt bereits ausgefüllt. War gar nicht so schwer, oder? Machen wir weiter mit den Bildern. Amazon möchte, dass wir zumindest ein Hauptbild festlegen. Nun kann man in die Excel-Tabelle keine Bilder einkopieren. Stattdessen verlangt Amazon den Link zu Ihrem Produktbild, unter dem das Bild im Internet erreichbar ist. Falls Ihre Produktbilder in hochauflösender Form bereits im Internet verfügbar sind, sollten Sie die jeweiligen Links hier einfügen.

Platzhalter-Bilder

Wenn Sie keine passenden Links zu den Bildern haben, empfehle ich Ihnen Folgendes: Verlinken Sie hier einfach z. B. auf das Logo Ihrer Homepage, oder – wenn Sie den Link nicht kennen – nehmen Sie *https://placeimg.com/640/480/any*, und fügen Sie diese URL unter URL HAUPTBILD ein. Der Service liefert Ihnen immer ein zufälliges Bild zurück, das Sie später tauschen können. Über das Webinterface lassen sich die Bilder, die Sie auf Ihrem Computer gespeichert haben, bequemer hochladen.

Jetzt wechseln wir zum nächsten Bereich namens VARIANTEN (siehe Abbildung 5.53). Hier müssen wir festlegen, bei welcher Zeile es sich um einen Parent-Artikel handelt und wo um einen Child-Artikel. In der Spalte VARIATIONSTYP wählen Sie für unseren Parent »Parent« aus und für jedes Child »Child«. Bei SKU DES ÜBERGEORDNETEN PRODUKTS tragen Sie bei jedem Child die SKU des Parent ein. In der Parent-Zeile selbst tragen Sie nichts ein. Unter PRODUKTBEZIEHUNGSTYP tragen Sie für jedes Child »Variation« ein. Das Feld beim Parent lassen Sie leer. Unter VARIANTEN-DESIGN wählen Sie »ColorName«, da sich unsere Varianten in der Farbe unterscheiden. Das Ganze sieht schließlich so aus:

Varianten			
Variationstyp parent_child	SKU des übergeordneten Produkts parent_sku	Produktbeziehungstyp relationship_type	Varianten-Design variation_theme
Parent			
Child	KNOFI_KNP_01_PARENT	Variation	ColorName
Child	KNOFI_KNP_01_PARENT	Variation	ColorName

Abbildung 5.53 Anlegen von Varianten in der Lagerbestandsdatei

Im nächsten Abschnitt tragen Sie unter PRODUKTBESCHREIBUNG genau diese ein. Hier können Sie mit einfachen HTML-Befehlen für Zeilenumbrüche (`</br>`) oder Hervorhebungen (`<b>fett</b>`) sorgen. Schreiben Sie einfach alles in einer Zeile durch. Unter AUFZÄHLUNGSPUNKTE haben Sie fünf Spalten, für jeden möglichen Aufzählungspunkt eine Spalte. Tragen Sie hier Ihre jeweiligen Texte ein. Gleiches gilt für die Spalten ALLGEMEINE SCHLÜSSELWÖRTER. Hier können Sie Suchbegriffe eingeben, die Sie im Listing noch nicht untergebracht haben, aber für das Listing relevant sind.

Im nächsten Abschnitt tragen Sie bei den Varianten unter FARBE und FARBFAMILIE die jeweiligen Farben ein. Im Abschnitt ABMESSUNGEN (siehe Abbildung 5.54) können Sie noch Angaben zu Gewicht und den Abmessungen machen. Tragen Sie hier bei VERSANDGEWICHT, MASSEINHEIT DES AUF DER WEBSEITE ANGEGEBENEN VERSANDGEWICHTS, ARTIKELGEWICHT und MASSEINHEIT DES ARTIKELGEWICHTS die jeweiligen Werte ein. Ich habe hier beispielhaft alle Werte in Gramm und Millimeter angegeben.

Versand-gewicht	Maßeinheit des auf der Webseite angegebenen Versandgewichts	Artikel-gewicht	Maßeinheit der Artikelweite	Artikelbreite	Artikelhöhe	Maßeinheit der Artikeldicke
website_shipping_weight	website_shipping_weight_unit_of_measure	item_weight	item_width_unit_of_measure	item_width	item_height	item_thickness_unit_of_measure
150	GR	120	GR	50	200	20
150	GR	120	GR	50	200	20
150	GR	120	GR	50	200	20

Abbildung 5.54 Abmessungen und (Versand-)Gewicht der Knoblauchpresse

Zuletzt widmen wir uns dem roten Abschnitt ANGEBOT. Hier bestimmen Sie bei Bedarf den ANGEBOTSPREIS, dessen Gültigkeitsdauer und ab wann der Artikel in den Verkauf gehen kann (VERÖFFENTLICHUNGSDATUM).

Wenn Sie den Artikel auch im Rahmen von *Amazon Business* anbieten möchten, müssen Sie noch im letzten Abschnitt einen Nettopreis angeben. Zudem können Sie noch eine Rabattstaffel definieren. Der Einfachheit halber sparen wir uns das in unserem Beispiel.

Sie haben es geschafft. Die erste Lagerbestandsdatei ist gefüllt. Es ist sogar so, dass Sie insbesondere Artikel mit vielen Varianten mit der Lagerbestandsdatei schneller anlegen können, als wenn Sie dies über Seller Central im Formular erledigen. So können Sie häufig Daten wie Produkttitel, Aufzählungspunkte, Produktbeschreibung zumindest in großen Teilen übernehmen und über die Zwischenablage schnell in andere Artikel kopieren. Sie müssen dann nur noch die Änderungen für die jeweilige Variante einpflegen.

Trotz aller Sorgfalt schleichen sich schnell ein paar Fehler beim Ausfüllen der Datei ein. Amazon hat dankenswerterweise ein Tool zur Verfügung gestellt, mit dem Sie den Aufbau der Datei prüfen können. Gehen Sie hierzu auf LAGERBESTAND • MEHRERE ARTIKEL HOCHLADEN • LAGERBESTANDSDATEI HOCHLADEN. Im oberen Teil der Seite können Sie in Schritt 1 Ihre Datei überprüfen lassen, was ich grundsätzlich immer empfehle (siehe Abbildung 5.55). Musste früher hierfür noch eine Textdatei erstellt werden, können Sie jetzt die Excel-Datei hochladen.

Veraltete Dokumentation

In dem Tabellenblatt *Instruktionen* findet sich noch zum Zeitpunkt der Entstehung des Buches der Hinweis, dass die Datei vor dem Hochladen in eine Textdatei hochgeladen werden muss. Das ist mittlerweile wie erwähnt nicht mehr nötig.

Klicken Sie einfach auf DATEI AUSWÄHLEN, und wählen Sie Ihre gefüllte Excel-Datei aus. Klicken Sie anschließend auf MEINE DATEI PRÜFEN.

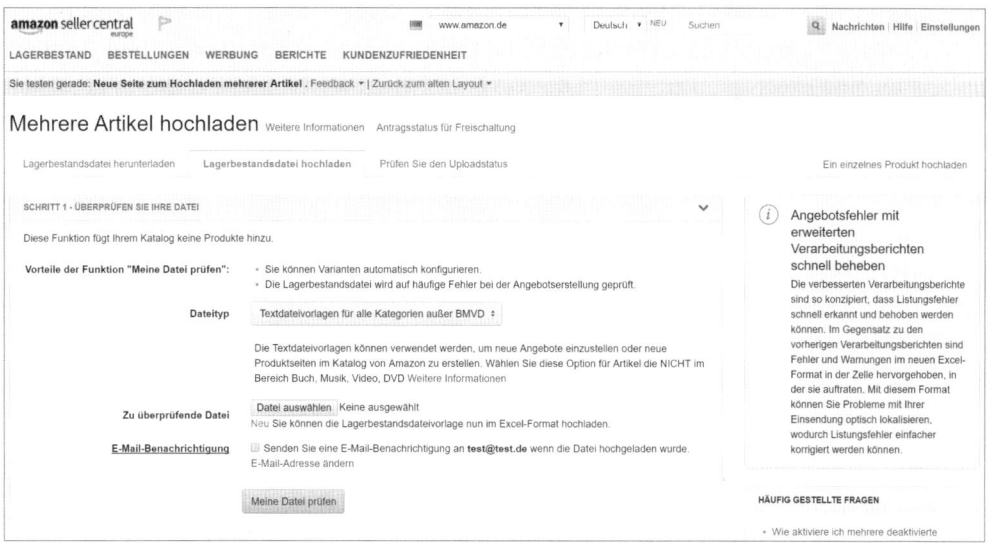

Abbildung 5.55 Prüfen der ausgefüllten Lagerbestandsdatei

Sie werden anschließend auf die Seite PRÜFEN SIE DEN UPLOADSTATUS weitergelei-
tet. Sobald Sie diese Seite einmal aktualisieren, finden Sie dort den Status Ihrer aktuellen Prüfung. Diese dauert je nach Größe der Datei wenige bis mehrere Minuten.

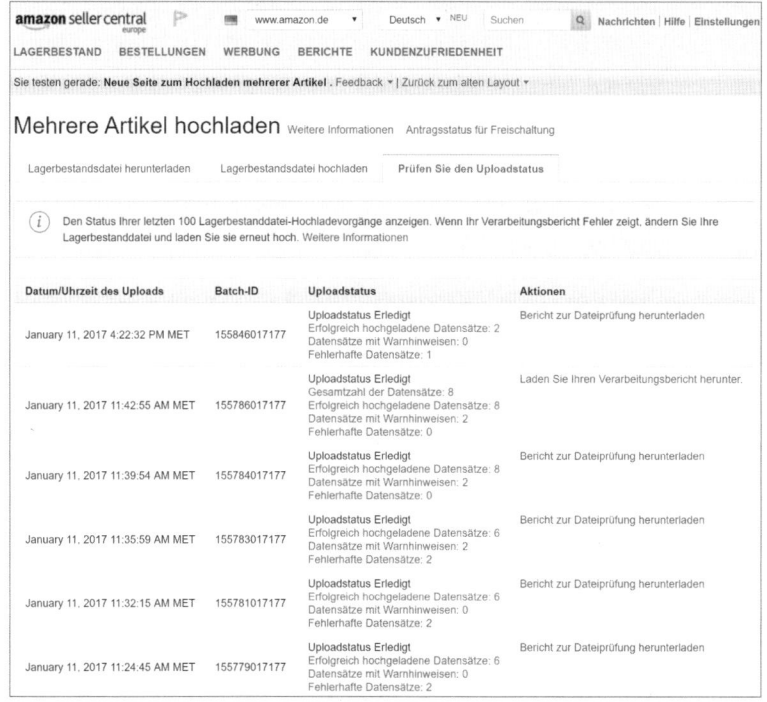

Abbildung 5.56 Status der letzten Lagerbestandsdatei-Prüfungen bzw. -Verarbeitungen

In unserem Beispiel enthält die Datei noch einen Fehler. Wenn das bei Ihnen auch der Fall ist, klicken Sie auf BERICHT ZUR DATEIPRÜFUNG HERUNTERLADEN, und Sie erhalten eine Excel-Datei zurück, in der die betroffenen fehlerhaften Zellen orange markiert und um einen Kommentar mit weiteren Informationen ergänzt sind.

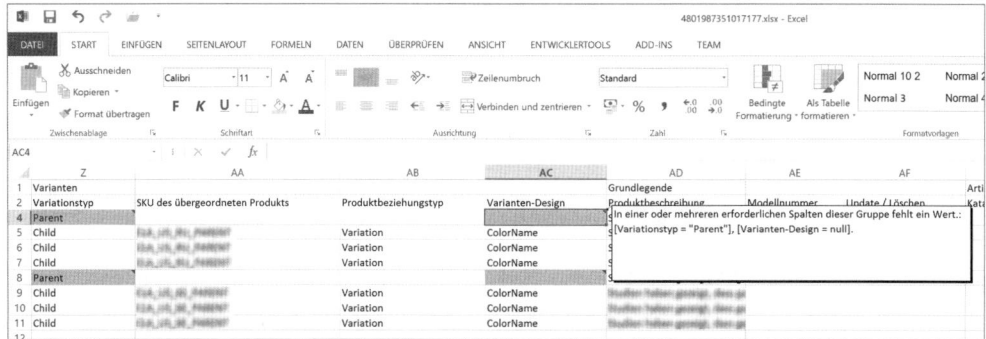

Abbildung 5.57 Beispiel eines Prüfberichts, der auf Fehler in der Datei hinweist. Hier wurde vergessen, bei zwei Parent-Artikeln das Varianten-Design anzugeben.

Sobald im Rahmen der Prüfung keine Fehler mehr angezeigt werden, können Sie die Datei zur endgültigen Verarbeitung einreichen. Gehen Sie dazu zu Schritt 2, und führen Sie die gleichen Schritte durch:

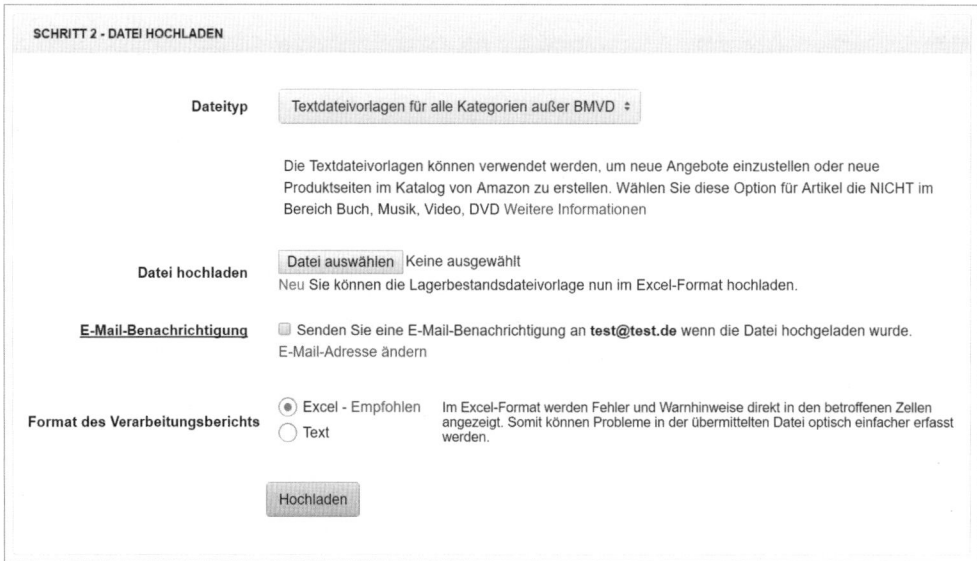

Abbildung 5.58 Hochladen der Lagerbestandsdatei für die Verarbeitung

Achten Sie darauf, dass als Dateityp TEXTDATEIVORLAGE FÜR ALLE KATEGORIEN AUSSER BMVD ausgewählt ist (auch wenn Sie eine Excel-Datei und keine reine Textdatei hochladen). Wählen Sie die Datei aus, und stellen Sie das Format auf EXCEL. Klicken Sie dann auf HOCHLADEN, und Sie landen auf der Ihnen bekannten Seite, die Ihnen den Status der letzten Prüfungen bzw. Verarbeitungsberichte anzeigt.

Im Erfolgsfall erhalten Sie einen *Verarbeitungsbericht*, den Sie herunterladen können. Im Beispiel oben wurde eine Lagerbestandsdatei erfolgreich bearbeitet. Während der Verarbeitung sind jedoch sogenannte *Warnungen* aufgetreten. Diese haben die Verarbeitung jedoch nicht beeinträchtigt, da Amazon unstimmige Angaben in diesem Fall einfach ignoriert hat. Wenn Sie im Anschluss auf Ihren Lagerbestand gehen, werden Sie sehen, dass die Produkte erfolgreich angelegt wurden. Sie können jetzt die letzten Änderungen vornehmen, wie z. B. die finalen Bilder ergänzen.

5.4.3   Aktualisierung von Katalogeinträgen

Sind die Produkte einmal im Katalog angelegt, können Sie mithilfe der gleichen Datei auch (partielle) Änderungen an den Katalogeinträgen durchführen. Dies ist sehr einfach möglich. Nehmen Sie dazu einfach wieder den gleichen Vorlagentyp, den Sie beim Erstellen genutzt haben. Liegt die Erstellung schon länger zurück, sollten Sie die Vorlage neu herunterladen. Diese ist dann nur nicht mehr gefüllt.

Um die zu aktualisierenden Artikel eindeutig zu identifizieren, geben Sie unter VERKÄUFER-SKU einfach die SKU Ihres Artikels an. Füllen Sie noch das Feld, das Sie aktualisieren möchten, z. B. den Produkttitel. Wählen Sie zu guter Letzt bei UPDATE/LÖSCHEN noch PARTIALUPDATE an. Damit teilen Sie Amazon mit, dass Sie nur die Teile des Katalogeintrages aktualisieren möchten, bei denen Sie in der Excel-Datei einen neuen Wert hinterlegt haben. Diese Datei können Sie dann prüfen und anschließend zur weiteren Verarbeitung hochladen.

Gerade bei Massenaktualisierungen ist das ein sehr mächtiges Tool. Stellen Sie sich vor, bei Ihren Eigenmarken hat sich die Marke geändert, und Sie müssen diese bei 1.000 Produkten aktualisieren. Mit dieser Funktion dauert das nur wenige Minuten.

Ein typischer Anwendungsfall für viele Verkäufer ist derzeit auch das schnelle Ergänzen von B2B-Staffelpreisen für Amazons neuen B2B-Marktplatz. Auch dieses lässt sich mithilfe von Lagerbestandsdateien schnell und unkompliziert erledigen. Zwar enthält die Ihnen bereits bekannte kategoriespezifische Vorlage entsprechende Felder für unterschiedliche Staffelpreise, für eine partielle Aktualisierung können Sie diese aus mir unbekannten Gründen jedoch nicht nutzen. Angaben dort werden im Rahmen eines partiellen Updates nicht übernommen. Fehler werden jedoch auch nicht angezeigt. Amazon stellt für das Thema B2B spezielle Vorlagen bereit, die Sie auch auf der Hilfe-Seite zum Thema Lagerbestandsdateien finden (siehe Abbildung 5.59).

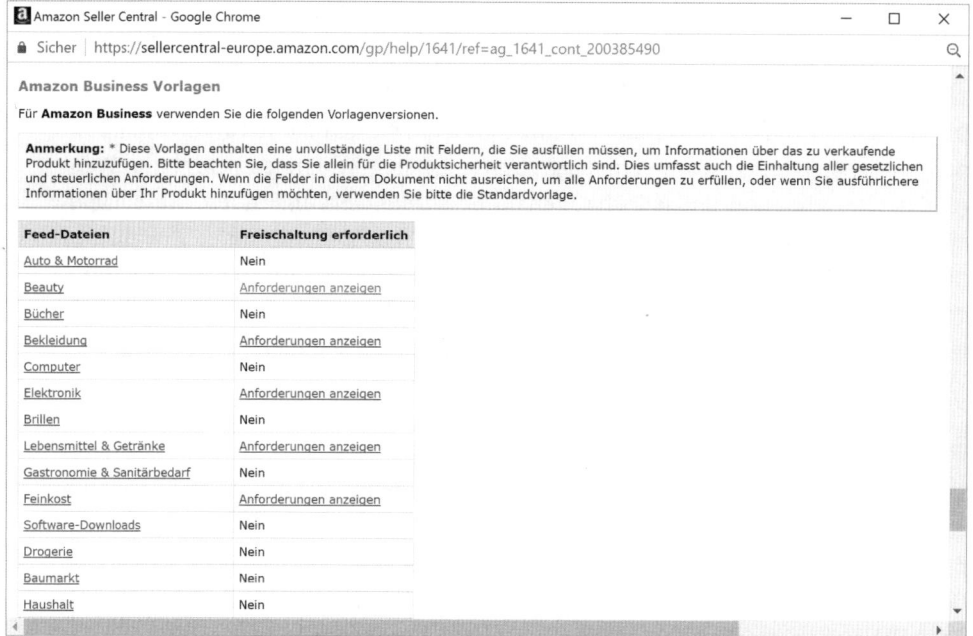

Abbildung 5.59 Kategoriespezifische Vorlagen für Amazon Business

Um B2B-Staffelpreise nach einem festen Schema anzulegen, gehen Sie wie folgt vor:

1. Fügen Sie bei BUSINESS-PREIS eine Formel ein, die sich auf das (gefüllte) B2C-Preis-feld (in der Regel der Angebotspreis, gibt es diesen nicht, dann der als Preis bezeichnete Listenpreis) bezieht. Der Business-Preis darf nicht höher als der B2C-Preis sein.

2. Tragen Sie in das Feld MENGENUNTERGRENZE 1 z. B. den Wert 10 ein, wenn Sie ab 10 bestellten Einheiten einen Rabatt gewähren möchten.

3. Tragen Sie in das Feld MENGENPREIS 1 den Wert 5 ein, wenn Sie ab 10 Einheiten einen Rabatt von 5 % gewähren möchten.

4. Tragen Sie in das Feld MENGENPREISARTEN den Wert »Prozent« ein, um anzuge-ben, dass es sich bei dem Wert 5 um einen prozentualen und keinen absoluten Wert handelt.

Gehen Sie die Schritte 1-4 für den obersten Artikel durch, und kopieren Sie dann diese Werte einfach bei allen Artikeln ein, bei denen Sie diese Staffel hinzufügen möchten. Alternativ können Sie auch absolute Staffelpreise hinterlegen. In diesem Fall würden Sie bei den Mengenpreisen einfach mit einer Formel arbeiten, die den Business-Preis um den gewünschten Anteil reduziert. Ein Beispiel, wie das bei sechs Artikeln aus-sehen könnte, sehen Sie in Abbildung 5.60.

Wurde die Lagerbestandsdatei korrekt verarbeitet, finden Sie die Änderungen auch schnell in Seller Central wieder (siehe Abbildung 5.61).

AG	AH	AI	AJ	AK	AL	AM	AN	AO	AP
b2b									
Business-Preis	Mengenpreisarte	Mengenuntergre	Mengenpreis 1	Mengenuntergre	Mengenpreis 2	Mengenuntergre	Mengenpreis 3	Mengenuntergre	Mengenpreis 4
business_price	quantity_price_t	quantity_lower_	quantity_price1	quantity_lower_	quantity_price2	quantity_lower_	quantity_price3	quantity_lower_	quantity_price4
12,2 percent	10	5	20	10	50	15	100	20	
12,2 percent	10	5	20	10	50	15	100	20	
12,2 percent	10	5	20	10	50	15	100	20	
12,2 percent	10	5	20	10	50	15	100	20	
12,2 percent	10	5	20	10	50	15	100	20	

Abbildung 5.60 Beispiel für die Anlage von gleichartigen Staffelpreisen bei mehreren Artikeln

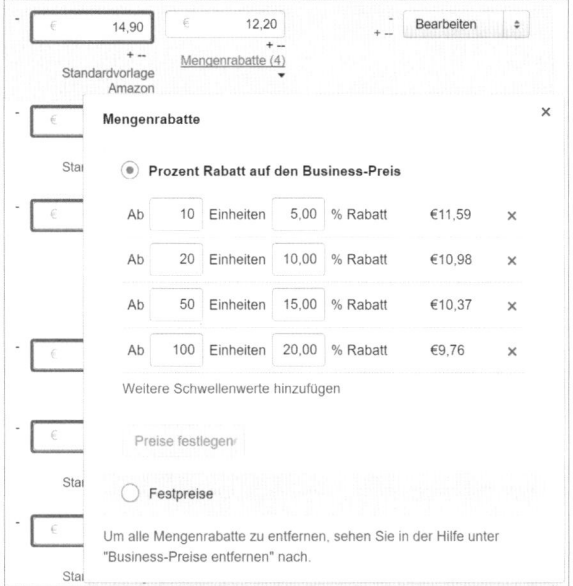

Abbildung 5.61 Die Mengenrabatte wurden aus der Lagerbestandsdatei korrekt übernommen.

5.4.4   Aktualisierung von Preis und Menge bei bestehenden Artikeln

Im Alltag fassen Sie die Katalogeinträge nur im Bedarfsfall an. Häufiger – wenn nicht die Regel – sind da schon Änderungen bei Preisen und Beständen. Letzteres fällt insbesondere dann an, wenn Sie den Artikel selbst versenden und ein Artikel nicht dauerhaft vorrätig ist, um alle Verkaufskanäle sicher zu bedienen.

Haben sich bei Ihnen z. B. die Einkaufspreise für eine Vielzahl von Artikeln durch die Bank geändert, so lohnt es sich auch hier, diese in einem Rutsch zu aktualisieren. Es wäre zu aufwendig, alle Artikel einzeln über Seller Central zu aktualisieren.

Amazon bietet für diesen Anwendungsfall eine bestimmte (stark reduzierte) Vorlage an, um für eine SKU den Preis und die verfügbare Menge sowie die Versanddauer neu zu bestimmen. Sie finden diese Vorlage etwas versteckt in der Amazon-Hilfe, wenn Sie auf LAGERBESTAND • MEHRERE ARTIKEL HOCHLADEN gehen und dort weiter unten innerhalb der Tabelle auf PREIS UND MENGE klicken. Klicken Sie auf der folgenden

Hilfe-Seite auf den Link LAGERBESTANDSDATEIVORLAGE (*https://sellercentral-europe. amazon.com/gp/help/1641/ref=ag_1641_cont_200385490*) und dort im Abschnitt ALLGEMEINE VORLAGEN auf den Link namens PREIS UND MENGE AKTUALISIERUNG (*https://s3.amazonaws.com/seller-templates/ff/eu/de/Flat.File.PriceInventory.de.xls*).

LAGERBESTANDSDATEIVORLAGEN			^
Dateityp	**Anwendungsbeispiel**	**Dateiname**	**Weitere Infos**
Zum Erstellen und Vergleichen von Produkten	• Die Seite existiert im Amazon.de-Katalog nicht. • Sie verfügen über die vollständigen Produktinformationen.	Kategoriespezifische Lagerbestandsdateien	UIEE-Dateien können auch für Bücher benutzt werden.
Nur zum Vergleichen von Produkten	• Die Seite existiert im Amazon.de-Katalog. • Sie verfügen nicht über die vollständigen Produktinformationen.	Lagerbestands-Assistent	Sie können auch den Listing Loader verwenden.
Zum Aktualisieren des Lagerbestands	Nur für die Aktualisierung von Preis- und Mengenangaben	Preis & Menge	7-Spalten-Format
		Kategoriespezifische Lagerbestandsdateien	Verwenden Sie die die Option "PartialUpdate", um Dateien für Nicht-Medienartikel hochzuladen.
	Nur für Angebotsdaten	Lagerbestands-Assistent oder Kategoriespezifische Lagerbestandsdateien	Sie können auch den Listing Loader verwenden.
Versandoptionen	Zum Aktualisieren von Versandoptionen für BMVD-Produkte pro Angebot oder für das gebündelte Hochladen	Lagerbestands-Assistent , Buch-Assistent, Musik-Assistent oder Video/DVD-Assistent	UIEE-Dateien können nur gebündelt hochgeladen werden.
	Zum Ändern von Versandkosten für einzelne Produkte.	Versandeinstellungen überschreiben	Versandeinstellungen überschreiben ist nicht für BMVD-Produkte verfügbar.
Ändern von Produktdaten	Zum Hochladen von Informationen für Produktseiten	Kategoriespezifische Lagerbestandsdateien	Verwenden Sie die Funktion Produkt hinzufügen , um einzelne Produkte hochzuladen.
	Zum Löschen von Produkt- und Kataloginformationen	Nicht-BMVD-Bestandsdateien	Verwenden Sie "Delete"
		Lagerbestands-Assistent	Verwenden Sie "x"

Abbildung 5.62 Download der Datei zur Aktualisierung von Preis und Menge

Sofern Sie gerade beim deutschen Marktplatz angemeldet sind, erhalten Sie eine Excel-Datei mit dem Namen *Flat.File.PriceInventory.de.xls*. Wenn Sie diese öffnen, finden Sie eine im Vergleich zur Lagerbestandsdatei erstaunlich übersichtliche Tabelle vor, die folgende sieben Spalten enthält:

▶ sku

▶ price

▶ minimum-seller-allowed-price

▶ maximum-seller-allowed-price

▶ quantity

▶ fulfillment-channel

▶ leadtime-to-ship

Das Feld SKU kennen Sie schon. Hier tragen Sie einfach die SKUs für die Produkte ein, die Sie aktualisieren möchten. Produkte, die Sie nicht ändern möchten, müssen hier auch nicht angegeben werden. Die Felder MINIMUM-SELLER-ALLOWED-PRICE und MAXIMUM-SELLER-ALLOWED-PRICE können Sie nutzen, um Preisfehler zu vermeiden. Tragen Sie z. B. bei MINIMUM-SELLER-ALLOWED-PRICE einen Preis von 10 € ein, so werden Sie es im Anschluss nicht schaffen, den Preis auf 8 € zu setzen. Amazon würde das Angebot in diesem Fall auf *inaktiv* stellen, da es davon ausgeht, dass ein Preisfehler vorliegt. Das ist eine sinnvolle Funktion, insbesondere dann, wenn Sie mit Tools arbeiten, die Preisanpassungen automatisieren. Auf diese Weise können Sie sich davor schützen, dass Ihre Produkte aus Versehen verramscht werden. Sowohl das Feld MINIMUM-SELLER-ALLOWED-PRICE als auch MAXIMUM-SELLER-ALLOWED-PRICE sind optional, d. h., Sie müssen diese Spalten nicht füllen.

Bei QUANTITY tragen Sie für die Produkte, die Sie im Eigenversand anbieten, die derzeit verfügbare Menge ein. Tragen Sie hier eine 0 ein, wird das Angebot als *Nicht verfügbar* markiert. Für Produkte, die via Versand durch Amazon verschickt werden, lassen Sie diese Spalte leer. Sobald Sie in der Spalte QUANTITY einen Wert angeben, müssen Sie gegebenenfalls auch die Spalte FULFILLMENT-CHANNEL befüllen. Tragen Sie bei Produkten im Eigenversand den Wert »default« ein, oder lassen Sie die Spalte leer. Tragen Sie dort »amazon« ein, wenn das Produkt via Versand durch Amazon verschickt wird. Hier müssen Sie auch gut aufpassen: Tragen Sie z. B. bei einem Produkt, das im Eigenversand angeboten wird, den Wert »amazon« ein, so wandelt Amazon das Produkt in ein FBA-Produkt um. In diesem Fall wäre der Artikel nicht mehr verfügbar, da Amazon keinen Bestand für diesen Artikel führt. Umgekehrt geht das auch: Tragen Sie bei einem FBA-Artikel den Wert »default« ein, wird aus einem FBA-Artikel ein Artikel im Eigenversand.

Im Feld LEADTIME-TO-SHIP können Sie die Vorlaufzeit angeben, die Sie für den Versand von Produkten im Eigenversand benötigen. Lassen Sie das Feld leer, geht Amazon von ein bis zwei Tagen aus. Wenn Sie länger benötigen, tragen Sie hier einen ganzzahligen Wert ein, der größer als zwei ist.

Achten Sie vor dem Hochladen darauf, dass alle Preise das Komma als Dezimaltrennzeichen verwenden. Sonst erhalten Sie bei der Prüfung und Verarbeitung eine Fehlermeldung, die Sie darauf hinweist, dass Sie ein falsches Währungssymbol verwenden.

Im Gegensatz zu den großen Lagerbestandsdateien, die wir im vorigen Abschnitt verwendet haben, können Sie diese Datei *nicht* als Excel-Datei hochladen. Daher müssen Sie das Arbeitsblatt mit Ihren Daten vor dem Hochladen noch als tabulatorgetrennte Textdatei speichern.

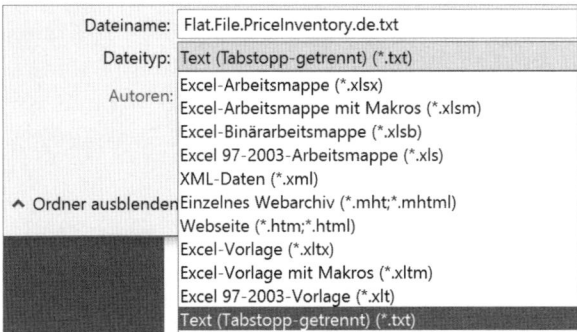

Abbildung 5.63 Konvertieren der Excel-Datei in eine Textdatei

Es ist auch bei diesen Vorlagen keine Dateiprüfung möglich. Stattdessen gehen Sie direkt zu Schritt 2. Achten Sie darauf, dass Sie dort den richtigen Vorlagentyp VORLAGE PREIS & MENGE auswählen.

Abbildung 5.64 Die Vorlage »Preis & Menge« kann nicht vorab überprüft werden, sondern muss direkt hochgeladen werden.

Sie erhalten sowohl im Fehler- als auch Erfolgsfall einen Verarbeitungsbericht. Sollte die Verarbeitung nicht funktioniert haben, finden Sie dort weitere Hinweise auf die Fehlerquelle.

Kapitel 6
Aufbau von Rezensionen

Für viele Käufer sind Produkt-Rezensionen eine wichtige Entscheidungshilfe. Viele positive Rezensionen schaffen Vertrauen, die z. T. sehr ausführlichen Inhalte geben potenziellen Käufern weitere Informationen. Entsprechend sind auch Verkäufer daran interessiert, dass ihre Produkte a) viele Bewertungen und b) eine positive Gesamtbewertung erhalten. Allerdings stehen Händler, die ein neues Produkt bei Amazon listen, vor einem Henne-Ei-Problem. Ein Produkt ohne Bewertungen wird nicht oder nur selten gekauft. Ein Produkt, das nicht oder nur selten gekauft wird, erhält auch keine Bewertungen. Hinzu kommt, dass deutsche Käufer, die mit dem Produkt zufrieden sind, in der Regel Bewertungs-Muffel sind. Die Wahrscheinlichkeit, dass ein Käufer eine Bewertung abgibt, steigt sogar, wenn der Käufer mit dem Produkt extrem unzufrieden ist und dieses seinen potenziellen Nachfolgern unbedingt mitteilen möchte. Händler fragen sich also, wie sie ihren Produkten ein wenig Starthilfe verpassen können, damit diese einen guten Start ins Leben erhalten.

Aufgrund der immensen Bedeutung von Rezensionen haben es einige Händler – vor allem in den USA – deutlich übertrieben und z. T. Leute dafür bezahlt, positive Rezensionen abzugeben. Ganze Onlinecommunitys haben sich gebildet, um Produkte von Händlern zu testen. Im Gegenzug haben diese das Produkt oft kostenlos oder stark vergünstigt erhalten. Die auf diese Weise vergebenen Rezensionen waren häufig »positiv verzerrt«, schließlich hackt die eine Krähe der anderen kein Auge aus.

Amazon war und ist sogar Teil des Problems, bietet es doch über das hauseigene *Vine-Programm* für ausgewählte Seller und Vendoren Rezensionen zum Kauf an. Schließlich hat auch Amazon ein Interesse daran, dass neue Produkte bewertet werden, damit diese sich verkaufen, verdient Amazon doch an jedem Kauf mit.

Aufgrund dieser Fehlentwicklungen lief Amazon Gefahr, dass man den Kundenrezensionen irgendwann nicht mehr uneingeschränkt vertrauen konnte. Zu oft wurden diese künstlich manipuliert. Amazon reagierte schließlich im November 2016 auch in Deutschland und hat die Regeln, nach denen Rezensionen erstellt werden dürfen, deutlich verschärft. Seitdem löscht Amazon zudem Rezensionen, die mit den neuen Regeln nicht mehr im Einklang stehen. Was früher noch erlaubt war, ist heute verboten.

6.1   Aktuelle Richtlinien

Dieses Kapitel wurde im März 2017 geschrieben und kann daher zum Zeitpunkt der Veröffentlichung des Buches schon wieder veraltet sein. Unabhängig davon sollten Sie bei diesem Thema auf dem Laufenden bleiben. Die aktuellen *Richtlinien zur Erstellung von Kundenrezensionen* sollen hier in Auszügen dargestellt werden, um herauszuarbeiten, was nach derzeitigem Stand klar erlaubt bzw. verboten ist. Darin heißt es beispielsweise (Auszug):

> *Um Kundenrezensionen oder Kundenantworten erstellen zu können, müssen Sie mit Ihrem Amazon-Konto einen Artikel gekauft haben (kostenlose Downloads zählen nicht). (...)*

> ▸ *Rezensionen zum selben Produkt von Kunden aus dem gleichen Haushalt sind nicht gestattet.*

> ▸ *Sie können bis zu 5 Rezensionen pro Woche verfassen, die nicht mit dem Zusatz »Verifizierter Kauf« versehen sind. Die Berechnung der Anzahl erfolgt dabei von Sonntag 00:00 Uhr bis Samstag, 23:59 Uhr. Diese Richtlinie bezieht sich nicht auf Vine Kundenrezensionen oder Rezensionen zu digitalen oder physischen Büchern, Musik und Videos.*

> ▸ *Wenn Produkte eine ungewöhnlich hohe Anzahl an Rezensionen über einen sehr kurzen Zeitraum erhalten, behalten wir uns vor, zu diesen Produkten nur noch Rezensionen mit dem Zusatz »Verifizierter Kauf« zuzulassen.*

> *Quelle: https://www.amazon.de/gp/help/customer/display.html?nodeId=201929730*

Amazon schränkt mit diesem neuen Passus den Kreis derjenigen ein, die eine Rezension verfassen dürfen. Genügte vorher noch ein (nie benutztes) Amazon-Konto, so muss jetzt mindestens ein Kauf stattgefunden haben. Amazon schränkt mit den neuen Richtlinien auch die Menge der Rezensionen ein, die auf »nicht verifizierten« Käufen basieren.

Bei »nicht verifizierten« Rezensionen handelt es sich um Rezensionen, bei denen Amazon nicht bestätigen kann, dass zuvor ein Kauf auf Amazon stattgefunden hat. Konkret heißt das, dass man auch Produkte rezensieren kann, die man woanders oder auch gar nicht gekauft hat.

Rezensenten können also weiterhin Produkte bewerten, die sie nie gekauft haben, allerdings können nur 5 »nicht verifizierte« Bewertungen pro Woche veröffentlicht werden. Erhält ein Produkt in kurzer Zeit ungewöhnlich viele dieser Bewertungen, so behält Amazon sich vor, für dieses Produkt nur noch »verifizierte« Bewertungen zuzulassen.

> *Zur Wahrung der Integrität der Community-Inhalte sind Inhalte und Aktivitäten zu Werbezwecken (direkt oder indirekt) verboten, einschließlich:*

▸ *Erstellen, Ändern oder Veröffentlichen von Inhalten zu Ihren Produkten oder Dienstleistungen (oder denen Ihrer Verwandten, engen Freunde, Geschäftspartner oder Arbeitgeber).*

▸ *Erstellen, Ändern oder Veröffentlichen von Inhalten zu Produkten oder Dienstleistungen Ihrer Mitbewerber.*

▸ *Erstellen, Ändern oder Veröffentlichen von Inhalten im Austausch für jegliche Art von Vergütung (einschließlich kostenfreie oder vergünstigte Produkte) oder im Auftrag einer anderen Person.*

▸ *Anbieten oder Verlangen einer Vergütung (einschließlich kostenfreier oder vergünstigter Produkte) für das Erstellen, Ändern oder Veröffentlichen von Inhalten.*

(...)

Die einzigen Ausnahmen sind:

▸ *Sie können Beiträge veröffentlichen, die Amazon über Programme zur Förderung von hilfreichen Community-Inhalten anfordert (wie Kundenrezensionen zu Produkten, die Sie im Rahmen des Amazon Vine-Programmes erhalten haben). In diesen Fällen müssen Ihre Inhalte allen zusätzlichen anwendbaren Richtlinien entsprechen.*

Quelle: https://www.amazon.de/gp/help/customer/display.html?nodeId=201929730

Klar verboten sind demnach Rezensionen oder »Hilfreich«-Bewertungen, die Sie als Verkäufer/Hersteller oder Ihre engen Freunde, Mitarbeiter, Familienmitglieder für eigene oder Konkurrenzprodukte abgeben. Im Familien- und/oder Freundeskreis herumzufragen, ob man »mal eben« eine 5-Sterne-Rezension abgeben könne, widerspricht also klar den Richtlinien. Wenn Sie sich jetzt fragen, worum es bei »Hilfreich«-Bewertungen geht, werfen Sie einen Blick auf Abbildung 6.1:

Abbildung 6.1 31 Personen fanden diese Rezension »hilfreich«.

Käufer mit einem Amazon-Konto können im eingeloggten Zustand bei jeder Bewertung einmalig angeben, ob sie diese Bewertung als hilfreich empfanden oder nicht. Amazon sortiert die Anzeige der Bewertungen standardmäßig nicht streng nach Datum, sondern zeigt diejenigen Bewertungen weit oben an, die von vielen anderen Lesern als »hilfreich« markiert wurden:

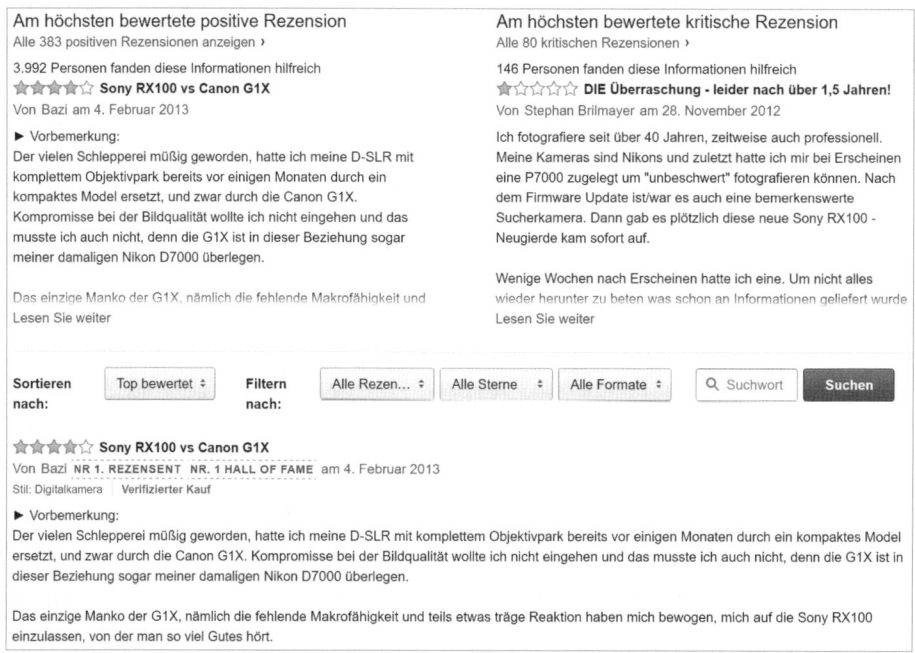

Abbildung 6.2 Amazon zeigt »top bewertete« Rezensionen weiter oben an.

Umgekehrt ließe sich dieser Algorithmus auch dazu missbrauchen, dass man unliebsame Bewertungen als »nicht hilfreich« markiert, damit diese so weit nach hinten rutschen, dass nur noch wenige Leute diese überhaupt zu Gesicht bekommen. Dieses Verhalten schließt Amazon mit der o. a. Richtlinie aus.

Mit dem 3. Passus verbietet Amazon in jeder Hinsicht sogenannte *anreizbasierte Rezensionen*, d. h. Rezensionen, die nur deswegen entstehen, weil der Rezensent eine direkte oder indirekte Gegenleistung erhält. Einzige Ausnahme: das Amazon-eigene Rezensionsprogramm *Amazon Vine*. Sie dürfen also niemanden ansprechen und ihn oder sie um eine Rezension bitten und ihm im gleichen Zug eine Gegenleistung dafür anbieten. Das Thema anreizbasierte Rezensionen hat Amazon in einer Ankündigung vom November 2016 noch etwas weiter ausgeführt:

> *Amazon hat vor kurzem die Richtlinien zum Verbot von anreizbasierten Bewertungen aktualisiert, einschließlich derer, die im Austausch gegen ein kostenloses oder vergünstigtes Exemplar des Produkts abgegeben werden.*

Wir betrachten eine Bewertung als anreizbasiert, wenn Sie die Bewertung direkt oder indirekt beeinflusst haben oder die Möglichkeit haben, sie direkt oder indirekt zu beeinflussen. Dazu zählen beispielsweise die Überwachung, ob eine Bewertung geschrieben wurde, oder die Bereitstellung oder Einhaltung zukünftiger Vorteile, je nachdem, ob eine Bewertung geschrieben wird oder wie der Inhalt der Bewertung ausfällt.

▶ *Sie stellen ein kostenloses oder vergünstigtes Produkt, einen Geschenkgutschein, Rabatte, Geldzahlungen oder andere Vergütungen als Gegenleistung für die Bewertung bereit.*

▶ *Sie bieten kostenlose oder reduzierte Produkte oder andere Vorteile an oder behalten diese in Zukunft ein, je nachdem, ob der Kunde eine Bewertung schreibt oder nicht.*

▶ *Sie verwenden einen Bewertungsservice, bei dem die fortlaufende Mitgliedschaft des Bewerbers vom Schreiben von Bewertungen abhängt.*

▶ *Sie verwenden einen Bewertungsservice, bei dem Sie Kunden basierend auf deren Bewertungen einstufen können.*

▶ *Sie verwenden einen Bewertungsservice, bei dem Kunden ihr öffentliches Amazon-Profil registrieren, sodass Sie die Bewertungen Ihrer Produkte überwachen können.*

Die Bereitstellung von Anreizen für Kundenbewertungen verstößt gegen unsere Richtlinien und möglicherweise auch gegen den Federal Trade Commission Act.

Die folgenden Aktionen sind im Allgemeinen zulässig, sofern Sie die oben genannten Einschränkungen beachten:

▶ *Sie können Rabatte anbieten, die generell für alle Kunden verfügbar sind, wie z. B. Blitzangebote.*

▶ *Sie dürfen kostenlose Produkte auf Fachmessen, Kongressen oder ähnlichen Veranstaltungen ausgeben, bei denen es Ihnen nicht möglich ist, zu überprüfen, ob Empfänger eine Bewertung schreiben, oder Vorteile bereitzustellen oder zurückzuhalten, je nachdem, ob eine Bewertung geschrieben wird oder wie der Inhalt der Bewertung ausfällt.*

Die oben genannten Änderungen betreffen nur andere Produktkategorien als Bücher. Das Bereitstellen von Rezensionsexemplaren von Büchern – eine lang bewährte Praktik – ist auch weiterhin gestattet.

Auch in diesen Ankündigungen werden noch mal folgende Punkte verdeutlicht:

▶ Sie dürfen an eine Bewertung keine Gegenleistung knüpfen, sei es durch die Herausgabe eines kostenlosen oder vergünstigten Produktes oder durch sonstige materiellen oder immateriellen Vorteile. Dabei spielt es keine Rolle, ob die Vorteile heute oder in der Zukunft gewährt werden.

▶ Eine anreizbasierte Bewertung liegt schon dann vor, wenn allein die Möglichkeit besteht, Einfluss zu nehmen bzw. zu kontrollieren, a) ob die Bewertung verfasst wird oder b) wie die Bewertung ausfällt.

▶ Sie verwenden einen Bewertungsservice, bei dem die o. a. Kriterien zutreffen.

Im Umkehrschluss bedeutet dies, dass die Herausgabe von vergünstigten Produkten nach wie vor erlaubt ist, sofern diese nicht mit der Maßgabe verteilt werden, dass im Austausch eine Bewertung zu erfolgen hat. Die letzte Interpretation hat letztlich Amazon selbst.

6.2   Was ist verboten und erlaubt?

Damit stellt sich die Frage, welche Möglichkeiten einem als Händler verbleiben, um regelkonform an mehr Bewertungen zu kommen. Grundsätzlich sei gesagt, dass die beste Möglichkeit noch immer ein sehr gutes Produkt ist, bei dem Ihre Käufer zu Fans werden und von selbst bewerten. Alle anderen Wege sind mindestens eine Gratwanderung, wie die folgenden Beispiele zeigen.

6.2.1   Kunden in einer separaten E-Mail um eine Bewertung bitten

Es gibt Verkäufer, die nach einem Kauf an die von Amazon übermittelte E-Mail-Adresse automatisiert eine E-Mail senden mit der mehr oder weniger direkten Aufforderung, doch eine Bewertung zu hinterlassen. Von diesem Vorgehen ist abzuraten, da bei der Aufforderung nach einer Bewertung argumentiert werden kann, dass es sich um eine unzumutbare Belästigung gemäß § 7 UWG handelt. § 7 Absatz 3 UWG erlaubt zwar die Nutzung von E-Mail-Adressen, die im Rahmen einer Geschäftsbeziehung gesammelt wurden, allerdings muss der Kunde bei Erhebung der Adresse und bei jeder Verwendung klar und deutlich darauf hingewiesen worden sein, dass er der Verwendung jederzeit widersprechen kann, ohne dass hierfür andere als die Übermittlungskosten nach Basistarifen entstehen. Und gerade daran mangelt es bei E-Mail-Adressen, die im Rahmen von Transaktionen auf Amazon gesammelt wurden.

Bleibt die Frage, ob es sich bei der Bitte um Feedback überhaupt um Werbung handelt. Es gibt wenig Rechtsprechung zu dem Thema, jedoch hat das Amtsgericht Hannover diese Frage in einem Urteil mit Ja beantwortet:

Die hier versendete sogenannte Feedback-Anfrage ist zur Überzeugung des Gerichtes auch einem Werbeschreiben gleich zu stellen. Umfragen zu Meinungsforschungszwecken lassen sich ohne Weiteres als Instrumente der Absatzförderung einsetzen. Wegen der Tarnung des Absatzinteresses greifen sie sogar noch gravierender in die Rechte des Betroffenen ein. Ein absatzfördernder Zweck ist bereits auch dann anzunehmen, wenn Verbrauchern Gewohnheiten abgefragt werden, die im Zusammenhang mit den Produkten oder Dienstleistungen des Auftraggebers stehen.

Quelle: AG Hannover, Urteil vom 03.04.2013, Az.: 550 C 13442/12

Nichtsdestotrotz werden Sie immer wieder Verkäufer sehen, die das Risiko einer Abmahnung eingehen. Aus der Sicht der Händler sind dies dann einfach die »Kosten«, die durch diese Handlung entstehen. Richtig problematisch wird es jedoch, wenn Sie jemandem, der Sie einmal erfolgreich abgemahnt hat, erneut eine solche E-Mail schicken.

Als Ausweg nutzen einige Händler den Rechnungsversand, da die Rechnung direkt in Verbindung mit der Transaktion steht. So wird dann im Rahmen dieser E-Mail und/oder auf der Rechnung selbst um eine Bewertung gebeten, aber auch hier befinden Sie sich rechtlich zumindest in einer Grauzone.

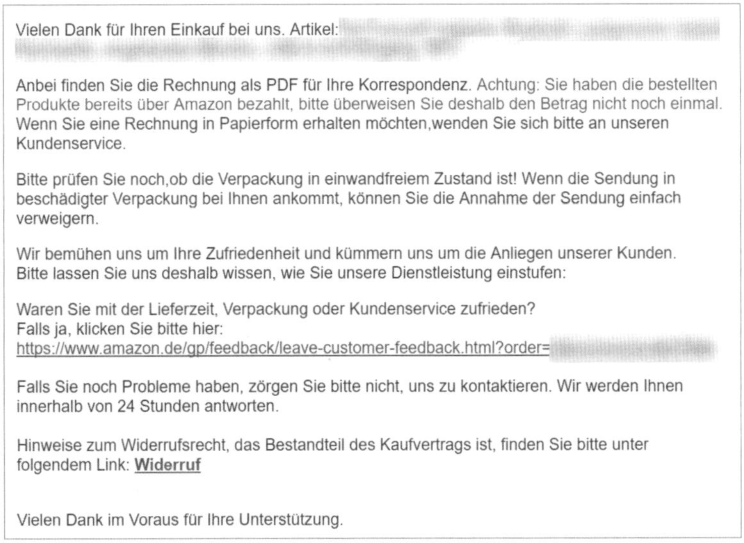

Vielen Dank für Ihren Einkauf bei uns. Artikel:

Anbei finden Sie die Rechnung als PDF für Ihre Korrespondenz. Achtung: Sie haben die bestellten Produkte bereits über Amazon bezahlt, bitte überweisen Sie deshalb den Betrag nicht noch einmal. Wenn Sie eine Rechnung in Papierform erhalten möchten,wenden Sie sich bitte an unseren Kundenservice.

Bitte prüfen Sie noch,ob die Verpackung in einwandfreiem Zustand ist! Wenn die Sendung in beschädigter Verpackung bei Ihnen ankommt, können Sie die Annahme der Sendung einfach verweigern.

Wir bemühen uns um Ihre Zufriedenheit und kümmern uns um die Anliegen unserer Kunden. Bitte lassen Sie uns deshalb wissen, wie Sie unsere Dienstleistung einstufen:

Waren Sie mit der Lieferzeit, Verpackung oder Kundenservice zufrieden? Falls ja, klicken Sie bitte hier: https://www.amazon.de/gp/feedback/leave-customer-feedback.html?order=

Falls Sie noch Probleme haben, zögern Sie bitte nicht, uns zu kontaktieren. Wir werden Ihnen innerhalb von 24 Stunden antworten.

Hinweise zum Widerrufsrecht, das Bestandteil des Kaufvertrags ist, finden Sie bitte unter folgendem Link: **Widerruf**

Vielen Dank im Voraus für Ihre Unterstützung.

Abbildung 6.3 Beispiel für eine Aufforderung zur Bewertung in einer E-Mail, der eine Rechnung beigefügt ist

Auch dieses Vorgehen sollten Sie daher wie alle rechtlichen Themen mit dem Anwalt Ihres Vertrauens abstimmen.

6.2.2   Kunden anrufen und um Bewertung bitten

Amazon übermittelt im Rahmen des Eigenversandes in den Bestellberichten die Telefonnummer des Käufers. Dies haben einige Händler in der Vergangenheit genutzt, um die Kunden anzurufen und unter dem Vorwand, dass man sich nach der Zufriedenheit erkundigen wolle, um Bewertungen gebeten. Amazon schreibt dazu in seinen Verkäuferrichtlinien:

> *Jede E-Mail-Kommunikation mit Käufern muss höflich, sachbezogen und ange-messen erfolgen. Verboten sind nicht angeforderte E-Mail- und Telefon-Kommu-nikation mit Amazon-Benutzern, E-Mail- und Telefon-Kommunikation, außer wie nötig für den Versand und den damit verbundenen Kundenservice, sowie E-Mails und Anrufe im Zusammenhang mit Marketing-Mitteilungen.*
>
> *Quelle: https://sellercentral.amazon.de/gp/help/help.html?ie=UTF8&itemID= 200386250*

Auch rechtlich ist dies wieder ein Fall für das Gesetz gegen unlauteren Wettbewerb:

> *»Eine unzumutbare Belästigung ist stets anzunehmen ... bei Werbung mit einem Telefonanruf gegenüber einem Verbraucher ohne dessen vorherige ausdrückliche Einwilligung oder gegenüber einem sonstigen Marktteilnehmer ohne dessen zumindest mutmaßliche Einwilligung ...«*
>
> *(§ 7 Absatz 2 Satz 2 UWG)*

Also Finger weg vom Telefon!

6.2.3 Beileger im Paket/beim Produkt

Die Firma hinter der Marke Anker legt ihren Produkten derzeit folgende Karte bei:

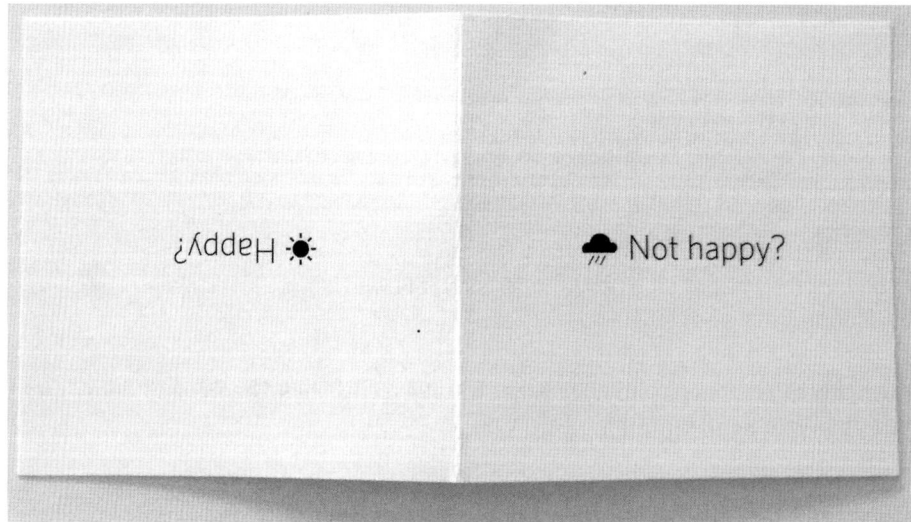

Abbildung 6.4 Außenseite eines Beilegers der Marke Anker

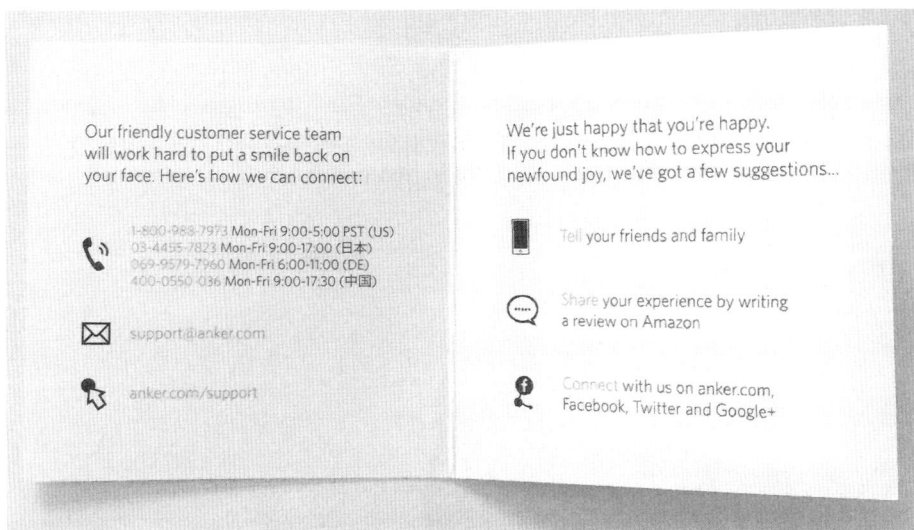

Abbildung 6.5 Innenseite (die rechte Seite wurde um 180 Grad gedreht, um die Lesbarkeit zu erhöhen)

In diesem Beileger kommt Anker negativen Produkt-Bewertungen zuvor, indem es bei Unzufriedenheit aktiv seinen Kundensupport anbietet (linke Seite). Sollte der Kunde zufrieden sein, schlägt die Firma vor, seiner Freude doch Ausdruck zu verleihen, z. B. durch eine Bewertung auf Amazon.

Problematisch hieran ist, dass Amazon verbietet, dass der Ware »Werbung« oder sonstiges »Marketingmaterial« beigelegt wird.

So schreibt Amazon unter »Dinge, die Sie vermeiden sollten«:

> *Beilage von Marketinginformationen oder Werbematerialien zum Verpackungs-material.*

> *Verwendung der Käuferinformationen für Online- oder Offlinemarketing oder Weiterleitung von Käufern auf Ihre eigene oder eine andere Website.*

> *Quelle: https://sellercentral-europe.amazon.com/gp/help/200421970*

Bleibt die Frage, ob so eine Karte schon unter diese Richtlinien fällt. Eine Besonderheit ist sicherlich, dass Anker a) ein großes Unternehmen ist und damit einige Vorteile genießen dürfte und b) keinen eigenen Shop betreibt, sondern auch auf seiner eigenen Seite anker.com auf die Produktdetailseiten von Amazon verlinkt. Daher dürfte der Link auf die eigene Homepage weniger problematisch sein aus Sicht von Amazon, als wenn sich dort ein eigener Shop befinden würde. Auch diese Verfahrensweise birgt also gewisse Risiken.

6.2.4   Nutzung von Produkttester-Gruppen

Auf Facebook gibt es noch immer mehrere größere Gruppen, deren Mitglieder sich auf das Testen von Produkten spezialisiert haben. Die Nutzung solcher Gruppen ist insofern problematisch, als Sie in aller Regel in direkten Kontakt mit den jeweiligen Testern treten. Ein Beispiel dafür sehen Sie in Abbildung 6.6.

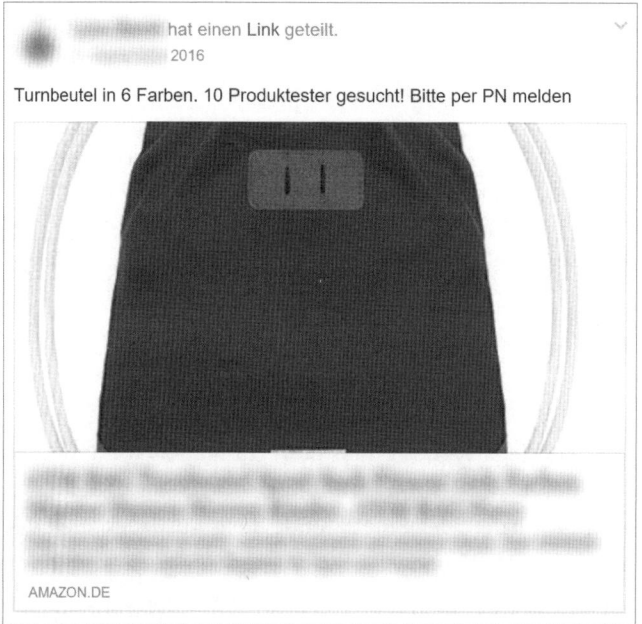

Abbildung 6.6 Typisches Gesuch nach Produkttestern in geschlossenen Facebook-Gruppen

Hier sucht ein Verkäufer gezielt nach Produkttestern für einen Turnbeutel und bittet um Kontaktaufnahme über das Nachrichtensystem von Facebook. Damit verstößt der Händler bereits gegen die zuvor zitierten Richtlinien, da er mittelbar Einfluss auf die Auswahl der Tester nimmt und gegebenenfalls auch kontrollieren kann, ob und was für eine Bewertung abgegeben wurde. Wird er Tester im Falle einer negativen Bewertung erneut für einen Test auswählen? Wohl kaum. Daher ist auch die Nutzung von Facebook-Gruppen keine Option mehr für Händler, die sich richtlinienkonform verhalten wollen.

Wettbewerbsrechtlich ergibt sich unabhängig von den Vorgaben Amazons eine weitere Problematik. Werden unter dem Deckmantel von Produkttestern Käufe generiert, fließen diese in die Verkaufsstatistik ein und verfälschen somit den Verkaufsrang. Käufe mit einem Rabatt in Höhe von 100 % erhöhen den Verkaufsrang genauso wie Käufe ohne Rabatt. »Kaufen« 20 Produkttester beispielsweise ein Produkt an einem umsatzschwachen Freitag unter Verwendung eines Gutscheincodes mit 100 % Rabatt, kann das entsprechende Produkt Bestseller werden, ohne jemals einen echten Verkauf generiert zu haben. Dass dies das Amazon-System ad absurdum führt und nicht im Interesse Amazons sein kann, wird auch ohne Jurakenntnisse deutlich.

6.2.5   Nutzung von Bewertungsdiensten

Neben Amazons eigenem Bewertungsdienst Amazon Vine, den man jedoch nur auf Einladung nutzen kann, haben sich mittlerweile auch externe Dienstleister darauf spezialisiert, Herstellern und Händlern zu mehr Bewertungen auf Amazon zu verhelfen. Einer der größten und bekanntesten Dienstleister in diesem Segment ist der *Club der Produkttester* der Vorwärts GmbH.

Abbildung 6.7 Homepage vom Club der Produkttester

Der Club der Produkttester (CdP) orientiert sich im Prozess nach eigenen Angaben an Amazon Vine und verzichtet darauf, über Produkttester »Käufe« zu generieren. Gutscheincodes werden hier also nicht genutzt. Stattdessen sendet der CdP die zu testenden Rezensionsexemplare ohne vorherigen Kauf den Testern zu.

Um als Händler oder Hersteller Produkte im CdP testen zu lassen, muss man dort Kunde werden. Die monatlich kündbare Mitgliedschaft kostet derzeit 99 € (netto) pro Monat. Zusätzliche Rezensionen können in unterschiedlichen Paketen erworben werden:

Anzahl Rezensionen	50	100	500	1.000	2.000
Zahlung einmalig	750 €	1.400 €	5.000 €	7.500 €	10.000 €
Kosten pro Rezension	15 €	14 €	10 €	7,50 €	5 €

Tabelle 6.1 Kosten für Rezensionen beim CdP. 50er-Paket auf Anfrage. (Quelle: https://www.clubderprodukttester.de/amazon/rezensionen sowie eigene Recherche)

Amazon verbietet Bewertungsservices, Rezensenten Fristen für die Rezensionsabgabe zu setzen, und verzichtet neuerdings beim eigenen Bewertungsservice Vine selbst darauf, weshalb der CdP seit der Verschärfung der Vorgaben ebenfalls darauf verzichtet. Nach Angaben des CdP finden innerhalb der ersten 30 Tage mindestens 90 % der Rezensionen ihren Weg zu Amazon.

Laut eigenen Aussagen entsprechen die über den CdP generierten Rezensionen dem Rezensionsdurchschnitt, der auch von Kunden, die das entsprechende Produkt gekauft haben, generiert wird. Als Händler bzw. Hersteller kann also nicht davon ausgegangen werden, dass man sich beim CdP Vier- oder Fünf-Sterne-Rezensionen einkaufen kann, was letztlich für den CdP spricht. Eine offizielle Stellungnahme von Amazon zu Bewertungsservices wie den CdP war nicht zu erhalten.

Für welche Strategie Sie sich auch entscheiden: Sie sollten die Risiken immer gut abwägen. Das einzige langfristig funktionierende Patentrezept bleibt ein hervorragendes Produkt in Verbindung mit einem sehr guten Service.

Kapitel 7
Sendungen an Amazon schicken

Sie haben Ihre Produkte im Katalog von Amazon angelegt und optimiert? Der Versand soll über Amazon erfolgen? Dann ist spätestens jetzt der Punkt gekommen, die Ware bei Amazon einzulagern. In diesem Kapitel zeige ich Ihnen Schritt für Schritt, wie Sie einen Anlieferplan erstellen und die Ware versandfertig bekommen.

7.1 Voraussetzungen

Wenn Sie einen Artikel zum ersten Mal an Amazon schicken, sollten Sie noch mal kurz prüfen, ob dieser auch die Voraussetzungen für den Versand durch Amazon erfüllt. In Abschnitt 3.3 finden Sie eine Übersicht über die Produkte, die vom Versand durch Amazon ausgeschlossen sind.

Des Weiteren sollten Sie prüfen, ob Sie über ausreichende Kapazitäten im Lager von Amazon verfügen. Jeder Verkäufer hat ein Lagerbestandsmaximum, das er nicht überschreiten kann. Die Limits gelten getrennt für Produkte in Standardgröße und Übergröße. Ihre aktuelle Nutzung finden Sie unter LAGERBESTAND • LAGERBESTAND MIT VERSAND DURCH AMAZON. Das Lagerbestandsmaximum wird einmal im Monat überprüft. Wenn Sie in den letzten neun Wochen jede Woche mindestens 8 % Ihres Lagerbestands verkauft haben, kann das Lagerbestandsmaximum durch den Verkäuferservice erhöht werden.

Abbildung 7.1 Anzeige der aktuellen Belegung Ihres FBA-Lagers

Damit ein Artikel durch Amazon versendet werden kann, müssen Sie diesen – sofern nicht bereits geschehen – unter LAGERBESTAND • LAGERBESTAND VERWALTEN in einen Artikel mit *Versand durch Amazon* umwandeln. Das ist schnell erledigt. Wählen Sie hier einfach die Artikel aus, die Sie durch Amazon versenden möchten, und dann oben im Menü den Punkt Zu ›VERSAND DURCH AMAZON‹ ÄNDERN.

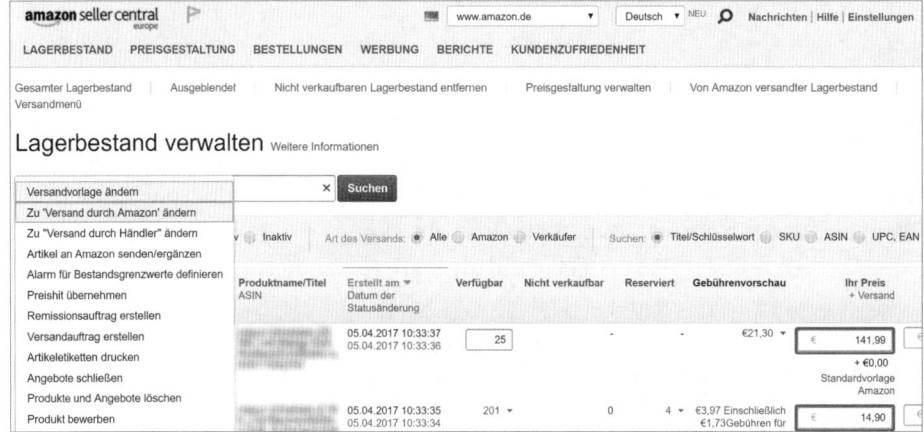

Abbildung 7.2 Konvertieren mehrerer Produkte im Menü »Lagerbestand verwalten«

Auf den folgenden Seiten werden Sie gefragt, ob Sie den Artikel wirklich ändern möchten. Hier möchte Amazon vermeiden, dass Sie versehentlich einen Artikel konvertieren, da im Anschluss genau dieser Artikel nicht mehr im Eigenversand angeboten werden kann. Im Folgenden können Sie auch auswählen, ob Sie die Artikel nur konvertieren oder direkt einen Anlieferplan erstellen möchten:

Abbildung 7.3 Zusammenfassung vor der Konvertierung

Sollte es sich bei den Produkten, die Sie verkaufen, um Gefahrgut handeln, verlangt Amazon von Ihnen, dass Sie vorab weitere Dokumente einreichen. Erst nach der Prüfung derselben können Sie die Produkte konvertieren.

Abbildung 7.4 Beispiel von Gefahrgutprodukten

Dies betrifft z. B. Produkte, die Batterien oder bestimmte Chemikalien enthalten. Klicken Sie auf den entsprechenden Link, gelangen Sie auf die folgende Seite.

Abbildung 7.5 Gefahrgutdokumente hochladen

Dort haben Sie die Möglichkeit, weitere Dokumente hochzuladen, die Ihre Produkte hinsichtlich der ausgehenden Gefahr genauer beschreiben. In der Regel handelt es sich dabei um das sogenannte *Sicherheitsdatenblatt* des Herstellers. Um ein Sicherheitsdatenblatt für einen Ihrer Artikel hochzuladen, geben Sie einfach die ASIN, den Marktplatz, die Sprache sowie die Dateiendung an und klicken dann auf FORTFAHREN. Im nächsten Schritt haben Sie die Möglichkeit, eine Datei auf Ihrem Computer auszuwählen und hochzuladen. Dies müssen Sie für jede ASIN machen. Sicherheitsdatenblätter sind in vielen Bereichen standardisiert. Amazon achtet bei der Prüfung darauf, dass das Sicherheitsdatenblatt nicht älter als fünf Jahre ist und auch alle Standardelemente enthält. Sobald Sie das Sicherheitsdatenblatt für das jeweilige Produkt hochgeladen haben, heißt es warten. Leider gibt es keine Seite, auf der Sie den Status der Prüfung einsehen können. Ob ein Produkt für den Versand durch Amazon freigegeben wurde, erfahren Sie nur dadurch, dass Sie versuchen, eine erneute Konvertierung durchzuführen. Geht diese problemlos durch, wissen Sie, dass Amazon die Prüfung abgeschlossen hat. Haben Sie auch nach mehreren Tagen keinen Erfolg, lohnt sich ein Anruf beim Verkäuferservice.

Bei Produkten, für die kein Sicherheitsdatenblatt vorgeschrieben ist, die aber trotzdem als Gefahrgut klassifiziert sind, kann Amazon von Ihnen ein sogenanntes *Freistellungsformular* verlangen. Der Regelfall hier sind Produkte, die Batterien enthalten. Einige der heute verwendeten Batterietypen (Lithium-Batterien) können sich unter Umständen selbst entzünden. Daher möchte Amazon diese Produkte im Vorfeld identifizieren.

7.2   Vorbereitung der Sendung

Bevor Sie Produkte an Amazon schicken, müssen diese nicht nur im Katalog korrekt angelegt sein, sondern auch physisch bestimmte Voraussetzungen erfüllen. Auf die wichtigsten Punkte gehe ich an dieser Stelle ein.

7.2.1   Etikettierung der Produkte

Bei Amazon gilt die nachvollziehbare Grundregel, dass jeder Artikel, der bei Amazon eingelagert wird, über einen scanbaren Barcode/Strichcode verfügen muss. Nun gibt es unterschiedliche Möglichkeiten, um was für einen Barcode es sich handelt. Welcher Barcode für Sie infrage kommt, hängt u. a. davon ab, ob Sie Amazon erlauben möchten, Ihre Produkte mit gleichartigen Produkten anderer Verkäufer zu mischen. Auf Amazon gibt es eine Vielzahl von Produkten, die von mehreren Verkäufern gleichzeitig verkauft werden. Insbesondere bei Produkten von Markenherstellern, die viele Händler direkt oder über Großhändler beliefern, ist dies der Fall. Lässt man Preis und Lieferbedingungen außen vor, ist es für den Kunden nahezu unerheblich, von welchem Händler er das jeweilige Produkt erhält. Die Ware wird bei jedem Händler die gleiche sein.

Aus diesem Grund vereinfacht sich auch Amazon das Leben im Rahmen der Lagerhaltung und lagert gleichartige Produkte von unterschiedlichen Händlern in einer Lagerstellfläche, sofern – und das ist das Besondere – die Händler dieser Form der Lagerhaltung zugestimmt haben. Amazon spricht hier auch von *vermischtem Lagerbestand*. Die Händler profitieren insofern davon, als gerade Produkte mit hoher Nachfrage besser auf die unterschiedlichen Lagerhäuser verteilt werden können und somit schneller beim Kunden sind. Ein weiterer Vorteil ist, dass Sie die Produkte, die

Sie bei Amazon einlagern, in diesem Fall nicht noch mal neu etikettieren müssen, da Sie bei vermischtem Lagerbestand den Original-Barcode (z. B. der GTIN/EAN) nutzen können. Vertreiben Sie stattdessen nur Eigenmarken, so bringt Ihnen der vermischte Lagerbestand keine Vorteile. Unabhängig davon hält Amazon natürlich nach, welchem Händler noch wie viele der gemischt gelagerten Produkte gehören.

Als Marketplace-Seller haben Sie die Möglichkeit, diese Einstellung global für Ihr gesamtes Kundenkonto zu treffen. Sie sollten das immer tun, wenn Sie zuversichtlich sind, dass es für die Kundenerfahrung keinen Unterschied macht, aus welchem Lagerbestand der Kunde bedient wird. Sind Sie jedoch in einem Umfeld unterwegs, in dem häufig gefälschte Produkte im Umlauf sind, kann es Sinn machen, dass die eigenen Produkte separat gelagert werden, um sicherzustellen, dass im Falle eines Falles der Kundenzorn nicht auf Sie zurückfällt, obwohl Sie gar nicht dafür verantwortlich sind.

Diese Einstellung treffen Sie unter EINSTELLUNGEN • VERSAND DURCH AMAZON • LAGERBESTANDSEINSTELLUNGEN.

Abbildung 7.6 Einstellung zum vermischten Lagerbestand (hier ausgeschlossen)

Der vermischte Lagerbestand ist jedoch nicht für alle Produkte möglich. Die folgenden Produkte sind von vermischtem Lagerbestand ausgeschlossen und müssen daher einen Barcode auf FNSKU-Basis haben:

▶ Medienprodukte (Bücher, CDs, VHS-Kassetten, DVDs, Blu-Ray-Discs)

▶ Produkte aus den Kategorien Bekleidung, Schmuck, Computerkomponenten & Zubehör, Software, Schuhe, Sport-Memorabilia, Uhren, Videospiele, Lebensmittel

▶ Produkte, die nicht neu sind

▶ Produkte ohne (leicht scanbaren) EAN/UPC-Strichcode

▶ Produkte, bei denen der EAN/UPC-Strichcode mehreren unterschiedlichen ASINs zugordnet ist

▶ Produkte von Verkäufern, die außerhalb der EU ansässig sind

Von dieser Einstellung ist abhängig, welche scanbaren Barcodes Sie auf dem Produkt aufbringen müssen. Haben Sie sich gegen den vermischten Lagerbestand entschieden oder erfüllt Ihr Produkt nicht die Voraussetzungen, muss jedes Produkt den von Amazon definierten Barcode basierend auf der zum Produkt gehörigen FNSKU (*Fulfillment Network SKU*) tragen. Amazon vergibt für jede SKU, die Sie anlegen, noch einen eigenen eindeutigen Bezeichner, damit ein Produkt im Lager eindeutig identifiziert werden kann. Dabei können sich in bestimmten Fällen mehrere SKUs die gleiche FNSKU teilen. Während Sie den Namen der SKU selbst vergeben können, wird die FNSKU von Amazon festgelegt. Die FNSKU eines Artikels können Sie unter LAGERBESTAND • VON AMAZON VERSANDTER LAGERBESTAND einsehen, wenn Sie oben rechts den Haken bei ASIN/FNSKU EINBLENDEN setzen. Den dazu passenden Barcode inklusive der notwendigen Textelemente erhalten Sie während der Erstellung des Anlieferplans (siehe Abschnitt 7.3).

Gestatten Sie Amazon die Lagerung im vermischten Lagerbestand, so können Sie auch mit Barcodes basierend auf der jeweiligen GTIN (EAN/UPC) arbeiten. Gerade wenn Sie Ware von anderen Herstellern kaufen, enthalten diese in der Regel bereits einen Barcode basierend auf der EAN-Nummer. Haben Sie dem vermischten Lagerbestand nicht zugestimmt, müssen Sie den Artikel umetikettieren, d. h., der Original-Barcode darf nicht mehr erkennbar sein, und stattdessen muss ein Barcode basierend auf der FNSKU angebracht sein. Abbildung 7.7 zeigt einen Strichcode inklusive Textelementen basierend auf FNSKU (links) und einen Strichcode basierend auf GTIN/EAN (rechts):

Abbildung 7.7 Beispiele für einen Strichcode inklusive Textelementen

Nutzen Sie einen Strichcode basierend auf der FNSKU, müssen nicht nur der Strichcode und die FNSKU angegeben sein, sondern zudem der abgekürzte Titel und der Artikelzustand (z. B. *Neu*).

Um sich die Arbeit beim Etikettieren oder Zusatzkosten zu ersparen, empfehle ich Ihnen, die passenden Barcodes im Rahmen der Herstellung direkt durch den Hersteller anbringen zu lassen. Das kann auf der Verpackung passieren oder – wenn der Artikel im Plastikbeutel verschickt wird – durch einen Aufkleber auf dem Beutel. Sie ersparen sich dann zusätzliche Arbeit im Rahmen der Sendungsanlieferung.

7.2.2   Verpackung der Produkte

Sobald Sie Ware in Karton an Amazon schicken, sei es als Paketsendung oder palettiert, müssen diese Sendungen diverse Anforderungen erfüllen, damit eine reibungslose Verarbeitung im Distributionszentrum gewährleistet ist:

▶ Sie sollten reguläre Kartonagen verwenden, die den Strapazen auf dem Transportweg und der späteren Verarbeitung im Lager gewachsen sind.

▶ Ein Karton darf nicht mehr als 30 kg wiegen. Kartons mit einem Gewicht ab 15 kg müssen mit einem Aufkleber *Schweres Paket* gekennzeichnet sein. Die längste Seite des Kartons darf nicht länger als 63,5 cm sein.

▶ Sie dürfen nicht mehrere Kartons zusammenkleben.

▶ Jeder Karton muss mit genau einer Sendungs-ID gekennzeichnet sein. Nutzen Sie gebrauchte Kartons, sollten Sie vorher alle alten Barcodes oder Aufkleber entfernen.

▶ Die Ware muss mithilfe von Füllmaterial sicher verpackt werden. Dabei dürfen Sie als Füllmaterial ausschließlich Knüllpapier und Luftkissen verwenden.

7.2.3   Versand über eine Spedition

Ab einer bestimmten Menge ist der Versand der Ware in Kartons nicht mehr effizient abzuwickeln. Die gängige Art, größere Volumina zu transportieren, ist der Versand auf Palette. Da diese in Lkw transportiert werden, spricht man hier häufig auch vom LTL-Versand (*less-than-truck-load*). Auch Amazon nimmt solche Sendungen entgegen, sofern diese folgende Voraussetzungen erfüllen:

▶ Der Versand via Palette ist erst ab einem Versandgewicht von 75 kg und mehr gestattet.

▶ Der Versand muss auf der Standardpalette erfolgen, die die DIN 15146 erfüllt und mit EPAL bzw. EUR gekennzeichnet ist.

▶ Werden mehrere Paletten verschickt, muss jede Palette die Nummer der Palette sowie die Gesamtanzahl der Paletten enthalten (z. B. Palette 3 von 4).

▶ Die Paletten müssen auf allen vier Seiten die im Rahmen der Sendungsvorbereitung erzeugten Paletten-Etiketten enthalten.

▶ Die Sendungen auf der Palette müssen mit Stretchfolie gesichert sein. Die Stretchfolie muss dabei auch die Palette umfassen, darf aber ein Entladen nicht behindern.

▶ Paletten können gestapelt geliefert werden, sofern die Ware dadurch nicht beschädigt wird und ein sicheres Entladen gewährleistet ist.

▶ Die maximale Höhe einer Palettensendung ist 1,8 m inklusive Paletten, das Gesamtgewicht darf 500 kg nicht übersteigen.

▶ Mit Ausnahme von Lebensmitteln und Getränken darf die Ware an allen Seiten max. 5 cm überstehen.

▶ Für die Kartons auf der Palette gelten die gleichen Anforderungen wie beim Kartonversand: Schwere Kartons ab 15 kg müssen als solche gekennzeichnet sein. Ein Karton darf nicht mehr als 30 kg wiegen.

▶ Jede Sendung muss über einen Frachtbrief erfolgen.

Für jede LTL muss der Spediteur im Vorfeld mit dem jeweiligen Distributionszentrum einen Anliefertermin vereinbaren. Dazu stellt Amazon ein entsprechendes *FBA-Buchungsformular* bereit, welches vom Spediteur auszufüllen ist:

VERSAND DURCH amazon	Amazon.de Liefertermin-Buchung							
Anliefertermine werden nach Eingangszeit bearbeitet und zugeteilt. Wir bemühen uns, Ihnen Ihren gewünschten Liefertermin zuzuteilen, können dies aber nicht garantieren.								

Bitte stellen Sie sicher, dass alle gemachten Angaben korrekt und gültig sind. Wir werden Ihnen die Buchungsreferenz der Lieferung - Datum und Zeitpunkt - per Email bestätigen. Ohne eine bestätigte Buchungsreferenz (ISD Nummer) werden keine LKW auf dem Amazon.de Gelände zugelassen. Verspätet sich die Lieferung um mehr als 30 Minuten, ohne dass das Logistikzentrum informiert wurde, wird die Lieferung abgewiesen und ein neuer Liefertermin vereinbart. Es gibt keine Ausnahmen von dieser Regelung. **Bitte beachten Sie:** Alle Liefertermin-Buchungen müssen vollständig ausgefüllt werden.

Logistikzentrum	
Stadt	
Land	

Frachtführer	
Name	
SCAC (Standard Carrier Alpha Code)	
Kontakt Name	
Kontakt Tel. #	

Termin	
Auflieger #	
Gewünschtes Datum	
Gewünschte Zeit	

Es werden keine Liefertermine ohne den Namen des Frachtführers, der BOL (Frachtbriefnummer), dem Händlernamen, der Versandnummer, der Amazon-Referenznr. sowie der genauen Anzahl der Paletten und Pakete vereinbart.

Name des Frachtführers	BOL (Frachtbriefnummer)	Händler-Name	Sendungs-ID	Amazon-Referenznr.	Anzahl Artikel	Anzahl Kartons	Anzahl Paletten
Bsp. ABC Spedition	Bsp. ABC12345678910	Bsp. Händler 123	Bsp. FBA12345	PO1234567	Bsp.1500	Bsp. 200	Bsp. 2

Abbildung 7.8 FBA-Buchungsformular für die Anlieferung von Paletten

Amazon stellt zudem für Spediteure ein Portal bereit, auf dem zertifizierte Spediteure Warenanlieferungen auch online avisieren können.

7.3   Erstellen eines Anlieferplans

Für Produkte, die für den Versand durch Amazon erfolgreich konvertiert wurden, können Sie jetzt einen sogenannten *Anlieferplan* erstellen. Im Anlieferplan teilen Sie Amazon, grob gesagt, mit, welche Ware Sie in welcher Form an Amazon senden werden. Wie beim Anlegen der Produkte haben Sie auch bei der Erstellung eines Anlieferplans zwei Möglichkeiten. Eigentlich sind es sogar drei, wenn man die MWS-Schnittstelle mitzählt. Auf Letztere gehe ich an dieser Stelle nicht ein.

7.3.1   Nutzung des Workflows in Seller Central

Am einfachsten ist die Anlage eines Anlieferplans über den entsprechenden Workflow in Seller Central. Um diesen zu starten, gehen Sie auf LAGERBESTAND • LAGERBESTAND VERWALTEN und wählen dort die Produkte aus, die Sie an Amazon senden möchten. Wählen Sie dann oberhalb der Tabelle den Punkt ARTIKEL AN AMAZON SENDEN/ERGÄNZEN. In diesem Moment erstellt Amazon einen neuen Anlieferplan, der bereits die ausgewählten Produkte enthält.

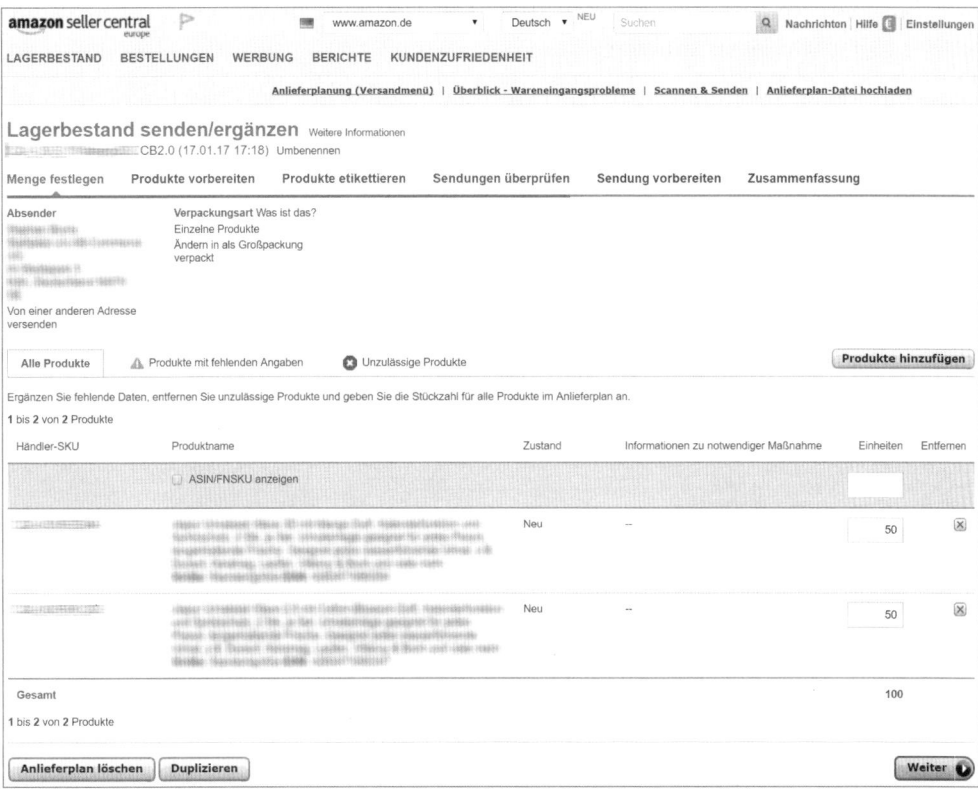

Abbildung 7.9 Erster Schritt bei der Erstellung eines Anlieferplans: Festlegen der Menge je SKU

Amazon führt Sie jetzt Schritt für Schritt durch die Erstellung eines Anlieferplans. Im ersten Schritt bestimmen Sie die Absenderadresse, die Versandart, die enthaltenen Produkte sowie deren Mengen (siehe Abbildung 7.9).

Bei der Verpackungsart teilen Sie Amazon mit, ob ein Karton mehrere unterschiedliche Produkte enthält (*Einzelne Produkte* genannt) oder ob Sie je SKU mehrere Kartons mit gleicher Menge der jeweiligen SKU versenden (*Produkte in sortenreinen Kartons*). Wichtig bei sortenreinen Kartons ist nicht nur, dass die Kartons »sortenrein« sind, sondern dass auch die Menge je Karton immer gleich ist. Für Amazon ist der zweite Fall leichter in der Handhabung. Je nachdem, wie Sie die Ware verschicken, müssen Sie oben die jeweilige Auswahl treffen. Standardmäßig ist hier die Auswahl auf EINZELNE PRODUKTE gestellt.

Weiter unten wählen Sie die Produkte aus, die Sie anliefern möchten, und geben je SKU die Menge an, die Sie an Amazon senden werden. Um weitere Produkte hinzuzufügen, gehen Sie einfach auf PRODUKTE HINZUFÜGEN. In dem folgenden Popup-Fenster können Sie dann weitere Produkte auswählen. Möchten Sie von jedem Produkt die gleiche Menge versenden, können Sie diese oben in der Tabellenkopfzeile angeben. Diese wird dann automatisch für alle Produkte übernommen. Wenn Sie fertig sind, klicken Sie auf WEITER.

Im zweiten Schritt fragt Amazon Sie, ob die Produkte noch einer bestimmten Vorbereitung bedürfen (siehe Abbildung 7.10). So müssen z. B. Produkte, die auslaufen können, in auslaufsicheren Beuteln verpackt werden, Produkte, die zerbrechlich sind, bedürfen besonderer Umverpackung etc. Wenn Sie sich in Schritt 2 wundern, wo Ihre Produkte geblieben sind, klicken Sie dort auf den Tab ALLE PRODUKTE und wählen dann für jedes Produkt aus, ob es in eine der dort genannten Kategorien fällt. Falls nicht, wählen Sie einfach KEINE VORBEREITUNG NÖTIG aus.

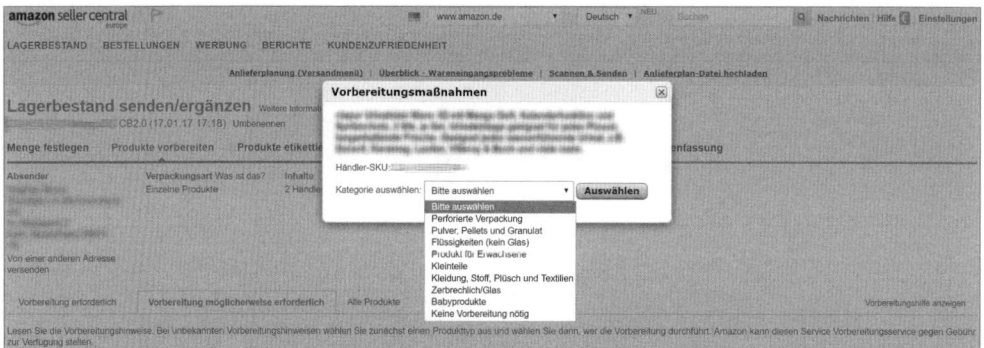

Abbildung 7.10 Auswahl der Vorbereitungsmaßnahmen je SKU

Sollte eine Vorbereitungsmaßnahme nötig sein, müssen Sie noch angeben, ob Sie als Verkäufer diese durchführen oder ob Sie Amazon damit beauftragen möchten. Amazon nimmt Ihnen hier auf Wunsch Arbeit ab, lässt sich das aber bezahlen. Gerade wenn Sie als Händler die Ware nie selbst in Händen halten, der Hersteller aber die gebotene Verpackung nicht leisten kann oder will, ist dies ein praktischer Service. Bedenken Sie nur, dass, wenn Sie Amazons Vorbereitungsservice nutzen, gegebenenfalls automatisch der an sich separat buchbare Etikettierservice anfällt. Das ist auch nachvollziehbar, dass bei einer neuen Umverpackung in der Regel auch neu etikettiert werden muss, damit das Produkt identifizierbar bleibt. Zudem kann es zu einer weiteren Verzögerung kommen, bis die Ware für Kunden verfügbar ist. Amazons Kosten pro Produkt beliefen sich zum Zeitpunkt der Entstehung dieses Buches wie folgt:

Vorbereitungskategorie	Kosten Standardgröße	Kosten Übergröße
Zerbrechliche Produkte/Glas (inklusive Etikettierung)	0,85 €	1,55 €
Flüssigkeiten (Etikettierung optional)	0,45–0,60 €	0,90–1,05 €

Tabelle 7.1 Kosten für unterschiedliche Amazon-Services

Vorbereitungskategorie	Kosten Standardgröße	Kosten Übergröße
Kleidung, Stoff, Plüsch und Textilien (Etikettierung optional)	0,45–0,60 €	0,90–1,05 €
Babyprodukte (Etikettierung optional)	0,45–0,60 €	0,90–1,05 €
Kleinteile (Etikettierung inklusive)	0,60 €	nicht zutreffend

Tabelle 7.1 Kosten für unterschiedliche Amazon-Services (Forts.)

Haben Sie im zweiten Schritt bei jedem Produkt die nötige Vorbereitung geklärt, geht es weiter zu Schritt 3, in dem Sie die Etikettierung auswählen (siehe Abbildung 7.11). Auch hier geben Sie an, wer für die Etikettierung zuständig ist. Sollte das Produkt bzw. ein Etikett auf der Verpackung bereits einen akzeptierten Barcode basierend auf der vergebenen FNSKU-Nummer enthalten, müssen Sie oder Amazon keine weiteren Etiketten anbringen.

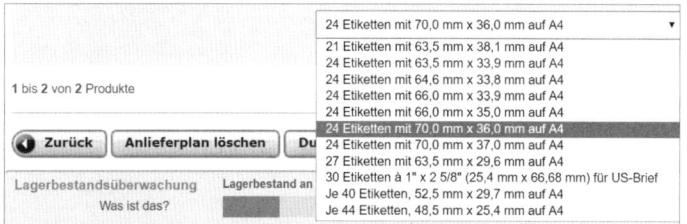

Abbildung 7.11 Amazon stellt die benötigten Barcodes in unterschiedlichen Anordnungen bereit.

Falls noch kein Barcode auf dem Produkt bzw. der Verpackung enthalten ist, bietet Amazon Ihnen direkt unterschiedliche Vorlagen zum Download passender Etiketten an. Wählen Sie dazu unten einfach die passende Vorlage, und klicken Sie auf Etiketten für diese Seite drucken. Verschicken Sie mehrere unterschiedliche SKUs, so erhält die von Amazon angebotene Vorlage auch Etiketten für alle im Anlieferplan aufgeführten SKUs. Hier müssen Sie bei der Anbringung darauf achten, dass jedes Produkt das richtige Etikett enthält.

Tipp

Sie können diese Funktion auch nutzen, um z. B. noch vor der Erstellung des eigentlichen Anlieferplans das passende Etikett zu generieren, etwa um es auf die Verpackung zu drucken. Kopieren Sie dazu einfach einen Barcode aus dem PDF heraus, und speichern Sie es in ausreichender Auflösung ab.

Bringen Sie dann diese Etiketten auf den Produkten an, bevor Sie diese an Amazon versenden.

Alternativ können Sie auch Amazon beauftragen, die Produkte für Sie korrekt zu etikettieren, aber auch das ist wieder mit zusätzlichen Kosten verbunden (aktuell 0,15 € je angebrachtem Etikett) und immer nur die zweitbeste Lösung.

Im vorletzten Schritt geht es dann nicht mehr um die einzelnen Produkte, sondern um die Sendung als Ganzes. Auf der Seite SENDUNG ÜBERPRÜFEN bekommen Sie noch mal im Überblick angezeigt, was in Ihrer Sendung enthalten ist:

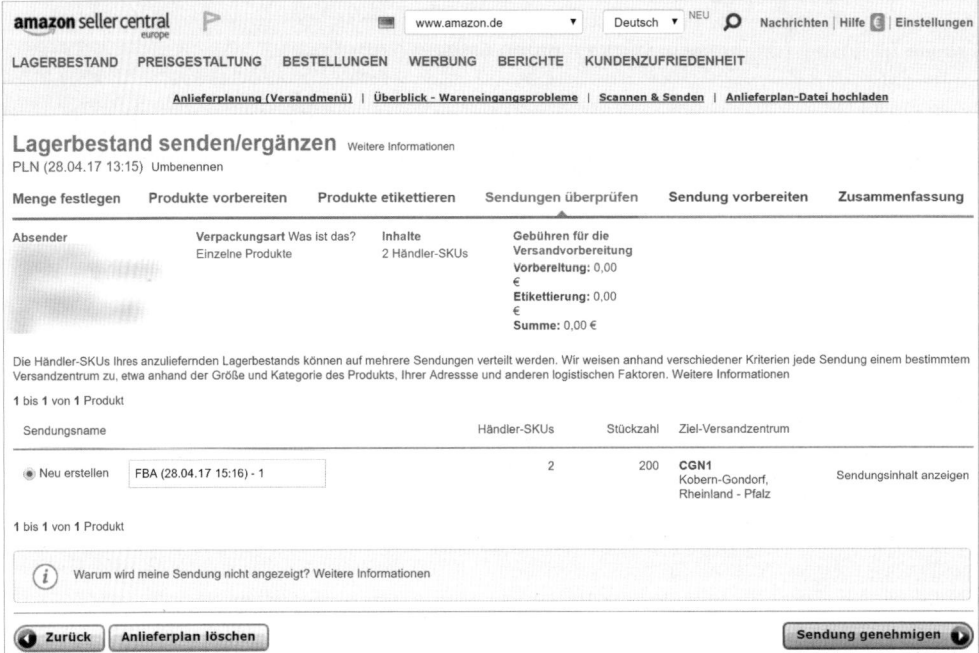

Abbildung 7.12 Überprüfen der Sendung vor dem letzten Schritt

Auf dieser Seite finden Sie eine Zusammenfassung aller von Ihnen in den vorherigen Schritten gemachten Angaben. Sie sehen dort, was in der Sendung enthalten ist, welche Gebühren für die Vorbereitung bzw. Etikettierung anfallen und einiges mehr. Sie haben auf dieser Seite auch die Möglichkeit, für die Sendung einen eigenen Namen zu vergeben, damit Sie später in der Übersicht leichter erkennen können, worum es sich bei welcher Sendung handelt.

Wenn alles stimmt, klicken Sie auf SENDUNG BEARBEITEN, um zum letzten Schritt SENDUNG VORBEREITEN zu gelangen.

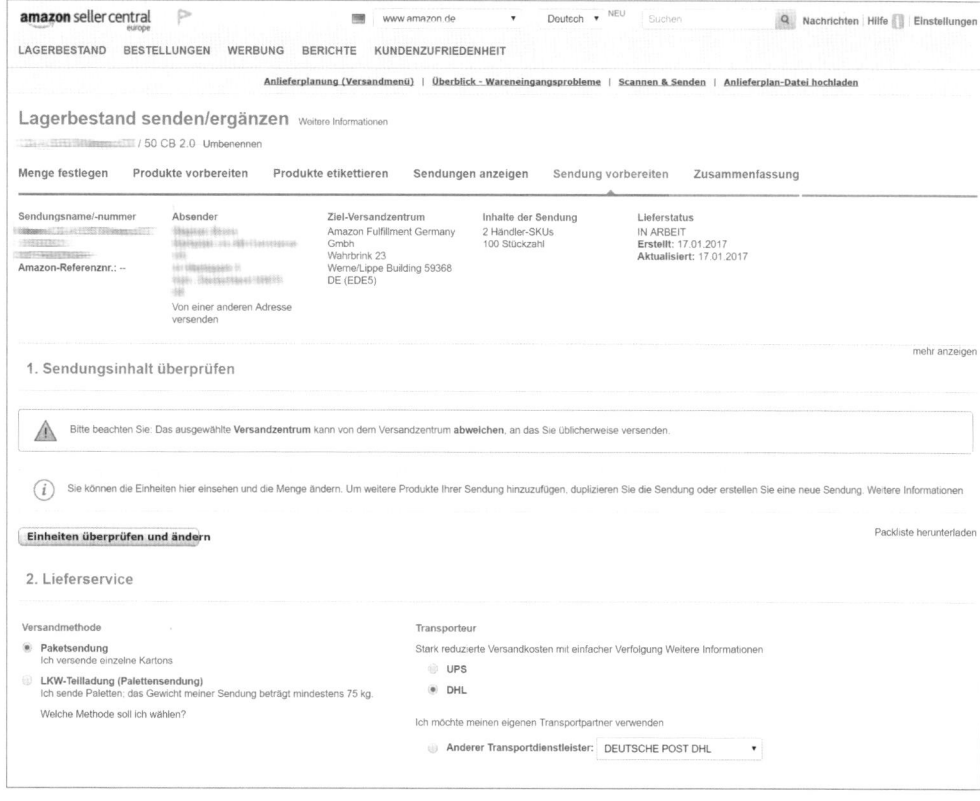

Abbildung 7.13 Auswahl des passenden Transportdienstleisters

Auf dieser Seite wählen Sie aus, in welcher Form und mit welchem Dienstleister Sie die Ware an Amazon schicken. Kleinere Sendungen werden Sie als Paketsendung verschicken, bei größeren Sendungen oder großen Produkten in größeren Mengen bietet sich der Versand auf Paletten an. Letztere werden dann von einem Spediteur angeliefert.

Versenden Sie die Ware als Paket, können Sie von den günstigen Raten von Amazon profitieren und gleich ein passendes Etikett ausdrucken. Wählen Sie also in diesem Fall als Versandmethode Paketsendung aus, und entscheiden Sie sich unter Transporteur für UPS oder DHL. Viele Verkäufer arbeiten bereits mit einem von beiden zusammen, was die Abholung der Sendung vereinfacht. Aber auch die Auswahl eines eigenen Dienstleisters ist möglich.

Weiter unten auf der Seite unter Punkt 3 können Sie noch Angaben zur Sendungsverpackung machen (siehe Abbildung 7.14). Diese Information vereinfacht Amazon die Entgegennahme der Sendung. Sie können dort angeben, ob der/die Kartons sortenrein sind, um wie viele Kartons es sich handelt und wie groß und schwer die einzelnen Kartons sind.

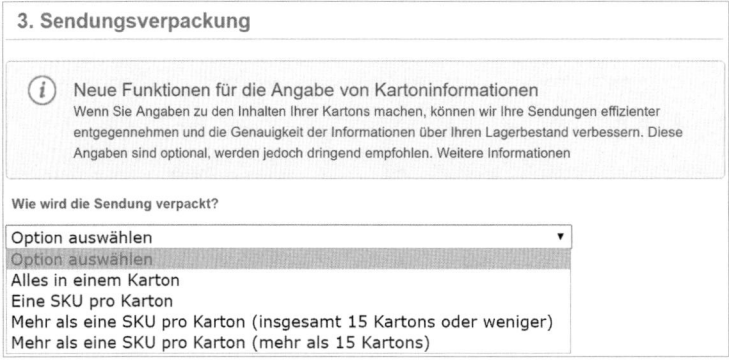

Abbildung 7.14 Optionale Angabe von Anzahl und Inhalt der Sendung

Haben Sie hier alle Angaben getätigt, können Sie unter Punkt 4 die Versandgebühren berechnen lassen und diese akzeptieren.

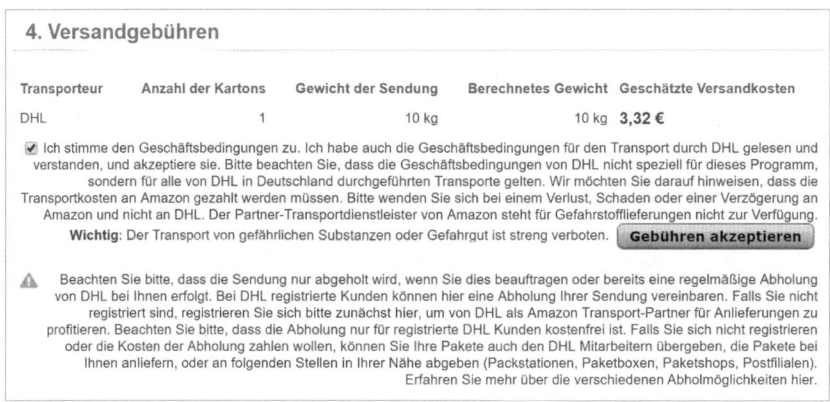

Abbildung 7.15 Anzeige der Versandgebühren bei Auswahl eines von Amazon vorgeschlagenen Transportdienstleisters

Haben Sie die Gebühren akzeptiert, müssen Sie im nächsten Schritt die passenden Etiketten ausdrucken. Haben Sie sich für DHL oder UPS als Dienstleister entschieden, so erhalten Sie hier ein Etikett für den jeweiligen Transportdienstleister. Sie erhalten zudem für jeden Karton ein Etikett, das den jeweiligen Sendungsinhalt kennzeichnet. Dieses müssen Sie in jedem Fall aufbringen. Abbildung 7.16 zeigt ein Beispiel für zwei Etiketten, die auf einem Karton angebracht werden. Auf der linken Seite sehen Sie das Etikett für DHL, auf der rechten Seite das Etikett für Amazon.

Sollte einer oder mehrere Kartons zudem schwerer als 15 kg sein, muss zusätzlich noch ein Etikett mit dem Hinweis *Schweres Paket* angebracht werden. Wenn alles erledigt ist, klicken Sie auf SENDUNG ABSCHLIESSEN.

Abbildung 7.16 Beispiel für ein von Amazon generiertes Etikett für den Dienstleister DHL

Sofern Sie als Anlieferform den Versand auf Palette gewählt haben, unterscheiden sich die Schritte 3 und 4 nur unwesentlich. In der Regel verfügt eine Sendung dann über mehrere Kartons, die auf einer oder mehreren Paletten zusammengefasst werden. Entsprechend wählen Sie unter Punkt 3 MEHRERE KARTONS aus (dies geht übrigens auch beim Versand als Paketsendung) und geben an, wie viele Kartons Sie verschicken und welche Mengen diese enthalten.

---

3. Sendungsverpackung

ⓘ Neue Funktionen für die Angabe von Kartoninformationen
Wenn Sie Angaben zu den Inhalten Ihrer Kartons machen, können wir Ihre Sendungen effizienter entgegennehmen und die Genauigkeit der Informationen über Ihren Lagerbestand verbessern. Diese Angaben sind optional, werden jedoch dringend empfohlen. Weitere Informationen

Wie wird die Sendung verpackt?

Mehrere Kartons ▾

Wie geben Sie Informationen zum Kartoninhalt an? Weitere Informationen

Webformular verwenden   **Datei hochladen**   **Keine Informationen über Kartoninhalte bereitstellen**
◉ Kartoninformationen in ein Formular auf einer ◯ Packliste ausfüllen und diese in Seller ◯ Wählen Sie diese Option aus, wenn Sie keine Informationen zu
Webseite eingeben   Central hochladen   den Kartons angeben können.

ⓘ Sie können auf die Schaltfläche "Für später speichern?" klicken, um Ihren aktuellen Fortschritt zu speichern und später weitere Kartoninformationen einzugeben.

Inhalte der Sendung	Liefermenge	Konfiguration Einheiten pro Karton	Anzahl Kartons		Gesamtmenge	Gewicht des Kartons (kg)	Maße des Kartons (cm)
☐ ASIN/FNSKU anzeigen					-		___ x ___ x ___
	1000	500	1	☒	500	21	50 x 30 x 20
		500	1	☒	500	21	50 x 30 x 20

Weitere Kartonkonfiguration hinzufügen

⚠ Für diesen Karton ist ein Etikett mit der Aufschrift "Schweres Paket" erforderlich. Etikett mit der Aufschrift "Schweres Paket" drucken
⚠ Anzahl der noch verfügbaren Kartons: 198

[Für später speichern?] [**Bestätigen**]

Abbildung 7.17 Angabe von Anzahl und Liefermengen je Karton

Entsprechend generiert Amazon dann wieder die benötigten Etiketten für Sie – jetzt nur mit dem Unterschied, dass es auch vier Etiketten je Palette gibt (für jede Seite eine).

Abbildung 7.18 Ausdruck der Versandetiketten je Karton und Palette

Die Anzahl der Paletten bestimmen Sie unter Punkt 4 VERSANDETIKETTEN.

7.3.2   Nutzung einer Anlieferplan-Datei

Sofern Sie größere Mengen an Amazon schicken, kann die Nutzung des Webformulars kompliziert werden. Auch hier bietet Amazon die Möglichkeit an, einen Anlieferplan durch das Hochladen einer Excel-Datei zu erstellen. Die entsprechende Option finden Sie unter ANLIEFERPLAN-DATEI HOCHLADEN.

Abbildung 7.19 Erstellung eines Anlieferplans über eine Anlieferplan-Datei

7

Auch hier müssen Sie sich erst eine entsprechende Vorlage herunterladen, die Sie dann in Microsoft Excel oder einem anderen Tabellenkalkulationsprogramm ausfüllen.

Die Vorlage kann auf zwei Arten genutzt werden: Entweder Sie nutzen diese für die Anlieferung gemischter SKUs (Tabellenblatt *Vorlage Anlieferplan erstellen*) oder für sortenreine Kartons (Tabellenblatt *Vorlage Anlieferplan – Kartons*). Das Ausfüllen ist relativ einfach. Sie geben einfach Ihre Absenderadresse an und schließlich eine Liste mit Ihren SKUs und den zugehörigen Mengen. Wenn Sie sortenrein anliefern, müssen Sie noch angeben, wie viele Einheiten je Karton enthalten sind und wie viele Kartons Sie schicken werden. Abbildung 7.20 zeigt ein Beispiel für eine sortenreine Anlieferung:

PlanName	2017-01-30 Haushalt
ShipToCountry	DE
AddressName	Erika Mustermann
AddressFieldOne	Musterstrasse 1a
AddressFieldTwo	
AddressCity	Musterstadt
AddressCountryCode	DE
AddressStateOrRegion	Nordrhein-Westfalen
AddressPostalCode	12345
AddressDistrict	

MerchantSKU	UnitsPerCase	NumberOfCases	Quantity
DU_293_ADI	10	30	300
DU_294_ADA	5	20	100
DU_294_ADX	50	2	100
DU_932_ADW	25	10	250

Abbildung 7.20 Nutzung einer Anlieferplan-Datei für sortenreine Anlieferung

Sobald Sie die Datei hochgeladen haben, können Sie den Verarbeitungsstatus auf der folgenden Seite verfolgen.

3. Überprüfen des Datei-Status und Verlaufs   Aktualisieren

Status der letzten zehn Uploads ansehen. Falls der Verarbeitungsbericht Fehler anzeigt, ändern Sie die für das Erstellen eines Anlieferplans-Datei, und gehen Sie zurück zu Schritt 2 oben. Weitere Informationen.

Datum und Uhrzeit	Batch-ID	Status/Ergebnisse	Aktionen
30.01.17 15:20:30 GMT+01:00	160989017196	Stand: Erledigt Anzahl der übertragenen Datensätze aus diesem Uploadvorgang: 3 Anzahl aktivierter Datensätze: 3 Anzahl fehlerhafter Datensätze: 0	

Abbildung 7.21 Verarbeitungsstatus für Anlieferplan-Dateien

Sobald der Anlieferplan erfolgreich hochgeladen wurde, finden Sie ihn wie alle anderen unter ANLIEFERPLÄNE.

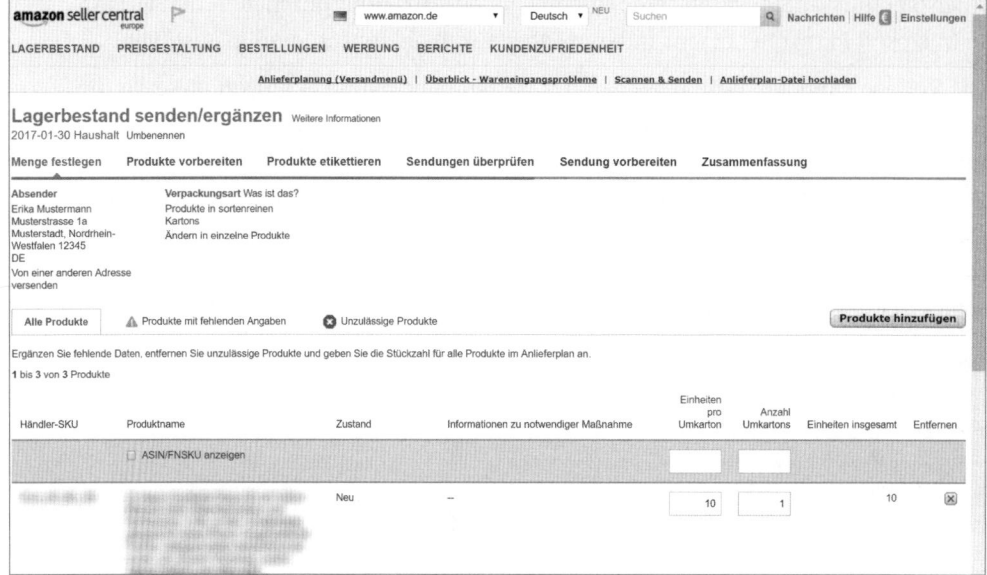

Abbildung 7.22 Anlieferpläne, die über die Anlieferplan-Datei erstellt wurden, müssen genauso durchlaufen werden wie manuell erstellte.

Hier müssen Sie jetzt nur noch die bekannten Schritte einmal durchlaufen, um u. a. die Vorbereitung der Artikel zu bestimmen, Etiketten auszudrucken etc. Der Ablauf gleicht dem oben beschriebenen.

Kapitel 8
Absatzfördernde Maßnahmen

8.1 Gesponserte Produkte

Amazon bietet Ihnen mit der Funktion *Gesponserte Produkte* (im Englischen *Sponsored Products*) die Möglichkeit, Ihre eigenen Produkte zu bewerben. Vereinfacht gesagt, funktionieren gesponserte Produkte wie folgt: Sie zahlen Amazon Geld dafür, dass Ihre Produktanzeigen für bestimmte Suchbegriffe (in der Regel auf der ersten Seite) oberhalb der normalen Suchergebnisse erscheinen. Bieten mehrere Verkäufer auf den gleichen Suchbegriff, erhält der Höchstbietende den Zuschlag. Das Verfahren gleicht also einer Auktion. Auf diese Weise können Sie Ihre Produkte hervorheben und Ihren Umsatz steigern. Wann gesponserte Produkte Sinn machen und wie Sie entsprechende Werbekampagnen erfolgreich aufsetzen und optimieren, erkläre ich Ihnen im folgenden Abschnitt.

Die Anzeigen für gesponserte Produkte finden Sie bei Amazon an unterschiedlichen Stellen. So finden Sie die Produktanzeigen z. B. in der Suchergebnisliste, aber auch auf den Produktdetailseiten. Im Folgenden sehen Sie einige Beispiele:

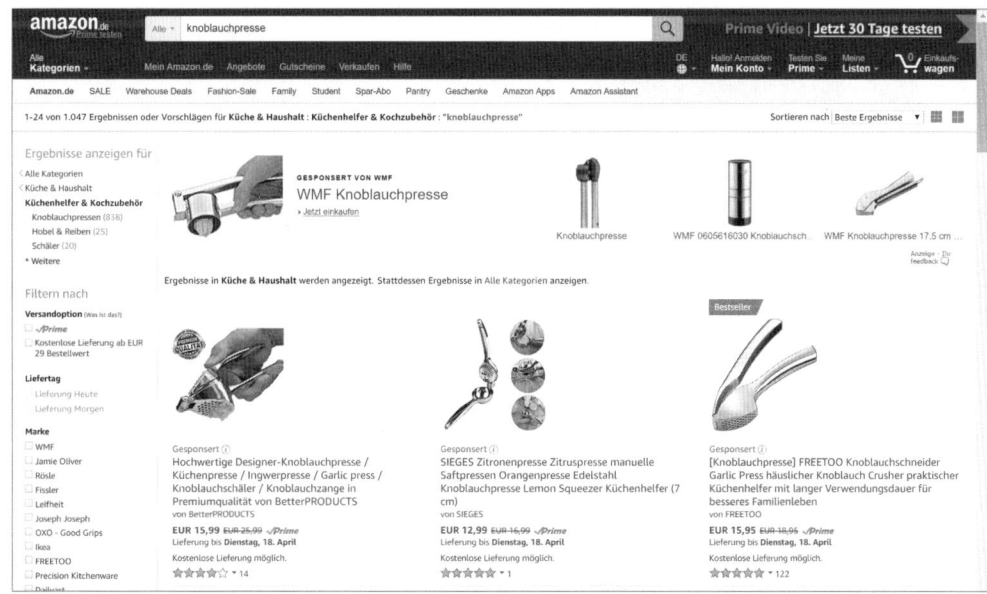

Abbildung 8.1 Gesponserte Produkte in den Suchergebnislisten (unten)

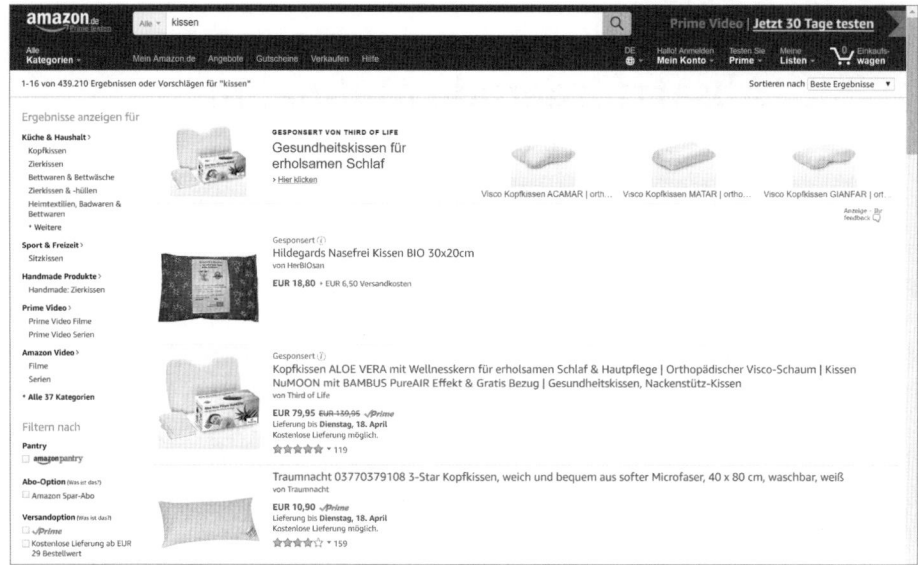

Abbildung 8.2 Gesponserte Produkte in den Suchergebnissen (mittig)

Sie erkennen die jeweiligen Anzeigen häufig an dem Wort *Gesponsert*. Und häufig finden Sie auch das Wort *Anzeige* neben den Produktanzeigen. Nicht zu verwechseln sind diese Anzeigen mit den *Headline Search Ads*, die derzeit nur Vendoren vorbehalten und für Seller erst im Laufe des Jahres verfügbar sind. Ein Beispiel für so eine Anzeige sehen Sie in Abbildung 8.1 und Abbildung 8.2 jeweils oberhalb der Produktanzeigen für gesponserte Produkte.

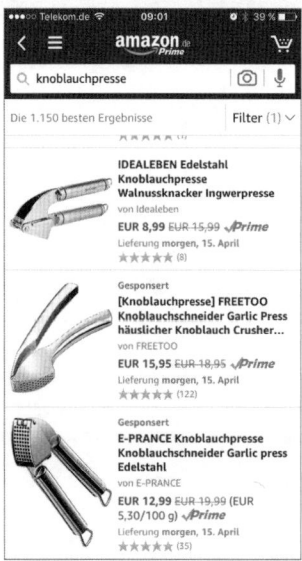

Abbildung 8.3 Gesponserte Produktanzeigen auf dem Smartphone

In Abbildung 8.2 wurde nach dem Begriff »Kissen« gesucht. Nach der Headline Search Ad kommen zwei gesponserte Produktanzeigen (im Bild mittig). Erst an dritter Stelle taucht das erste organische Ergebnis in der Suchergebnisliste auf.

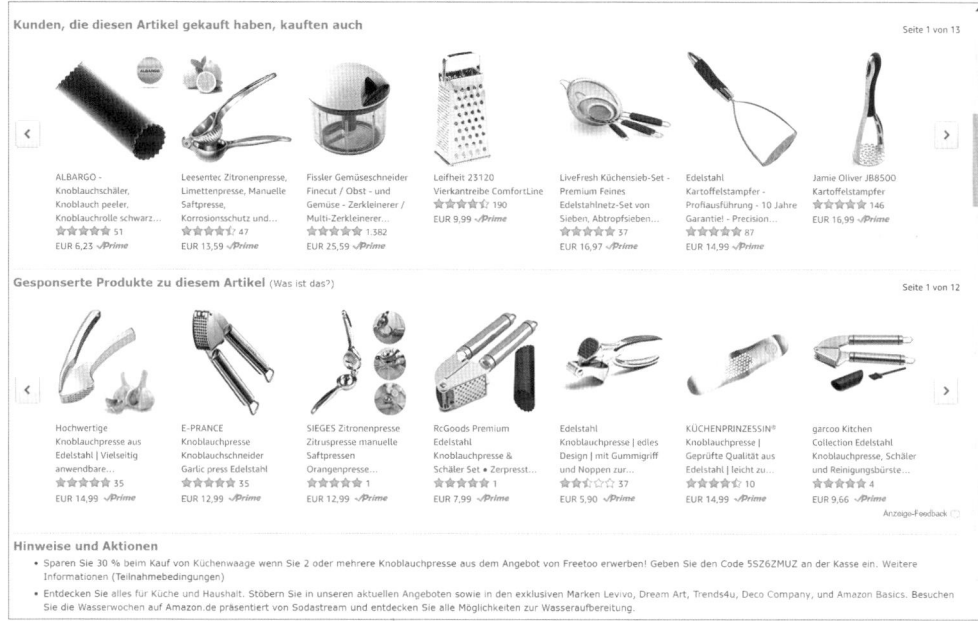

Abbildung 8.4 Gesponserte Produktanzeigen innerhalb der Produktdetailseite (untere Reihe)

8.1.1   Nutzen

Auf Amazon Deutschland werden weit über 200 Millionen Produkte gelistet. Bei dieser hohen Anzahl von Produkten wird es zur Herausforderung, dass das eigene Produkt überhaupt gefunden wird. Selbst wenn Ihr Listing vollständig optimiert und Sie bereits Bewertungen für das Produkt haben, ist nicht automatisch sichergestellt, dass Ihr Produkt auch auf den vorderen Suchergebnissen angezeigt wird. Wenn Sie nach Ihrem Hauptsuchbegriff suchen, finden Sie zwar Ihr Listing, allerdings stehen Sie so weit hinten, dass sich kaum ein Käufer bis dahin durchklickt. Vor Ihnen stehen in der Regel alle Ihre Wettbewerber, die schon länger am Markt sind.

Amazon hat ein System geschaffen, mit dem Sie es mit etwas finanziellem Einsatz schaffen können, sich ganz nach vorn zu »drängeln« und für bestimmte Suchbegriffe unter den ersten Treffern aufzutauchen. Dieses System heißt *Gesponserte Produkte*. Andere nutzen den Begriff *Sponsored Products* oder auch PPC (*Pay per Click*). Der Begriff deutet an, worum es hier geht: bezahlte Werbung. Sie kennen dieses System vielleicht von der Suchmaschine Google. Auch hier haben Werbetreibende die Möglichkeit, sich für bestimmte Suchbegriffe auf die vorderen (Werbe-)Plätze zu katapultieren, um den Suchenden auf die eigenen Seiten zu locken. Amazon hat dieses System in vereinfachter Form für seine Plattform übernommen.

Was ist nun das Ziel, das Sie als Verkäufer mit PPC verfolgen? Hier gibt es mehrere Ziele, die Sie mittels gesponserter Produktkampagnen erreichen können:

1. profitable Steigerung des Umsatzes
2. Förderung eines raschen Abverkaufs
3. Testen neuer Produktideen
4. Vermeidung von Wettbewerb
5. Steigerung der organischen Verkäufe

Mithilfe von gesponserten Produkten können Sie häufig Ihren Umsatz profitabel steigern. Profitables Wachstum meint in diesem Fall, dass Sie für Ihre Kampagnen nicht mehr ausgeben, als die zugrunde liegenden Produkte, die durch die Kampagnen verkauft werden, an Gewinn abwerfen. Ein kurzes Beispiel soll das illustrieren: Stellen Sie sich vor, Sie verkaufen ein Produkt für 100 € brutto. Nach Abzug der Mehrwertsteuer und allen sonstigen Kosten für Beschaffung, Amazon-Kosten & Co. verbleibt Ihnen bei einem Verkauf des Produktes auf der Plattform Amazon ein Gewinn von 20 €. Wenn Sie nun lediglich 5 € ausgeben müssen, um mindestens eins dieser Produkte zu verkaufen, hat sich die Kampagne gelohnt, denn Sie machen immer noch 15 € Gewinn. Der Anteil der Werbekosten am Umsatz liegt also unterhalb Ihrer Marge. Daher ist die Kampagne für sich profitabel. Ihr Ziel sollte es daher jetzt sein, diese Kampagne so weit wie möglich zu skalieren. Denn jeder Euro, den Sie in diese Kampagne investieren, erwirtschaftet einen positiven Deckungsbeitrag.

Es kann aber auch Ihr Ziel sein, den Abverkauf eines Produktes zu beschleunigen, z. B. um Ware schnell zu Geld zu machen. Das ist z. B. sinnvoll, wenn sich ein Produkt nicht gut verkauft, Sie aber Liquidität für die Bestellung neuer Ware oder wofür auch immer benötigen. Bezahlte Produktanzeigen helfen besonders gut, wenn die Sichtbarkeit des Produktes in den Suchergebnissen gering ist und daher auch eine Preissenkung keine Wirkung hätte.

Eine weitere Anwendungsmöglichkeit von gesponserten Produkten ist es, die Nachfrage nach neuen, unbekannten Produkten auszuloten. Angenommen, Ihnen wird als Händler ein neues Produkt angeboten, aber Sie haben kein Gefühl dafür, wie hoch die Nachfrage sein wird, und sind sich daher unsicher, ob Sie dieses Produkt in Ihren Katalog aufnehmen sollten. Mithilfe von gesponserten Produkten können Sie nun z. B. eine kleine Menge dieser Produkte bewerben und anhand der Geschwindigkeit des Abverkaufs einschätzen, ob sich eine größere Bestellung dieser Produkte und eine Aufnahme in den Amazon-Produktkatalog lohnt.

Ein weiterer Anwendungsfall besteht darin, die vorderen Anzeigenplätze zu besetzen, um mögliche Wettbewerber auf Abstand zu halten. Später werden Sie sehen, dass Sie auf Ihre Kampagnen unterschiedlich hohe Gebote abgeben können. Sie könnten also z. B. aus strategischen Gründen ein so hohes Gebot auf Ihre eigenen Produkte abgeben, dass es für Wettbewerber nicht mehr rentabel ist, Kampagnen auf die gleichen Suchbegriffe zu schalten. Viele Inhaber von Eigenmarken schützen auf diese Weise ihre Marke, indem sie Kampagnen schalten, die immer dann angezeigt werden, wenn nach der eigenen Marke gesucht wird. Denn häufig bieten Wettbewerber auch auf Fremdmarken, um die eigenen Produkte zu bewerben. Dies können Sie erschweren bzw. verteuern, wenn Sie Kampagnen auf Ihre eigene Marke schalten.

Viele Händler nutzen gesponserte Produkte auch zu dem Zweck, ihre organischen Verkäufe zu steigern. Wie Sie bereits wissen, sortiert Amazon die Suchergebnisse zu einem bestimmten Suchbegriff u. a. nach der Konversionsrate. Amazon zeigt also die Produkte weit oben an, von denen es weiß, dass sich diese Produkte in der Vergangenheit bei gleichen oder ähnlichen Suchen gut verkauft haben. Befindet sich Ihr bestehendes Produkt für bestimmte Suchbegriffe sehr weit hinten in den Suchergebnislisten, dann haben Sie das Problem, dass das Produkt zu den von Ihnen gewünschten Suchbegriffen kaum oder gar nicht gekauft wird. Ohne Käufe jedoch wird Ihr Produkt in den organischen Suchergebnissen nie weiter nach vorne kommen. Mithilfe von gesponserten Produkten können Sie diesen Teufelskreis durchbrechen. Im Rahmen von gesponserten Produktkampagnen bieten Sie auf ausgewählte Suchbegriffe. Kommt es im Zuge dessen durch eine Ihrer Kampagnen zu einem Verkauf, senden Sie an Amazon das Signal, dass Ihr Produkt für diesen Suchbegriff relevant ist. Dieses Signal wirkt sich positiv auf die Suchergebnisposition dieses Produktes für den jeweiligen Suchbegriff aus.

8.1.2   Grundbegriffe

Den meisten Nutzern fällt der Einstieg in das Thema gesponserte Produkte nicht leicht. Schließlich wimmelt es hier nur so von Abkürzungen. Da ist von CPC oder ACoS die Rede. Aber glauben Sie mir: Die Kenntnisse der Grundrechenarten reichen aus, um die Zusammenhänge zu verstehen.

Gesponserte Produktanzeigen werden nach dem Pay-per-Click-Verfahren abgerechnet, d. h., Sie zahlen nur dann für eine Anzeige, wenn jemand auf diese geklickt hat. Die reine Einblendung der Anzeige kostet Sie nichts. Den Preis für einen Klick auf eine Anzeige nennt man *Cost per Click* oder kurz CPC. Dieser bestimmt sich aus der Nachfrage nach einem bestimmten Suchbegriff. Gibt es viele Verkäufer, die für einen bestimmten Suchbegriff mit ihrem Produkt an vorderer Stelle stehen wollen (ist die Nachfrage also hoch), so vergibt Amazon die ersten Plätze an die Höchstbietenden im Rahmen einer Auktion. Der CPC geht dann also tendenziell nach oben. Als Verkäufer haben Sie ein Interesse daran, dass Sie einen möglichst niedrigen CPC bezahlen, weil das Ihre Ausgaben reduziert. Die Summe aller bezahlten Klicks nennt Amazon auch *Gesamtausgaben*.

Bevor es jedoch zu einem *Klick* kommt, muss die Anzeige erst mal ausgeliefert – also angezeigt – werden. Die Anzahl der Auslieferungen nennt Amazon *Seitenaufrufe*. Aus diesen beiden Werten ergibt sich schon die erste Kennzahl: Das Verhältnis aus Seitenaufrufen und Klicks auf die Anzeige wird *Click-Through-Rate* (CTR) oder *Klickrate* genannt. Die CTR sagt aus, wie viele Nutzer die Anzeige angeklickt haben, nachdem diese angezeigt wurde. Als Verkäufer haben Sie ein Interesse, dass die CTR möglichst hoch ist. Folgende Eigenschaften Ihres Produktes beeinflussen die CTR positiv:

- ▶ Gebuchte Suchanfrage und Produkt passen zusammen: Wenn Sie für den Suchbegriff »iPhone Kabel« eine Kampagne laufen haben, Ihr Produkt jedoch eine iPhone-Hülle ist, werden Sie kaum Klicks auf Ihr Produkt erhalten. Ihre CTR wird gegen 0 gehen.
- ▶ hochwertige Produktfotos
- ▶ aussagekräftiger, passender Produkttitel
- ▶ hohe Anzahl an Bewertungen
- ▶ wahrgenommen gutes Preis-Leistungs-Verhältnis

Die *Zugeschriebenen Umsatzkosten* (engl. *Advertising Cost Of Sales* oder kurz *ACoS*) sind eine der wichtigsten Kennzahlen. Sie geben an, wie viel Geld Sie im Verhältnis zum damit erzielten Umsatz für Werbung ausgegeben haben. Kleines Beispiel: Sie haben ein Produkt, das Sie brutto für 20 € verkaufen. Nehmen wir an, Sie haben innerhalb einer Woche 10 € für gesponserte Produktanzeigen ausgegeben und damit zehn Verkäufe erzielt (organische Verkäufe im gleichen Zeitraum, die nicht durch die Anzeigen entstanden sind, bleiben in der Kalkulation außen vor). Dann hatten Sie Kosten von 10 € und Umsätze von 200 € (10 × 20 €). Die zugeschriebenen Umsatzkosten (ACoS) betragen nun 10 €/200 € = 5 %. Man könnte sagen: Sie haben 5 % Ihrer Bruttoeinnahmen für Werbung ausgegeben.

Sind 5 % nun viel oder wenig? Das hängt von Ihrer Marge ab. Wenn Ihre Marge nach Abzug aller Kosten und nach Steuern ebenfalls 5 % beträgt, machen Sie mit einem ACoS-Wert von 5 % weder Gewinn noch Verlust. Sie haben dann den Break-even-Punkt erreicht. Beträgt Ihre Marge jedoch z. B. 20 %, haben Sie unter dem Strich immer noch einen Gewinn erwirtschaftet, den Sie vielleicht nicht erwirtschaftet hätten, wenn Sie die Anzeigen nicht geschaltet hätten.

Grundsätzlich streben Sie möglichst geringe Werbekosten an. Je kleiner der ACoS-Wert, umso effizienter läuft Ihre Kampagne. Die Kunst bei PPC ist es, die Kampagne später so zu optimieren, dass Sie den maximalen absoluten Ertrag nach Werbekosten erzielen. Das hat viel mit der Auswahl der richtigen Suchbegriffe und dem Gebot auf diese zu tun, doch dazu später mehr.

Wenn Sie nun alle Kennzahlen gemeinsam betrachten, erkennen Sie die Zusammenhänge. Erschrecken Sie jetzt nicht vor ein paar mathematischen Formeln. Wenn Sie möchten, überspringen Sie sie einfach, aber lesen Sie den Text.

Wir haben gesehen, dass die ACoS maximal Ihrer Marge entsprechen dürfen, damit eine Kampagne für sich genommen kurzfristig profitabel ist:

$$\text{ACoS} = \frac{\text{Gesamte Werbekosten}}{\text{Kampagnenbasierter Umsatz}} \leq \text{Nettomarge}$$

Wir wissen auch, wie sich die Werbekosten und der Umsatz zusammensetzen:

Gesamte Werbekosten = Anzahl Clicks × durchschnittlicher CPC

Kampagnenbasierter Umsatz = Verkaufte Menge × Verkaufspreis pro Stück

Die Anzahl der Klicks ergibt sich wiederum aus der Anzahl der Werbeeinblendungen sowie Ihrer CTR:

Gesamte Werbekosten

= (Anzahl Werbeeinblendungen × CTR)
× durchschnittlicher CPC

Daraus folgt:

$$\frac{\text{Anzahl Werbeeinblendungen} \times \text{CTR} \times \text{durchschnittlicher CPC}}{\text{Verkaufte Menge} \times \text{Preis}} \leq \text{Nettomarge}$$

Aus dieser Formel lassen sich einige einfache Dinge ablesen – immer angenommen, dass alle anderen Parameter unverändert bleiben:

1. Je höher Ihre Produktmarge ist, desto mehr können Sie pro Klick für Werbung ausgeben (höherer CPC).
2. Je höher die Anzahl Verkäufe ist,
   – desto geringer sind Ihre ACoS oder
   – desto mehr können Sie pro Klick (CPC) ausgeben.
3. Je geringer (höher) der Preis ist, desto weniger (mehr) können Sie für Werbung ausgeben, da dies Ihre Marge reduziert (erhöht).
4. Wenn Ihre CTR steigt, ohne dass die Anzahl der Verkäufe steigt, dann steigen Ihre Werbekosten. Scheinbar überzeugt das Listing in diesem Fall den Käufer (noch) nicht.

Es ließen sich noch viele weitere Zusammenhänge erklären, aber wie gesagt: Sie sollten immer das Ziel Ihrer Kampagnen im Auge behalten. Sie profitieren nicht allein durch die anzeigengetriebenen Verkäufe, sondern auch durch die im gleichen Zeitraum oder später generierten organischen Verkäufe, die sich durch eine bessere Platzierung in den Suchergebnisseiten ergeben. Dies sollten Sie immer mit einkalkulieren, was Ihnen wiederum mehr Spielraum für das Budget gibt.

8.1.3   Kampagnen strukturieren

Bevor Sie Ihre ersten Kampagnen erstellen, sollten Sie sich einige Gedanken über deren Aufbau machen. Dazu müssen Sie natürlich verstehen, wie Kampagnen bei gesponserten Produkten aufgebaut sind. Abbildung 8.5 gibt Ihnen einen Überblick.

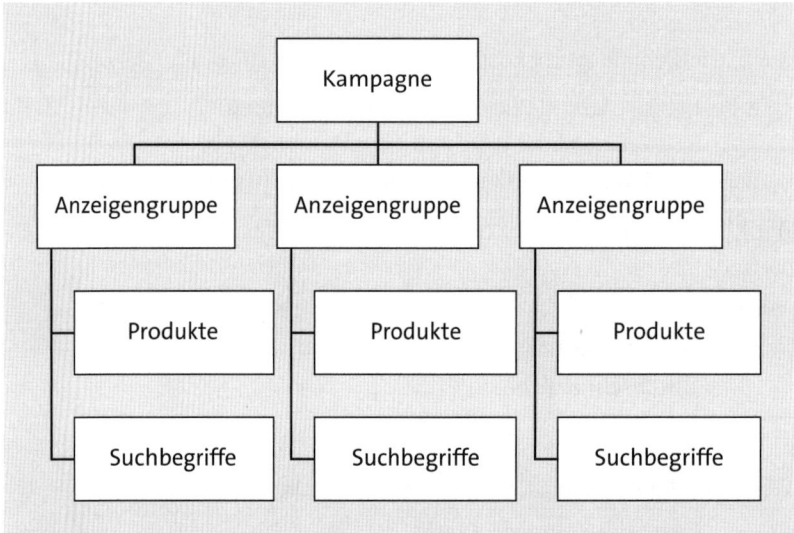

Abbildung 8.5 Aufbau von Kampagnen in Amazon

Eine Kampagne kann aus beliebig vielen Anzeigengruppen bestehen. In jeder Anzeigengruppe wird definiert, welche Produkte zu welchen Suchbegriffen beworben werden sollen. Auf jeder dieser Ebenen können Sie unterschiedliche Einstellungen festlegen. So bestimmen Sie z. B. auf Kampagnenebene, wie hoch das Werbebudget der Kampagne ausfällt. Zudem bestimmen Sie die Laufzeit der Kampagne, können also ein Start- und ein Enddatum definieren. Auf der Kampagnenebene legen Sie auch fest, ob es sich um eine automatische oder um eine manuelle Kampagne handelt. So viel vorweg: Bei automatischen Kampagnen fällt die Ebene der Suchbegriffe weg, da Amazon hier die Auswahl der Suchbegriffe übernimmt.

Auf der Ebene der Anzeigengruppe legen Sie fest, welche Produkte beworben werden sollen. Bei manuellen Kampagnen bestimmen Sie zudem, für welche Suchbegriffe diese Produktanzeigen angezeigt werden sollen. Daran erkennen Sie schon, dass Sie auf der Ebene der Anzeigengruppe die Produkte bündeln sollten, die auf Basis der gleichen Suchbegriffe beworben werden. Für jeden Suchbegriff können Sie festlegen, wie dieser von Amazon interpretiert werden soll und wie hoch das maximale Gebot für einen Klick ausfällt.

Um die maximale Kontrolle über Ihre Kampagnen zu haben, würden Sie für jedes Produkt eine einzelne Kampagne anlegen. Gerade bei vielen Produkten ist das jedoch

kein gangbarer Weg. In diesem Fall bilden Sie Ihre Kampagnen auf Basis von Produktkategorien.

Hier eine Übersicht darüber, welche Einstellungen Sie auf welcher Ebene treffen können. Auf die einzelnen Punkte gehen wir im Verlauf noch genauer ein.

Ebene	Einstellungen
Kampagne	Name
	Tagesbudget in €
	Laufzeit (von/bis)
	Ausrichtungsart (manuell/automatisch)
	Negative Keywords (Kampagnenebene)
	Gebot+ (ja/nein)
	Aktiv (ja/nein)
Anzeigengruppe	Name
	Standardgebot in €
	Produkte
	Keywords (nur manuelle Kampagnen)
	Negative Keywords (Anzeigengruppenebene)
	Aktiv (ja/nein)
Keyword	Suchbegriff
	Übereinstimmung
	Gebot
	Aktiv (ja/nein)
Produkte	ASIN
	Aktiv (ja/nein)

Tabelle 8.1 Einstellungsmöglichkeiten auf den unterschiedlichen Ebenen einer Kampagne

Wie bereits erwähnt, kommt der Auswahl der richtigen Suchbegriffe eine hohe
Bedeutung zu. Amazon überlässt es Ihnen, diese Suchbegriffe auf Anzeigengruppenebene selbst zu bestimmen (manuelle Kampagnen), bietet Ihnen aber auch die Funktion an, dass Amazon diese Suchbegriffe automatisch für Sie auswählt (automatische
Kampagnen). Bei den manuellen Kampagnen bestimmen Sie allein, für welche Suchbegriffe Ihre Produkte angezeigt bzw. nicht angezeigt werden sollen. Hier haben Sie
also die maximale Kontrolle. Andererseits kann es Ihnen bei manuellen Kampagnen
passieren, dass Sie relevante Suchbegriffe übersehen. Zwar bieten einige Tools schon

Unterstützung bei der Auswahl der relevanten Keywords an, eine umfassende Liste wird Ihnen jedoch keines dieser Tools präsentieren. Das liegt u. a. daran, dass jeder Mensch ein anderes Suchverhalten aufweist.

Bei den automatischen Kampagnen übernimmt Amazon die Auswahl der Suchbegriffe und greift hierzu – sofern vorhanden – auf die Daten von unzähligen Produktsuchen aus der Vergangenheit zurück. Der Vorteil bei automatischen Kampagnen ist, dass Amazon auch Suchbegriffe findet, die Amazon bei Ihren Produkten für relevant hält. Auf diese Weise erhalten Sie daher ganz automatisch neue Ideen für zusätzliche Suchbegriffe für Ihre Produktanzeigen.

Aus diesem Grund ist es in aller Regel sinnvoll, für jedes Produkt beide Kampagnentypen parallel zu nutzen. Daher werde ich Ihnen auch im Folgenden vorstellen, wie Sie automatische und manuelle Kampagnen anlegen und wie später das Zusammenspiel dieser beiden Kampagnentypen aussehen kann.

8.1.4   Kampagnen anlegen

Neue Kampagnen (egal, ob automatisch oder manuell) legen Sie in Seller Central unter dem Menüpunkt WERBUNG • KAMPAGNEN VERWALTEN an. Wenn Sie dort auf KAMPAGNE ERSTELLEN klicken, gelangen Sie auf die folgende Seite.

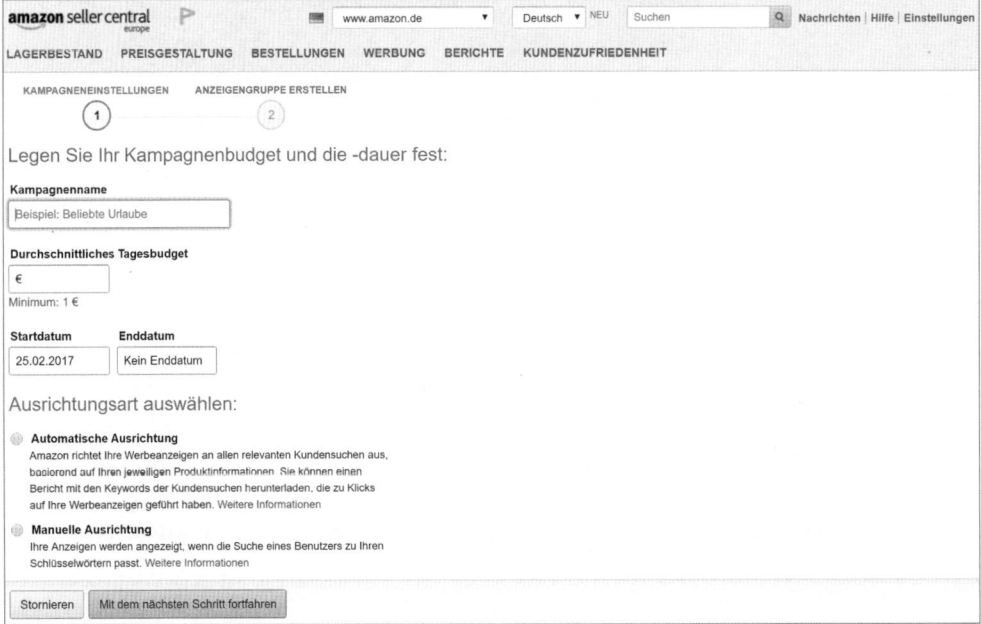

Abbildung 8.6 Erstellen einer neuen Kampagne

Auf dieser Seite legen Sie den Kampagnennamen, Ihr Tagesbudget, die Laufzeit sowie die Ausrichtungsart fest. Der Kampagnenname soll Ihnen helfen, später den Überblick zu behalten. Es hat sich dabei als sinnvoll herausgestellt, die Ausrichtungsart an das Ende der Kampagne zu stellen, damit Sie später in der Übersicht schnell erkennen können, ob es sich um eine manuelle oder automatische Kampagne handelt. Zudem sollte der Kampagnenname das Produkt bzw. den Produkttyp enthalten, der in dieser Kampagne beworben wird.

Das Tagesbudget legt fest, wie viel Sie höchstens pro Tag für diese Kampagne ausgeben werden. Legen Sie z. B. ein Tagesbudget von 20 € fest, werden Sie pro Tag nie mehr als diese 20 € ausgeben. Auf einen Monat mit 30 Tagen beträgt dann das monatliche Budget 600 €. Mithilfe des Tagesbudgets können Sie also festlegen, wie viel Sie monatlich allein für diese Kampagne maximal ausgeben möchten. Aus Sicherheitsgründen sollten Sie immer ein klar definiertes Tagesbudget festlegen, damit es nicht zu unvorhergesehenen und ungeplanten Ausgaben kommt. Auf der anderen Seite sollte das Tagesbudget auch nicht zu niedrig sein, da Sie bei aufgebrauchtem Anzeigenbudget nicht mehr angezeigt werden, obwohl diese Anzeigen vielleicht zu profitablen Verkäufen geführt hätten. Für die kontinuierliche Optimierung Ihrer Kampagnen ist es zudem unerlässlich, dass Sie diese auf Basis von ausreichend vielen Daten durchführen. Haben Sie nur ein geringes Tagesbudget, reduzieren Sie gleichzeitig auch die Menge der anfallenden Daten. Die Ergebnisse können dann gegebenenfalls nicht repräsentativ, sondern vom Zufall geprägt sein.

Mithilfe des Start- und Enddatums können Sie bestimmen, wann Ihre Produktanzeigen eingeblendet werden. Eine feinere Einstellung, z. B. nach Uhrzeit, ist derzeit noch nicht möglich.

Bei der Ausrichtungsart wählen Sie aus, ob Amazon die Suchbegriffe, zu denen Ihre Produkte angezeigt werden sollen, auswählt (automatische Ausrichtung) oder ob Sie das tun möchten (manuelle Ausrichtung). Wie bereits gesehen, macht es immer Sinn, eine automatische Kampagne anzulegen. Daher legen wir im ersten Schritt eine neue Kampagne mit automatischer Ausrichtung an. Klicken Sie dann auf MIT DEM NÄCHSTEN SCHRITT FORTFAHREN.

Automatische Kampagnen anlegen

Auf der nächsten Seite definieren Sie Ihre Anzeigengruppen. Eine Kampagne kann beliebig viele Anzeigengruppen enthalten. Bei einer Anzeigengruppe handelt es sich um eine Gruppe von Produkten, die im Rahmen der Kampagne beworben werden. Alle Anzeigengruppen teilen sich das auf Kampagnenebene festgelegte Tagesbudget.

Erst optimieren, dann bewerben

Bevor Sie Ihre ersten automatischen Kampagnen anlegen, sollten Sie sicherstellen, dass die Produktdetailseiten gut gepflegt sind. Amazon generiert die Ideen für mögliche Suchbegriffe nämlich auch aus den jeweiligen Produktdetailseiten. Wenn dort also relevante Suchbegriffe fehlen, wird darunter auch die Qualität der von Amazon ermittelten Suchbegriffe leiden. Sollten Sie Ihre Produktdetailseiten daher noch nicht entsprechend überarbeitet haben, empfehle ich Ihnen, dies jetzt nachzuholen.

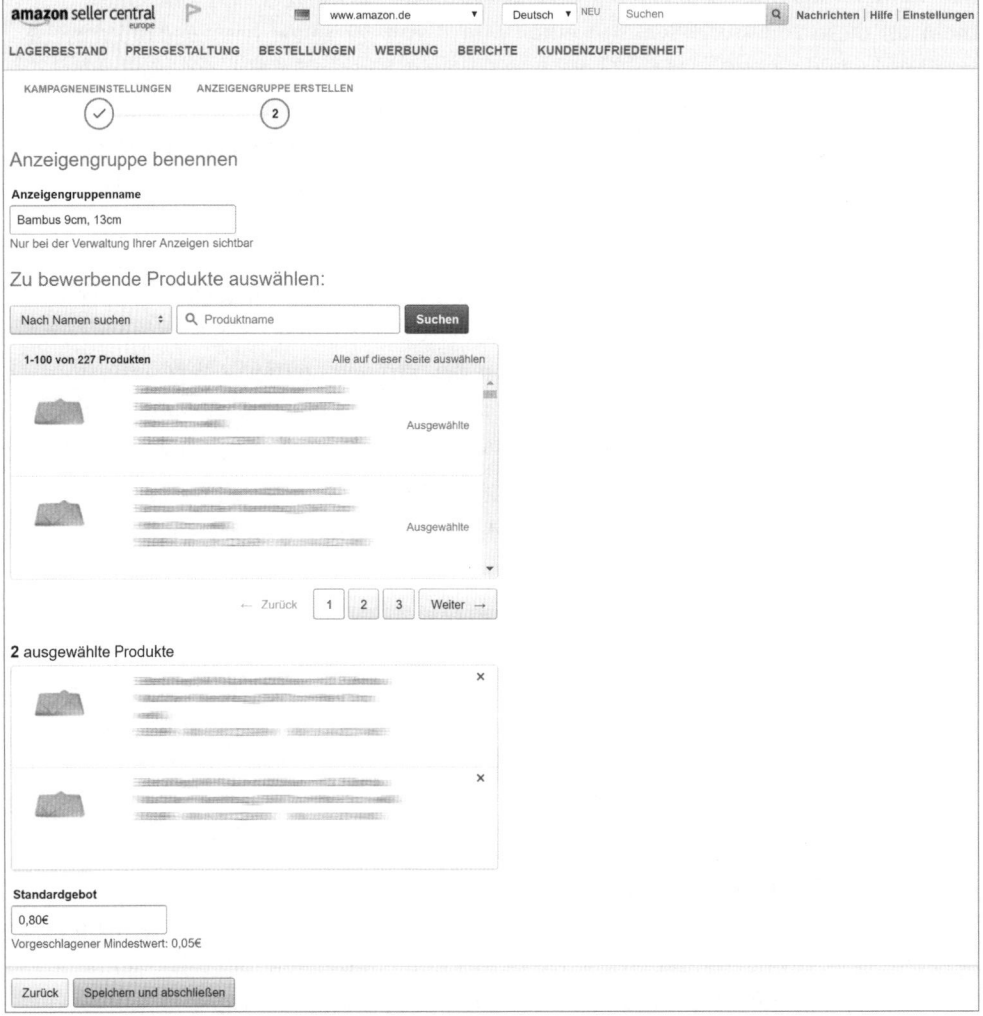

Abbildung 8.7 Erstellen der ersten Anzeigengruppe mit zwei Produkten

Auf dieser Seite wählen Sie die Produkte aus, die Sie in dieser Anzeigengruppe bewerben möchten. Den Anzeigengruppennamen können Sie auf Basis der ausgewählten Produkte bestimmen. Zuletzt bestimmen Sie noch ein Standardgebot, das definiert, wie viel Sie für einen Klick auf eine Produktanzeige maximal zu zahlen bereit sind. Bei automatischen Kampagnen gilt dieses Gebot für alle Keywords, die im Rahmen dieser Kampagne von Amazon identifiziert werden. Sie sollten das Standardgebot zu Beginn nicht zu niedrig ansetzen, da Sie bei zu niedrigen Geboten eventuell nicht häufig genug angezeigt werden, um eine sinnvolle Menge an Daten für eine erste Auswertung zu sammeln.

Bei automatischen Kampagnen ist die Einrichtung von Kampagne und Anzeigengruppen damit abgeschlossen. Klicken Sie auf SPEICHERN UND ABSCHLIESSEN. Auf der Übersichtsseite WERBEKAMPAGNEN VERWALTEN sehen Sie jetzt Ihre erste Kampagne. Klicken Sie auf den Kampagnennamen, sehen Sie dort die Liste der Anzeigengruppen. Hier können Sie jetzt auch weitere Anzeigengruppen erstellen, wenn Sie z. B. der automatischen Kampagne weitere Produkte mit einem unterschiedlichen Gebot hinzufügen möchten. Im Reiter KAMPAGNENEINSTELLUNGEN können Sie alle gerade getroffenen Einstellungen noch einmal überarbeiten. Gleiches gilt für die Anzeigengruppen: Klicken Sie auf den Anzeigengruppennamen, sehen Sie dort noch einmal alle ausgewählten Produkte sowie die Anzeigengruppeneinstellungen, die Sie jederzeit ändern können. Zudem können Sie ganz einfach jederzeit eine Kampagne oder eine Anzeigengruppe oder eine Werbeanzeige pausieren. Klicken Sie dazu einfach auf den grünen Punkt neben dem jeweiligen Eintrag.

Sie sollten diese Kampagne zunächst einmal sieben Tage laufen lassen, bevor Sie die Daten analysieren. Nur so gelangen Sie zu repräsentativen Ergebnissen. In der Regel ist hier eine Woche ausreichend, aber es hängt letztlich von dem von Ihnen eingestellten Gebot sowie den beworbenen Produkten und deren Nachfrage ab.

Manuelle Kampagnen anlegen

Manuelle Kampagnen erstellen Sie auf ganz ähnliche Weise wie die automatischen Kampagnen. Im ersten Schritt wählen Sie lediglich den Ausrichtungstyp MANUELLE AUSRICHTUNG. Auf der nächsten Seite wählen Sie wie bei der automatischen Kampagne zuerst die zu bewerbenden Produkte aus. Auch hier geben Sie ein Standardgebot an, welches für die Keywords als Voreinstellung zum Tragen kommt. Neu ist jetzt die Option, dass Sie Keywords für die Anzeigengruppe selbst bestimmen können. Amazon stellt Ihnen sogar konkrete Vorschläge bereit, die auf Basis des Produktlistings erstellt wurden. Diese Vorschläge können Sie mit einem Klick auf WÄHLEN einfach übernehmen. Grundsätzlich ist der Übereinstimmungstyp BREITGEFASST voreingestellt.

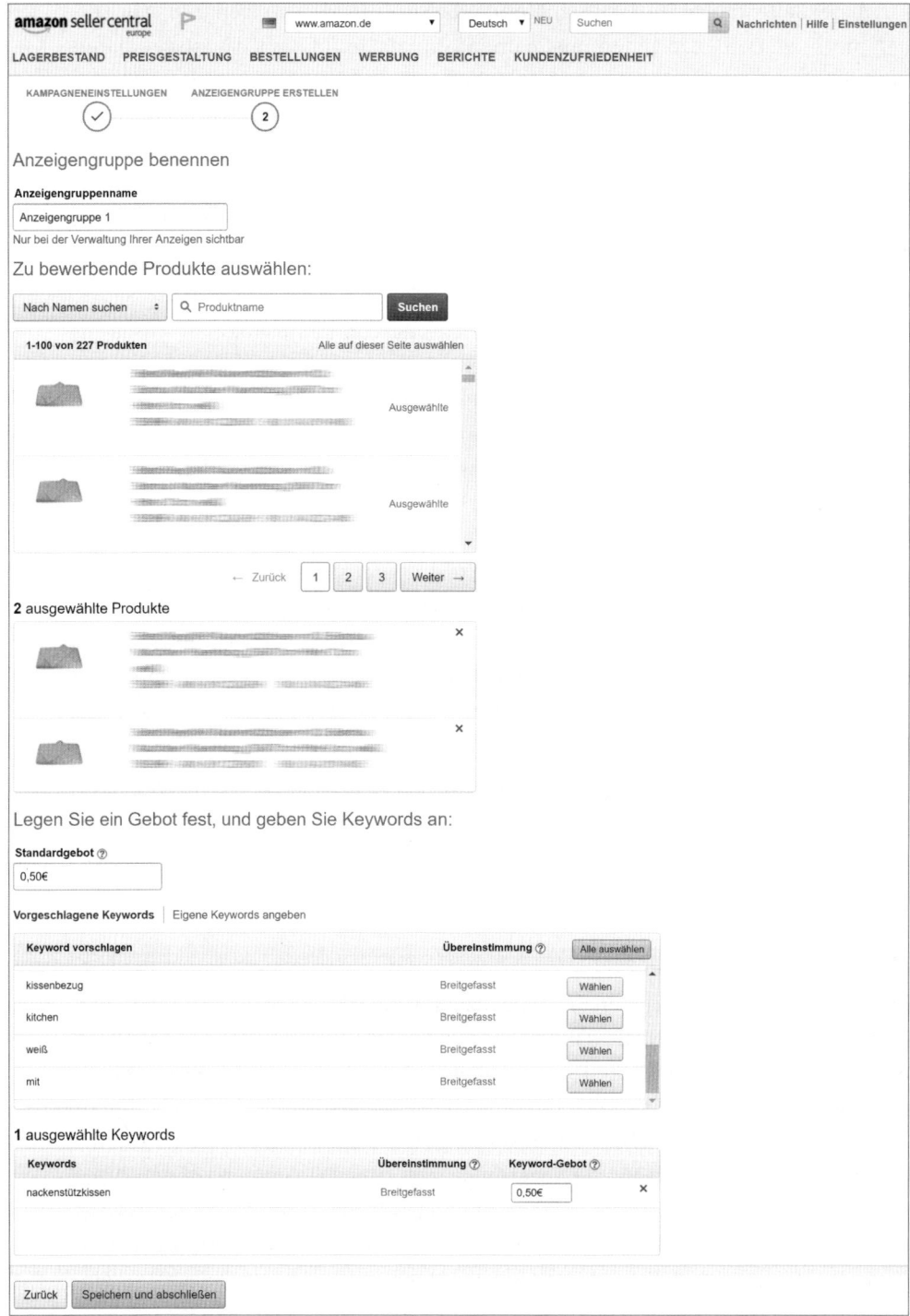

Abbildung 8.8 Einstellungen für die Anzeigengruppen

Per Klick auf EIGENE KEYWORDS ANGEBEN erhalten Sie die Möglichkeit, eigene Keywords anzugeben, die in der Liste der vorgeschlagenen Keywords nicht enthalten sind (siehe Abbildung 8.9). Hier können Sie pro Zeile ein Keyword eingeben.

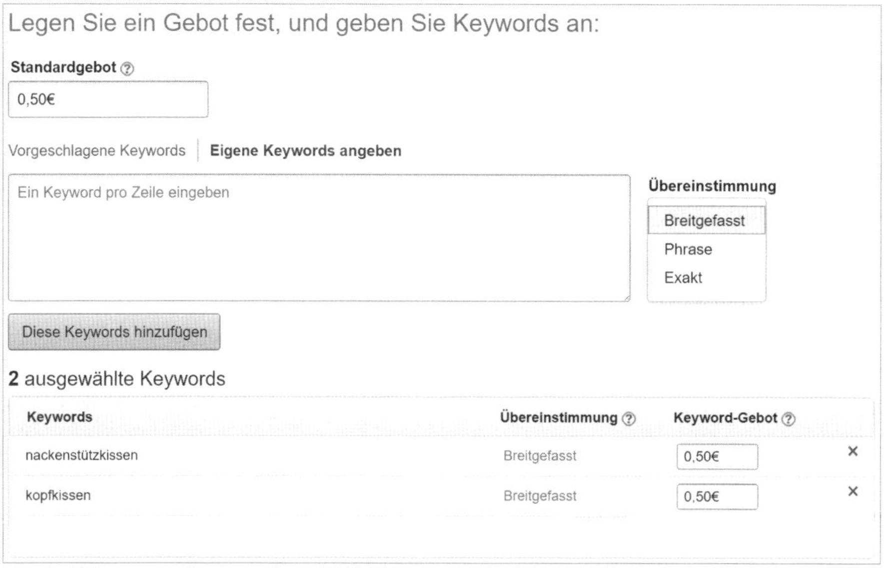

Legen Sie ein Gebot fest, und geben Sie Keywords an:

Standardgebot ⑦

0,50€

Vorgeschlagene Keywords | **Eigene Keywords angeben**

Ein Keyword pro Zeile eingeben

Übereinstimmung

Breitgefasst
Phrase
Exakt

Diese Keywords hinzufügen

2 ausgewählte Keywords

Keywords	Übereinstimmung ⑦	Keyword-Gebot ⑦	
nackenstützkissen	Breitgefasst	0,50€	×
kopfkissen	Breitgefasst	0,50€	×

Abbildung 8.9 Hinzufügen eigener Keywords mit individuellem Übereinstimmungstyp

Zudem können Sie das Standardgebot sowie den Übereinstimmungstyp definieren. Der *Übereinstimmungstyp* besagt, wie Amazon das Keyword behandeln soll:

▶ **Breitgefasst**: Dies ist der von Amazon als Standard vorgegebene Typ. Hier blendet Amazon die Anzeige auch dann ein, wenn in einer leicht abgewandelten Form (z. B. mit Tippfehlern) nach dem Suchbegriff oder nach einem Synonym gesucht wird. Zudem spielt die Reihenfolge der Suchbegriffe keine Rolle. Wenn Ihr breitgefasster Suchbegriff also z. B. »weißes Handtuch« lautet, blendet Amazon Ihre Werbung auch dann ein, wenn ein Kunde nach »weisses Handtuch«, »handtuch weiß« oder »weißes Badetuch kaufen« sucht. Der Typ BREITGEFASST hat Vor- und Nachteile: Auf der einen Seite entdecken Sie auf diese Weise auch Suchbegriffe, an die Sie vorher nicht gedacht haben. Auf der anderen Seite bekommen Sie auch Einblendungen für Suchbegriffe, für die Sie nicht gefunden werden wollen. Sie sollten daher Anzeigengruppen, die breitgefasste Keywords enthalten, im Auge behalten und regelmäßig analysieren. Sie werden dabei immer wieder auf Keywords stoßen, für die Sie nicht angezeigt werden möchten. Nehmen Sie diese Keywords später einfach in die Negativliste.

▶ **Phrase**: Bei mehrteiligen Suchbegriffen des Typs PHRASE wird die Reihenfolge beachtet. Haben Sie also als Suchbegriff »Handtuch weiß« und als Typ PHRASE gebucht, so werden Sie zwar für »Handtuch weiß« kaufen, aber nicht für »weiß Handtuch« angezeigt.

▶ **Exakt**: Hier liefert Amazon die Anzeigen nur dann aus, wenn der Suchbegriff des Kunden exakt mit Ihrem hinterlegten Begriff übereinstimmt. Ausnahmen sind Singular/Plural: Diese werden weiterhin mit berücksichtigt. Haben Sie also »roter Stift« als Suchbegriff gebucht, werden Sie auch für »rote Stifte« ausgeliefert, nicht aber für »roter stift kaufen«.

Wenn Sie jetzt auf DIESE KEYWORDS HINZUFÜGEN klicken, werden alle Keywords mit dem eingestellten Übereinstimmungstyp und Standardgebot hinzugefügt. Sobald Sie alle Keywords hinzugefügt haben, klicken Sie auf SPEICHERN UND ABSCHLIESSEN.

Ihre manuelle Kampagne ist jetzt aktiv. Sie können alle Einstellungen einer Kampagne, die Sie eben getroffen haben, mit Ausnahme der Ausrichtungsart nachträglich ändern. Gehen Sie dazu einfach wieder in die Übersicht, und wählen Sie die jeweilige Kampagne aus. In der Übersichtsseite der jeweiligen Kampagne sehen Sie jetzt alle Anzeigengruppen. Für jede Anzeigengruppe erkennen Sie den aktuellen Status, die Anzahl der enthaltenen Keywords sowie die enthaltenen Produkte. Die Leistungsdaten Ihrer Anzeigengruppen wie Seitenaufrufe oder Klicks sind naturgemäß noch leer, da die Kampagne gerade erst gestartet wurde. Sie können hier zudem das Standardgebot der einzelnen Anzeigengruppen ändern. Bitte beachten Sie hier jedoch, dass damit nicht die zuvor festgelegten Gebote auf Keyword-Ebene verändert werden. Haben Sie also z. B. für ein bestimmtes Keyword ein Gebot von 0,60 € definiert, ändert sich dieses Gebot nicht, wenn Sie das Standardgebot der zugehörigen Anzeigengruppe verändern. Die Änderung des Standardgebots betrifft also nur das voreingestellte Gebot für Keywords, die Sie nach der Änderung der Anzeigengruppe hinzufügen.

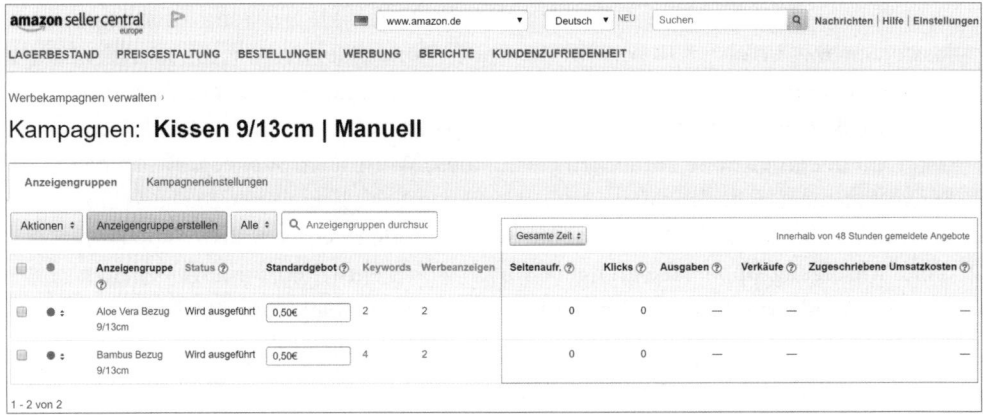

Abbildung 8.10 Übersicht der noch neuen Kampagnen

Klicken Sie jetzt auf KAMPAGNENEINSTELLUNGEN, können Sie hier die vorhin getroffenen Einstellungen mit Ausnahme der Kampagnenausrichtung ändern. Hier können Sie auch die Option GEBOT+ aktivieren, die sich zum Zeitpunkt der Entstehung dieses Buches noch in der Betaphase befindet. Diese Funktion erhöht die Gebote für Ihre Suchbegriffe um bis zu 50 % mehr als Ihr Standardgebot, sofern damit eine Platzierung oberhalb der organischen Suchergebnisse erreicht werden kann. Dies sollten Sie im Hinterkopf behalten, wenn Sie später Ihre Kampagnen analysieren. Denn die Aktivierung dieser Option kann dazu führen, dass der Cost per Click über Ihrem Gebotswert für das jeweilige Keyword liegt.

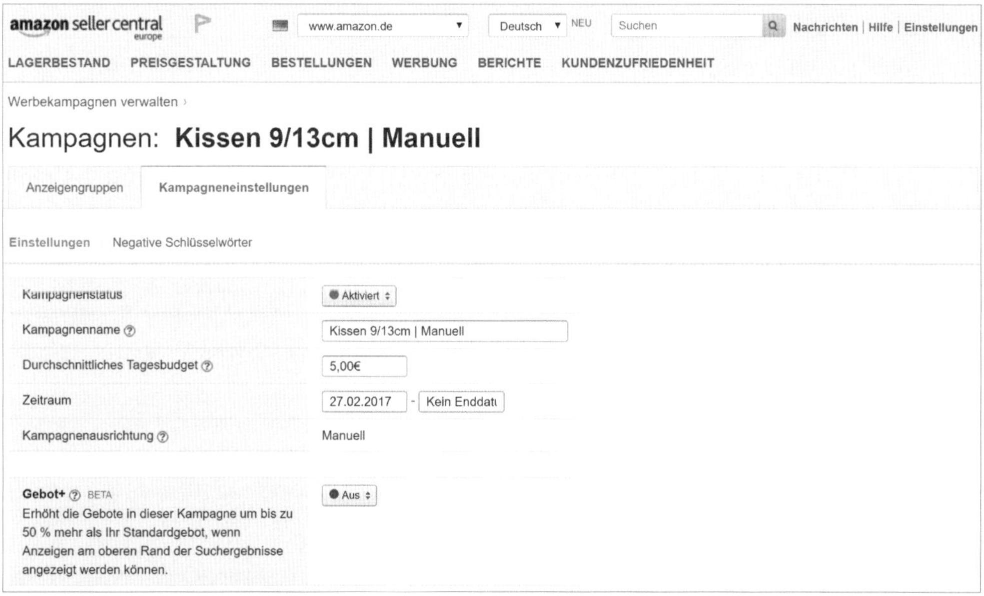

Abbildung 8.11 Kampagneneinstellungen

Zudem haben Sie hier die Möglichkeit, auf Ebene der Kampagne negative Schlüsselwörter hinzuzufügen (siehe Abbildung 8.12). Wenn Sie auf der Ebene der Kampagne ein negatives Keyword angeben, so wirkt sich diese Einstellung auf alle der Kampagne zugehörigen Anzeigengruppen aus. Sie sehen an dieser Stelle auch nur die negativen Keywords, die auf Kampagnenebene hinterlegt wurden. Die negativen Keywords, die Sie später auf Anzeigengruppenebene hinterlegt haben, werden hier nicht angezeigt. Diese Funktion ist auf der einen Seite praktisch, da Sie nicht die gleichen negativen Keywords bei jeder Anzeigengruppe hinzufügen müssen. Auf der anderen Seite kann es zu Verwirrungen kommen, falls Sie sich wundern, warum Sie für ein bestimmtes Keyword nicht angezeigt werden, obwohl das Keyword in der Anzeigengruppe enthalten ist und nicht Teil der negativen Keywords der Anzeigengruppe ist.

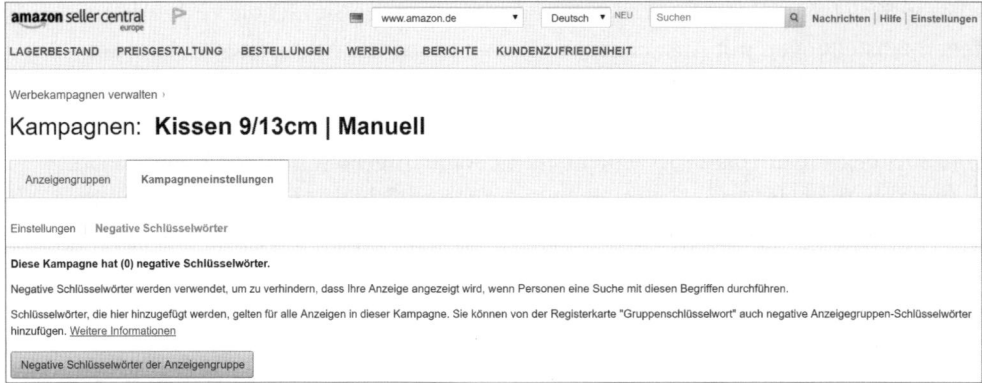

Abbildung 8.12 Negative Schlüsselwörter

Wie bei den normalen Keywords auch, können Sie bei den negativen Schlüsselwörtern einstellen, ob der Übereinstimmungstyp EXAKT oder PHRASE sein soll. Damit können Sie sehr genau aussteuern, für welche Suchbegriffe die jeweiligen Produkte *nicht* angezeigt werden sollen.

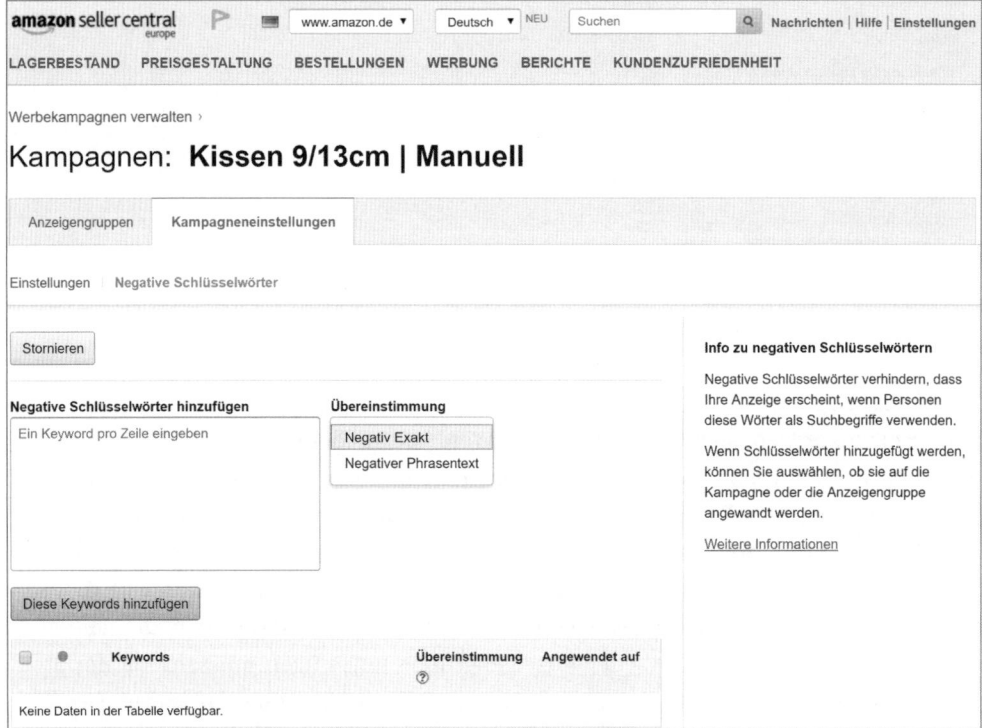

Abbildung 8.13 Eingabe von negativen Schlüsselwörtern

194

Kampagnen über Listen erstellen oder aktualisieren

Wie z. B. bei der Erstellung von Produktdetailseiten können Sie Kampagnen, Anzeigengruppen, Werbeanzeigen und Keywords auch über das Hochladen von speziell formatierten Listen erstellen bzw. aktualisieren. Diese Möglichkeit bietet sich z. B. dann an, wenn Sie bei einer neuen Kampagne eine Vielzahl von Produkten anlegen und dies nicht einzeln und händisch über das Formular von Seller Central tun möchten. Auch das Aktualisieren von bestehenden Kampagnen lässt sich über das Hochladen von Dateien deutlich beschleunigen. Stellen Sie sich vor, Sie möchten bei mehreren Kampagnen mit jeweils 200 Keywords das Standardgebot um jeweils 10 % erhöhen oder senken. Über Seller Central wäre dies sehr aufwendig.

Im Kampagnentool von Seller Central können Sie entweder eine leere Vorlage mit Beispieldaten herunterladen und somit komplett neue Kampagnen erstellen, oder Sie laden sich einen aktuellen Report (*Bulkdatei*) herunter, der Ihre komplette Kampagnenstruktur enthält. Diese Datei können Sie dann ändern und anschließend neu hochladen.

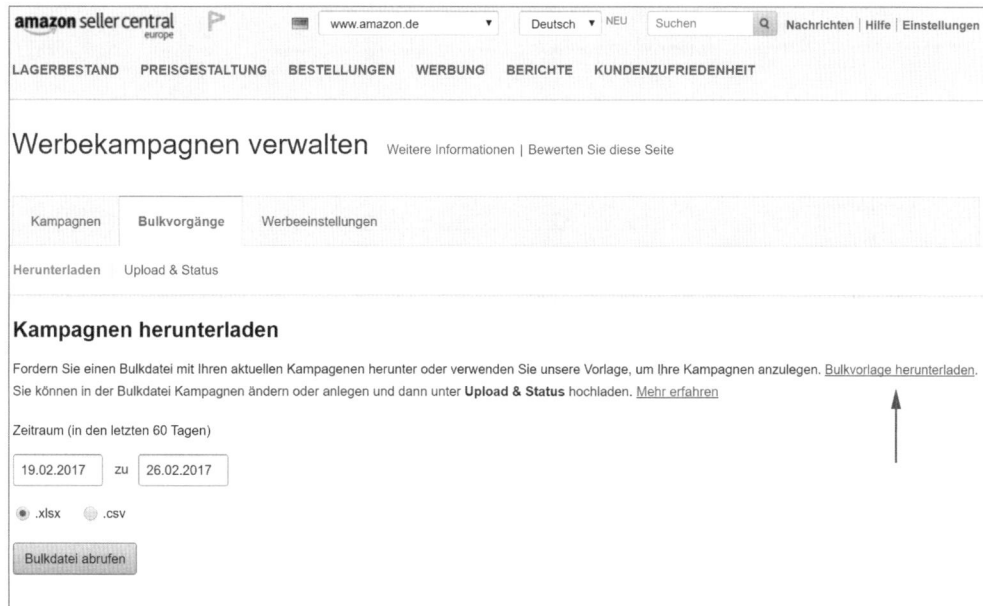

Abbildung 8.14 Herunterladen einer leeren Vorlage (siehe Pfeil) oder Herunterladen der bestehenden Kampagnenstruktur

Wenn Sie über die Bulkdatei eine komplett neue Kampagne inklusive Anzeigengruppen, Werbeanzeigen und Keywords anlegen möchten, müssen Sie in der leeren Vorlage darauf achten, dass Sie für jedes dieser unterschiedlichen Elemente einen

Eintrag machen, und dabei die korrekten Spalten ausfüllen. Wie Sie bereits gesehen haben, gibt es für die einzelnen Kampagnenelemente unterschiedliche Einstellungsmöglichkeiten. Diese finden Sie auch in der Bulkdatei so wieder.

In Tabelle 8.2 sehen Sie, welche Attribute bzw. Spalten für welches Kampagnenelement ausgefüllt werden müssen.

	Kampagne	Anzeigen-gruppe	Werbeanzeige	Keyword
Kampagne	Pflicht	Pflicht	Pflicht	Pflicht
Tagesbudget der Kampagne	Pflicht bei Erstellung, optional bei Aktualisierung			
Startdatum der Kampagne	Pflicht bei Erstellung, optional bei Aktualisierung			
Enddatum der Kampagne	optional			
Ausrichtungstyp der Kampagne	Pflicht bei Erstellung			
Anzeigen-gruppe		Pflicht		
Maximales Gebot		Pflicht bei Erstellung, optional bei Aktualisierung		Pflicht bei Erstellung, optional bei Aktualisierung
SKU			Pflicht bei Erstellung und Aktualisierung	

Tabelle 8.2 Verfügbare Attribute in der Bulkdatei

	Kampagne	Anzeigen-gruppe	Werbeanzeige	Keyword
Keyword				Pflicht bei Erstellung, optional bei Aktualisie-rung
Übereinstim-mungstyp				Pflicht bei Erstellung, optional bei Aktualisie-rung
Kampagnen-status	Pflicht bei Erstellung, optional bei Aktualisie-rung			
Anzeigen-gruppe Status		Pflicht bei Erstellung, optional bei Aktualisie-rung		
Status			Pflicht bei Erstellung, optional bei Aktualisie-rung	Pflicht bei Erstellung, optional bei Aktualisie-rung
Gebot+	optional			

Tabelle 8.2 Verfügbare Attribute in der Bulkdatei (Forts.)

In der Blankovorlage ist ein Beispiel enthalten, das Einträge für eine neue Kampagne, eine neue Anzeigengruppe, zugehörige Werbeanzeigen und Keywords enthält. Auch dieses Beispiel sollten Sie sich in Ruhe anschauen. Haben Sie dann Ihre Bulkdatei erstellt, können Sie diese im Reiter UPLOAD & STATUS hochladen. Auf der gleichen Seite finden Sie weiter unten eine Liste der Verarbeitungsberichte Ihrer hochgeladenen Dateien. Dort können Sie erkennen, ob das Hochladen eines Berichts funktioniert hat oder ob Verarbeitungsfehler aufgetreten sind:

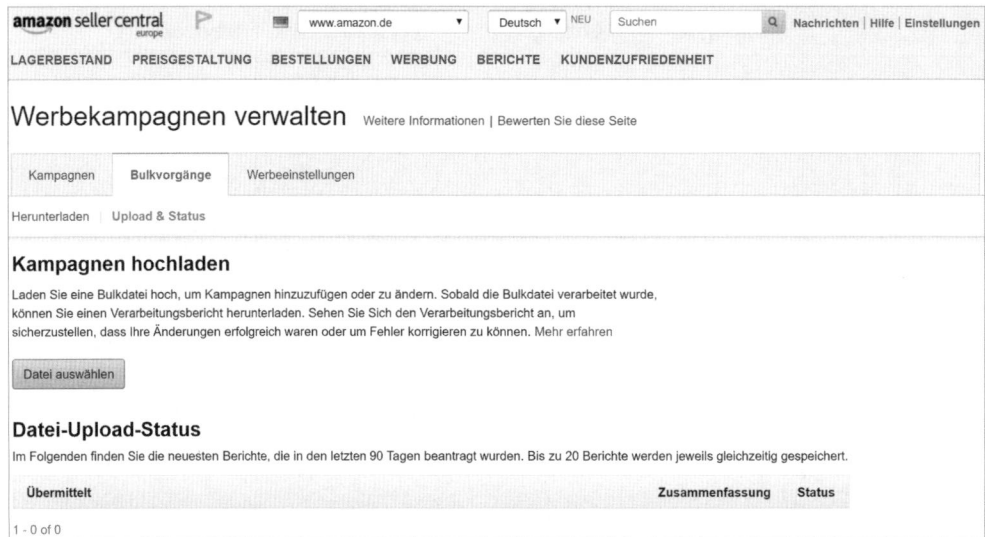

Abbildung 8.15 Hochladen von Berichten und Einsehen des Verarbeitungsstatus

8.1.5   Kampagne analysieren und optimieren

Gesponserte Produktkampagnen sind aufgrund ihrer Einfachheit schnell aufgesetzt. Allerdings wird es Ihnen im ersten Schritt nur selten gelingen, die richtigen Keywords auszuwählen sowie die Gebote je Keyword richtig zu setzen. Erst die kontinuierliche Optimierung Ihrer Kampagnen sorgt dafür, das Kosten-Umsatz-Verhältnis zu optimieren. Wichtig ist zu erwähnen, dass die Optimierung einer Kampagne bzw. einer Anzeigengruppe immer dem übergeordneten Ziel dienen muss. Mögliche Ziele hatten wir zu Beginn des Kapitels bereits erwähnt. An dieser Stelle erwähne ich nur noch einmal, dass diese Ziele sehr unterschiedlich sein können. In aller Regel werden Sie versuchen, Ihre Kampagnen so zu optimieren, dass Sie nach Abzug der Werbekosten den maximalen Gewinn erwirtschaften. Geht es Ihnen jedoch um einen schnellen Abverkauf der Ware, um liquide Mittel zu erhalten, kann es durchaus gewünscht sein, den Umsatz zu maximieren, selbst wenn dabei die Profitabilität auf der Strecke bleibt. Im Folgenden gehe ich jedoch vom Regelfall aus: Profitmaximierung durch den Einsatz von Werbung.

Grundsätzlich macht die Optimierung einer Kampagne bzw. von Anzeigengruppen erst Sinn, wenn Sie über ausreichend viele Daten verfügen. Erst dann können Sie den Faktor Zufall einigermaßen sicher ausschließen. Eine Ausnahme hiervon ist die Anpassung der negativen Keywords. Fallen Ihnen Keywords auf, für die Sie nicht angezeigt werden möchten, können Sie diese direkt ausschließen und müssen nicht erst bis zum Ablauf der Testphase warten.

Sobald Ihre Kampagne ein paar Tage oder Wochen gelaufen ist, sehen Sie auch die ersten Leistungsdaten Ihrer Kampagne. Die Kennzahl SEITENAUFRUFE zeigt Ihnen, wie oft eines der der Anzeigengruppe zugehörigen Produkte angezeigt wurde. Die Spalte KLICKS gibt an, wie oft auf eine der Anzeigen geklickt wurde. Die Kosten, die diese Klicks verursacht haben, sehen Sie in der Spalte AUSGABEN. Haben Ihre Kunden nach einem Klick auf eine Ihrer Anzeigen das beworbene oder ein anderes Ihrer Produkte käuflich erworben, so finden Sie die zugehörigen Umsätze in der Spalte VERKÄUFE. Das Verhältnis der Ausgaben zu den Verkäufen wird in der Spalte ZUGESCHRIEBENE UMSATZKOSTEN dargestellt.

Abbildung 8.16 Leistungsdaten der Kampagne auf Ebene der Anzeigengruppen

Die gleichen Werte können Sie sich auch für die Werbeanzeigen innerhalb einer Anzeigengruppe anzeigen lassen. Hier können Sie also sehen, wie sich die o. g. Werte auf die verschiedenen Produktanzeigen verteilen.

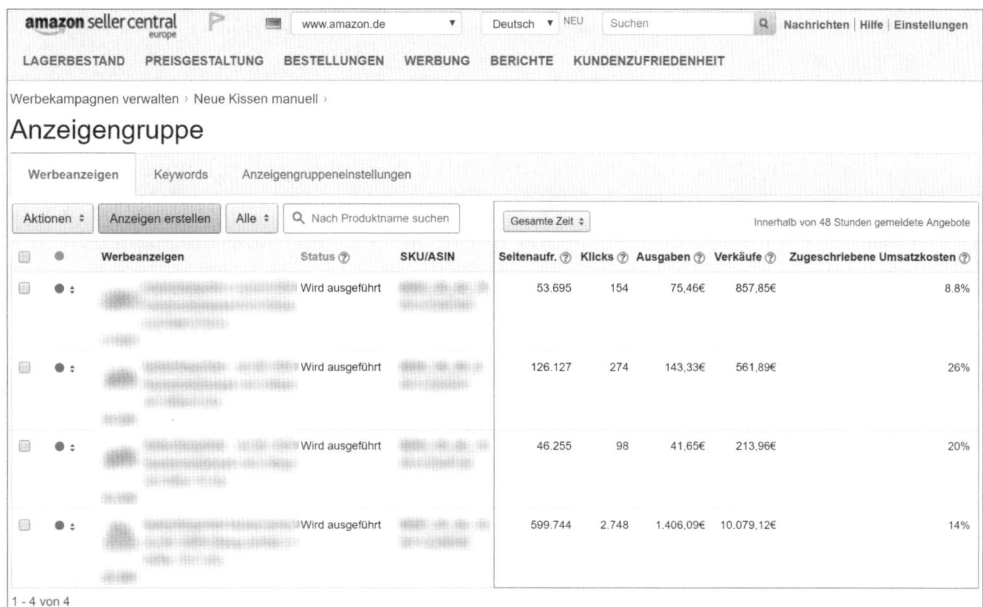

Abbildung 8.17 Leistungsdaten der Kampagne auf Ebene der Werbeanzeigen einer Anzeigengruppe

Und zu guter Letzt bekommen Sie diese und noch eine weitere Kennzahl auch auf Basis der verwendeten Keywords einer Anzeigengruppe angezeigt.

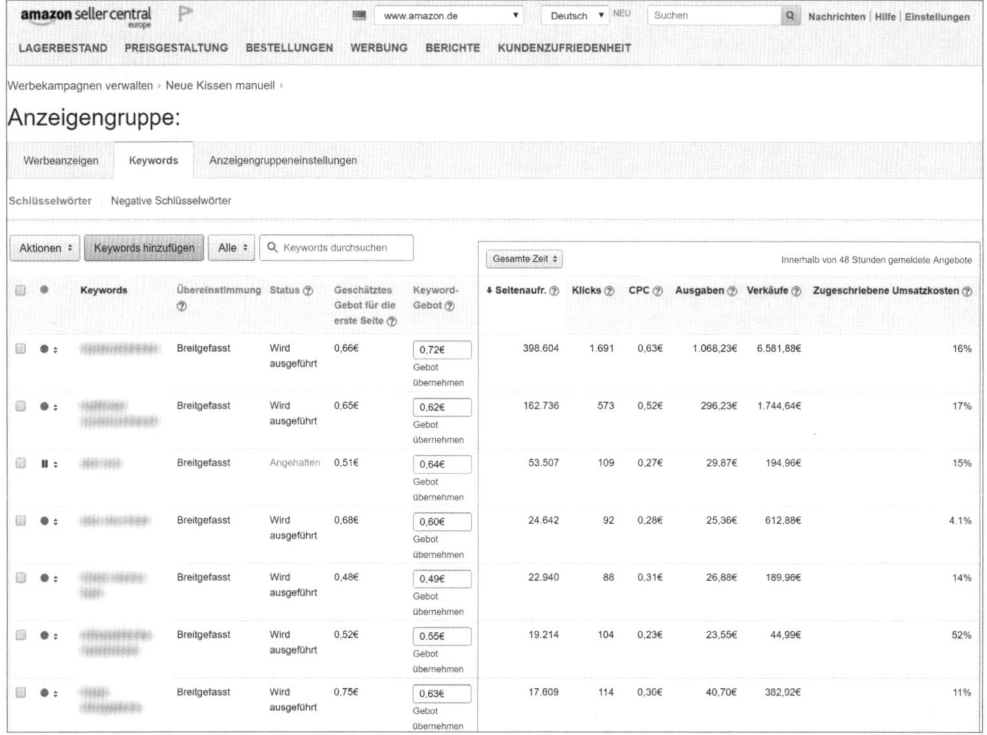

Abbildung 8.18 Leistungsdaten der Kampagne auf Ebene der Keywords einer Anzeigen-gruppe

Allerdings sehen Sie die Daten auf Keyword-Ebene nur dann, wenn es sich um eine manuelle Kampagne handelt. Die Keywords der automatischen Kampagne bekommen Sie in Seller Central nicht zu sehen. Stattdessen müssen Sie sich einen entsprechenden Report herunterladen und ihn dann in einem Tabellenkalkulationsprogramm Ihrer Wahl öffnen und analysieren.

Sie finden diesen Bericht unter BERICHTE • WERBUNGSBERICHTE • SUCHBEGRIFF-BERICHT. Der Vorteil bei diesem Bericht ist, dass er die Daten für alle Kampagnen, nicht nur die automatischen, enthält. Sie können also auf Basis dieses Berichts die Optimierung aller Kampagnen vornehmen. Insbesondere die vielfältigen Filter und Darstellungsoptionen moderner Tabellenkalkulationsprogramme erlauben es Ihnen, die relevanten Daten auf Basis der von Ihnen gesetzten Kriterien herauszufiltern. Leider ist der Import dieses Berichts in ein Programm wie Microsoft Excel nicht immer ganz trivial, da Amazon die Werte der einzelnen Spalten innerhalb einer Datei manchmal im US-Format mit dem Punkt als Dezimaltrennzeichen formatiert, in anderen Spalten jedoch das Komma als Dezimaltrennzeichen verwendet. Aus diesem

Grunde kann es sein, dass Sie ausgewählte Spalten der Datei mithilfe von hierauf spezialisierten Programmen vor dem Import umformatieren müssen. Haben Sie den Import einmal gemeistert, erhalten Sie einen Bericht für den Zeitraum der letzten 60 Tage mit den folgenden – teilweise selbsterklärenden – Spalten:

1. Kampagne

2. Anzeigengruppenname

3. Suchbegriff des Kunden: In dieser Spalte sehen Sie, welchen Suchbegriff der Kunde tatsächlich eingegeben hat. Dieser Begriff kann bei manuellen Kampagnen von dem Keyword aus Spalte vier abweichen, wenn Sie nicht EXAKT als Übereinstimmungstyp gewählt haben. Denn in diesem Fall blendet Amazon Ihre Produktanzeige auch für ähnliche Suchbegriffe ein. Bei automatischen Kampagnen sehen Sie hier entweder das Keyword, bei dem Amazon selbst entschieden hat, dass es für Ihre Produktanzeige relevant sein könnte, oder eine Produkt-ASIN. Im zweiten Fall hat Amazon Ihr Produkt auf der Produktdetailseite der jeweiligen ASIN angezeigt.

4. Keyword: Diese Spalte ist nur bei Kampagnen mit dem Ausrichtungstyp MANUELLE AUSRICHTUNG gefüllt. Bei automatischen Kampagnen finden Sie in dieser Spalte lediglich einen Stern.

5. Übereinstimmungstyp

6. Datum erster Aufruf

7. Datum letzter Aufruf

8. Aufrufe

9. Klicks

10. Klickrate (CTR): Bei der Klickrate handelt es sich um das Verhältnis von Klicks zu Aufrufen.

11. Gesamtausgaben

12. Durchschnittliche CPC: Dieser Wert zeigt Ihnen, wie viel Sie im Durchschnitt für einen Klick bezahlt haben. Dieser Wert liegt in der Regel leicht unterhalb Ihres Gebotes für das jeweilige Keyword.

13. Zugeschriebene Umsatzkosten

14. Währung

15. Aufgegebene Bestellungen, 1 Woche: Hier sehen Sie die Anzahl der aufgegebenen Bestellungen, die innerhalb einer Woche nach dem Klick auf eine Ihrer Anzeigen aufgegeben wurden.

16. Bestellumsatz, 1 Woche (€): Diese Kennzahl zeigt Ihnen den Umsatz, der innerhalb einer Woche nach dem Klick auf eine Ihrer Anzeigen generiert wurde. Der Umsatz enthält dabei sowohl die in der Werbeanzeige beworbenen Produkte als auch Umsätze, die durch andere (nicht beworbene) Produkte erzielt wurden.

17. Konversionsrate, 1 Woche: Bei der Konversionsrate handelt es sich um das Verhältnis von Bestellungen zu den Klicks auf die jeweilige Werbeanzeige.

18. Bestellte gleiche SKU-Einheiten, 1 Woche: Diese Kennzahl zeigt Ihnen die Anzahl der bestellten Einheiten des in der Anzeige beworbenen Produktes an.

19. Bestellte andere SKU-Einheiten, 1 Woche: Diese Kennzahl zeigt Ihnen die Anzahl der bestellten Einheiten an, die sich von den Produkten der Werbeanzeigen unterscheiden.

20. Bestellumsatz gleiche SKU, 1 Woche: wie Nummer 18, nur in €

21. Bestellumsatz andere SKUs, 1 Woche: wie Nummer 19, nur in €

Leider enthält der Bericht nicht das eingestellte Maximalgebot für das jeweilige Keyword. Viele der o. g. Zahlen hängen miteinander direkt zusammen. Sie können sich den Zusammenhang wie einen Trichter vorstellen:

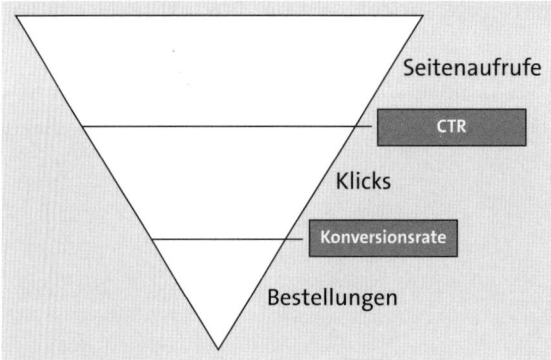

Abbildung 8.19 Zusammenhang wesentlicher Kennzahlen

Der Trichter beginnt mit den Seitenaufrufen. Grundsätzlich sind Sie daran interessiert, möglichst viele Seitenaufrufe zu generieren. Dies erreichen Sie dadurch, dass Sie Keywords auswählen, die auf Amazon ein hohes Suchvolumen aufweisen. Denn nur wenn Ihre Anzeige auch angezeigt wird, können potenzielle Käufer darauf klicken. Wie gut Ihre Produktanzeige zu dem jeweiligen Keyword passt, für das die Anzeige eingeblendet wurde, wird an der Klickrate (CTR) sichtbar. Diese wird vergleichsweise hoch ausfallen, wenn Ihre Produktanzeige das Bedürfnis des Suchenden mutmaßlich gut erfüllt. An dieser Stelle spielen die folgenden Elemente Ihrer Produktanzeige eine maßgebliche Rolle:

▶ Produktfoto

▶ Produkttitel

▶ Preis

▶ Anzahl der Bewertungen und Höhe der Gesamtbewertung

▶ Produktverfügbarkeit via Prime

Um die Klickrate zu bestimmten Suchbegriffen zu erhöhen, sollten Sie daher insbesondere den Produkttitel hinsichtlich Ihrer wichtigsten Suchbegriffe optimieren. Ebenso sorgen ein hervorragendes Produktfoto und ein angemessener Preis für eine höhere Klickrate.

Hat ein potenzieller Käufer auf Ihre Produktanzeige geklickt, landet dieser zwangsläufig auf der jeweiligen Produktdetailseite. Neben den o. g. Punkten spielen jetzt weitere Elemente Ihrer Produktdetailseite eine große Rolle bei der Entscheidung des Käufers, dieses Produkt zu kaufen. Oder auch nicht. Je besser Ihr Produktlisting auf die Suchanfrage des möglichen Kunden optimiert ist, umso höher wird die Konversionsrate ausfallen.

Lernen Sie aus den Suchen Ihrer Kunden

Sucht z. B. ein Käufer nach »Bartöl jucken«, so wird dieser Käufer auf der Produktdetailseite nach Informationen suchen, die ihm darüber Auskunft geben, ob das Produkt den Juckreiz bei Bärten lindert. Sie sehen also an diesem einfachen Beispiel, dass Sie die Informationen über die Suchbegriffe Ihrer Kunden auch dazu nutzen können, Ihr Produktlisting auf die Bedürfnisse Ihrer Kunden hin anzupassen. Das sollten Sie natürlich nur tun, wenn Ihr Produkt auch diese Bedürfnisse erfüllt. Andernfalls kommt es vielleicht zu Bestellungen, aber gegebenenfalls auch zu negativen Bewertungen und Rücksendungen.

Die Optimierung Ihrer Kampagnen lässt sich grob in die folgenden Schritte unterteilen:

1. Übertragung von Keywords aus der automatischen in die manuelle Kampagne
2. Erhöhung der Gebote für Keywords, um mehr Seitenaufrufe zu erzeugen
3. Reduzierung der Gebote für Keywords, deren zugeschriebene Umsatzkosten zu hoch sind
4. Eliminierung von Keywords, die Kosten, aber keine Umsätze produzieren
5. Ergänzung von negativen Keywords
6. Anpassung des Übereinstimmungstyps bestehender Keywords
7. Reduzierung der Werbeanzeigen im Falle nicht performanter Produkte

Übertragung von Keywords aus der automatischen in die manuelle Kampagne

Wie bereits erwähnt, sollten Sie für eine Gruppe zusammengehöriger Produkte, die Sie in einer Anzeigengruppe zusammenfassen, immer zwei Kampagnen laufen lassen: eine Kampagne mit automatischer Ausrichtung sowie eine mit manueller Ausrichtung. Die automatische Kampagne hat den Vorteil, dass Sie immer wieder neue Ideen für Suchbegriffe der Kunden erhalten. Da Sie jedoch im Rahmen der automatischen Kampagne nur mit einem Standardgebot je Anzeigengruppe arbeiten können, empfiehlt es sich, Keywords, die nachweislich Umsätze generieren, in eine manuelle Kampagne zu übernehmen, da Sie dort das Gebot für das jeweilige Keyword exakt kontrollieren können. Amazon empfiehlt, das Gebot für ein Keyword, das sowohl in der automatischen als auch in einer manuellen Kampagne enthalten ist, in der manuellen Kampagne höher anzusetzen als in der automatischen. Ich würde noch einen Schritt weitergehen und Keywords, die Sie von der automatischen in eine manuelle Kampagne übertragen, im gleichen Schritt auf die Negativliste der automatischen Kampagne setzen. Damit stellen Sie endgültig sicher, dass sich diese beiden Kampagnen nicht gegenseitig hochbieten. Um Keywords zu identifizieren, die Umsatz bringen, sollten Sie in dem Tabellenkalkulationsprogramm Ihrer Wahl den Filter so einstellen, dass dieser nur die jeweilige Kampagne zeigt. Dann können Sie die Werte auf Basis der Spalte *Bestellumsatz, 1 Woche (€)* absteigend sortieren. Sie erhalten dann diejenigen Keywords oben angezeigt, die entsprechende Umsätze generiert haben. Dabei ist es an dieser Stelle noch nicht entscheidend, ob der generierte Umsatz auch einen Gewinn erwirtschaftet hat, sprich, ob die zugeschriebenen Umsatzkosten unterhalb Ihres Zielwertes für diese Anzeigengruppe liegen. Schließlich können Sie das Gebot für dieses Keyword im Rahmen einer manuellen Kampagne noch reduzieren. Gleiches gilt für Keywords, die nur wenige Seitenaufrufe produziert haben. Auch hier kann durch die spätere Erhöhung des Gebotes über das Gebot der automatischen Kampagne hinaus gegebenenfalls die Anzahl der Seitenaufrufe erhöht werden.

Erhöhung der Gebote für Keywords, um mehr Seitenaufrufe zu erzeugen

Sie werden im Suchbegriffbericht auf Keywords stoßen, die eine vergleichsweise niedrige Anzahl von Seitenaufrufen aufweisen, aber vielleicht durch eine hohe Klickrate und/oder hohe Konversionsrate auffallen. Für die geringe Anzahl der Seitenaufrufe kann es zwei Gründe geben: Entweder ist das Suchvolumen für dieses Keyword sehr gering, d. h., es gibt nur sehr wenige Menschen, die dieses Keyword bei der Suche verwenden. Oder Ihre Produktanzeige wird aufgrund eines zu geringen Gebotes nicht angezeigt. Das ist in aller Regel dann der Fall, wenn Sie nicht der einzige Händler sind, der Anzeigen zu diesem Keyword geschaltet hat. Sie können dies ganz leicht überprüfen, indem Sie selbst eine entsprechende Suche auf dem Marktplatz vornehmen. Ihre Mitbewerber haben vielleicht allesamt ein höheres Gebot für dieses Keyword abgegeben, sodass Sie im Rahmen der Auktion stets den Kürzeren ziehen. In diesem Fall sollten Sie das Gebot testweise erhöhen, bis die Anzahl der Seitenaufrufe anfängt zu steigen. Durch diese Maßnahme erhöhen sich auch in aller Regel Ihre zugeschriebenen Umsatzkosten, da die durchschnittlichen Kosten pro Klick ansteigen werden. Eine zu starke Erhöhung kann daher dazu führen, dass die Umsätze nicht mehr profitabel sind. Sie sollten daher die Keywords, deren Gebot Sie nach oben anpassen, nach angemessener Zeit nochmals kontrollieren, was uns direkt zur nächsten Strategie führt.

Reduzierung der Gebote für Keywords, deren zugeschriebene Umsatzkosten zu hoch sind

Ich hatte Ihnen anfangs geraten, bei neuen Kampagnen mit nicht zu niedrigen Geboten zu starten, um möglichst schnell aussagekräftige Daten zu generieren. Diese Strategie wird zwangsläufig dazu führen, dass Sie für einige Keywords zu viel bieten, d. h., dass die Umsätze teilweise nicht mehr profitabel sind. Die zugeschriebenen Umsatzkosten liegen über der Marge des jeweiligen Produktes. Bevor Sie jedoch das Keyword aus der jeweiligen Anzeigengruppe entfernen, sollten Sie das Gebot für dieses Keyword reduzieren. Dies führt dazu, dass sich Ihre durchschnittlichen Kosten pro Klick reduzieren. Sie werden zwar auch Einbußen bei der Anzahl der Seitenaufrufe feststellen, aber Ihre zugeschriebenen Umsatzkosten können durch diese Maßnahme auch wieder in den grünen Bereich rutschen.

Eliminierung von Keywords, die Kosten, aber keine Umsätze produzieren

Bei einigen Keywords werden Sie feststellen, dass diese zwar Seitenaufrufe und auch Klicks generieren, die Umsätze jedoch ausbleiben. Sobald die Anzahl der Klicks ein repräsentatives Niveau erreicht hat (> 500) und keine oder nur geringe Umsätze erzielt wurden, können Sie mit großer Wahrscheinlichkeit davon ausgehen, dass der jeweilige Suchbegriff sowie die beworbenen Produkte (noch) nicht zueinander passen. Jetzt gibt es grundsätzlich zwei Möglichkeiten: Sofern Sie als Händler davon überzeugt sind, dass Kunden mit der jeweiligen Suchintention Ihr Produkt kaufen sollten, sollten Sie das Produktlisting entsprechend anpassen. Beobachten Sie dann dieses Keyword einige Zeit lang weiter, und schauen Sie, ob die Änderungen die Konversionsrate positiv beeinflusst haben. Sollte dies nicht der Fall sein oder das Keyword auch aus Ihrer Sicht nicht zu diesem Produkt passen, sollten Sie das Keyword aus der jeweiligen Anzeigengruppe entfernen.

Ergänzung von negativen Keywords

Sofern Sie mit vielen BREITGEFASST-Keywords arbeiten, werden Sie auch für Suchanfragen angezeigt, die nicht zu Ihrem Produkt passen. Haben Sie z. B. das Keyword »Kissen« mit dem Übereinstimmungstyp BREITGEFASST hinzugefügt, werden Ihre Anzeigen auch für »nackenhörnchen kissen« oder »sofa kissen« und viele weitere gegebenenfalls unpassende Suchanfragen angezeigt. Diese sollten Sie zügig den negativen Suchbegriffen hinzufügen, um unnötige Kosten durch Klicks auf Ihre Anzeigen zu vermeiden. Wie bei den Suchbegriffen können Sie einen Übereinstimmungstyp für die negativen Keywords hinzufügen, um auf diese Weise noch genauer zu bestimmen, was alles ausgeschlossen werden soll. Zudem können Sie entscheiden, ob die negativen Keywords nur auf Anzeigengruppenebene oder auf Kampagnenebene hinterlegt werden sollen. Letztlich hängt dies von der Struktur Ihrer Anzeigengruppen und dem jeweiligen Keyword ab. Soll für dieses Keyword keine Anzeige aus allen Anzeigengruppen angezeigt werden, hinterlegen Sie dieses Keyword auf Kampagnenebene, anderenfalls auf Ebene der Anzeigengruppe. Durch den Einsatz von negativen Keywords können Sie sehr exakt aussteuern, zu welchen Begriffen Sie nicht angezeigt werden möchten. Sofern jedoch ein Keyword mit dem Übereinstimmungstyp BROAD MATCH fast ausschließlich irrelevante Einblendungen provoziert, kann es sinnvoller sein, den Übereinstimmungstyp anzupassen.

Anpassung des Übereinstimmungstyps bestehender Keywords

Grundsätzlich haben Sie die beste Kontrolle über Ihre Kampagnen, wenn Sie mit Keywords mit dem Übereinstimmungstyp BREITGEFASST auf der Positivseite arbeiten und die nicht relevanten Keywords bei den negativen Keywords ausschließen. Auf diese Weise schließen Sie nur diejenigen Keywords aus, die Sie explizit durch die negativen Keywords definieren. Da sich das Suchverhalten von Kunden im Zeitablauf ändert, stellen Sie mit dem Übereinstimmungstyp BREITGEFASST sicher, dass Sie auch für neue Suchen angezeigt werden. Wenn Sie jedoch fast ausschließlich Suchbegriffe finden, deren Suchintention deutlich vom Ausgangs-Keyword abweicht, kann es durchaus Sinn machen, den Übereinstimmungstyp des jeweiligen Keywords enger zu fassen, also z. B. statt BREITGEFASST auf PHRASE oder EXAKT zu gehen. Sie sparen sich dann, die ganzen nicht gewünschten Suchbegriffe auf die Negativliste zu setzen. Umgekehrt nehmen Sie aber auch in Kauf, dass Ihre Werbeanzeigen für weniger Suchanfragen angezeigt werden.

Kampagnenbudget anpassen

Wie Sie bereits gesehen haben, definieren Sie das Budget jeder Werbeanzeige auf der Ebene der Kampagne. Alle Anzeigengruppen unterhalb der gleichen Kampagne teilen sich daher dieses Budget. Sie werden schnell feststellen, dass unterschiedliche Anzeigengruppen sehr unterschiedliche Ergebnisse liefern. Sie sollten in jedem Fall sicherstellen, dass Ihre besten laufenden Kampagnen stets über ausreichend Budget verfügen. Vor allem wenn Sie Ihrer Kampagne regelmäßig neue Keywords hinzufügen, kann es passieren, dass eine Anzeigengruppe nicht mehr ausgeliefert werden kann, weil das Budget auf Kampagnenebene, welches früher ausreichend war, plötzlich nicht mehr ausreicht und vielleicht schon nach der Hälfte des Tages verbraucht ist. In diesem Fall empfehle ich Ihnen, Ihre bestlaufenden Anzeigengruppen in eine separate Kampagne mit eigenem Budget zu überführen. Dieses Budget können Sie dann unabhängig von den anderen Budgets je nach Situation erhöhen oder verringern. Insbesondere bei Saisonartikeln, die z. B. zur Weihnachtszeit stark nachgefragt werden, kann es Ihnen schnell passieren, dass Sie das Budget nach oben anpassen müssen, um auf die gestiegenen Suchanfragen zu reagieren.

Reduzierung der Werbeanzeigen im Falle nicht performanter Produkte

Im Beispiel von Abbildung 8.17 erkennt man sehr schön, dass die unterschiedlichen Produkte der Anzeigengruppe sehr unterschiedliche Werte aufweisen. Die absolute Höhe einiger Kennzahlen kann dadurch beeinflusst werden, dass Amazon die vier Produktanzeigen unterschiedlich häufig ausliefert. Üblicherweise blenden Werbeanbieter bei einer Auswahl von Anzeigen diejenige Anzeige häufiger ein, die in der Vergangenheit für eine höhere Konversion gesorgt hat. Das vierte Produkt sorgt für den Großteil aller Seitenaufrufe. Aber auch die relativen Werte unterscheiden sich deutlich. Während die zugeschriebenen Umsatzkosten beim ersten Produkt bei ca. 9 % liegen, beträgt dieser Wert beim zweiten Produkt schon 26 % und ist damit knapp dreimal so hoch. Ohne die genaue Marge der einzelnen Produkte zu kennen, lässt sich keine Aussage treffen, ob diese Werte zu hoch oder zu niedrig sind. Aber nehmen wir einfach mal an, dass die Marge bei allen Produkten ca. 25 % beträgt. In diesem Fall wäre es sinnvoll, das zweite Produkt aus der Kampagne zu entfernen, sofern es das Ziel ist, dieses Produkt profitabel zu verkaufen.

Tipps

Abschließend werde ich Ihnen noch einige allgemeine Tipps mit auf den Weg geben, die Ihnen das Optimieren Ihrer Kampagnen vereinfachen sollen. Wenn Sie mit einer neuen Kampagne starten, sollten Sie die ersten Wochen als Experimentierphase betrachten, bei der Sie Geld dafür bezahlen, an wertvolle Informationen zu kommen. Auch wenn Sie in dieser Zeit viel Geld für Keywords ausgeben, die am Ende nicht den gewünschten Umsatz oder Gewinn erwirtschaften, so lernen Sie doch eine Menge dazu. Ich empfehle Ihnen daher, Ihrer Kampagne am Anfang sehr viele Keywords hinzuzufügen und nicht schon zu Beginn zu raten, welches wohl die besten Keywords sein werden. Auf der anderen Seite sollten Sie die Liste Ihrer Keywords auch schnell wieder auf die performanten Keywords reduzieren, um den Überblick zu behalten. Dazu sollte die Kampagne aber mindestens ein bis zwei Wochen gelaufen sein, damit Sie Ihre Entscheidungen auf Basis von so vielen Daten wie möglich treffen können. Kampagnen tendieren dazu, schnell unübersichtlich zu werden, wenn man die nicht relevanten Keywords nicht entfernt. Verzichten Sie im Zweifel also auf Keywords, deren zugeschriebenen Umsatzkosten zwar im Zielkorridor liegen, die aber, absolut gesehen, nur wenig zum Erfolg der Kampagne beitragen.

Sie werden schnell feststellen, dass es mitunter schwierig sein kann, den Erfolg einer Optimierung nachträglich zu messen. Das liegt u. a. daran, dass Amazon Ihnen nur begrenzt historische Daten zur Verfügung stellt. Insbesondere fehlen grafische Darstellungen, die Veränderungen von ausgewählten Kennzahlen visualisieren. Sie können diesem Problem auf unterschiedliche Weisen begegnen. Eine Möglichkeit besteht darin, dass Sie sich, bevor Sie eine Optimierungsmaßnahme umsetzen, die Performancedaten eines festgelegten Zeitraums in der Vergangenheit notieren, z. B.

die der letzten Woche oder des letzten Monats. Setzen Sie Ihre Maßnahmen um, und warten Sie den gleichen Zeitraum. Stellen Sie dann den Filter für den Zeitraum, für den Ihnen die Daten angezeigt werden, so ein, dass Sie nur die Werte für den Zeitraum nach Ihrer Optimierung erhalten. Diese Werte können Sie mit Ihren historischen Daten vergleichen, um festzustellen, ob Ihre Maßnahme zu einer Verbesserung geführt hat. Ein anderer Weg wäre, für jede größere Optimierungsmaßnahme eine neue Kampagne anzulegen und die alte Kampagne »anzuhalten«. Durch das Pausieren frieren Sie die Daten der alten Kampagne ein und bekommen automatisch frische Daten in der neuen Kampagne, in die Ihre Optimierung bereits eingeflossen ist. Sie können dann die Werte beider Kampagnen direkt in Seller Central vergleichen. Einziger Nachteil bei diesem Vorgehen ist, dass Sie die neue Kampagne neu aufsetzen müssen. Aktuell bietet Seller Central noch nicht die Möglichkeit, bestehende Kampagnen zu kopieren.

Gesponserte Produkte sind ein mächtiges Instrument, wenn es darum geht, den Absatz der eigenen Produkte zu steigern. Sie sollten sich daher unbedingt damit vertraut machen. Besonderes Augenmerk sollten Sie dabei auf die stetige Optimierung Ihrer Kampagnen legen.

8.2   Gutscheine und Rabatte

Eine weitere Möglichkeit, Ihre Produkte bei Amazon zu verkaufen, ist es, Mengenrabatte, Rabattgutscheine oder Versandvergünstigungen anzubieten. Amazon bietet Ihnen hier vielfältige Möglichkeiten. So können Sie z. B. Ihren Käufern Mengenrabatte anbieten, wenn diese mehr als ein Produkt in den Warenkorb legen. Die Rabattstaffeln sind dabei nahezu frei definierbar. Dabei sind auch Rabatte bis zu 100 % möglich, d. h., Sie können typische »Kaufe zwei und erhalte das dritte Teil umsonst«-Aktionen anlegen. Auch Cross-Selling-Angebote sind möglich. So können Sie Ihren Käufern Rabatte anbieten, die zum Tragen kommen, wenn zwei unterschiedliche Produkte gekauft werden. Auch bestimmte Versandaktionen sind möglich, bei denen Sie ausgewählte Produkte bei zuvor definierten Versandwegen kostenfrei versenden. Diese Rabattaktionen sind in der Regel für alle Käufer frei einsehbar. Sie haben aber auch die Möglichkeit, Gutscheincodes zu bestimmen, die im Rahmen des Bezahlvorganges eingelöst werden können. Diese Rabattaktionen können Sie so anlegen, dass sie für potenzielle Käufer nicht ersichtlich sind.

In dem Beispiel in Abbildung 8.20 hat der Verkäufer unterschiedliche Mengenrabatte definiert. Diese werden zudem auf der Seite direkt angezeigt. So erhält der Käufer einen Rabatt von 5 %, wenn er drei oder vier Einheiten des Produktes kauft. Ab einer Menge von fünf Produkten erhält er 10 % Rabatt auf die Bestellung. Auch ein Cross-Selling-Angebot wurde diesem Produkt hinzugefügt: Kauft der Käufer nicht nur das unten dargestellte Produkt, sondern auch ein spezielles weiteres des Verkäufers, erhält er 10 % Rabatt auf das Zusatzprodukt. Alle Rabattaktionen werden sehr prominent im oberen Teil des Listings dargestellt. Die Schnäppchenmentalität einiger Käufer führt dazu, dass Produkte mit entsprechenden Rabatten häufiger gekauft werden. Bei den Cross-Selling-Angeboten wird sogar zusätzlich ein entsprechender Button angezeigt, mit dem beide Produkte direkt in den Warenkorb gelegt werden können. Der Hinweis auf bestehende Werbeaktionen erscheint dabei nicht nur auf Desktop-Computern oder Laptops, sondern auch auf dem Smartphone. Damit stellen diese Werbeaktionen eine weitere Möglichkeit dar, um die Aufmerksamkeit des potenziellen Käufers auf das eigene Produkt zu lenken.

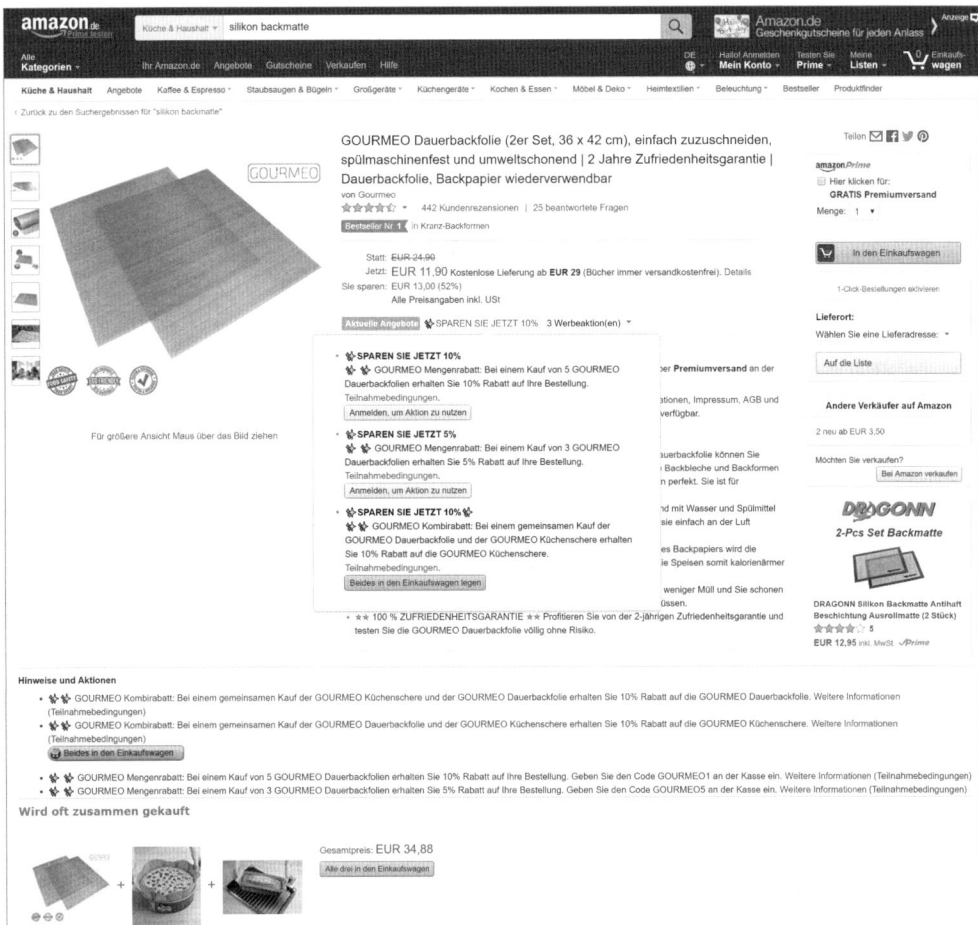

Abbildung 8.20 Anzeige von Rabatten auf der Produktdetailseite (ausgeklappte Anzeige)

Die Werbeaktionen können mit vergleichsweise wenig Aufwand über Seller Central erstellt werden. Die jeweiligen Seiten befinden sich jedoch nicht unter dem Punkt WERBUNG, sondern unter dem Menü LAGERBESTAND • WERBEAKTIONEN VERWALTEN. Auf dieser Seite können Sie entweder neue Werbeaktionen erstellen, Ihre bestehenden verwalten oder Produktgruppen erstellen, die bei den jeweiligen Werbeaktionen zum Tragen kommen.

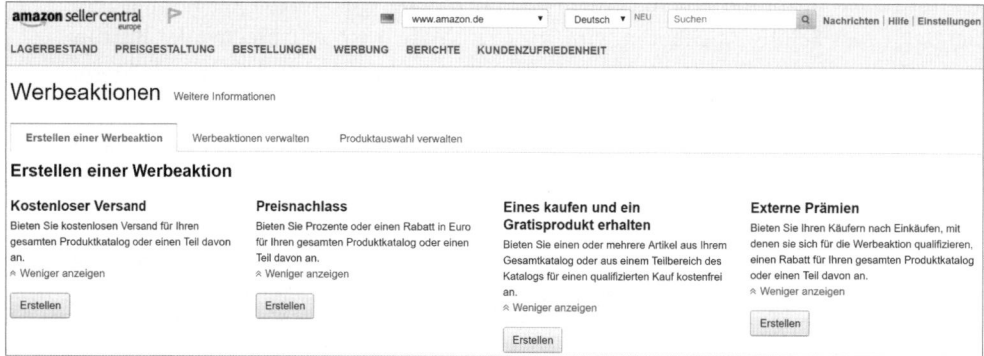

Abbildung 8.21 Amazon bietet unterschiedliche Werbeaktionen an.

Die unterschiedlichen Werbeaktionen sind alle recht ähnlich, was die Einrichtung angeht. Daher werde ich an dieser Stelle nicht auf alle Aktionen im Einzelnen eingehen, sondern die Einrichtung am Beispiel von Rabattgutscheinen erklären.

Bei allen Werbeaktionen müssen Sie im Rahmen der Erstellung angeben, welche Produkte in die Werbeaktion einbezogen werden sollen. Amazon spricht hier von einer *Produktauswahl*. Diese Produktauswahl müssen Sie im Vorfeld definieren, damit Sie diese bei der Erstellung einer Rabattaktion auch auswählen können. Gehen Sie dazu also als Erstes auf PRODUKTAUSWAHL VERWALTEN.

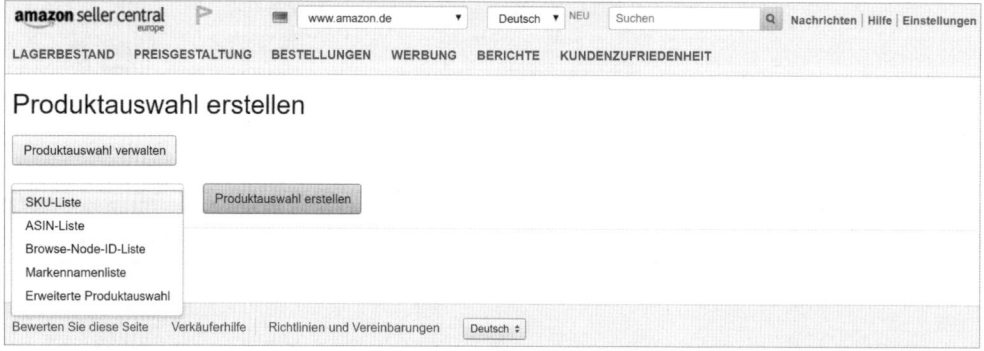

Abbildung 8.22 Auswahl der Art der Produktauswahl

Ihre Produktauswahl können Sie auf Basis von unterschiedlichen Kriterien bestimmen. So können Sie z. B. eine Liste von SKUs oder ASINs erstellen, die abgeschlossen definiert, welche Produkte in der Produktauswahl enthalten sind. Aber auch sogenannte *offene Kriterien* sind möglich. So können Sie bestimmen, dass Produkte einer bestimmten Kategorie Teil der Produktauswahl werden. Oder Produkte, die einer oder mehrerer Marken angehören, können in eine Produktauswahl aufgenommen werden. Bei diesen Kriterien werden automatisch auch neue Produkte, die diese Kriterien erfüllen, mit in die Auswahl aufgenommen.

Die Erstellung derartiger Produktauswahlen ist simpel. Sie wählen einfach das jeweilige Kriterium aus und geben die jeweiligen Merkmale als Liste an, z. B. eine Liste unterschiedlicher ASINs. Dann vergeben Sie der Produktauswahl einen Namen, der Ihnen auch später noch deutlich macht, welche Produkte in dieser Auswahl enthalten sind. Über die ERWEITERTE PRODUKTAUSWAHL können Sie sogar die eben genannten Methoden beliebig kombinieren, sowohl was die Auswahl als auch den Ausschluss angeht:

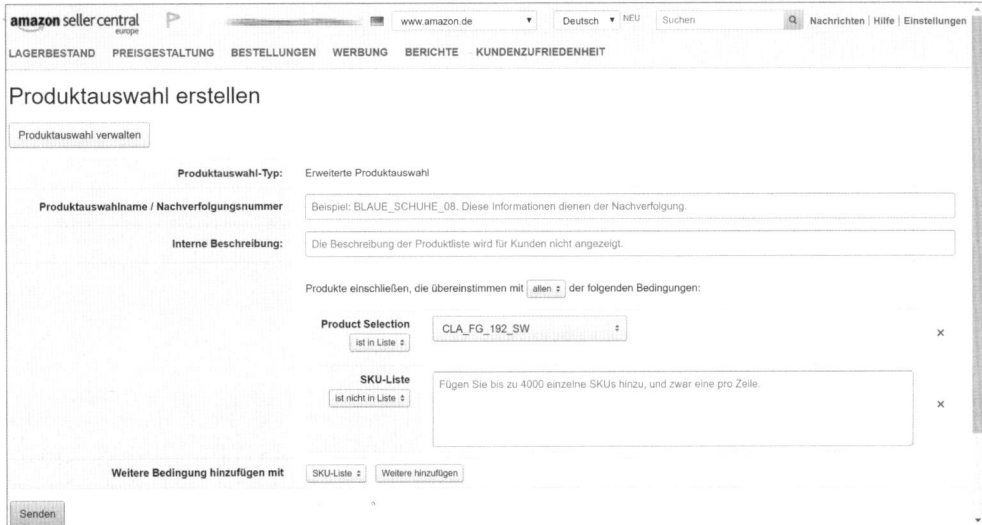

Abbildung 8.23 Erweiterte Produktauswahl mit Negativliste

In dem o. g. Beispiel wurde eine erweiterte Produktauswahl erstellt, die auf einfachen Produktauswahlen, die zuvor erstellt wurden, basiert. Dabei dient eine bestehende Produktauswahl als Positivliste, und es können weitere SKUs hinzugefügt werden, für die diese Aktion explizit nicht gelten soll. Es können beliebig viele weitere Bedingungen hinzugefügt werden. Dabei kann man für die erweiterte Produktauswahl angeben, ob alle oder manche der Bedingungen erfüllt sein müssen. Auf diese Weise können sehr komplexe Produktauswahlen erstellt werden. Ich empfehle Ihnen jedoch, zu Beginn mit den einfachen Produktauswahlen auf Basis einfacher ASIN- oder SKU-Listen zu arbeiten. Sobald Sie Ihre Produktauswahl erstellt haben, können Sie diese für zukünftige Werbeaktionen dauerhaft speichern.

Gehen Sie jetzt zurück zur Übersichtsseite, und wählen Sie dort die Werbeaktion PREISNACHLASS aus. Sie gelangen auf das folgende Formular, bei dem einige erweiterte Einstellungsmöglichkeiten ein- und ausgeblendet werden können. In Abbildung 8.24 wurden alle erweiterten Einstellungsmöglichkeiten eingeblendet.

Abbildung 8.24 Erstellung einer Rabattaktion vom Typ »Preisnachlass«

In unserem Beispiel möchten wir 100 Rabattcodes erstellen, die wir im Anschluss an unsere 100 besten Kunden verteilen, damit diese ausgewählte Produkte vergünstigt auf Amazon erwerben können. Dabei möchten wir sicherstellen, dass jeder Gutschein nur einmal eingelöst werden kann.

Unter EINKÄUFE DES KÄUFERS können Sie festlegen, wie viele Produkte der Kunde in den Warenkorb legen muss, damit er von diesem Gutschein profitieren kann. In unserem Beispiel soll bereits der Kauf eines Artikels ausreichen, um den Gutschein einlösen zu können. Unter GEKAUFTE ARTIKEL wählen Sie Ihre zuvor definierte Produktauswahl aus. Diese Auswahl kann auch nur aus einem einzigen Artikel bestehen, wenn Sie nur einen bestimmten Artikel rabattieren möchten. Im Feld UND ERHÄLT wählen Sie aus, ob der Rabatt prozentual oder absolut gewährt werden soll. Entsprechend tragen Sie im nebenstehenden Feld einen Prozentwert oder Eurobetrag ein. Bei einem Prozentwert sollten Sie darauf achten, dass dieser im Zweifel auch dann zum Tragen kommt, wenn der Kunde mehr als ein Produkt in den Warenkorb legt. Um zu vermeiden, dass ein Kunde einen definierten prozentualen Rabatt auf eine Bestellung mit z. B. 50 gleichen Artikeln erhält, sollten Sie den Rabatt sicherheitshalber als absoluten Wert in Euro angeben. Dieser wird dann vom Gesamtbetrag der Bestellung einmalig abgezogen. In den erweiterten Bedingungen unter Schritt 1 können Sie zudem weitere Rabattstaffeln anlegen oder auch bestimmte Produkte ausschließen, die Teil einer anderen Produktauswahl sind.

In Schritt 2 geben Sie das Startdatum und die Startuhrzeit sowie das Enddatum und die Enduhrzeit ein. Bei der Startzeit müssen Sie jedoch bedenken, dass Amazon einige Stunden Vorlauf benötigt. Sie können also eine Werbeaktion nie sofort starten, sondern erst einige Stunden in der Zukunft. Unter INTERNE BESCHREIBUNG bzw. NACHVERFOLGUNGSKENNUNG können Sie einen Text hinterlegen, der später in einigen Abrechnungsberichten angezeigt wird, sodass Sie nachvollziehen können, welcher Rabatt bei welcher Bestellung zum Tragen gekommen ist.

In Schritt 3 legen Sie fest, auf welche Weise der Gutschein eingesetzt werden kann. Sie können hier unter EINLÖSUNGSCODE definieren, ob Sie mehrere einzelne Gutscheine erstellen möchten oder einen Gutschein, der mehrfach von unterschiedlichen Käufern eingelöst werden kann. Bei Gruppen-Einlösungscodes sollten Sie unbedingt beachten, dass diese mehrfach eingelöst werden können. Werden diese Codes also öffentlich, kann dieser Code von jedem eingelöst werden, der ihn kennt und weiß, wo er eingelöst werden kann. Das hat bei einigen Verkäufern schon dazu geführt, dass entsprechende Gutscheincodes auf Schnäppchenportalen gelandet sind und damit veröffentlicht wurden. Nicht wenige Verkäufer sind auf diese Weise ihren gesamten Lagerbestand für das jeweilige Produkt unfreiwillig losgeworden. Sie sollten diese also nur einsetzen, wenn Sie genau wissen, was Sie tun.

Grundsätzlich empfehle ich Ihnen als EINLÖSUNGSCODE Gutscheine vom Typ EINZELNUTZUNG zu erstellen, die nur einmal pro Kunde einlösbar sind. Den entsprechenden Haken setzen Sie im Feld darunter. Zudem können Sie definieren, ob ein Gutscheincode mit anderen Gutscheincodes kombiniert werden kann. Gelten z. B. zwei unterschiedliche Gutscheincodes für das gleiche Produkt, können diese beide eingelöst werden, sodass im Extremfall ein höherer Rabatt gewährt wird als ursprünglich geplant. Stellen Sie daher die KOMBINIERBARKEIT auf AUSSCHLIESS-LICH. Dies stellt sicher, dass in diesem Fall nur der jeweilige Gutscheincode eingelöst werden kann. In den Benachrichtigungsoptionen können Sie zudem einstellen, welcher Text auf der Seite angezeigt werden soll. Wenn Sie alle Einstellungen getroffen haben, klicken Sie auf VORSCHAU.

Um jetzt die einzelnen Gutscheincodes herunterzuladen, gehen Sie zurück auf die Startseite der Werbeaktionen und wählen dort den Punkt WERBEAKTIONEN VERWAL-TEN aus. Klicken Sie auf die von Ihnen eben erstellte Werbeaktion. Oberhalb von Schritt 1 finden Sie jetzt diverse Aktionen. Klicken Sie auf EINLÖSUNGSCODES VERWALTEN.

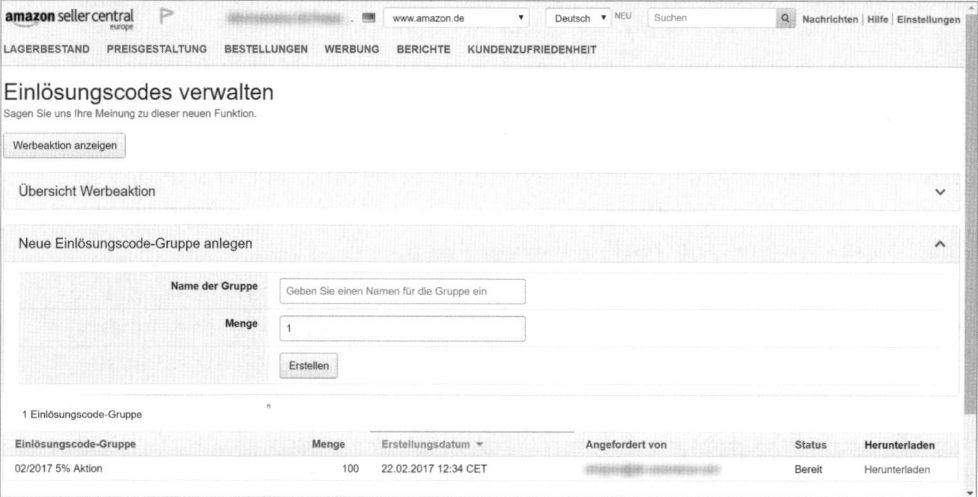

Abbildung 8.25 Erstellung von Einlösungscodes vom Typ »Einzelnutzung«

Auf dieser Seite können Sie beliebig viele Einlösungscodes erstellen. Tragen Sie dazu einfach einen Namen für die Gruppe ein sowie die benötigte Menge. Amazon legt jetzt automatisch die von Ihnen festgelegte Anzahl von Gutscheincodes an. Sobald sie erstellt wurden, können Sie sie durch einen Klick auf HERUNTERLADEN einsehen. Diese Gutscheincodes können Sie jetzt an ausgewählte Kunden z. B. im Rahmen eines Newsletters mit Serienbrieffunktion verteilen. Dabei kann jeder dieser Gutscheine nur einmal eingelöst werden.

Rabatte sind eine gute Möglichkeit, zusätzliche Verkäufe zu generieren. Zudem sorgt die Rabattauszeichnung für mehr Aufmerksamkeit in den Suchergebnissen. Mithilfe von Gutscheinen können Sie zudem den Absatz ausgewählter Produkte gezielt steigern. Hier hängt es in erster Linie von Ihrer Kreativität ab, wie Sie die Gutscheine unters Volk bringen. Hier empfehlen sich z. B. auch bestimmte Dealplattformen, die sich darauf spezialisiert haben, Rabattaktionen zu sammeln und zu veröffentlichen. Ein entsprechend attraktives Angebot hilft Ihnen dabei, auf diesen Dealplattformen gelistet zu werden.

8.3 Blitzangebote

Amazon bietet seinen Verkäufern die Möglichkeit, Angebote zu erstellen und diese an einer prominenten Stelle auf der Amazon-Homepage zu präsentieren. Hierzu hat Amazon eine spezielle Seite eingerichtet, die unter dem Link ANGEBOTE nahezu von jeder Seite aus erreicht werden kann (siehe Abbildung 8.26). Amazon spricht hier von *Deals* oder auch *Blitzangeboten*. Hierbei handelt es sich um Angebote, die für einen bestimmten Zeitraum (meist wenige Stunden) vergünstigt angeboten werden. Käufer, die die Amazon-Prime-Mitgliedschaft abgeschlossen haben, bekommen diese Angebote sogar noch etwas früher zu sehen. Diese Seite mit Blitzangeboten zieht viele Besucher am Tag auf sich. Verkäufer haben dadurch die Möglichkeit, ein entsprechend attraktives Angebot vorausgesetzt, Teile ihres Lagerbestandes schnell zu verkaufen.

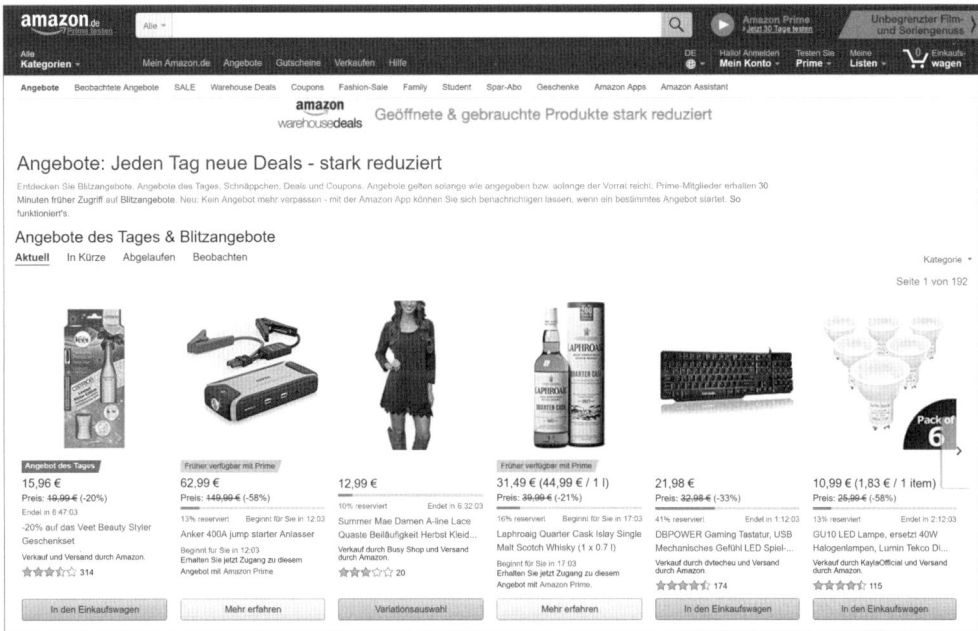

Abbildung 8.26 Startseite der Amazon-(Blitz-)Angebote

Um ein Blitzangebot zu erstellen, muss sich der Händler darauf bewerben. Nicht jedes Produkt ist für ein Blitzangebot zugelassen. So muss das Produkt eine minimale Bewertung von mindestens drei Sternen besitzen. Eine Voraussetzung ist zudem, dass das Produkt via Prime verschickt werden kann, entweder durch Amazon oder durch den Verkäufer selbst, sofern er für den Prime-Versand freigeschaltet ist. Gebrauchte Produkte können nicht als Blitzangebot eingestellt werden. Ebenso ausgeschlossen sind bestimmte Produktkategorien, wie z. B. Alkohol oder Erotik-Artikel. Ist ein Produkt in mehreren Varianten erhältlich, besteht Amazon in einigen Fällen darauf, dass eine Mindestanzahl der verfügbaren Varianten in das Blitzangebot aufgenommen wird, damit die Auswahl für den möglichen Käufer möglichst hoch ist. Amazon möchte hier vermeiden, dass nur exotische Größen oder Varianten eingestellt werden, was das Blitzangebot für den jeweiligen Käufer unattraktiv macht.

Selbst wenn die o. g. Kriterien alle erfüllt sind, lässt Amazon nicht automatisch jedes Produkt als Blitzangebot zu. Amazon möchte u. a. sicherstellen, dass ein gewisser Mindestumsatz erreicht werden kann, damit sich das Angebot auch für Amazon lohnt. Die Auswahl der Produkte, die nach Ansicht Amazons für ein Blitzangebot geeignet sind, werden unter WERBUNG • BLITZANGEBOTE dargestellt. Unter dem Punkt ERSTELLEN sehen Sie alle »Empfehlungen«, also Produkte, die Amazon für ein Blitzangebot zulässt. Um eines dieser Produkte für ein Blitzangebot auszuwählen, klicken Sie bei dem jeweiligen Produkt auf ERWEITERTE BEARBEITUNG.

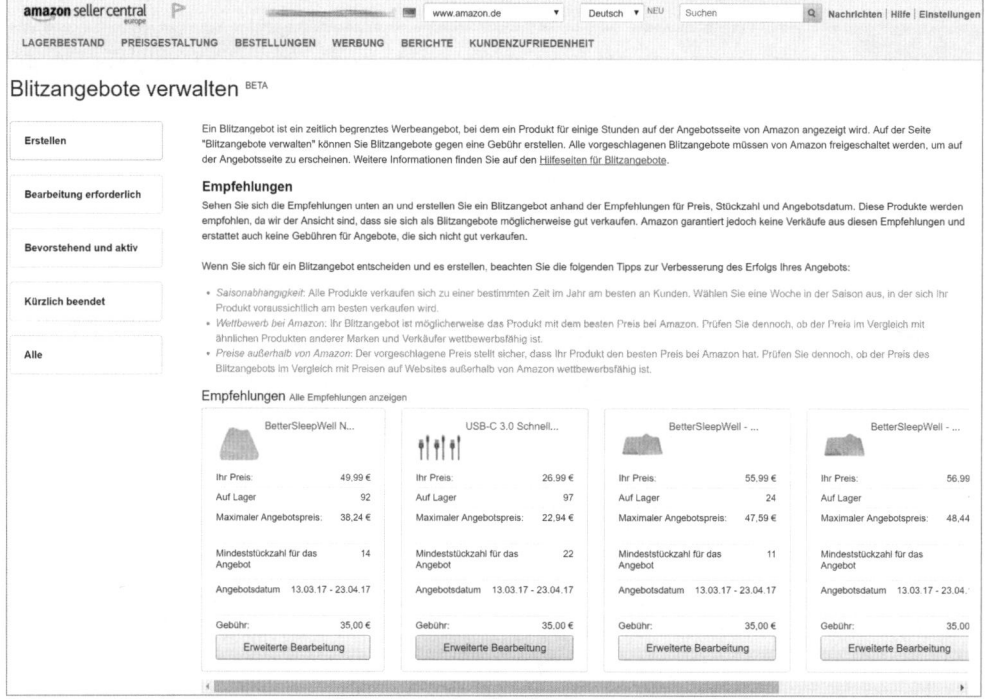

Abbildung 8.27 Erstellen eines Blitzangebotes

Auf der folgenden Seite können Sie die Details für Ihr Blitzangebot verwalten. Neben einem internen Namen, der nur Ihnen für eine bessere Übersicht dient, sowie dem Hauptbild müssen Sie bestimmen, welche Varianten des Produktes in das Blitzangebot einbezogen werden sollen. In dem Beispiel in Abbildung 8.28 sehen Sie, dass dem Hauptprodukt insgesamt vier Varianten zugeordnet sind. Amazon schreibt in diesem Fall vor, dass mindestens die Hälfte der Varianten mit in das Blitzangebot einbezogen werden sollen. Amazon zeigt Ihnen zudem an, wie viel Bestand via FBA von der jeweiligen Variante verfügbar ist. Auf der Ebene der Variante geben Sie an, zu welchem Preis diese angeboten werden soll. Darüber hinaus bestimmen Sie die Menge, die je Variante in den Verkauf gehen soll. Amazon schreibt sowohl für den Angebotspreis als auch für die Stückzahl einen Höchst- bzw. Mindestwert vor. In der Regel liegt der Höchstpreis für das Angebot 15 % unterhalb des aktuellen Preises. Amazon überwacht hier Preisänderungen der letzten 90 Tage, sodass es nicht funktioniert, den Preis vorher künstlich anzuheben und ihn dann im Rahmen eines Blitzangebotes wieder zu senken.

Zu guter Letzt wählen Sie noch die Woche aus, in der Ihr Blitzangebot veröffentlicht werden soll. Sie haben ausschließlich Einfluss auf den Zeitraum, nicht jedoch auf den Wochentag oder die Uhrzeit. Beides wird von Amazon selbstständig festgelegt. Hier können Sie als Verkäufer Glück oder Pech haben: Ein Angebot, das kurz nach der Mittagszeit gültig ist, erhält dabei eine größere Aufmerksamkeit als ein Angebot, das am frühen Morgen veröffentlicht wird. Die typische Dauer eines Blitzangebotes beträgt vier Stunden. Dabei starten alle fünf Minuten neue Angebote. Das Erstellen bzw. die Veröffentlichung eines Blitzangebotes ist mittlerweile kostenpflichtig. In diesem Beispiel fallen 35 € an, sofern das Blitzangebot veröffentlicht wird:

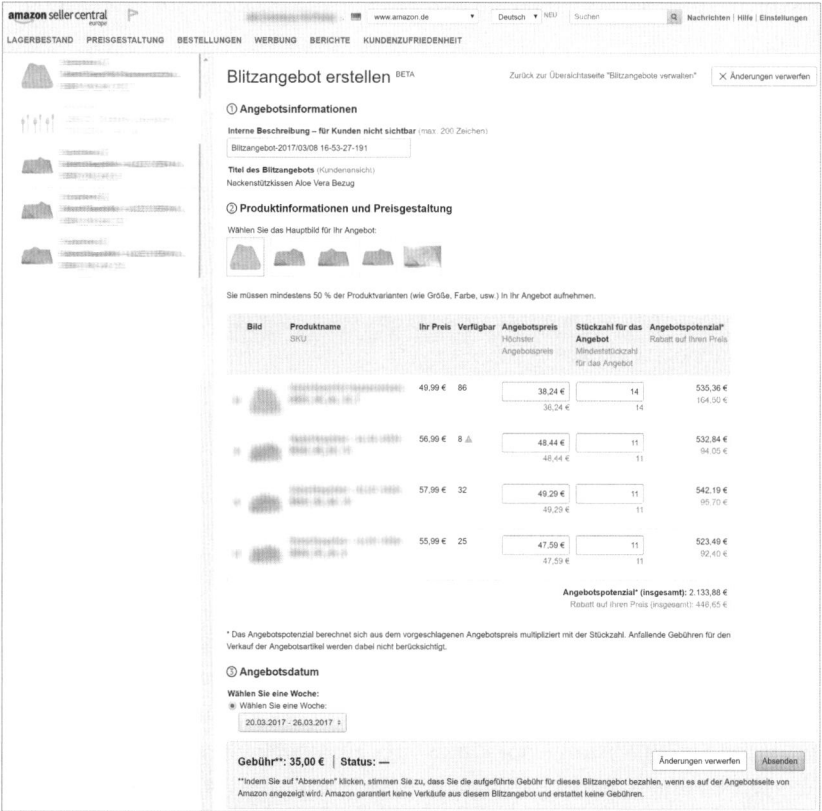

Abbildung 8.28 Erstellung eines Blitzangebotes

Nachdem Sie ein Angebot erstellt haben, wird dieses von Amazon entweder automatisch oder manuell überprüft. Den Status Ihres Blitzangebotes können Sie jederzeit unter den Menüpunkten BEARBEITUNG ERFORDERLICH bzw. BEVORSTEHEND UND AKTIV einsehen. Ihr Blitzangebot kann dabei einen der folgenden Status besitzen:

▶ ENTWURF: Ihr Blitzangebot ist noch im Entwurfsstatus und muss noch an Amazon zur finalen Prüfung übermittelt werden.

▶ WIRD ÜBERPRÜFT: Sofern das Angebot manuell überprüft wird, erscheint dieser Status. Viele Angebote werden direkt nach dem Erstellen von Amazon freigeschaltet und erhalten direkt den Status BEVORSTEHEND.

▶ BEARBEITUNGEN ERFORDERLICH: Ihr Blitzangebot muss noch an einigen Stellen angepasst werden. Anschließend können Sie es erneut übermitteln.

▶ ABGELEHNT: Das Blitzangebot wurde von Amazon abgelehnt.

▶ BEVORSTEHEND: Amazon hat jetzt automatisch ein Datum und einen Zeitraum bestimmt, in dem das Blitzangebot veröffentlicht wird. Auf diesen haben Sie keinen Einfluss. Sie können jedoch das Angebot bis zu 25 Stunden vor dem geplanten Start kostenfrei stornieren und erneut einreichen. Waren Sie mit dem bisherigen Zeitraum nicht zufrieden, erhalten Sie jetzt gegebenenfalls einen für Sie passenderen Zeitraum.

▶ AUSGEBLENDET: Ein bereits genehmigtes Blitzangebot wurde von Amazon nachträglich deaktiviert. Dies kann unterschiedliche Gründe haben. Einer der häufigsten Gründe besteht darin, dass das Produkt nicht mehr in der benötigten Menge verfügbar ist. Auch ausgeblendete Angebote müssen von Ihnen noch storniert werden, damit keine Kosten anfallen.

▶ ASIN ausgegraut: Ein Produkt Ihres Blitzangebotes erfüllt nicht mehr die Anforderungen seitens Amazon. Dieses können Sie vom Blitzangebot ausschließen.

▶ AKTIV: Das Angebot ist gerade aktiv.

▶ BEENDET: Das Angebot ist bereits gelaufen und nicht mehr aktiv.

▶ STORNIERT: Das Angebot wurde vom Verkäufer storniert.

Es empfiehlt sich bei bevorstehenden Blitzangeboten, diese 36 Stunden vor Beginn noch mal zu kontrollieren. Insbesondere sollten Sie schauen, ob der Lagerbestand ausrcicht, um das Blitzangebot in der benötigten angegebenen Menge zu bedienen. Einer der häufigsten Gründe, warum Blitzangebote von Amazon vorzeitig ausgeblendet werden, ist, dass die Menge, die bei der Erstellung des Blitzangebotes angegeben wurde, nicht mehr verfügbar ist. Ebenso können drastische Preisreduzierungen dazu führen, dass das Blitzangebot nicht mehr qualifiziert ist. Sie vermeiden daher unnötige Kosten, wenn Sie Ihr Blitzangebot kurz vor Beginn noch einmal auf diese Kriterien hin überprüfen und sicherstellen, dass sich der Status Ihres Blitzangebotes nicht geändert hat.

Abbildung 8.29 Ein bevorstehendes Blitzangebot mit angegebenem Datum und Uhrzeit

Wie Rabatte und Gutscheine sind auch Blitzangebote eine gute Möglichkeit, den Absatz ausgewählter Produkte in kurzer Zeit zu steigern. Die Erfahrung zeigt dabei, dass es nicht reicht, einfach nur ein Blitzangebot einzustellen und darauf zu hoffen, dass die Produkte gekauft werden. Ein ganz wesentlicher Erfolgsfaktor ist der niedrige Preis. Je nach Produkt reicht ein Rabatt von 15 bis 20 % häufig nicht mehr aus, um die Käufer hinter dem Ofen hervorzulocken. Sofern Sie über ein besonders attraktives Angebot verfügen, können Sie es über die bereits erwähnten Dealplattformen weiterverbreiten. Mit ein wenig Glück verkaufen Sie dann innerhalb kurzer Zeit den gesamten für das Blitzangebot bereitgestellten Bestand.

Kapitel 9
Internationales Verkaufen

Einer der interessantesten Aspekte beim Verkaufen auf Amazon ist sicher die vergleichsweise einfache internationale Expansion auf Amazons übrige Marktplätze. Vergleichsweise insofern, als der Aufwand um ein Vielfaches höhere wäre, würde man versuchen, einen eigenen Shop inklusive Logistik selbst aufzubauen. Es gibt jedoch einige Dinge zu beachten, wenn man sich auf das internationale Parkett wagt. So gilt es nicht nur sprachliche Hürden zu überwinden, sondern auch gesetzlich und steuerlich so manches zu bedenken. Bevor Sie also in aller Euphorie mit dem internationalen Verkaufen loslegen, empfehle ich Ihnen dringend, sich über die gesetzlichen und steuerlichen Implikationen klar zu werden, die ein Verkauf im europäischen Ausland mit sich bringt. Ziehen Sie hierzu in jedem Fall einen versierten Steuerberater hinzu, da durch ein Angebot im Ausland weitere Meldepflichten und gegebenenfalls Steuerzahlungen fällig werden. Letzteres wird ausführlich in Kapitel 17 behandelt, daher wird in diesem Kapitel nur an geeigneter Stelle darauf verwiesen. Aber nur ein Steuerberater kann Ihren Fall abschließend beurteilen.

Grundsätzlich können Sie bei Amazon weltweit verkaufen, so auch in den USA oder Japan. Es würde jedoch den Rahmen dieses Buches sprengen, auf die Besonderheiten dieser Marktplätze einzugehen, daher beschränken wir uns auf das europäische Ausland mit den Marktplätzen in Großbritannien, Frankreich, Spanien und Italien, da Sie hierfür kein zusätzliches Seller-Central-Konto benötigen.

9.1 Verkäuferkonto umstellen

Wenn Sie sich für Amazon erstmalig registrieren, so ist Ihr Verkäuferkonto in der Regel so eingestellt, dass Ihre Produkte nur in Ihrem Heimatmarktplatz – in unserem Fall also Deutschland – angeboten werden. Sie können diese Einstellung überprüfen, indem Sie auf EINSTELLUNGEN • VERSAND DURCH AMAZON • EXPORTEINSTELLUNGEN gehen.

Hier müssen Sie sich entscheiden, in welche Länder Sie verkaufen möchten. Amazon bietet Ihnen den Vertrieb in 10 bzw. 26 Länder an. Im 10-Länder-Paket sind enthalten:

1. Österreich
2. Belgien
3. Frankreich

4. Vereinigtes Königreich

5. Irland

6. Italien

7. Luxemburg

8. Niederlande

9. Portugal

10. Spanien

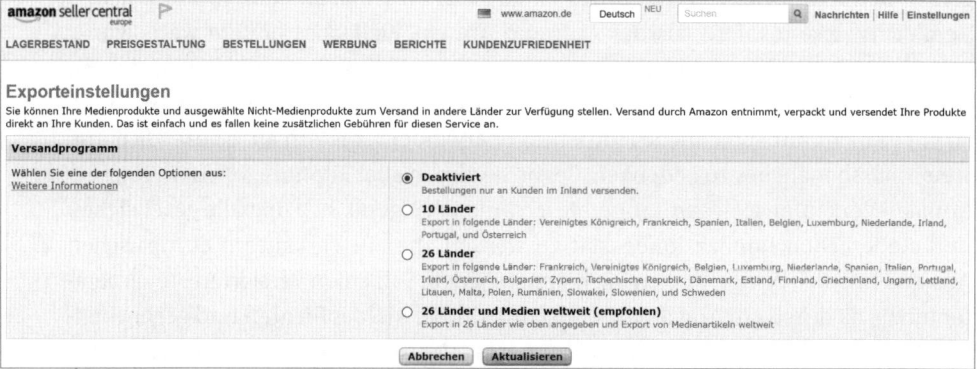

Abbildung 9.1 Die Exporteinstellungen Ihres Verkäuferkontos sind standardmäßig deaktiviert.

Wenn Sie sich für den Vertrieb in 26 Länder entscheiden, kommen folgende Länder zum 10-Länder-Paket hinzu:

1. Bulgarien

2. Dänemark

3. Estland

4. Finnland

5. Griechenland

6. Lettland

7. Litauen

8. Malta

9. Polen

10. Rumänien

11. Schweden

12. Slowakei

13. Slowenien

14. Tschechische Republik

15. Ungarn

16. Zypern

Sobald Sie sich für eines der Länderpakete entscheiden, bestätigen Sie, dass Sie Ihre Produkte in die genannten Länder exportieren dürfen und diese sämtliche Rechtsvorschriften im jeweiligen Land bzw. des Herstellers erfüllen. Gleichzeitig erklären Sie, dass Sie auch alle nötigen Abgaben, Steuerzahlungen, Zölle oder sonstige Gebühren leisten, die durch den Verkauf im jeweiligen Zielland anfallen.

Sobald Sie Ihre Einstellung getätigt haben, klicken Sie auf AKTUALISIEREN. Bis die neuen Einstellungen übernommen werden, kann es bis zu einer Stunde dauern. Warten Sie diesen Zeitraum also gegebenenfalls ab, bevor Sie weitere Schritte unternehmen.

Jetzt haben Sie Ihre Ware grundsätzlich für den Export freigegeben. Im nächsten Schritt müssen Sie entscheiden, auf welche Weise Ihre Ware zum Kunden gelangen soll. Hier gibt es mehrere Möglichkeiten, die sowohl steuerliche, preisliche als auch Laufzeitunterschiede aufweisen. Die Möglichkeiten sind:

1. Versand der Ware aus Deutschland, Tschechien und/oder Polen (Nutzung des *European Fulfillment Network*, EFN)

2. Versand der Ware aus einem von Amazon automatisch bestimmten Lagerort (Nutzung des paneuropäischen Versandnetzwerkes)

3. Versand der Ware aus dem Lager des jeweiligen Ziellandes (*Multi-Country Inventory*, MCI)

Die Einstellungen für Punkt 1 und 2 treffen Sie unter EINSTELLUNGEN • VERSAND DURCH AMAZON • EINSTELLUNGEN FÜR GRENZÜBERSCHREITENDEN VERSAND. Für die 3. Möglichkeit müssen Sie keine zusätzlichen Einstellungen vornehmen. Alle drei Möglichkeiten erläutere ich Ihnen im Folgenden.

9.1.1 Internationaler Versand aus Deutschland, Polen und Tschechien

Im Rahmen des Ausbaus des deutschen Versandnetzwerkes (Programm *Mitteleuropa*) hat Amazon auch Warenlager in Polen und der Tschechischen Republik errichtet. Deutsche Verkäufer können ihre Ware jetzt auch dort einlagern lassen, sofern sie dem zugestimmt haben. Gleichzeitig hat Amazon seit Mitte 2016 den Versand allein aus deutschen Warenlagern um derzeit 0,50 € pro Sendung verteuert, um Verkäufer dazu zu bewegen, auch die neuen ausländischen Warenlager mit zu nutzen. Viele kleinere Verkäufer scheuen sich noch, der Umlagerung zuzustimmen, da mit dem Versand eines Produktes aus dem Ausland nach Deutschland neue umsatzsteuerliche Herausforderungen einhergehen – der Lagerort hat bei der Einstufung Einfluss auf die zugrunde liegende Umsatzsteuer.

Wenn Sie möchten, dass Amazon Ihre Ware nur innerhalb Deutschlands lagert und alle Bestellungen von hier aus erfüllt werden, müssen Sie die Einstellungen unter EINSTELLUNGEN • VERSAND DURCH AMAZON • EINSTELLUNGEN FÜR GRENZÜBER-SCHREITENDEN VERSAND beim Punkt ZULASSEN, DASS LAGERBESTAND IN ANDEREN LÄNDERN AUFBEWAHRT WIRD wie folgt treffen:

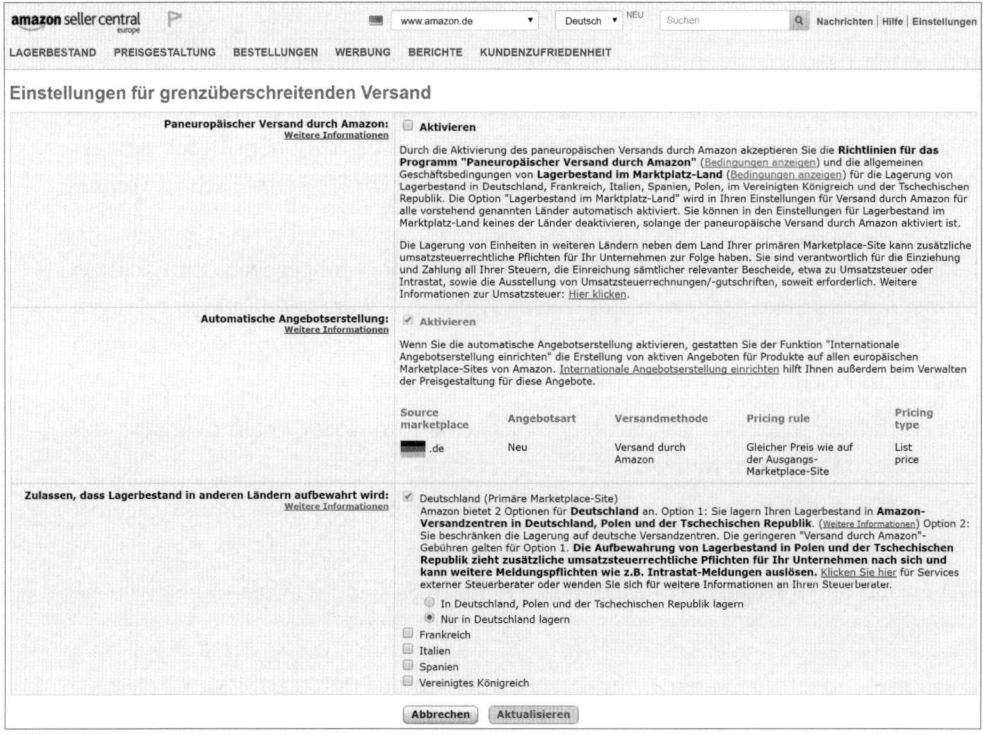

Abbildung 9.2 Lagerung der Ware ausschließlich in Deutschland

Möchten Sie Amazon gestatten, die Ware auch zusätzlich in Polen und Tschechien zu lagern, setzen Sie einfach den Haken entsprechend Abbildung 9.3.

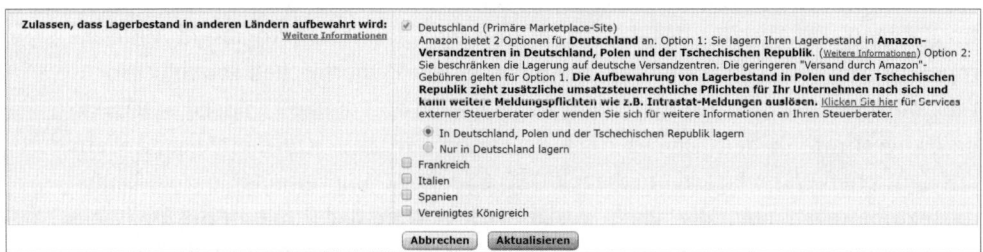

Abbildung 9.3 Lagerung der Ware in Deutschland, Polen und der Tschechischen Republik

Egal, ob die Waren in Deutschland oder Polen/Tschechien landen, dies reicht grundsätzlich schon – entsprechende internationale Listings vorausgesetzt –, um die Ware international anzubieten. Im Falle einer Order aus dem europäischen Ausland wird die Ware in diesem Fall von Deutschland, Polen oder Tschechien direkt in das jeweilige Land verschickt. Nachteil für Verkäufer und Käufer ist, dass dieser Versandweg länger dauert und für den Verkäufer auch mit höheren Kosten verbunden ist.

9.1.2 Paneuropäischer Versand

Möchten Sie Amazon gestatten, auch die ausländischen Distributionszentren mit zu benutzen, setzen Sie oben den Haken bei PANEUROPÄISCHER VERSAND DURCH AMAZON. In diesem Fall überlassen Sie es Amazons Algorithmen, den Lagerbestand gemäß der Nachfrage automatisch auf alle europäischen Warenlager zu verteilen. Alle Bestellungen werden dann aus diesem Pool bedient. Erkennt Amazon auf diese Weise, dass es eine stetige Nachfrage aus einem bestimmten Land für ein bestimmtes Produkt gibt, wird Amazon die Ware automatisch so nah wie möglich beim Kunden einlagern. Dafür entstehen Ihnen als Verkäufer keine zusätzlichen Kosten. Sie selbst können nicht beeinflussen, wo welche Ware liegt.

Abbildung 9.4 Beim paneuropäischen Versand durch Amazon werden automatisch alle Warenlager Europas mitgenutzt.

Nutzen Sie den paneuropäischen Versand, zahlen Sie statt der EFN-Gebühr die lokalen Versandgebühren. Ein kurzer Vergleich macht die Einsparung deutlich:

Versandart	Kosten bei Versand nach Deutschland	Kosten bei Versand nach Frankreich (Nutzung des EFN)	Kosten bei Versand nach Frankreich (Nutzung des Pan-EU-Programms)	Differenz EFN vs. Pan-EU
Standard Brief- umschlag (300 g)	1,94 €	3,15 €	2,24 €	0,91 €
Standard Paket (2,5 kg)	4,20 €	5,34 €	4,98 €	0,36 €
Standard Über- größe (6 kg)	6,19 €	8,46 €	7,63 €	0,83 €

Tabelle 9.1 Vergleich der Versandkosten bei den unterschiedlichen Versandmodellen

9.1.3   Lagerbestand im Marktplatz-Land (MCI)

Last but not least können Sie als Verkäufer auch selbst entscheiden, wo welche Ware liegen soll. Amazon nennt diese Option *Lagerbestand im Marktplatz-Land* oder auch *Multi-Country-Inventory*. Sie schicken in diesem Fall die Ware selbst in das gewünschte Land, und dann bleibt sie auch dort liegen, wenn Sie nichts anderes veranlassen. Auch in diesem Fall zahlen Sie wie im Pan-EU-Programm die (im Vergleich zum EFN niedrigeren) lokalen Versandgebühren.

Auch für diese Option müssen die jeweiligen Länder »aktiviert« werden. Hierzu haben Sie zwei Möglichkeiten. Entweder treffen Sie diese Einstellung unter EINSTEL-LUNGEN • VERSAND DURCH AMAZON • ZULASSEN, DASS LAGERBESTAND IN ANDEREN LÄNDERN AUFBEWAHRT WIRD.

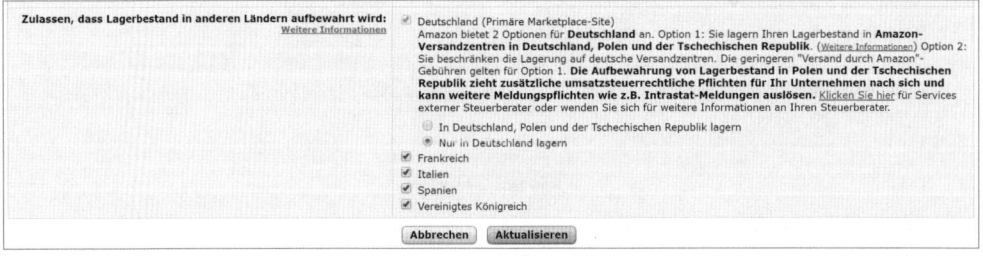

Abbildung 9.5 Aktivierung zusätzlicher Länder, in denen Ware gelagert werden darf

Alternativ können Sie die Länder auch im Rahmen der Sendungserstellung aktivieren (siehe Abbildung 9.6).

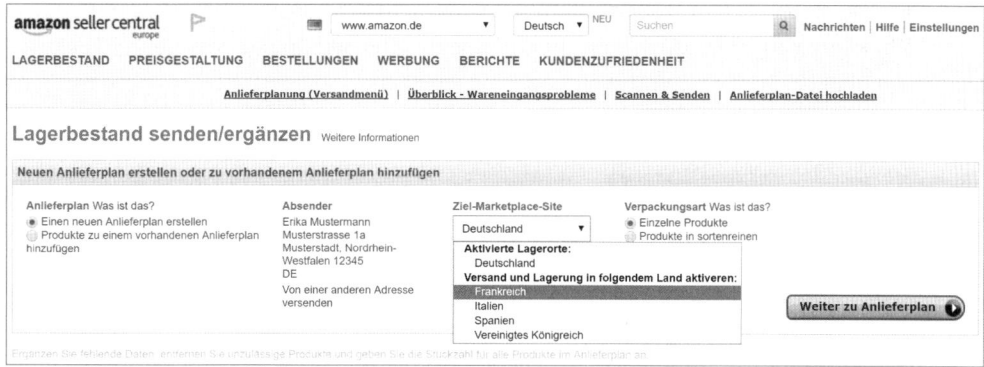

Abbildung 9.6 Aktivierung zusätzlicher Länder im Rahmen der Sendungserstellung

9.2   Produkte für das internationale Verkaufen vorbereiten

Unabhängig davon, für welche Variante Sie sich bei der Warenlogistik entscheiden, gibt es einige Schritte, die Sie in allen Fällen durchführen müssen, bevor Sie international verkaufen können. So müssen Sie 1. die gewünschten Produktdetailseiten in die jeweilige Landessprache übersetzen (sofern diese noch nicht existieren) und 2. die Preise für die Produkte festlegen. Für beides gibt es unterschiedliche Herangehensweisen.

9.2.1   Erstellung der ausländischen Katalogdetailseiten

Für jedes Produkt, das Sie international verkaufen wollen, müssen Sie prüfen, ob es hierfür bereits eine Produktdetailseite im jeweiligen Landeskatalog gibt. Bei großen Marken ist die Wahrscheinlichkeit hoch, dass es bereits eine Produktdetailseite gibt. Verkaufen Sie Eigenmarken, dürfte dies nicht der Fall sein, wenn Sie Exklusivität genießen. Ist Letzteres der Fall, müssen Sie eine neue Produktdetailseite erstellen. Hierfür gibt es mehrere Möglichkeiten.

Möglichkeit 1 ist die manuelle Anlage des Produktes auf dem bekannten Weg, also z. B. über Seller Central oder über Lagerbestandsdateien. Hierbei sollten Sie nur darauf achten, dass Sie die gleiche ASIN wie in Ihrem Heimatmarktplatz verwenden. Dieser Weg ist jedoch bei vielen Produkten sehr aufwendig.

Einfacher ist Möglichkeit 2, dass Sie Ihre Produkte von Amazon entweder automatisch (kostenfrei) oder von einem Menschen (kostenpflichtig) übersetzen lassen. Mit der automatischen Übersetzung haben Sie in jedem Fall eine Möglichkeit, schnell Produktdetailseiten im Ausland anzulegen, um diese dann später selbst oder von einem kundigen Mitarbeiter oder externen Übersetzer bearbeiten zu lassen. Allerdings ist diese Option aktuell nur für die Sprachen Englisch und Französisch verfügbar. Bei Italienisch und Spanisch müssen Sie auf die »menschliche« Methode setzen. Die Kosten für von Menschen durchgeführte Übersetzungen belaufen sich aktuell wie folgt (€ pro Wort), und zwar von Deutsch nach:

Englisch	Französisch	Spanisch	Italienisch
0,101€	0,116 €	0,093 €	0,093 €

Tabelle 9.2 Kosten pro Wort zzgl. USt. für Übersetzungen aus dem Deutschen in eine der anderen Sprachen (Quelle: https://sellercentral-europe.amazon.com/gp/help/201574110/ref=ag_201574110_cont_201996870)

Die Optionen zur von Menschen durchgeführten oder maschinellen Übersetzung finden Sie unter LAGERBESTAND • WELTWEIT VERKAUFEN • IHRE ANGEBOTE ÜBERSETZEN LASSEN.

Abbildung 9.7 In Seller Central können Sie Produkte maschinell oder von Menschen übersetzen lassen.

Um ein oder mehrere Produkte für einen neuen Marktplatz übersetzen zu lassen, klicken Sie auf NEUER ÜBERSETZUNGSAUFTRAG. Wählen Sie im zweiten Schritt, von welcher Ausgangssprache in welche Zielsprache übersetzt werden soll. In unserem Beispiel wählen wir Deutsch als Ausgangssprache und Französisch als Zielsprache. Klicken Sie dann auf WEITER.

Auf der nächsten Seite können Sie die Produkte auswählen, die Sie übersetzen lassen möchten. Hier können Sie entweder eine Liste von ASINs einkopieren, oder Sie klicken auf WÄHLEN SIE DIE ZU ÜBERSETZENDEN PRODUKTE AUS IHREM LAGERBESTAND AUS. Sobald Sie Ihre Auswahl beisammenhaben, klicken Sie auf BERECHTIGUNG ÜBERPRÜFEN. Hier wird dann geschaut, ob es die jeweiligen ASINs im Zielland bereits gibt. Ist dies der Fall, kann der Auftrag nicht durchgeführt werden.

1. Zielsprachen auswählen   bearbeiten

Deutsch auf Französisch (Amazon.fr)

2. Wählen Sie die zu übersetzenden Produkte aus.

Wählen Sie die zu übersetzenden Produkte aus Ihrem Lagerbestand aus.
ODER
Geben Sie die ASINs der zu übersetzenden Produkte ein (durch Leerzeichen, Komma oder neue Zeile trennen)

B001RB203G, B00011PJDG ..

[Berechtigung prüfen]

99 Verbleibende ASINs
Produkte ausgewählt | Es werden nur Produkte mit dem Status "Berechtigt" übersetzt

☑ Berechtigt ● (1)   ☑ Maßnahmen erforderlich (0)   ☑ Nicht berechtigt (0)

ASIN	SKU	Produktname	Status Weitere Informationen	
			Berechtigt	Entfernen

1 bis 1 von **1** Produkte   10 ▾ -Ergebnisse pro Seite anzeigen   Seite **1**

1 berechtigte Produkte werden übersetzt.
Details zu Produkten mit dem Status "Informationen zu notwendiger Maßnahme" und "Nicht berechtigt" können als Bericht heruntergeladen werden.   [**Weiter**]

Abbildung 9.8 Auflistung der Produkte, nachdem geprüft wurde, ob diese für die Übersetzung infrage kommen

Klicken Sie anschließend auf WEITER. Im letzten Schritt müssen Sie auswählen, für welchen Übersetzungstyp (maschinell oder kostenpflichtig) Sie sich entscheiden. Für Letzteren werden Ihnen die Kosten angezeigt.

3. Übersetzungsmethode auswählen

Weitere Informationen zu Übersetzungsmethoden

ASIN	Produktname	Status Weitere Informationen	Variante Was ist das?	Übersetzungsmethode Weitere Informationen
				Auf alle anwenden: ○ Menschliche Übersetzung ○ Maschinelle Übersetzung
		Berechtigt		● Maschinelle Übersetzung Kostenlos Entfernen
				○ Menschliche Übersetzung € 39.21

1 bis 1 von **1** Produkte   10 ▾ -Ergebnisse pro Seite anzeigen   Seite **1**

Gesamtbetrag (exkl. Steuer)   :   €0
Steuer   :   €0
Gesamtbestellung (1 Produkte):   €0
Voraussichtliches Fertigstellungsdatum
Maschinelle Übersetzung(1)   :09.02.17
Menschliche Übersetzung (0)   : 15.02.17

*Der Gesamtbestellwert ist der geschätzte Betrag, mit dem Ihr Konto belastet wird, sobald die Übersetzung Ihrer Angebote abgeschlossen ist.

[**Bestellung aufgeben**]

Abbildung 9.9 Auswahl der Übersetzungsweise: Mensch oder Maschine?

Klicken Sie schließlich auf BESTELLUNG AUFGEBEN, wenn Sie Ihre Wahl getroffen haben. Auf der folgenden Seite landen Sie wieder auf der Startseite für Übersetzungen, auf der Ihnen die laufenden Aufträge angezeigt werden.

Abbildung 9.10 Übersicht über laufende Übersetzungsaufträge

Sobald die automatische Übersetzung fertig ist, sollten Sie in jedem Fall noch einen Blick darauf werfen. Gerade bei der Nutzung von Sonderzeichen müssen diese in der Regel nachgebessert werden, wie Abbildung 9.11 zeigt.

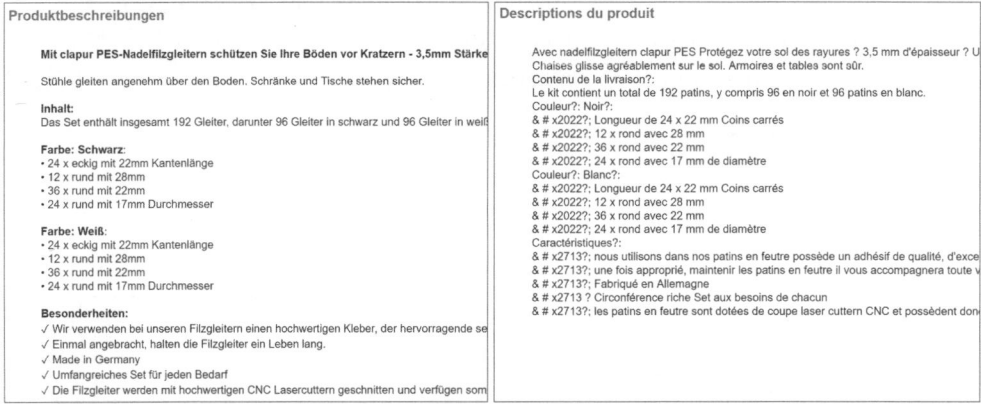

Abbildung 9.11 Links die deutsche Ausgangsübersetzung, rechts die französische maschinelle Übersetzung. Alle Sonderzeichen gingen verloren.

9.2.2 Erstellung von Angeboten für internationale Katalogartikel

Nachdem Sie für Ihre Produkte sämtliche Katalogseiten erstellt haben, müssen Sie noch ein konkretes Angebot für diese Artikel anlegen. Wenn Sie ein Angebot erstellen, müssen Sie sich entscheiden, welche Versandart Sie anbieten und natürlich zu welchem Preis das Produkt angeboten werden soll.

Auch hier können Sie es sich einfach machen und Angebote, die im deutschen Markt bestehen, auf ausländische Märkte nach definierten Regeln übertragen. Auch hierfür bietet Amazon ein praktisches Tool an, das Sie unter Lagerbestand • Weltweit verkaufen • Internationale Angebotserstellung einrichten finden.

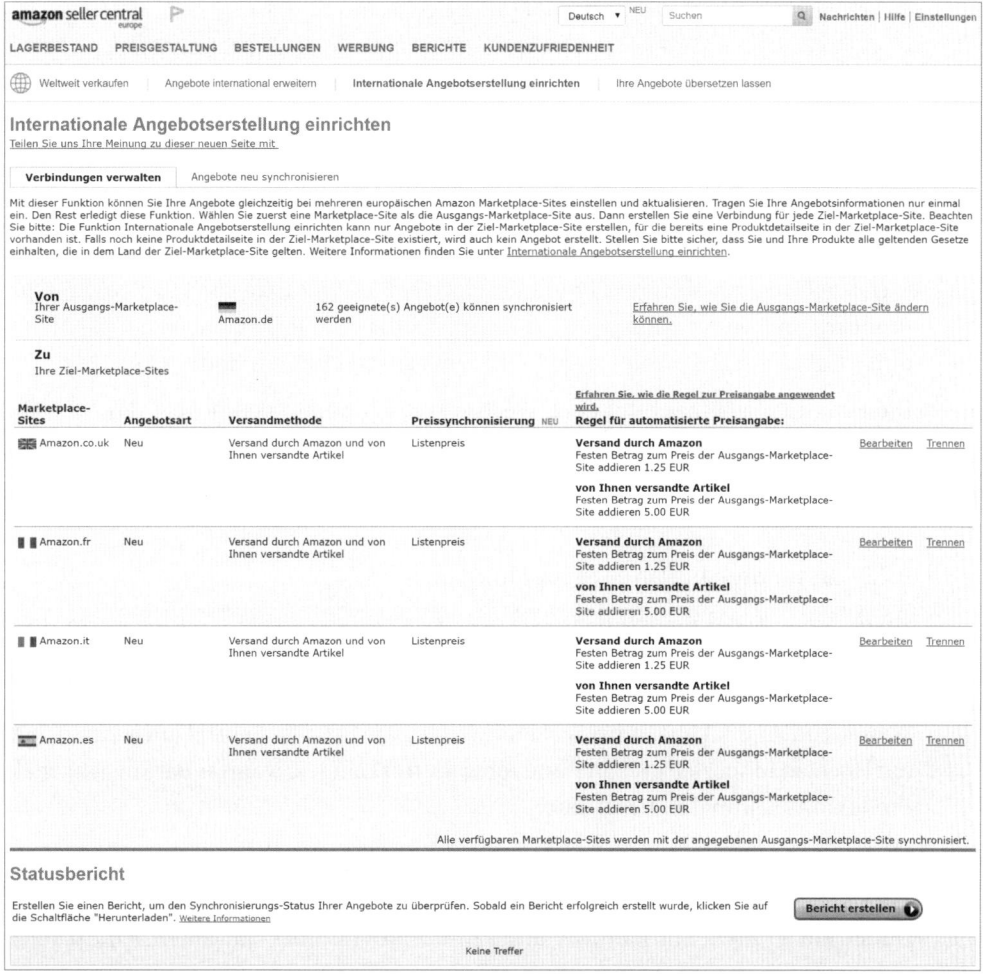

Abbildung 9.12 Internationale Angebote auf Basis des Heimatmarktplatzes erstellen

Auf dieser Seite wählen Sie zuerst den tonangebenden Marktplatz aus, die sogenannte *Ausgangs-Marketplace-Site*, in unserem Fall Deutschland. Dann wählen Sie die Marktplätze aus, auf denen automatisch Angebote erstellt werden sollen.

Für jeden Marktplatz können Sie ein Regel-Set definieren, auf welche Weise das Angebot erstellt werden soll. Sie können dabei folgende Parameter wählen:

▶ Angebotsart: Die Regel gilt nur für neue Angebote oder für neue und gebrauchte Angebote.

- ▶ VERSANDMETHODE: Nur FBA-Artikel, nur Eigenversand oder beides
- ▶ PREISSYNCHRONISIERUNG: Synchronisierung von Listenpreis oder Listenpreis und Aktionspreis
- ▶ PREISHÖHE: Hier können Sie definieren, ob der Preis gleich, um einen festen Betrag oder prozentual höher oder niedriger sein soll.
- ▶ SKU-AUSSCHLUSSLISTE: Sie können ausgewählte SKUs von der Preisregel ausnehmen.

Im Beispiel oben werden z. B. auf allen Marktplätzen automatisch Angebote erstellt, die sich am deutschen Marktplatz orientieren. Die Regeln sind dabei so definiert, dass nur Angebote für *neue* Produkte erstellt werden, die im Eigenversand und via Versand durch Amazon angelegt wurden. Grundlage ist dabei der *Listenpreis*, und als Preisregel wird ein absoluter Preisaufschlag für FBA-Produkte von 1,25 € bzw. 5 € für Produkte im Eigenversand definiert. Nicht sichtbar ist hier, dass auch ein paar SKUs hinterlegt wurden, die von diesen Preisregeln ausgenommen sind.

Die Funktion berücksichtigt auch Wechselkursschwankungen, sobald das britische Pfund im Spiel ist. Steigt z. B. der Euro im Wert im Vergleich zum Pfund, dürfte der Preis für das Produkt in Pfund Sterling automatisch steigen.

9.2.3   Besonderheit Pan-EU-Programm

Sofern Sie in Seller Central den paneuropäischen Versand aktiviert haben, müssen Sie die Produkte, die im Rahmen des Pan-EU-Programmes angeboten werden sollen, gesondert für dieses Programm registrieren. Dies können Sie – wie so oft – auf zwei Weisen tun: einmal über entsprechende Formulare in Seller Central und einmal über das Hochladen speziell gefüllter und formatierter Dateien, wenn es darum geht, viele Produkte auf einmal zu registrieren.

Die entsprechende Maske in Seller Central finden Sie unter LAGERBESTAND • LAGERBESTAND MIT PANEUROPÄISCHEM VERSAND DURCH AMAZON.

Damit ein Produkt im Rahmen des Pan-EU-Programmes auf allen Marktplätzen angeboten werden kann, muss es in jedem europäischen Land ein entsprechendes Listing geben. Hintergrund ist, dass Amazon die Produkte automatisch auf alle europäischen Lager verteilt und keine Möglichkeit vorgesehen ist, einzelne Länder davon auszunehmen.

Auf dieser Seite zeigt Ihnen Amazon daher alle FBA-Artikel an und macht deutlich, für welche Produkte bereits wie viele internationale Produktdetailseiten existieren. In Abbildung 9.13 ist das Produkt nur auf zwei von fünf Marktplätzen registriert und kann daher noch nicht in das Pan-EU-Programm aufgenommen werden.

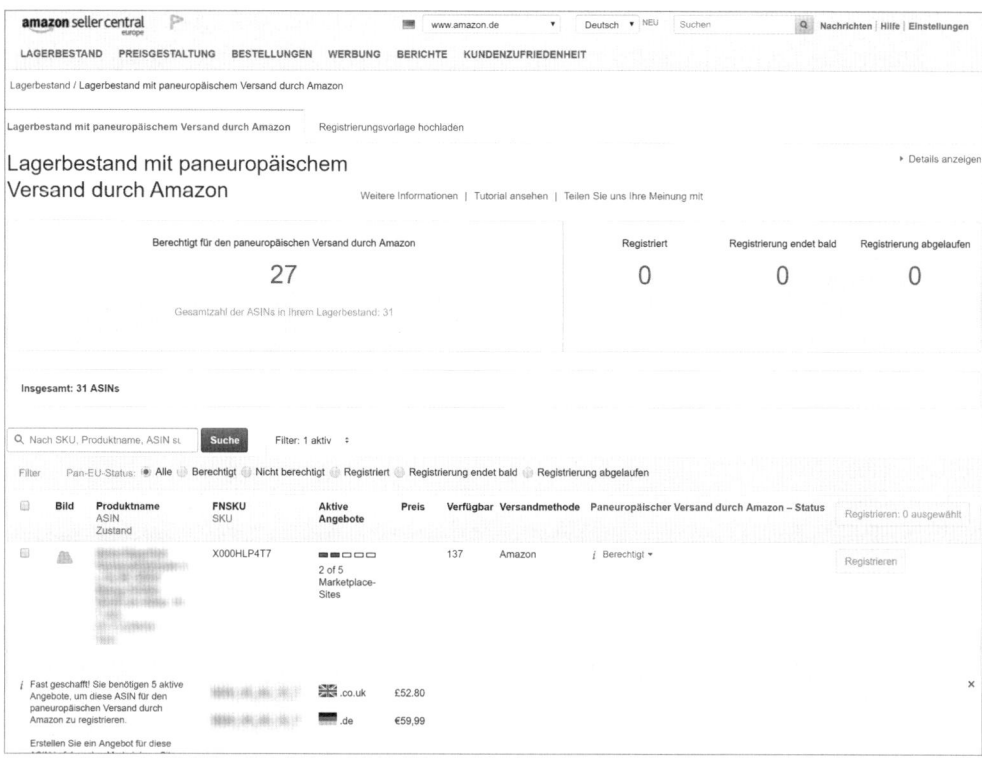

Abbildung 9.13 Startseite für die Auswahl von Produkten für die Aufnahme in den Pan-EU-Versand

Sofern ein Produkt auf allen Marktplätzen registriert ist, können Sie es für das Pan-EU-Programm registrieren. In diesem Fall lautet der Status BERECHTIGT, und der Button REGISTRIEREN ist aktiviert.

			X000HUB9KV	▰▰▰▰▰ 5 of 5 Marketplace-Sites		69	Amazon	Berechtigt ▾	Registrieren
			FDK-TPU-IP-SE	⬛ .co.uk	£5.59				
			FDK-TPU-IP-SE	⬛ .de	€6,24				
			FDK-TPU-IP-SE	⬛ .fr	€6,25				
			FDK-TPU-IP-SE	⬛ .es	€6,25				
			FDK-TPU-IP-SE	⬛ .it	€6,25				

Abbildung 9.14 Dieses Produkt kann für das Pan-EU-Programm registriert werden, da es über Listings auf allen fünf Marktplätzen verfügt.

233

Gerade bei größeren Beständen wäre es jetzt recht mühsam, sich Produkt für Produkt durch das Sortiment zu klicken. Bei Massenregistrierungen bietet Amazon die Möglichkeit an, eine CSV-Datei hochzuladen, die alle ASIN- und SKU-Kombinationen enthält, die für das Pan-EU-Programm registriert werden sollen. Um hier auch nur die Produkte anzugeben, die für das Programm berechtigt sind, stellt Ihnen Amazon wiederum eine andere CSV-Datei bereit, die Sie als Grundlage nehmen können. Diese Liste finden Sie auf der gleichen Seite unter dem Tab REGISTRIERUNGSVORLAGE HOCHLADEN.

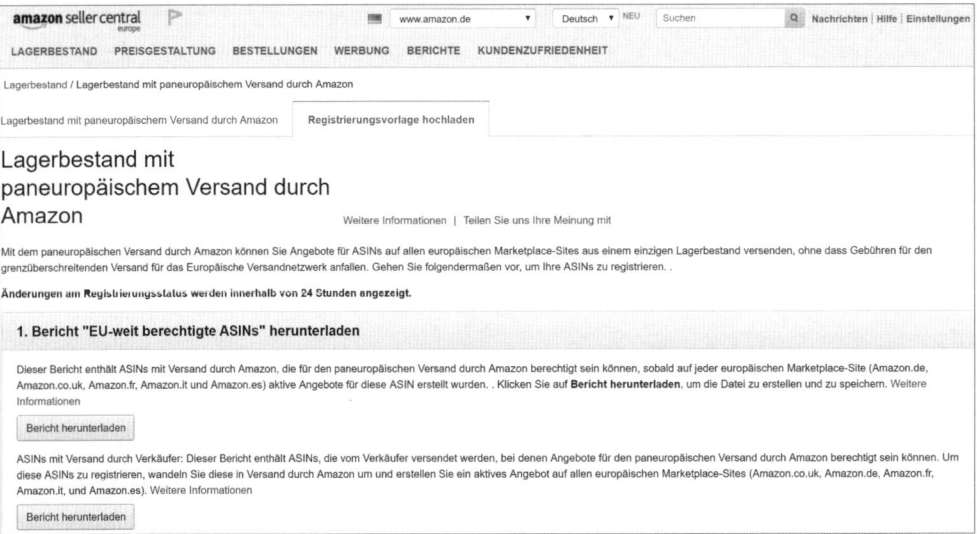

Abbildung 9.15 Amazon stellt die Informationen der für Pan-EU (nicht) berechtigten Produkte als CSV-Export bereit.

Klicken Sie auf den oberen Button BERICHT HERUNTERLADEN, erhalten Sie eine Liste aller Produkte, die via Versand durch Amazon verschickt werden. Nur diese sind auch für das Pan-EU-Programm berechtigt. In der Datei finden Sie eine Liste aller FBA-Produkte versehen mit der Information, auf welchem der fünf europäischen Marktplätze ein Angebot existiert. Zudem ist bei jedem Produkt vermerkt, ob es berechtigt ist oder nicht. Wenn Sie also z. B. alle berechtigten Produkte in einem Schwung für Pan-EU registrieren möchten, filtern Sie die Datei in Ihrer Tabellenkalkulation in der Spalte *Pan EU Status* so, dass nur noch die Produkte mit dem Wert BERECHTIGT angezeigt werden.

Jetzt benötigen Sie die Vorlage, in der Sie die Produkte auflisten müssen, die Sie für das Pan-EU-Programm registrieren möchten. Diese finden Sie auf der gleichen Seite unter dem Punkt 3. REGISTRIERUNG STARTEN.

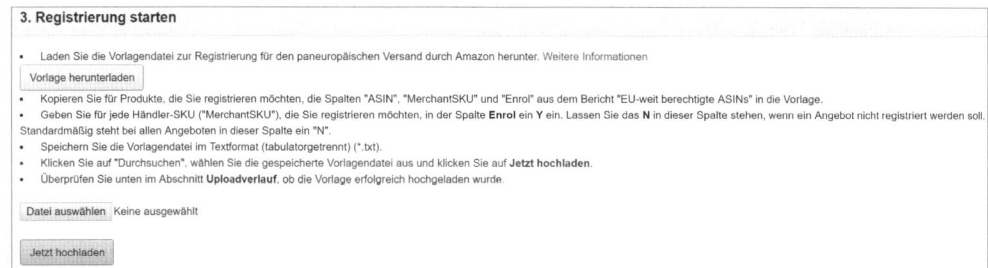

Abbildung 9.16 Herunterladen der Vorlage

Sie erhalten eine Datei für Microsoft Excel, die nur drei Spalten enthält: *MerchantSKU*, *ASIN* und eine Spalte mit dem Namen *Enrol* (siehe Abbildung 9.17) In diese müssen Sie für jedes Produkt, das registriert werden soll, ein »Y« (für *Yes*) eintragen. Kopieren Sie jetzt also die Spalten *ASIN* und *MerchantSKU* aus der ersten Datei in diese Vorlage, und ergänzen Sie noch den Buchstaben »Y« in der Spalte *Enrol*. Die ersten Zeilen Ihrer Liste sehen dann in etwa so aus:

	A	B	C	D	E
1	**ASIN**	**MerchantSKU**	**Enrol**		
2	B00W49RT	VK-6033	Y		
3	B00W49RT	VK-6033BSW	Y		
4	B01CZ2AYS	0I-YM0K-8OOQ	Y		
5	B01CZ2AYS	BSW_VK_BB_15	Y		
6	B01CZ2B05	BSW_VK_AV_10	Y		
7	B01MY782	CLA_US_RU_CI	Y		
8	B01EG22E7	FDK-TPU-IP-5S	Y		

Abbildung 9.17 Die ausgefüllte Vorlage für die Massenregistrierung von ASIN/SKU-Kombinationen

Anschließend speichern Sie die Datei wie immer als tabulator-getrennte Textdatei ab. Danach können Sie sie wieder unter dem gleichen Punkt 3 auswählen und hochladen. Den Verarbeitungsstand finden Sie in diesem Fall weiter unten auf der gleichen Seite.

9.3   Internationale Remissionen

Sofern Amazon den Versand für Sie übernimmt, wickelt Amazon auch die Retouren für Sie ab. Dabei kann es passieren, dass die Ware in den ausländischen Warenlagern liegen bleibt. Wenn Sie sich einen Überblick über Ihren Warenbestand verschaffen wollen, lohnt sich ein Blick auf das *Tagesprotokoll Lagerbestand*, einen speziellen Bericht, den Sie unter BERICHTE • VERSAND DURCH AMAZON finden. Dieser zeigt Ihnen, wie viele Produkte in welchem Zustand wo liegen.

Abbildung 9.18 Der Bericht »Tagesprotokoll Lagerbestand« verschafft Ihnen einen guten Überblick darüber, wo welches Produkt liegt.

Wenn Sie diesen Bericht im Tabellenkalkulationsprogramm Ihrer Wahl öffnen, können Sie mit einigen Filtern recht schnell sehen, ob im Ausland noch (un)verkäufliche Ware liegt. So zeigt Ihnen der Bericht neben Ihrer SKU und der Menge auch den jeweiligen Zustand sowie das Lagerland an.

	A	B	C	D	E	F	G	H
1	snapshot-date	fnsku	sku	product-name	quantity	fulfillment-center-id	detailed-disposition	country
2	2017-03-29T23:00:00+00:00				1	BHX1	SELLABLE	GB
3	2017-03-29T23:00:00+00:00				9	LTN4	SELLABLE	GB
4	2017-03-29T23:00:00+00:00				2	BHX2	SELLABLE	GB
5	2017-03-29T23:00:00+00:00				1	EUK5	SELLABLE	GB
6	2017-03-29T23:00:00+00:00				28	LTN2	SELLABLE	GB
7	2017-03-29T23:00:00+00:00				30	BHX1	SELLABLE	GB
8	2017-03-29T22:00:00+00:00				100	EDE5	SELLABLE	DE
9	2017-03-29T22:00:00+00:00				56	BER3	SELLABLE	DE
10	2017-03-29T22:00:00+00:00				46	EDE4	SELLABLE	DE
11	2017-03-29T22:00:00+00:00				1	MUC3	SELLABLE	DE
12	2017-03-29T22:00:00+00:00				20	STR1	SELLABLE	DE
13	2017-03-29T22:00:00+00:00				7	STR1	SELLABLE	DE
14	2017-03-29T22:00:00+00:00				32	DUS2	SELLABLE	DE
15	2017-03-29T22:00:00+00:00				1	PRG1	SELLABLE	CZ
16	2017-03-29T22:00:00+00:00				8	STR1	SELLABLE	DE
17	2017-03-29T22:00:00+00:00				1	CGN1	SELLABLE	DE
18	2017-03-29T22:00:00+00:00				30	CGN1	SELLABLE	DE
19	2017-03-29T22:00:00+00:00				1	LEJ1	SELLABLE	DE
20	2017-03-29T22:00:00+00:00				4	LEJ1	SELLABLE	DE
21	2017-03-29T22:00:00+00:00				1	PRG1	SELLABLE	CZ

Abbildung 9.19 Bericht »Tagesprotokoll Lagerbestand«

Im Rahmen des Pan-EU-Programmes haben Sie keinen Einfluss darauf, wo Amazon Ihre Ware lagert. Hier entscheidet ein Computer. Haben Sie Pan-EU jedoch nicht aktiviert, können Sie beim Verkäuferservice eine Anfrage dahingehend stellen, dass ausländischer Lagerbestand wieder in einem deutschen Lager eingelagert wird.

Möchten Sie hingegen den Warenbestand remittieren, wird die Sache schnell teuer (siehe Abbildung 9.20). Grenzüberschreitende Remissionen rechnet Amazon nach Gewicht ab. Dabei hängt es auch davon ab, von wo nach wo remittiert werden soll.

Lagerbestandsort	Gewichtsklasse	Bestimmungsort	
		Westeuropa	Mitteleuropa
GB	Gewicht < 100 g	3,20 £	4,20 £
	Gewicht 100 g - 2 kg	2,90 £ + 0,30 £ pro 100 g	3,45 £ + 0,75 £ pro 100 g
	Gewicht >= 2 kg	6,90 £ + 0,10 £ pro 100 g	16,45 £ + 0,10 £ pro 100 g
DE (kann Lagerung in Polen und der Tschechischen Republik einschließen)	Gewicht < 100 g	4,25 €	7,25 €
	Gewicht 100 g - 2 kg	4,05 € + 0,20 € pro 100 g	6,45 € + 0,80 € pro 100 g
	Gewicht >= 2 kg	7,05 EUR + 0,05 EUR pro 100 g	21,45 EUR + 0,05 EUR pro 100 g
FR	Gewicht < 100 g	3,40 €	4,40 €
	Gewicht 100 g - 2 kg	3,20 € + 0,20 € pro 100 g	3,60 € + 0,80 € pro 100 g
	Gewicht >= 2 kg	6,20 € + 0,05 € pro 100 g	18,60 € + 0,05 € pro 100 g
IT	Gewicht < 100 g	4,25 €	7,25 €
	Gewicht 100 g - 2 kg	4,05 € + 0,20 € pro 100 g	6,45 € + 0,80 € pro 100 g
	Gewicht >= 2 kg	7,05 EUR + 0,05 EUR pro 100 g	21,45 € + 0,05 € pro 100 g
ES	Gewicht < 100 g	4,25 €	7,25 €
	Gewicht 100 g - 2 kg	4,05 € + 0,20 € pro 100 g	6,45 € + 0,80 € pro 100 g
	Gewicht >= 2 kg	7,05 EUR + 0,05 € pro 100 g	21,45 € + 0,05 € pro 100 g

Abbildung 9.20 Preise für grenzüberschreitende Remissionen

Eine Remission von Italien nach Deutschland eines 3-kg-Produktes kostet dann schnell 8,55 €. Dies lohnt sich also häufig nur für vergleichsweise wertvolle Produkte.

9.4   Abmelden

Wenn Sie nicht länger ins europäische Ausland verkaufen möchten, können Sie dies in den Exporteinstellungen wieder deaktivieren. Gehen Sie dazu auf EINSTELLUNGEN • VERSAND DURCH AMAZON • EXPORTEINSTELLUNGEN, und deaktivieren Sie dort den Export (siehe Abbildung 9.21).

Sie haben in diesem Kapitel gelernt, wie Sie mit vergleichsweise wenig Aufwand Ihre Ware auf allen europäischen Marktplätzen platzieren können. Bevor Sie jetzt jedoch voller Eifer ans Werk gehen, sollten Sie die steuerlichen Implikationen für sich abschätzen. Diese habe ich in Kapitel 17, »Buchhaltung, Umsatzsteuer & Co.«, skizziert. Ziehen Sie hier in jedem Fall Ihren Steuerberater hinzu.

Abbildung 9.21 Stellen Sie die Einstellung wieder auf »Deaktiviert«, werden keine Artikel mehr ins Ausland verschickt.

Kapitel 10
Organisation des Tagesgeschäfts

Als Händler auf Amazon fallen regelmäßig Marktplatz-typische Aufgaben an, die Sie in unterschiedlichen Abständen bearbeiten sollten. Kunden stellen Fragen zu ihrer Bestellung, fordern Rechnungen an, schicken Ware zurück oder geben Bewertungen zu Ihnen oder Ihren Produkten ab. Wettbewerber hängen sich an Ihre Listings, ändern diese oder zetteln den nächsten Preiskrieg an. Gern meldet sich auch Amazon bei Ihnen und weist Sie auf eine sinkende Verkäuferleistung hin oder erinnert Sie daran, dass sich in Frankreich noch ein paar unverkäufliche Produkte befinden. Amazon hat sich zum Ziel gesetzt, das kundenfreundlichste Unternehmen zu werden. Und diesen Anspruch gibt Amazon an Sie als Händler weiter und rechnet Ihnen genau vor, wo Sie die Erwartungen erfüllen und wo nicht.

Bei einigen Aufgaben müssen Sie als Verkäufer in kurzer Zeit reagieren, andere sollten Sie sich auf die To-do-Liste setzen. Der Rhythmus kann je nach Aufgabe sehr unterschiedlich sein. Wichtig ist in jedem Fall, dass Sie die unterschiedlichen Aufgaben im Unternehmen klar delegieren und auch immer für eine Vertreter-Regelung sorgen.

Im Folgenden gebe ich Ihnen jedoch einen Überblick, welche Aufgaben in welchen Abständen anfallen. Am Ende müssen Sie die Prozesse an Ihre Erfordernisse anpassen. Betrachten Sie Tabelle 10.1 daher als »Serviervorschlag«.

Aufgabe	Rhythmus
Bestellungen Eigenversand bearbeiten	täglich
Kundenanfragen beantworten	alle 12 Stunden
Rücksendungen bearbeiten	täglich
Remissionen bearbeiten	wöchentlich
Verkäuferbewertungen prüfen	täglich
Produktbewertungen prüfen	täglich
Produktdetailseiten prüfen	wöchentlich
Bestände überwachen	wöchentlich
Gesponserte Produktkampagnen auswerten	wöchentlich/monatlich
Auszahlungen veranlassen	am Monatsletzten

Tabelle 10.1 Aufgaben und Rhythmus

Einige der Themen werden aufgrund des Umfangs an anderer Stelle des Buches behandelt. Das Thema Bestandsüberwachung wurde bereits in Kapitel 11, »Analyse des Erfolgs«, thematisiert, die Auswertung der gesponserten Produktkampagnen wurde in Kapitel 8, »Absatzfördernde Maßnahmen«, erläutert. Und den Tipp, Ihre Auszahlungen immer morgens am Monatsersten bzw. am Vorabend (idealerweise um 23:59h) zu veranlassen, bekommen Sie in Kapitel 17, »Buchhaltung, Umsatzsteuer & Co.«. Daher gehe ich hier nur auf die Themen ein, die nicht an anderer Stelle behandelt werden.

10.1 Bestellungen im Eigenversand bearbeiten

Wenn Sie Artikel anbieten, bei denen Sie als Händler den Versand übernehmen, dann müssen Sie diese Bestellungen täglich bearbeiten. Alle Bestellungen finden Sie wie in Abbildung 10.1 dargestellt unter BESTELLUNGEN • BESTELLUNGEN VERWALTEN.

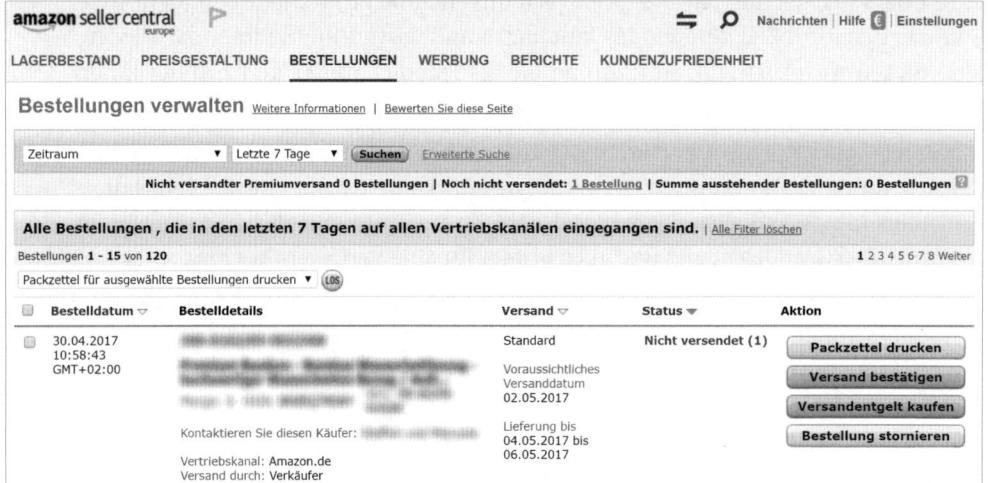

Abbildung 10.1 Liste aller Bestellungen

Um sich die Bestellungen anzeigen zu lassen, bei denen Sie als Verkäufer beim Versand tätig werden müssen, empfehle ich Ihnen, diese Liste entsprechend zu filtern. Klicken Sie dazu auf ERWEITERTE SUCHE und wählen Sie dort den Punkt VOM VERKÄUFER ERFÜLLTE BESTELLUNGEN (siehe Abbildung 10.2).

Sobald Sie die Ware einer zugehörigen Bestellung versendet haben, ist es wichtig, dass Sie den Versand der Ware bestätigen und – sofern vorhanden – auch die Trackingnummer hinterlegen. Klicken Sie dazu neben der jeweiligen Bestellung auf VERSAND BESTÄTIGEN und geben Sie im folgenden Dialog (siehe Abbildung 10.3) die Tracking-Nummer sowie den Transport-Dienstleister an.

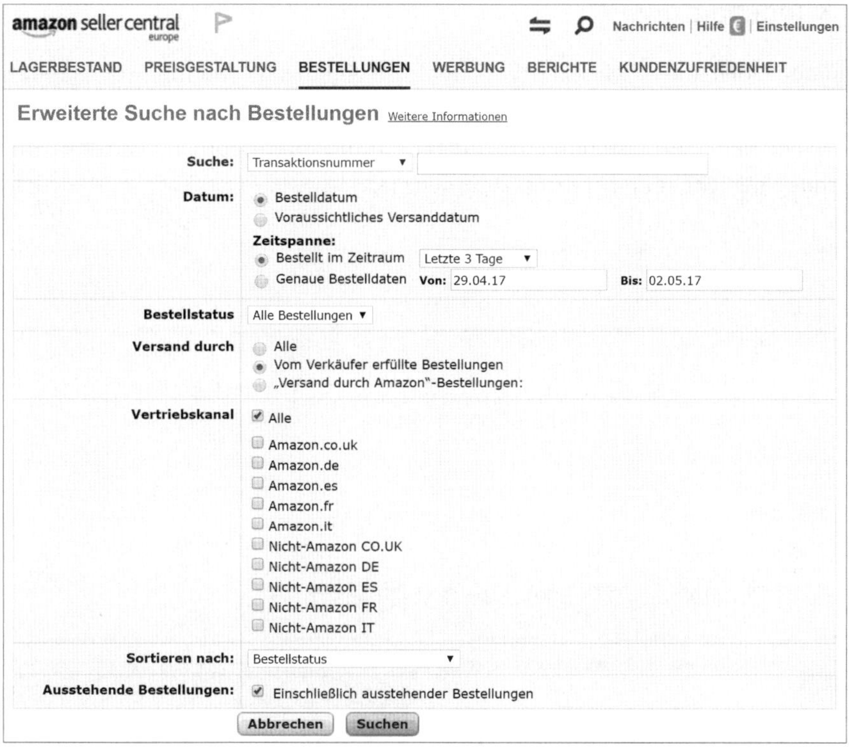

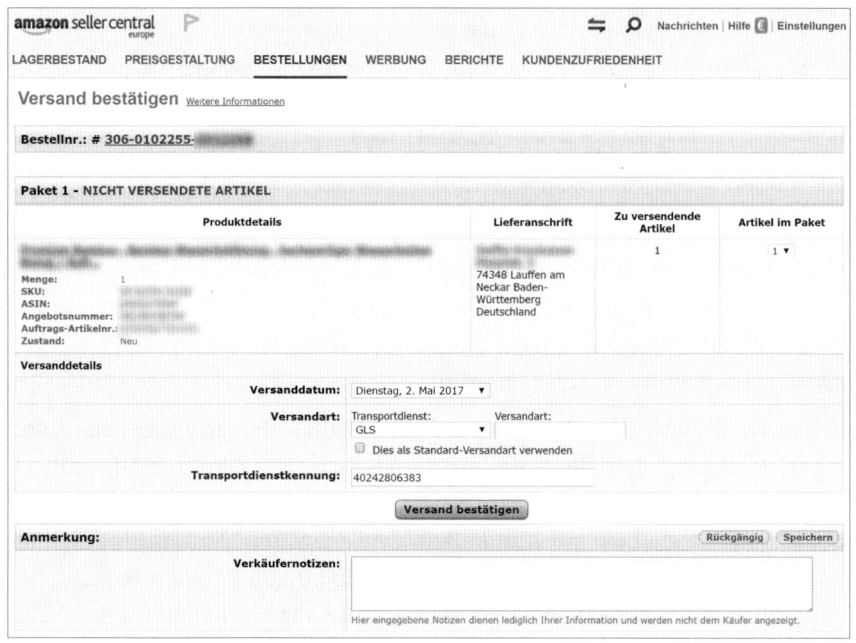

Abbildung 10.2 Filtern nach Bestellungen, die vom Verkäufer erfüllt werden

Abbildung 10.3 Bestätigung des Versands unter Angabe der Tracking-Nummer

10.2   Kundenanfragen

Ihre Kunden haben die Möglichkeit, vor oder nach einem Kauf mit Ihnen als Händler in Kontakt zu treten. Amazon stellt dazu verschiedene Möglichkeiten bereit. So befinden sich bei jeder Bestellung und auch in Ihrem Impressum auf Amazon entsprechende Möglichkeiten zur Kontaktaufnahme.

Abbildung 10.4 Kontaktmöglichkeiten in der Bestellübersicht

Abbildung 10.5 Haben Sie eine Frage an einen Verkäufer?

Amazon stellt hierfür ein eigenes Nachrichtensystem bereit. Dieses erfüllt mehrere unterschiedliche Zwecke. Zum einen möchte Amazon nicht, dass Sie an die E-Mail-Adressen der Kunden gelangen, um diese für Direktmarketing-Zwecke zu missbrauchen. Als Händler könnten Sie ja sonst auf die Idee kommen, die Kunden auf Ihren eigenen Onlineshop aufmerksam zu machen.

Amazon »verschlüsselt« diese Adressen und leitet alle Anfragen immer über den eigenen Server. Daher sehen die E-Mail-Adressen auch sehr kryptisch aus, z. B. so: *mggrz2m72th95kt@marketplace.amazon.de*. Auf der anderen Seite möchte Amazon auch messen, wie schnell Sie auf Kundenanfragen reagieren. Amazon macht hier klare Vorgaben. Jede Kundenanfrage sollte innerhalb von 24 Stunden beantwortet werden, und dabei macht es keinen Unterschied, ob gerade Wochenende oder Weihnachten ist. Zuletzt ist es für Sie als Händler natürlich auch praktisch, alle Nachrichten an einem Platz zu haben.

Darüber hinaus können Kunden natürlich auch eine E-Mail an die im Impressum genannte E-Mail-Adresse schicken. Da dies dann aber nicht über das Amazon-interne Nachrichtensystem läuft, betrachte ich derartige Anfragen hier nicht weiter. Sie sollten diese aber mit der gleichen Priorität bearbeiten wie Anfragen, die über Amazons Plattform hereinkommen.

An dieser Stelle empfehle ich Ihnen auch, die *Amazon Seller*-App für Ihr Smartphone zu installieren (siehe Abbildung 10.6). Hier können Sie sich über neue Nachrichten informieren lassen und haben zudem die Möglichkeit, diese mit KEINE ANTWORT NÖTIG zu bestätigen. In diesem Fall gilt auch das als Antwort und Ihre Pflicht, innerhalb von 24 Stunden zu antworten, als erfüllt.

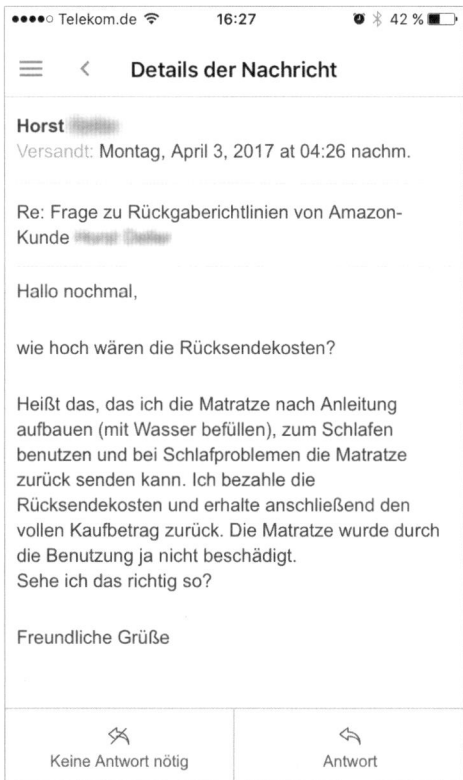

Abbildung 10.6 Die Amazon Seller-App ermöglicht Ihnen auch, notfalls auf dem Smartphone auf Anfragen zu reagieren.

Sie erhalten die App sowohl für Apple- als auch für Android-Geräte.

In Seller Central sieht der Nachrichtenbereich so aus (siehe Abbildung 10.7).

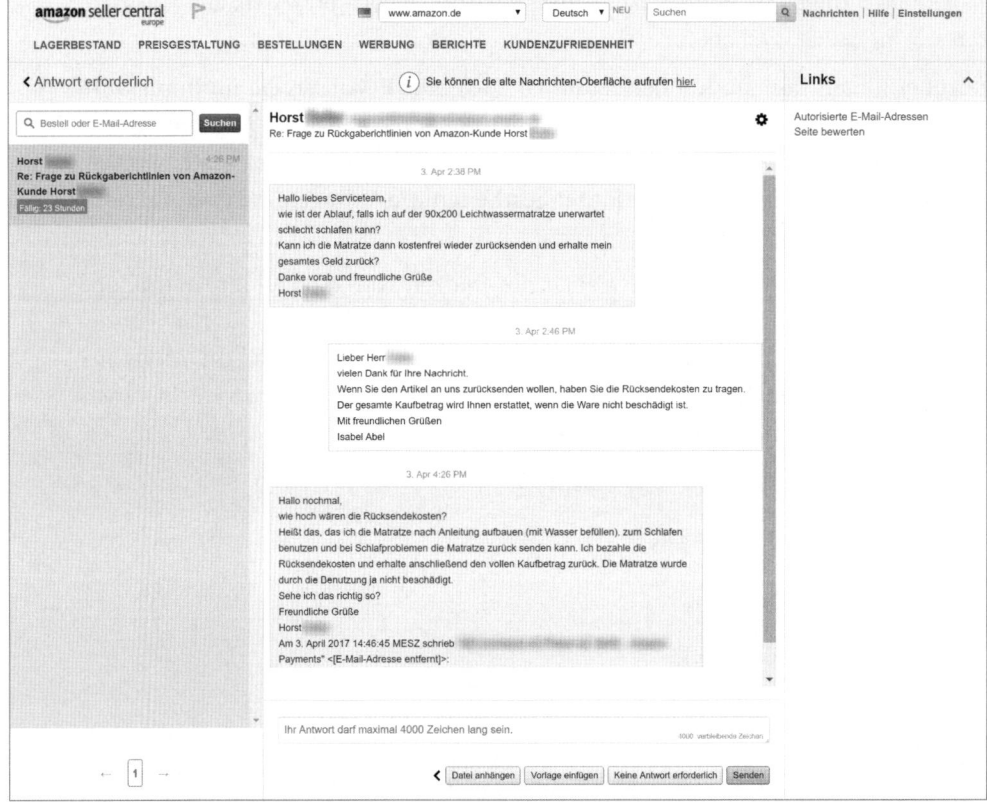

Abbildung 10.7 Nachrichtenzentrale für die Kommunikation mit Ihren Kunden inklusive Anzeige der Fälligkeit

Hier sehen Sie im Chat-Verlauf die Kommunikation mit Ihren Kunden. Sobald eine Frage des Kunden auftaucht, beginnt der Zähler von Neuem zu ticken. Hier hat der Händler noch 23 Stunden Zeit bis zur Beantwortung der Frage.

Ein zeitsparendes Feature in diesem Zusammenhang ist die Nutzung von Antwortvorlagen (siehe Abbildung 10.8). Diese können Sie einfügen, indem Sie unten auf VORLAGE EINFÜGEN klicken. Es erscheint im rechten Bildschirmbereich eine Auswahl definierter Vorlagen. Dort finden Sie auch einen Link, um Ihre Vorlagen zu bearbeiten und neue anzulegen. Hier können Sie Standard-Antworttexte hinterlegen, was im Alltag erhebliche Tipparbeit erspart.

Ich empfehle Ihnen, einmal morgens und einmal abends alle Anfragen zu beantworten. Erledigen Sie die Anfragen nur einmal täglich, kann es unter unglücklichen Umständen dazu kommen, dass Sie die 24-Stunden-Frist reißen.

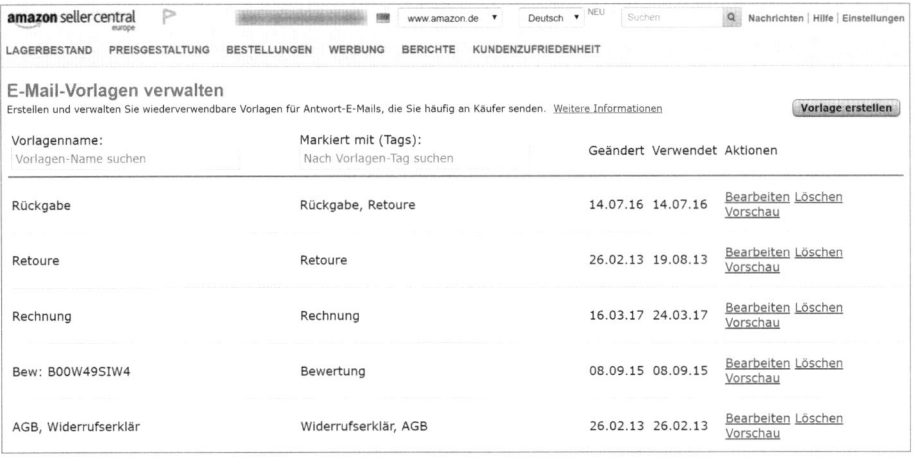

Abbildung 10.8 Verwaltung der E-Mail-Vorlagen

Sie können auch aus Ihrem E-Mail-Programm an die von Amazon bereitgestellte Adresse (Beispiel: *mgldu28476th95kt@marketplace.amazon.de*) direkt antworten. Allerdings müssen Sie dann als Absenderadresse eine E-Mail-Adresse nehmen, die auch bei Amazon für die Beantwortung von Kundenanfragen autorisiert ist. Standardmäßig ist immer die Adresse des Inhabers des Seller-Accounts registriert. Sie können aber auch weitere Adressen hinzufügen.

Abbildung 10.9 Autorisierung weiterer Absenderadressen

Sofern Sie es einmal versäumen, auf eine Anfrage innerhalb von 24 Stunden zu antworten, erhalten Sie einen entsprechenden Eintrag/Hinweis in der Verkäuferleistung. Zu spät beantwortete Kundenanfragen führen laut Amazon nicht zum Verlust der Verkaufsberechtigung, können aber die Ursache für negatives Verkäufer-Feedback und Garantieanträge sein, welche wiederum Auswirkungen auf Ihre Verkaufsberechtigung haben. Zudem kann angenommen werden, dass Verkäufer mit einer schlechten Verkäuferleistung auch Nachteile z. B. im Ranking zu bestimmten Suchbegriffen oder im Wettbewerb um die Buybox erleiden.

10.3   Rücksendungen

Kunden schicken Waren bei Defekten oder Unzufriedenheit regelmäßig zurück und sind hier seitens Amazon sehr kulantes Verhalten gewohnt. Amazon hat im April 2017 zudem die Rückgabebedingungen für Marketplace-Händler vereinheitlicht. Gab es vorher noch Unterschiede bei FBA- und FBM-Sendungen, gelten nun für beide Versandarten die gleichen Rückgabebedingungen:

▶ Wenn Kunden ein gekauftes Produkt ohne Angabe eines Grundes zurücksenden wollen, können sie dies innerhalb von 30 Tagen nach Erhalt des Produktes tun. Sie erhalten eine Erstattung in Höhe des Verkaufspreises.

▶ Wenn ein Kunde einen Artikel mit einem Verkaufspreis von mehr als 40 € innerhalb von 14 Tagen zurücksendet, werden außerdem die Rücksendekosten erstattet.

▶ Bei der Rücksendung von Schuhen, Bekleidung und Handtaschen innerhalb von 30 Tagen erhalten die Kunden eine Erstattung der Versandkosten für die Hin- sowie die Rücksendung unabhängig vom Verkaufspreis, d. h., dass Retouren für solche Artikel immer kostenlos sind.

▶ Produkte, die zwischen dem 1. November und dem 31. Dezember versandt werden, können bis zum 31. Januar des folgenden Jahres zurückgesendet werden.

Hinsichtlich der Bearbeitung von Rücksendungen müssen Sie zwischen Sendungen unterscheiden, die via FBM (Fulfillment by Merchant) oder FBA (Fulfillment by Amazon) versendet wurden. Auf beide Fälle gehe ich im Folgenden ein.

10.3.1   Rücksendungen bei Bestellungen durch Eigenversand

Bei Rücksendungen zu Sendungen, die Sie im Eigenversand (FBM) verschickt haben, müssen sich die Kunden an Sie wenden, und Sie müssen die Rücksendungen innerhalb von 48 Stunden bearbeiten. Sie finden die entsprechende Seite unter BESTELLUNGEN • RÜCKSENDUNGEN VERWALTEN.

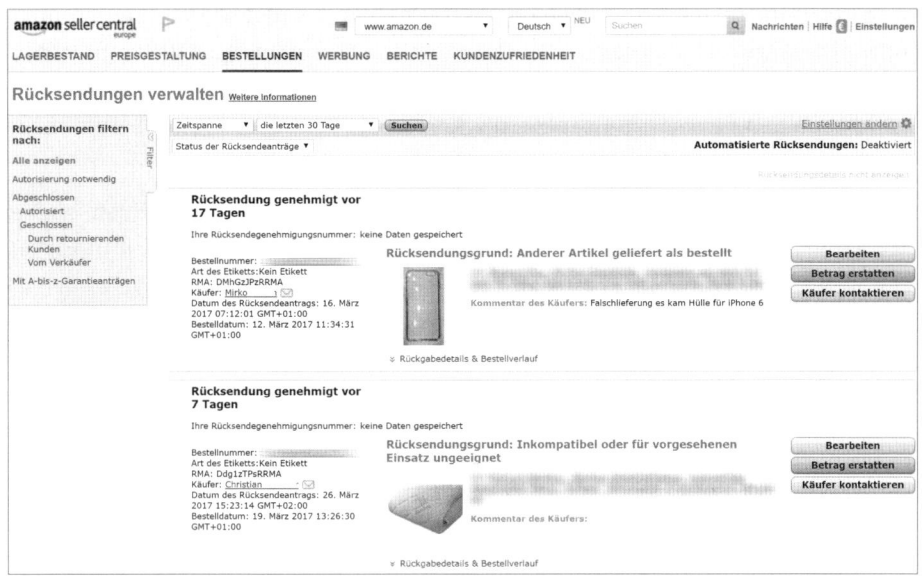

Abbildung 10.10 Dialog zum Verwalten aller Rücksendungen

Unter dem Punkt AUTORISIERUNG NOTWENDIG finden Sie stets die neuen noch zu bearbeitenden Einträge. Klicken Sie zur Bearbeitung von Rücksendeanträgen auf BEARBEITEN beim jeweiligen Antrag.

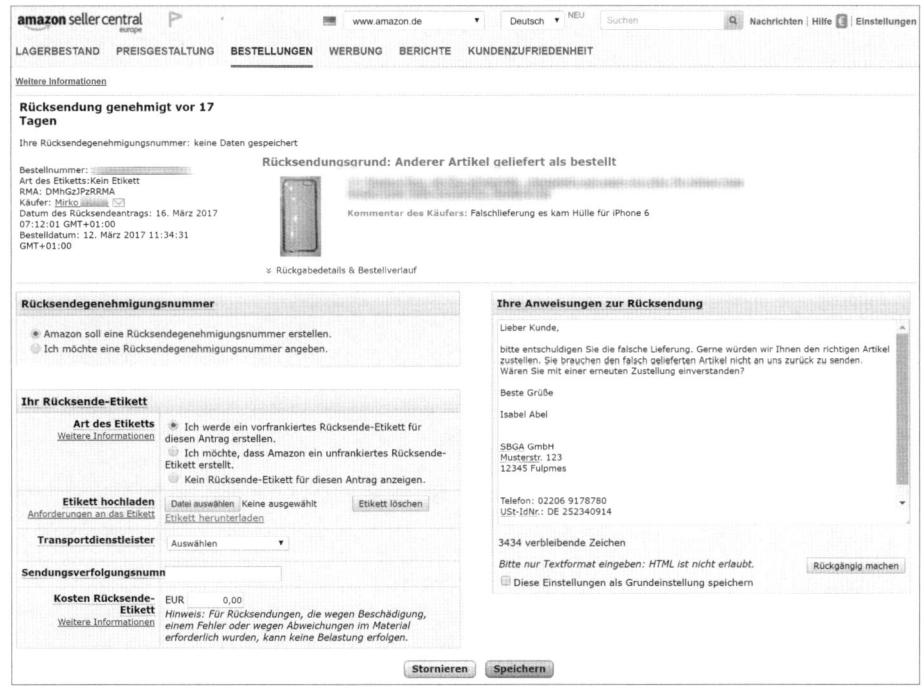

Abbildung 10.11 Bearbeitung eines Rücksendeantrags

Sie müssen im Einzelfall entscheiden, ob der Käufer das (defekte/falsche) Produkt behalten oder zurückschicken soll. Als Händler sind Sie seitens Amazon verpflichtet, eine Rücksendeadresse im Land des Marktplatzes zur Verfügung zu stellen, auf dem Sie verkaufen. Alternativ müssen Sie die Kosten für Rücksendungen übernehmen, die vom Käufer in ein abweichendes Land geschickt werden sollen.

Sofern der Käufer das Produkt zurückschicken soll, können Sie entscheiden, ob Sie dem Kunden ein vorfrankiertes Rücksende-Etikett zur Verfügung stellen möchten oder nicht. Dazu können Sie im Dialog der Bearbeitung ein eigenes Etikett hochladen. Leider akzeptiert Seller Central an dieser Stelle nur Bild- und keine PDF-Dateien. Idealerweise bietet Ihr Versanddienstleister ein Retourenportal an, sodass Sie dort auch Links generieren können, mithilfe derer Ihre Kunden dann selbstständig ein Etikett erstellen lassen können.

Tun Sie dies nicht, erhält der Kunde ein nicht vorfrankiertes Etikett mit der in Seller Central hinterlegten Rücksendeadresse. Ihre Rücksendeadressen verwalten Sie unter EINSTELLUNGEN • INFORMATIONEN ZUM VERKÄUFERKONTO • INFORMATIONEN ZU RÜCKSENDUNGEN.

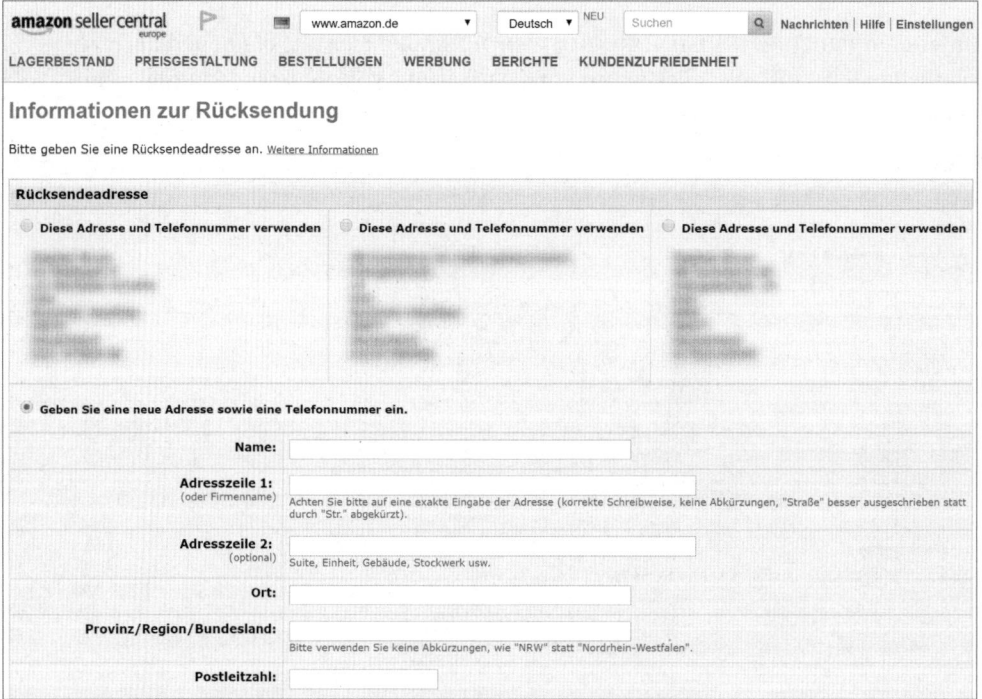

Abbildung 10.12 Hinterlegung verschiedener Rücksendeadressen

Sie können dabei für jeden internationalen Marktplatz unterschiedliche Adressen hinterlegen. Klicken Sie dazu am Ende der Seite auf ABWEICHENDE ANGABEN FÜR

EINEN WEITEREN VERKAUFSKANAL HINZUFÜGEN, und passen Sie die Einstellungen für jeden Marktplatz separat an. Amazon ermöglicht es Ihnen zudem, in den Einstellungen festzulegen, dass Rücksendeanträgen automatisch zugestimmt wird.

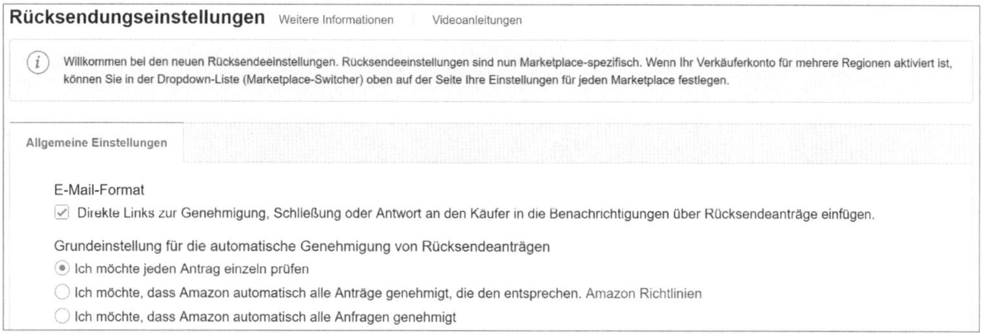

Abbildung 10.13 Rücksendeeinstellungen (Auszug)

Gleichzeitig können Sie in den Rücksendeeinstellungen einen E-Mail-Text hinterlegen, der im Falle automatischer Genehmigungen an den Käufer verschickt wird.

Sofern Sie auf die Rücksendung bestehen und die Ware wieder bei Ihnen eingegangen ist, müssen Sie die Erstattung der Ware vornehmen. Hier hängt es natürlich vom Zustand der Ware ab. Wurde die Rücksendung innerhalb von 30 Tagen veranlasst und ist die Ware noch nicht gebraucht, erhalten die Kunden eine Erstattung des Kaufpreises.

Wie besprochen, sollten Sie alle Rücksendeanträge innerhalb von 48 Stunden bearbeiten, da der Käufer sonst einen A-bis-Z-Garantieantrag bei Amazon stellen kann. Und das sieht in einem Verkäuferkonto nie gut aus.

10.3.2 Rücksendungen bei Bestellungen durch Versand durch Amazon

Bei Rücksendungen zu Bestellungen, die durch den Versand durch Amazon abgewickelt wurden, übernimmt Amazon den kompletten Kundenservice. Hier bekommen Sie von den Retouren fast gar nichts mit. Wichtig ist jedoch zu verstehen, wie Amazon mit den Retouren, die es zurückerhält, umgeht. Im Falle einer Rücksendung belastet Amazon einerseits sofort Ihr Verkäuferkonto mit dem Verkaufspreis, überweist das Geld dem Kunden und schreibt Ihnen andererseits die Verkaufsgebühren abzüglich einer *Verwaltungsgebühr für Rückerstattungen* gut. Diese beträgt i. d. R. 20 % der Verkaufsgebühr, maximal jedoch 5 €. Die für Sie gültigen Werte finden Sie im *Amazon Services Europe Business Solutions Vertrag*, den Sie unter EINSTELLUNGEN • INFORMATIONEN ZUM VERKÄUFERKONTO einsehen können.

Was im Anschluss passiert, hängt vom Zustand der zurückgeschickten Ware ab. Drei unterschiedliche Fälle sind möglich:

Zustand der zurück-gesendeten Ware	Folgen für die zurück-gesendete Ware	Erstattungen für den Händler
Die Ware ist verkaufbar.	Die Ware wird wieder Ihrem FBA-Lagerbestand hinzugefügt.	keine weiteren Erstattungen
Die Ware ist *nicht* verkaufbar, und Amazon übernimmt die Verantwortung hierfür.	Die Ware wird Ihrem FBA-Lagerbestand *nicht* wieder hinzugefügt.	Erstattung des Warenwertes in Höhe des Verkaufspreises
Die Ware ist *nicht* verkaufbar, und Amazon übernimmt *nicht* die Verantwortung hierfür.	Die Ware wird Ihrem FBA-Lagerbestand wieder hinzugefügt, aber als *nicht verkaufbar* markiert.	keine weiteren Erstattungen

Tabelle 10.2 Unterschiedliche Verfahrensweisen bei Rücksendungen zu FBA-Bestellungen

Um Ware, die als nicht verkaufbar markiert ist, wieder zu sich zurückzuholen, müssen Sie einen Remissionsauftrag stellen. Darum soll es im folgenden Abschnitt gehen.

10.4   Remissionen

Es gibt verschiedene Gründe, warum Sie Ware aus dem Amazon-Lager zurückholen möchten. Der häufigste Grund ist, dass Kunden Ware retourniert haben und diese nicht mehr verkäuflich ist. Aber auch wenn sich Ware nur sehr langsam verkauft und/oder Lagerlangzeitgebühren drohen, sollten Sie überlegen, Ware aus dem Lager zurückzuholen oder – wenn sich eine Rückholung finanziell nicht lohnt – von Amazon vernichten und entsorgen zu lassen. Das entsprechende Menü finden Sie unter LAGERBESTAND • LAGERBESTAND VERWALTEN • NICHT VERKAUFBAREN LAGERBESTAND ENTFERNEN.

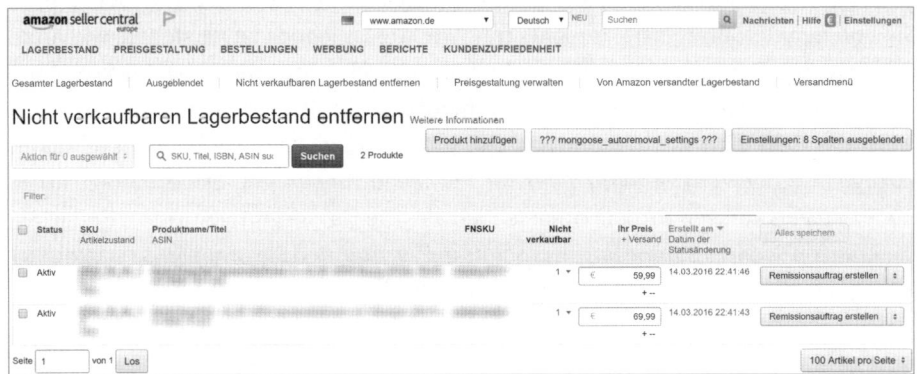

Abbildung 10.14 Startseite der Remissionsverwaltung

Der Ablauf ist relativ simpel. Sie wählen auf der Seite einen oder mehrere Artikel aus, die remittiert werden können, und klicken auf REMISSIONSAUFTRAG ERSTELLEN. Diesen Weg gehen Sie auch, wenn der Artikel vernichtet werden soll. Auf der folgenden Seite werden Sie gefragt, ob die Artikel zurückgeschickt oder vernichtet werden sollen.

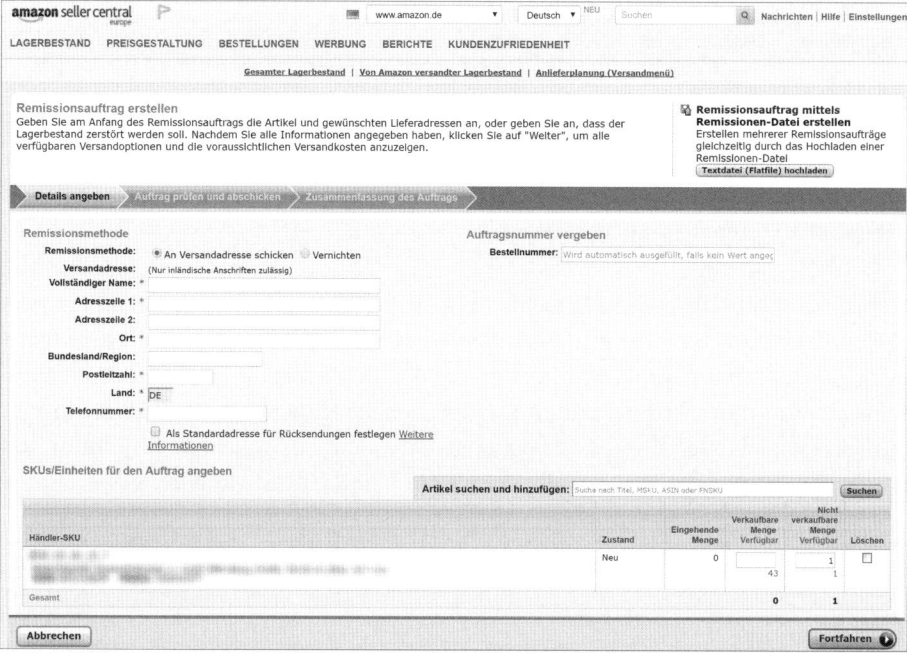

Abbildung 10.15 Auswahl der Remissionsmethode und Angabe der Rücksendeadresse

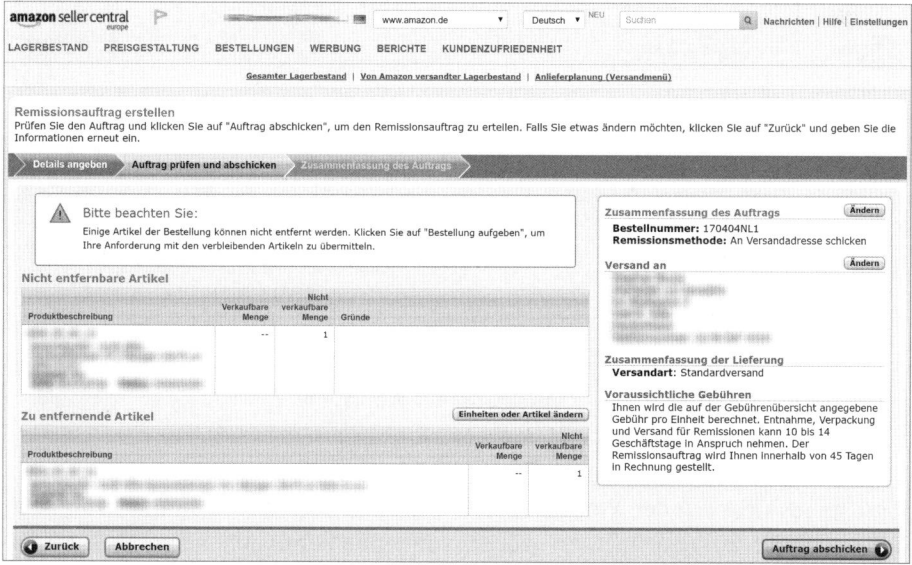

Abbildung 10.16 Prüfung des Remissionsauftrages

Sofern der Artikel an Ihr eigenes Lager zurückgeschickt werden soll, können Sie hier die Adresse angeben. Standardmäßig ist hier Ihre Adresse hinterlegt. Anschließend klicken Sie auf FORTFAHREN und überprüfen auf der Folgeseite noch einmal Ihre Angaben, und das war es schon auch. Für eine Remission fallen je Artikel die folgenden Kosten an (Stand: März 2017):

	Medienprodukte/Nichtmedienprodukte	Produkt in Übergröße
Rücksendung	0,25 €	0,50 €
Vernichtung	0,10 €	0,25 €

Tabelle 10.3 Kosten für die Remission

Sofern Sie immer die gleiche Entscheidung bei Ihren Produkten treffen (also entweder immer vernichten oder immer zurückschicken lassen), können Sie diese Aufgabe auch automatisieren. Amazon bietet hierzu die Möglichkeit an, dass Sie Ware automatisch remittieren lassen können. Dazu stellen Sie einfach ein, ob die Ware immer zurückgesendet oder immer vernichtet werden und in welchem Rhythmus das geschehen soll (monatlich oder alle 15 Tage am 5. und 20. des Monats).

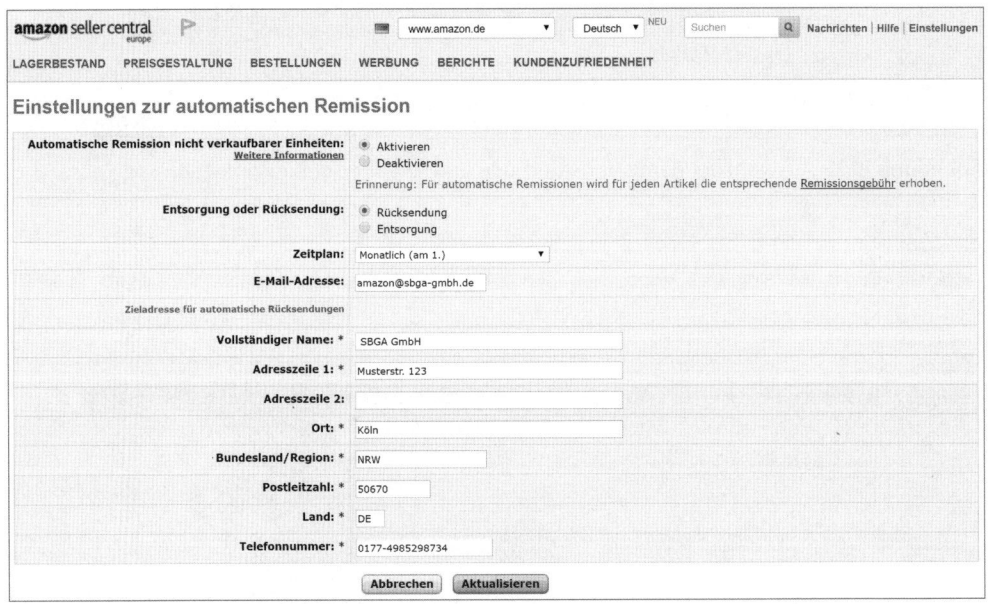

Abbildung 10.17 Einstellungen zur automatischen Remission

Und wie so oft können Sie auch eine Lagerbestandsdatei zu Amazon hochladen. Diese bietet nicht nur den Vorteil, dass Sie damit viele Daten auf einmal bearbeiten und hochladen können, auch grenzüberschreitende Remissionen sind damit möglich. Diese treten auf, wenn Sie auch in das europäische Ausland verkaufen. Aber Achtung, diese werden nicht pauschal, sondern nach Gewicht abgerechnet!

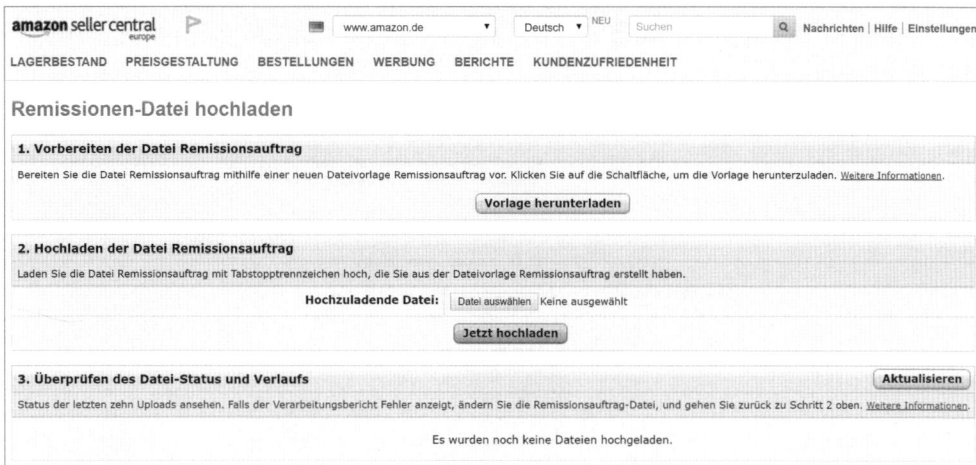

Abbildung 10.18 Hochladen einer Remissionen-Datei

Hier können Sie unter *RemoveFromCountryCode* das Land eintragen, aus dem Sie die Ware remittieren wollen. Das bedeutet im Umkehrschluss, dass die Datei auch immer länderspezifisch gefüllt werden muss.

	A	B	C
1	MerchantRemovalOrderID		
2	RemovalDisposition		
3	AddressName		
4	AddressFieldOne		
5	AddressFieldTwo		
6	AddressFieldThree		
7	AddressCity		
8	AddressCountryCode		
9	AddressStateOrRegion		
10	AddressPostalCode		
11	ContactPhoneNumber		
12	RemoveFromCountryCode		
13	ShippingNotes		
14			
15	MerchantSKU	SellableQuantity	UnsellableQuantity
16			

Abbildung 10.19 Aufbau der Remissionen-Datei

Um die Anzahl Ihrer Remissionen zu verringern, können Sie Amazon auch beauftragen, Ware, die sich grundsätzlich im verkäuflichen Zustand befindet, aber bei der z. B. die Umverpackung getauscht werden muss, wieder aufzubereiten. Diesen Service müssen Sie aktivieren und konfigurieren. So können Sie diesen Service z. B. auch nur

für bestimmte Kategorien aktivieren. Sie finden diese Einstellungen unter EINSTEL-
LUNGEN • VERSAND DURCH AMAZON • AUFBEREITUNGSEINSTELLUNGEN.

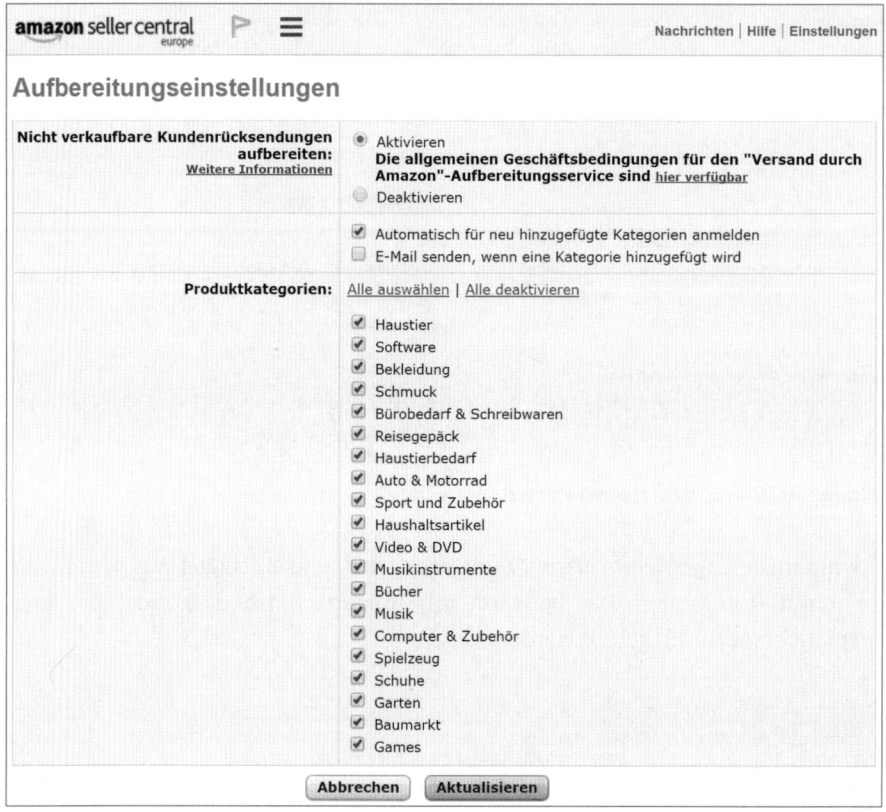

Abbildung 10.20 Aktivierung der Aufbereitungseinstellungen

10.5   Verkäuferleistung im Blick halten

Amazon schreibt Kundenzufriedenheit groß. Entsprechend ist in Seller Central ein
ganzes Hauptmenü dem Thema gewidmet. Amazon stellt unterschiedliche Anforderungen an Sie als Händler und misst genau, wie gut Sie sich in den einzelnen Bereichen schlagen. Amazon nennt dies *Verkäuferleistung*. Zudem haben Kunden die
Möglichkeit, Sie als Händler (nicht das Produkt) zu bewerten. Alle diese Punkte finden Sie im Menu KUNDENZUFRIEDENHEIT.

Unter der Verkäuferleistung fasst Amazon derzeit folgende Kennzahlen zusammen:

▶ *Rate an Bestellmängeln*: Ein Bestellmangel tritt auf, wenn ein Kunde ein negatives
  Verkäufer-Feedback hinterlässt, einen A-bis-Z-Garantieantrag stellt oder eine Zahlung zurückbuchen lässt.

▶ *Rate der Stornierungen*: Eine Stornierung tritt auf, wenn ein Verkäufer eine selbst versendete Sendung (FBM) vor Versand wieder stornieren muss, z. B. weil die Ware nicht (mehr) auf Lager ist.

▶ *Rate verspäteter Lieferungen*: Eine Sendung gilt als verspätet, wenn die Versandbestätigung für ein selbst verschicktes Produkt (FBM) nach dem erwarteten Versanddatum erfolgt. Dieses geben Sie in Ihren Versandeinstellungen selbst an.

▶ *Rate der Rücksendungen, bei denen Kunden mit der Rücksendung nicht zufrieden waren*: Hierzu zählen Rücksendeanträge, die erst nach 48 Stunden bearbeitet werden, negative Kundenbewertungen zu einer Rücksendung sowie Ablehnungen von Rücksendeanträgen, die gemäß den Richtlinien Amazons hätten genehmigt werden müssen.

▶ *Verstöße gegen Richtlinien*: Hier weist Amazon aus, dass Ihnen Amazon Richtlinienverstöße gemeldet hat, die Sie noch nicht zur Kenntnis genommen haben.

▶ *Rate pünktlicher Lieferungen*: Eine Sendung gilt als pünktlich zugestellt, wenn die Sendung gemäß der vom Transportunternehmen zur Verfügung gestellten Sendungsinformation vor oder zum mitgeteilten Zustellungszeitpunkt zugestellt wurde. Zudem misst Amazon die Anzahl aller Sendungen mit Sendungsverfolgung.

▶ *Kontaktreaktionszeit*: Als Händler müssen Sie alle Nachrichten innerhalb von 24 Stunden beantworten.

Jede dieser Kennzahlen besteht dabei noch aus weiteren Unterkennzahlen. Für einige dieser Kennzahlen hat Amazon klare Ziele formuliert, die Sie nicht über- bzw. unterschreiten sollten. Die Zielerreichung je Kennzahl wird dabei für unterschiedliche Zeiträume berechnet, häufig für einen kurzfristigen und einen längerfristigen Zeitraum. Folgende Ziele sollten Sie einhalten:

Kennzahl	Ziel
Rate an Bestellmängeln	< 1 %
Rate stornierter Bestellungen	< 2,5 %
Rate verspäteter Lieferungen	< 4 %
Rate pünktlicher Zustellungen	> 97 %
Rate Pakete mit Sendungsverfolgung	> 98 %
Rate der Kundenanfragen, die innerhalb von 24 Stunden beantwortet werden	> 90 %
Rate Rücksendungen, bei denen die Kunden unzufrieden mit dem Ablauf waren	< 10 %

Tabelle 10.4 Kennzahlen und Ziel je Kennzahl

Insbesondere die Erfüllung der ersten drei Ziele (Bestellmängel, stornierte und verspätet gelieferte Bestellungen) sollten Sie ernst nehmen. Deutliche Überschreitungen über einen längeren Zeitraum können zum Verlust der Verkaufsberechtigung führen.

Verkäufer-Feedback bei Rücksendungen

Auch bei den Rücksendungen im Rahmen des Eigenversandes sollten Sie achtsam sein. Amazon macht es seinen Kunden nämlich wirklich leicht, hier negatives Feedback abzugeben. Nach jeder Rücksendung erhält der Kunde eine E-Mail, in der dieser gut sichtbar gefragt wird, ob er mit der Abwicklung der Rücksendung zufrieden war:

Hallo,

Wir haben festgestellt, dass Sie vor kurzem eine Rücksendung für Ihr Marketplace-Bestellung 304-0700385-1▓▓▓▓▓ angefordert haben

Der Verkäufer hat die Anfrage am 07.04.17 genehmigt.

Hat der Händler das Problem behoben?

| Ja | Nein |

(Wir werden dieses Feedback an den Händler weitergeben, damit er seinen Dienst in der Zukunft verbessern kann)

Abbildung 10.21 Frage nach Feedback bei einer Rücksendung im Eigenversand

Klickt der Kunde auf NEIN, erhält er die folgende Auswahl:

Entschuldigen Sie, dass wir Ihr Problem nicht lösen konnten. Bitte teilen Sie uns mit, warum Sie mit dem Ergebnis nicht zufrieden sind.

Alle zutreffenden Punkte ankreuzen:

Der Händler hat nie auf meinen Rücksendeantrag reagiert ☐

Ich muss eine Versandgebühr für die Rücksendung zahlen ☐

Händler hat meinen Rücksendeantrag abgelehnt ☐

Ich muss mein eigenes Rücksendeetikett bereitstellen ☐

Der Verkäufer benötigt zu viel Zeit zur Bearbeitung meiner Rücksendung ☐

Händler hat schlechten Kundenservice geleistet ☐

Ich muss Gebrauchsabschläge zahlen ☐

Händler hat mich zum Hochladen eines Fotos aufgefordert ☐

Ich muss meinen Artikel international versenden ☐

Händler ändert/storniert meine Bestellung nicht ☐

Alles ist in Ordnung. Unabsichtlich angeklickt ☐

Weitere Kommentare:

(optional)

Feedback senden ▶

Abbildung 10.22 Feedback im Rahmen von FBM-Rücksendungen

Nachdem der Kunde auf FEEDBACK SENDEN geklickt hat, wird er noch auf die Möglichkeit hingewiesen, einen A-bis-Z-Garantieantrag zu stellen. Hier schaltet sich dann Amazon in die Abwicklung und reguliert gegebenenfalls den Schaden zugunsten des Kunden, sofern einige Voraussetzungen gegeben sind. Ihnen als Händler wird dann der Kaufbetrag von Ihrem Konto abgezogen, sofern dem Antrag des Kunden stattgegeben wird. A-bis-Z-Garantieanträge sollten Sie in jedem Fall ernst nehmen und im Vorfeld vermeiden.

Amazon weist den aktuellen Stand je Kennzahl für jeden Markt einzeln aus. Dabei erhalten Sie auch eine Unterscheidung, ob die Ware im Eigenversand oder über Versand durch Amazon verschickt wurde. Die meisten Kennzahlen beziehen sich auf Abläufe im Eigenversand. Unter KUNDENZUFRIEDENHEIT • KUNDENZUFRIEDENHEIT • ÜBERSICHT finden Sie ein kleines Dashboard mit Ihrer aktuellen Performance.

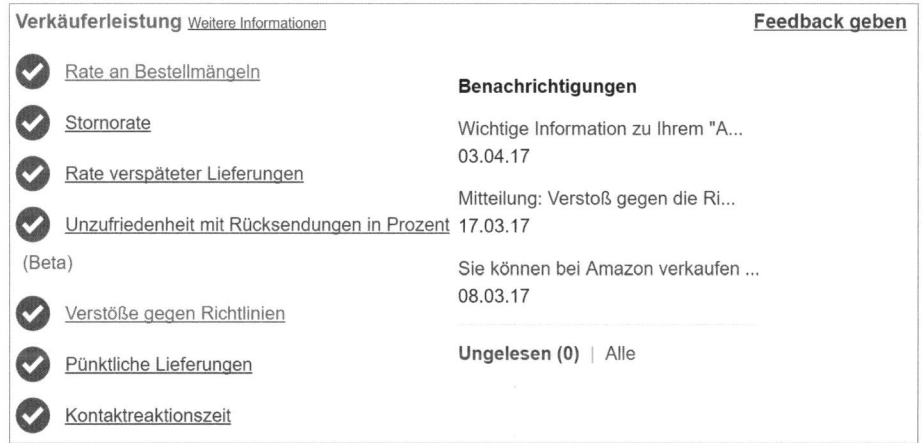

Abbildung 10.23 Verkäuferleistung im Überblick

Amazon verwendet hier eine einfache Ampellogik. Ist alles im grünen Bereich, so agieren Sie innerhalb der Zielvorgaben. Gelb würde bedeuten, dass Sie das jeweilige Ziel aktuell nicht erreichen, Rot würde auf eine deutliche Unterschreitung der definierten Ziele hinweisen. Da die Kennzahlen alle relativ definiert sind, kann es bei kleinen Fallzahlen passieren, dass ein einziger Defekt im jeweiligen Bereich die jeweilige Kennzahl schnell in den roten Bereich überführt. Amazon weist je Kennzahl auch immer die Grundgesamtheit je Zeitraum aus, was Ihnen wiederum hilft, die Situation besser einzuschätzen. Zudem bietet Amazon für mehrere Kennzahlen auch zusätzliche Berichte an, um nachzuforschen, z. B. bei welcher Bestellung ein Defekt aufgetreten ist. Klicken Sie hierzu auf den jeweiligen Ist-Wert, sofern dieser verlinkt ist, oder auf BERICHT ANFORDERN unterhalb des jeweiligen Berichtes auf der Seite KUNDENZUFRIEDENHEIT • KUNDENZUFRIEDENHEIT • VERKÄUFERLEISTUNG.

Aktuelle Kundenstatistikdaten			
	7 Tage (25.03.2017 bis 01.04.2017) Bestellungen: 843	**30 Tage** (02.03.2017 bis 01.04.2017) Bestellungen: 2.646	**Ziel**
Stornorate vor Erfüllung [?]	0% (0)	0% (0)	< 2.5%
Rate verspäteter Lieferungen [?]	0% (0)	0% (0)	< 4%
Erstattungsrate [?]	0% (0)	0% (0)	--

Abbildung 10.24 Weitere Informationen erhält man bei einem Klick auf die Ist-Werte.

10.6   Verkäuferbewertungen prüfen

Alle Kunden haben die Möglichkeit, nach der Bestellung auch den Verkäufer zu bewerten. Ein beispielhaftes Formular sehen Sie in Abbildung 10.25.

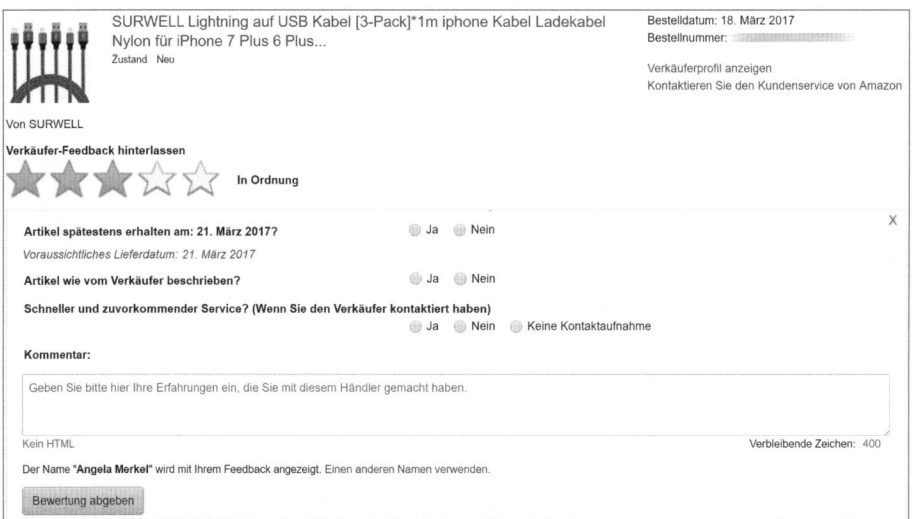

Abbildung 10.25 Feedback-Formular für eine Verkäuferbewertung

Diese Feedbacks sollten Sie ernst nehmen, da sie Einfluss auf die Kennzahl *Rate an Bestellmängeln* nehmen. Ein Feedback gilt bei einer Bewertung von 1 oder 2 Sternen als negativ. Kunden können innerhalb von 90 Tagen ein Verkäufer-Feedback abgeben. Das Feedback wird auch aggregiert sowie im Detail auf Ihrer öffentlich einsehbaren Profil-Seite angezeigt, auf die Käufer gelangen, wenn Sie Ihren Verkäufernamen anklicken. Sie als Verkäufer wiederum sehen alle diese Feedbacks im Menü KUNDEN-ZUFRIEDENHEIT • BEWERTUNG. Hier sehen Sie zum einen eine selbsterklärende Tabelle, die Ihnen eine Zusammenfassung aller Bewertungen der letzten 30, 90, 365 und im gesamten Zeitraum anzeigt.

Bewertungsstatistik: ★★★★★ 4.9 Sterne in den letzten 12 Monaten (122 Bewertungen)				
	30 Tage	90 Tage	365 Tage	Gesamt
Positiv	100% (12)	100% (41)	100% (122)	99% (266)
Neutral	0% (0)	0% (0)	0% (0)	1% (2)
Negativ	0% (0)	0% (0)	0% (0)	0% (0)
Anzahl	12	41	122	268

Diese Tabelle zeigt die entsprechenden Feedback-Prozentwerte und die Feedback-Anzahl. Sehen Sie, wie Ihr Feedback für Käufer bei Amazon angezeigt wird.   Aufgrund von Rundungsdifferenzen kann es vorkommen, dass die addierten Werte nicht 100% ergeben.

Abbildung 10.26 Zusammenfassung aller Verkäufer-Feedbacks inklusive Gesamtbewertung

Darunter sehen Sie die letzten Käufer-Feedbacks, die Sie erhalten haben. Eine vollständige Liste sehen Sie, wenn Sie auf GESAMTES FEEDBACK ANZEIGEN klicken. Diese Liste sollten Sie regelmäßig durchgehen, um auf negative Feedbacks zu reagieren bzw. diese löschen zu lassen, falls die Feedbacks nicht den Richtlinien entsprechen. Dies ist z. B. bei Beleidigungen oder Kommentaren zum jeweiligen Produkt der Fall. Diese können Sie dann über den Verkäuferservice löschen lassen. Beschweren sich Käufer über eine verspätete Lieferung, die aber via FBA durch Amazon zugestellt wurde, übernimmt Amazon automatisch die Verantwortung hierzu. Die Bewertung wird zwar weiterhin dargestellt, aber im öffentlichen Profil durchgestrichen. In Seller Central und im öffentlichen Profil sieht das dann aus wie in Abbildung 10.27.

Datum	Bewertung	Kommentar
01.04.17	~~3~~	Das gelieferte ▓▓▓▓▓▓▓▓▓ ▓▓▓▓▓▓▓▓▓▓ war zusammengerollt in einem Zylinder verpackt und passt somit nicht zu der Abbildung auf der Produktseite. [ANTWORTEN] **Nachricht von Amazon:** "Dieser Artikel wurde durch Amazon versendet. Amazon übernimmt die Verantwortung für Probleme bei der Versandabwicklung."

Abbildung 10.27 Amazon übernimmt bei selbst verschuldeten Lieferproblemen die Verantwortung.

Bei allen anderen berechtigten negativen Bewertungen sollten Sie mit dem Kunden Kontakt aufnehmen, um nach einer Lösung für das Problem zu suchen. Amazon zeigt Ihnen zu jeder Bewertung die Order-Nummer und die (maskierte) E-Mail-Adresse des Käufers an. Gelingt Ihnen das, können Sie den Käufer bitten, die Bewertung zu korrigieren. Gelingt es Ihnen nicht, so können (und sollten) Sie einen Kommentar hinterlassen. Auf diese Weise haben potenzielle Käufer, die die negative Bewertung lesen, die Möglichkeit, Ihre Sicht der Dinge zu erfahren.

Abbildung 10.28 Abgabe eines Kommentars zu einer Verkäufer-Bewertung

Es empfiehlt sich, je nach Aufkommen der Bewertungen diese Liste täglich oder wöchentlich durchzugehen und auf negative und neutrale Feedbacks entsprechend zu reagieren.

10.7   Produktbewertungen und öffentliche Kundenfragen prüfen

Sie sollten in regelmäßigen Abständen die Produktbewertungen – zumindest Ihrer exklusiv angebotenen Topseller – überwachen. Zu viele negative Bewertungen können den sicheren Umsatztod für ein Produkt bedeuten, zumindest dann, wenn es entsprechende Alternativen gibt. Produktbewertungen nachträglich löschen zu lassen ist kaum möglich, es sei denn, der Rezensent vergreift sich völlig im Ton. Es ist auch nicht immer möglich, herauszufinden, wer eine Bewertung abgegeben hat, da die Bewertenden zum einen noch nicht mal Käufer sein müssen (jeder mit aktivem Amazon-Konto kann eine Bewertung abgeben) oder die Ware bei einem anderen Verkäufer erworben wurde (sofern mehrere Verkäufer um die Buybox buhlen) oder der Käufer ein Pseudonym verwendet, das keinen Rückschluss auf den echten Namen liefert. Benutzt der Käufer seinen richtigen Namen, können Sie anhand des Datums der Rezension und des Namens auf die Suche nach der zugehörigen Bestellung gehen. Finden Sie diese, können Sie Kontakt mit dem Käufer aufnehmen, um das Problem aus der Welt zu schaffen. Das kann z. B. eine Ersatzlieferung oder eine Gutschrift für den Kauf sein. Im Anschluss können Sie den Käufer bitten, seine Bewertung zu korrigieren. Gelingt es Ihnen, dann hat sich Ihre Mühe allesamt gelohnt. Sie dürfen den Käufer nur nicht unter Druck setzen – ob dieser seine Entscheidung ändert, liegt bei ihm.

Produktbewertungen auf Ihren Produkten (und auf denen Ihrer Wettbewerber) geben Ihnen aber auch konkrete Tipps für Verbesserungspotenzial. Sie bekommen hier sozusagen eine kostenlose Marktforschung. Andere Unternehmen geben für Fokusgruppen, Umfragen u. a. viel Geld aus. Sehen Sie Feedback also konstruktiv, und besprechen Sie mit Ihrer Produktion oder Ihrem Lieferanten, ob das Produkt verbessert werden kann. Erfahrungsgemäß ist auch der Lieferant daran interessiert, sein Produkt kontinuierlich weiterzuentwickeln.

Um die negativen Bewertungen eines Listings ausfindig zu machen, bleibt Ihnen – sofern Sie nicht auf externe Tools zurückgreifen – nichts anderes übrig, als auf die Katalogseiten der jeweiligen Produkte zu gehen. Innerhalb von Seller Central gibt es keine Übersicht, keinen Bericht, der Ihnen eine Zusammenfassung oder Liste aller negativen Bewertungen bietet. Warum Amazon das nicht anbietet, ist mir nicht klar. Die Daten sind alle vorhanden.

Auf der Produktdetailseite können Sie dafür gezielt nach negativen Bewertungen suchen. Gehen Sie auf die Seite, auf denen Ihnen alle Bewertungen angezeigt werden, und sortieren Sie die Liste nach NEUESTE ZUERST und ALLE KRITISCHEN.

| Sortieren nach: | Neueste zuerst ⇕ | Filtern nach: | Alle Rezense... ⇕ | Alle kritischen ⇕ | Alle Formate ⇕ | 🔍 Suchwort | Suchen |

1-10 von 141 Rezensionen werden angezeigt (kritisch). Alle Rezensionen anzeigen

★☆☆☆☆ **Tonqualität und Lautstärke ungenügend**
Von Martin Eberlein Erfinder am 8. April 2017
Größe: Telefon   Stil: geeignet für Deutschland   Verifizierter Kauf

Gesprächspartner kaum hörbar, Knacken und Rauschen sowie starke Verzerrungen. Lautstärke des Klingeltons auch auf maximaler Stufe viel zu leise. Finger weg!

▸ Kommentar | War diese Rezension für Sie hilfreich? [Ja] [Nein] Missbrauch melden

★☆☆☆☆ **ging nach einem Tag zurück**
Von Anja am 1. April 2017
Größe: Telefon   Stil: geeignet für Deutschland   Verifizierter Kauf

Nachdem ich alles eingerichtet habe, musste ich leider feststellen, dass telefonieren unmöglich ist, es bricht jedes Mal nach nur wenigen Sekunden einfach ab, obwohl die Sprachqualität in diesen wenigen Sekunden überraschend gut war. Schade

▸ Kommentar | Eine Person fand diese Informationen hilfreich. War diese Rezension für Sie hilfreich? [Ja] [Nein] Missbrauch melden

Abbildung 10.29 Kritische Bewertungen nach Datum sortiert

Gelingt es Ihnen nicht, den Rezensenten ausfindig zu machen oder das Problem mit dem Rezensenten zu klären, können Sie auch hier einen Kommentar hinterlassen. Das machen u. a. auch die Hersteller der Produkte, um die Reputation ihrer Marke zu schützen:

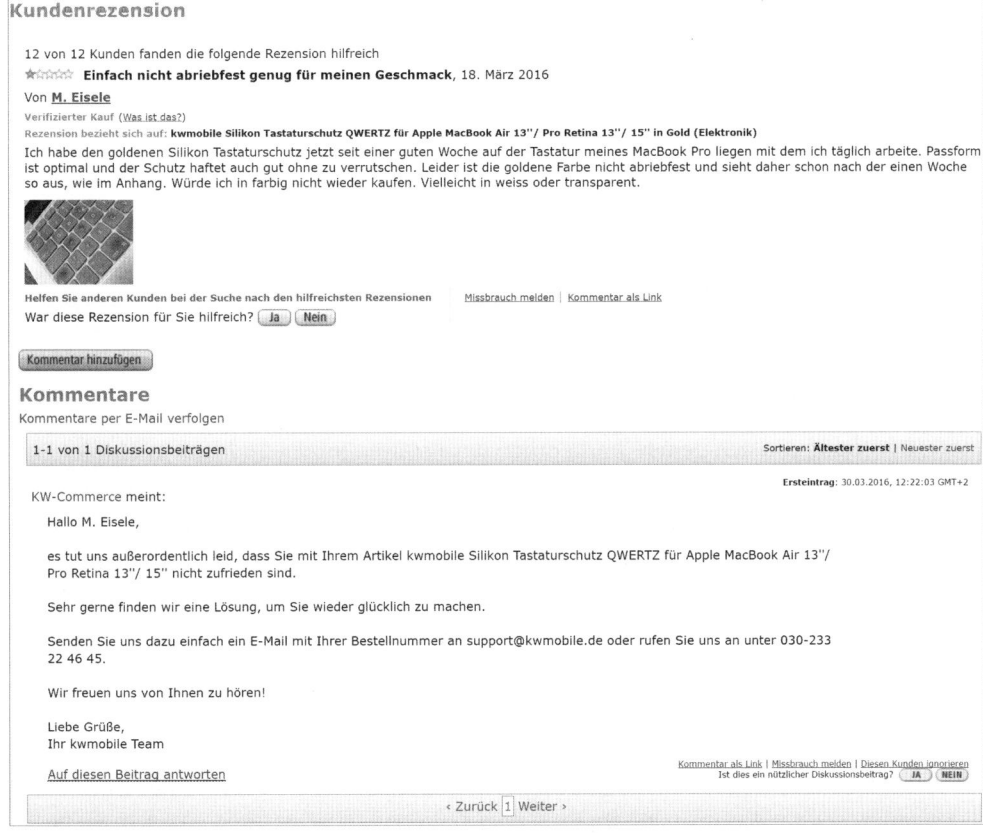

Abbildung 10.30 Antwort des Händlers auf eine negative Rezension

261

Kunden haben zudem die Möglichkeit, auf der Produktdetailseite Fragen zu stellen, die von Ihnen als Händler oder anderen Kunden beantwortet werden können. Diese Fragen sollten Sie nicht unbeantwortet lassen, sofern Sie dem Fragestellenden auch wirklich helfen können. Auf diese Weise helfen Sie gegebenenfalls auch anderen Kunden bei der Kaufentscheidung. Antworten zu grundsätzlichen Fragen sollten Sie zudem auch in der Produktbeschreibung oder den Attributen beantworten.

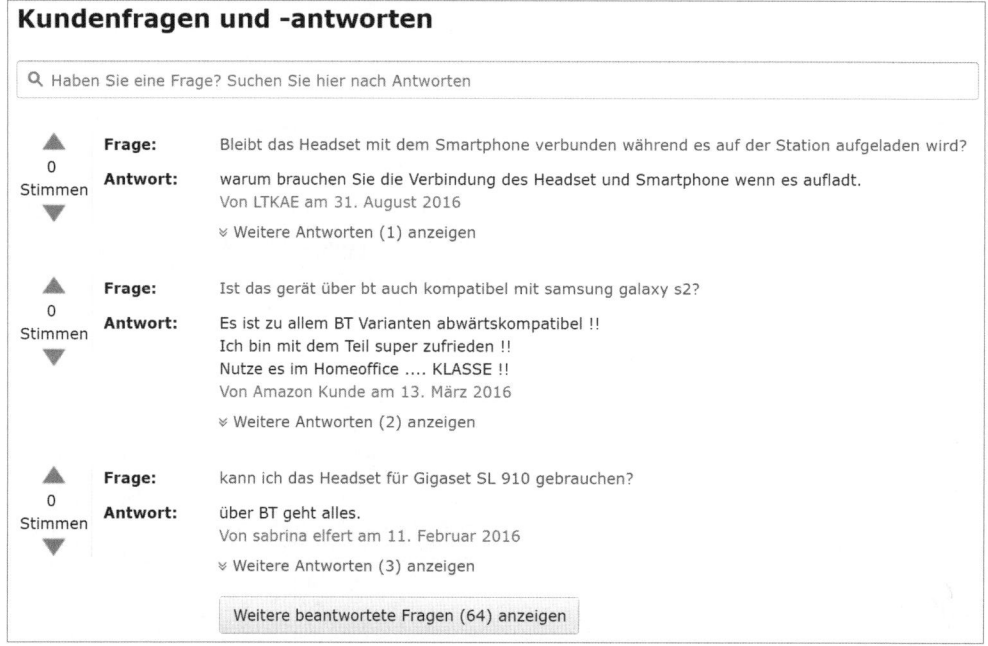

Abbildung 10.31 Fragen und Antworten auf der Produktdetailseite

10.8 Listings überprüfen

Und wenn Sie sich gerade im Rahmen der Prüfung Ihrer Rezensionen auf der Produktdetailseite befinden, sollten Sie auch regelmäßig einen Blick auf die wesentlichen Elemente Ihres Listings (Bilder, Titel, Bullet Points, aber auch Listenpreise) werfen. Es kann aus ganz unterschiedlichen Gründen dazu kommen, dass Ihr Listing nicht mehr so aussieht, wie Sie es bei der Erstellung hinterlassen haben. Und das kann ganz unterschiedliche wirtschaftliche und rechtliche Konsequenzen haben.

Der Bundesgerichtshof (BGH) urteilte im Jahr 2016, dass Marketplace-Händler ihre Produktbeschreibungen überwachen müssen (Urteil vom 3. März 2016, Az.: I ZR 140/14). Der BGH ließ jedoch offen, wie häufig diese Kontrolle stattfinden müsse. Dies konkretisierte 2017 das Oberlandesgericht Köln (Beschluss vom 15. März 2017, 6 W 31/17): Demzufolge muss jeder Händler die Katalogseiten, auf denen er verkauft, einmal pro Tag von Montag bis Freitag überwachen! Bei größeren Sortimenten ein Ding der Unmöglichkeit, sofern dieser Prozess nicht komplett automatisiert wird.

Häufigster Grund für ein verändertes Listing ist, dass ein anderer Händler Schreibrechte für die Katalogdetailseite erlangt und die Angaben dort mit seinen Werten überschrieben hat. Betroffen können alle Bilder und/oder Text sein. Eine Änderung wäre per se nicht schädlich, es sei denn, einer der folgenden Punkte trifft zu:

▶ Ihre mühsam erstellte Keyword-Recherche wurde zunichtegemacht, und wesentliche Suchbegriffe sind im Listing nicht mehr enthalten. Umsatzeinbrüche sind die Folge.

▶ Neue Beschreibungen enthalten Rechtschreibfehler, und das Listing wirkt dadurch unprofessionell.

▶ Das neue Listing macht unhaltbare Versprechen, die das Produkt nicht einlösen kann. Hier ist die Unzufriedenheit des Kunden vorprogrammiert.

▶ Das Listing (z. B. der Titel) enthält plötzlich fremde Markennamen, was von den Inhabern abgemahnt werden kann.

▶ Das Listing passt überhaupt nicht mehr zum Produkt, weil ein anderer versucht, das Listing inklusive Bewertungen zu kapern und für seine eigenen Produkte zu missbrauchen.

▶ Der neue Händler führt einen unrealistischen Streichpreis ein, der wettbewerbsrechtlich abgemahnt werden kann.

▶ Auf einem Bild werden implizit Angaben zu Zubehör gemacht, die nicht im Produkt enthalten sind.

▶ Die Bildqualität der neuen Bilder hat sich dramatisch verschlechtert, was zu einem insgesamt schlechteren Eindruck des Produktes führt.

Die Änderungen sowie deren Auswirkungen sind also vielfältig. Aber es kann auch passieren, dass Sie selbst die Produktdetailseiten bei Massenbearbeitungen z. B. über die Lagerbestandsdatei »zerschießen«. Plötzlich fehlen Texte, Parent-Child-Beziehungen werden aufgelöst o. Ä. Gerade bei solchen Aktionen gibt es keinen Zurück-Button, es sei denn, man hat noch ein Backup einer alten Lagerbestandsdatei.

Aber auch Amazon greift manchmal aus unerklärlichen Gründen in die Produktdetailseiten ein, gerade bei Artikeln, die im Ausland gelistet und mit den deutschen Seiten synchronisiert werden. Da verschwinden dann schon mal selbst erstellte Übersetzungen, Bilder etc. Oder plötzlich wird die Seite mit einem anderen Template ausgeliefert, und wesentliche Informationen sind nicht mehr vorhanden.

Gründe gibt es also viele und die Auswirkungen sind häufig die gleichen: Sie verkaufen weniger oder bewegen sich rechtlich auf dünnem Eis. Tägliche Kontrolle tut also not.

Erlauben Sie mir an dieser Stelle Werbung in eigener Sache: Ab einer gewissen Sortimentsgröße sollten Sie sich bei der Überwachung von Rezensionen, Verkäuferbewertungen, der Verkäuferleistung, der Lagerbestände, Listingveränderungen und mehr technische Hilfe ins Haus holen und diese Dinge von spezialisierten Tools überwachen lassen. Mein Tool AMALYTIX hat sich hierauf spezialisiert, aber auch andere Tools bieten diese Dienste (in Teilen) an.

Kapitel 11
Analyse des Erfolgs

Sie werden bei Ihrer Tätigkeit als Händler auf Amazon schnell feststellen, dass Chancen und Risiken eng beieinanderliegen. Der Wettbewerb ist stark. Ein gutes Verständnis der wesentlichen Kennzahlen ist daher eine Voraussetzung für langfristigen Erfolg. Bei jeder Bestellung, jeder Retoure, jeder Bewertung und jedem Listing fällt Tag für Tag eine Vielzahl von Daten an. In diesem Kapitel gebe ich Ihnen einen Überblick über die wesentlichen Kennzahlen und Berichte, mit deren Hilfe Sie Ihre geschäftlichen Aktivitäten ganzheitlich im Blick behalten können. Dabei schauen wir uns einerseits Berichte an, die Ihre Leistung als Ganzes beurteilen. Andererseits analysieren wir die gelisteten Produkte hinsichtlich verschiedener Kennzahlen, um mögliche Probleme, Fehlentwicklungen und Chancen frühzeitig zu erkennen.

Sie sollten es sich zur Regel machen, wesentliche Kennzahlen mindestens im Monatsrhythmus zu analysieren und in einem Tabellenkalkulationsprogramm Ihrer Wahl festzuhalten. Gerade die Betrachtung von wichtigen Kennzahlen im Vergleich und Zeitablauf lässt bestimmte Trends oder Auffälligkeiten erst erkennen. Einige Kennzahlen erhalten Sie von Amazon, für andere wiederum müssen Sie auf eigene oder externe Tools zurückgreifen. So suchen Sie z. B. historische Daten für den Verkaufsrang Ihrer Produkte in Seller Central vergeblich.

11.1   Absatz- und Umsatzentwicklung

Am wichtigsten ist die Betrachtung der Absatz- und Umsatzentwicklung: Wachsen Sie? Ist der Umsatz rückläufig trotz steigender Absätze? Ein schneller Blick auf die letzten Monate inklusive des Vorjahres oder ein Vormonat-Vergleich liefert Ihnen schnell ein gutes Bild, in welcher Großwetterlage sich Ihr Geschäft befindet.

11.1.1   Amazon-eigene Berichte

Amazon bringt bereits ein paar sehr hilfreiche Übersichten mit, um sich ein Bild von der Umsatz- und Absatzentwicklung zu machen. Ein Nachteil ist jedoch, dass die folgenden Berichte, die ich Ihnen vorstellen werde, immer marktplatzspezifisch sind. Das heißt, Sie gucken sich entweder den deutschen, den französischen oder den spanischen Marktplatz an, aber niemals alle Marktplätze auf einmal. Hier helfen wiederum externe oder eigene Tools. Den ersten Bericht, den ich Ihnen vorstelle und auch gleichzeitig ans Herz lege, finden Sie unter dem Punkt BERICHTE • STATISTIKEN & BERICHTE.

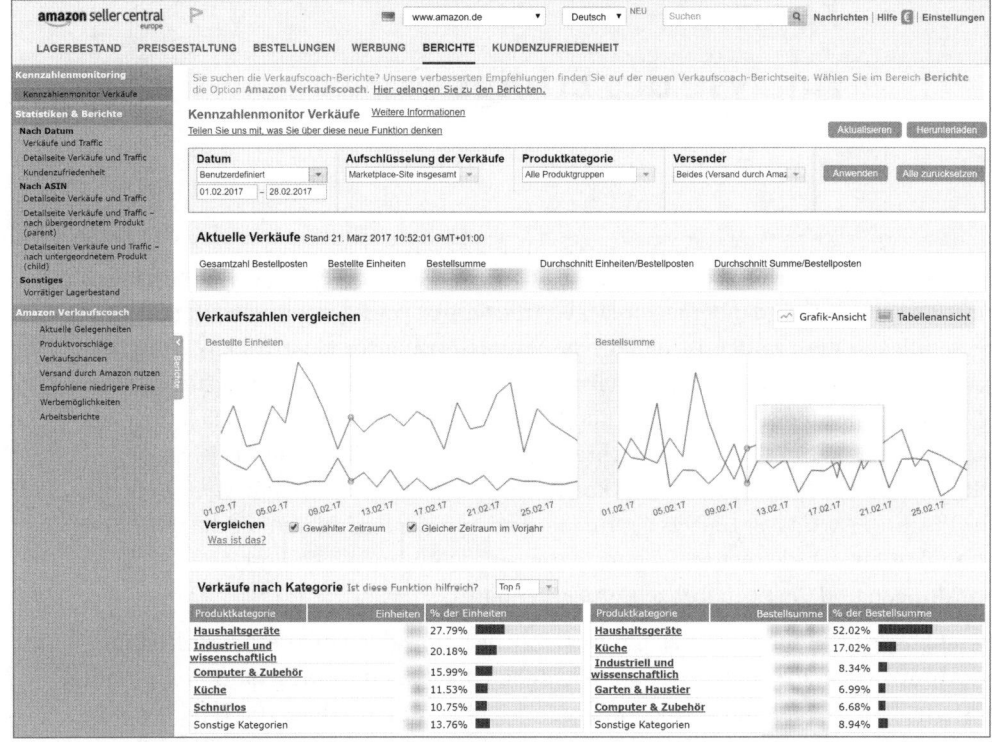

Abbildung 11.1 Kennzahlenmonitor Verkäufe

Im KENNZAHLENMONITOR VERKÄUFE können Sie sich mit wenigen Klicks ein gutes Bild von den kurz-, mittel- und langfristigen Entwicklungen Ihres Händlerkontos machen. Amazon zeigt Ihnen in zwei Grafiken sowohl die Entwicklung des Umsatzes (rechte Grafik) als auch die des Absatzes (linke Grafik) an. Zudem können Sie ganz unterschiedliche Zeiträume wählen. Eine sehr gelungene Funktion ist die Möglichkeit, sich Vergleichswerte anzeigen zu lassen, z. B. aus der Vorperiode oder aus dem gleichen Monat des letzten Jahres. Gerade bei Produktsortimenten, die sehr zyklisch sind, hilft es teilweise enorm, die aktuelle Entwicklung mit den Vorjahren zu vergleichen, um festzustellen, ob die aktuelle Entwicklung saisonal oder anderweitig geprägt ist.

Ich empfehle Ihnen, immer mit einem langfristigen Blick auf die Daten zu starten, um ein Gefühl für das Klima zu bekommen, in dem Sie sich derzeit bewegen. Wenn Sie das kennen, können kurzfristige Wetterphänomene besser interpretiert werden. Stellen Sie dazu den Zeitraum im Feld DATUM auf die letzten zwölf Monate, und klicken Sie auf ANWENDEN. Leider stellt Amazon alle Daten in der Grafik auf Tagesbasis dar, sodass wahrscheinlich auch Ihre Grafik aufgrund der wöchentlichen Absatzzyklen eher wie eine Grafik aussieht, die von einem Zitteraal gemalt wurde. Eine Aggregation der Daten auf Wochenebene wäre hier wünschenswert. Dennoch können Sie mit geübtem Blick erkennen, ob Ihre Umsätze bzw. Absätze einem bestimmten Trend folgen oder ob im Vergleich zur Vorperiode eine signifikante Steigerung erreicht werden konnte. Standardmäßig zeigt Amazon die grafische Ansicht an, aber es lohnt auch ein Blick auf die Tabellenansicht, da Sie hier interessante Kennzahlen auch für die Vorperiode erhalten. Hier können Sie z. B. schnell erkennen, ob eine Veränderung im Umsatz preis- und/oder mengeninduziert ist. Häufig treten auch gegenteilige Effekte auf: So konnte bei vielen Händlern der Absatz gesteigert werden, häufig kommt es jedoch zu Erosionen bei der durchschnittlichen Warenkorbgröße bei gleichbleibendem Sortiment. Dies sehen Sie für beide Perioden nur in der Tabellenansicht:

Verkaufszahlen vergleichen					Grafik-Ansicht Tabellenansicht
	Gesamtzahl Bestellposten	Bestellte Einheiten	Bestellsumme	Durchschnitt Anzahl Einheiten/Bestellposten	Durchschnitt Summe/Bestellposten
Heute bis jetzt					
Gestern					
Gleicher Tag Vorwoche					
Gleicher Tag Vorjahr					
⊞ % Veränderung zu gestern	0%	-9%	-32%	-9%	-32%
⊞ % Veränderung zu Vorwoche	125%	150%	8%	11%	-52%
⊞ % Veränderung zu Vorjahr	350%	400%	-2%	11%	-78%

Abbildung 11.2 Summen und Durchschnitte für die aktuelle und Vorperiode

Ich empfehle Ihnen zudem, monatlich den jeweiligen Vormonat zu analysieren. Dazu müssen Sie beim Datum den Monatsersten und Monatsletzten des jeweiligen Vormonats eingeben. Klicken Sie anschließend auf Anwenden. Sie bekommen neben den jeweiligen Zahlen auch die beiden vorgenannten Grafiken geliefert. Sollten Sie die Vergleichsgrafiken irritieren (z. T. befinden sich dort bis zu drei Zeitreihen), können Sie diese über das jeweilige Häkchen unterhalb der Grafik ausblenden. Ich finde diese jedoch sehr hilfreich, da man auf einen Blick schnell erkennen kann, ob der Umsatz zum Vorjahr oder zur Vorperiode gesteigert werden konnte. Aussagen über die Saisonalität sind bei Betrachtungszeiträumen von weniger als drei Monaten schwierig.

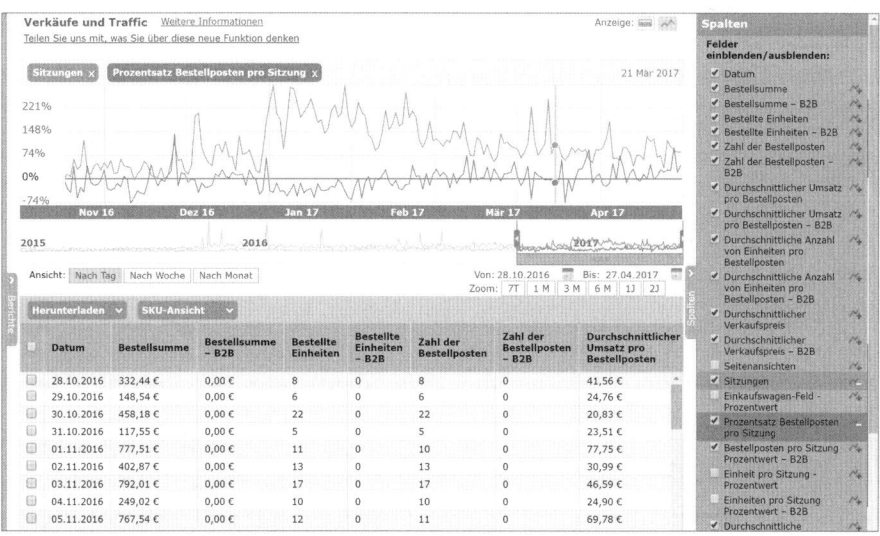

Abbildung 11.3 Bericht »Verkäufe und Traffic«

Ebenfalls unter BERICHT • STATISTIKEN UND BERICHTE finden Sie einen Bericht mit dem Namen VERKÄUFE UND TRAFFIC. Dieser Bericht eignet sich hervorragend, um eine Vielzahl von Kennzahlen zu analysieren. Die Seite gliedert sich dabei in mehrere Bereiche. Oben sehen Sie den grafischen Verlauf der jeweils aktivierten Kennzahlen. Unterhalb finden Sie eine Tabelle mit den Kennzahlen, die Sie in der Spalte rechts ausgewählt haben. Ganz unten finden Sie als letzte Zeile die entsprechenden Summen bzw. Durchschnittswerte der jeweiligen Spalte. Mithilfe eines Reglers unterhalb des Diagramms können Sie den Betrachtungszeitraum beliebig einstellen. Zudem können Sie die Daten nach Tag, Woche oder Monat aggregieren. Um eine Kennzahl zu der Grafik oben hinzuzufügen oder zu entfernen, klicken Sie entweder auf den jeweiligen Spaltenkopf und dort auf ZU DIAGRAMM HINZUFÜGEN oder in der Spaltenauswahl rechts neben der jeweiligen Kennzahl auf das entsprechende Symbol.

Neben den bereits bekannten Werten wie Umsatz und Absatz finden Sie in diesem Bericht viele weitere interessante Kennzahlen, die Sie gegebenenfalls in der Spalte rechts einblenden müssen. Ihr besonderes Augenmerk möchte ich dabei auf die Kennzahlen *Sitzungen* und *Prozentsatz Bestellposten pro Sitzung* richten. Die Kennzahl *Sitzungen* gibt an, wie viele unterschiedliche potenzielle Käufer eines Ihrer Produkte auf der Produktdetailseite angeschaut haben. Die zweite Kennzahl gibt an, wie viele dieser Besucher eine Bestellung ausgelöst – im Fachjargon *konvertiert* – haben. Beide Kennzahlen werden, absolut gesehen, von Änderungen im Sortiment sowie saisonalen Nachfrageeffekten beeinflusst. Fügen Sie z. B. viele neue Produkte hinzu, die eine gewisse Sichtbarkeit erhalten, steigt automatisch die Anzahl der Sitzungen. Verkaufen Sie Gartenmöbel, ist ein Anstieg der Sitzungen im Frühling zu erwarten. Ist Ihr Produktsortiment jedoch hinreichend stabil und die Nachfrage verhältnismäßig gleich verteilt, lassen sich aus beiden Kennzahlen interessante Schlussfolgerungen ziehen. Mithilfe beider Kennzahlen können Sie überprüfen, ob umfangreiche Optimierungen Ihrer Produktdetailseiten, z. B. durch neue Bilder, neue Titel, neue Produktbeschreibungen, zu dem gewünschten Ergebnis (einer höheren Sichtbarkeit bzw. einer höheren Kaufrate) geführt haben.

Aufgrund der Vielzahl von Einflussfaktoren (saisonale Nachfrage, Wettbewerb, wechselndes Produktsortiment bzw. Verfügbarkeit) können Trends bei diesen Kennzahlen immer nur Anlass sein, tiefer nachzuforschen. Ist die Anzahl der Sitzungen im Ganzen rückläufig, kann die gleiche Analyse auch auf Produktebene erfolgen.

Weitere interessante Kennzahlen, die Sie regelmäßig im Blick behalten sollten, sind die *Erstattungsrate* sowie Ihre Entwicklung im Bereich Amazon Business, sofern das für Sie relevant ist. Ein auffälliger Anstieg der Erstattungsrate sollte sofort zu weiteren Untersuchungen führen, welche Produkte für den Anstieg verantwortlich sind.

11.1.2 Eigene Berichte

Sofern Sie sich Berichte im eigenen Layout wünschen oder Sie die Daten weiterverarbeiten möchten, können Sie sich die Rohdaten auch aus Seller Central herunterladen, in Excel importieren und dort analysieren. Dabei gibt es ein paar Kleinigkeiten zu beachten. Im Folgenden zeige ich Ihnen, wie Sie sich beispielhaft ein kleines Umsatz-Cockpit basteln können, das alle Marktplätze berücksichtigt und bei dem Sie anhand von Filtern die Werte auf bestimmte Produkte eingrenzen können.

Zu Beginn müssen wir uns erst die Rohdaten aus Seller Central herunterladen. Diese finden Sie im Bereich BERICHTE • VERSAND DURCH AMAZON. Auf der linken Seite gibt es im Abschnitt VERKÄUFE den Bericht ALLE BESTELLUNGEN. Erstellen Sie hier einen Bericht zum Herunterladen für die letzten 30 Tage. Einen längeren Zeitraum lässt Amazon leider nicht zu. Ich empfehle Ihnen daher, diesen Bericht alle 30 Tage herunterzuladen und in eine große Datei zu kopieren. Auf diese Weise bauen Sie sich Ihre eigene Historie auf. Beim Import gilt es zu beachten, dass Preise und Umsätze im US-amerikanischen Format angegeben sind. Diese behalten den Punkt als Dezimaltrennzeichen. Sie können Microsoft Excel so einstellen, dass es das amerikanische Zahlenformat berücksichtigt. Gehen Sie dazu auf den Menüpunkt DATEI • OPTIONEN, und stellen Sie im folgenden Dialog unter ERWEITERT den Punkt als Dezimaltrennzeichen ein.

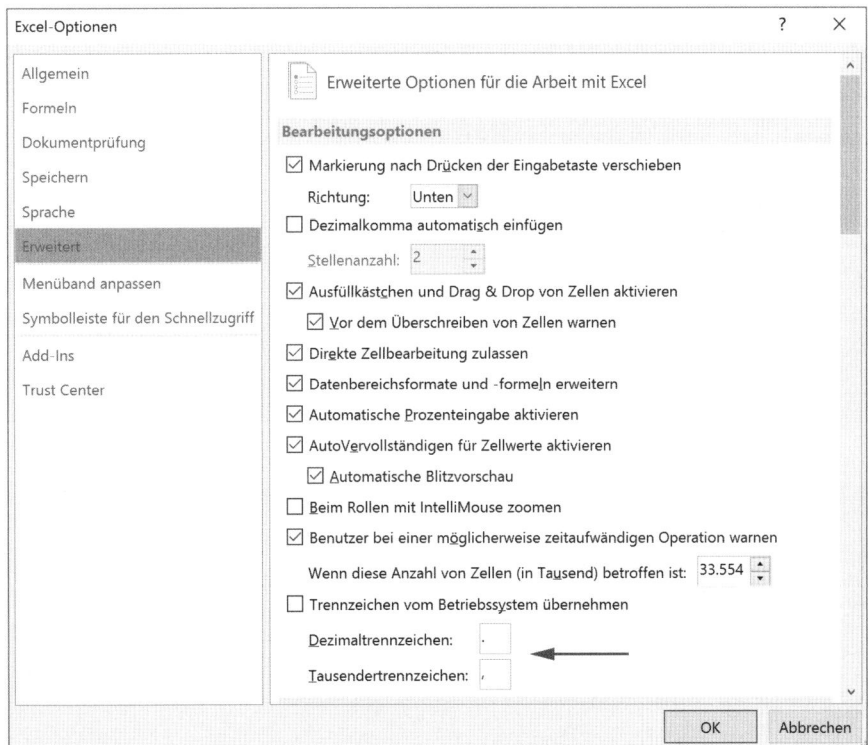

Abbildung 11.4 Umstellung von Excel auf das amerikanische Zahlenformat

Jetzt können Sie die Datei in Microsoft Excel importieren. Wechseln Sie dazu in das Menü unter DATEN • EXTERNE DATEN • AUS TEXTDATEI EINFÜGEN, und wählen Sie die Datei aus, die Sie zuvor aus Seller Central heruntergeladen haben.

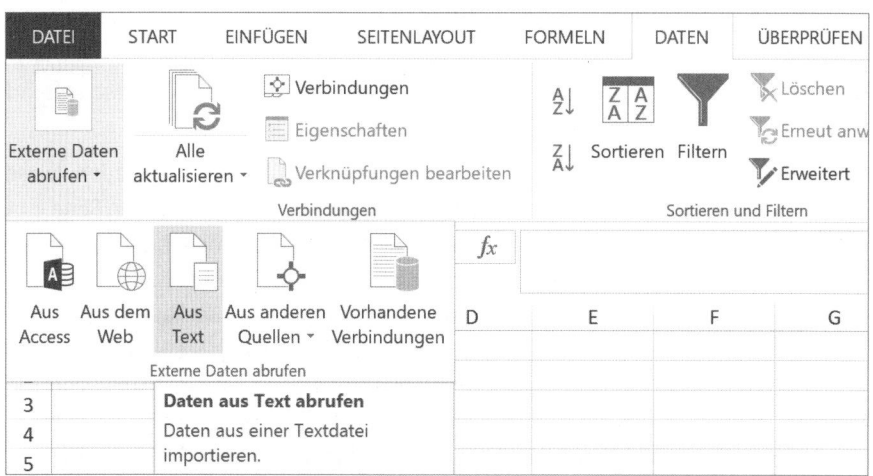

Abbildung 11.5 Importieren von speziell formatierten CSV-Dateien

Wählen Sie nun die gleichen Importoptionen wie in Abbildung 11.6.

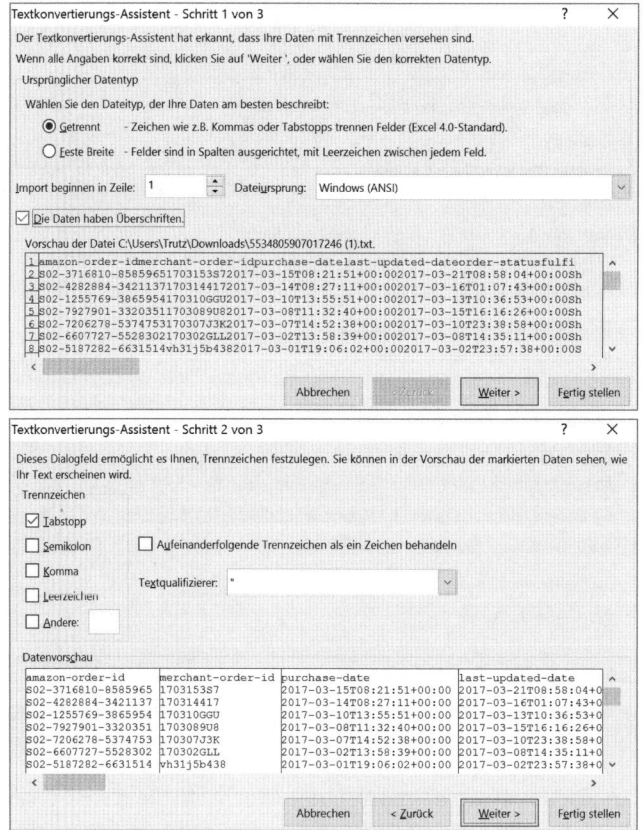

Abbildung 11.6 Import der Bestelldaten

Wenn alles geklappt hat, liegen die Daten jetzt spaltenweise als Excel-Tabelle vor. Das Bestelldatum ist jedoch in einem besonderen Format hinterlegt und muss erst noch umgewandelt werden, bevor es Excel weiterverarbeiten kann. Über eine einfache Formel lässt sich aus diesem Datum, das auch die Uhrzeit enthält, ein »normales« Datum machen. Bei dieser Gelegenheit fügen wir auch direkt eine weitere Spalte ein, in der wir die Kalenderwoche berechnen, um später nach dieser zu gruppieren.

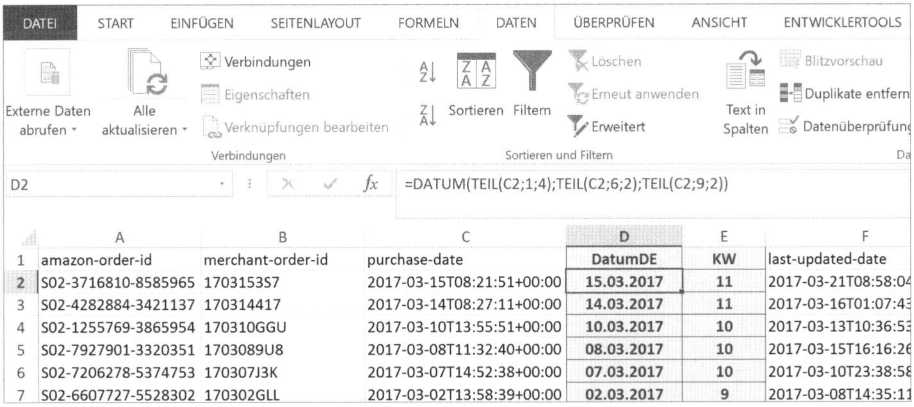

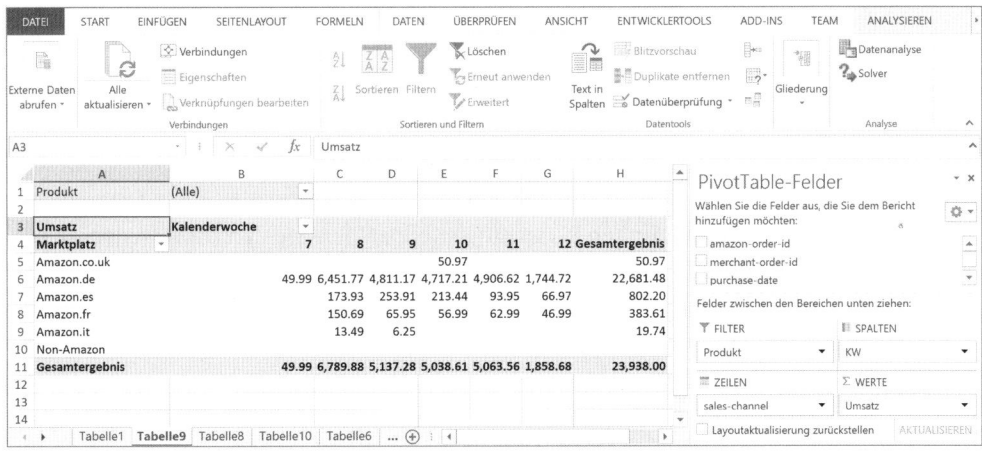

Abbildung 11.7 Umformung des Datums sowie Einfügen der Kalenderwoche des Bestelldatums

Jetzt können Sie z. B. mithilfe von Pivot-Tabellen beliebig komplexe Berichte auf Basis dieser Daten erstellen. Im Beispiel möchten wir die Umsatzentwicklung nach Markt-platz und Kalenderwoche betrachten. Zudem möchten wir die Möglichkeit haben, die Auswertung auf ausgewählte Produkte zu beschränken. Erstellen Sie hierzu eine Pivot-Tabelle mit den gleichen Zeilen- und Spalteneinstellungen wie in Abbildung 11.8.

Abbildung 11.8 Eine einfache Pivot-Tabelle, die die Umsatzentwicklung nach Marktplatz und Kalenderwoche zeigt

271

Viele weitere Analysen sind an dieser Stelle vorstellbar. So können Sie die Umsätze auch z. B. nach Produkt gruppieren und absteigend sortieren, um eine Liste der umsatzstärksten Produkte im Zeitablauf zu erhalten. Sofern Sie Ihre Historie monatlich erweitern, werden dadurch auch Analysen über beliebige Zeiträume nach beliebigen Kriterien möglich. Ihrer Kreativität sind hier kaum Grenzen gesetzt.

11.2 Produktanalyse

Nachdem Sie sich einen Gesamtüberblick verschafft haben, lohnt es sich, eine Ebene tiefer zu gehen und sich die Entwicklung Ihrer einzelnen Produkte genauer anzuschauen. Einige der Kennzahlen, die wir bereits im vorigen Abschnitt kennengelernt haben, stellt Amazon auch auf Produktebene zur Verfügung. Den hierzu passenden Bericht DETAILSEITE VERKÄUFE UND TRAFFIC finden Sie ebenfalls unter BERICHTE • STATISTIKEN UND BERICHTE.

Abbildung 11.9 Produktbezogene Kennzahlen für einen definierten Zeitraum

Auch in diesem Bericht finden Sie wichtige Kennzahlen wie den Umsatz, den Absatz, die Anzahl der Käufer, die sich die Produktdetailseite angeschaut haben, die Anzahl der Seitenaufrufe, die Kaufrate und den Prozentwert, wie häufig Sie in dem angegebenen Zeitraum das Einkaufswagenfeld besessen haben.

Leider bietet Amazon diese Daten nicht als bereits aufbereitete Zeitreihe je Produkt an. Diese müssen Sie sich – wie im vorigen Abschnitt bereits kennengelernt – selbst etwas mühselig aufbereiten. Im Idealfall laden Sie sich diese Daten täglich für den jeweiligen Vortag herunter und speichern sie unter Angabe des jeweiligen Datums in einer großen Excel-Datei fortlaufend ab. Der Aufwand und die Menge der anfallenden Daten sind hier jedoch enorm, daher begnügen sich interessierte Händler mit wöchentlichen oder monatlichen Zeiträumen. Egal, für welchen Zeitraum Sie sich entscheiden: Wichtig ist, dass Sie sich diese Daten anschauen, denn sowohl die Anzahl der Sitzungen als auch die im gleichen Zeitraum bestellten Einheiten geben Ihnen wichtige Einblicke in die aktuelle Leistung Ihrer Produkte.

Damit es zu einer Sitzung kommt, passieren in der Regel zwei Dinge: Der potenzielle Käufer sucht auf Amazon nach einem bestimmten Produkt oder Produkttyp. Im Rahmen der Suche wird Ihr Produkt angezeigt. Klickt der potenzielle Käufer auf Ihr Suchergebnis, kommt es zu einer Sitzung. Um die Anzahl der Sitzungen zu erhöhen, müssen Sie also zwei Dinge tun. Sie müssen dafür Sorge tragen, dass Ihr Produkt zu möglichst vielen relevanten Suchbegriffen in den vorderen Positionen der Suchergebnisse angezeigt wird. Um hier zu optimieren, brauchen Sie natürlich Zugriff auf das Produktlisting – im Folgenden gehe ich davon aus, dass dies der Fall ist. Mithilfe einer guten Keyword-Recherche oder bezahlten Anzeigen können Sie es schaffen, die Sichtbarkeit Ihrer Produkte zu erhöhen.

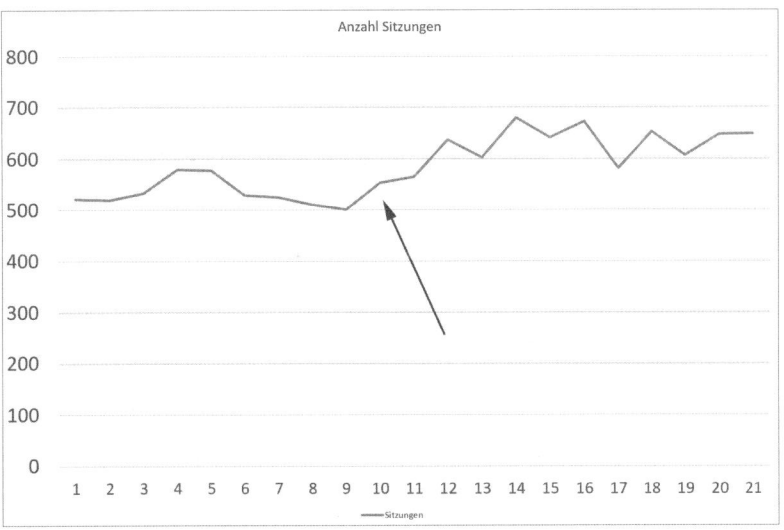

Abbildung 11.10 Beispiel für die Optimierung eines Listings, welches zu einem Anstieg der durchschnittlichen Seitenaufrufe pro Woche geführt hat

Eine weitere wichtige Rolle spielen die Elemente, die einen potenziellen Käufer dazu veranlassen, die Produktdetailseite aufzurufen. Wichtige Einflussfaktoren sind hier u. a. das Hauptproduktbild, der Produkttitel, die Verfügbarkeit und die Versandart sowie der Preis. Sie können daher die Kennzahl *Anzahl der Sitzungen* auch sehr gut nutzen, um zu testen, ob ein bestimmtes Bild oder ein bestimmter Titel Auswirkungen auf die Anzahl der Sitzungen nimmt.

273

Abbildung 11.11 Bereits bei der Anzeige von Suchergebnissen spielen viele Faktoren eine Rolle, um die Klickrate zu erhöhen.

Haben Sie Ihren Interessenten einmal auf Ihrer Produktdetailseite, geht es im nächsten Schritt darum, ihn zu einem Käufer zu machen. Auf der Produktdetailseite spielen – wie bereits besprochen – weitere Elemente, die die Kaufentscheidung beeinflussen, eine große Rolle. Wichtig sind hier u. a. viele gute Produktbilder, eine gute Vorteilsargumentation in den Produktattributen und der Produktbeschreibung sowie Anzahl, Qualität und Ergebnis der Produktbewertungen. Zu guter Letzt helfen natürlich alle genannten Optimierungen wenig, wenn Sie nicht auch das Einkaufswagenfeld (Buybox) besitzen. Wesentliche Einflussfaktoren hier sind der Preis sowie die Verfügbarkeit. Sie sollten auch erst an diesen Punkten arbeiten, bevor Sie Maßnahmen ergreifen, um die Anzahl der Sitzungen zu erhöhen.

Welche Maßnahmen Sie auch immer ergreifen, um die Sichtbarkeit oder die Kaufrate zu erhöhen: Den Erfolg derartiger Maßnahmen können Sie nur nachvollziehen, wenn Sie sich die Anzahl der Sitzungen im zeitlichen Verlauf anschauen. Ohne eine entsprechende Kontrolle dieser Kennzahlen wissen Sie nicht, ob Ihre Maßnahmen positive oder eventuell sogar negative Effekte auf die Sichtbarkeit oder Kaufrate gehabt haben. Sie sollten jedoch nie alles auf einmal ändern, damit Sie stets nachvollziehen können, welche Änderung welchen Einfluss auf welche Kennzahl genommen hat. Sie sollten zudem versuchen, externe Einflussfaktoren im Rahmen der zeitlichen Analyse auszuschließen. Findet z. B. im Beobachtungszeitraum ein Blitzangebot mit dem zu optimierenden Produkt statt, wird die Kennzahl der Anzahl der Sitzungen durch Sondereffekte künstlich erhöht.

Es gibt darüber hinaus noch Kennzahlen, für die Amazon keine oder nur unzureichende Berichte zur Verfügung stellt, sodass eine Zeitreihenanalyse nicht möglich ist. Hier kommen externe Tools ins Spiel, die dem Händler das Datensammeln und Visualisieren abnehmen. Anhand des von mir anfangs für persönliche Zwecke entwickelte Tool AMALYTIX werde ich Ihnen ein paar weitere sinnvolle Analysen aufzeigen. Es sei der Vollständigkeit halber angemerkt, dass es mittlerweile eine Vielzahl von Tools gibt, die ähnliche Funktionen aufweisen.

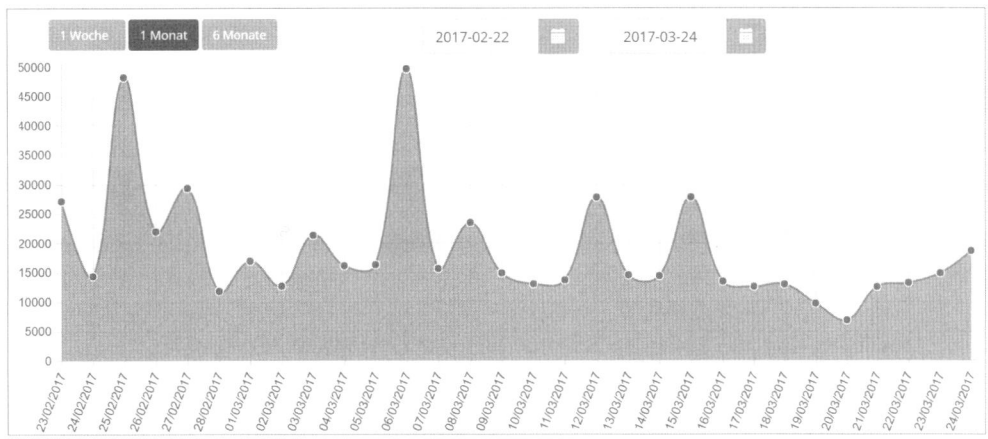

Abbildung 11.12 Überwachung des Bestseller-Rangs

Der Bestseller-Rang wird von Amazon stündlich neu berechnet und zeigt Ihnen innerhalb der jeweiligen Produktkategorie, wie gut sich Ihr Produkt im Vergleich zu anderen Produkten verkauft. Als Händler sind Sie daran interessiert, dass sich dieser kontinuierlich nach unten oder zumindest seitwärts bewegt. Nimmt er stetig zu, verlieren Sie Boden an Ihren Wettbewerbern. Grund könnten neue Wettbewerber oder die mangelnde Verfügbarkeit Ihres Produktes sein. Aber auch Verschlechterungen in relevanten Keyword-Rankings könnten die Ursache sein. Daher sollten Sie auch die relevanten Suchbegriffe für das jeweilige Produkt in die Überwachung geben.

1 Woche	1 Monat	6 Monate	2017-03-17	2017-03-24

Keywords

	Keyword	Aktuelle Position	-7 Tage	-30 Tage
☐	[unleserlich]	18	96+ (+78)	96+ +78
☐	[unleserlich]	22	96+ (+74)	96+ +74
☐	[unleserlich]	21	96+ (+75)	10 -11

Keywords hinzufügen   **Markierte Keywords löschen**

Abbildung 11.13 Überwachung relevanter Keyword-Rankings, hier in Tabellenform

Auch Ihre Bewertungen sollten Sie im Auge behalten. Gerade in Zeiten, in denen Amazon reihenweise Bewertungen von Produkttests aus alten Zeiten löscht, geht es nicht immer nur bergauf. Diese Kennzahl finden Sie in Seller Central zudem vergebens.

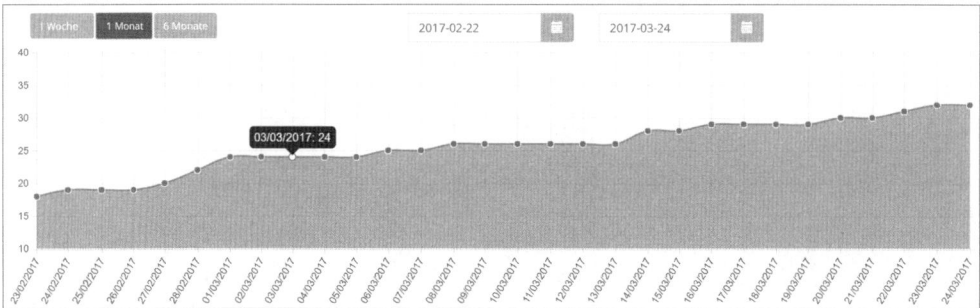

Abbildung 11.14 Überwachung der Entwicklung der Anzahl der Rezensionen

11.3 Lagerreichweite

Ein weiterer großer Einflussfaktor auf den Gesamterfolg stellt die Warenverfügbarkeit dar. Grundsätzlich möchten Sie als Händler immer sicherstellen, dass jedes Ihrer Produkte jederzeit verfügbar ist. Auf der anderen Seite möchten Sie das Volumen der eingelagerten Ware auf ein Minimum reduzieren, um die Lagergebühren minimal zu halten. Nutzen Sie den Versand durch Amazon, kann es sein, dass Sie durch zusätzliche Limits eingeschränkt werden und Sie nicht beliebig viel Ware an die Distributionszentren von Amazon schicken können. Damit Sie auf künftigen Umsatz nicht verzichten müssen, lohnt sich daher ein regelmäßiger Blick auf unterschiedliche Berichte, die Amazon zur Verfügung stellt. Einen dieser Berichte finden Sie unter BERICHTE • VERKAUFSCOACH • BERICHT ZU VORRÄTIGEM LAGERBESTAND.

Vorrätiger Lagerbestand Weitere Informationen

Der Bericht enthält Lagerbestandswerte zu Ihren aktiven Angeboten, die in den vergangenen 60 Tagen mindestens zweimal verkauft wurden. In diesem Bericht finden Sie Details zum geschätzten entgangenen Umsatz, zur geschätzten Zahl der abgedeckten Tage und zur durchschnittlich verkauften Stückzahl pro Woche. Klicken Sie auf "Ändern", um Ihren Lagerbestand zu aktualisieren oder eine eingehende Sendung für Versand durch Amazon zu erstellen.

Herunterladen	Filter: 2 aktiv ≑									

Ausgewählte Filter: Zeitspanne: 30 Tage   Versand durch: Alle   Filter löschen

Filter: Zeitspanne ▼   Versand durch ▼

Produktname/Titel ASIN	SKU Versand durch	Auf Lager in % (im ausgewählten Zeitraum) Ändern	Geschätzter entgangener Umsatz	Geschätzter Umsatz (Einheiten)	Tage, für die der Bestand voraussichtlich ausreicht	Aktueller Lagerbestand	Tage ohne vorrätigen Lagerbestand	Verkaufte Stückzahl	Wöchentliche Verkaufsrate vorrätiger Produkte	Verkaufsrang	Alles speichern
		0% -28,31%	€0	37,5	.	0	30	0	-	78.508	Lagerbestand senden/auffüllen ≑
		78,8% 36,89%	€83,59	6,48	190,9	210	6	26	7,91	2.253	Lagerbestand senden/auffüllen ≑
		86,17% -6,92%	€44,09	3,42	0	0	4	19	5,32	9.099	Lagerbestand senden/auffüllen ≑
		69,9% -7,92%	€52,25	0,87	0	0	9	1	0,35	582.814	Lagerbestandsmenge aktualisieren ≑
		47,79% -22,59%	€275,67	0,81	0	0	15	1	0,5	556.017	Lagerbestandsmenge aktualisieren ≑
		90,62% -2,95%	€87,99	0,55	21,7	4	2	5	1,3	456.293	Lagerbestandsmenge aktualisieren ≑

Abbildung 11.15 Vorrätiger Lagerbestand mit Lagerreichweite je SKU

Der Bericht zeigt Ihnen für jede SKU (egal, ob durch Amazon oder Sie selbst versendet), wie hoch der aktuelle Lagerbestand ist, wie häufig sich das Produkt pro Woche verkauft und wie lange der Lagerbestand angesichts dieser Verkaufsrate ausreicht, um die Nachfrage zu bedienen. Darüber hinaus zeigt Ihnen Amazon auch an, wie viel Umsatz Sie schätzungsweise verloren haben dadurch, dass ein Artikel ausverkauft ist. Bei diesem Bericht können Sie mit wenigen Klicks drei Dinge schnell feststellen:

1. Welche Produkte sind ausverkauft und generieren aktuell keinen Umsatz?
2. Welche Produkte muss ich in nächster Zeit auffüllen?
3. Welche Produkte drehen sich zu langsam und verursachen höhere Lagerkosten?

Um festzustellen, wo Ihnen aktuell Umsatz entgeht, sortieren Sie den Bericht nach der Spalte GESCHÄTZTER ENTGANGENER UMSATZ absteigend. Ihnen werden dann vornehmlich die Produkte angezeigt, die derzeit nicht am Lager sind. Amazon berechnet zudem, wie hoch die prozentuale Verfügbarkeit im angegebenen Zeitraum (voreingestellt sind 30 Tage) war.

Sortieren Sie den Bericht aufsteigend nach der Spalte TAGE, FÜR DIE DER BESTAND VORAUSSICHTLICH AUSREICHT, erhalten Sie eine Liste der Produkte, deren Bestand Sie als Nächstes auffüllen müssten, sofern die Lagerreichweite in die Nähe der Lieferzeit für den jeweiligen Artikel abgesunken ist.

Sortieren Sie den Bericht nach der gleichen Spalte absteigend, erhalten Sie die Produkte mit der größten Lagerreichweite. In der Regel sind dort immer ein paar Produkte dabei, die sich viel zu langsam drehen, um den Lagerbestand in naher Zukunft abzubauen. Hier können Sie überlegen, ob Sie bestimmte Preis- oder Rabattaktionen fahren möchten, um den Bestand zu reduzieren und unnötigen Lagerraum freizugeben.

Einen anderen Bericht, den Sie nur als CSV-Datei herunterladen können, finden Sie unter BERICHTE • VERSAND DURCH AMAZON • ALTER DES LAGERBESTANDS.

Abbildung 11.16 Mehr Kennzahlen zu Ihrem Lagerbestand erhalten Sie unter dem Bericht »Alter des Lagerbestands«

Wenn Sie diesen Bericht in Excel oder einem anderen Tabellenkalkulationsprogramm öffnen, finden Sie dort für jedes Produkt, das Sie via FBA verschicken, u. a. folgende Spalten:

▶ Anzahl Einheiten, für die eine Lagerlangzeitgebühr anfallen würde, sofern diese jetzt fällig wäre

▶ Summe der Lagerlangzeitgebühren, würde diese jetzt berechnet werden

Mithilfe dieser beiden Spalten entdecken Sie echte »Penner« in Ihrem Bestand, die Sie im Zweifel viel Geld kosten können, sofern diese bei der nächsten halbjährlichen Überprüfung immer noch dort liegen und dann eine Langzeitlagergebühr anfällt. Bitte beachten Sie, dass Amazon bereits für Artikel, die länger als sechs Monate bei Amazon auf dem Lager liegen, eine neue Lagerlangzeitgebühr berechnet. Der Report wurde hier noch nicht angepasst. Aber dafür können Sie die folgenden Spalten nutzen, um das Alter Ihres Bestandes einzuschätzen:

▶ Bestandsmenge mit einem Alter zwischen 0 und 90 Tagen

▶ Bestandsmenge mit einem Alter zwischen 91 und 180 Tagen

▶ Bestandsmenge mit einem Alter zwischen 181 und 270 Tagen

▶ Bestandsmenge mit einem Alter zwischen 271 und 365 Tagen

▶ Bestandsmenge mit einem Alter von mehr als 365 Tagen

So weist Ihnen Amazon hier auch Bestände mit einem Alter von über einem halben Jahr aus, was Ihnen wiederum hilft, die Lagerlangzeitgebühr, die auf sechs Monaten beruht, zu vermeiden.

Amazon zeigt Ihnen auch die Absätze der letzten drei Monate, heruntergebrochen auf verschiedene Zeiträume:

▶ Anzahl der verschickten Einheiten in den letzten 7 Tagen

▶ Anzahl der verschickten Einheiten in den letzten 30 Tagen

▶ Anzahl der verschickten Einheiten in den letzten 60 Tagen

▶ Anzahl der verschickten Einheiten in den letzten 90 Tagen

Mithilfe dieser Zahlen können Sie sich den Absatz pro Tag basierend auf verschiedenen Zeiträumen berechnen. Je nachdem, ob das Produkt im Steig- oder Sinkflug ist, kommen hier sehr unterschiedliche Zahlen heraus. Um eine detaillierte Prognose der Lagerreichweite durchzuführen, können Sie aus diesen Zahlen z. B. optimistische und pessimistische Szenarien berechnen.

	A	B	C	D	E	F	G available-quantity (sellable)	H qty-with-removals-in-progress	I inv-age-0-to-90-days	J inv-age-91-to-180-days	K inv-age-181-to-270-days	L inv-age-271-to-365-days	M inv-age-365-plus-days	N qty-to-be-charged-ltsf-12-mo	O projected-ltsf-12-mo	P units-shipped-last-7-days	Q units-shipped-last-30-days	R units-shipped-last-60-days	S units-shipped-last-90-days
1	snapshot-date	marketplace	sku	fnsku	asin	product-name													
2	19.03.2017	amazon.fr					55	0	12	43	0	0	0	0 EUR	0.0	0	0	0	0
3	19.03.2017	amazon.de					16	0	1	3	12	0	0	0 EUR	0.0	0	5	8	8
4	19.03.2017	amazon.de					58	0	58	0	0	0	0	0 EUR	0.0	20	68	136	168
5	19.03.2017	amazon.co.uk					67	0	0	1	66	0	0	0 GBP	0.0	0	0	0	0
6	19.03.2017	amazon.co.uk					30	0	1	0	29	0	0	0 GBP	0.0	0	0	0	0
7	19.03.2017	amazon.fr					108	0	108	0	0	0	0	0 EUR	0.0	0	0	0	0
8	19.03.2017	amazon.es					51	0	45	6	0	0	0	0 EUR	0.0	0	0	0	1
9	19.03.2017	amazon.es					41	0	0	1	40	0	0	0 EUR	0.0	0	0	0	0
10	19.03.2017	amazon.es					90	0	4	86	0	0	0	0 EUR	0.0	0	0	0	3
11	19.03.2017	amazon.it					67	0	0	1	66	0	0	0 EUR	0.0	0	0	0	0
12	19.03.2017	amazon.it					30	0	1	0	29	0	0	0 EUR	0.0	0	0	0	0
13	19.03.2017	amazon.fr					89	0	89	0	0	0	0	0 EUR	0.0	0	0	0	0
14	19.03.2017	amazon.fr					40	0	40	0	0	0	0	0 EUR	0.0	0	0	0	0
15	19.03.2017	amazon.fr					232	0	232	0	0	0	0	0 EUR	0.0	0	0	0	0
16	19.03.2017	amazon.de					63	0	63	0	0	0	0	0 EUR	0.0	13	86	185	258
17	19.03.2017	amazon.co.uk					198	0	5	193	0	0	0	0 GBP	0.0	0	0	4	6
18	19.03.2017	amazon.co.uk					51	0	51	0	0	0	0	0 GBP	0.0	0	2	2	2
19	19.03.2017	amazon.co.uk					32	0	32	0	0	0	0	0 GBP	0.0	0	2	2	2
20	19.03.2017	amazon.co.uk					23	0	21					0 GBP	0.0				

Abbildung 11.17 Auszug aus dem Bericht »Alter des Lagerbestands«

Amazon weist in der Spalte *alert* sogar auf Probleme mit dem Listing hin. Die Begriffe sind selbsterklärend und weisen entweder auf eine geringe Anzahl von Aufrufen hin (*Low traffic*) oder eine unterdurchschnittliche Konversionsrate hin (*Low conversion*). Zu Details schweigt sich Amazon leider aus. Bei diesem Bericht sollten Sie auch im Auge behalten, dass dieser nicht immer täglich neu berechnet wird und manche Bestände schon ein paar Tage alt sein können.

Für welche Berichte Sie sich auch immer entscheiden: Wichtig ist, dass Sie sich mit Ihren eigenen Zahlen vertraut machen, um langfristige Entwicklungen frühzeitig zu erkennen und wesentliche Umsatzkostentreiber zu verstehen. Ein detailliertes Verständnis Ihres eigenen Zahlenwerkes ist Grundvoraussetzung für den langfristigen Erfolg.

Kapitel 12
Marken und Patente

Gewerbliche Schutzrechte spielen im Handel eine große Rolle. Auf Amazon tummeln sich viele chinesische Händler, die Plagiate anbieten. Ähnlich sieht es auf Beschaffungsplattformen wie Alibaba.com aus. Als Händler sollten Sie daher ein Grundverständnis für gewerbliche Schutzrechte wie Marken, Designs und Patente entwickeln. Dies ist zum einen wichtig, um im Rahmen der Beschaffung neuer sowie dem Anbieten bestehender Produkte das Risiko zu minimieren, dass Sie später wegen einer Marken-, Design- oder Patentverletzung abgemahnt werden. Zum anderen können diese Schutzrechte dabei helfen, sich eine Alleinstellung auf Amazon zu erarbeiten und diese gegen Wettbewerber zu verteidigen. Mit Rechts- und Patentanwälten hat sich ein ganzer Berufszweig auf dieses Thema spezialisiert. Ein Grundverständnis hilft dabei, für die verschiedenen Gefahren und Vorteile sensibilisiert zu sein.

Eine wichtige Anmerkung jedoch vorab: Betrachten Sie die folgenden Ausführungen auf keinen Fall als Rechtsberatung, sondern als unverbindliche Ratschläge. Wenn Sie verbindlichen Rat zu einem konkreten Fall benötigen, empfehle ich Ihnen in jedem Fall, sich von einem (Patent-)Anwalt beraten zu lassen. Wenn Sie versuchen, hier Geld zu sparen, kann Sie das gegebenenfalls später ein Vielfaches kosten.

In dem Kapitel gehe ich erst – unabhängig von Amazon – auf Marken, Designs und Patente sowie deren Durchsetzung im Allgemeinen ein. Im zweiten Teil des Kapitels zeige ich Ihnen, wie Sie Ihre Marke darüber hinaus – unabhängig von den gesetzlichen Normen – auf Basis der Richtlinien von Amazon schützen lassen können.

12.1   Marken

Marken haben den Zweck, Waren oder Dienstleistungen eines Unternehmens zu schützen. Mit Marken können deren Inhaber anderen verbieten, das jeweils geschützte Zeichen für die geschützten Waren oder Dienstleistungen oder sehr ähnliche Marken zu benutzen. Damit sind schon die wichtigsten Elemente und Aufgaben einer Marke genannt.

Bei dem Zeichen handelt es sich in der Regel um ein Wort (z. B. Adidas oder Haribo) oder Bild (z. B. Mercedes-Stern oder Nike-Swoosh). Man spricht dann von einer Wort- bzw. Bildmarke. Es gibt auch Wort-/Bildmarken, die aus einer Kombination von Wort- und Bildbestandteilen oder aus grafisch dargestellten Wörtern bestehen.

Es lassen sich aber auch andere Zeichen wie Farben, dreidimensionale Formen, Klänge oder Melodien mit Marken schützen.

Vorteil einer Wortmarke

Die Wortmarke hat gegenüber der Bildmarke oder der Wort-/Bildmarke zwei entscheidende Vorteile:

1. Mit einer Wortmarke ist abstrakt das Wort als solches geschützt. Sie können gegen Wettbewerber vorgehen, egal, wie das Wort grafisch gestaltet oder eingebunden ist. Wenn Sie »nur« eine Wort-/Bildmarke besitzen, greift ein Wettbewerber möglicherweise nicht mehr identisch in diese Marke ein, wenn er sein Logo grafisch ganz anders gestaltet.

2. Wettbewerber können Marken löschen lassen, wenn diese in einem Zeitraum von fünf Jahren nicht wie eingetragen benutzt werden. Wenn Sie eine Marke als Wort-/Bildmarke anmelden und in vier Jahren ein Relaunch mit geändertem Corporate Design durchführen und dabei auch das Logo geändert wird, müssen Sie auch wieder eine neue Marke für das neue Logo anmelden.

Marken sind immer für ganz konkrete Waren und Dienstleistungen geschützt (z. B. Apple für Computer oder Mercedes für Kraftfahrzeuge). Die Waren und Dienstleistungen sind in 45 sogenannte *Nizzaklassen* eingeteilt. Vertreter der wichtigsten Industrieländer haben sich vor einigen Jahrzehnten in Nizza getroffen, um sich über diese Klassifikation zu einigen und Ordnung in das Chaos der Waren und Dienstleistungen zu bringen. So gibt es Klassen für Musikinstrumente (15) oder Restaurants (43). Bei einigen Klassen sind deren Inhalte sehr unterschiedlich. So sind beispielsweise in Klasse 9 neben Software und Computern auch Sonnenbrillen, Feuerlöscher und Mikroskope klassifiziert.

12.1.1   Eingriff in fremde Marken

Vor der Anmeldung einer Marke oder der Benutzung eines Namens oder Logos sollten Sie immer erst herausfinden, ob es nicht bereits ähnliche oder ältere Marken gibt, mit denen Sie in Konflikt geraten können. Alle Marken werden in dem jeweils zuständigen Markenregister eingetragen. Für deutsche Marken ist z. B. das Deutsche Patent- und Markenamt (DPMA) zuständig. Sie können die Datenbanken des DPMA und von vielen anderen Markenämtern mithilfe von speziellen Suchmaschinen durchsuchen. Eine dieser kostenfreien Suchmaschinen ist z. B. *TMview* (*https://www.tmdn.org/ tmview/welcome*).

Der Vorteil einer Recherche in TMview liegt darin, dass diese Datenbank mehrere Markenämter anbindet, unscharfe Suchen zulässt und auch in Deutsch verfügbar ist. Um z. B. herauszufinden, ob ein bestimmter Begriff geschützt ist, geben Sie diesen einfach in das Suchfeld ein. Über die erweiterte Suche können Sie die Suche vielfältig einschränken. So können Sie z. B. nur nach aktiven oder angemeldeten Wortmarken in bestimmten Nizzaklassen suchen.

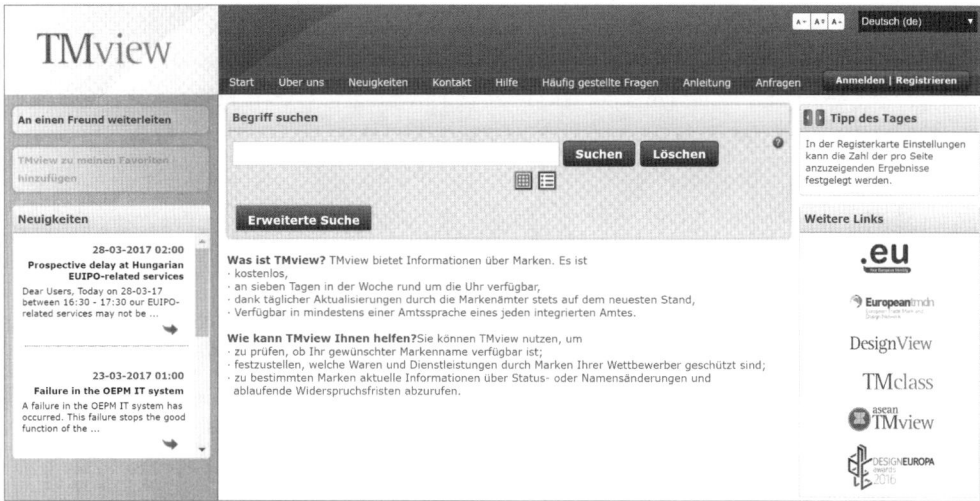

Abbildung 12.1 Recherche-Tool TMview

Um herauszufinden, ob eine bestehende Marke der eigenen zu ähnlich ist, muss man einschätzen, ob eine *Verwechslungsgefahr* gegeben ist. Von Verwechslungsgefahr kann immer ausgegangen werden, wenn die Zeichen und auch die Waren oder Dienstleistungen identisch sind. Wenn die Zeichen identisch und die Waren oder Dienstleistungen sehr ähnlich sind (z. B. Kaffee im Vergleich zu Tee), kann man ebenfalls in aller Regel davon ausgehen, dass Verwechslungsgefahr gegeben ist. Umgekehrt gilt das Gleiche: Es besteht auch dann Verwechslungsgefahr, wenn die Zeichen sehr ähnlich (z. B. *Mercedes* und *Merzedes*) und die Waren identisch sind. Die Grenzen sind hier fließend. Für eine verbindliche Einschätzung sollten Sie einen Patentanwalt oder Rechtsanwalt hinzuziehen.

12.1.2 Anmeldung einer Marke

Der Hauptzweck der Markenanmeldung besteht darin, Wettbewerbern zu verbieten, das Zeichen für die geschützten Waren und Dienstleistungen zu benutzen. Die eingetragene Marke ist aber auch wichtig, um zu verhindern, dass sich ein Dritter die Marke sichert und Ihnen dann vielleicht sogar verbietet, diese Marke weiterhin zu benutzen. Der Markenschutz entsteht mit der Eintragung beim jeweiligen Markenamt. Dieser geht die Anmeldung voraus. Registrieren Sie sich die Marke zu einem sehr frühen Zeitpunkt, können Sie mit dieser Marke einen sogenannten Widerspruch gegen spätere Markenanmeldungen erheben und verhindern, dass diese späteren Marken im Register registriert bleiben.

> **Markenschutz durch Benutzungsmarken und Unternehmenskennzeichen**
>
> Im Prinzip können Sie dieselben Rechte wie aus einer *Registermarke* auch aus einer nicht eingetragenen sogenannten *Benutzungsmarke* geltend machen. Eine Benutzungsmarke entsteht, wenn das Zeichen im geschäftlichen Verkehr intensiv verwendet wird. Dafür müssen Sie aber in der Regel wenigstens 25 % Bekanntheit bei den sogenannten *Verkehrskreisen* nachweisen.
>
> Markenschutz entsteht auch durch ein sogenanntes *Unternehmenskennzeichen*. Dieses entsteht, wenn man unter einem Firmennamen ein Unternehmen betreibt. Die Entstehung eines Unternehmenskennzeichens lässt sich am einfachsten dokumentieren, wenn das Unternehmen im Handelsregister eingetragen ist. Für ein Vorgehen aus dem Unternehmenskennzeichen muss man vor Gericht umfangreiche Beweismaterialien wie Rechnungen, Angebote etc. vorlegen. Die Durchsetzung eines Unternehmenskennzeichens ist daher im Vergleich zur eingetragenen Marke sehr aufwendig und daher in der Regel auch wesentlich teurer.

Bei der Anmeldung der Marke müssen Sie sich überlegen, ob Ihnen ein deutschlandweiter Schutz reicht, oder ob Sie eine EU-weite Unionsmarke anmelden möchten. Dies ist zum einen eine Frage der Kosten (die Anmeldegebühr in Deutschland beginnt bei 290 € und in der EU ab 850 €). Zum anderen müssen Sie bei der Unionsmarke für die Vorabrecherche natürlich auch nationale Marken aus den verschiedenen EU-Ländern beachten. Die Anmeldung können Sie mittlerweile beim DPMA (für Deutschland) und beim EUIPO (für die EU) online auf deren Webseiten durchführen.

Wenn Sie auch Schutz im Ausland (z. B. USA, Japan oder China) benötigen, können Sie die Marke natürlich auch in allen diesen Ländern anmelden oder besser anmelden lassen. Ein sehr kosteneffizientes Mittel hierzu ist die sogenannte *Internationale Registrierung*, die bei der WIPO in Genf nach dem Madrider Markenabkommen verwaltet wird. Spätestens hier sollten Sie professionelle Hilfe in Anspruch nehmen.

Das Markenamt prüft im Eintragungsverfahren nicht, ob es ähnliche ältere Marken gibt, die einen Konflikt darstellen könnten. Das Amt prüft lediglich die sogenannten absoluten *Schutzausschließungsgründe*, in der Regel also, ob die Marke für die beanspruchten Waren oder Dienstleistungen beschreibend ist. So wird *Apple* für Computer eingetragen, da ein Computer ja kein Apfel ist. *Apple* würde aber nicht für Obst eingetragen werden.

Innerhalb von drei Monaten ab Eintragung bei deutschen Marken und innerhalb von drei Monaten ab Veröffentlichung der Anmeldung der Unionsmarke beim EUIPO können Dritte Widerspruch gegen die Marke einlegen, wenn sie meinen, dass sie ältere Markenrechte oder Unternehmenskennzeichen haben.

Wenn die Marke einmal eingetragen ist, hält der Schutz bis zu zehn Jahre und kann dann immer wieder durch Zahlung einer Verlängerungsgebühr verlängert werden.

12.2 Designs

Mit eingetragenen Designs schützt man den rein visuellen Eindruck – zweidimensional oder dreidimensional. Der Schutz ist abstrakt, d. h., wenn Sie sich eine Form für ein neues Trinkglas ausdenken und diese mit einem Design schützen lassen, fällt ein Dritter unter dieses Design, wenn er einen Wolkenkratzer oder einen Lolli in genau diesem Design erschafft. Ein Design ist im Unterschied zu den Marken unabhängig von Waren oder Dienstleistungen geschützt. Typische Anwendungsfälle von Designschutz sind Haushaltsgegenstände, Kleidung, Autos oder Möbel. Man kann aber im Prinzip jegliches Design schützen – auch das von medizintechnischen Geräten oder Maschinen.

Ein weiterer Unterschied im Vergleich zu Marken ist das Erfordernis der Neuheit. Ein Design wird zwar bei Eintragung nicht auf Neuheit geprüft, wenn bei der Durchsetzung aber ein Dritter nachweisen kann, dass dieses Design schon vor dem Anmeldetag existiert hat, kann es unter bestimmten Umständen gelöscht werden.

Neben der Neuheit muss das Design auch eine sogenannte Eigenart gegenüber den bisherigen Designs aufweisen. So eine Eigenart lässt sich leicht ergänzen, sodass es schwierig ist, ein Design löschen zu lassen, wenn man nicht das identische Design mit der gleichen Eigenart vor dem Anmeldetag nachweisen kann. Folglich bedeutet das, dass ein Design nur gegen 1:1-Kopien Schutz bietet. Dennoch helfen Designs sehr gut, gegen Nachahmungen aus China vorzugehen, da chinesische Hersteller sich oft nicht die Mühe machen, das kopierte Design abzuwandeln.

Als Inhaber von Designs müssen Sie im Streitfall nachweisen, dass die Rechte an dem Design vom Entwerfer des Designs auf den aktuellen Inhaber übergegangen sind, sofern sich diese beiden Personen unterscheiden. Dies kann beispielsweise durch einen Vertrag geschehen.

12.2.1 Eingriff in geschützte Designs

Ob Sie in bestehende Designs eingreifen, ist schwieriger festzustellen als z. B. bei Marken. Zumindest bei Wortmarken gibt es in den verschiedenen Datenbanken schon sehr zuverlässige Algorithmen, um die Ähnlichkeit von Marken zu bestimmen. Bei Designs sind die Computer leider noch nicht so weit. Der Rechercheur muss häufig händisch lange Trefferlisten sichten, um ähnliche Designs zu identifizieren. Wenn Sie das selbst versuchen möchten, kann ich das Register des DPMA (*http://register.dpma.de*) und die Datenbank DesignView (*https://www.tmdn.org/tmdsview-web/welcome*) empfehlen.

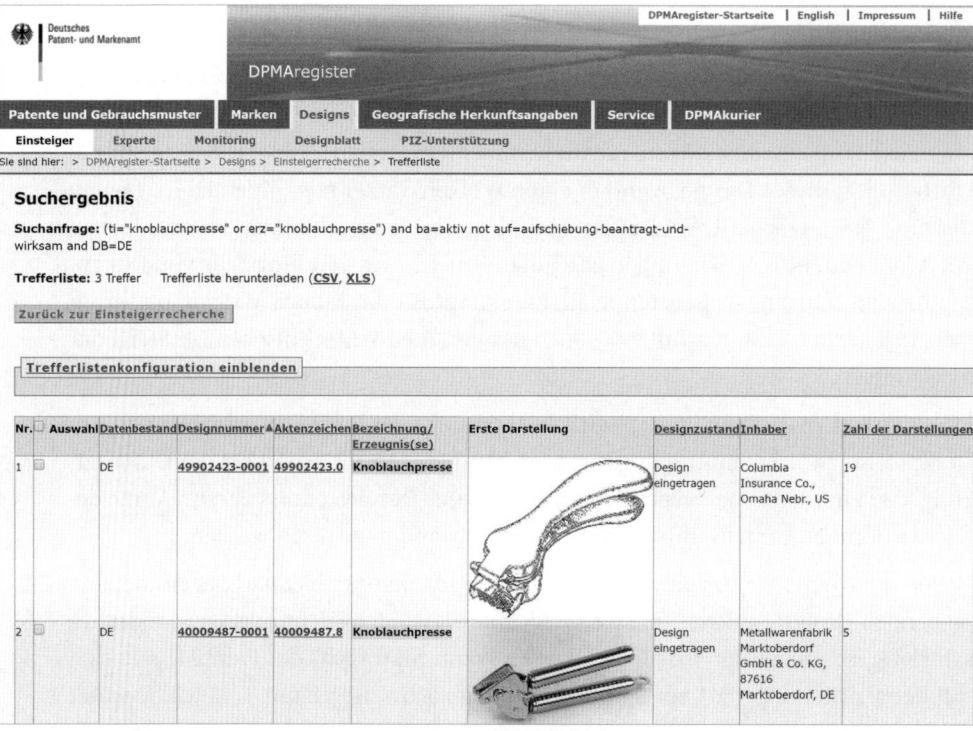

Abbildung 12.2 Recherche nach Designs zum Begriff »Knoblauchpresse« beim DPMA

Während Sie beim DPMA-Register deutsche Designs recherchieren können, finden Sie in DesignView auch *Gemeinschaftsgeschmacksmuster* (EU-weite Designs) und *Haager Muster* (weltweite Designs). Eine Designrecherche durch Patentanwälte oder Recherchedienstleister kostet je nach Aufwand und Dienstleister in der Regel zwischen 1.000 und 3.000 €.

Als Faustregel kann man sagen, dass es sehr unwahrscheinlich ist, dass ein Dritter Designschutz hat, wenn man sich das eigene Design komplett selbst überlegt oder einen zuverlässigen Designer dafür bezahlt hat. Umgekehrt ist das Risiko hoch, dass ein Dritter Designschutz hat, wenn man das Produkt von einem chinesischen Hersteller angeboten bekommt. Die Frage, die sich dann anschließt, ist, ob dieses Design überhaupt in Deutschland Wirkung hat und dort in Kraft ist.

12.2.2   Anmeldung von Designs

Designs können Sie beim DPMA (*http://www.dpma.de*) oder auch beim EUIPO (Amt der Europäischen Union für geistiges Eigentum, *https://euipo.europa.eu/ohimportal/de/home*) online anmelden. Hierbei können Sie aber vieles falsch machen. Hier nur die wichtigsten Tipps:

▸ Die Designs sollten im Idealfall entweder als Schwarz-Weiß-Strichzeichnungen oder als Graustufenrendering vor einem neutralen weißen Hintergrund ohne Schatten dargestellt sein.

▸ Je Design sollten sieben Abbildungen eingereicht werden (oben, unten, rechts, links, vorne, hinten, perspektivisch von schräg oben).

▸ Die Designs sollten von Zeichnern angefertigt sein, die wissen, welche Erfordernisse beim Designschutz zu beachten sind.

Bei Designanmeldungen kann man mit einer einzigen Anmeldung bis zu 100 verschiedene Designs schützen, sodass Designschutz der günstigste Schutz unter den in diesem Kapitel vorgestellten Schutzrechten ist. Auch die Anmeldegebühren sind wesentlich geringer als bei Patenten oder Marken. Die Laufzeit eines eingetragenen Designs beträgt in den meisten Ländern maximal 25 Jahre.

Ein ganz besonderer Designschutz soll noch erwähnt werden, der kostenfrei automatisch entsteht: das *nicht eingetragene Gemeinschaftsgeschmacksmuster*. Wenn Sie innerhalb der EU ein neues Design einer breiteren Öffentlichkeit vorstellen (z. B. auf einer Messe oder in einem Shop), entsteht automatisch für drei Jahre EU-weiter Designschutz. Sie müssen das nur für den Fall der Durchsetzung gegen Dritte sehr gut dokumentieren.

12.3   Patente

Mit Patenten werden technische Erfindungen geschützt. Hier kann es sich um konkrete Produkte oder Verfahren handeln. Der Inhaber eines Patents sichert sich dadurch das Recht, seine Erfindung allein zu nutzen und dadurch wirtschaftlich von dem Patent zu profitieren. Der Inhaber kann andere von der Nutzung des Patents ausschließen oder entsprechende Gebühren für die Nutzung verlangen.

Von allen in diesem Kapitel vorgestellten Schutzrechten sind Patente sicherlich die komplexesten und damit auch aufwendigsten Schutzrechte. Bei der Prüfung oder Anmeldung von Patenten sollten Sie in jedem Fall einen Patentanwalt hinzuziehen.

In Patenten wird in den Patentansprüchen und vor allem im oft entscheidenden Patentanspruch 1 in jeweils einem Satz die Erfindung beschrieben. Die Beschreibung muss dabei so genau verfasst werden, dass ein Fachmann auf dem Gebiet sie als Anleitung nutzen könnte, um das geschützte Objekt nachzubauen bzw. das beschriebene Verfahren anzuwenden. Ist dies nicht der Fall, ist das Patent angreifbar und kann angefochten werden.

Weitere Erfordernisse sind Neuheit, erfinderische Tätigkeit und Klarheit. Die Erfindung muss zum Anmeldezeitpunkt neu sein. Die Erfindung gilt in der Regel als erfinderisch, wenn sich dieser Unterschied nicht naheliegend ergibt und mit dem Unterschied ein technischer Vorteil verknüpft ist.

Gebrauchsmuster

Mit einem Gebrauchsmuster – auch *kleines Patent* genannt – kann man ebenso wie mit einem Patent eine technische Erfindung schützen. Die wichtigsten Unterschiede zum Patent sind folgende:

▶ Die maximale Schutzdauer beträgt zehn Jahre.

▶ Man kann keine Verfahren schützen.

▶ Das Gebrauchsmuster ist ungeprüft – d. h., das Amt prüft nicht, ob das Gebrauchsmuster schutzfähig ist. Man weiß also bis zur Durchsetzung nicht, ob das Gebrauchsmuster etwas taugt oder nicht.

Der Vorteil eines Gebrauchsmusters liegt darin begründet, dass es in der Regel bereits wenige Wochen nach der Anmeldung eingetragen wird. Zudem sind die Kosten für eine Anmeldung niedriger, und auch bei einem Gebrauchsmuster handelt es sich um ein vollwertiges Schutzrecht.

12.3.1   Patentrecherche

Es gibt zwei Gründe, eine Patentrecherche durchzuführen:

1. Im Rahmen der Recherche nach dem *Stand der Technik* versucht man, ein fremdes Patent anzugreifen oder den Stand der Technik vor einer eigenen Anmeldung zu ermitteln.

2. Bei der *Freedom-to-Operate*-Recherche möchte man herausfinden, ob mit einem ganz konkreten Produkt in fremde Patente eingegriffen wird.

Bei der Recherche nach dem Stand der Technik kann man die Recherche sehr eng fassen und nach einem ganz konkreten Konzept suchen. Die Recherche kann man in kostenfreien Datenbanken wie *Google Patents*, *Deaptisnet* oder *Espacenet* oder auch kostenpflichtigen Datenbanken wie beispielsweise *TotalPatents* durchführen. Eine Recherche nach dem Stand der Technik kann erfahrungsgemäß 500 bis 5.000 € kosten, je nachdem, wie sorgfältig man sucht und welche Datenbanken man einsetzt.

Bei der Freedom-to-Operate-Recherche bleibt man möglichst breit in der Recherche, damit einem kein Patent durch das Sieb fällt, das für einen relevant sein könnte. Die Recherche lässt sich jedoch hinsichtlich Region bzw. Land, Wettbewerber, Zeitraum sowie auf bestimmte technische Gebiete einschränken. Eine Einschränkung auf bestimmte Stichworte ist nicht zu empfehlen, da diese Stichworte in den Datenbanken oft nicht korrekt (per Maschinenübersetzung) aus den verschiedenen Sprachen übersetzt sind und es oft viele unvermutete Synonyme gibt.

Für die gefundenen Schutzrechte prüft der Rechercheur im jeweiligen Register, ob die Schutzrechte noch in Kraft sind und ob das eigene Produkt unter die Patentansprüche fallen würde.

Die Kosten steigen mit der Anzahl der Patente oder Patentanmeldungen, die geprüft werden müssen. In der Regel fallen je angesehenem Schutzrecht, Aufwand und Anwalt etwa 100 bis 300 € an Gebühren an. Bei der Prüfung von 100 Schutzrechten können die Gesamtkosten leicht 20.000 € betragen.

Wird im Rahmen der Prüfung festgestellt, dass das Produkt unter diese Ansprüche fallen würde, kann der Patentanwalt wiederum versuchen herauszufinden, ob das jeweilige Patent mit einer Stand-der-Technik-Recherche angegriffen werden kann oder ob dieses durchsetzbar ist.

12.3.2 Anmeldung von Patenten

Die Patentanmeldung wird beim Patentamt eingereicht und von diesem geprüft. Das Prüfungsverfahren dauert in der Regel zwei bis vier Jahre. Im Anschluss wird entweder das Patent erteilt oder die Patentanmeldung zurückgewiesen. Bei der Formulierung der Patentanmeldung muss der Anwalt vor allem zwei Aspekte im Hinterkopf behalten: Die Chancen auf ein erteiltes Patent müssen maximiert werden, und die Durchsetzbarkeit des Patents muss gewährleistet sein.

Wie beschrieben, wird ein Patent nur erteilt, wenn es *neu* und *erfinderisch* ist. Um die Chance zu maximieren, sollte der Anwalt also vorher genau recherchieren, ob die Erfindung bereits bekannt ist oder ob es bereits sehr ähnliche Lösungen gibt. Je genauer man den Stand der Technik kennt, je genauer kann sich der Anwalt auf das Prüfungsverfahren vorbereiten und bereits Argumente und Einschränkungsmöglichkeiten für das Prüfungsverfahren in die Patentanmeldung einbauen. Ist die Anmeldung eines Patents einmal erfolgt, kann diese nur noch in sehr engem Rahmen geändert werden.

In der Patentanmeldung versucht der Anwalt, den Anspruch sehr breit zu formulieren. Damit soll vermieden werden, dass jemand das Patent leicht umgehen kann, indem er nur eine Kleinigkeit anders gestaltet. Es empfiehlt sich zudem, dass man nicht nur das Erzeugnis, sondern auch das Herstellungsverfahren und Verwendungsansprüche formuliert, damit man auch nach dem Erteilungsverfahren die gesamte Wertschöpfungskette abdecken kann.

Die Patentanmeldung besteht aus der Beschreibung der Erfindung, den Patentansprüchen, einer Zusammenfassung und gegebenenfalls Zeichnungen. Die Formulierung der Patentansprüche ist dabei besonders wichtig. Hier wird der angestrebte Schutzbereich der Patentanmeldung definiert. Der Rechercheur bzw. Prüfer am Amt orientiert sich für die Recherche an den formulierten Ansprüchen. In der Beschreibung findet sich zunächst eine Zusammenfassung des Standes der Technik. Ausgehend vom Stand der Technik und seinen Nachteilen wird eine Aufgabe formuliert. Und dann wird die Erfindung meistens wie in den Ansprüchen formuliert erläutert. In die Beschreibung schreibt der Anwalt meist auch noch die ermittelten Unterschiede zusammen mit deren Vorteilen hinein. Ein konkretes Ausführungsbeispiel als Teil der Beschreibung verhindert, dass das Patent wegen mangelnder Nacharbeitbarkeit angegriffen wird.

Je nach Aufwand und Patentanwalt wird die Anmeldung einer deutschen Patentanmeldung zwischen 3.000 und 7.000 € kosten. Das Patent kann maximal bis 20 Jahre ab Anmeldetag aufrechterhalten werden.

12.4   Durchsetzung von und Verteidigung bei Schutzrechtsverletzungen

Sind Sie Inhaber eines Schutzrechtes und kommt es zu einem Verstoß desselben, müssen Sie prüfen, ob und wie Sie Ihre Ansprüche am besten durchsetzen. Häufig entsteht ein Markenverstoß, indem sich ein fremder Händler an Ihr Listing anhängt, ohne dass dieser die Ware von Ihnen direkt oder indirekt bezogen oder eine Erlaubnis zur Nutzung der Marke erworben hat. Hier stehen Ihnen unterschiedliche Mittel zur Wahl, die alle Vor- und Nachteile haben.

> **Anhängen an fremde Angebote**
>
> Über das Anhängen an fremde Produkte und was es dabei zu beachten gilt, geht es ganz grundsätzlich in Kapitel 17, »Buchhaltung, Umsatzsteuer & Co.«. Unabhängig davon empfiehlt es sich, Amazon auf die Rechtsverletzung aufmerksam zu machen. Wie das genau funktioniert, erkläre ich in Abschnitt 12.5, »Amazon-Markenregistrierung«.

Wenn Sie den Eindruck haben, dass der Verletzer eines Schutzrechts die Verletzung blauäugig oder aus Versehen begeht, ohne dass er das Schutzrecht bewusst kennt, schreiben Sie ihn an (am besten über einen spezialisierten Rechtsanwalt), und machen Sie den Gegner auf das Schutzrecht aufmerksam. Dieses Schreiben nennt sich *Berechtigungsanfrage*. Setzen Sie dem Gegner beispielsweise eine Frist von zwei Wochen, damit er innerhalb der Frist erklären soll, warum er sich berechtigt fühlt, in das Schutzrecht einzugreifen. Ganz wichtig: Sie dürfen in der Berechtigungsanfrage keine gerichtlichen Schritte androhen, da diese sonst als Abmahnung gewertet werden kann.

Die *Abmahnung* ähnelt der Berechtigungsanfrage mit dem wichtigen Unterschied, dass Sie innerhalb der Frist die Abgabe einer strafbewehrten Unterlassungs- und Verpflichtungserklärung sowie die Erstattung der Anwaltskosten verlangen. Hier können Sie auch gerichtliche Schritte androhen. Wenn die Abmahnung jedoch ungerechtfertigt ist, können Sie eine Gegenabmahnung riskieren. Zudem kann der Gegner Schadenersatz verlangen, wenn er aufgrund der Abmahnung seinen Vertrieb oder seine Produktion einstellt und sich die Abmahnung als ungerechtfertigt herausstellt. Übliche Kosten für eine Abmahnung liegen je Anwalt bei etwa 1.500 bis 3.000 €.

Wenn der Gegner auf die Abmahnung oder Berechtigungsanfrage nicht reagiert, können Sie eine *Klage* erwägen. Die Klage muss in der Regel bei auf Marken, Designs und Patente spezialisierten Kammern von bestimmten Landgerichten eingereicht werden. Im Rahmen der Klage können wie bei der Abmahnung Ansprüche auf Unterlassung, Vernichtung, Auskunft und Schadenersatz geltend gemacht werden.

Mit einer *einstweiligen Verfügung* können Sie per Gericht kurzfristig die Unterlassung bewirken – häufig ohne Verteidigungsmöglichkeit durch den Gegner. Dies ist aber deshalb auch sehr riskant. Wenn Sie hier falsch liegen, kann der Schadenersatz immens sein.

Parallel zu den vorgenannten Maßnahmen können Sie den Zoll über die eigenen Schutzrechte informieren und allgemeine und auch konkrete Hinweise auf problematische Lieferungen aus dem Ausland geben. Der Zoll bemüht sich dann, die gefälschten Waren bei der Einfuhr ins Inland zu beschlagnahmen.

Umgekehrt kann es Ihnen passieren, dass ein anderer Händler oder Hersteller gegen Sie vorgeht. Im häufigsten Fall muss man sich gegen eine Abmahnung verteidigen. Eine Klage ohne vorherige Abmahnung ist eher selten, da sich der Beklagte mit *Klageüberfall* wehren kann und der Kläger sämtliche Kosten tragen muss, wenn der Beklagte seine Schuld im Verfahren sofort anerkennt.

Erhalten Sie eine Abmahnung und könnte der Abmahnende aus Ihrer Sicht tatsächlich Recht haben, sollten Sie es nicht auf eine Klage oder gar einstweilige Verfügung ankommen lassen, da im deutschen Gerichtsverfahren die unterlegene Partei die Kosten trägt.

Ist die Abmahnung ungerechtfertigt, können Sie es auf ein gerichtliches Verfahren ankommen lassen. Wie bereits beschrieben, können Sie den Abmahnenden wegen ungerechtfertigter Abmahnung wiederum selbst abmahnen. Allerdings bringt diese Eskalation erfahrungsgemäß meist nichts. Auch in diesem Fall ist es daher sinnvoll, mit der Gegenseite in Verhandlung zu treten, die Rechtsposition klar darzulegen und eine außergerichtliche Einigung zu erzielen, da Sie so ein gerichtliches Verfahren vermeiden können.

Es gibt mehrere Gründe, warum eine Abmahnung nicht wirksam sein könnte. Zu den häufigsten Gründen gehören:

▶ Die Marke wird vom potenziellen Verletzer nicht (markenmäßig) benutzt oder das Design bzw. Patent ist nicht schutzfähig.

▶ Der Abmahnende ist gar nicht Inhaber des Schutzrechts und hat seine Berechtigung nicht nachgewiesen.

▶ Die abgemahnte Person oder Firma ist nicht richtig oder mit falscher Anschrift bezeichnet.

▶ Es wird nicht die Unterlassung der konkreten Handlung verlangt, sondern z. B. das Waren- und Dienstleistungsverzeichnis einer geltend gemachten Marke in die Unterlassungserklärung kopiert.

Wenn zwar vielleicht einige der vorgenannten Punkte angreifbar sind, der Gegner aber in der Sache recht hat, sollten Sie nicht auf stur schalten und eine weitere nachgebesserte Abmahnung provozieren, sondern in Verhandlung treten, um gerichtliche Schritte zu vermeiden.

Sie können z. B. dem Gegner die Unterlassung in Aussicht stellen, aber z. B. *nur*,

▶ wenn man die Bestandsware in den nächsten zwei Monaten noch abverkaufen darf,

▶ wenn man keine Auskunft erteilen muss und keinen Schadenersatz zahlt oder

▶ wenn jeder seine eigenen Kosten übernimmt.

Schätzen Sie Ihre eigene Situation eher so ein, dass der Abmahnende die schlechteren Karten hat, sollten Sie trotzdem zur Vermeidung von gerichtlichen Schritten in Verhandlung treten.

Ihr Anwalt könnte der Gegenseite die wichtigsten Gründe kurz schildern, warum die Abmahnung keinen Erfolg haben wird, gegebenenfalls eigene Schritte gegen die ungerechtfertigte Abmahnung androhen und ebenfalls Vorschläge für eine Einigung machen. Hier ein paar Beispiele, auf die eine Einigung hinauslaufen könnte:

▶ Man duldet sich in Zukunft gegenseitig und greift sich nicht gegenseitig an.

▶ Für die Zukunft vereinbaren die Parteien, dass man nicht mehr in direkten Wettbewerb mit der anderen Partei tritt bzw. die Branche meidet – dies geht natürlich nur, wenn die Parteien aus verschiedenen Branchen kommen.

▶ Neuanmeldungen von Schutzrechten der Parteien werden von der anderen Partei unter den übrigen getroffenen Bedingungen geduldet.

▶ Jeder trägt seine Kosten selbst.

Eine solche Vereinbarung (*Abgrenzungsvereinbarung* genannt) gibt beiden Parteien für die Zukunft Rechtssicherheit, um zukünftige Konflikte zu vermeiden.

Bei Patenten kommt noch eine besondere Spielart der Einigungsmöglichkeit hinzu: das *kostenfreie Mitbenutzungsrecht*. Wenn Sie ein erteiltes Patent mit einem Einspruch oder einer Nichtigkeitsklage angreifen, haben Sie statistisch etwa eine Zweidrittelchance, dass das Patent entweder vollständig vernichtet wird oder der Patentinhaber sich einschränken muss. Da es bei Patenten oft um sehr viel Geld geht (sowohl Anwaltskosten im Streit als auch die dahinter liegenden Produkte), ist der

Patentinhaber oft bereit, eine kostenfreie Lizenz oder ein kostenfreies Mitbenutzungsrecht einzuräumen, wenn man im Rahmen der Stand-der-Technik-Recherche neuheitsschädliche Belege gefunden hat, sodass die Chancen groß wären, dass das Patent erfolgreich angegriffen werden könnte.

Die Erlangung von Schutzrechten sowie deren Durchsetzung ist ein weites Feld, das sich durch die Rechtsprechung auch laufend ändert. Als Laie ist es kaum möglich, hier auf dem aktuellen Stand zu bleiben. Suchen Sie daher stets anwaltlichen Rat, wenn Sie Schutzrechte auf Basis des deutschen oder gar internationalen Rechts durchsetzen wollen bzw. sich verteidigen müssen.

Aber nicht nur Anwälte stehen Ihnen zur Seite, auch Amazon hat ein System geschaffen, um Markeninhabern teils unabhängig von Recht und Gesetz bei der Durchsetzung ihrer Rechte zu unterstützen. Darum soll es in den nächsten Abschnitten gehen.

12

12.5   Amazon-Markenregistrierung

Marken, Patente und Gebrauchsmuster sichern Sie, wie beschrieben, auf der rechtlichen Seite ab. Amazon selbst bietet Markeninhabern die Möglichkeit an, die eigene Marke bei Amazon zu registrieren. Dies hat zwar keinen rechtlich verbindlichen Charakter wie eine Patent- oder Markenanmeldung beim jeweiligen Patent- oder Markenamt und ist damit als solche auch nicht damit vergleichbar, bietet aber im praktischen Umgang mit den eigenen Produkten oder anderen Händlern wesentliche Vorteile. Dabei ist es noch nicht einmal Voraussetzung, dass Sie rechtlich Inhaber einer Marke oder eines Patents oder Gebrauchsmusters sind. Allein der Nachweis, dass Sie diese Marke aktiv auf Ihren Produkten nutzen, reicht Amazon aus.

Sobald Sie Ihre Marke bei Amazon angemeldet haben, besteht ein wesentlicher Vorteil darin, dass Amazon Ihnen die kompletten Schreibrechte für alle Produktdetailseiten einräumt, die dieser Marke zugeordnet sind. So ist es anderen Händlern nicht mehr möglich, Elemente wie den Produkttitel oder die Produktbeschreibung zu ändern. Es passiert nicht selten, dass böswillige Händler die Produktdetailseiten anderer Händler übernehmen möchten, um schließlich ein völlig anderes Produkt unter der gleichen ASIN zu verkaufen. Zwar können sich Händler auch bei einer bestehenden Markenregistrierung weiterhin auf ein Produktlisting aufschalten, die Produktdetailseite können sie jedoch nach erfolgreicher Markenregistrierung nicht mehr ändern.

Auch einer weiteren Betrugsmasche schieben Sie mithilfe der Amazon-Markenregistrierung einen Riegel vor. Bei Produkten, die günstig in China hergestellt werden, ist es vergleichsweise einfach, den Hersteller ausfindig zu machen. Nicht selten passiert es, dass andere Händler das gleiche Produkt unter der gleichen Marke herstellen lassen und auch auf dem gleichen Listing verkaufen möchten. Mithilfe der Amazon-Markenregistrierung können sich solche Fälle in der Regel schnell klären lassen, da dem anderen Händler keine Vollmacht vorliegt, die gleiche Marke zu vertreiben.

Ein weiterer Vorteil besteht darin, dass Amazon Ihrer Marke ein größeres Vertrauen entgegenbringt, wenn diese im Rahmen der Amazon-Markenregistrierung angemeldet wurde. Beschwert sich nun ein Käufer oder ein anderer Händler bei Amazon, dass es sich bei einem Ihrer Produkte um eine Fälschung handelt, so sind Sperrungen der jeweiligen Produktdetailseite weniger wahrscheinlich, wenn die Marke vorher bei Amazon registriert wurde.

Ein weiterer Effekt der Amazon-Markenregistrierung besteht darin, dass Sie für die Produkte, die der jeweiligen Marke zugeordnet werden, keine EAN- oder GTIN-Nummer mehr benötigen. Stattdessen können Sie sich eine eigene eindeutige Identifikationsnummer »ausdenken«. Dies könnte z. B. eine Herstellernummer oder eine Katalognummer oder auch eine Teilenummer sein, die das Produkt eindeutig kennzeichnet.

12.5.1   Voraussetzungen

Im Rahmen der Anmeldung müssen Sie Amazon den Nachweis erbringen, dass Sie einerseits Ihre Marke aktiv auf der Produktverpackung und dem Produkt selbst verwenden und Sie andererseits als Händler auch der Inhaber dieser Marke sind. Dabei ist es nicht erforderlich, dass Sie die Marke z. B. beim Deutschen Patent- und Markenamt angemeldet haben. Ein entsprechender Nachweis hilft aber. Der Ablauf dieser Prüfung erfolgt wie folgt: Im Rahmen der Anmeldung laden Sie Fotos des Produktes und der Produktverpackung hoch. Zudem geben Sie eine Website an, auf der das gleiche Produkt gefunden werden kann. Amazon prüft dann, ob es sich um das gleiche Produkt handelt und ob die Impressums- oder Kontaktdaten der Website mit den beim Amazon-Verkäuferkonto hinterlegten Daten übereinstimmen.

Für Sie als Händler bedeutet dies, dass Sie über eine eigene Website verfügen müssen, die Produkte der jeweiligen Marke in der vorgenannten Weise abbildet. Zudem müssen Ihre Kontaktdaten, die auf der Website angegeben sind, exakt mit den Daten übereinstimmen, die auch bei Ihrem Verkäuferkonto hinterlegt sind. Dabei muss es sich nicht um einen aufwendigen Onlineshop handeln. Im einfachsten Fall reicht auch eine einzelne Seite, die die benötigten Angaben alle eindeutig und leicht auffindbar enthält. Sie sollten es den Mitarbeitern vom Amazon-Verkäuferservice in jedem Fall einfach machen, die benötigten Daten zu finden und den oben beschriebenen Abgleich durchzuführen. Selbst eine abweichende Besucher- oder Lageradresse kann zu einer Ablehnung der Markenregistrierung führen.

12.5.2   Ablauf der Markenregistrierung

Die Anmeldung der Markenregistrierung erfolgt komplett online unter dem folgenden Link:

https://sellercentral-europe.amazon.com/brand/catalog-brand-application/create

Abbildung 12.3 Formular für die Anmeldung der Amazon-Markenregistrierung

Das Formular ist recht unkompliziert. Oben geben Sie einfach Ihren Markennamen ein. Dieser muss nicht mit dem Namen Ihres Verkäuferkontos übereinstimmen. Bei der Schreibweise sollten Sie darauf achten, dass zwischen Groß- und Kleinschreibung unterschieden wird, d. h., wenn Sie im Rahmen der Registrierung die Marke *Nivea* anmelden, dürfen Sie später bei Ihren Produkten nicht *NIVEA* oder *nivea* angeben, da dies, technisch gesehen, unterschiedliche Marken sind. Im Folgenden laden Sie einfach Fotos des Produktes sowie der Produktverpackung hoch. Auf beiden Fotos muss die Marke sichtbar enthalten sein. Dabei reicht es nicht, dass die Marke z. B. mit einem einfachen Aufkleber angebracht wurde.

Sie müssen zudem angeben, ob Sie der Hersteller bzw. Inhaber der Marke sind oder ob Sie nur zur Verwendung der Marke bzw. zum Vertrieb der Markenprodukte berechtigt sind. Ist Letzteres der Fall, stellt Amazon eine Mustererklärung bereit, die der jeweilige Markeninhaber ausfüllen und unterschreiben muss (siehe Abbildung 12.4).

Alternativ können Sie ein Markendokument hochladen. Dies kann z. B. die Urkunde des Deutschen Patent- und Markenamtes sein, die Sie als Inhaber der Marke ausweist. Auch hier müssen die Angaben zum Markeninhaber mit denen des Verkäuferkontos übereinstimmen. Sofern Sie über ein Markendokument verfügen, entfällt gegebenenfalls der Abgleich der Produktfotos mit der angegebenen Internetseite.

Nachdem Sie die Website-URL angegeben haben, auf der Produkte dieser Marke abgebildet sind, müssen Sie noch angeben, ob Sie für die Produkte dieser Marke EAN- bzw. GTIN-Nummern oder eigene Identifikationsnummern verwenden möchten. Wählen Sie zuletzt noch die Kategorie(n) aus, und klicken Sie anschließend auf ABSENDEN.

In der Regel dauert die Prüfung der Markenregistrierung ca. fünf Werktage. Sollte Amazon nicht alle erforderlichen Daten vorliegen haben, schlägt die Markenregistrierung in der Regel fehl. Diese können Sie aber mit den dann richtigen Daten erneut durchführen.

Ihre bestehenden Produkte werden automatisch von der Markenregistrierung erfasst, sofern beim Markennamen die exakt gleiche Marke eingetragen wurde, für die auch die Anmeldung erfolgt ist. Zudem müssen die Produkte entweder über eine EAN- bzw. GTIN- oder – falls Sie sich für ein anderes eindeutiges Attribut entschieden haben – eine Hersteller- oder Teilenummer verfügen.

Erst dann erhalten Ihre Produkte die globale Katalog-ID (GCID). Hierbei handelt es sich um einen 16-stelligen Code, der aus Zahlen und Buchstaben besteht. In Seller Central bekommen Sie diese Nummer in der Regel nicht zu sehen, finden Sie aber in einigen Lagerbestandsberichten. Diese Nummer ändert sich im Laufe der Zeit nicht und ist für alle Länder gleich.

Hinweis: Bitte scannen Sie das unterschriebene und ausgedruckte Formular ein und senden Sie es als PDF oder Bilddatei an uns zurück.

<u>AUTORISIERUNG FÜR DIE MARKENREGISTRIERUNG</u>

Mit Ihrer Unterschrift bestätigen Sie die folgenden Punkte:

(i)   Sie autorisieren den unten angegeben "Verwalter der Marke" dazu, Ihre Marke bei Amazon durch die Amazon-Markenregistrierung zu verwalten.

(ii)   Sie besitzen die entsprechenden Inhaberrechte, um die unter (i) beschriebene Autorisierung aussprechen zu können.

Sollten Sie dem Verwalter der Marke zu irgendeinem Zeitpunkt das Verwaltungsrecht für Ihre Marke über die Amazon-Markenregistrierung entziehen wollen, dann senden Sie bitte eine Nachricht auf Englisch an brand-registry-service@amazon.com, um die Autorisierung des Verwalters der Marke zu widerrufen.

Hinweis:

- Durch eine Autorisierung für die Markenregistrierung gewähren Sie diesem Verkäufer - verglichen mit anderen Verkäufern bei Amazon - mehr Kontrolle über Attribute auf den Amazon-Detailseiten (wie etwa Titel, Beschreibung und Bilder) für Produkte Ihrer Marke.
- Eine Autorisierung für die Anmeldung zur Markenregistrierung schließt nicht aus, dass auch andere Verkäufer die registrierten Produkte bei Amazon anbieten.
- Die Autorisierung zur Markenregistrierung ist eine Vereinbarung alleine zwischen Ihnen und dem von Ihnen autorisierten Verkäufer. Amazon bürgt nicht für die Eignung des autorisierten Verkäufers oder die (unterlassenen) Maßnahmen des autorisierten Verkäufers. Sie bestätigen, dass Amazon keine Verantwortung oder Haftung für die (unterlassenen) Maßnahmen des autorisierten Verkäufers übernimmt.
- Amazon kann jederzeit nach eigenem Ermessen die Bedingungen der Anmeldung zur Amazon-Markenregistrierung ändern oder die Teilnahme eines Verkäufers an diesem Programm beenden.

AUTORISIERTER VERWALTER DER MARKE: [Name des für die Markenverwaltung autorisierten Verkäufers]

MARKENNAME(N):   [Markenname]

MARKENINHABER: [Firmenname]

KONTAKTDATEN DES MARKENINHABERS: [Name des zu kontaktierenden Herstellers/Markeninhabers]

                                      [Titel des zu kontaktierenden Herstellers/Markeninhabers]

                                      [Genaue Kontaktdaten]

UNTERSCHRIFT DES MARKENINHABERS: _____

                                      Datum: _____

Abbildung 12.4 Amazons Vorlage für die Vollmachtserteilung des Markeninhabers

12.5.3   Meldung eines Markenverstoßes

Kommt es schließlich zu einem Markenverstoß, z. B. indem sich ein fremder Händler an Ihr Angebot anhängt und nachweislich nachgemachte oder gefälschte Produkte verkauft, können Sie bei Amazon einen Markenverstoß melden. Rufen Sie hierzu die URL *https://www.amazon.de/gp/help/reports/infringement* auf, und melden Sie den Verstoß über das folgende Formular:

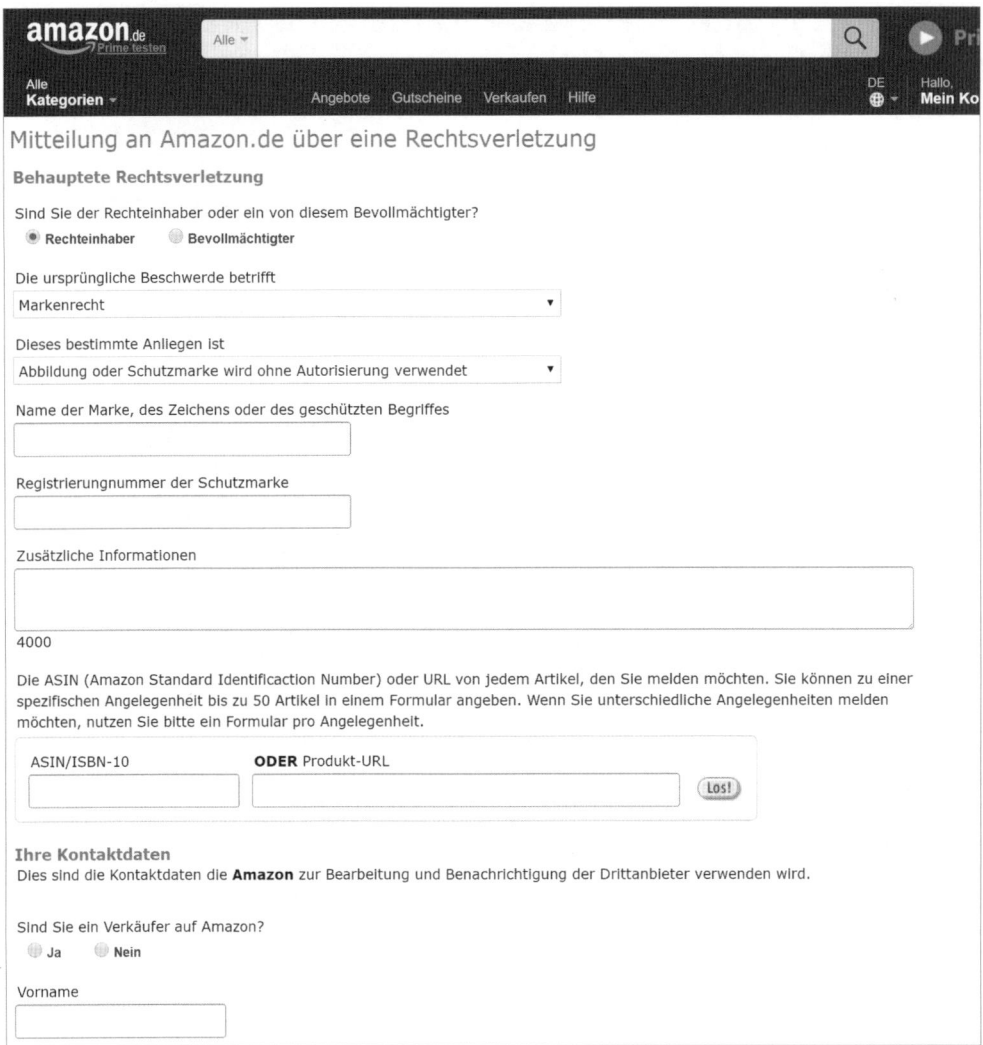

Abbildung 12.5 Formular für die Meldung einer Rechtsverletzung (Auszug)

Das Formular erklärt sich im Wesentlichen von selbst. Sofern Sie eine im Markenregister angemeldete Marke haben, sollten Sie unbedingt die jeweilige Registrierungsnummer im Formular mit angeben. Das erhöht die Chancen auf die Entfernung des fremden Angebotes erheblich. Amazon weist nachdrücklich darauf hin, dass das reine Anhängen an ein Angebot allein nicht ausreicht, um als Rechtsverletzung eingestuft zu werden. Zudem sollten Sie sicherstellen, dass Sie nachweisen können, dass Sie entweder der Rechteinhaber oder ein Bevollmächtigter sind. Im letzten Fall sollten Sie eine Vollmacht zur Hand haben, um die Vollmacht Amazon gegenüber nachzuweisen. Amazon wird explizit nicht tätig, wenn Sie weder der Markeninhaber noch ein Bevollmächtigter sind.

Kapitel 13
Prozessautomatisierung mithilfe der MWS-Schnittstelle

In den vergangenen Kapiteln haben Sie viele Funktionen kennengelernt, die allesamt hauptsächlich über Seller Central erreichbar waren. Für Verkäufer mit einem kleineren Sortiment ist Seller Central ein gutes Hilfsmittel, um den Warenbestand zu verwalten. An einigen Stellen bietet Seller Central auch die Möglichkeit, viele Daten in Form von CSV- oder Excel-Dateien hochzuladen. Amazon bietet jedoch darüber hinaus noch eine weitere mächtige Möglichkeit an, um Daten an Amazon zu senden oder von Amazon zu empfangen. Hierbei handelt es sich um die kostenfreie MWS (*Marketplace Web Service*)-Schnittstelle.

Abbildung 13.1 Startseite der deutschen Dokumentation der Amazon MWS-Schnittstelle

Mithilfe dieser Schnittstelle können externe Anwendungen mit Amazon kommunizieren. Dies erlaubt Ihnen, für bestimmte Anwendungsfälle eigene Automatisierungen zu entwickeln. Hier ein paar Beispiele:

▶ Sie lesen automatisch stündlich alle Bestelldaten aus und leiten Bestellungen zu bestimmten Produkten automatisch per E-Mail an Ihren Lieferanten weiter (*Dropshipping*).

> ▶ Sie lesen stündlich alle Finanztransaktionen aus und erstellen auf diese Weise automatisch Rechnungen für Ihre Kunden, die Sie ihnen per E-Mail zusenden.

> ▶ Sie erstellen automatisch Multi-Channel-Aufträge für Produkte, die durch Versand durch Amazon verfügbar sind.

> ▶ Sie aktualisieren zweimal täglich alle Ihre Preise aufgrund der aktuellen Wettbewerbssituation.

> ▶ Sie prüfen täglich Ihre aktuelle Verkäuferleistung auf allen Marktplätzen und erhalten eine E-Mail, wenn diese negative Einträge enthält.

Anhand dieser Beispiele sehen Sie, dass die Möglichkeiten sehr vielfältig sind. Zwar lässt sich nicht alles, was über Seller Central möglich ist, auch über diese Schnittstelle abbilden, aber schätzungsweise 80 % der Dinge, die Sie über Seller Central machen, können Sie auch über die MWS-Schnittstelle abwickeln und gegebenenfalls sogar automatisieren. Wenn Sie also bestimmte standardisierte Tätigkeiten im Unternehmen haben, die hohen manuellen Aufwand erfordern, kann es Sinn machen, darüber nachzudenken, diese Tätigkeiten mithilfe einer Anwendung, die mit der MWS-Schnittstelle kommuniziert, zu lösen. Spätestens an dieser Stelle kommen Sie jedoch mit Ihren Informatikkenntnissen aus der Schule nicht mehr weiter. Hier benötigen Sie professionelle Hilfe durch erfahrene Entwickler oder Agenturen.

In diesem Kapitel gebe ich Ihnen einen kurzen Überblick über diese Schnittstelle. Dabei zeige ich Ihnen, welche Möglichkeiten die Schnittstelle bietet, wie Sie den Zugang beantragen und wie Sie eigene Abfragen testen können.

13.1   Überblick

Bei der Amazon MWS-Schnittstelle handelt es sich eigentlich um ein gutes Dutzend einzelner Schnittstellen (im englischen API genannt). Jede dieser einzelnen Schnittstellen erfüllt dabei eine besondere Aufgabe. Die meisten Schnittstellen stellen dabei Daten aus unterschiedlichen Bereichen bereit. Einige Schnittstellen können auch Daten entgegennehmen und damit Aktionen bei Amazon auslösen.

In Tabelle 13.1 finden Sie eine kurze Übersicht über die verfügbaren Schnittstellen und deren Wirkungsbereich. Da ein Großteil der Dokumentation nur auf Englisch verfügbar ist, gebe ich hier auch den englischen Namen der Schnittstelle mit an.

Name (deutsch)	Name (englisch)	Funktion
Datenübertragung an Amazon	Feeds	Erstellung und Änderung von Produktdetailseiten im Katalog von Amazon sowie die Erstellung bzw. Aktualisierung der eigenen Angebote auf diesen Seiten

Tabelle 13.1 Überblick über die verfügbaren MWS-Schnittstellen

Name (deutsch)	Name (englisch)	Funktion
Berichte	Reports	schnittstellenübergreifende Bereitstellung von diversen Berichten, z. B. zu Bestellungen, Verkäuferleistung, Finanztransaktionen, Warenbestand
Zahlungen	Finances	detaillierte Auflistung aller einzelnen Finanztransaktionen, z. B. durch Bestellungen, Rücksendungen, wie Remissionen, Werbung
Sendungen an Amazon	Fulfillment Inbound Shipment	Erstellung, Aktualisierung und Verwaltung von Sendungen an Amazon
Lagerbestand in Versandzentren	Fulfillment Inventory	Bereitstellung von Informationen über Ihren Warenbestand in den Versandzentren von Amazon
Sendungen an Käufer	Fulfillment Outbound Shipment	Erstellung und Überwachung von Multi-Channel-Versandaufträgen
Versand durch Händler	Merchant Fulfillment	Erstellung von Versandlabels für Versand durch Händler, z. B. für durch Händler versendete Prime-Bestellungen
Bestellungen	Orders	detaillierte Auflistung aller Bestelldaten
Produkte	Products	Bereitstellung von unterschiedlichen Preis- und Kategoriedaten für einen Katalogeintrag oder ein bestimmtes Händlerangebot
Empfehlungen	Recommendations	Bereitstellung von Handlungsempfehlungen, die von Amazon erstellt wurden
Verkäufer	Sellers	Auflistung aller Marktplätze, auf denen der Händler vertreten ist
Benachrichtigungen	Subscriptions	aktive Benachrichtigungen über Preisänderungen auf Ihren Listings

Tabelle 13.1 Überblick über die verfügbaren MWS-Schnittstellen (Forts.)

Jede dieser einzelnen Schnittstellen hält unterschiedliche Methoden bereit, um auf unterschiedliche Daten zugreifen zu können bzw. Daten an Amazon zu übermitteln. Es würde den Umfang dieses Buches sprengen, ginge ich auf jede einzelne dieser Methoden ein. Amazon hat zudem eine sehr gute Dokumentation veröffentlicht, welche die einzelnen Schnittstellen beschreibt. In Abbildung 13.2 sehen Sie die Beschreibung der Schnittstelle, die Daten zu Ihren Bestellungen (*Orders*) bereithält. Hier sehen Sie auch eine Aufzählung der unterschiedlichen Methoden bzw. Operationen, die diese Schnittstelle bereithält. So können Sie z. B. eine Liste aller Bestellungen erhalten (*ListOrders*), die Daten einer bestimmten Bestellung einholen (*GetOrder*) oder Daten zu den einzelnen Bestellpositionen einer bestimmten Bestellung einsehen (*ListOrderItems*).

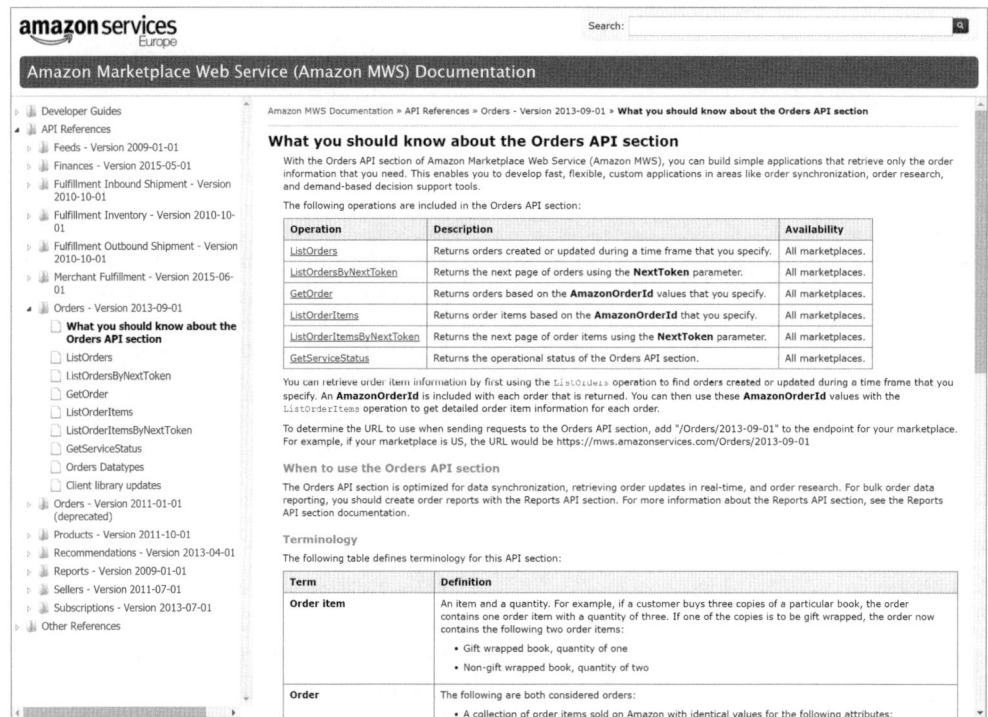

Abbildung 13.2 Dokumentation der Bestellungen- bzw. Orders-Schnittstelle

Auch wenn Sie kein Programmierer sind und auch nie einer werden wollen, kann es sinnvoll sein, sich einmal eine Stunde mit der Dokumentation dieser Schnittstellen zu beschäftigen. Sie bekommen ein Gefühl dafür, welche Automatisierungen grundsätzlich möglich sind. Die Umsetzung Ihrer Ideen sollten Sie dann erfahrenen Entwicklern überlassen. Leider decken die Schnittstellen nicht alle Datenpunkte ab, über die Amazon verfügt. So werden Sie wahrscheinlich vergeblich nach einer Schnittstelle bzw. Operation suchen, die Ihnen z. B. alle negativen Bewertungen eines Artikels liefert. Und auch manche Zahl, die Sie vielleicht in Seller Central finden, muss nicht zwingend über die Schnittstelle abrufbar sein. Es kommt daher sehr auf den Einzelfall an, ob die von Ihnen geplante Automatisierung umsetzbar ist. Der Entwickler Ihres Vertrauens wird Ihnen diese Frage nach einem Blick in die oben genannte Dokumentation im Zweifel schnell beantworten können. Die Dokumentation finden Sie unter dem Link:

https://developer.amazonservices.de/

13.2 Zugang beantragen

Um die Schnittstelle zu benutzen, müssen Sie zuerst die nötigen Voraussetzungen schaffen. So müssen Sie über ein Verkaufskonto für den Marketplace vom Typ *Professionell* verfügen. Als Vendor können Sie die MWS-Schnittstelle nicht nutzen. Damit Sie oder ein Entwickler oder ein Tool-Anbieter auf Ihre Daten über die MWS-Schnittstelle zugreifen kann, müssen Sie erst ein sogenanntes *Token* generieren, das – vereinfacht gesagt – ein Kennwort für die jeweilige Anwendung darstellt. Bei einem Token handelt es sich um eine alphanumerische Zahlenkette, die Sie in dem Programm, das auf Ihre Daten zugreifen soll, hinterlegen müssen. Um dieses Token zu erhalten, klicken Sie auf der Startseite der MWS-Schnittstelle auf MWS AKTIVIERUNG. Sie werden dann gebeten, sich an Ihrem Sellerkonto anzumelden. Im Anschluss gelangen Sie zu einem speziellen Formular, in dem Sie angeben, ob Sie persönlich oder z. B. ein Tool-Anbieter auf Ihre Daten zugreifen können soll. Im einfachsten Fall wählen Sie den Punkt ICH MÖCHTE MWS FÜR MEIN EIGENES AMAZON VERKÄUFERKONTO FREISCHALTEN aus.

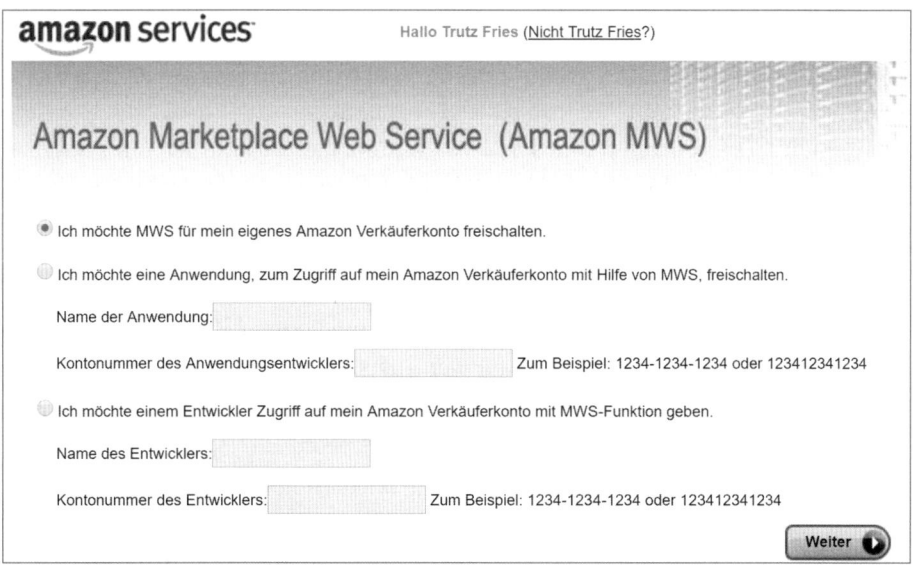

Abbildung 13.3 Einrichtung des Zugriffs auf die MWS-Schnittstelle

Auf der nächsten Seite erhalten Sie Ihre Zugangsdaten zu der MWS-Schnittstelle angezeigt.

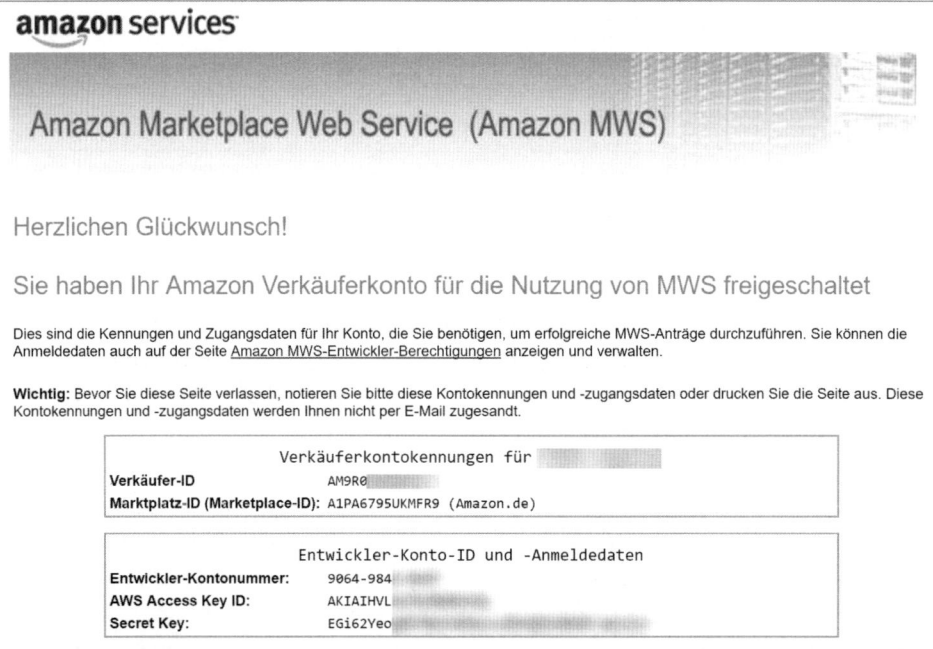

Abbildung 13.4 Zugangsdaten zur MWS-Schnittstelle

Sie sehen auf dieser Seite mehrere unterschiedliche Angaben. So steht dort u. a. Ihre Verkäufer-ID, bei der es sich um eine eindeutige alphanumerische Zeichenkette handelt, die Ihr Verkäuferkonto kennzeichnet. Diese ID ändert sich auch nicht, wenn Sie den Namen Ihres Verkäuferkontos ändern. Mithilfe dieser Nummer kann Amazon daher eindeutig einzelne Verkäuferkonten identifizieren. Darunter finden Sie die Marktplatz-ID. Hierbei handelt es sich um einen Identifizierer Ihres Heimatmarkt-platzes. Versuchen Sie gar nicht zu verstehen, wie diese Zeichenketten aufgebaut sind. Ich persönlich glaube, dass es zufällige Werte sind. Bei Amazon besitzt jeder Marktplatz eine eigene kryptische Bezeichnung. Wenn Sie über ein europäisches Ver-käuferkonto verfügen und einzelne Abfragen auf einen bestimmten Marktplatz ein-schränken möchten oder müssen, können Sie mit dieser Bezeichnung steuern, von welchem Marktplatz die Daten angefordert werden sollen.

Sie können diesen Schritt übrigens so häufig wiederholen, wie Sie möchten. Die Daten bleiben immer gleich, wenn Sie selbst auf die Schnittstelle zugreifen möchten. Eine Änderung speziell dieser Daten kann nur der Support der MWS-Schnittstelle vornehmen.

13.3   Wesentliche Schnittstellen und Berichte

Es würde den Umfang dieses Buches sprengen, auf alle möglichen Berichte und Schnittstellen einzugehen, die Amazon in seiner MWS-Schnittstelle bereithält. Zudem benötigt man gute Programmierkenntnisse, um Daten an dieser Schnittstelle zu senden bzw. abzufragen. Dieses Buch richtet sich jedoch an Händler und nicht an Entwickler. Dennoch werde ich Ihnen anhand von Beispielen ein Gefühl dafür geben, was für Informationen in dieser Schnittstelle zur Verfügung stehen. Aus diesem Grund gehe ich auf drei Schnittstellen etwas näher ein. Aber auch diese Beispiele kratzen nur an der Oberfläche. Sollten Sie sich also tiefer mit der Materie beschäftigen wollen, kommen Sie um die detaillierte Lektüre der englischen Dokumentation nicht herum.

13.3.1   Finanztransaktionen

Die Schnittstelle *Finances* hält eine Methode bereit, mit der Sie sämtliche Finanztransaktionen, die zwischen Ihnen als Verkäufer und Amazon als Marktplatz laufen, abfragen können. Die bekannten Abrechnungsprogramme nutzen u. a. diese Schnittstelle, um Rechnungen für Kunden zu erstellen.

Die zugehörige Methode, um diese Daten abzufragen, heißt ListFinancialEvents. Sie können mit dieser Methode die Daten einer bestimmten Bestellung oder eines bestimmten Zeitraums und/oder die Daten einer bestimmten Transaktionsart abfragen. Bei dieser Schnittstelle erhalten Sie die Daten sofort nach der Erstellung Ihrer Anfrage im sogenannten *XML-Format* zurück. Hier ein Beispiel für die Daten einer konkreten Bestellung:

```
<ShipmentEvent>
  <ShipmentItemList>
    <ShipmentItem>
      <ItemFeeList>
        <FeeComponent>
          <FeeType>FBAPerUnitFulfillmentFee</FeeType>
          <FeeAmount>
            <CurrencyAmount>-1.72</CurrencyAmount>
            <CurrencyCode>EUR</CurrencyCode>
          </FeeAmount>
        </FeeComponent>
        <FeeComponent>
          <FeeType>Commission</FeeType>
          <FeeAmount>
            <CurrencyAmount>-3.0</CurrencyAmount>
            <CurrencyCode>EUR</CurrencyCode>
```

13

```
        </FeeAmount>
      </FeeComponent>
      <FeeComponent>
        <FeeType>FixedClosingFee</FeeType>
        <FeeAmount>
          <CurrencyAmount>0.0</CurrencyAmount>
          <CurrencyCode>EUR</CurrencyCode>
        </FeeAmount>
      </FeeComponent>
      <FeeComponent>
        <FeeType>GiftwrapChargeback</FeeType>
        <FeeAmount>
          <CurrencyAmount>0.0</CurrencyAmount>
          <CurrencyCode>EUR</CurrencyCode>
        </FeeAmount>
      </FeeComponent>
      <FeeComponent>
        <FeeType>ShippingChargeback</FeeType>
        <FeeAmount>
          <CurrencyAmount>0.0</CurrencyAmount>
          <CurrencyCode>EUR</CurrencyCode>
        </FeeAmount>
      </FeeComponent>
      <FeeComponent>
        <FeeType>VariableClosingFee</FeeType>
        <FeeAmount>
          <CurrencyAmount>0.0</CurrencyAmount>
          <CurrencyCode>EUR</CurrencyCode>
        </FeeAmount>
      </FeeComponent>
    </ItemFeeList>
    <ItemChargeList>
      <ChargeComponent>
        <ChargeType>Principal</ChargeType>
        <ChargeAmount>
          <CurrencyAmount>19.99</CurrencyAmount>
          <CurrencyCode>EUR</CurrencyCode>
        </ChargeAmount>
      </ChargeComponent>
      <ChargeComponent>
        <ChargeType>Tax</ChargeType>
        <ChargeAmount>
          <CurrencyAmount>0.0</CurrencyAmount>
          <CurrencyCode>EUR</CurrencyCode>
```

```
                    </ChargeAmount>
                  </ChargeComponent>
                  <ChargeComponent>
                    <ChargeType>GiftWrap</ChargeType>
                    <ChargeAmount>
                      <CurrencyAmount>0.0</CurrencyAmount>
                      <CurrencyCode>EUR</CurrencyCode>
                    </ChargeAmount>
                  </ChargeComponent>
                  <ChargeComponent>
                    <ChargeType>GiftWrapTax</ChargeType>
                    <ChargeAmount>
                      <CurrencyAmount>0.0</CurrencyAmount>
                      <CurrencyCode>EUR</CurrencyCode>
                    </ChargeAmount>
                  </ChargeComponent>
                  <ChargeComponent>
                    <ChargeType>ShippingCharge</ChargeType>
                    <ChargeAmount>
                      <CurrencyAmount>0.0</CurrencyAmount>
                      <CurrencyCode>EUR</CurrencyCode>
                    </ChargeAmount>
                  </ChargeComponent>
                  <ChargeComponent>
                    <ChargeType>ShippingTax</ChargeType>
                    <ChargeAmount>
                      <CurrencyAmount>0.0</CurrencyAmount>
                      <CurrencyCode>EUR</CurrencyCode>
                    </ChargeAmount>
                  </ChargeComponent>
                </ItemChargeList>
                <OrderItemId>64881502164163</OrderItemId>
                <QuantityShipped>1</QuantityShipped>
                <SellerSKU>W4-7CVF-35M2</SellerSKU>
              </ShipmentItem>
            </ShipmentItemList>
            <AmazonOrderId>304-2508030-8520343</AmazonOrderId>
            <PostedDate>2016-01-29T16:55:35Z</PostedDate>
            <MarketplaceName>Amazon.de</MarketplaceName>
            <SellerOrderId>304-2508030-8520343</SellerOrderId>
          </ShipmentEvent>
          <ShipmentEvent>
```

Listing 13.1 Beispiel eines Datensatzes der »ListFinancialEvents«-Methode

307

Die Antwort dieser Schnittstelle beinhaltet Finanztransaktionsdaten zu *einer* ganz bestimmten Bestellung auf Amazon, die über ein Verkäuferkonto gelaufen ist. Sollte Ihnen das alles wie böhmische Dörfer vorkommen, machen Sie sich nichts daraus.

Ich habe in Listing 13.1 ein paar Elemente fett markiert, um Ihnen zu zeigen, welche Daten sich u. a. in der Antwort befinden. So sehen Sie, dass ein Produkt mit der SKU W4-7CVF-35M2 verschickt und ein Bruttoumsatz von 19,99 € (Principal) erzielt wurde. Dabei sind seitens Amazon Gebühren in Höhe von 3,00 € Verkaufsprovision (Commission) sowie 1,72 € für den Versand durch Amazon (FBAPerUnitFulfillmentFee) angefallen. Weiterhin können Sie hier sehen, dass die Bestellung auf dem deutschen Marktplatz (MarketplaceName) stattgefunden hat, und Amazon gibt u. a. auch die Order-ID (AmazonOrderid) an, mit der Sie diese Order in Seller Central finden können.

Diese Methode liefert noch viele weitere Informationen, sofern Sie danach fragen. So finden Sie dort auch die monatliche Gebühr für Verkäuferkonto, Erstattungen für Rücksendungen, Zahlungen für gesponserte Produkte, Zahlungen für die Nutzung des Versands durch Amazon-Lager und vieles mehr.

13.3.2   Bestelldaten

Die Finanztransaktionsdaten beziehen sich häufig auf vorausgegangene Bestellungen. Diese Finanztransaktionen laufen jedoch bei Amazon immer mit einer Verzögerung von ein bis zwei Tagen auf. Wenn Sie aktuelle Bestelldaten benötigen, z. B. um diese an Ihre Versandabteilung weiterleiten zu können, müssen Sie auf die *Orders*-Schnittstelle zugreifen. Hier erhalten Sie in Echtzeit alle neuen Bestellungen sowie deren Status, der sich im Laufe der Zeit ändert. Auch diese Schnittstelle liefert die Daten in Echtzeit im XML-Format zurück. Listing 13.2 enthält ein Beispiel für Daten, die diese Schnittstelle liefert:

```
<Order>
  <LatestShipDate>2016-10-01T18:56:10Z</LatestShipDate>
  <OrderType>StandardOrder</OrderType>
  <PurchaseDate>2016-09-30T22:23:04Z</PurchaseDate>
  <BuyerEmail>c5z41jq54dhbmby@marketplace.amazon.de</BuyerEmail>
  <AmazonOrderId>305-1513704-0211541</AmazonOrderId>
  <LastUpdateDate>2016-10-01T18:57:03Z</LastUpdateDate>
  <ShipServiceLevel>Expedited</ShipServiceLevel>
  <NumberOfItemsShipped>1</NumberOfItemsShipped>
  <OrderStatus>Shipped</OrderStatus>
  <SalesChannel>Amazon.de</SalesChannel>
  <NumberOfItemsUnshipped>0</NumberOfItemsUnshipped>
  <BuyerName>Max Mustermann</BuyerName>
```

```
<OrderTotal>
  <CurrencyCode>EUR</CurrencyCode>
  <Amount>42.99</Amount>
</OrderTotal>
<IsPremiumOrder>false</IsPremiumOrder>
<EarliestShipDate>2016-10-01T18:56:10Z</EarliestShipDate>
<MarketplaceId>A1PA6795UKMFR9</MarketplaceId>
<FulfillmentChannel>AFN</FulfillmentChannel>
<PaymentMethod>Other</PaymentMethod>
<ShippingAddress>
  <City>Köln</City>
  <CountryCode>DE</CountryCode>
  <PostalCode>50859</PostalCode>
  <Name>Max Mustermann</Name>
  <AddressLine2>Löwenzahnweg 50</AddressLine2>
</ShippingAddress>
<IsPrime>false</IsPrime>
<ShipmentServiceLevelCategory>Expedited</ShipmentServiceLevelCategory>
<SellerOrderId>305-1513704-0211541</SellerOrderId>
</Order>
```

Listing 13.2 Beispiel eines Datensatzes der Orders-Schnittstelle

Die meisten Felder dieser Antwort erklären sich von selbst. So sehen Sie u. a. die Kundendaten wie Name, Anschrift und Lieferanschrift sowie den OrderStatus, der hier auf Shipped, also *verschickt* steht. Das Kürzel AFN steht für *Amazon Fulfillment Network*, d. h., hier wurde der Versand durch Amazon genutzt. Die MarketplaceId kennzeichnet den deutschen Marktplatz. Eine Information, die Sie in Listing 13.2 nicht sehen, ist, welches Produkt gekauft wurde. Hierzu müssten Sie eine weitere Abfrage starten, die Ihnen zu der zugehörigen OrderId alle Produktdaten nennt, die dieser Order zugeordnet sind. Die zugehörige Methode heißt ListOrderItems und liefert z. B. folgende (in Listing 13.3 gekürzte) Antwort:

```
<OrderItems>
  <OrderItem>
    <QuantityOrdered>1</QuantityOrdered>
    <Title>Knoblauchpresse</Title>
    <PromotionDiscount>
      <CurrencyCode>EUR</CurrencyCode>
      <Amount>0.00</Amount>
    </PromotionDiscount>
    <ASIN>B08H22AZH8</ASIN>
```

```
    <SellerSKU>DJL-223</SellerSKU>
    <OrderItemId>23927078765555</OrderItemId>
    <QuantityShipped>1</QuantityShipped>
    <ItemPrice>
      <CurrencyCode>EUR</CurrencyCode>
      <Amount>12.99</Amount>
    </ItemPrice>
    <ItemTax>
      <CurrencyCode>EUR</CurrencyCode>
      <Amount>0.00</Amount>
    </ItemTax>
  </OrderItem>
</OrderItems>
```

Listing 13.3 Beispiel eines Datensatzes, der eine Bestellposition enthält

In diesen Daten sehen Sie, welche Artikel Teil der oben genannten Order waren. So werden u. a. der Produkttitel, die ASIN, die SKU, der Preis und eventuelle Rabatte aufgelistet.

13.3.3   Lagerbestandsberichte

Neben den Echtzeit-Schnittstellen, die ihre Antwort in der Regel wenige Sekunden nach Ihrer Anfrage zurückliefern, stellt Amazon auch eine asynchrone Schnittstelle namens *Berichte* oder *Reports* bereit. Diese funktioniert ganz ähnlich wie manche Berichte in Seller Central: Hier fordern Sie ausgewählte Berichte an, die dann im Hintergrund erstellt werden. Das Ergebnis liegt innerhalb von wenigen Minuten oder wenigen Stunden vor – abhängig von Datenvolumen und Komplexität des Berichts. Hier stellen Sie also mehrere Abfragen an die gleiche Schnittstelle. Zuerst fordern Sie den Bericht an und prüfen später, ob dieser erstellt wurde. Falls ja, können Sie den Bericht herunterladen. Dieser Bericht liegt im XML- oder auch im CSV-Format vor.

Amazon hält eine Vielzahl von Berichten vor, die auf diese Weise angefragt werden können. Diese Berichte stammen aus ganz unterschiedlichen Bereichen:

▶ Produktlistings   ▶ Finanztransaktionen

▶ Bestellungen   ▶ Versand durch Amazon

▶ Verkäuferleistung   ▶ Kategorien

Beispielhaft zeige ich Ihnen hier einen Bericht im CSV-Format, der Ihnen Ihren aktuellen Lagerbestand in den »Versand durch Amazon«-Distributionszentren auflistet:

seller-sku	fulfillment-channel-sku	asin	condition-type	Warehouse-Condition-code	Quantity Available
VK_BB_10_7	X000HOJBTX	B01AD2B0RW	NewItem	SELLABLE	22
VK_BB_9	X000HOJQLB	B01CKJB0SO	NewItem	SELLABLE	33
6M-DZRT-OB8V	X000G05Y67	B013DLSQ9S	NewItem	SELLABLE	64
6M-DZRT-OB8V	X000G05Y67	B019RG3Q9S	NewItem	UNSELLABLE	1
JP-OK3O-GIBJ	X000HSMC77	B02FZ4GORW	NewItem	SELLABLE	0
VK-7035	X000FMEOXZ	B012VLMJKU	NewItem	SELLABLE	0
TPU-GX-s7	X000HUB92J	B01QE22HY4	NewItem	SELLABLE	24
2013000073811	X0005CNVRF	B00LMIIJL6	NewItem	SELLABLE	0
VK-6033	X000EAXZG5	B00KKCRTP4	NewItem	SELLABLE	0
FKL1	X000FO9JRN	B00K81NKO4	NewItem	SELLABLE	336
TPU-IP-5S	X000HUB9UV	B01EK33K9K	NewItem	SELLABLE	59

Hier sehen Sie u. a. die SKU, FNSKU, die ASIN, den Zustand in Bezug darauf, ob der Artikel neu und gebraucht bzw. verkäuflich und unverkäuflich ist, sowie den aktuellen Lagerbestand. Der Vorteil bei diesen Berichten im CSV-Format ist, dass Sie sie auch in Microsoft Excel weiterverarbeiten können. Auf diese Weise können Sie sich manchen Bericht herunterladen, den Sie über Seller Central so nicht erhalten.

13.4   Abfragen im Scratchpad testen

Um sich die Resultate der einzelnen Berichte und Abfragen anzuschauen, müssen Sie zum Glück kein Entwickler sein. Amazon stellt eine spezielle Webseite zur Verfügung, auf der Sie mit Ihren Zugangsdaten entsprechende Anfragen an die Schnittstelle stellen können. Diese Seite heißt *MWS Scratchpad*. Das Scratchpad besteht im Wesentlichen aus einem Formular, in dem Sie angeben können, welche Abfrage Sie bei welcher Schnittstelle vornehmen möchten. Darüber hinaus können Sie weitere Parameter eingeben, z. B. um den Datumsbereich des gewünschten Ergebnisses einzuschränken. Dieses Formular eignet sich nicht, um massenhaft Abfragen an dieser Schnittstelle zu stellen, sondern vielmehr, um einzelne Abfragen und/oder Berichte anzufordern. Dennoch erlaubt Ihnen dieses Scratchpad, auch als Nichtentwickler die Ergebnisse der Schnittstelle nutzen zu können. Bekommen Sie in Seller Central z. B.

nur die Bestellungen der letzten 60 Tage, können Sie über das MWS Scratchpad die Bestellungen bis zu einem Jahr rückwirkend herunterladen (siehe Abbildung 13.5).

Abbildung 13.5 Das MWS Scratchpad in Aktion

Um Ihre erste Abfrage zu erstellen, müssen Sie im Bereich AUTHENTICATION drei Felder füllen: SELLERID, AWSACCESSKEYID und SECRET KEY. Alle drei Werte erhalten Sie, wenn Sie die MWS-Schnittstelle wie oben gezeigt für Ihr Konto aktivieren. Jetzt können Sie im Abschnitt API SELECTION den API-Abschnitt sowie die gewünschte Operation wählen. In Abbildung 13.5 habe ich den Abschnitt VERKÄUFER gewählt sowie die Operation LISTMARKETPLACEPARTICIPATION, das Ergebnis ist auf der rechten Seite im Bereich ANTWORT zu sehen. Hier listet Amazon im XML-Format auf, für welche Marktplätze das Verkäuferkonto freigeschaltet wurde.

Möchten Sie einen Bericht anfordern, ist der Ablauf etwas anders. Hier müssen Sie zuerst die Erstellung des Berichts in Auftrag geben. Sie erhalten eine spezielle Nummer zurück, mit der Sie prüfen können, ob der Bericht bereits fertiggestellt wurde. Dies kann im besten Fall wenige Sekunden oder auch mehrere Stunden dauern. Falls der Bericht fertiggestellt wurde, erhalten Sie eine neue Nummer (die Berichtsnummer), mit der Sie den Bericht schließlich anfordern und herunterladen können.

Im folgenden Beispiel fordere ich mit der Methode `RequestReport` erst den Bericht an, der mir den aktuellen FBA-Lagerbestand ausweist (Typ `_GET_AFN_INVENTORY_DATA_`). Als Ergebnis erhalte ich eine Antwort mit dem Status `SUBMITTED` und der ReportRequestID 50253017240.

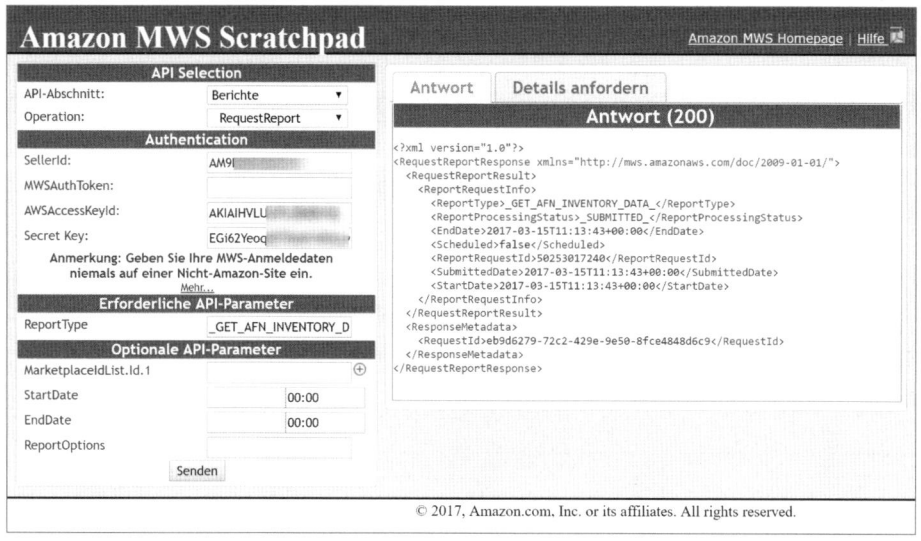

Abbildung 13.6 Anforderung eines Berichts mit der Methode »RequestReport«

In der zweiten Abfrage prüfe ich mit der Methode `GetReportRequestList` und dem optionalen Parameter der ReportRequestId, ob der Bericht fertiggestellt wurde. Der Status wird mir als `DONE` angezeigt, der Bericht ist also fertig. Zusätzlich erhalte ich die ReportID 5468273743017240, mit der ich den Bericht anfordern kann. Wäre der Bericht noch in Bearbeitung, würde dort `Processing` stehen.

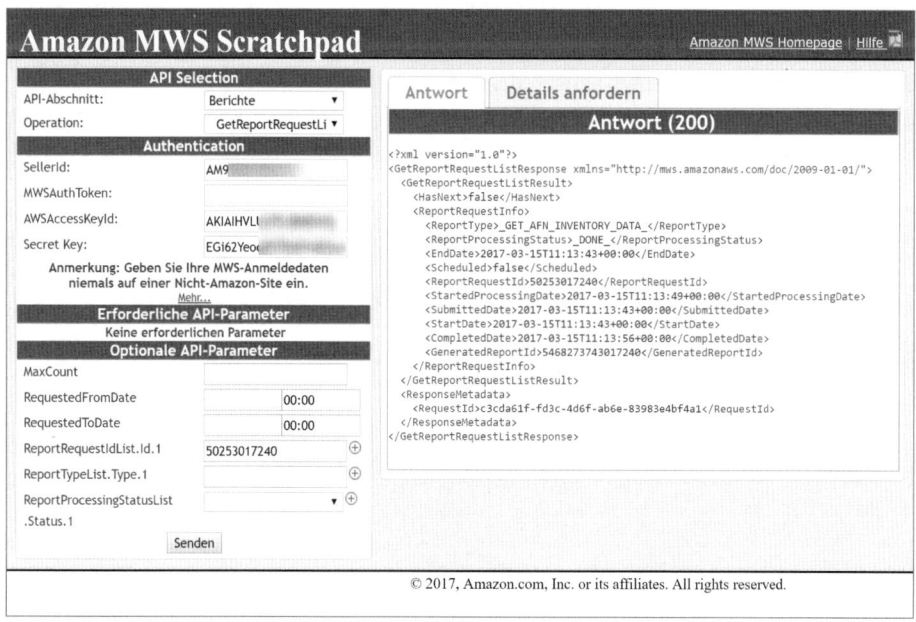

Abbildung 13.7 Prüfung des Verarbeitungsstatus mit der Methode »GetReportRequestList« unter Angabe der ReportRequestListId

In der letzten Abfrage fordere ich den Bericht 5468273743017240 schließlich mit der Methode GetReport an.

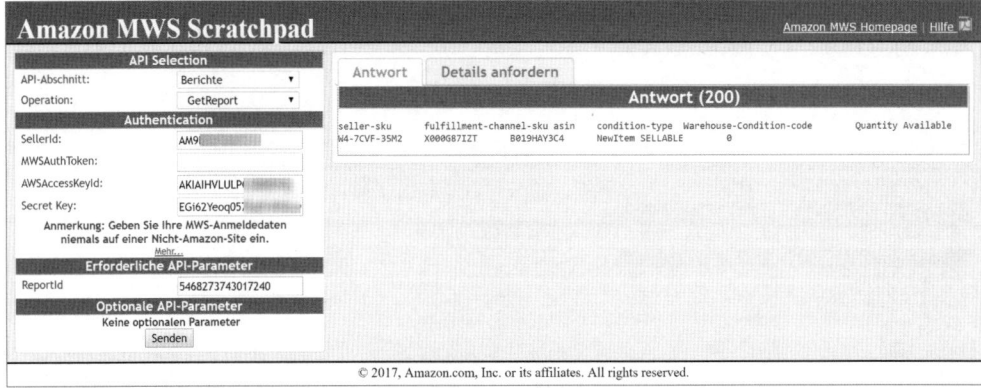

Abbildung 13.8 Anforderung des Reports mit der Methode »GetReport«, der als tabulator-getrennte CSV-Datei daherkommt

Auf diese Weise können Sie alle Berichte anfordern, die die MWS-Schnittstelle bereit-hält. Eine gute Übersicht über die verfügbaren Berichte finden Sie hier:

http://docs.developer.amazonservices.com/en_DE/reports/Reports_Report-Type.html#ReportTypeCategories__FBAReports

Für Power-User bietet die Schnittstelle viele Daten an, die ihnen helfen, ihr Geschäft zu automatisieren. Sie müssen jedoch ein wenig technisches Know-how mitbringen, um diese Schnittstellen abfragen zu können. Aufgrund von Standardtechnologien ist dies jedoch keine Raketenwissenschaft.

Kapitel 14

Einsatz von Warenwirtschaftssystemen

Sobald Sie als Händler eine gewisse Größe erreicht haben, kommen Sie um den Einsatz einer professionellen Warenwirtschaft nicht mehr herum. Eine Warenwirtschaft unterstützt Sie vor allem im Rahmen der Prozessautomatisierung, der Verwaltung Ihrer Artikelstammdaten, des Abgleichs von Beständen über unterschiedliche Plattformen hinweg, der Fakturierung von Aufträgen, der Unterstützung beim Versand aus dem eigenen Lager etc. Insbesondere wenn Sie unterschiedliche Verkaufskanäle bedienen, stellt eine Warenwirtschaft das zentrale Instrument dar, um Ihre Verkaufsaktivitäten auf den verschiedenen Marktplätzen oder Onlineshops zu koordinieren.

Am Markt gibt es eine Vielzahl unterschiedlicher Warenwirtschaftssysteme. Die Auswahl der für das eigene Unternehmen passenden Warenwirtschaft ist nicht leicht, und als Autor kann und möchte ich hier auch keine Empfehlung aussprechen. Zu unterschiedlich sind die individuellen Bedürfnisse von Händlern. Zudem ist die Einführung bzw. der Wechsel einer Warenwirtschaft häufig auch nicht trivial, sondern bedarf einer guten Vorbereitung.

Für viele Händler ist Amazon mittlerweile zum stärksten Absatzkanal herangewachsen. Entsprechend wichtig ist eine gute Anbindung an Amazon als Plattform, um möglichst viele Prozesse zu automatisieren. Amazon als Marktplatz hat viele Besonderheiten: angefangen bei Artikelpflege, Bestellabwicklung und Versand über eigene, fremde und ausländische Lagerplätze, ausländische Marktplätze bis hin zur Retourenabwicklung. Je besser eine Warenwirtschaft diese Prozesse unterstützt, desto geringer ist Ihre Fehlerquote und umso mehr Zeit sparen Sie im Tagesgeschäft.

Anhand von zwei unter Amazon-Händlern verbreiteten Warenwirtschaftssystemen werde ich Ihnen beispielhaft zeigen, wie eine Integration in den Marktplatz Amazon aussehen kann. Die folgenden Abschnitte stellen dabei keine detaillierte Anleitung dar, sondern können nur einen groben Überblick darüber geben, welche Funktionen die jeweiligen Warenwirtschaftssysteme im Hinblick auf den Marktplatz Amazon anbieten bzw. nicht anbieten. Es gibt auf dem Markt, wie bereits erwähnt, noch viele weitere Anbieter, die Amazon als Marktplatz unterstützen. Da die Entscheidung für eine Warenwirtschaft langfristige Konsequenzen hat und ein Wechsel mit hohem Aufwand und gegebenenfalls Kosten verbunden ist, sollten Sie sich bei der Auswahl der zu Ihnen passenden Warenwirtschaft einen umfassenden Überblick über die verschiedenen Anbieter verschaffen und sich die einzelnen Systeme im Detail anschauen, bevor Sie eine finale Entscheidung treffen.

Ich habe als Beispiel die Softwarelösungen von *JTL* sowie *plentymarkets* herausgesucht, da beide Hersteller sowohl vom Bedienkonzept als auch hinsichtlich Installation und Betrieb sehr unterschiedliche Ansätze verfolgen und mit zu den führenden Anbietern im Markt gehören. Es sei aber noch einmal betont, dass es neben diesen beiden noch viele weitere gute Softwarelösungen gibt (stellvertretend seien hier *DreamRobot* und *AfterBuy* genannt) und auch immer wieder neue Hersteller an den Markt gehen, die einen Blick wert sind.

Auf die folgenden Funktionen soll – sofern verfügbar – im Folgenden näher eingegangen werden:

► Preismodell und Bereitstellung

► Einrichtung und Konfiguration der Grundeinstellungen

► Import von Artikeln von Amazon

► Pflege von Artikeln

► Erstellung neuer Produktdetailseiten

► Erstellung von Angeboten

► Abwicklung von Bestellungen

► Abwicklung von Retouren

► Export von Daten für den Steuerberater

Dabei fokussiere ich mich vornehmlich auf die Funktionen, die in Zusammenhang mit Amazon stehen. Sie sollen hier einen Eindruck gewinnen, was die jeweilige Warenwirtschaft leisten kann und wie die unterschiedlichen Aufgaben umgesetzt werden. Die beiden vorgestellten Softwarelösungen gehen hier z. T. sehr unterschiedliche Wege.

14.1   JTL

Bei der Lösung von JTL handelt es sich nicht um ein einzelnes Produkt, sondern um eine Produktfamilie (siehe Abbildung 14.1). Zentrales Element ist dabei die kostenfreie Warenwirtschaft namens *TL-Wawi*, die im Kern die folgenden Funktionen abbildet:

► Pflege von Artikeln und Angeboten

► Einkauf bei Lieferanten inklusive Dropshipping

► Pflege von Kunden- und Lagerdaten

► Prüfung von Zahlungseingängen und Mahnprozessen

- Abwicklung von Versand und Retouren
- statistische Auswertungen

Ein Austausch mit anderen Plattformen oder Shopsystemen ist mit JTL-Wawi allein nicht möglich. Hierzu bedarf es spezieller Module, die separat erworben werden müssen. Ausnahme ist die Anbindung des JTL-eigenen Shopsystems *JTL-Shop*. Bis 500 Produkte (Community-Variante) ist dieser kostenfrei. Das kostenpflichtige Modul mit dem historisch bedingten Namen *eazyAuction* organisiert dabei den Datenaustausch mit den Marktplätzen eBay und Amazon. Weitere Module erweitern die Software z. B. um die Erstellung von Versandetiketten oder die Verwaltung des eigenen Lagers.

Abbildung 14.1 JTL-Produktfamilie mit JTL-Wawi als zentralem Element

Das Modul JTL-eazyAuction unterstützt aktuell die folgenden Marktplätze:

- Amazon.de
- Amazon.co.uk
- Amazon.it
- Amazon.es
- Amazon.fr
- Amazon.com
- Amazon.ca

Produktdetailseiten können aktuell über die Software nur für den deutschen und den britischen Marktplatz angelegt werden. Europäische Verkäuferkonten werden vollständig unterstützt. Die Software unterstützt auch *Seller Fulfilled Prime*, *Amazon Business* und wird vom Hersteller regelmäßig aktualisiert. Die folgenden Screenshots basieren auf der zum Zeitpunkt der Erstellung dieses Buches aktuellen Version 1.2, die im März 2017 erschien.

14.1.1   Preismodell

Wie bereits erwähnt, ist die Warenwirtschaft JTL-Wawi kostenlos. Diese muss aber um das Modul eazyAuction ergänzt werden, damit Angebote zu Amazon übertragen werden können. Im Folgenden spreche ich nur noch von JTL. Die Preise für das Modul eazyAuction richten sich nach der Anzahl der monatlichen Transaktionen. Bei bis zu 100 Transaktionen kostet das Modul ca. 16 € netto pro Monat. Ab ca. 1.400 Transaktionen pro Monat lohnt sich die Flatrate, die aktuell mit 135 € netto pro Monat zu Buche schlägt. Darin inbegriffen sind ein eBay- und ein Amazon-Konto. Jedes weitere Konto kostet 45 € netto pro Monat.

14.1.2   Installation und einmalige Konfiguration

Die Software läuft ausschließlich auf Microsoft Windows und muss lokal installiert werden. Sämtliche Daten werden in einer Microsoft SQL Server-Datenbank gespeichert. Diese sollte auf einem lokalen Server installiert werden, sodass alle Clients darauf zugreifen können. Alternativ bietet der Hersteller selbst sowie Drittanbieter ein Hosting der Datenbank an, sodass auch von unterschiedlichen Standorten auf die gleichen Artikeldaten zugegriffen werden kann. Hierbei unterscheidet sich JTL z. B. von Cloud-Lösungen wie plentymarkets.

Um JTL in Verbindung mit Amazon nutzen zu können, benötigen Sie zu Beginn ein JTL-Kundenkonto. Im Kundencenter von JTL müssen Sie zudem eine Lizenz für das Modul eazyAuction erwerben. Für diese Lizenz erhalten Sie eine Lizenznummer, die Sie später in JTL eingeben müssen.

JTL tauscht Daten mit Amazon über die MWS-Schnittstelle aus. Daher müssen Sie JTL Zugriff auf diese Schnittstelle gewähren. Zuvor müssen Sie Amazon darum bitten, das Format der Amazon-Bestellberichte umzustellen, sodass diese auch die Rechnungsadresse enthalten. Dies erfolgt mit einer Anfrage an den Verkäuferservice. Sobald Sie die Bestätigung von Amazon erhalten haben, dass die Bestellberichte umgestellt wurden, können Sie JTL mit Amazon verknüpfen.

Einrichtung der Amazon-Marktplätze

Unter MARKTPLÄTZE • AMAZON KONTO können Sie ein neues Amazon-Konto anlegen (siehe Abbildung 14.2).

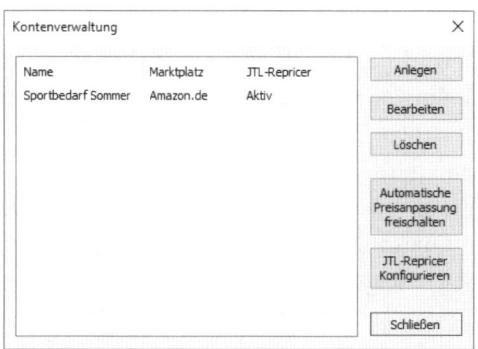

Abbildung 14.2 Anlegen eines neuen/weiteren bzw.
Bearbeiten eines bestehenden Amazon-Kontos

Hier verknüpfen Sie JTL mit der Amazon MWS-Schnittstelle, indem Sie dort die notwendigen Daten eingeben.

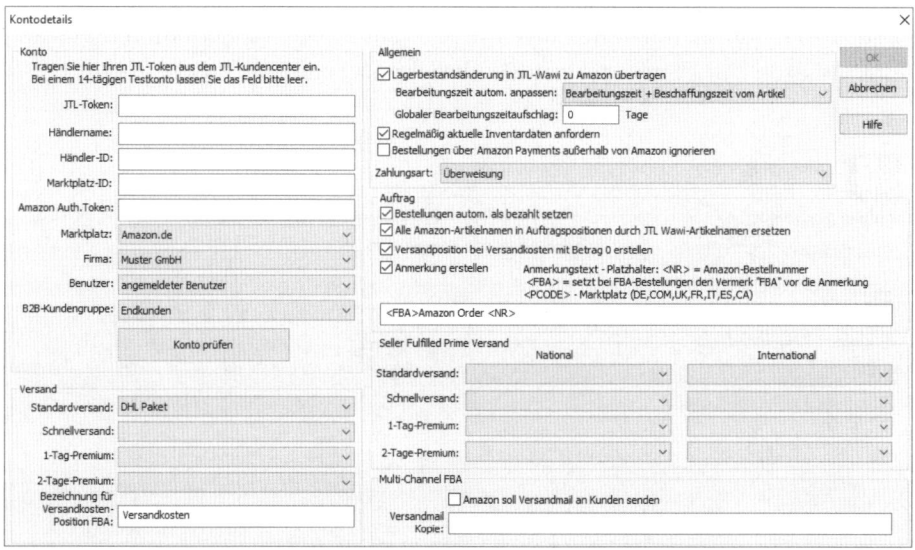

Abbildung 14.3 Anlegen eines Amazon-Kontos

Darüber hinaus können die folgenden weiteren Einstellungen vorgenommen werden:

▶ Aktivierung des Lagerbestandsabgleichs in regelmäßigen Abständen

▶ Festlegung der Bearbeitungszeit für Versandaufträge

▶ regelmäßige Anforderung von Inventardaten

▶ automatische Markierung von Aufträgen als *bezahlt*

▶ Ersetzung der Artikelnamen basierend auf den JTL-Stammdaten

▶ Zuordnung der Seller-Fulfilled-Prime-Versandarten

Lager einrichten

Bei der erstmaligen Einrichtung von JTL wird ein Standardlager angelegt. Für ein Standardlager wird lediglich der Bestand eines Artikels im Lager, nicht jedoch sein Standort hinterlegt. JTL benötigt grundsätzlich immer ein Standardlager. Dieses kann auch komplett leer sein. Beim ersten Einlesen von FBA-Angeboten wird automatisch ein FBA-Lager in der Lagerverwaltung von JTL angelegt. Auch wenn Sie in der realen Welt mehrere physische Lager von Amazon nutzen, reicht hier ein FBA-Lager je Amazon-Konto, welches dann alle physischen Lager repräsentiert.

Umsatzsteuersätze festlegen

JTL bietet mit seiner *Steuerverwaltung* die Möglichkeit, auch komplizierte Lieferwege, z. B. den paneuropäischen Versand oder die Lagerländer Polen/Tschechien, steuerlich korrekt abzubilden und auf Rechnungen auszuweisen. Auch die jeweiligen Lieferschwellen finden Berücksichtigung.

Im Folgenden finden Sie ein Beispiel für die Versandländer Polen, Tschechische Republik und Italien, um Bestellungen, die aus diesen drei Ländern mittels Versand durch Amazon (FBA) versendet werden, abwickeln zu können.

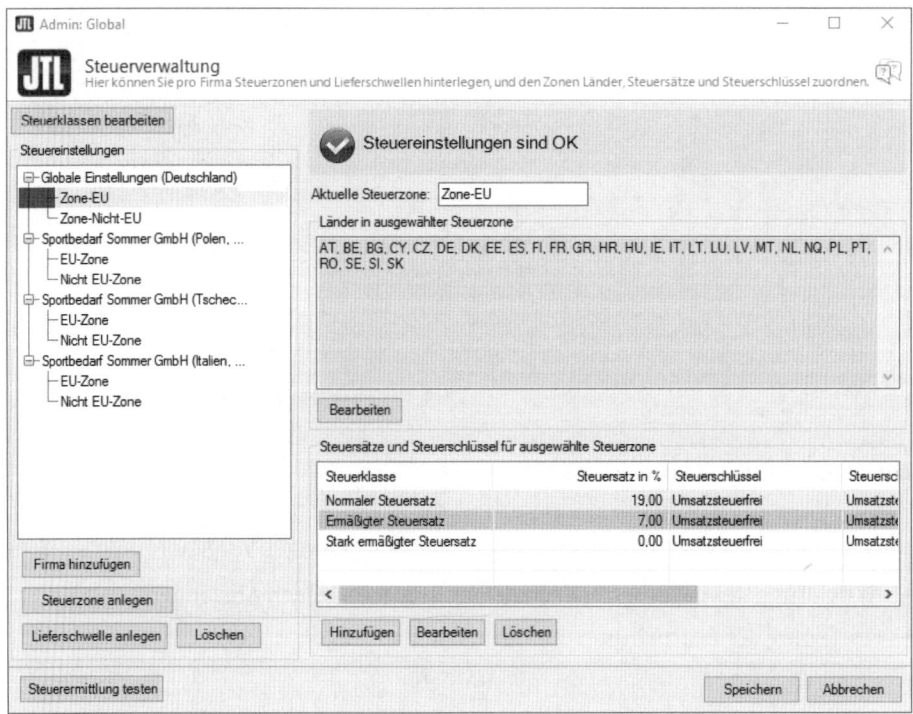

Abbildung 14.4 In der Steuerverwaltung können verschiedene Steuereinstellungen getroffen werden.

Variantenzuordnungen und selbst erstellte Artikelfelder

Wenn in Ihren Artikelstammdaten Variationswerte wie z. B. Kleidergrößen in einem anderen Format vorliegen, als Amazon sie benötigt, können in der Konfiguration des Amazon-Listers die Werte von JTL und Amazon einander zugewiesen werden. Die Pullover-Größe S kann z. B. fest den Größen 36 und 38 zugeordnet werden. Achten Sie darauf, dass sich von Amazon geforderte Werte je nach Produktkategorie unterscheiden können.

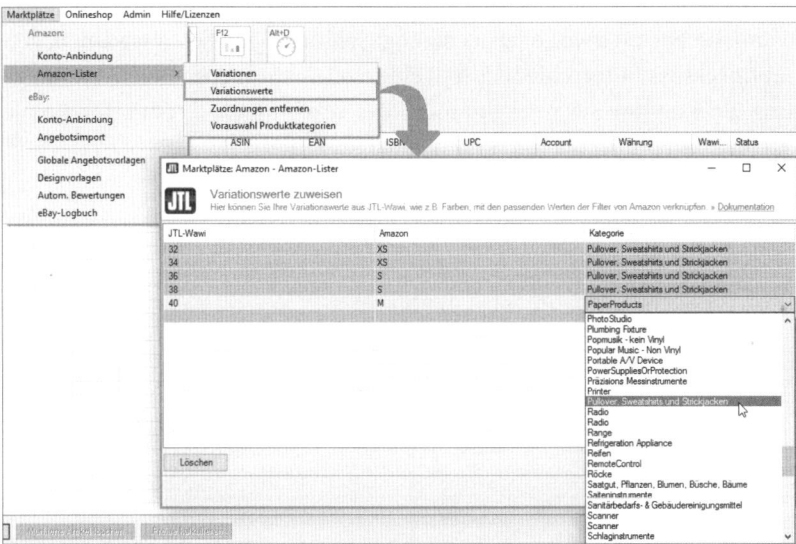

Abbildung 14.5 Mapping von Variationswerten in Amazons zulässigen Daten

Mit JTL sind Sie in der Lage, sogenannte *eigene Felder* anzulegen, die zusätzlich in den Artikeldetails neben den Standardfeldern gepflegt werden können.

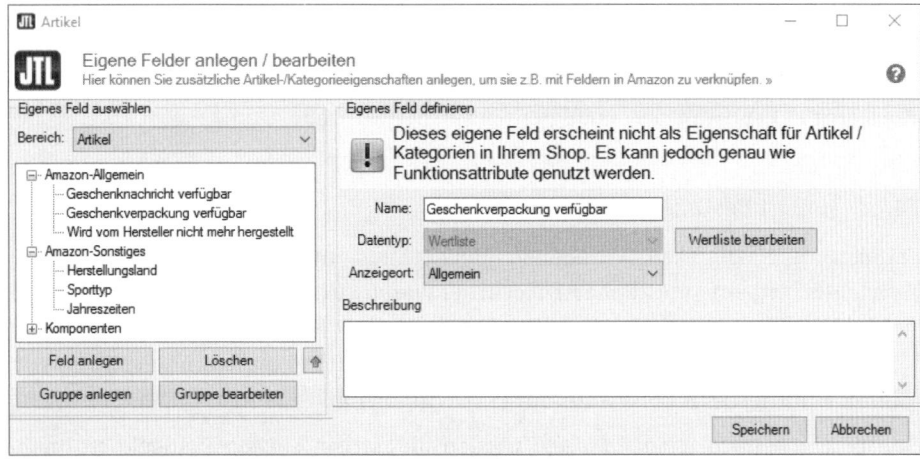

Abbildung 14.6 Eigene Felder helfen bei der Füllung Amazon-spezifischer Felder.

Später können Sie vor der Übertragung der Daten an Amazon diesen Feldern das jeweilige Pendant in Amazons Katalog zuordnen.

Spracheinstellungen

Sofern Sie auch auf ausländischen Marktplätzen verkaufen, sollten Sie die Sprachein-stellungen in JTL korrekt festlegen. JTL liefert bei der Erstinstallation eine Liste gängi-ger Sprachen aus, die aber noch angepasst werden können. Aus diesem globalen Sprachenpool wählen Sie diejenigen Sprachen aus, die für Ihre Sortimentspflege rele-vant sind. Wenn Sie beispielsweise Deutsch, Englisch und Spanisch auswählen, ste-hen Ihnen im Anschluss unterschiedlichste Felder in JTL zur mehrsprachigen Pflege zur Verfügung. So können Sie Artikelnamen, Beschreibungen, Produktmerkmale und Artikelattribute in drei Sprachen hinterlegen.

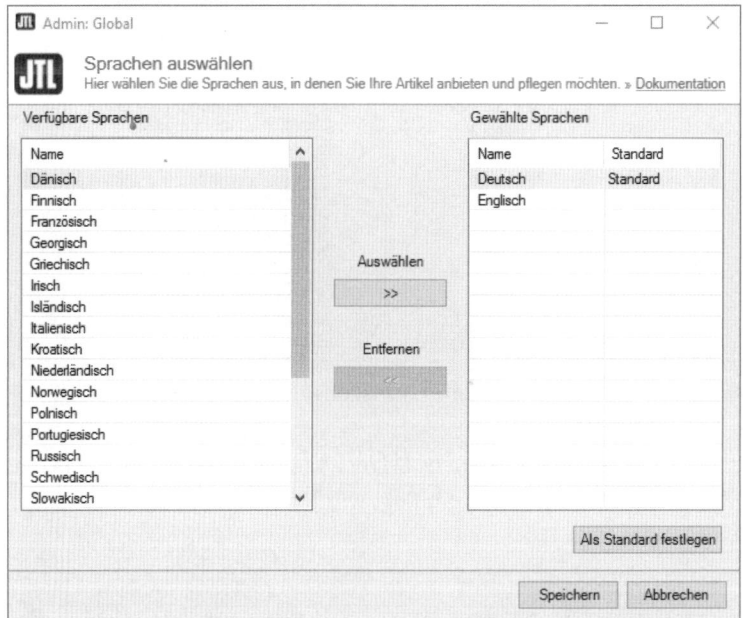

Abbildung 14.7 Auswahl der benötigten Sprachen für Artikeltexte und mehr

14.1.3   Import bestehender Daten

JTL bietet die Möglichkeit, bestehende Angebote aus Amazon zu importieren und im gleichen Schritt entsprechende Artikel in der Warenwirtschaft anzulegen. Sofern Ihre Artikel bislang ausschließlich in Seller Central angelegt wurden, ist das eine hilfreiche Option. Liegen Ihre Artikeldaten jedoch bereits in anderer elektronischer Form vor, kann es einfacher sein, diese mithilfe der JTL-Importfunktionen in JTL zu importieren.

Startet man den *Marktplatzabgleich*, werden alle aktiven Angebote eingelesen, unab-hängig davon, ob es sich um ein FBM- oder FBA-Angebot handelt.

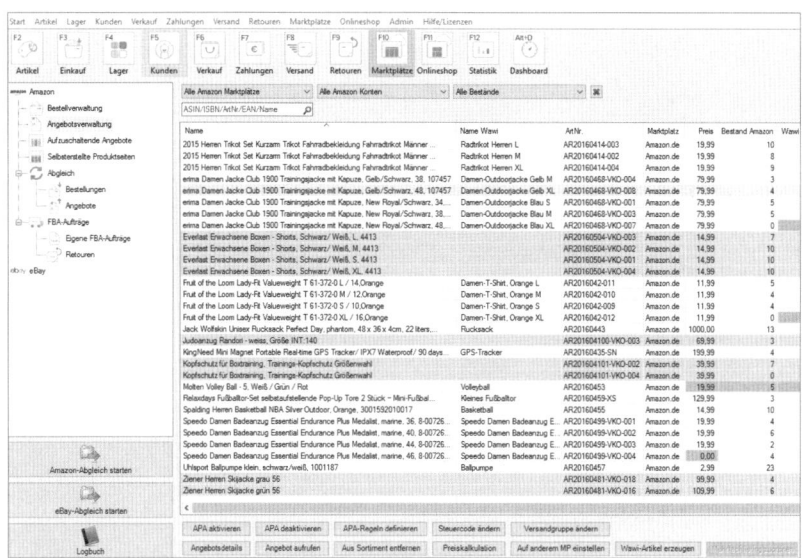

Abbildung 14.8 Auszug aus der Angebotsverwaltung

Sie erhalten nach erfolgtem Abgleich eine Übersicht über alle aktiven Angebote. JTL zeigt dabei farbig an, zu welchen Angeboten ein entsprechender Artikel in der Warenwirtschaft gefunden werden konnte. Das *Mapping* – das Erkennen von Amazon-Angeboten in den Artikeln in JTL – erfolgt anhand der SKU bei Amazon und der Artikelnummer in JTL. Sofern Sie Ihre Artikel auf mehreren Marktplätzen anbieten, kann es sinnvoll sein, die Anzeige auf den deutschen Marktplatz zu reduzieren, um im ersten Schritt nur die deutschen Artikelbezeichnungen zu importieren. Existiert in JTL noch kein passender Stammartikel, können Sie auf Basis der Daten eines importierten Amazon-Angebots neue Artikel erzeugen lassen. Diese werden dann automatisch mit dem jeweiligen Angebot verknüpft.

Sollen massenhaft Artikel aus Amazon-Angeboten erzeugt werden, empfiehlt es sich, die Angebote vorab in bestimmte Produktgruppen zu unterteilen, um später für gleichartige Artikel gleiche Merkmale zu definieren.

Kriterien zur Gruppenbildung, die im Import-Dialog abgefragt werden, sind:

- Produktkategorie
- Lagerbestand
- Lagerort
- Steuerklasse
- Warengruppe

Jeder zu erzeugende Artikel muss mindestens einer Kategorie zugewiesen werden. Sofern Sie bereits einen gut strukturierten Kategorienbaum in JTL vorliegen haben, Sie die erzeugten Artikel aber erst später bei der Sortimentspflege entsprechend zuweisen wollen, empfehle ich Ihnen, vorübergehend eine oder auch mehrere Pseudo-kategorien anzulegen, die später wieder gelöscht werden können.

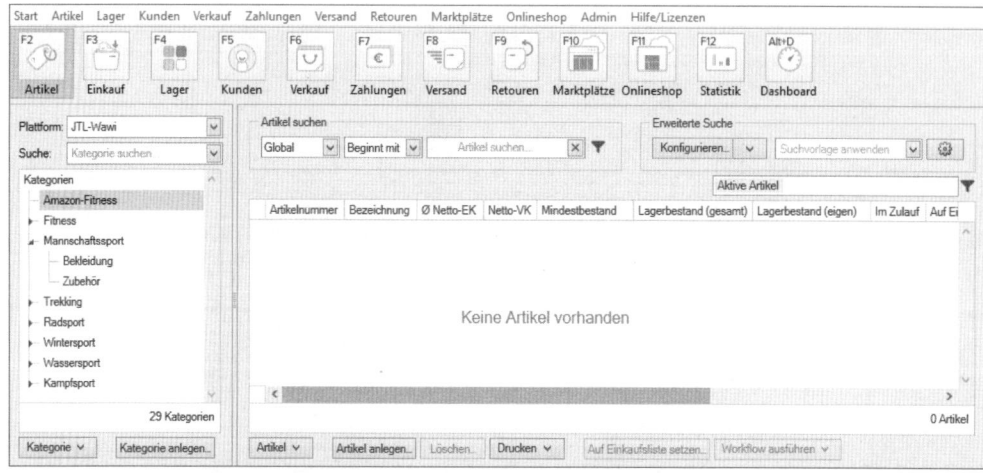

Abbildung 14.9 Anlegen von (temporären) Kategorien in JTL

Wenn die Bestände bei Amazon den realen Beständen Ihrer Artikel entsprechen, können Sie die neuen Artikel mit Lagerbestand anlegen lassen. Hier werden dann die Bestände übernommen, die in Ihren Amazon-Angeboten unter MFN (*Merchant Fulfilled Network*) hinterlegt sind. Dann müssen Sie natürlich auch das Lager angeben, von dem aus die Artikel versandt werden. Aktivieren Sie die Lagerbestandsoption nicht, wird der Artikel einfach ohne Bestandsführung angelegt, er kann aber zu jedem beliebigen Zeitpunkt mit einer Bestandsführung ausgestattet werden.

Wenn Sie in JTL bereits Warengruppen angelegt haben, können Sie diese auswählen und den erzeugten Artikeln automatisch zuweisen. Warengruppen helfen Ihnen später u. a. bei der statistischen Auswertung Ihres Verkaufserfolgs.

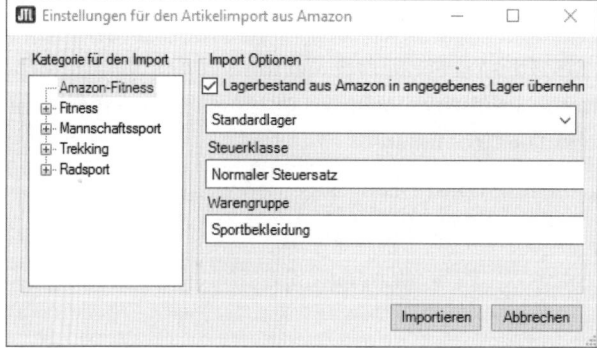

Abbildung 14.10 Definition der Import-Optionen vor dem Import

Nach einem Klick auf IMPORTIEREN werden die Artikel mit denjenigen Artikelstammdaten in der Artikelverwaltung von JTL angelegt, die urheberrechtlich frei von

Amazon abgerufen werden dürfen. Dazu gehören in der Regel leider weder die Bilder noch die Beschreibungen der Amazon-Produktdetailseiten (Attribute, Produktbeschreibungen). Diese müssen Sie über andere Wege den Artikeln zuweisen, z. B. über einen Massendatenimport eines Bestandsberichts via *JTL-Ameise* – dem Import-Export-Werkzeug von JTL (siehe Abbildung 14.11). In der Regel übernommen werden die folgenden Stammdaten:

▸ SKU als Artikelnummer von JTL

▸ Artikelname

▸ Lagerbestand

▸ Verkaufspreis

▸ ASIN

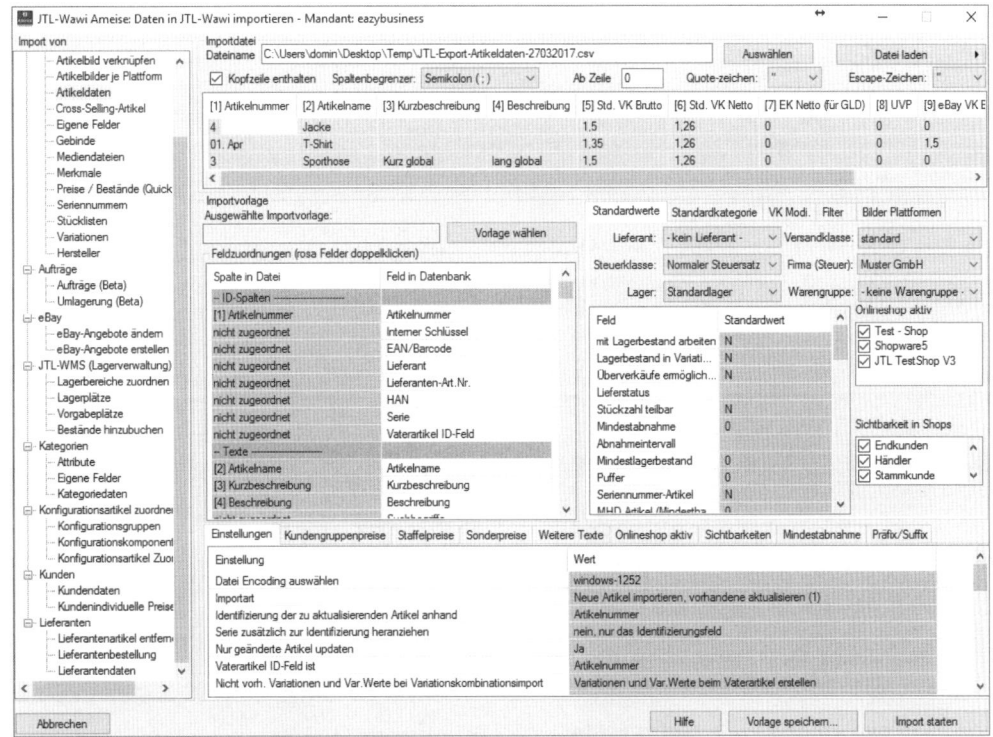

Abbildung 14.11 Import weiterer Artikeldaten mit der JTL-Ameise

Die Importmöglichkeiten mit der JTL-Ameise sind so vielfältig, dass es den Rahmen des Buches sprengen würde, hier darauf im Detail einzugehen. Bevor Sie Importe mit der JTL-Ameise vornehmen, sollten Sie immer eine Datenbanksicherung anlegen, da durch Fehlkonfigurationen o. Ä. Ihre komplette Datenbank zunichtegemacht werden könnte.

14.1.4   Artikelpflege

Sie können in JTL unterschiedliche Artikelarten anlegen und verwalten. Für Amazon relevant sind dabei die folgenden:

- ▶ einfache Artikel: Artikel, die nur in einer Variante vorliegen
- ▶ Artikel mit eindimensionalen Variationen: Der Kunde kann zwischen zwei oder mehr Variationen wählen, z. B. T-Shirt-Größen.
- ▶ Artikel, die Variationen kombinieren (mehrdimensionale Variationen)

Grundsätzlich bietet JTL von Haus aus viele Felder an, die Sie mit Artikelinformationen versehen können. Bei Bedarf können weitere Felder hinzugefügt werden.

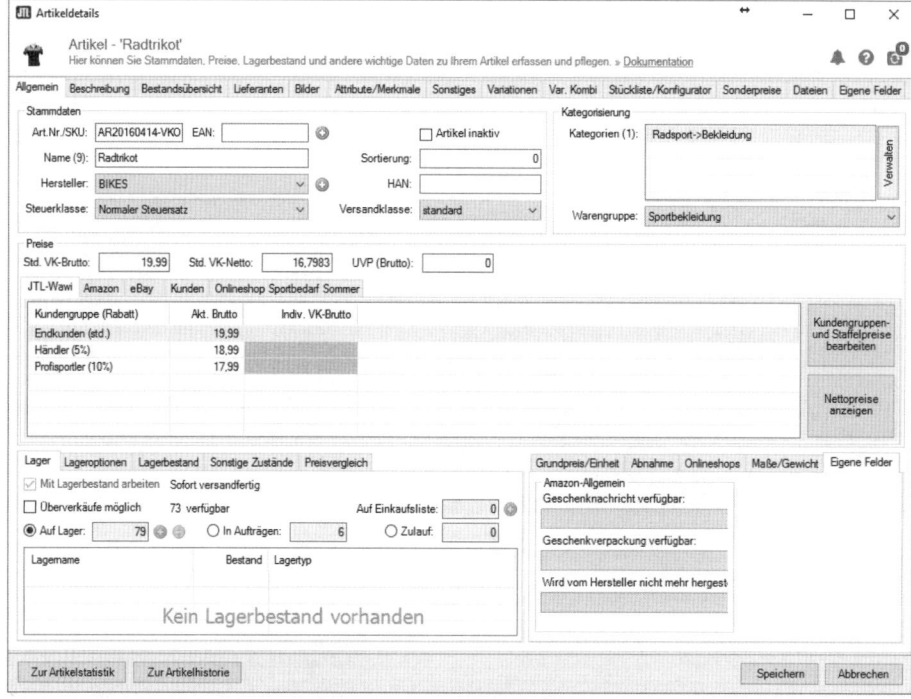

Abbildung 14.12 Pflege von Artikeldetails in JTL

Pflege Amazon-relevanter Felder

Für Amazon relevant sind u. a. die folgenden Felder:

- ▶ Artikelnummer/SKU: Wie schon erwähnt, können Sie durch die SKU Ihre Amazon-Angebote mit Artikeln in JTL verknüpfen.
- ▶ Name des Artikels: Die Artikelbezeichnung kann als Angebotstitel bei Amazon verwendet werden. Sie können den Artikelnamen aber auch nur für Ihre interne Sortierung verwenden und stattdessen plattformspezifisch unterschiedliche Artikel- bzw. Angebotsbezeichnungen vergeben und diese Titel in mehreren Sprachen pflegen.

- Identifikationsnummern: Hier können Sie den Artikel eindeutig mit den offiziellen Nummernsystemen anderer Organisationen in Verbindung bringen. Dazu gehören die ASIN von Amazon sowie EAN/FNSKU/ISBN/UPC/Gefahrnummer/UN-Nummer/TARIC-Code und das Herkunftsland.

- Hersteller- und Hersteller-Artikelnummer (HAN): Viele Kunden suchen bei Amazon nach bestimmten Herstellern oder Marken. In JTL hinterlegen Sie neue Hersteller einmalig, um sie dann im Artikel zuweisen zu können.

- Preise für Amazon: Abweichend vom Standardverkaufspreis in JTL können Sie Ihre Preise für unterschiedliche Plattformen anpassen, somit auch für Amazon.

- Produktbeschreibung und Bilder: Analog zu Preisen und Artikelnamen können Sie auch eine für Amazon individuelle Artikelbeschreibung in mehreren Sprachen hinterlegen sowie angepasstes Bildmaterial, welches den Vorgaben des Marktplatzes genügt.

- Weitere Felder: Für Ihre Angebote bei Amazon können außerdem die Bearbeitungszeit in Tagen, die Produktmaße sowie das Produktgewicht übernommen werden.

Festlegung von Preisen (Listenpreis, Aktionspreis, B2B-Preise)

Preise für neue Angebote können im Stammartikel im entsprechenden Feld hinterlegt werden. Wird für den entsprechenden Artikel eine eigene Produktdetailseite für Amazon erstellt, kann direkt Bezug auf diesen Preis genommen werden.

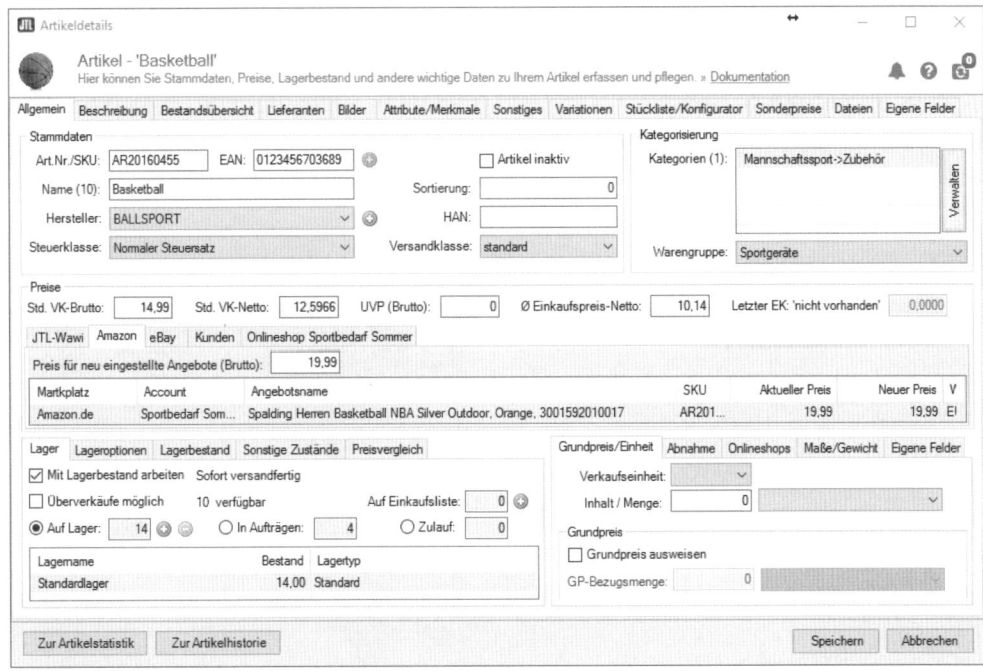

Abbildung 14.13 Pflege der Preise für Amazon

Bei laufenden Angeboten, die sich bereits in der Angebotsverwaltung von JTL befinden, werden die Preise in der Marktplatzverwaltung gepflegt:

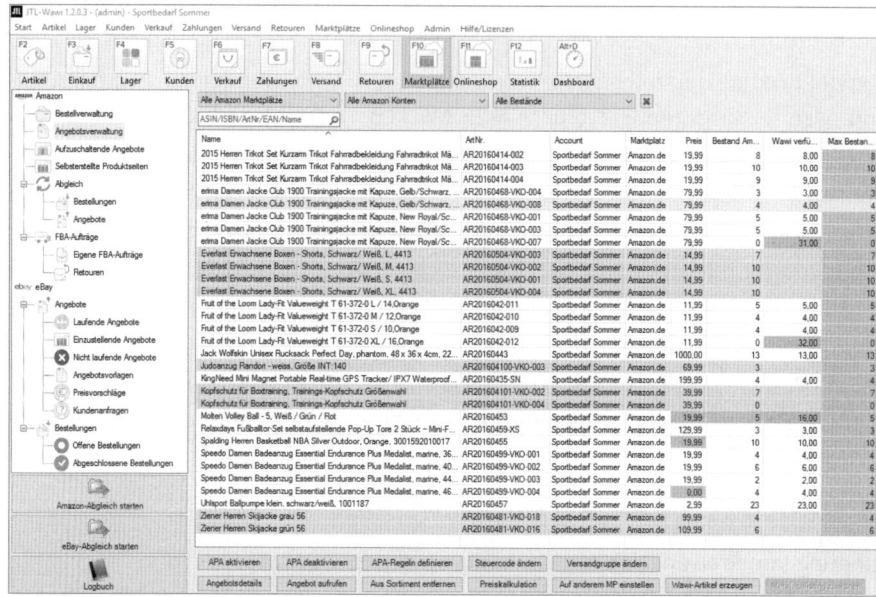

Abbildung 14.14 Pflege von Preisen für Amazon im Bereich »Marktplatz«

Seit der Version 1.2 unterstützt JTL auch Preise für Amazon Business. Um B2B-Preise
hinterlegen zu können, muss in JTL eine neue Kundengruppe definiert werden. In
den Amazon-Kontoeinstellungen (Abbildung 14.3) wird diese Kundengruppe als B2B-
KUNDENGRUPPE ausgewählt. Ab sofort steht diese Kundengruppe im Artikelstamm
zur Verfügung und kann mit individuellen (Staffel-)Preisen versehen werden.

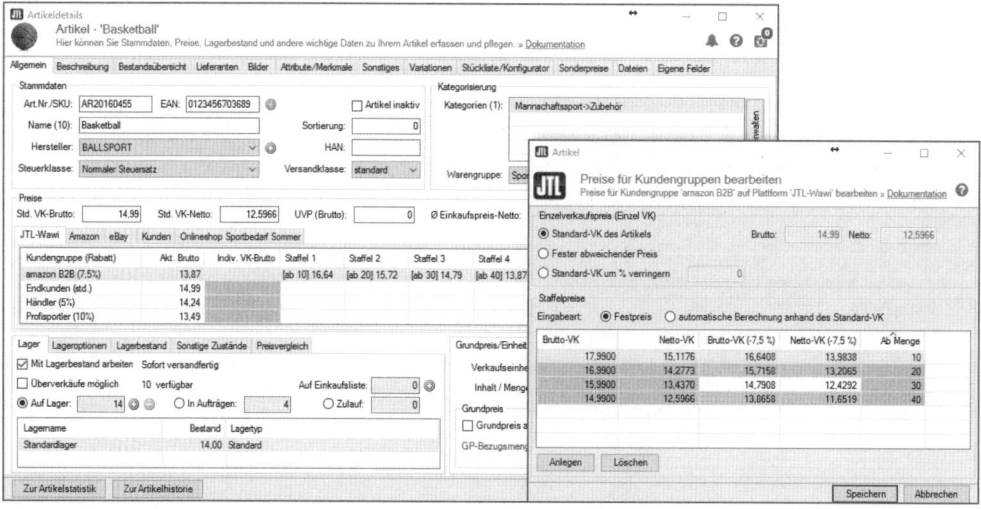

Abbildung 14.15 Pflege von Staffelpreisen in den Artikeldetails

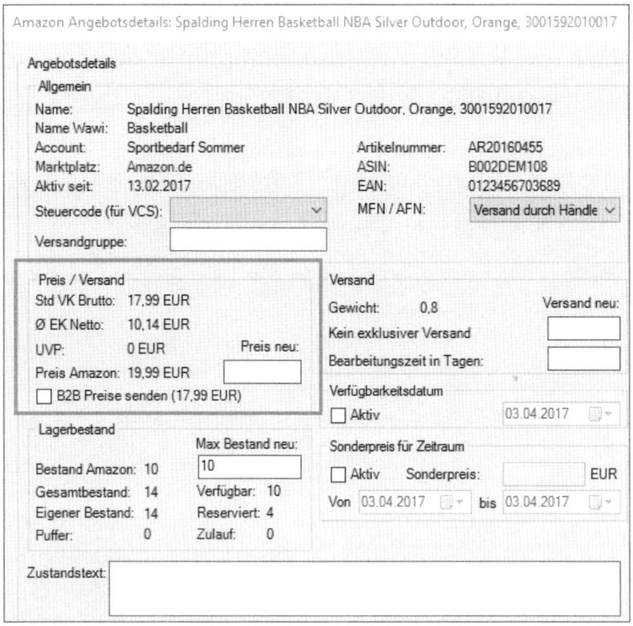

Abbildung 14.16 Aktivierung von B2B-Preisen in der Angebotsverwaltung

Aktionspreise können in dem jeweiligen Angebot im Bereich MARKTPLÄTZE gepflegt werden. Hierzu müssen ein Start- und ein Enddatum für den jeweiligen Sonderpreis hinterlegt werden.

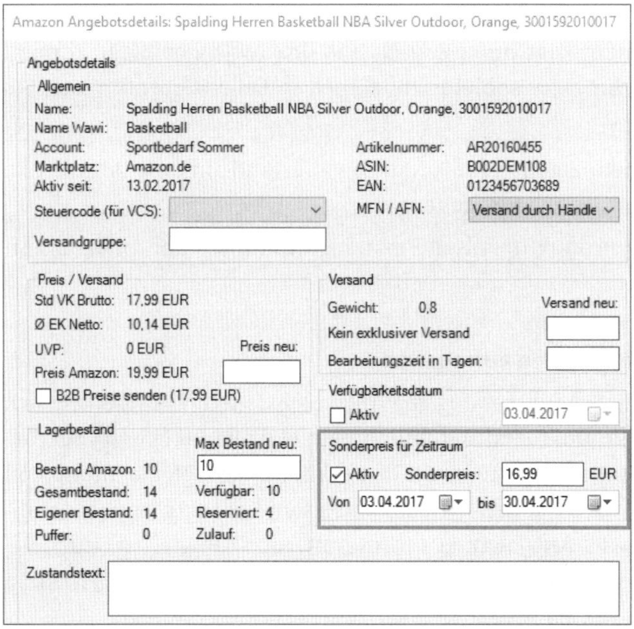

Abbildung 14.17 Pflege von Sonderpreisen in den Amazon-Angeboten

Erstellung von Sprachvarianten

Beschreibungen, Artikelnamen etc. können im Artikelstamm für jede aktivierte Sprache (siehe Abbildung 14.7) individuell hinterlegt werden.

Abbildung 14.18 Pflege unterschiedlicher Sprachen in den Artikeldetails

14.1.5   Erstellung von Angeboten und Produktdetailseiten

Haben Sie in JTL Ihr Sortiment zusammengestellt und Ihre Artikel gepflegt, können Sie nun die Produkte auf Amazon anbieten. Wie auch in Seller Central haben Sie dabei zwei Möglichkeiten:

1. Sie können sich mit einem eigenen Preis und Lagerbestand auf eine bestehende Produktdetailseite von Amazon aufschalten.

2. Sie können eine eigene Produktdetailseite erstellen und diese bei Amazon einstellen.

Auf bestehende Produktdetailseiten aufschalten

Wenn Ihre Artikel bereits im Produktkatalog von Amazon existieren, können Sie sich auf die schon bestehende Produktdetailseite mit einem eigenen Preis und Lagerbestand aufschalten. Eigene Angebote können Sie direkt aus der Artikelverwaltung von JTL schalten. Sie klicken hierzu auf einen Artikel, öffnen sein Kontextmenü und wählen den Menüeintrag EIGENES ANGEBOT AUFSCHALTEN. Ein Dialogfenster zur Auswahl des passenden Marktplatzes erscheint. Wählen Sie gegebenenfalls auch einen bestimmten Amazon-Account aus oder auch einen der in Amazon üblichen Artikel-zustände wie GEBRAUCHT oder NEU.

Aufzuschaltende Angebote legt JTL im Ordner AUFZUSCHALTENDE ANGEBOTE inner-halb der MARKTPLATZVERWALTUNG ab. Hier können noch Änderungen vorgenom-men werden, z. B. können Sie Ihren Preis noch anpassen. Sobald Angebote aber erfolgreich bei Amazon eingestellt wurden, wandern sie in die Angebotsverwaltung.

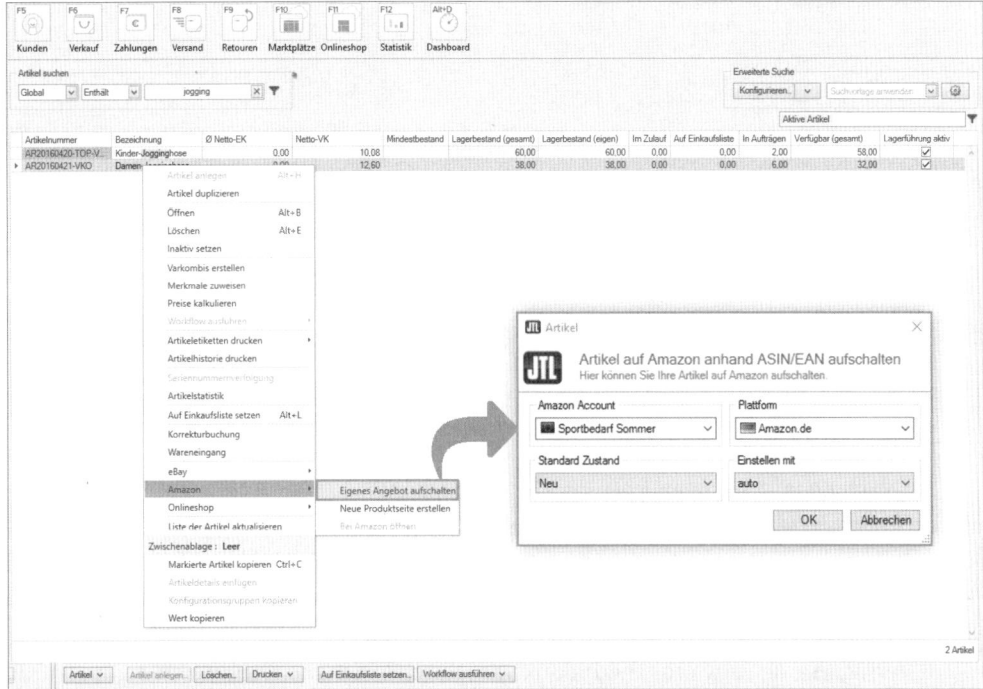

Abbildung 14.19 Erstellen eines Angebotes durch Aufschalten auf eine bestehende Produktdetailseite

Produktdetailseiten erstellen

JTL hat zum Erstellen eigener Detailseiten den *Amazon-Lister* geschaffen. Der Ama-zon-Lister verknüpft Artikelstammdaten von Produkten fest mit den kategoriespezi-fischen Feldern aus Amazons Produktkatalog.

Der Amazon-Lister ist Bestandteil von JTL-eazyAuction und aktuell nur für Ama-zon.de und Amazon.co.uk verfügbar. Produktdetailseiten für die übrigen Markt-plätze müssen Sie in Seller Central oder über entsprechende Lagerbestandsdateien direkt erstellen. Auch den Amazon-Lister können Sie über ein Kontextmenü aus der Artikelverwaltung von JTL heraus aufrufen oder alternativ aus der Marktplatzverwal-tung im Bereich SELBSTERSTELLTE PRODUKTSEITEN.

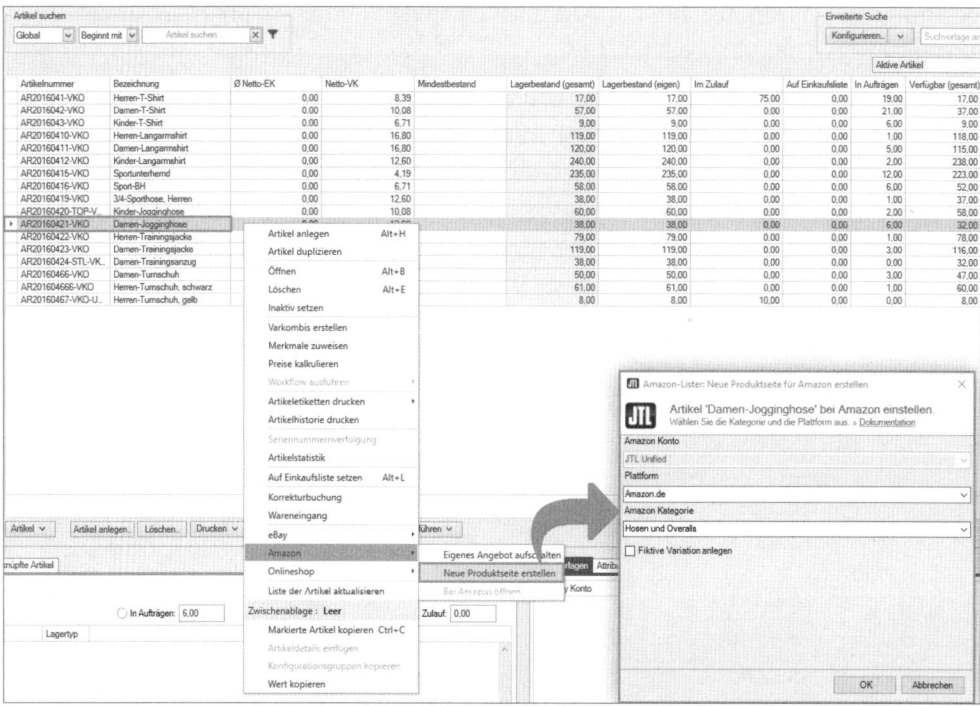

Abbildung 14.20 Erstellung eigener Produktdetailseiten

Der Amazon-Lister selbst besteht aus mehreren Registerkarten, die in Aufteilung und Aufbau denen in Ihrem Händlerkonto bei Amazon entsprechen. Der Amazon-Lister stellt Ihnen alle Datenfelder, die Sie bei Amazon pflegen könnten, in einem Editor zur Verfügung, der etwa für die Produktkategorie *Hosen und Overalls* aussehen würde wie in Abbildung 14.21.

Beim Anlegen einer neuen Produktdetailseite weisen Sie die Verknüpfungssymbole (in Abbildung 14.21 markiert) auf diejenigen Felder hin, die Sie mit passenden Feldern aus Ihren Artikelstammdaten verknüpfen können. Der Amazon-Lister speichert die Verknüpfungen immer pro Produktkategorie. Das heißt, beim Einstellen weiterer Produkte derselben Kategorie werden die Daten automatisch aus dem Artikel gezogen. Ist eine Verknüpfung unpassend, kann sie wieder gelöst werden.

Von Amazon als Pflichtfelder definierte Angaben werden im Amazon-Lister mit einem roten Ausrufezeichen versehen und müssen ausgefüllt werden – via Verknüpfung oder auch individuell pro Artikel. Verfügen Sie über eine EAN-Befreiung, ist die Angabe einer EAN, auch wenn sie im Tool als Pflichtfeld deklariert wird, nicht erforderlich.

Felder aus Amazons Produktkatalog, die keine Entsprechung in JTLs Standard-Artikelfeldern haben, können über eigene Felder gefüllt werden. Diese müssen zuvor in den Grundeinstellungen definiert werden.

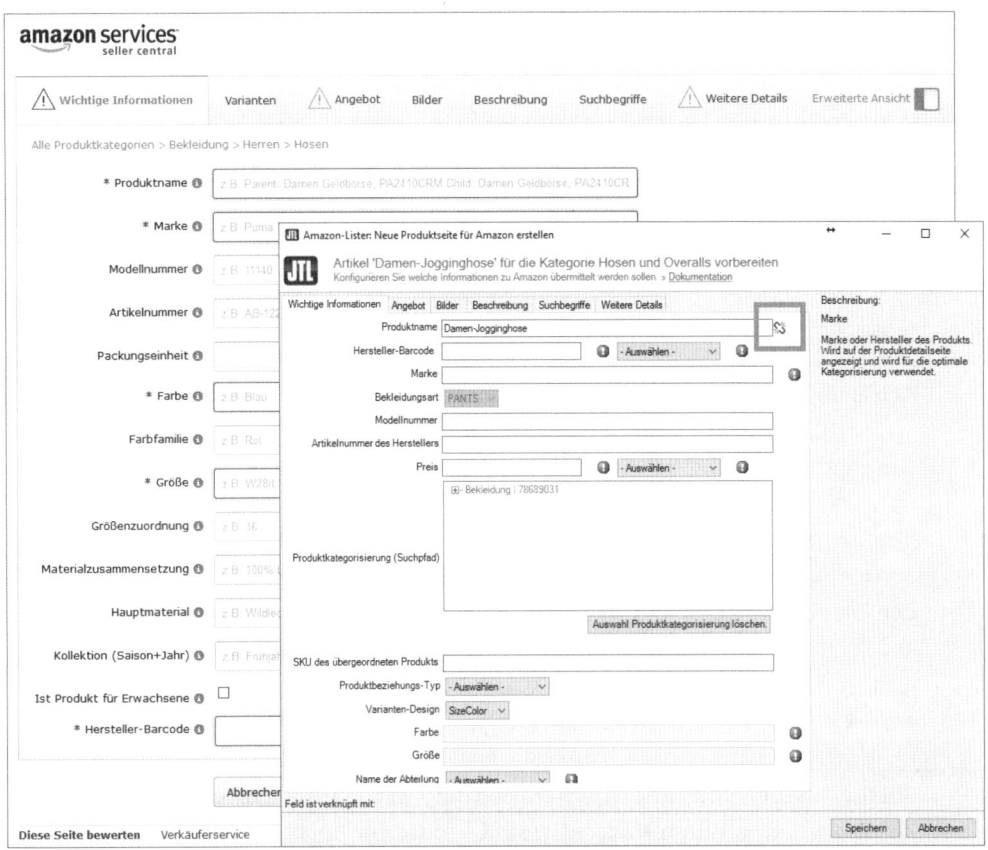

Abbildung 14.21 Amazon-Lister für eine bestimmte Kategorie

Um eine Verknüpfung mit einem bestehenden Datenfeld in JTL zu erstellen, klicken Sie einfach auf das Feld, und ein zum Feldtyp passender Dialog öffnet sich. In Abbildung 14.22 sehen Sie beispielsweise das Feld HERSTELLER-BARCODE, welches von Amazon als Pflichtfeld deklariert wurde. Sie können das Feld jetzt auf drei Wegen befüllen.

▶ NICHT FEST VERKNÜPFEN: Für alle Produkte der Kategorie werden Freitexteingaben notwendig.

▶ MIT FESTEM WERT VERKNÜPFEN: Sie geben einen festen Wert an, der dann bei allen Produkten der Kategorie automatisch eingetragen wird.

▶ MIT ARTIKELEIGENSCHAFT VERKNÜPFEN: Sie wählen aus einer Liste aller in JTL verfügbaren Datenfelder das für Ihre Kategorie passende Feld aus.

Die letzte Option ist dabei die interessanteste.

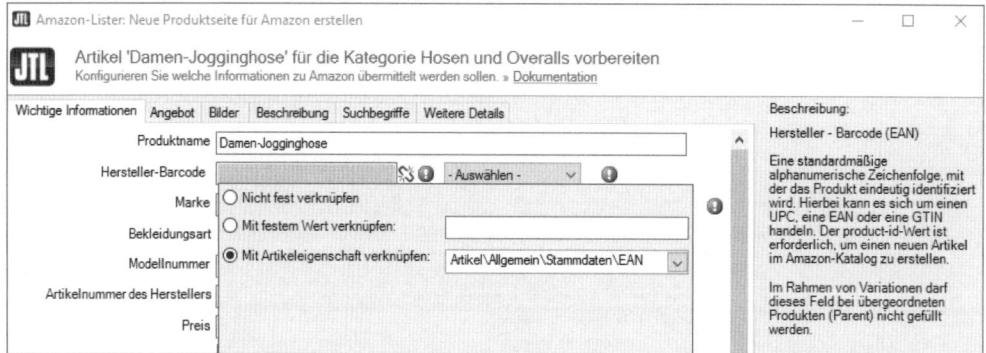

Abbildung 14.22 Erstellung einer Verknüpfung am Beispiel des Feldes »Hersteller-Barcode«

Um weitere Artikel der gleichen Kategorie einzustellen, gehen Sie in die Artikelverwaltung von JTL und markieren alle Artikel, die Sie in derselben Kategorie mit neuer Produktdetailseite einstellen wollen. Sind alle Artikel markiert, wählen Sie im Kontextmenü den Eintrag NEUE PRODUKTSEITE ERSTELLEN, geben anschließend noch den Zielmarktplatz an und klicken im anschließenden Amazon-Lister-Dialog einfach auf SPEICHERN. Alle ausgewählten Artikel bzw. deren Produktdetailseiten landen jetzt in der Marktplatzverwaltung von JTL im Bereich SELBSTERSTELLTE PRODUKTSEITEN. Mit dem nächsten Amazon-Abgleich werden diese automatisch an Amazon übertragen. Im Anschluss erhalten Sie eine entsprechende Rückmeldung, ob die Produktdetailseiten mitsamt Ihren Preisen und Lagerbeständen erfolgreich hochgeladen werden konnten und aktiv sind – oder ob noch essenzielle Angaben bei einzelnen Produkten fehlen und Sie nachbessern müssen. Das Feedback von Amazon erhalten Sie wiederum mit dem nächsten Amazon-Abgleich.

14.1.6   Waren an Amazon senden

Um Waren von einem Lager in ein anderes zu transferieren, können Händler in der Lagerverwaltung von JTL die Funktion *Umlagerung* nutzen. Hierbei gelten allerdings zwei Voraussetzungen:

1. Um Artikel in ein FBA-Lager umlagern zu können, muss der Artikel bereits bei Amazon gelistet sein. Für Artikel, die noch nicht bei Amazon gelistet sind, müssen Sie zunächst ein neues Angebot erstellen.

2. Für jeden Artikel, der in ein FBA-Lager umgelagert werden soll, muss in Seller Central oder in der Angebotsverwaltung von JTL die Einstellung VERSAND DURCH AMAZON aktiviert werden.

Um Waren an Amazon zu senden, müssen Sie zuerst die Umlagerung in JTL anlegen. Hierbei legen Sie fest, welche Artikel aus Ihrem Lager in eines der FBA-Lager umgelagert werden sollen.

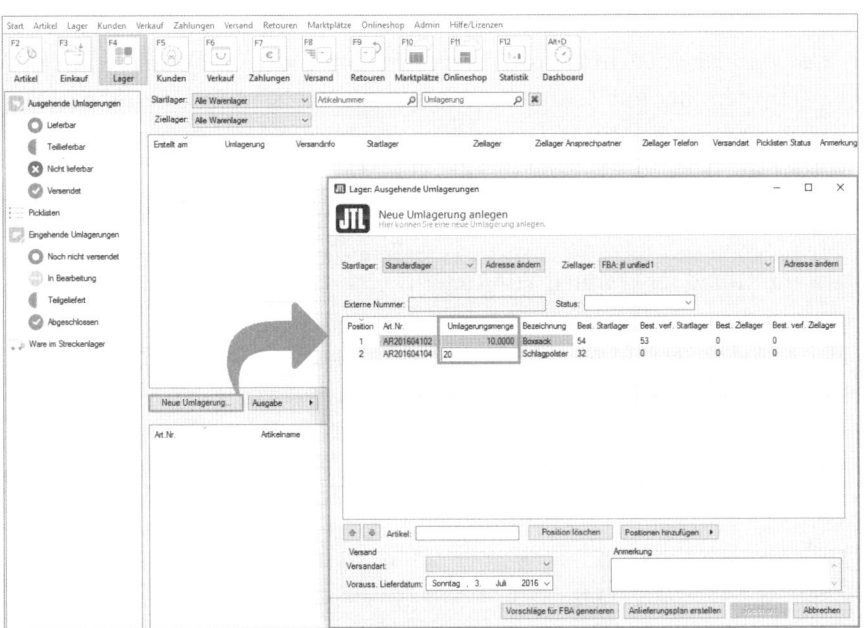

Abbildung 14.23 Beauftragung einer Umlagerung

Ist die Umlagerung so weit vollständig ausgefüllt, können Sie nun einen Anliefe-
rungsplan erstellen. Beantworten Sie noch die Frage nach Zielland und Etikettierung.
Die Umlagerung bzw. der Plan wird im Anschluss bei Amazon angemeldet, und Amazon meldet direkt zurück, an welches FBA-Lager Sie Ihre Artikel versenden müssen.

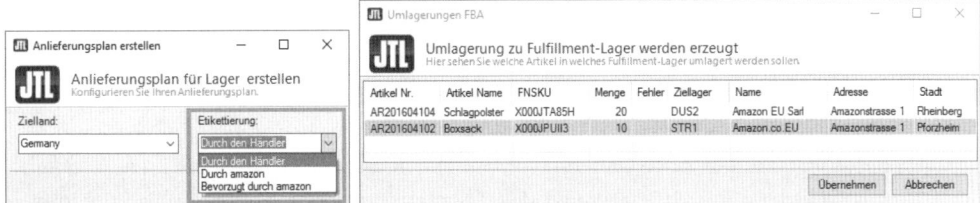

Abbildung 14.24 Etikettierung durch Amazon beauftragen und Rückmeldung des
Versandortes

Im Feedback-Fenster sehen Sie jetzt, welche Ihrer Artikel in welcher Menge an welches FBA-Lager gesendet werden sollen. Nach Bestätigung des Dialogs werden Ihre
Anlieferungspläne auch in Seller Central angelegt. Die Umlagerung kann nun nicht
mehr bearbeitet werden. Wenn doch Änderungen vorgenommen werden sollen,
muss diese Umlagerung sowohl in JTL als auch in Seller Central gelöscht werden, und
eine neue Umlagerung muss angelegt werden.

Über die standardmäßig in JTL integrierten *Auslieferungsvorgänge* können Sie Umla-
gerungen durchführen, also auch Ihre Waren an die FBA-Lager versenden. Wurde die

Ware an Amazon verschickt, befindet sich die Ware aus Sicht der Warenwirtschaft im *Streckenlager*, sprich auf dem Transportweg. Sobald Ihre Waren bei Amazon im FBA-Lager eingetroffen sind und bearbeitet wurden, erhalten Sie von Amazon eine Eingangsbestätigung per E-Mail. In JTL werden die umgelagerten Bestände ebenfalls automatisch aus dem Streckenlager in die FBA-Lager umgebucht, sobald Amazon den Wareneingang auch an JTL-eazyAuction meldet.

Bedarfsermittlung für Waren in FBA-Lagern

JTL kann Sie dabei unterstützen, anhand früherer Verkäufe den Bedarf an einzulagernden Artikeln zu kalkulieren. Bei den Ergebnissen der automatischen Berechnung handelt es sich um Vorschläge, die anhand bestimmter Kennzahlen errechnet wurden. Sie können die Vorschläge übernehmen oder bei Bedarf anpassen. Um diese Funktion zu nutzen, klicken Sie im Umlagerungsdialog der Lagerverwaltung auf VORSCHLÄGE FÜR FBA GENERIEREN. Es öffnet sich ein Dialogfenster mit zahlreichen Einstellungsmöglichkeiten.

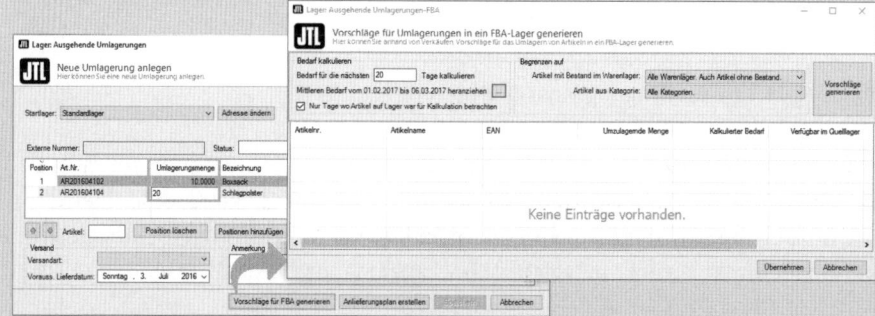

Abbildung 14.25 Bedarfsermittlung für einen frei definierbaren Betrachtungszeitraum

Der automatischen Berechnung liegen frühere Verkäufe zugrunde. Um die umzulagernde Menge ermitteln zu können, muss zunächst der Bedarf für einen Zeitraum X berechnet werden. Anschließend wird anhand der aktuellen Bestände im FBA-Lager, Ausgangslager und Streckenlager die Umlagerungsmenge berechnet. Der dahinter liegende Algorithmus errechnet einen Durchschnittswert. Durchschnittswerte sind immer dann zuverlässig, wenn Ihr Artikel über den gesamten Zeitraum auch regulär verkauft werden konnte, also durchgängig genügend Produkte zum Verkauf zur Verfügung standen und der Abverkauf nicht durch einmalige Sondereffekte wie z. B. Blitzangebote gesteigert wurde.

14.1.7   Bestellabwicklung

JTL holt alle Bestellungen ab, die auf dem Marktplatz Amazon eingehen. Eingegangene Bestellungen finden Sie in der MARKTPLATZVERWALTUNG, diesmal im Bereich BESTELLVERWALTUNG. Von dort aus müssen die Bestellungen manuell oder automa-

tisiert in Aufträge umgewandelt werden, da Aufträge die Basis aller Prozesse innerhalb von JTL sind.

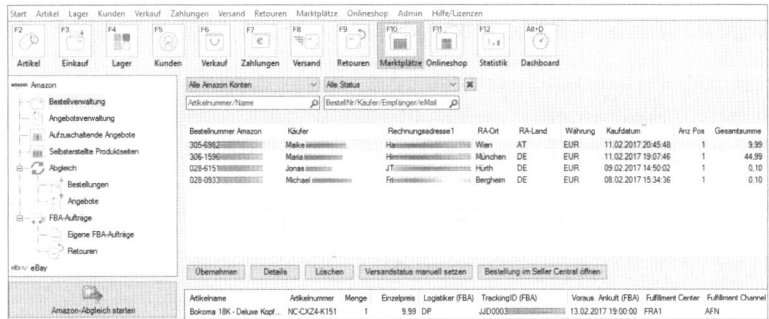

Abbildung 14.26 Bestellungen in der Marktplatzverwaltung von JTL

Nachdem Sie einen Auftrag bearbeitet haben und die Ware Ihr Lager verlassen hat,
wird die erfolgreich abgewickelte Bestellung – meist zusammen mit einer Tracking-
ID – wieder an Amazon zurückgemeldet.

Die Auslieferung einer Bestellung bzw. eines Auftrages erfolgt in der Versandverwal-
tung von JTL. In der dortigen Auflistung befinden sich ausschließlich diejenigen
Bestellungen, deren Positionen komplett lieferbar sind und deren Zahlung bereits
erfolgte. Diese Bedingungen treffen auf Bestellungen von Amazon in der Regel zu. Sie
werden also die für Amazon abzuwickelnden Aufträge automatisch hier vorfinden,
es sei denn, Sie deaktivieren die Option explizit in den Grundeinstellungen von JTL.

Möchten Sie nun einen oder auch mehrere Aufträge ausliefern, markieren Sie diese
und klicken auf AUSLIEFERN.

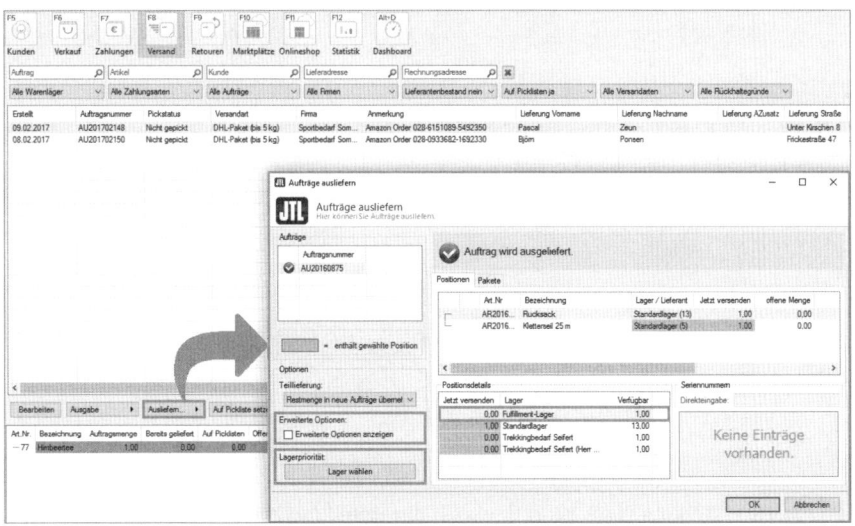

Abbildung 14.27 Auslieferungsdialog in JTL

Primär geht es nun darum, ein Lager auszuwählen, aus dem die bestellte Position versendet werden soll. Zudem können Sie hier eine Lagerpriorität definieren, sodass bei einem weiteren Auslieferungsvorgang die festgelegte Lagerpriorität berücksichtigt wird. Die Auslieferung startet folgende Prozesse:

▶ In JTL wird ein offener Lieferschein erstellt.

▶ Der Bestand der auszuliefernden Position wird verringert.

▶ Der Versandstatus wird an die jeweilige Verkaufsplattform (Amazon, eBay, Onlineshop usw.) übertragen.

Optional können Händler außerdem folgende Prozesse durch die Auslieferung starten:

▶ Erstellung und Druck oder Versand einer Rechnung

▶ Übergabe der Lieferanschrift an den Transportdienstleister

▶ Markieren des Lieferscheins als versendet, Ergänzung der Tracking-ID, Druck des Lieferscheins

▶ Druck eines Versandetiketts

Diese Prozesse können auch automatisiert über JTL-Workflows abgewickelt werden (siehe Abbildung 14.28). JTL-Workflows sind frei definierbare Arbeitsabläufe entlang einer von Ihnen gewünschten Prozesskette, die auf ein Ereignis reagieren und dann automatisch ablaufen. Diese Funktion können Sie sich zunutze machen, wenn Sie z. B. für Bestellungen, die per FBA abgewickelt wurden, automatisiert Rechnungen an die betroffenen Kunden versenden möchten.

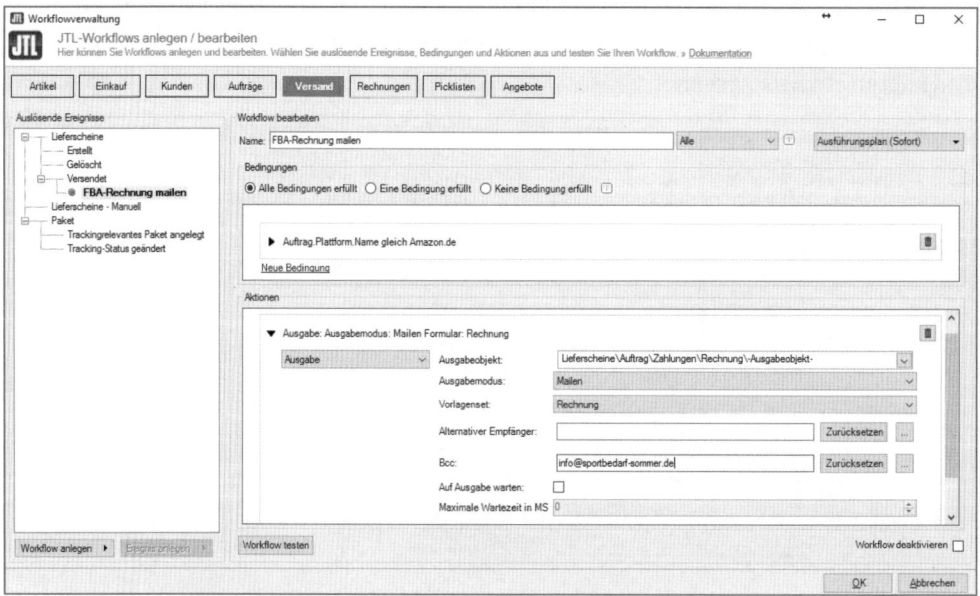

Abbildung 14.28 Erstellung eines Workflows für die Erstellung von Rechnungen bei Bestellungen, die über »Versand durch Amazon« erfüllt werden

Das auslösende Ereignis wäre dann die Rückmeldung von Amazon, dass eine FBA-Bestellung erfolgreich versendet wurde. JTL reagiert auf dieses Ereignis, indem das Programm automatisiert eine Rechnung als PDF an den in der Bestellung hinterlegten Kunden versendet.

14.1.8 Abwicklung von Retouren

Retouren von FBA-Aufträgen werden bei einem Amazon-Abgleich eingelesen und landen in der Marktplatzverwaltung von JTL im Bereich FBA-AUFTRÄGE • RETOUREN. Für die eingelesenen Retouren können automatisiert Rechnungskorrekturen (Gutschriften) erstellt werden.

In der aktuellen Version von JTL ist es nicht möglich, Retouren von Bestellungen, die der Händler selbst versendet hat, direkt von Amazon in JTL zu empfangen. Das heißt, wenn ein Kunde über Amazon eine Retoure anmeldet, müssen Sie diese in JTL per Hand anlegen (siehe Abbildung 14.29).

Eine Retoure wird auf Basis eines existierenden Auftrags angelegt. Hierzu wird der entsprechende Auftrag in der Verkaufsverwaltung herausgesucht und der Auftrag markiert. Im Kontextmenü können Sie die Erstellung einer Retoure dann starten. Wird eine Retoure angemeldet, landet diese anschließend im Ordner *Angemeldet*.

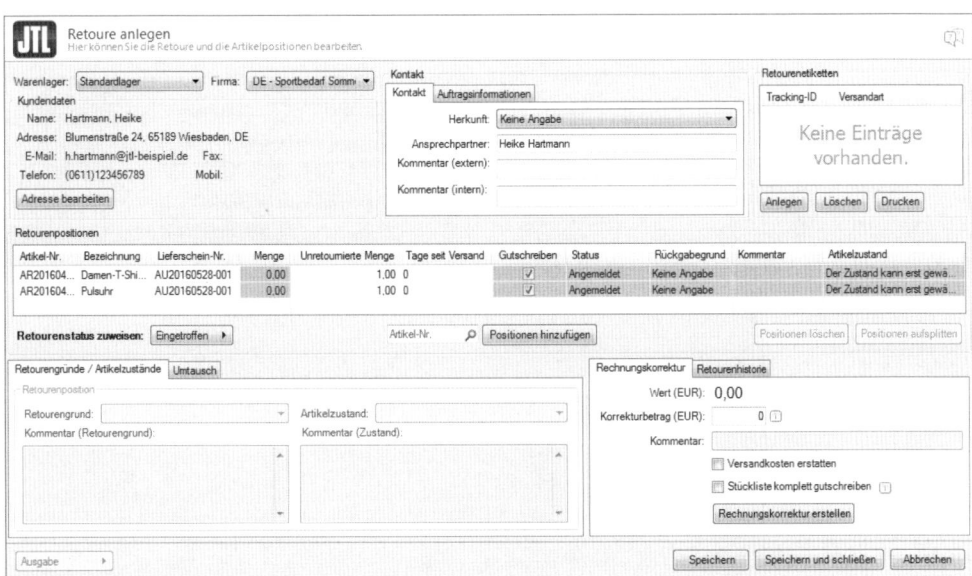

Abbildung 14.29 Anlegen einer Retoure

Sobald die retournierte Ware bei Ihnen eintrifft und Sie den Zustand der Ware prüfen konnten, wird die Retoure weiter bearbeitet, und der Status kann von ANGEMELDET auf EINGETROFFEN geändert werden. In diesem Arbeitsschritt legen Sie auch fest, welchen Zustand die retournierte Ware hat.

Aus dem Retourendialog können Sie auch direkt eine Gutschrift (im Sinne einer Rechnungskorrektur) oder einen Umtauschauftrag erstellen, z. B. wenn Sie versehentlich einen Artikel in der falschen Größe oder Farbe geliefert hatten. Sind alle Angaben vollständig, setzen Sie den Status der Retoure auf ABGESCHLOSSEN.

14.1.9   Datenexport für die Buchhaltung

Eine Exportmöglichkeit aller rechnungsrelevanten Daten ist über das Modul JTL-Ameise möglich. Dort können Sie Rechnungsdaten auf zwei verschiedene Weisen exportieren:

1. Der *Rechnungsexport* generiert eine CSV-Datei. In dieser können alle Datenfelder einer Rechnung exportiert werden, außer den Rechnungspositionen selbst. Auch werden die Steuerkonten beim Export mit ausgegeben.

2. Beim *Rechnungsexport DATEV* werden alle für die Buchhaltung relevanten Daten exportiert. Hierbei erfolgt u. a. die Ausgabe der Debitorennummern, Steuerschlüssel, Buchungsschlüssel, Betrag, Rechnugsnummer, Steuersatz. Der Export erfolgt hier in einem DATEV-Format.

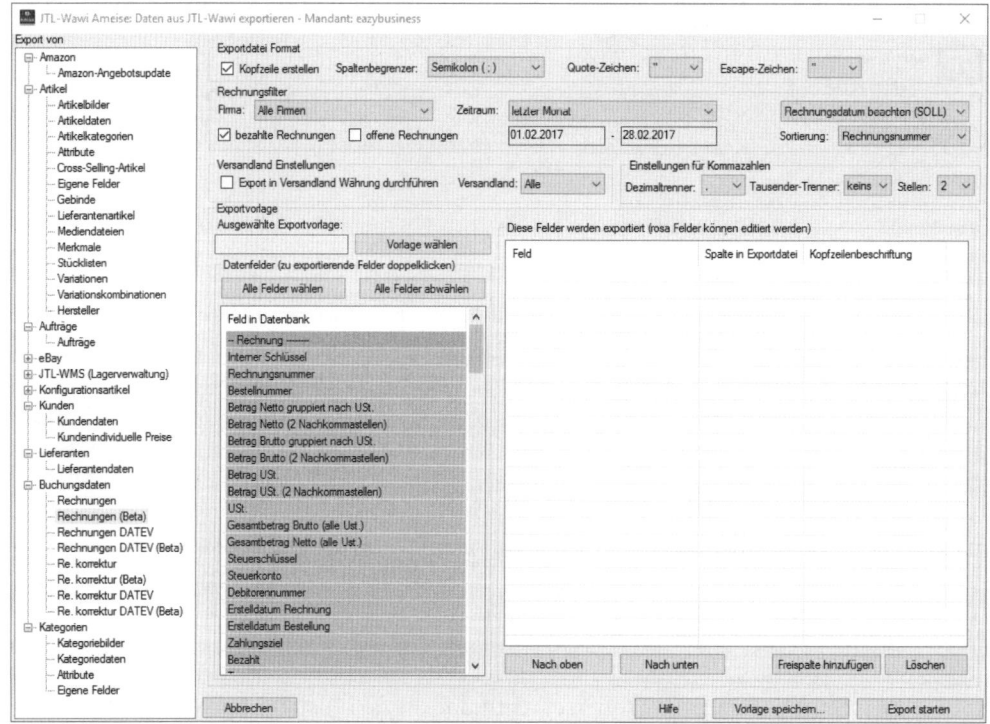

Abbildung 14.30 Export aller Rechnungen über die JTL-Ameise

14.2   plentymarkets

plentymarkets ist eine cloud-basierte E-Commerce-ERP-Software, die von der plenty-markets GmbH mit Hauptsitz in Kassel entwickelt wird. Über 40 europäische Online-marktplätze, u. a. Amazon, eBay, Otto, Zalando, Rakuten, Etsy, sind in plentymarkets angebunden. Zudem stellt plentymarkets einen eigenen Onlineshop sowie für den stationären Handel ein Kassensystem namens *plentyPOS* bereit.

Zentraler Bestandteil der ERP-Software ist die plentymarkets-Warenwirtschaft, welche Bestände und Preise über alle Kanäle hinweg synchronisiert. plentymarkets unterstützt Versandlager an verschiedenen Standorten sowie die gängigen Versand- und Zahlungsdienstleister. Ein integriertes Statistik-Modul sorgt für die Messbarkeit der Verkaufsaktivitäten. Das plentymarkets-CRM speichert Auftragshistorien und kundenspezifische Daten. Das integrierte Ticketsystem ist in der Lage, Anfragen und z. B. eBay-Nachrichten zentral im System in Tickets umzuwandeln, welche wiederum automatisiert dem zuständigen Ansprechpartner/Bearbeiter zugewiesen werden. Für Teilbereiche von plentymarkets können Plugins installiert oder selbst entwickelt werden, um das System an die eigenen Anforderungen anzupassen.

14

plentymarkets unterstützt alle europäischen Amazon-Marktplätze sowie den amerikanischen Marktplatz amazon.com. Die Unterstützung des kanadischen Marktplatzes amazon.ca ist bis Ende 2017 geplant. In plentymarkets können mehrere Amazon-Konten parallel verwaltet werden.

Die folgenden für Amazon relevanten Funktionen sind Teil der Kerninstallation:

- ► Eigenversand
  - – Artikelkatalogexport
  - – Auftragsimport
  - – Bestandsaktualisierung
  - – Preisaktualisierung
  - – Versandbestätigung inklusive Übertragung der Sendungsnummer
  - – Rückerstattungen/Gutschriften
  - – Seller Fulfilled Prime – Prime durch Händler
- ► Versand durch Amazon (FBA)
  - – Artikelkatalogexport
  - – Auftragsimport
  - – Multi-Channel
  - – Bestandsimport

- ▶ Amazon Business
- ▶ Amazon-Geschenkservice
- ▶ paneuropäischer Versand

Für 2017 sind die folgenden Features geplant:

- ▶ Ware an das Amazon-Lager versenden inklusive Etikettendruck (Inbound Shipments)
- ▶ Integration des Amazon Verkaufscoach
- ▶ Integration der Sponsored Products

Die folgenden Screenshots basieren auf der zum Zeitpunkt der Erstellung dieses Buches aktuellen Version 7.

14.2.1   Preismodell

Im Tarif plentymarkets ZERO erfolgt die Abrechnung rein auftragsbasiert ab 0,10 € je Auftrag. Grundgebühren fallen hier keine an. Alternativ kann plentymarkets im CLASSIC-Tarif in einem modularen Baukastensystem zusammengestellt werden. Dabei zahlt der Anwender für Softwaremodule, die benötigt werden, und kauft Auftragspakete. Der plentymarkets Online-Shop und die Auftragsabwicklung stehen im CLASSIC-Tarif kostenlos zur Verfügung. Die vorgefertigten Pakete kosten je nach Ausstattung 150–2.000 € pro Monat. Über einen Konfigurator kann das System an die eigenen Bedürfnisse angepasst werden.

14.2.2   Installation und einmalige Konfiguration

Da plentymarkets cloud-basiert ist und vom Hersteller betrieben wird, reduziert sich die Einrichtung auf die Konfiguration des eigenen Mandanten. Folgende Schritte sind notwendig, um einen bestehenden Mandanten für den Verkauf auf Amazon vorzubereiten:

1. Hinzufügen und Konfiguration der Amazon-Marktplätze, auf denen verkauft werden soll
2. Einrichtung aller eigenen und fremden physischen Lager
3. Einrichtung der Umsatzsteuersätze
4. Verknüpfung eigener Attribute mit den Varianten Amazons
5. Verknüpfung eigener Merkmale mit den Eigenschaften aus Amazons Produktkatalog
6. Verknüpfung der eigenen Kategorien mit den Produktkategorien Amazons

Darüber hinaus müssen auf Produktebene noch einige Einstellungen getroffen werden, damit das jeweilige Produkt auf dem jeweiligen Marktplatz angeboten werden kann.

Einrichtung der Amazon-Marktplätze

In plentymarkets können mehrere Amazon-Konten unabhängig voneinander eingerichtet und konfiguriert werden. Für jeden Marktplatz muss dabei ein Konto eingerichtet werden, auch dann, wenn man als Händler über ein europäisches Verkäuferkonto verfügt. Der Zugriff erfolgt wie bei den meisten Tools über die MWS-Schnittstelle:

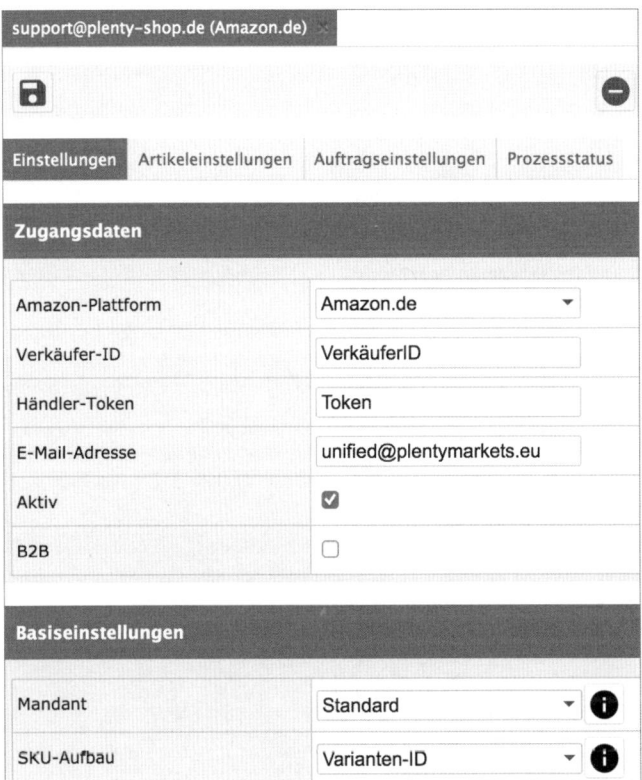

Abbildung 14.31 Einrichtung eines Marktplatzes

In den Einstellungen eines jeden Amazon-Marktplatzes können Sie getrennt von den übrigen Marktplätzen festlegen, in welchem Rhythmus Artikel zu Amazon hochgeladen werden sollen, Preisänderungen synchronisiert, Bestände abgeglichen und Bestandsänderungen gemeldet werden.

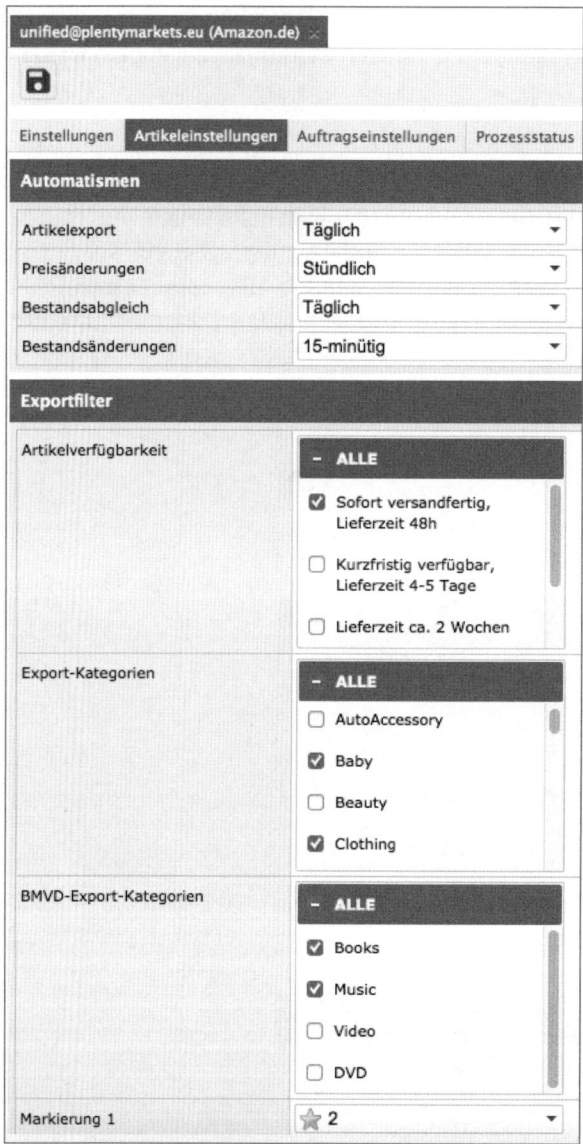

Abbildung 14.32 Einrichtung der Artikeleinstellungen

Über entsprechende Exportfilter können Sie bestimmen, welche Artikel zu Amazon übertragen werden sollen. Mögliche Filter sind z. B. die Artikelverfügbarkeit, Produktkategorien oder selbst gewählte Markierungen. In den *Exporteinstellungen* können Sie einstellen, welcher Artikelname und welche Artikelbeschreibung zu Amazon übertragen werden und ob diese HTML-Tags beinhalten dürfen. Um Überverkäufe zu vermeiden und eine bessere Lagerplanung zu ermöglichen, wird in den Exporteinstellungen das Lager gewählt und der Bestandspuffer gepflegt. Der Bestandspuffer sorgt dafür, dass es vor allem bei Artikeln, die nicht dauerhaft verfügbar sind, zu keinem Überverkauf kommt.

Exporteinstellungen		
Artikelname	Name	▼
Artikelbeschreibung	Standard-Beschreibung	▼
HTML-Tags erlauben	Nein	▼
Lagerauswahl	Bestandsmenge des Vertriebsl	▼
Bestandspuffer		ⓘ
Maximaler Warenbestand		ⓘ
Menge für Artikel ohne Bestandsbindung		ⓘ
Durchschnittliche Lieferzeit	Nicht übertragen	▼
Artikelnummer des Herstellers	Nicht übertragen	▼

Abbildung 14.33 Exporteinstellungen

In den *Auftragseinstellungen* können Sie für Aufträge im Eigenversand u. a. festlegen, in welchem Rhythmus Aufträge importiert und Versandbestätigungen versendet werden sollen. Die Überprüfung der Zahlungs- und Bestelldaten von Amazon und dadurch die Freigabe der Aufträge können bis zu 21 Tage in Anspruch nehmen. Um unnötige Überkäufe zu verhindern, lassen sich ausstehende Amazon-Aufträge in plentymarkets importieren und lässt sich Warenbestand reservieren.

Abbildung 14.34 Auftragseinstellungen – Eigenversand

Für Aufträge, die durch *Versand durch Amazon* abgewickelt werden, können Sie festlegen, in welchem Rhythmus Bestände und Retouren aktualisiert und Aufträge abgewickelt werden sollen.

Abbildung 14.35 Auftragseinstellungen – Versand durch Amazon

Lager einrichten

In plentymarkets sollten Sie für jedes physische Lager sowie für das eigene Lager ein entsprechendes *virtuelles* Lager anlegen.

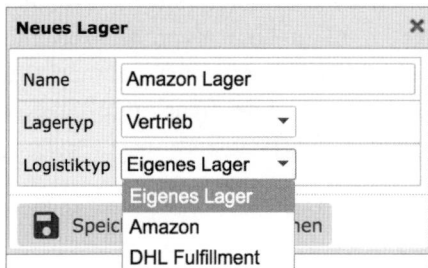

Abbildung 14.36 Im Dialog »Neues Lager« können Sie Amazon als Lagerort definieren.

Sowohl für den eigenen Versand als auch für den Versand über FBA (Fulfillment by Amazon/Versand durch Amazon) sollten Sie den Lagertyp VERTRIEBSLAGER auswählen. Der Unterschied zwischen dem eigenen Versand der Amazon-Bestellungen und dem Versand durch FBA wird anhand von LOGISTIKTYP vorgenommen. Wählen Sie für FBA den Logistiktyp AMAZON aus und EIGENES LAGER für den Versand aus dem eigenen Lager (FBM/MFN).

In den Grundeinstellungen stellen Sie bei LAGER u. a. ein, welches Lager für Ihre FBA-Aufträge verwendet werden soll.

Weiterhin sollte für jedes FBA-Lager ein Lager in plentymarkets angelegt werden, und jedes Amazon-FBA-Lager muss mit dem zutreffenden Land verknüpft werden. In Abbildung 14.37 ist die korrekte Konfiguration eines Amazon-FBA-Lagers zu sehen, das in Polen liegt.

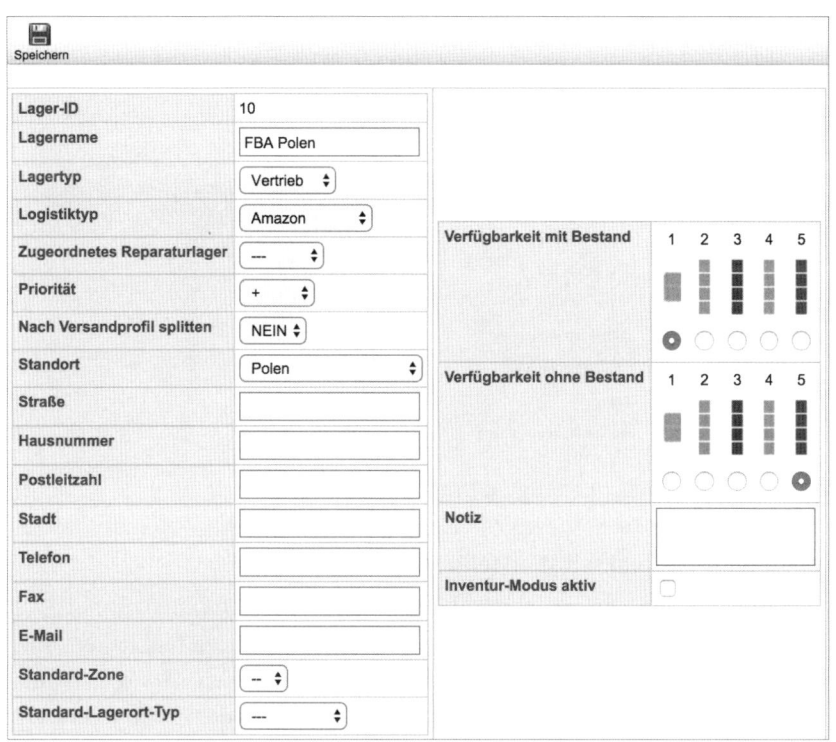

Abbildung 14.37 Konfiguration des FBA-Lagers in Polen

Die hierzu getroffenen Einstellungen sind für den Auftragsimport wichtig, denn durch diese Einstellungen erkennt plentymarkets, aus welchem Amazon-Lager die Ware versendet wurde. Nur so kann eine korrekte Berechnung der Mehrwertsteuer gewährleistet werden.

Umsatzsteuersätze festlegen

Die Buchhaltung in plentymarkets ist für Mandanten nach Standorten aufgeschlüsselt möglich. Damit können Sie pro Mandant mehrere Firmensitze in verschiedenen Ländern verwalten. Jeder Mandant hat standardmäßig mindestens einen Standort, welcher den Standort des Firmensitzes des Unternehmens darstellt.

Im Bereich BUCHHALTUNG nehmen Sie die Einstellungen für die Umsatzsteuer vor. Sie legen fest, ob und wie die Umsatzsteuer auf Ihren Rechnungen ausgezeichnet wird. Sie legen hier die Umsatzsteuersätze für Ihre Lieferländer sowie Buchungsschlüssel, Debitorenkonten und Erlöskonten fest. Das Menü bietet Ihnen außerdem die Möglichkeit, einige oder alle Einstellungen eines Standortes auf einen oder mehrere andere Standorte zu übertragen. Dort hinterlegen Sie auch die Umsatzsteuersätze der Lieferländer, für die Sie umsatzsteuerpflichtig sind. Dies ist spätestens dann relevant, wenn Sie die Lieferschwellen überschritten haben.

Abbildung 14.38 Definition der benötigten Umsatzsteuersätze

Variantenzuordnungen und selbst erstellte Artikelfelder

In plentymarkets werden Variantenartikel über sogenannte *Attribute* definiert, z. B. Farbe oder Menge. Nachdem Sie Ihre Attribute in plentymarkets erstellt haben, müssen Sie diese mit den Amazon-spezifischen Werten verknüpfen. Das sogenannte *Variation Theme* wird automatisch von plentymarkets anhand der Attributverknüpfungen ermittelt. Wenn Sie also z. B. die Attribute *Größe* und *Farbe* mit der Variante verknüpft haben, exportiert das System das Variation Theme *SizeColor*.

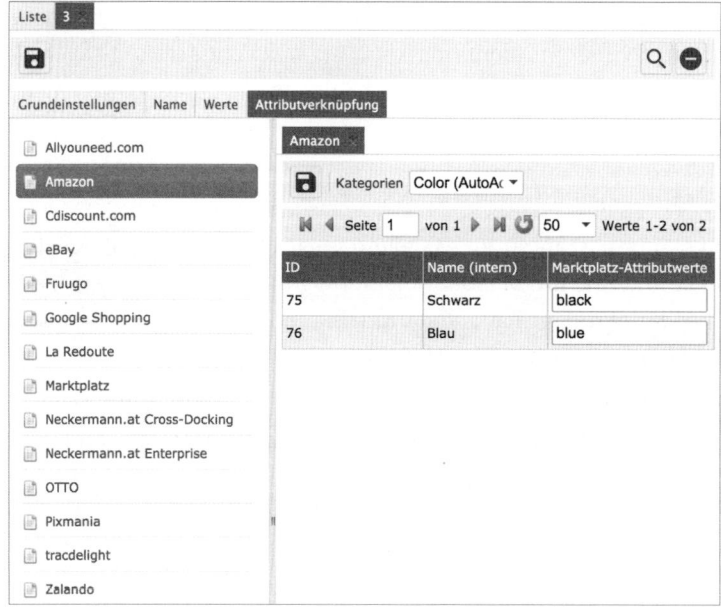

Abbildung 14.39 Verknüpfen eigener Attribute mit den Vorgaben Amazons

Amazon erlaubt je nach Kategorie die Angabe unterschiedlichster Eigenschaften. Sofern eine Eigenschaft nicht schon von Haus aus von plentymarkets unterstützt wird, können in plentymarkets Merkmale definiert und mit der jeweiligen Eigenschaft aus dem Katalog Amazons verknüpft werden.

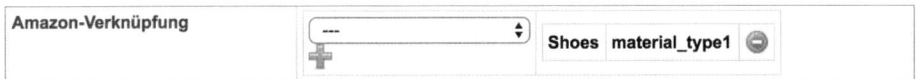

Abbildung 14.40 Verknüpfung von Merkmalen in plentymarkets mit Amazons Eigenschaften

Kategorien verknüpfen

Damit Artikel beim Export zum Marktplatz Amazon automatisch in die dort vorhandenen Kategorien einsortiert werden, müssen Sie in plentymarkets die *Browse Node IDs* aus Amazons *Browse Tree Guides* ergänzen. Diese Browse Tree Guides enthalten eindeutige Klassifikationsnummern je Kategorie. In plentymarkets können Sie jeder Artikelkategorie bis zu zwei Amazon-Klassifikationsnummern aus den Browse Tree Guides zuweisen. Die eingetragenen Werte müssen pro Zeile separat verknüpft werden.

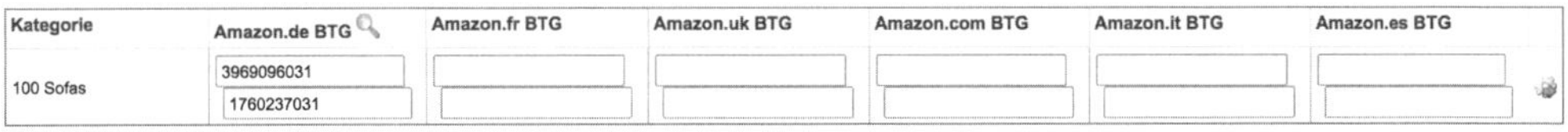

Kategorie	Amazon.de BTG	Amazon.fr BTG	Amazon.uk BTG	Amazon.com BTG	Amazon.it BTG	Amazon.es BTG
100 Sofas	3969096031					
	1760237031					

Abbildung 14.41 Ergänzung von Amazons Browse Node IDs zu den in plentymarkets angelegten Kategorien

14.2.3 Import bestehender Daten

Bestehende Seller-Central-Daten können über den in plentymarkets integrierten dynamischen Import in das plentymarkets-System importiert werden. Mit eigenen konfigurierten Datenformaten wird bestimmt, welche Artikel bzw. Variantenfelder importiert werden sollen. Dafür müssen die Herstellerdaten von Amazon so bearbeitet werden, dass diese mit den von Ihnen hinterlegten Datenformaten kompatibel sind. Um zukünftige Datenabgleiche zu gewährleisten, müssen bereits auf Amazon existierende SKUs in plentymarkets übernommen werden.

Sofern die SKU-Übernahme erfolgt ist, werden die zugehörigen Artikel beim Bestands- und Preisabgleich als auch beim Auftrags- und Bestandsimport automatisch erkannt und korrekt abgeglichen. Bis Ende 2017 soll in plentymarkets eine eigene Funktionalität für die Datenübernahme von Amazon entwickelt werden. Diese soll automatisiert die Daten aus Seller Central importieren, ohne dass ein manueller Zwischenschritt nötig ist.

14.2.4   Artikelpflege

Nachdem Sie die wesentlichen Grundeinstellungen getroffen und Ihre Artikel in plentymarkets angelegt haben, müssen Sie noch einige Amazon-spezifische Einstellungen treffen, damit diese Artikel bei Amazon angeboten werden.

Pflege Amazon-relevanter Felder

Im Bereich der Artikelverwaltung werden sowohl Basisinformationen wie Artikelname, Barcodes, Preise, Hersteller als auch detaillierte Artikelinformationen, u. a. Maße, Versand und Verfügbarkeit, gepflegt. Des Weiteren fällt in diesen Bereich die Verwaltung des Bestandes, die Marktplatzfreigabe sowie Produktbilderverwaltung.

Für Amazon sind in der Artikelverwaltung folgende Bereiche relevant:

- ▶ Varianteninformationen
  - – Einstellungen
  - – Kategorien
  - – Verfügbarkeit
- ▶ Global
  - – Multi-Channel
  - – Merkmale
  - – Bilder
  - – Bestand

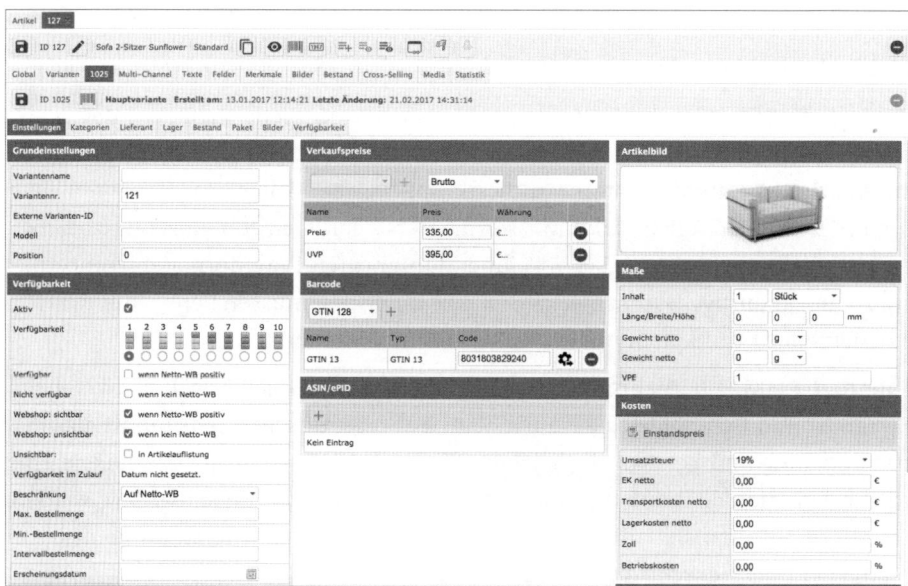

Abbildung 14.42 Artikelverwaltung von plentymarkets

Festlegung von Preisen (Listenpreis, Aktionspreis, B2B-Preise)

plentymarkets bietet die Möglichkeit, beliebig viele Verkaufspreise zu hinterlegen. So können für jeden Marktplatz eigene Preise angegeben werden.

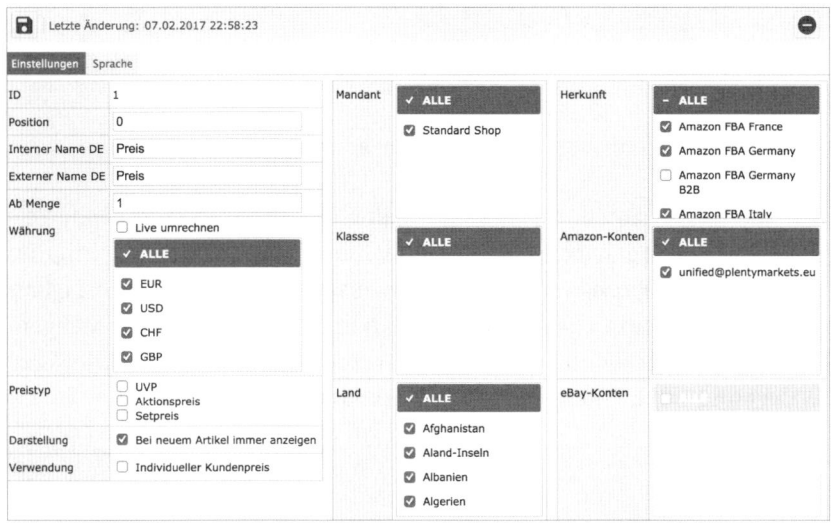

Abbildung 14.43 Zuordnung eines Preises zu ausgewählten Marktplätzen

Um Aktionspreise an Amazon zu übermitteln, müssen der Verkaufspreis als Aktionspreis hinterlegt sowie die Merkmale SALESTARTDATE und SALEENDDATE angelegt und mit dem Artikel verknüpft werden. Die Felder SALEENDDATE und SALESTART-DATE bestimmen das Start- bzw. Enddatum der Aktion. Um einen Verkaufspreis als Aktionspreis zu hinterlegen, muss in der Verkaufspreisverwaltung der Preistyp AKTIONSPREIS ausgewählt werden.

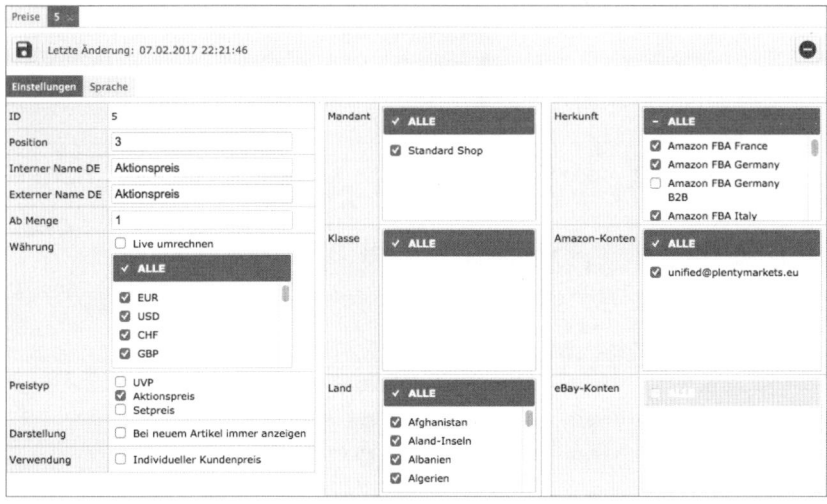

Abbildung 14.44 Einstellung von Aktionspreisen ...

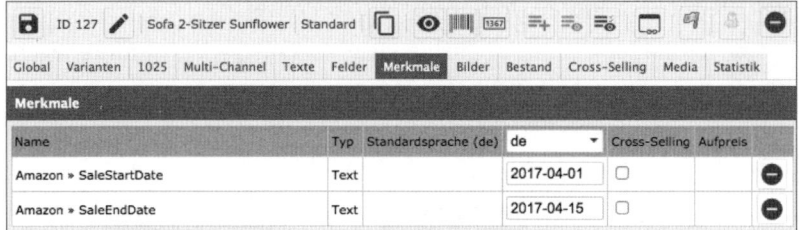

Abbildung 14.45 … und Hinterlegung der entsprechenden Merkmale

Sofern Ihr Konto für Amazon Business freigeschaltet ist und Sie entsprechende Verkaufspreise für B2B angelegt haben, können Sie auch ausgewählte Artikel für Amazon B2B aktivieren. Die Aktivierung erfolgt in der Artikelverwaltung über die Verfügbarkeit Amazon B2B. Für Amazon Business lassen sich in plentymarkets auch Mengenrabatte realisieren. Dafür werden zusätzliche Verkaufspreise für die gewünschte Menge angelegt und anschließend mit Artikel verknüpft.

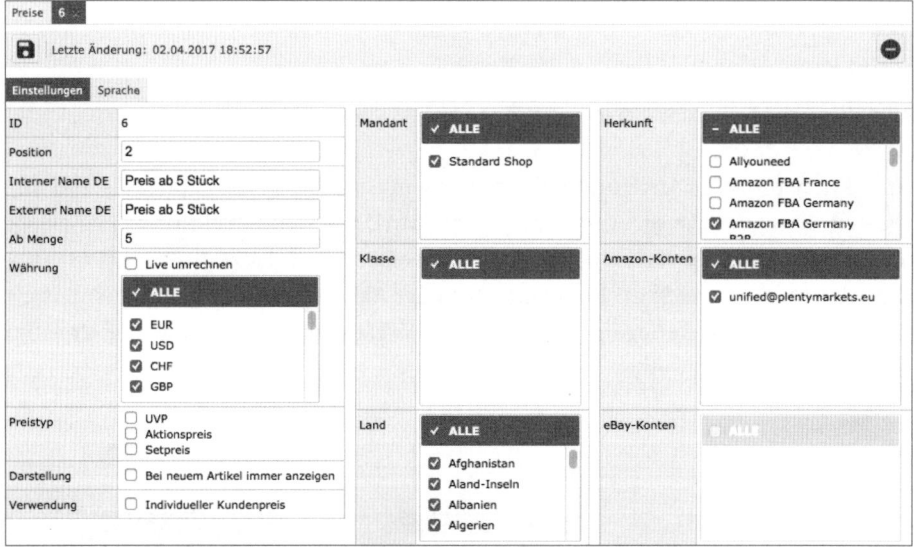

Abbildung 14.46 Einstellung von Staffelpreisen …

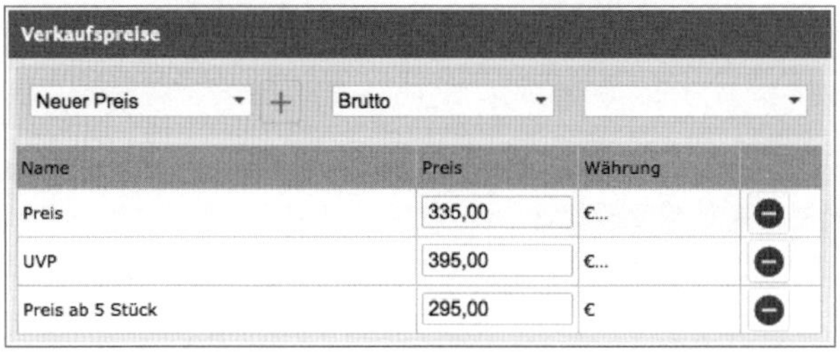

Verkaufspreise			
Name	Preis	Währung	
Preis	335,00	€…	
UVP	395,00	€…	
Preis ab 5 Stück	295,00	€	

Abbildung 14.47 … und Verknüpfung in den Verkaufspreisen

Erstellung von Sprachvarianten

Bieten Sie einen Artikel auch im Ausland an, müssen Sie den Artikel auch multilingual angelegt haben, da Amazon verlangt, dass ein Artikel in der jeweiligen Landessprache angeboten wird.

Mit plentymarkets können Sie alle für Amazon relevanten Produktinformationen in verschiedenen Sprachen verwalten. So können Sie Kategorieinformationen, Artikelinformationen wie Titel, Text, Suchbegriffe, Bullet Points und weitere Angaben multilingual pflegen. Für Artikel legen Sie innerhalb des Artikels weitere Sprachversionen an. Diese Inhalte werden dann marktplatzspezifisch an Amazon übertragen. Das Gleiche gilt jeweils auch für die Kategorie, die Attribute und die Artikelmerkmale.

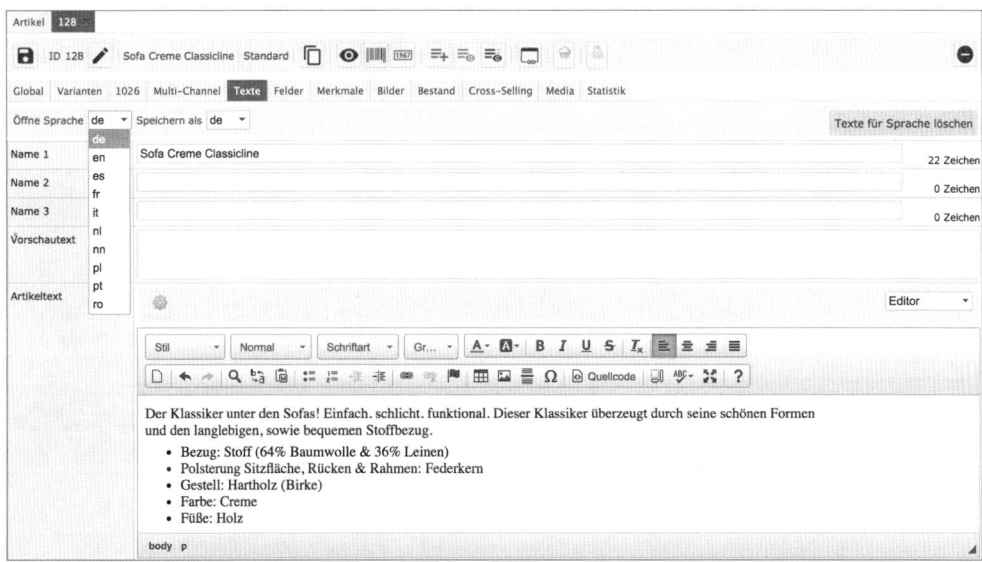

Abbildung 14.48 Ergänzung weiterer Sprachen für Titel und Produktbeschreibungen

14.2.5 Erstellung von Angeboten und Produktdetailseiten

Auf bestehende Produktdetailseiten aufschalten

Um einen Artikel mit der jeweiligen Produktdetailseite zu verknüpfen, müssen Sie im Artikel die entsprechende ASIN der Seite hinterlegen:

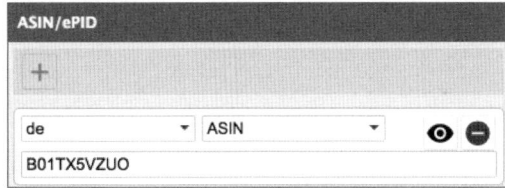

Abbildung 14.49 Hinterlegung der ASIN im Artikel

Damit ein Artikel auf Amazon angeboten wird, muss dieser zunächst in plentymarkets für den Marktplatz verfügbar gemacht werden. Dabei können Sie für jede Variante einzeln entscheiden, ob und auf welcher Amazon-Plattform diese angeboten
werden soll. Sie können sowohl zwischen den Amazon-Plattformen unterscheiden
als auch zwischen MFN und FBA. Sie können einen Artikel bzw. eine Variante in
bestimmten Ländern über den MFN anbieten und in anderen Länder über FBA. Sie
entscheiden frei anhand der Marktplatzverfügbarkeit, die Sie in der Artikelverwaltung im Bereich VERFÜGBARKEIT einstellen (siehe Abbildung 14.50).

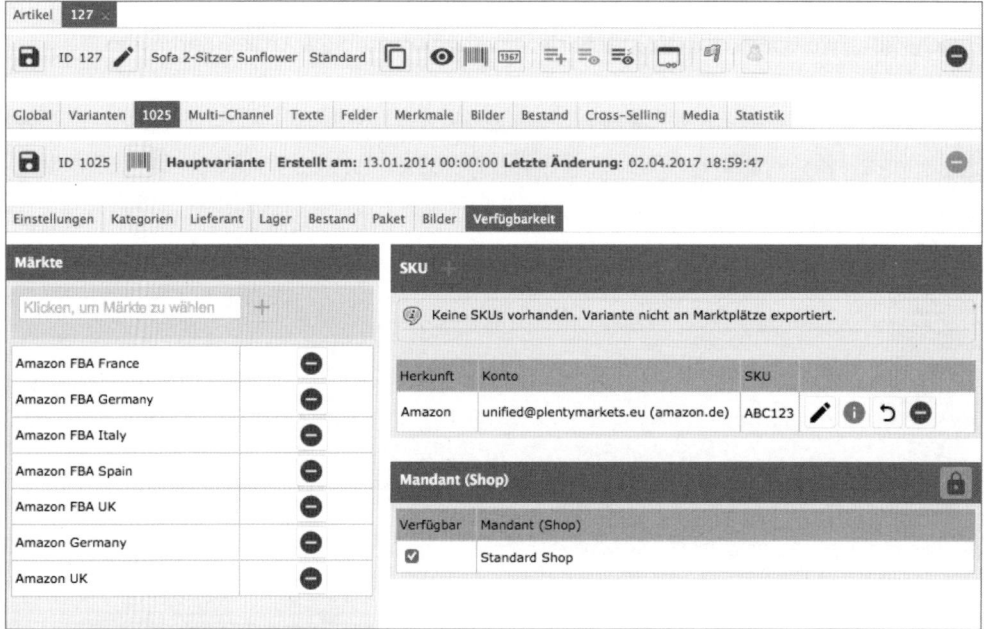

Abbildung 14.50 Einstellung der Verfügbarkeit

Es besteht zudem die Möglichkeit, für MFN sowie für FBA unterschiedliche SKUs zu
hinterlegen (siehe Abbildung 14.51). Somit ist es möglich, aus einem Artikel zwei
SKUs (zwei Artikel) bei Amazon zu listen. Ein Artikel kann für MFN und ein Artikel
für FBA konfiguriert werden. So können Sie z. B. ein Produkt für den eigenen Versand für Amazon.de freigeben und FBA für Amazon.de, Amazon.fr und Ama-
zon.co.uk. Um dies zu ermöglichen, fügen Sie im Bereich VERFÜGBARKEIT eine
andere SKU für Amazon FBA als für Amazon hinzu. Diese SKU wird dann für den
FBA verwendet und die SKU, die mit Amazon gekennzeichnet ist, für den eigenen
Versand.

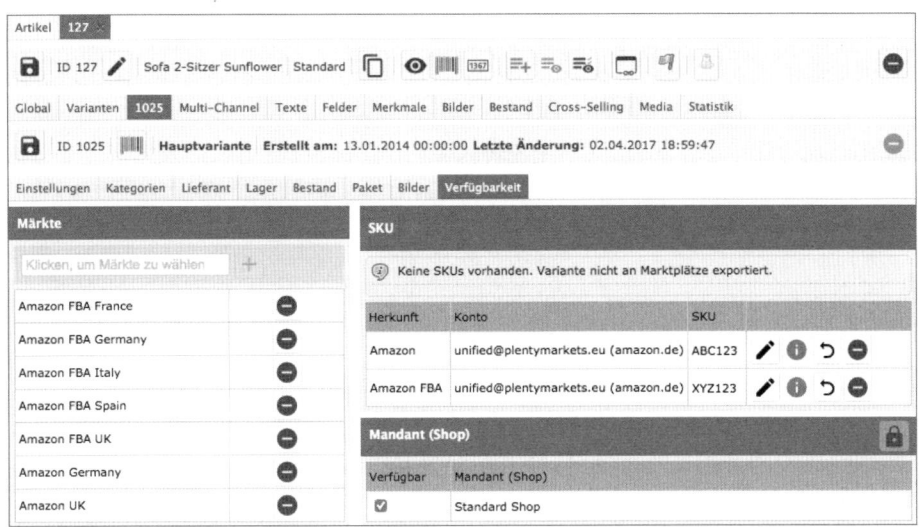

Abbildung 14.51 Hinterlegung von SKUs

Produktdetailseiten erstellen

Um über plentymarkets eine Produktdetailseite zu erstellen bzw. zu aktualisieren, müssen Sie vorher festlegen, woher die entsprechenden Texte, Preise, Bilder für die Produktdetailseite stammen.

Wie bereits beschrieben, wird in den Amazon-Grundeinstellungen in plentymarkets konfiguriert, welche Artikeldetails an Amazon exportiert werden sollen. Bullet Points lassen sich automatisch aus den technischen Daten realisieren. Sie werden exportiert, sobald in den technischen Daten eines Artikels eine unsortierte Liste vorhanden ist.

Abbildung 14.52 Bullet Points und Keywords

Weiterhin besteht die Möglichkeit, alle o. g. Felder über Merkmale zu konfigurieren. Sobald ein Merkmal konfiguriert und mit dem entsprechenden Amazon-Feld verknüpft wurde, wird das Merkmal priorisiert behandelt.

Abbildung 14.53 zeigt, wie Suchbegriffe über Merkmale exportiert werden können.

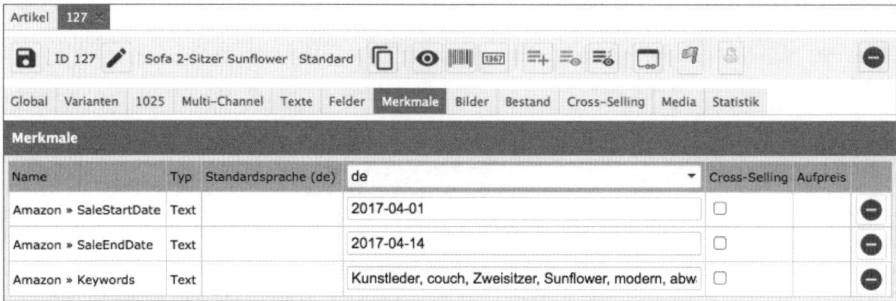

Abbildung 14.53 Hinterlegung von Keywords in den Merkmalen

Tabelle 14.1 zeigt Ihnen, welches Feld in Amazons Produktkatalog mit einem Feld aus plentymarkets gefüllt werden kann:

Feld Amazon	Feld plentymarkets
Titel	Artikeltext (Name 1, 2, 3) Merkmale
Bullet Points/Attribute	Technische Daten – unsortierte Listen werden automatisch als Bullet Points exportiert. Merkmale – jeweils ein Artikelmerkmal pro Bullet Point
Produktbeschreibung	Artikeltext – Standardbeschreibung Artikeltext – Vorschautext Merkmale
Bilder	Produktbilder
Preise	Verkaufspreise (unterschiedliche Preise für FBM und FBA möglich)
Keywords/Suchbegriffe	Artikeltext (Meta-Keywords) Merkmale

Tabelle 14.1 Zuordnung der Felder zwischen dem Amazon-Produktkatalog und plentymarkets

14.2.6   Bestellabwicklung

Aufträge können sowohl automatisch über die XML-Schnittstelle als auch manuell über eine CSV-Datei importiert werden.

Sofern ein Auftrag im Rahmen des Eigenversands bearbeitet und die Ware verschickt wurde, informiert plentymarkets Amazon über die Statusänderung automatisch.

Sollte die automatische Übermittlung der Versandbestätigung z. B. aufgrund von kurzfristig nicht erreichbaren Servern nicht funktionieren oder sollten kurz vor einem Abrechnungsstichtag einzelne Aufträge manuell bestätigt werden, damit diese bei der nächsten Auszahlung berücksichtigt werden, können Sie die Versandbestätigung auch manuell an Amazon senden.

Bei Aufträgen, die durch Versand durch Amazon abgewickelt werden, werden die entsprechenden Amazon-Aufträge regelmäßig erzeugt.

Abbildung 14.54 Manuelle Versandbestätigung

Sobald die Aufträge in plentymarkets importiert wurden, besteht die Möglichkeit, automatisch Rechnungen bzw. Lieferscheine zu erzeugen. Dies erfolgt über Ereignisaktionen. Sie können eine neue Aktion konfigurieren, die beim Auftrags- oder Zahlungseingang eine Rechnung bzw. einen Lieferschein generiert.

Weiterhin besteht die Möglichkeit, diese Dokumente automatisiert an den Käufer zu senden. Auch diese Aktion lässt sich über eine Ereignisaktion realisieren.

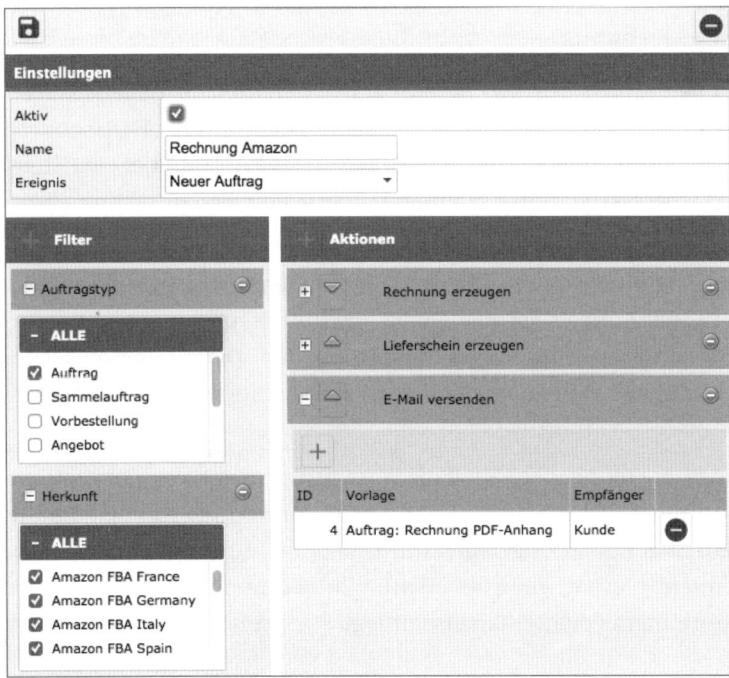

Abbildung 14.55 Ereignisaktion Rechnung und E-Mail-Versand

Teillieferungen werden von Amazon veranlasst, wenn sich die von Amazon im Kundenauftrag versendete Ware in unterschiedlichen Amazon-Lagern befindet. Bei den Kunden kommen nach Bestellung demzufolge mehrere Pakete zu einem getätigten Auftrag an. In plentymarkets wird jede FBA-Teillieferung anhand des versendenden FBA-Lagers als separater Auftrag im System angelegt. Pro Teillieferung kann eine Sendungsnummer von Amazon importiert und eine separate Rechnung erzeugt werden. Letzteres ist aufgrund der unterschiedlich zu berechnenden Steuern erforderlich, wenn die Amazon-Lager in unterschiedlichen Ländern liegen.

Plentymarkets unterstützt *Seller Fulfilled Prime*-Aufträge und die dafür nötige Generierung von Versandlabels über die *Amazon Merchant Fulfillment API*.

Beim Auftragsimport wird der Seller-Fulfilled-Prime-Auftrag mit dem zugehörigen Treueprogramm markiert. Dieser Auftrag wird dann bei der Kommissionierung berücksichtigt und besonders behandelt, und das Versandlabel wird immer über die Amazon-Schnittstelle generiert.

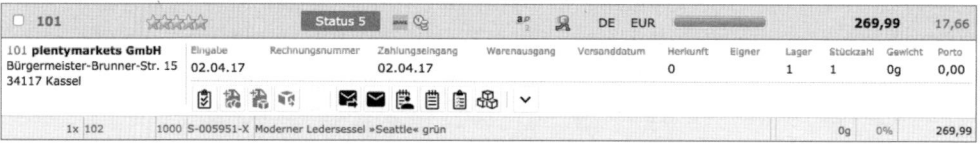

Abbildung 14.56 Seller-Fulfilled-Prime-Aufträge in plentymarkets

14.2.7   Abwicklung von Retouren

Die Erstattung des Kaufpreises bei einer Retoure durch den Kunden an den Händler (FBM-Retoure) wird nicht automatisch über die Schnittstelle angestoßen, sondern erfolgt entweder manuell über den Händler oder aber automatisiert über eine Ereignisaktion des plentymarkets-Systems. Es empfiehlt sich, eine Ereignisaktion einzurichten, um diesen Prozess zu automatisieren.

Um eine Erstattung automatisiert zu übertragen, empfiehlt es sich, zunächst die Retoure anzulegen. Hier können gegebenenfalls noch Änderungen wie z. B. Porto oder Erstattungshöhe am Auftrag vorgenommen werden. Daraufhin sollte eine Gutschrift erzeugt und über eine Ereignisaktion (NEUE GUTSCHRIFT) die Erstattung automatisiert an Amazon gesendet werden.

Im Fall einer FBA-Retoure sendet der Käufer die Ware zurück an Amazon. Die Retoure wird in Auftragsform in das plentymarkets-System importiert und mit dem Retourenstatus, den Sie in den Einstellungen gewählt haben, im Auftragsmenü angelegt. Retouren werden nur importiert, wenn der ursprüngliche Auftrag mit unveränderter externer Auftragsnummer in plentymarkets vorliegt.

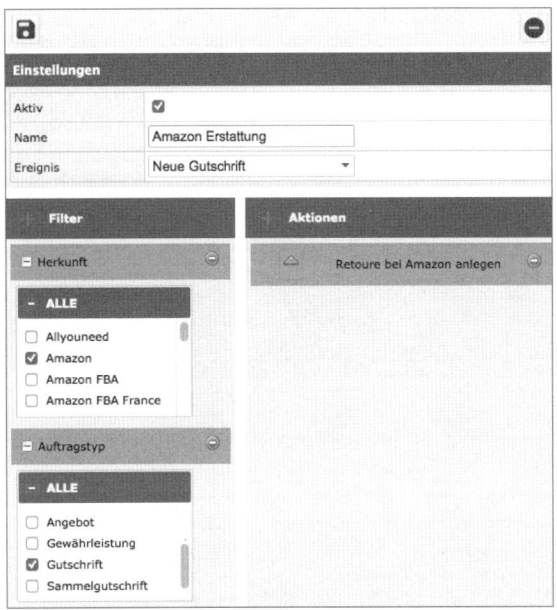

Abbildung 14.57 Retoureneinstellungen

14.2.8 Datenexport für die Buchhaltung

plentymarkets ermöglicht es, alle Buchungen der erstellten Warenausgangsrechnungen und Gutschriften an ein DATEV-konformes Buchhaltungsprogramm (DATEV-Schnittstelle) zu übergeben. Dabei vergibt plentymarkets direkt die voreingestellten Buchungsschlüssel, Debitorenkonten und Erlöskonten.

Abbildung 14.58 Exporteinstellungen für die Buchhaltung

Die folgenden FiBu-Lösungen werden unterstützt:

- ▶ DATEV Rechnungswesen compact
- ▶ Lexware buchhalter pro
- ▶ Büro Plus NexT
- ▶ syska EURO FIBU
- ▶ COLLMEX

Kapitel 15
Einsatz von Drittanbieter-Tools

Als Händler ist man mit einer Vielzahl von Aufgaben konfrontiert. Vieles lässt sich über Seller Central oder die eigene Warenwirtschaft abwickeln. Doch manche Informationen sucht man dort vergeblich, oder sie sind nicht nutzerfreundlich aufbereitet. Daher gehe ich in diesem Kapitel auf unterschiedliche Software-Tools ein, die Sie bei der täglichen Arbeit unterstützen können. Viele Tools benötigen für ihre Analysen oder Auswertungen Zugriff auf die MWS-Schnittstelle. Die MWS-Schnittstelle kann in ihren Rechten nicht eingeschränkt werden. Als Händler sollte Ihnen daher immer bewusst sein, dass man Tools durch die Verknüpfung mit der MWS-Schnittstelle vollen Zugriff auf die eigenen Verkaufsdaten ermöglicht.

15.1   Produktrecherche

Im Rahmen der Produktrecherche versuchen Händler, einen Eindruck zu bekommen, ob sich ein bestimmter Produkttyp gut verkauft, wie stark die Konkurrenz bei einem bestehenden Produkt oder Produkttyp ist oder welche weiteren Produkte eine sinnvolle Ergänzung des eigenen Sortiments darstellen. Amazon selbst veröffentlicht natürlich keine Absatz- oder Umsatzzahlen. Exakte Daten wird man also von derartigen Tools nie erhalten. Aber es gibt Möglichkeiten, sich einen Eindruck von der Größenordnung bzw. der Konkurrenz zu machen.

15.1.1   JungleScout

Bei JungleScout handelt es sich um ein Browser-Plugin. Entwickelt und vertrieben wird es von dem Amerikaner Greg. Das Tool lässt sich aber auch auf dem deutschen Marktplatz einsetzen und unterstützt im Wesentlichen die Aggregation von Daten. Gibt man bei Amazon z. B. den Suchbegriff »Knoblauchpresse« ein und startet im Anschluss die Suche, erhält man auf Amazon die erste Suchergebnisseite. Aktiviert man jetzt JungleScout, lädt das Tool im Hintergrund sämtliche Suchergebnisse und akkreditiert im nächsten Schritt einige Daten und bereitet diese als übersichtliche Tabelle auf (siehe Abbildung 15.1).

Für jedes der 16 Suchergebnisse zeigt das Tool die Suchergebnisposition, den Produktnamen, die Marke, den Preis, die Kategorie, den Bestseller-Rang sowie die Anzahl und Höhe aller Bewertungen an. Zudem gibt das Tool an, ob das jeweilige Produkt von Amazon, einem FBA-Händler oder einem Händler im Eigenversand verkauft wird. Das

Programm hat schnell an Beliebtheit gewonnen, da es eine Schätzung darüber abgibt, wie oft sich das jeweilige Produkt durchschnittlich pro Monat verkauft. Die Schätzung basiert dabei auf dem jeweiligen Bestseller-Rang und der Kategorie, in der das Produkt gelistet ist. Wie der Hersteller von JungleScout diese Daten ermittelt, ist unbekannt. Wahrscheinlich ist, dass er auf Basis von Produkten, bei denen Absatz, Bestseller-Rang und Kategorie bekannt sind, eine Schätzfunktion auf ähnliche Produkte anwendet. Die Werte sollte man daher mit Vorsicht genießen und nicht auf die Goldwaage legen. Aber in aller Regel geben sie gut die Größenordnung wieder, in der die Absätze liegen.

#	+	Product Name	Brand	Price	Category	Rank	Est. Sales	Est. Revenue	# of Reviews	Rating	BB Seller
1		IKEA Knoblauchpresse KONCIS, EDELSTAH...	Ikea	€7.49	Küche & Haushalt	#1,608	485	€3,633	332	4.5	FBA
2		[Knoblauchpresse] FREETOO Knoblauchsch...	FREETOO	€15.95	Küche & Haushalt	#619	1,171	€18,677	112	5	FBA
3		Edelstahl Knoblauchpresse – Profiausführun...	Precision Ki...	€15.44	Küche & Haushalt	#4,554	235	€3,628	222	5	FBA
4		Dailyart® Edelstahl Knoblauchpresse Ingwer...	Dailyart	€12.99	Küche & Haushalt	#8,489	126	€1,637	146	4.5	FBA
5		OXO Good Grips Knoblauchpresse	OXO - Good...	€14.13	Küche & Haushalt	#2,904	310	€4,380	69	5	FBA
6		Rösle 12782 Knoblauchpresse	Rösle	€33.75	Küche & Haushalt	#4,462	238	€8,033	652	5	AMZ
7		TRIXES Edelstahl Knoblauchpresse Ingwerp...	Trixes	€7.99	Küche & Haushalt	#13,297	91	€727	35	3.5	FBA
8		tinxi® Edelstahl Knoblauchpresse Knoblauch...	Tinxi	€6.99	Küche & Haushalt	#23,289	71	€496	9	4	FBA
9		Kealive Knoblauchpresse Edelstahl Knoblauc...	Kealive	€9.98	Küche & Haushalt	#21,548	74	€739	12	4.5	FBA
10		TTLIFE Premium Edelstahl Knoblauchpresse...	TTLIFE	€9.98	Küche & Haushalt	#1,411	520	€5,190	9	5	FBA
11		WMF Knoblauchpresse 17,5 cm Profi Plus Cr...	WMF	€31.47	Küche & Haushalt	#4,006	256	€8,056	76	5	AMZ
12		Rosenstein & Söhne Knoblauchpresse aus E...	Rosenstein ...	€8.45	Küche & Haushalt	#90,071	25	€211	41	4	FBA
13		E-PRANCE Knoblauchpresse Knoblauchsch...	E-PRANCE	€12.99	Küche & Haushalt	#21,408	74	€961	34	5	FBA
14		DCOU Knoblauchpresse, Knoblauchwippe in...	DCOU	€12.00	Küche & Haushalt	#65,012	29	€348	24	5	FBA
15		Hochwertige Knoblauchpresse aus Edelstahl	Zinser	€14.99	Küche & Haushalt	#2,787	322	€4,827	9	5	FBA
16		IDEALEBEN Edelstahl Knoblauchpresse Wal...	Idealeben	€8.99	Küche & Haushalt	#39,908	47	€423	9	4.5	FBA

Avg. Sales 255 — Avg. Sales Rank 19,086 — Avg. Price €13.97 — Avg. # Reviews 112

Extract Next Page   Export CSV   Filter   Options   Trend

Abbildung 15.1 Beispiel für eine Suche nach »Knoblauchpresse« auf amazon.de

Auch die anderen Kennzahlen helfen bei der Einschätzung der Attraktivität einer bestimmten Nische. So liefert das Tool im Überblick auch die Preise der unterschiedlichen Hersteller und errechnet auch den Durchschnittspreis aller Produkte. Ebenfalls hilfreich ist der Überblick über die Anzahl und Höhe der Bewertungen. Mit Ausnahme der Absatzschätzung ließen sich all diese Daten theoretisch auch manuell ermitteln. Das Tool nimmt einem diese Arbeit jedoch ab und erlaubt auch den Export als CSV-Datei, um die Daten z. B. in Microsoft Excel weiterzuverarbeiten.

Das Tool lässt sich in der Pro-Version mit der MWS-Schnittstelle verbinden und ermittelt dann für jedes Produkt die Versandkosten, die im Programm *Versand durch Amazon* entstünden, die Verkaufsprovision und in Verbindung mit dem Preis auch den Nettoerlös. Klickt man auf die Angaben für den Preis oder den Bestseller-Rang eines Produktes, öffnet sich ein weiteres Fenster, welches den Verlauf der jeweiligen Kennzahl grafisch darstellt. Das Programm greift hierbei auf die Daten des Dienstes *keepa.com* zurück, der diese Daten historisch vorhält. Das Tool kommt in zwei Varianten daher: Die Light-Variante kostet einmalig 97 USD, die Pro-Version kostet einmalig 197 USD. Letztere enthält u. a. den Erlösrechner, den Link zu den historischen Daten.

15.1.2 XRAY

Vereinfacht gesagt, ist XRAY eine deutsche Version von JungleScout. Es handelt sich um ein Browser-Plugin für Google Chrome, das in erster Linie bei der Produktrecherche unterstützt. Nachdem man auf Amazon einen Suchbegriff in die Suche eingegeben hat und die Suchergebnisse angezeigt werden, kann man durch einen Klick auf das XRAY-Logo das Plugin öffnen. Anschließend werden direkt im Plugin zu allen Produkten auf der Suchergebnisseite folgende Informationen angezeigt: Produktname, Erscheinungsdatum, Preis, Amazon-Gebühren, Umsatzsteuer, Gewinn, Produktkategorie, Gewicht, Verkaufsrang, geschätzter monatlicher Absatz und Umsatz, Bewertung, Anzahl Bewertungen, Buybox-Besitzer, Anzahl Verkäufer und Anzahl Variationen. Absatz und Umsatz werden anhand des Verkaufsrangs geschätzt.

	PRODUKT	PREIS	PROFIT	KATEGORIE	RANG	ABSATZ / M.	UMSATZ / M.	BEW.	☆	BB TYP	⌂	⬡
1	IKEA Knoblauchpresse KONCIS,_	7,49	3,11	Küche & Haushalt	822	786	5.887	332	4,7	FBA	1	1
2	[Knoblauchpresse] FREETOO Kn_	15,95	9,01	Küche & Haushalt	562	1.084	17.290	114	4,8	FBA	1	1
3	Edelstahl Knoblauchpresse – Pro_	15,44	8,57	Küche & Haushalt	4551	137	2.115	222	4,8	FBA	1	1
4	Dailyart® Edelstahl Knoblauchpr_	12,99	6,97	Küche & Haushalt	5746	106	1.377	146	4,7	FBA	1	4
5	OXO Good Grips Knoblauchpres_	14,01	7,52	Küche & Haushalt	6210	98	1.373	69	4,8	FBA	1	2
6	Rösle 12782 Knoblauchpresse	33,75	21,27	Küche & Haushalt	6425	94	3.173	652	4,9	AMZ	1	1
7	TTLIFE Premium Edelstahl Knobl_	8,99	4,21	Küche & Haushalt	894	729	6.554	9	5,0	FBA	1	1
8	TRIXES Edelstahl Knoblauchpres_	7,99	3,52	Küche & Haushalt	13927	40	320	35	3,5	FBA	1	1
9	tinxi® Edelstahl Knoblauchpress_	6,99	2,83	Küche & Haushalt	16625	33	231	9	4,0	FBA	1	1
10	Kealive Knoblauchpresse Edelsta_	7,99	3,52	Küche & Haushalt	5586	110	879	13	4,6	FBA	1	1
11	WMF Knoblauchpresse 17,5 cm P_	31,47	19,65	Küche & Haushalt	3628	176	5.539	78	4,8	AMZ	1	1
12	Rosenstein & Söhne Knoblauchp_	8,45	3,76	Küche & Haushalt	47503	10	85	41	4,2	FBA	1	1
13	E-PRANCE Knoblauchpresse Kno_	12,99	6,97	Küche & Haushalt	24299	21	273	34	4,9	FBA	1	1
14	yuguo Edelstahl Epicurean Knobl_	5,00	1,31	Küche & Haushalt	447430	3	15	1	5,0	FBA	1	1
15	Hochwertige Knoblauchpresse a_	14,99	8,73	Küche & Haushalt	3724	171	2.563	20	4,9	FBA	1	1
16	DCOU Knoblauchpresse, Knobla_	12,00	6,13	Küche & Haushalt	41742	12	144	24	4,8	FBA	1	1

Ergebnisse 1 - 16 von 1.251 — knoblauchpresse | 12 : 22 Uhr — Marketplace Analytics - XRAY

226 — Absatz Ø /Monat | **39.355** — Verkaufsrang Ø | **13** — € Preis Ø | **112** — # Bewertungen Ø

Spalten Export CSV XRAY FAQ Mehr Tools für maximalen Erfolg auf Amazon

Abbildung 15.2 Beispiel Knoblauchpresse

Alle diese Kennzahlen helfen bei der Evaluation der Attraktivität einer Nische. Dabei geht es in erster Linie darum, das Gewinnpotenzial sowie die Wettbewerbsintensität einer Nische so schnell wie möglich einzuschätzen.

Betrieben wird XRAY vom deutschen Anbieter Marketplace Analytics. XRAY und Jungle-Scout unterscheiden sich vor allem in den Feinheiten. So wird bei XRAY in der Gewinnkalkulation die Umsatzsteuer berücksichtigt, was für den deutschen Markt essenziell ist. Ebenso werden standardmäßig die FBA-Gebühren einbezogen, was bei JungleScout nur in der Pro-Version und mit MWS-Integration funktioniert – gerade Anfänger haben aber häufig noch kein Amazon-Verkäuferkonto und können deshalb keine MWS-Integration herstellen. Abschließend ist XRAY mit 109 € netto preislich günstiger als die Pro-Version von JungleScout. Einschränkungen gibt es bei XRAY allerdings, da das Plugin ausschließlich für Amazon.de funktioniert, während Jungle-Scout auch auf den internationalen Marktplätzen funktioniert.

Link zum Tool: *https://chrome.google.com/webstore/detail/marketplace-analytics-xra/ aafgfibikpapacinfhimpilbejnmbocj?gl=DE*

15.1.3   Keepa

Bei dem Dienst Keepa handelt es sich um einen Preis-Überwachungsservice. Dieser Dienst überwacht eine Vielzahl von Produkten auf unterschiedlichen Marktplätzen. Mehrfach täglich notiert das Tool alle verfügbaren Preise (Neupreis, Gebrauchtpreis, Buybox, mit und ohne Versand) und beobachtet auch, ob z. B. ein Blitzangebot oder Warehouse Deal stattgefunden hat. Alle Werte können grafisch dargestellt werden. Der eigentliche Zweck besteht darin, dass sich Nutzer einen Preisalarm setzen können, um benachrichtigt zu werden, wenn ein bestimmter Preis unterschritten wird. Für Amazon-Händler ist das Tool interessant, um für ein bestimmtes Produkt das Preisverhalten der Wettbewerber zu untersuchen.

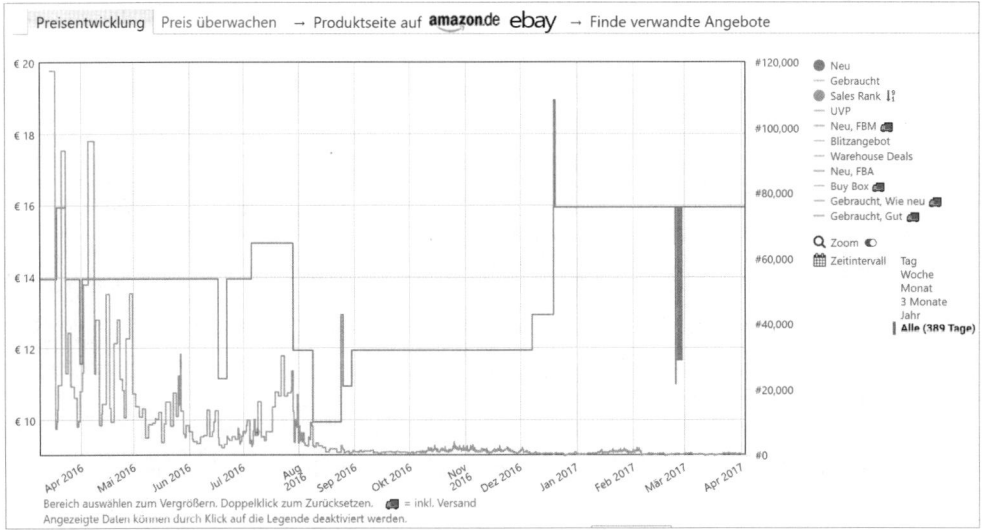

Abbildung 15.3 Verlauf von Neupreis und Bestseller-Rang

Das Tool kann zudem über ein Browser-Plugin in den eigenen Webbrowser integriert werden. Die Grafiken werden auf der jeweiligen Produktdetailseite unterhalb der Attribute bzw. Bullet Points angezeigt. Das Tool unterstützt alle Marktplätze und ist kostenlos.

Link zum Tool: *http://keepa.com*

15.1.4 camelcamelcamel

Wie Keepa überwacht auch camelcamelcamel Preise und Bestseller-Rang diverser Amazon-Produkte. Sie können in etwa die gleichen Analysen erstellen wie beim Dienst Keepa. Für die Ansicht des Bestseller-Rangs müssen Sie jedoch einen kostenlosen Account erstellen. Praktisch auch hier: Es wird bereits eine Vielzahl von Produkten überwacht, sodass man diese nicht erst anlegen muss. Findet man ein Produkt bei Keepa nicht, kann man hier nachschauen – und umgekehrt.

Link zum Tool: *https://de.camelcamelcamel.com*

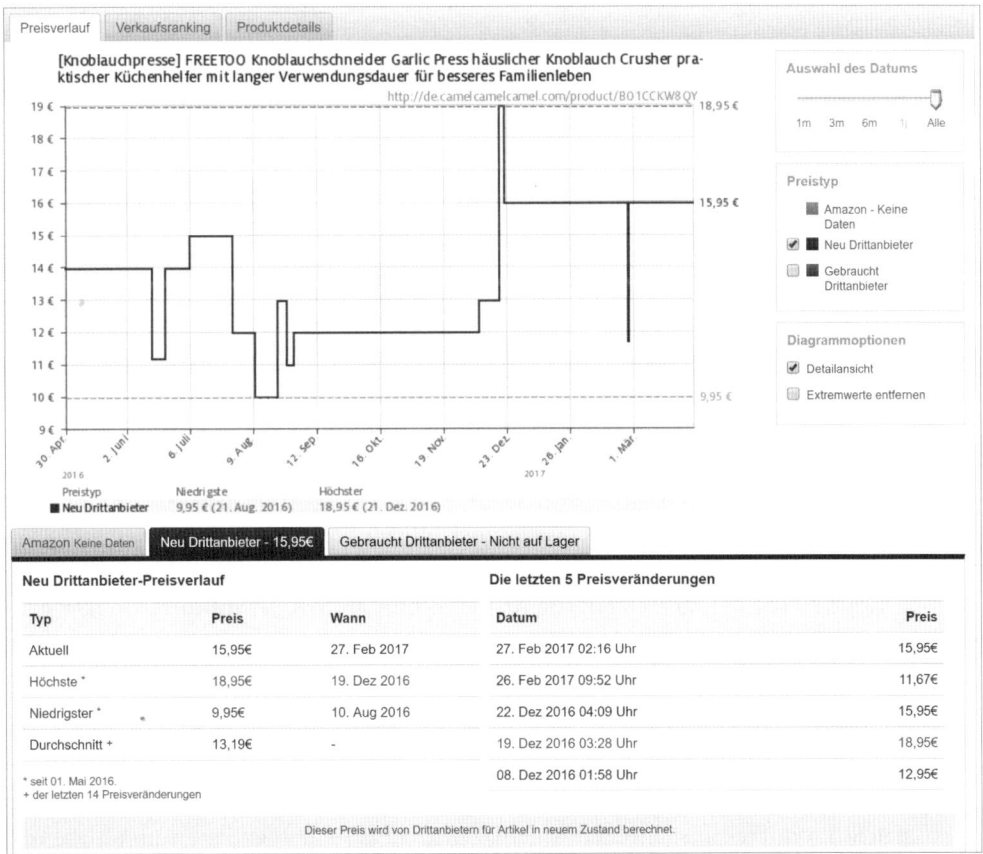

Abbildung 15.4 Preisverlauf in camelcamelcamel

15.1.5 AMALYZE

Das Recherche-Tool AMALYZE erlaubt dem Nutzer eine Recherche hinsichtlich Produkten, Kategorien, Verkäufern und Keywords. Die Besonderheit des Tools liegt darin begründet, dass es zu einer repräsentativen Menge von Produkten einen Großteil der auf Amazon verfügbaren Daten vorhält und regelmäßig aktualisiert. Täglich werden ca. 15.000 neue Produkte zusätzlich ins System aufgenommen. Mit Stand von April 2017 waren ca. 2,6 Millionen Datensätze verfügbar. Die Nutzer können bei Bedarf weitere Produkte ergänzen, die das System fortan überwacht.

Eine Stärke des Tools liegt darin, dass ein Großteil unterschiedlicher Daten auf Amazon durchsuchbar gemacht wird. Die Suche erfolgt dabei kategorieübergreifend und kann durch diverse Filterfunktionen eingeschränkt werden. Dabei versucht das Tool, den Absatz je Produkt zu ermitteln und auf diese Weise saisonale Absatzschwankungen sowie das Umsatzpotenzial innerhalb einer Nische darzustellen.

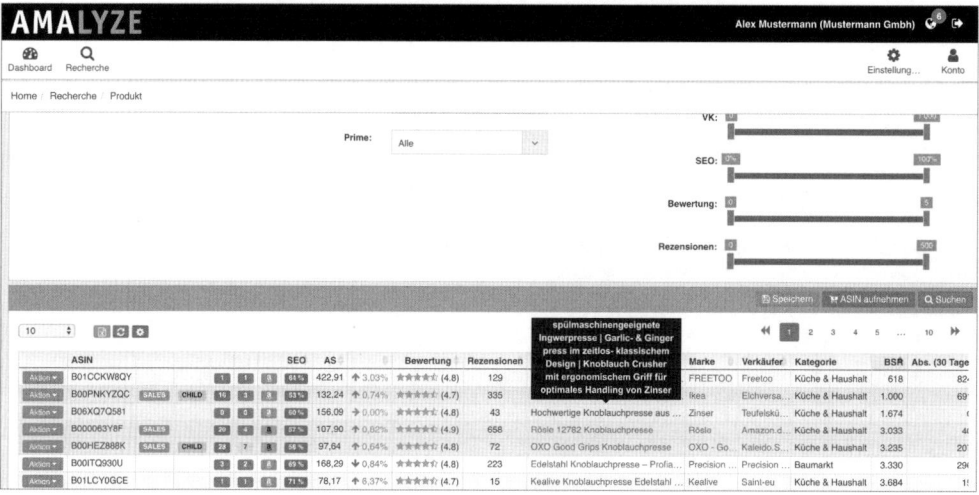

Abbildung 15.5 Produktrecherche

Die gefundenen Produkte lassen sich hinsichtlich unterschiedlicher Daten analysieren (siehe Abbildung 15.6). Dazu gehören Preis, Rezensionen, Verkäufer, Listing-Schwächen sowie unterschiedliche Analysen hinsichtlich der für die Produkte relevanten Keywords.

Alle Daten lassen sich auch exportieren inklusive Keyword-Vorschlägen zur Hinterlegung in Seller Central (siehe Abbildung 15.7). Für diverse Produktkennzahlen hält das Tool eine Historie vor. Ausgewählte Daten können in einem oder mehreren Dashboards abgelegt werden. Ein durch den Entwickler bereitgestellter AMASCORE vergleicht Produkte hinsichtlich des Rankings in den Suchergebnissen und diese mit den Mitbewerbern. Optimierungspotenziale werden aufgezeigt.

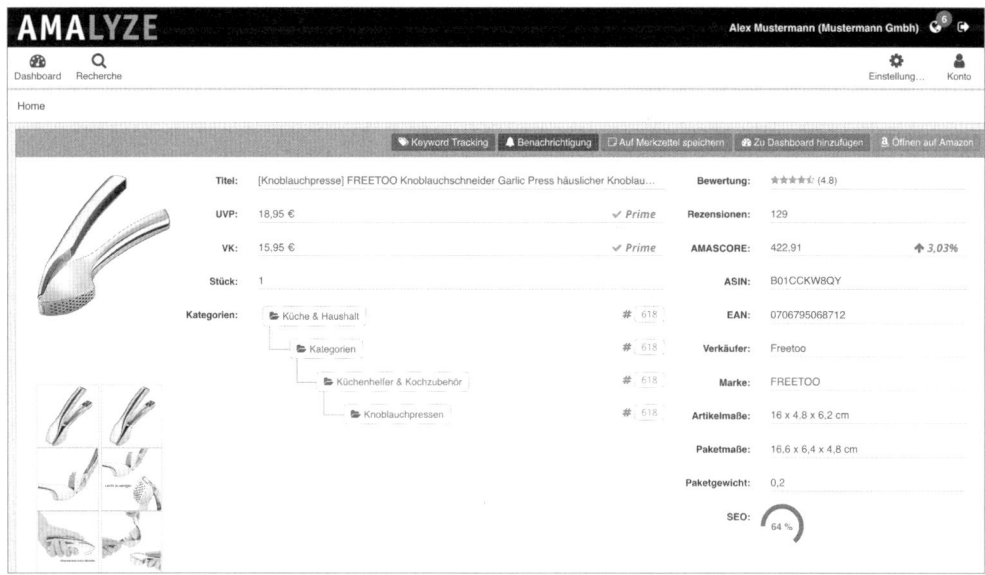

Abbildung 15.6 Analyse einzelner Produkte

Abbildung 15.7 Export möglicher Keywords für Seller Central

AMALYZE integriert ebenfalls eine Alarmfunktion z. B. für Preisschwankungen, Änderungen am Listing oder für Rezensionen und stellt diese auf einer separaten Oberfläche dar. Das Preismodell startet ab 149,00 € netto als Flatrate pro Monat, Halbjahres- bzw. Jahresaccounts sind auf 129,00 € bzw. 99,00 € pro Monat rabattiert.

Link zum Tool: *https://www.amalyze.com*

15.2   Produktüberwachung

15.2.1   Marketplace Analytics

Marketplace Analytics ist das älteste und wohl bekannteste Amazon-Tool im deutschen Markt. Gestartet ist Marketplace Analytics im Sommer 2014 als Amazon-SEO-Tool. Über die Zeit hat sich Marketplace Analytics weiterentwickelt und bietet mittlerweile zahlreiche Funktionen zur Steuerung des Amazon-Geschäfts an und ersetzt in weiten Teilen das Seller Central von Amazon. Die wichtigsten Funktionen sind: Profit-Dashboard zur Auswertung der Profitabilität, PPC Manager zur Optimierung der gesponserten Produktkampagnen, Bewertungsmanagement, Amazon SEO, Produktrecherche und Lagerverwaltung.

Cockpit

Startpunkt in Marketplace Analytics ist das sogenannte Cockpit. Das Cockpit bietet einen Überblick über alle wesentlichen Entwicklungen eines Amazon-Accounts auf einer Seite zusammen. So gibt es auf dem Cockpit eine Kachel für Umsatz- und Gewinnentwicklung, eine für die Entwicklung der Rankings, eine für neue Rezensionen sowie eine für die Entwicklung der Werbeanzeigen. Das Cockpit kann individuell angepasst werden, und jeder Nutzer kann selbst auswählen, welche der Kacheln in welcher Reihenfolge und Größe angezeigt werden.

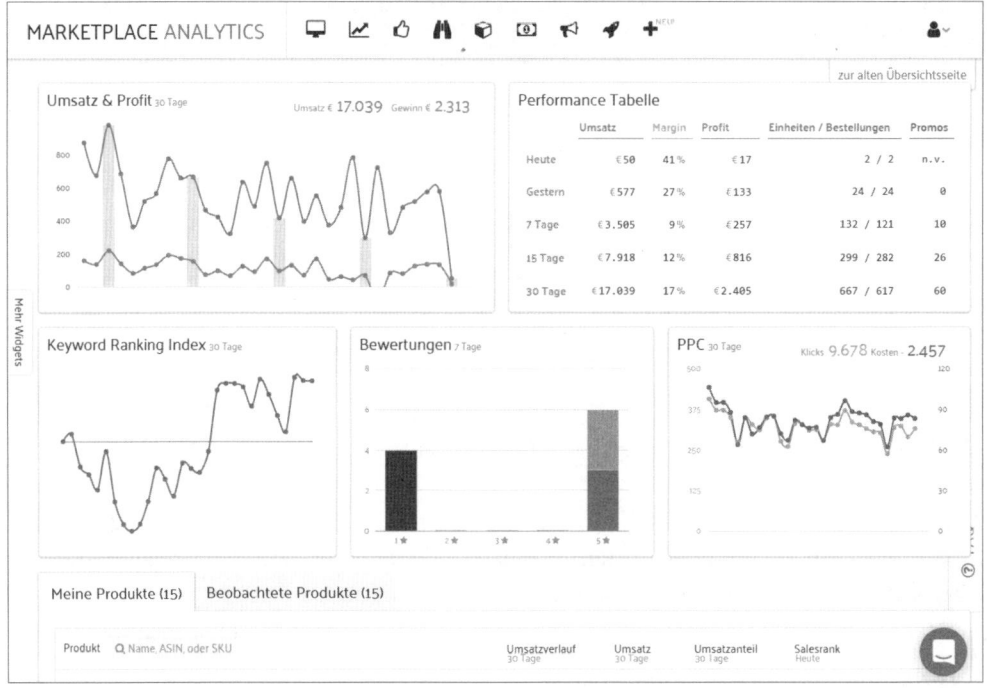

Abbildung 15.8 Cockpit-Ansicht

Ausgehend vom Cockpit gelangt der Nutzer durch einen Klick auf die entsprechende Kachel zu der jeweiligen Detailansicht. Auf der Detailansicht können weitere Analysen bzw. Optimierungsmaßnahmen vorgenommen werden.

Profit-Dashboard

Das Profit-Dashboard ermittelt alle Umsätze und Kosten. Basierend darauf wird der tatsächliche Gewinn berechnet. Die Berechnung erfolgt weitestgehend automatisch durch eine Anbindung an den Seller-Central-Account des Verkäufers über die MWS-Schnittstelle. Vom Verkäufer müssen lediglich die Warenkosten eingetragen werden. Der Gewinn wird nicht nur auf Account-Ebene, sondern auch für jedes einzelne Produkt ermittelt. Da die Zahlen alle zehn Minuten aktualisiert werden, kann der Gewinn live über den Tag verfolgt werden.

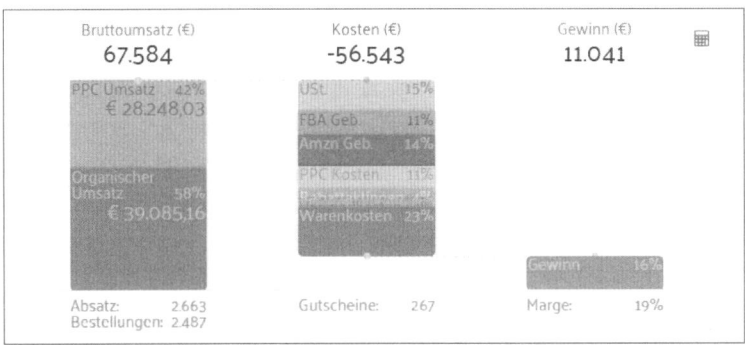

Abbildung 15.9 Profit-Dashboard

PPC Manager

Der PPC Manager ermöglicht eine Auswertung und Steuerung der gesponserten Produktkampagnen. Über eine Anbindung an die Amazon-Advertising-API werden sämtliche Kennzahlen in Marketplace Analytics geladen und dort für unterschiedliche Analysen aufbereitet. Mittlerweile besteht auch die Möglichkeit, Änderungen an den Kampagnen direkt in Marketplace Analytics vorzunehmen. Damit können Gebote, Keywords, Kampagnen und Match-Typen angepasst werden, ohne sich in Seller Central einloggen zu müssen.

Abbildung 15.10 PPC-Manager-Dashboard

Rezensionsmanagement

Das Rezensionsmanagement zeigt täglich alle neuen Produktbewertungen an, die für die Produkte des Verkäufers abgegeben wurden. Diese können dann direkt in Marketplace Analytics bearbeitet werden.

Abbildung 15.11 Liste aller Rezensionen

Spion

Der Spion bietet eine Möglichkeit, zu jedem beliebigen Produkt auf Amazon den Absatz zu ermitteln. Dazu genügt es, eine ASIN in den Spion einzugeben. Nach zwei Tagen werden die ersten Verkaufszahlen angezeigt. Um die Zahlen zu ermitteln, bedient sich der Spion der sogenannten *999-Methode*. Dabei wird täglich der verbleibende Lagerbestand des Produkts ermittelt. Anhand der Verringerung des Lagerbestands wird der Absatz ermittelt und ausgewiesen.

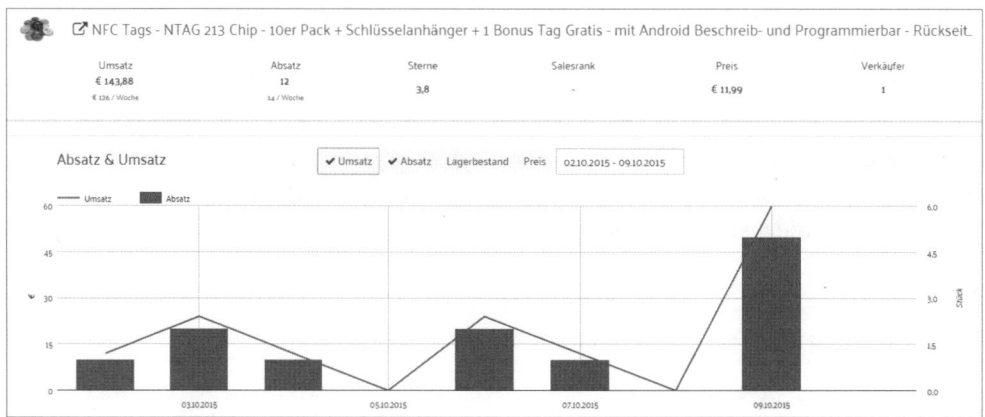

Abbildung 15.12 Ermittlung des Absatzes mithilfe der 999-Methode

Lagerbestandsverwaltung

Die Lagerbestandsverwaltung ermittelt den spätesten Termin, an dem nachbestellt werden muss, um nicht in eine Out-of-stock-Situation zu geraten. Dazu wird basierend auf den letzten 30 Tagen die Verkaufsgeschwindigkeit ermittelt und mit dem aktuellen Lagerbestand verrechnet.

Abbildung 15.13 Lagerbestandsprognose je Artikel auf Basis der Lieferzeit und Lagerreichweite

Produktrecherche

Der sogenannte Produkt-Detektor umfasst eine Datenbank mit ca. 800.000 Produkten, die nach verschiedenen Merkmalen wie z. B. Verkaufsrang, Preis, Anzahl der Bewertungen oder Gewicht gefiltert werden kann. Über die Filtereinstellungen können aus der Datenbank Produktideen gewonnen werden.

Link zum Tool: *https://marketplace-analytics.de/*

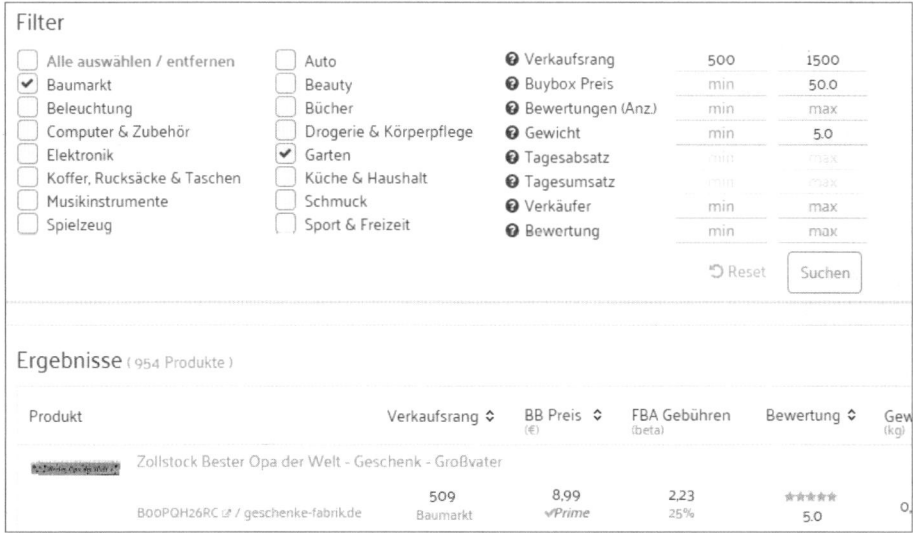

Abbildung 15.14 Suche nach Bestsellern im Modul Produktrecherche

15.2.2   AMALYTIX

Bei AMALYTIX handelt es sich um ein vom Autor entwickeltes Tool, das dem Händler erlaubt, alle Produkt- und Finanzdaten an einer Stelle zu sammeln und zu analysieren. Seinen Schwerpunkt hat das Tool in der Überwachung verschiedener Kennzahlen und Ereignisse. Dabei kann der Händler bestimmen, welche Merkmale überwacht werden sollen und bei welchen Änderungen der Händler aktiv informiert werden möchte. Das Tool richtet sich vornehmlich an Händler mit größeren Sortimenten, die über negative Entwicklungen bei einzelnen Produkten oder im Verkäuferkonto zeitnah informiert werden möchten. Darüber hinaus bietet das Tool weitere Funktionen, die den Händler im Alltag unterstützen. AMALYTIX unterstützt alle europäischen Marktplätze.

Um die Daten zu sammeln, muss das Tool u. a. mit der MWS-Schnittstelle verknüpft werden. Sollen auch Session- und Konversionsdaten gesammelt werden, kann zusätzlich ein Seller Central User hinterlegt werden, der ausschließlich Zugriff auf die Berichte erhält.

Im Dashboard wird dem Händler marktplatzübergreifend grafisch die Entwicklung von Absatz und Umsatz im Zeitverlauf angezeigt. In der Tabelle unterhalb erscheint die Profitabilität je Marktplatz für den ausgewählten Zeitraum. Dabei werden die unterschiedlichen Kostenarten bis hin zu den Produktkosten berücksichtigt. Rechts unten sieht der Händler, welches seine Top-Produkte hinsichtlich Umsatz und Absatz sind.

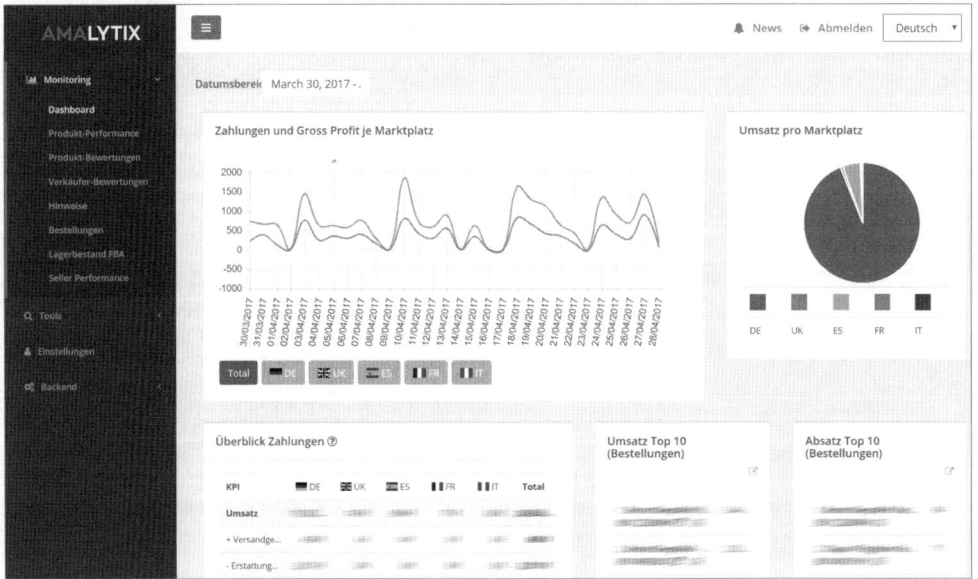

Abbildung 15.15 Dashboard

In der Produktübersicht werden dem Händler alle seine Produkte angezeigt. Diese kann er mithilfe von frei zu vergebenen Tags auf verschiedene Arten mehrdimensional gruppieren. Wesentliche Kennzahlen und Status werden dem Händler hier bereits angezeigt. Wichtige Produkte können als Favoriten markiert und zu Beginn der Liste angezeigt werden.

Abbildung 15.16 Übersicht über die im Verkauf befindlichen Produkte

Für jedes Produkt werden mehrere Daten historisch gesammelt. Diese können dann in der Produktdetailansicht grafisch dargestellt werden. Aktuell werden für die folgenden Kennzahlen täglich Daten gesammelt:

▶ Umsatz

▶ Absatz

▶ Preis

▶ Anzahl Sitzungen

▶ Konversionsrate

▶ Bestseller-Rang

▶ Lagerbestand

▶ Anzahl Bewertungen

▶ Durchschnittsbewertung

▶ Listing-Qualitäts-Index

▶ Anzahl Verkäufer

▶ Besitz der Buybox (Ja/Nein)

Abbildung 15.17 Detailansicht eines Beispiel-Produktes

Darüber hinaus überwacht AMALYTIX alle Produkt- und Verkäuferbewertungen. Bewertungen von ausländischen Kunden können automatisiert übersetzt werden. Mithilfe von internen Status- und Notiz-Feldern kann ein Bearbeitungsworkflow aufgesetzt werden.

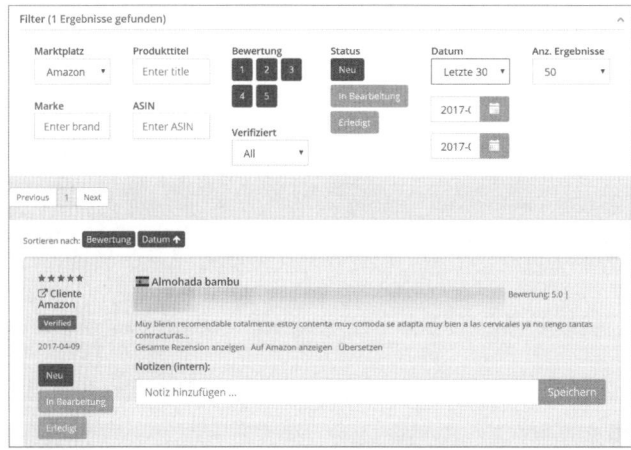

Abbildung 15.18 Überwachung aller Produktbewertungen

Die Überwachung der Verkäuferbewertungen folgt dem gleichen Muster wie die der Produktbewertungen.

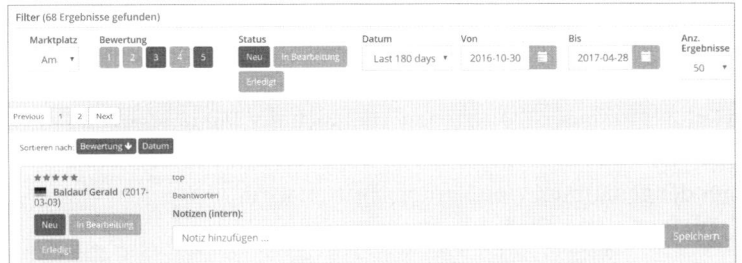

Abbildung 15.19 Überwachung von Verkäuferbewertungen

Kernstück der Anwendung ist die Benachrichtigungsfunktion beim Eintritt bestimmter Ereignisse. Derzeit überwacht AMALYTIX ca. 30 Produkt- und Verkäufermerkmale. Der Händler kann dabei entscheiden, welche Merkmale überwacht werden sollen und ob eine Benachrichtigung per täglicher E-Mail gewünscht ist. Zudem kann sich der Händler sämtliche Hinweise auch auf der gleichnamigen Smartphone-App anzeigen lassen. Folgende Merkmalstypen werden in der aktuellen Version überwacht:

- Änderungen am Listing (Titel, Bilder, Bullet Points, Beschreibung)
- Preisänderungen (inkl. Auslaufen von Streichpreisen)
- Änderungen bei den Bewertungen (negative Produkt- oder Verkäuferbewertungen, Verlust von Bewertungen)
- auffälliges Order-Verhalten
- Gewinn oder Verlust der Buybox
- Warenbestandsveränderungen (Out-of-stock, geringer Warenbestand, Gefahr von Lagerlangzeitgebühren)
- Kundenzufriedenheit (nicht beantwortete Kundenanfragen, Veränderung der Verkäuferleistung)

Weitere Hinweistypen werden regelmäßig ergänzt.

Abbildung 15.20 Hinweise zu ausgewählten Produkten

AMALYTIX unterstützt auch bei der Überwachung der Lagerbestände, die in Amazons Distributionszentren liegen. Auf Basis der Verkaufszahlen der letzten 7, 30, 60 und 90 Tage werden unterschiedliche Szenarien für die Lagerreichweite berechnet. Zudem kann der Händler für jede SKU angeben, wie hoch der Mindestbestand oder die minimale Lagerreichweite in Tagen sein soll. AMALYTIX benachrichtigt den Händler, wenn einer der genannten Werte unterschritten wird.

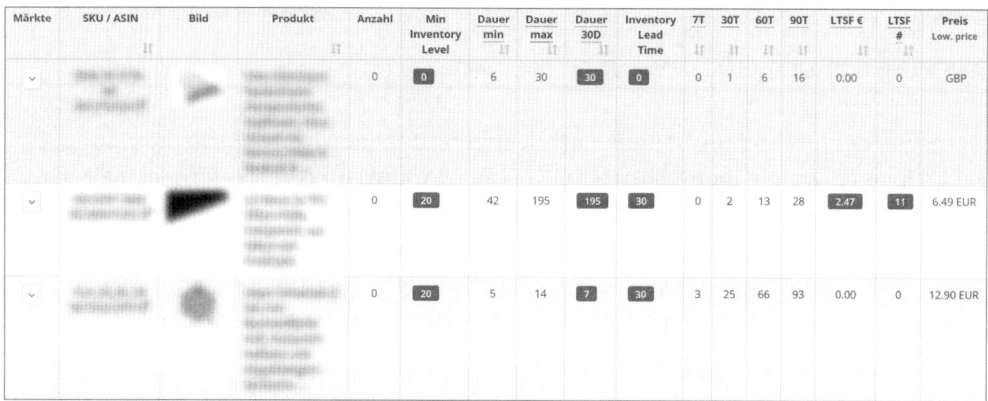

Abbildung 15.21 Lagerbestandsüberwachung

Im Bereich Tools bietet AMALYTIX eine Bestseller-Recherche. Hier werden die aktuellen Bestseller von Amazon durchsuchbar gemacht. Der Händler kann diese nach verschiedenen Kriterien eingrenzen, um auf diese Weise interessante Produkte, die sich häufig verkaufen, zu identifizieren.

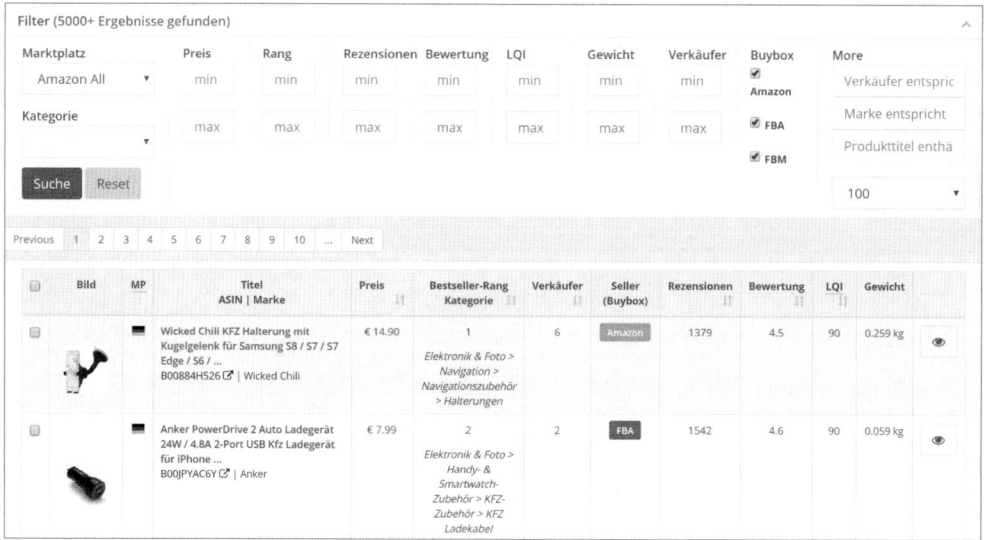

Abbildung 15.22 Bestseller-Recherche

Ausgewählte Produkte kann der Händler dann auf eine Beobachtungsliste setzen, um das Produkt im Zeitablauf zu verfolgen. Sobald das Produkt auf der Beobachtungsliste steht, werden wie bei den eigenen Produkten öffentlich verfügbare Informationen gesammelt.

Das Keyword Tool erlaubt dem Händler, verschiedene Suchbegriffskombinationen auf Basis eines Ausgangs-Keywords zu erhalten. Dabei greift das Tool auf unterschiedliche Quellen zurück. Als Sprache können derzeit Deutsch und Englisch gewählt werden. Das Ergebnis lässt sich durch Positiv- und Negativ-Filter weiter eingrenzen und schließlich gesammelt als Textdatei herunterladen.

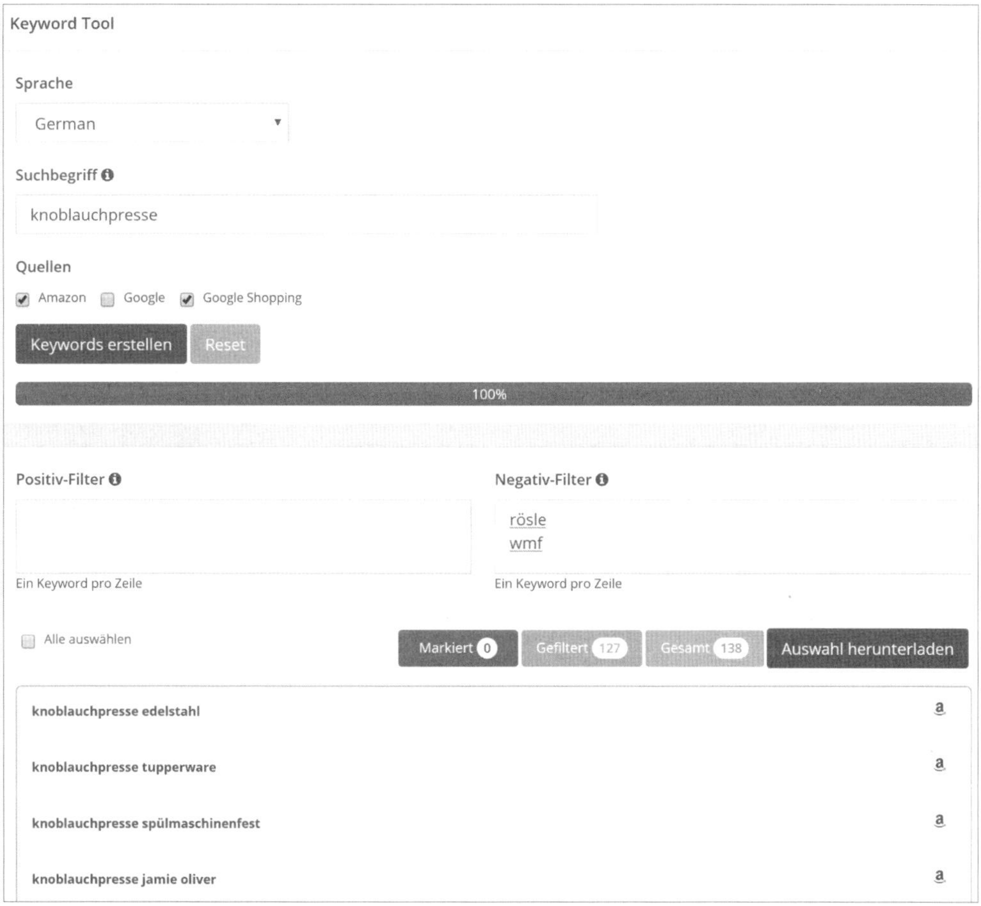

Abbildung 15.23 Keyword Tool

AMALYTIX bietet für Einsteiger einen kostenlosen Plan, bei dem bis zu fünf Produkte überwacht werden. Sollen mehr Produkte überwacht werden, muss ein kostenpflichtiger Plan gebucht werden.

Link zum Tool: *http://www.amalytix.com*

15.3   Sonstige Tools

15.3.1   Amainvoice

Die Firma amaZervice bietet Softwarelösungen und Dienstleistungen im Bereich der Rechnungsstellung für Amazon-Händler an. Kernprodukt ist die Cloud-Software Amainvoice, die Dokumente bzw. Datensätze erstellt, die Amazon-Händler für ihre Buchhaltung und ihre gesetzlich meldepflichtige Warenverbringung benötigen. Ergänzend dazu wird als Dienstleistung die manuelle Aufbereitung historischer Daten angeboten, eine Maßnahme, die z. B. bei Steuerprüfungen oftmals erforderlich ist.

Neben generellen Standardfunktionen einer Rechnungssoftware hat Amainvoice ein flexibles System zur Hinterlegung von Umsatzsteuersätzen, bei dem Regelsatz, ermä-ßigter Satz, stark ermäßigter Satz, Differenzbesteuerung, Kleinunternehmerregelung etc. pro Artikel, pro Lagerland, pro Lieferschwellenland und Händlerland festgelegt werden können.

Eine weitere Funktion ist die Angabe des Rechnungsbetrages in mehreren Währungen (EUR, GBP, PLN, CZK) mit Ausweis der tagesabhängigen Umrechnungskurse als Bemessungsgrundlage für alle in die jeweilige Transaktion involvierten Länder. Bestellt ein Kunde aus den Niederlanden über amazon.co.uk bei einem deutschen Händler, dessen Ware aus Polen ausgeliefert wird, sind hier direkt drei Währungen im Spiel.

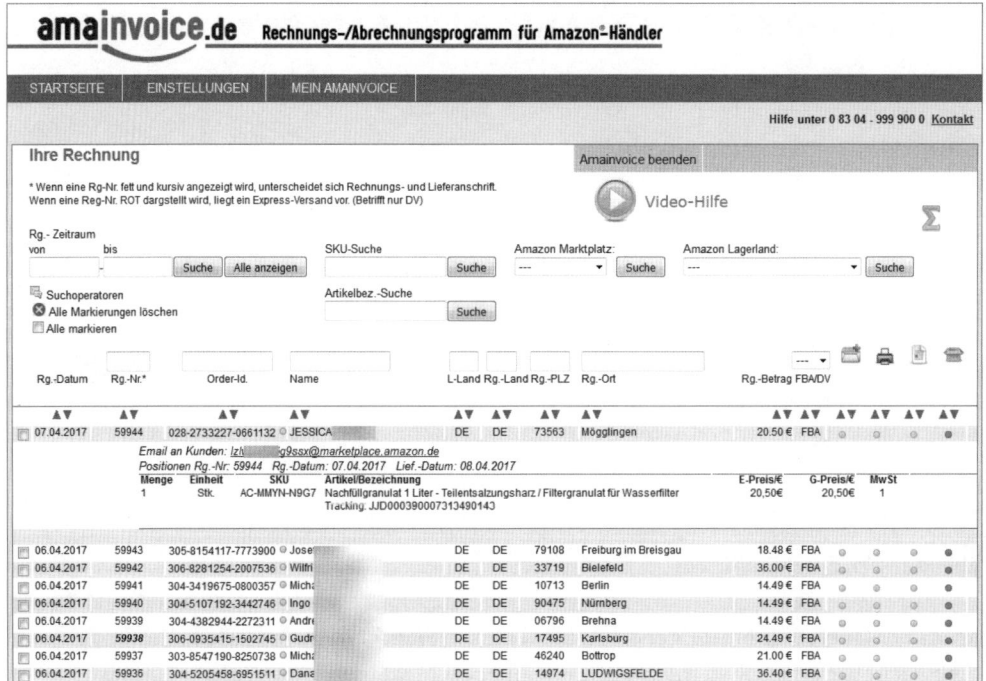

Abbildung 15.24 Rechnungsdetails

Für jedes Marktplatzland (UK, FR, IT, ES, NL, TK) sind verschiedene E-Mail-Texte mit individuellen E-Mail-Anhängen (PDF) für den Rechnungs- und Stornorechnungsversand konfigurierbar. Der Versand kann sowohl manuell als auch automatisch (sofort oder zeitversetzt) erfolgen.

Das Tool unterstützt Händler bei der Versandvorbereitung, wenn diese Eigenversand anbieten. Das *Direktversandmodul* bereitet Empfängerdaten auf und exportiert diese zur Erstellung von Versandetiketten (entsprechend der Datenformate jedes einzelnen Transportdienstleisters). Zudem werden die vollständigen Versanddaten vom jeweiligen Transportdienstleister (Sendungsnummer, Sendungsdatum etc.) manuell importiert und automatisch an Amazon zur Versandbestätigung übermittelt.

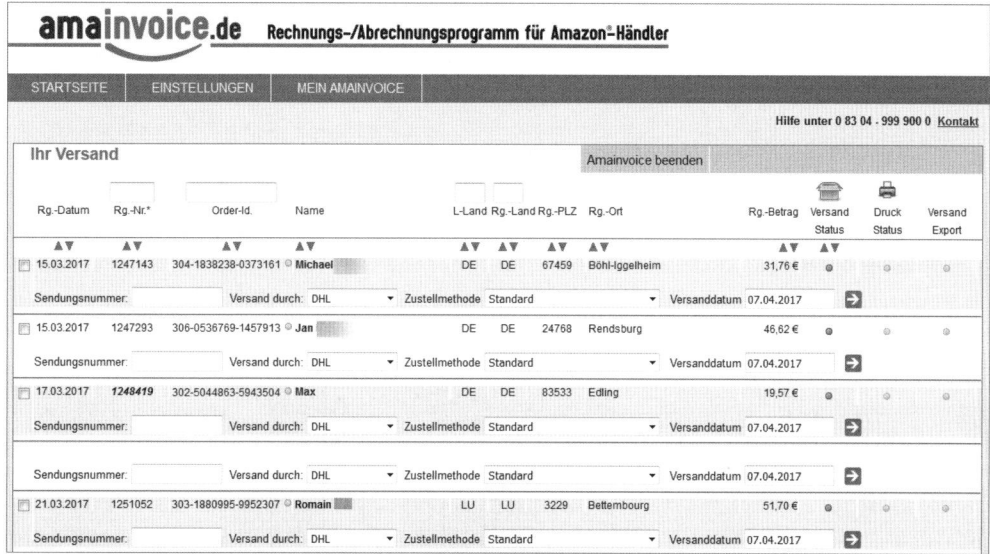

Abbildung 15.25 Direktversand durch Händler

Im Rahmen der ordnungsgemäßen Buchführung müssen Sie als Händler auch die Auszahlung seitens Amazon aufschlüsseln, in der Erlöse und Gebühren miteinander verrechnet werden. Das *Auszahlungsmodul* berechnet und listet im Detail den Betrag, den ein Händler von Amazon ausbezahlt bekommt. Die Abrechnung beinhaltet alle Belege inklusive aller aufgeschlüsselten MwSt.-Sätze und Währungen. Hierbei werden alle Transaktionen aller involvierten Länder sowie sämtliche Gebühren bzw. Erstattungen seitens Amazon gegenüber einem Händler ausgewiesen. Ein Beispiel für eine von Amainvoice erstellte Auszahlungsabrechnung finden Sie in Kapitel 17, »Buchhaltung, Umsatzsteuer & Co.«.

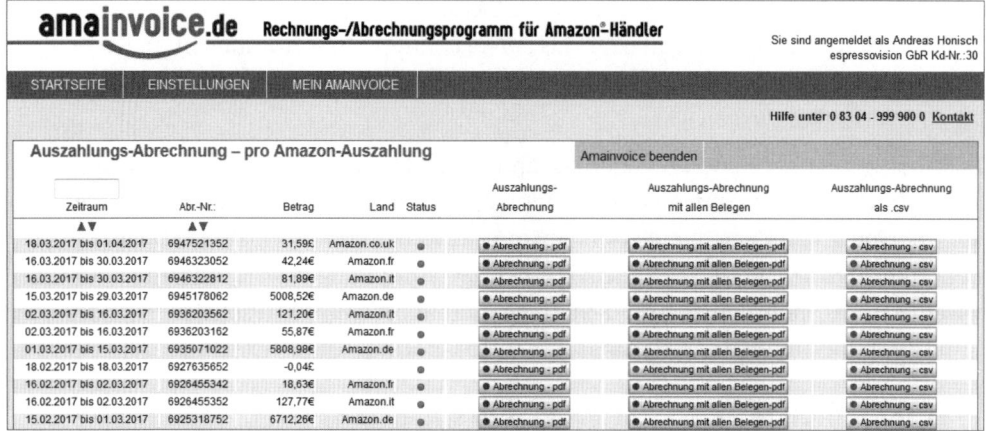

Abbildung 15.26 Auszahlungsabrechnung

Mithilfe des *Rechnungsausgangsbuches* können Amazon-Umsätze für jeden einzelnen Monat abgegrenzt werden. Es ist damit die dokumentarische Basis, um alle Amazon-Erlöse auf dem gesamten Marktplatz Europa als Nebenbuchhaltung zu behandeln.

Mandant:											DE272079470		
Rechnungsausgangsbuch				Zeitraum: 03.2017				vom: 2017-03-01				bis: 2017-03-31	
Erstellungsdatum: 07.04.2017 14:38:37													

Umsatzliste für Lieferungen aus dem Händlerland: Deutschland / USt.-Id DE272079470 / Währung: EUR / MwSt.: 19% / FBA

Pos	RG-/ Storno-RG Datum	RG-/Storno-RG Nummer	Versand- Datum	Liefer-/ Empfangs- Datum	Amazon Order-Id.	Art	Markt- platz	Empf. Land	Lager Land	MwSt.- Satz	Whg	Rg-/Storno- Rg Betrag brutto	Rg-/Storno- Rg Betrag netto	19% MwSt. (1) normal
1.	01.03.2017	59211	01.03.2017	02.03.2017	306-5173077-3106720	FBA	DE	DE	DE	19%	EUR	36,40	30,59	5,81
2.	01.03.2017	59215	01.03.2017	02.03.2017	303-1629509-3170710	FBA	DE	DE	DE	19%	EUR	20,50	17,23	3,27
3.	01.03.2017	59216	01.03.2017	02.03.2017	306-9763646-5955560	FBA	DE	DE	DE	19%	EUR	36,00	30,25	5,75
4.	02.03.2017	59220	02.03.2017	03.03.2017	304-0567356-8206706	FBA	DE	AT	DE	19%	EUR	20,50	17,23	3,27
5.	02.03.2017	59223	02.03.2017	03.03.2017	304-3964449-7706706	FBA	DE	DE	DE	19%	EUR	21,00	17,65	3,35
6.	02.03.2017	59226	02.03.2017	03.03.2017	305-4656632-8808348	FBA	DE	DE	DE	19%	EUR	21,00	17,65	3,35
7.	02.03.2017	59232	02.03.2017	03.03.2017	028-4145942-7017112	FBA	DE	DE	DE	19%	EUR	36,40	30,59	5,81
8.	02.03.2017	59233	02.03.2017	03.03.2017	306-1799643-3443554	FBA	DE	DE	DE	19%	EUR	36,40	30,59	5,81
9.	02.03.2017	59235	02.03.2017	03.03.2017	305-4376851-3428364	FBA	DE	DE	DE	19%	EUR	7,90	6,64	1,26
10.	02.03.2017	59236	02.03.2017	03.03.2017	304-2309276-7406758	FBA	DE	DE	DE	19%	EUR	7,90	6,64	1,26
11.	03.03.2017	59240	03.03.2017	04.03.2017	028-0151409-0085979	FBA	DE	DE	DE	19%	EUR	21,00	17,65	3,35
12.	03.03.2017	59255	03.03.2017	04.03.2017	028-1646456-9926735	FBA	DE	DE	DE	19%	EUR	21,00	17,65	3,35
13.	03.03.2017	59257	03.03.2017	04.03.2017	306-7320719-1694749	FBA	DE	DE	DE	19%	EUR	20,50	17,23	3,27
14.	03.03.2017	59258	03.03.2017	04.03.2017	302-3533792-5205156	FBA	DE	DE	DE	19%	EUR	36,40	30,59	5,81
15.	04.03.2017	59261	04.03.2017	05.03.2017	302-1358842-0453165	FBA	DE	DE	DE	19%	EUR	36,40	30,59	5,81
16.	04.03.2017	59270	04.03.2017	05.03.2017	305-2666136-0603551	FBA	DE	DE	DE	19%	EUR	14,49	12,18	2,31
17.	04.03.2017	59274	04.03.2017	05.03.2017	304-5810567-5509151	FBA	DE	DE	DE	19%	EUR	21,00	17,65	3,35
18.	04.03.2017	59275	04.03.2017	05.03.2017	303-8259136-3904332	FBA	DE	DE	DE	19%	EUR	7,90	6,64	1,26
19.	04.03.2017	59276	04.03.2017	05.03.2017	302-1966910-6402719	FBA	DE	DE	DE	19%	EUR	7,90	6,64	1,26

Abbildung 15.27 Rechnungsausgangsbuch

Die *VAT-Umsatzliste* schlüsselt die Umsatzsteuerbeträge jedes einzelnen Landes auf, in dem ein Händler in irgendeiner Weise aktiv war (Lager-/Lieferschwellenländer). Amainvoice kann diese Liste direkt per E-Mail verschicken (z. B. an Steuerberater bzw. Fiskalvertreter). Parallel werden als ZIP-Archive die Zustellnachweise pro Land (Lager-/Lieferschwellenländer) automatisch erstellt.

Mandant: [...]																DE272079470		
VAT-Umsatzliste für Polen					Zeitraum: 02.2017				vom: 2017-02-01							bis: 2017-02-28		
Erstellungsdatum: 09.03.2017 04:38:49																		

VAT-Umsatzliste für Lieferungen aus dem Lagerland: Polen / Währung: EUR / VAT-UE PL5263144058 / MwSt.: 23% / FBA

Pos	RG-/ Storno-RG Datum	RG-/ Storno-RG Nummer	Versand-Datum	Liefer-/ Empfangs-Datum	Amazon Order-Id.	Art	Markt-platz	Empf. Land	Lager Land	MwSt. Satz	Whg	Rg-/Storno- Rg Betrag brutto	Rg-/Storno- Rg Betrag netto	23% MwSt. (1)	Whg	Rg-/Storno- Rg Betrag brutto	Rg-/Storno- Rg Betrag netto	23% MwSt. (1)
1	31.01.2017	58585	31.01.2017	01.02.2017	302-1186602-9226720	FBA	DE	AT	PL	23%	EUR	14,49	11,78	2,71	PLN	62,76	51,02	11,74
2	31.01.2017	58586	31.01.2017	01.02.2017	402-6753620-8085139	FBA	FR	FR	PL	23%	EUR	32,90	26,75	6,15	PLN	142,49	115,85	26,64
3	01.02.2017	58606	01.02.2017	02.02.2017	305-3456454-7772354	FBA	DE	AT	PL	23%	EUR	36,40	29,59	6,81	PLN	157,39	127,94	29,45
4	01.02.2017	58607	01.02.2017	02.02.2017	303-2587038-4969137	FBA	DE	AT	PL	23%	EUR	14,49	11,78	2,71	PLN	62,65	50,94	11,72
5	01.02.2017	58608	01.02.2017	02.02.2017	305-8305271-6166736	FBA	DE	AT	PL	23%	EUR	14,49	11,78	2,71	PLN	62,65	50,94	11,72
6	02.02.2017	58634	02.02.2017	03.02.2017	304-7773627-2866709	FBA	DE	AT	PL	23%	EUR	36,40	29,59	6,81	PLN	157,20	127,79	29,41
7	02.02.2017	58635	02.02.2017	03.02.2017	302-4344907-5998742	FBA	DE	AT	PL	23%	EUR	21,00	17,07	3,93	PLN	90,69	73,72	16,97
8	03.02.2017	58668	03.02.2017	04.02.2017	306-8679752-9205930	FBA	DE	AT	PL	23%	EUR	36,40	29,59	6,81	PLN	156,78	127,45	29,33
9	10.02.2017	58834	10.02.2017	11.02.2017	303-6702976-5206729	FBA	DE	AT	PL	23%	EUR	36,00	29,27	6,73	PLN	155,15	126,14	29,00
10	10.02.2017	58843	10.02.2017	11.02.2017	404-8984858-1622734	FBA	FR	FR	PL	23%	EUR	26,90	21,87	5,03	PLN	115,93	94,25	21,68
11	14.02.2017	58916	14.02.2017	15.02.2017	304-2928281-9135505	FBA	DE	AT	PL	23%	EUR	36,40	29,59	6,81	PLN	157,02	127,64	29,38
12	14.02.2017	58917	14.02.2017	15.02.2017	303-4306043-2289113	FBA	DE	AT	PL	23%	EUR	36,40	29,59	6,81	PLN	157,02	127,64	29,38
13	15.02.2017	58949	16.02.2017	17.02.2017	302-9355668-8152320	FBA	DE	DK	PL	23%	EUR	21,00	17,07	3,93	PLN	90,33	73,42	16,90
14	21.02.2017	59043	21.02.2017	22.02.2017	305-3974898-3303565	FBA	DE	AT	PL	23%	EUR	36,40	29,59	6,81	PLN	157,42	127,96	29,45
15	21.02.2017	59053	21.02.2017	22.02.2017	028-3670321-5506718	FBA	DE	AT	PL	23%	EUR	20,50	16,67	3,83	PLN	88,65	72,09	16,56
16	23.02.2017	59093	23.02.2017	24.02.2017	304-9806204-0890736	FBA	DE	AT	PL	23%	EUR	21,00	17,07	3,93	PLN	90,27	73,38	16,89
17	23.02.2017	59102	23.02.2017	24.02.2017	304-0511603-7093944	FBA	DE	FR	PL	23%	EUR	27,78	22,59	5,19	PLN	119,42	97,11	22,31
18	24.02.2017	59117	24.02.2017	25.02.2017	407-1989038-8921963	FBA	FR	FR	PL	23%	EUR	26,90	21,87	5,03	PLN	115,89	94,22	21,67
RG-Summe											EUR	495,85	403,11	92,74	PLN	2.139,69	1.739,50	400,19
Storno-RG-Summe											EUR	-0,00	-0,00	-0,00	PLN	-0,00	-0,00	-0,00
Summe											EUR	495,85	403,11	92,74	PLN	2.139,69	1.739,50	400,19

Abbildung 15.28 VAT-Umsatzliste

Aus den von Amazon gelieferten Verkaufs- und Verbringungsinformationen vervollständigt und erstellt Amainvoice automatisch die erforderlichen Datensätze für Steuerberater, um daraus zusammenfassende Meldungen bzw. Meldungen zur Intrahandelsstatistik (Intrastat) zu erstellen.

Wie das Rechnungsausgangsbuch und die VAT-Umsatzlisten sind auch die Verbringungslisten sowohl als PDF-Dateien als auch als maschinenlesbare CSV-Dateien verfügbar. Amainvoice kostet je nach Anzahl der erstellten Belege ca. 30 € – maximal 178 € pro Monat abhängig von den benötigten Modulen, dem Rechnungs- und Versandaufkommen. Mir ist derzeit kein anderes Tool bekannt, das die buchhalterischen Anforderungen für Amazon-Händler derart umfänglich unterstützt wie Amainvoice.

Link zum Tool: *https://amainvoice.de*

15.3.2   PPCScope

Bei PPCScope handelt es sich um ein Tool, das sich auf die Analyse der gesponserten Produktkampagnen konzentriert. Mithilfe von PPCScope lassen sich die Kampagnen aus unterschiedlichen Blickwinkeln analysieren. Es richtet sich hier eher an erfahrene Nutzer, da es mit seinen ausladenden Tabellen Anfänger schnell erschlägt. Der Händler kann bei PPCScope auch eigene Kostendaten pro Produkt hochladen, was es dem Tool ermöglicht, die Profitabilität nach Wareneinsatz auf Kampagnen-, Anzeigengruppen- oder Keyword-Ebene zu berechnen. Dies ist innerhalb von Seller Central nicht möglich. Zudem ermöglicht das Tool auch Vergleiche mit Vorperioden, sodass die Auswirkungen von Änderungen in den Kampagnen nachvollzogen werden können. Änderungen an den Kampagnen können in PPCScope noch nicht vorgenommen werden, diese Funktion ist aber laut Hersteller in Planung.

15

Auf dem Dashboard kann sich der Händler die Performance aller Kampagnen gebündelt anzeigen lassen. Sämtliche Kennzahlen lassen sich auch grafisch darstellen. Dabei können unterschiedliche Kennzahlen kombiniert werden.

Abbildung 15.29 Dashboard

In der Kampagnen-Übersicht werden die Leistungsdaten der einzelnen Kampagnen tabellarisch dargestellt. Sofern der Händler Kostendaten pro Produkt hinterlegt hat, wird auch ein Gewinn nach Warenkosten ausgewiesen. Die Umsatzsteuer wird leider nicht berücksichtigt, was eine große Schwäche für europäische Händler darstellt. Dies lässt sich jedoch lösen, indem der Umsatzsteuerbetrag je Produkt auf die Warenkosten aufgeschlagen wird.

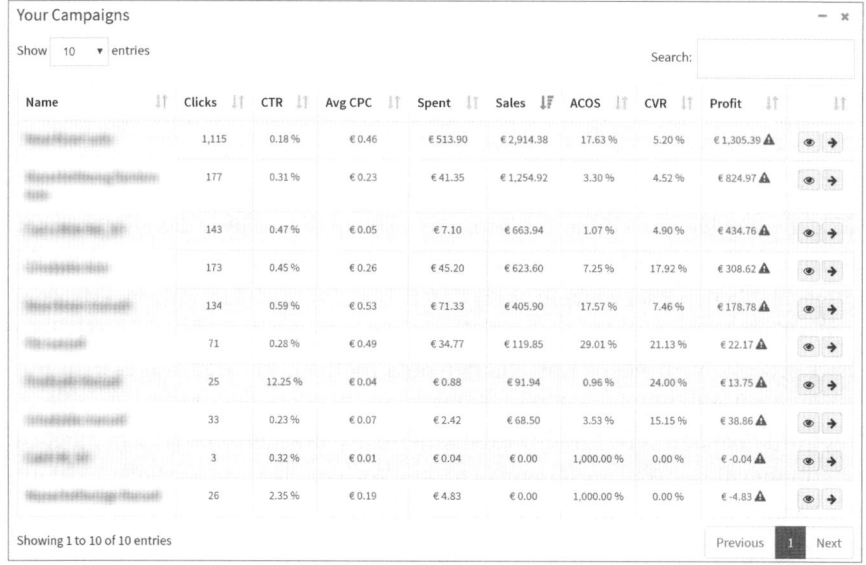

Abbildung 15.30 Kampagnen-Übersicht

PPCScope bietet verschiedene Analysen an, um die Leistung der einzelnen Kampagnen zu steigern. So zeigt es u. a. nicht profitable Keywords an. Zudem kann das Tool die Produkte ermitteln, die zwar im Rahmen einer Kampagne angeklickt (überdurchschnittliche Klickrate), aber schließlich nicht gekauft werden (unterdurchschnittliche Konversionsrate). In einer weiteren Analyse werden die Anzeigen bzw. Produkte ermittelt, die zwar gekauft (überdurchschnittliche Konversionsrate), aber nicht angeklickt werden (unterdurchschnittliche Klickrate).

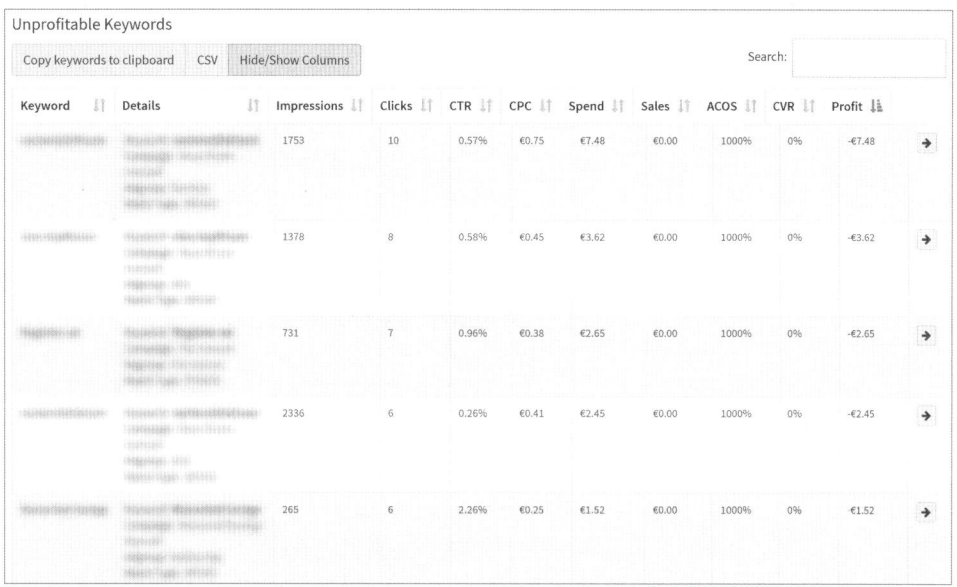

Abbildung 15.31 Unprofitable Keywords

Das Tool kostet für Einsteiger (bis zu fünf Produkte) 20 USD im Monat, größere Händler mit bis zu 3.000 Produkten zahlen 85 USD im Monat.

Link zum Tool: *https://membersv2.ppcscope.com*

15.3.3   Sonar

Bei Sonar handelt es sich um ein kostenloses Tool zur Amazon-Keyword-Recherche, das von Marketplace Analytics bereitgestellt wird. Über ein Suchfeld kann entweder ein Suchbegriff oder eine ASIN eingegeben werden, und per Knopfdruck werden passende Keyword-Empfehlungen generiert.

Die Grundlage von Sonar stellt eine Datenbank mit ca. 25 Millionen Suchbegriffen dar. Diese Datenbank kann auf verschiedene Arten nach passenden Suchbegriffen durchsucht werden. Wenn man die Recherche ausgehend von Keywords startet, hat man zwei Optionen: Die einfache Keyword-Suche gibt eine Vielzahl von Suchbegriffen aus, die alle das Ausgangs-Keyword enthalten. Mit der erweiterten Suche bekommt man zusätzlich noch Synonyme angezeigt. Alternativ kann man die Suche auch mit einer ASIN beginnen. Dazu genügt es, eine beliebige ASIN in das Suchfeld einzutragen und auf PING zu klicken. In den Suchergebnissen werden dann alle Suchbegriffe angezeigt, bei denen das eingegebene Produkt erscheint. Diese Funktion ist besonders hilfreich, um die wichtigsten Suchbegriffe von Wettbewerber-Produkten herauszufinden.

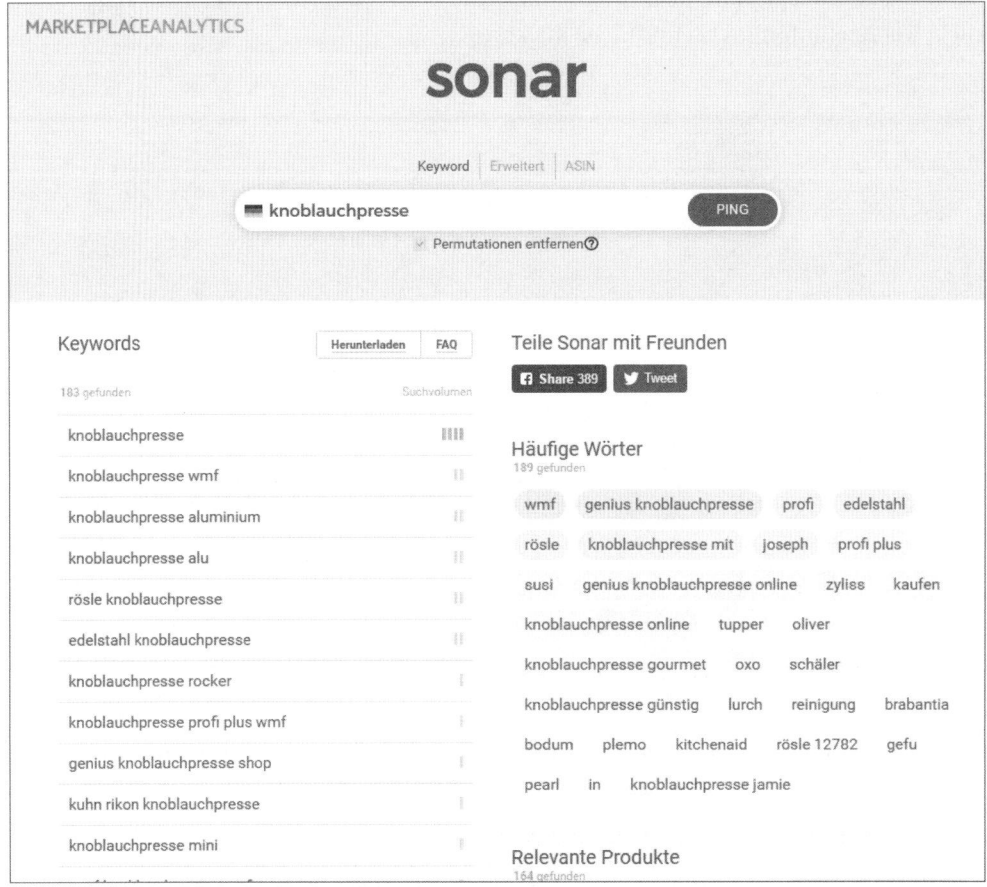

Abbildung 15.32 Beispiel für eine Suche nach »Knoblauchpresse«

Eine Besonderheit an Sonar ist, dass ein geschätztes Suchvolumen angegeben wird. Dieses wird allerdings nicht in Zahlen, sondern lediglich in fünf Kategorien (sehr wenig – sehr viel) angegeben. Wie das Suchvolumen genau berechnet wird, ist leider nicht bekannt. Laut Aussage des Betreibers basieren aber sowohl die Keywords als auch das Suchvolumen vollständig auf Angaben von Amazon.

Für Sonar gibt es drei Anwendungsfälle: In erster Linie dient Sonar der Optimierung der Suchbegriffe, die bei einem Produkt hinterlegt werden (in Seller Central oder Vendor Central). Je mehr relevante Keywords man dort hinterlegt, desto höher ist die

Auffindbarkeit in den Suchergebnissen und desto mehr verkauft man letztendlich. Der zweite Anwendungsfall ist die Keyword-Recherche für die gesponserten Produktkampagnen. Diese Werbeanzeigen werden für Seller immer wichtiger und sind für immer mehr Umsatz verantwortlich. Mit Sonar können die relevanten Keywords gefunden werden, auf die man für ein Produkt bieten sollte. Der dritte Anwendungsbereich ist die Produktrecherche. Dieser ist sicherlich nicht so relevant wie die ersten zwei Fälle, soll aber dennoch nicht unerwähnt bleiben. So kann man das Suchvolumen als weiteres Indiz für die Nachfrage in einer Nische heranziehen. Darüber hinaus kann anhand der Suchbegriffe auch nachvollzogen werden, nach welchen Produktmerkmalen genau gesucht wird. Hat z. B. »Fitnessball 65 cm« ein deutlich höheres Suchvolumen als »Fitnessball 55 cm«, ist es möglicherweise ratsam, seine Fitnessbälle eher in Größe 65 zu produzieren.

Aktuell können mit Sonar deutsche und englische Suchbegriffe recherchiert werden. Weitere Sprachen sollen laut Angaben des Betreibers aber folgen. Sonar kann ohne Einschränkungen kostenlos genutzt werden.

Link zum Tool: *http://sonar-tool.com/de/*

15

Kapitel 16
Rechtliche Besonderheiten

Als Marketplace-Händler gelten für Sie die gleichen rechtlichen Rahmenbedingungen wie für andere Onlinehändler. Auf die wichtigsten Bedingungen für den deutschen Rechtsraum soll im Folgenden kurz eingegangen werden. Auch hier weise ich darauf hin, dass sich die Rechtsprechung laufend ändert und zu dem Zeitpunkt, zu dem Sie dieses Buch in den Händen halten, schon wieder überholt ist.

Bei Angeboten auf Amazon-Marktplätzen außerhalb Deutschlands können sich zudem Besonderheiten aus dem jeweiligen nationalen Recht ergeben. Des Weiteren gehen mit dem Angebot bestimmter Warengruppen wie z. B. Spielwaren, Textilien oder Elektroartikel weitergehende gesetzliche Anforderungen für den Onlineverkauf einher. Es würde den Rahmen dieses Buches sprengen, auf die jeweiligen Besonderheiten einzugehen. Ich empfehle Ihnen daher, alle rechtlichen Fragestellungen mit einem auf (grenzüberschreitenden) Onlinehandel spezialisierten Rechtsanwalt, wie z. B. einem Fachanwalt für den gewerblichen Rechtsschutz oder IT-Recht, abzustimmen und das eigene Onlineangebot rechtsverbindlich überprüfen sowie überarbeiten zu lassen.

Um einen ersten Eindruck von der Einhaltung der rechtlichen Anforderungen sowie der einhergehenden Abmahngefahr zu bekommen, bieten sich zudem Online-Tools, wie z. B. der *Abmahncheck* (*https://www.wbs-law.de/abmahncheck/*), an, die aber natürlich keine individuelle Rechtsberatung ersetzen können.

16.1 Erfüllung gesetzlicher Informationspflichten

16.1.1 Anbieterkennzeichnung/Impressum

Als Händler unterliegen Sie dem Telemediengesetz (TMG), wenn Sie z. B. eine eigene Website oder einen eigenen Shop betreiben oder Waren auf Marktplätzen wie eBay oder Amazon verkaufen. Es greift daher auch, wenn Sie ausschließlich auf Amazon verkaufen. Ein eigener Shop oder eine eigene Website sind keine Voraussetzung.

Das TMG soll es Verbrauchern u. a. ermöglichen, festzustellen, wer für einen Internetauftritt rechtlich sowie inhaltlich verantwortlich ist und mit wem sie letztlich ein Geschäft abschließen. Entsprechend sieht § 5 TMG ausführliche Informationspflichten vor, die »leicht erkennbar, unmittelbar erreichbar und ständig verfügbar« sein müssen. Sie müssen u. a. folgende Angaben zu Ihrem Unternehmen bereitstellen:

Name, Anschrift und Rechtsform des Unternehmens

1. E-Mail-Adresse sowie weitere unmittelbare Kontaktmöglichkeiten

2. zuständige Aufsichtsbehörde (sofern vorhanden)

3. Handelsregister und Handelsregisternummer, sofern das Unternehmen dort eingetragen ist

4. Umsatzsteuer- bzw. Wirtschafts-Identifikationsnummer, sofern vorhanden

Diese Angaben stellen Sie in der Regel in Ihrem Impressum bereit.

Seit Januar 2016 müssen Sie zudem aufgrund der EU-Verordnung 524/2013 einen Link zu einer Onlineplattform (sogenannte *OS-Plattform*) bereitstellen, auf der Händler und Verbraucher Streitfälle erklären und beilegen können, sei es innerhalb Deutschlands oder innerhalb der EU. Da die Stelle, an der dieser Link eingebaut werden soll, nicht näher spezifiziert ist, hat es sich unter Händlern eingebürgert, diesen Link im Impressum zu platzieren. Dieser Hinweis kann beispielsweise so aussehen:

»Die Europäische Kommission stellt eine Plattform für die außergerichtliche Online-Streitbeilegung bereit, die Sie unter http://ec.europa.eu/odr erreichen.«

Amazon erlaubt Ihnen zwar im Formular zur Widerrufsbelehrung einen Haken zu setzen, sodass der o. g. Hinweis automatisch im Bereich *Rücksendungen und Erstattung* angezeigt wird, allerdings ist es strittig, ob dieser Ort für den Verbraucher *leicht zugänglich* ist. Sicherer ist daher die Unterbringung dieses Hinweises im Impressum sowie zusätzlich in den AGB.

Seit dem 1. Februar 2017 ist zudem gemäß Richtlinie 2013/11/EU (Richtlinie über alternative Streitbeilegung in Verbraucherangelegenheiten – ADR) ein Hinweis auf eine Verbraucherschlichtungsstelle anzugeben, vor der man sich im Falle einer Streitigkeit mit einem Verbraucher vor Anrufung der ordentlichen Gerichte versucht zu einigen. Eine diesbezügliche Unterwerfung ist jedoch bis auf wenige Branchen, wie z. B. bei Banken und Versicherungen, nicht zwingend. Onlinehändler können die Anrufung einer Verbraucherschlichtungsstelle demnach auch ablehnen, wozu in aller Regel zu raten ist. Der im Impressum (am besten direkt nach dem Hinweis auf die OS-Plattform) zusätzlich aufzunehmende Hinweis lautet dann wie folgt:

»Wir sind weder bereit noch verpflichtet, an einem Streitbeilegungsverfahren vor einer Verbraucherschlichtungsstelle teilzunehmen.«

Kurioserweise müssen Sie im Falle einer außergerichtlich nicht beizulegenden Streitigkeit mit einem Verbraucher dann trotz des vorstehenden Ausschlusses noch einmal per Brief oder E-Mail folgenden Hinweis erteilen:

»Gesetzlicher Pflichthinweis nach § 37 Verbraucherstreitbeilegungsgesetz (VSBG): Eine für Sie zuständige alternative Streitbeilegungsstelle ist die *Allgemeine Verbraucherschlichtungsstelle des Zentrums für Schlichtung e. V., Straßburger Straße 8, 77694 Kehl am Rhein*. Wir sind nicht bereit oder verpflichtet, an einem Verfahren vor dieser Stelle teilzunehmen und werden eine Teilnahme an einem Schlichtungsverfahren vor dieser Stelle ablehnen.«

Der Hinweis sollte dann am besten im Rahmen einer letzten außergerichtlichen Mahnung mit aufgenommen werden. Gegebenenfalls existiert für Ihr Gewerbe zudem eine spezielle Schlichtungsstelle, die anstelle der vorgenannten im Hinweis anzugeben wäre. Die im Hinweis-Muster genannte Schlichtungsstelle ist darüber hinaus nur bei Streitwerten bis zu 50.000 € zuständig.

Ein Muster-Impressum könnte daher so aussehen:

Muster-Impressum

Impressum (gemäß § 5 TMG)

Musterfirma GmbH

Musterstraße 123

01234 Musterstadt

Vertretungsberechtigter Geschäftsführer: Max Mustermann

Telefon: 09876 5432-1

Fax: 09876-5432-9

E-Mail: info@musterfirma.de

Umsatzsteuer-Identifikationsnummer: DE123456789

Eingetragen im Handelsregister des Amtsgerichtes Musterstadt

unter der Handelsregisternummer HRB 12345

Die Europäische Kommission stellt eine Plattform für die außergerichtliche Online-Streitbeilegung bereit, die Sie unter *http://ec.europa.eu/odr* erreichen.

Wir sind weder bereit noch verpflichtet, an einem Streitbeilegungsverfahren vor einer Verbraucherschlichtungsstelle teilzunehmen.

Die Angaben zum Impressum sollten Sie in Seller Central unter EINSTELLUNGEN • IHRE INFORMATIONEN UND RICHTLINIEN • IMPRESSUM & INFO ZUM VERKÄUFER hinterlegen (siehe Abbildung 16.1).

Nach einem Urteil des Bundesgerichtshofes ist es ausreichend, wenn die Anbieterkennzeichnung durch Anklicken von zwei aufeinanderfolgenden Links erreicht werden kann (BGH, Urt. V. 20.7.2006 – I ZR 228/03). Bei Amazon ist dies zwar durch das Anklicken des Verkäufernamens und im Anschluss auf DETAILLIERTE VERKÄUFER-

Informationen gegeben. Ob dies jedoch dem Anspruch nach *leicht erkennbar* und *unmittelbar erreichbar* genügt, wird von Juristen unterschiedlich beurteilt.

Abbildung 16.1 Formular zum Hinterlegen des Impressums

16.1.2   Angaben zum Datenschutz

Das Telemediengesetz regelt auch die Erhebung und Verarbeitung von personenbezogenen Daten. Amazon stellt Ihnen als Marketplace-Händler solche Daten zur Verfügung, damit Sie Bestellungen ordnungsgemäß abwickeln können. Konkret heißt es in § 13 Abs. 1 TMG (Auszug):

Der Diensteanbieter hat den Nutzer zu Beginn des Nutzungsvorgangs über Art, Umfang und Zwecke der Erhebung und Verwendung personenbezogener Daten sowie über die Verarbeitung seiner Daten (...) in allgemein verständlicher Form zu unterrichten (...). Der Inhalt der Unterrichtung muss für den Nutzer jederzeit abrufbar sein.

Für Sie als Händler bedeutet dies, dass Sie eine entsprechende Datenschutzerklärung zur Verfügung stellen müssen. Im Rahmen dieser Erklärung müssen Sie den Nutzer u. a. darauf hinweisen, warum Sie dessen Daten erheben, dass und wie der Nutzer jederzeit Einsicht in die über ihn gespeicherten Daten nehmen und jederzeit dessen Löschung verlangen kann.

Die Datenschutzerklärung sollten Sie mit Ihrem Anwalt abstimmen oder auf die kommerziellen Angebote entsprechender Anbieter zurückgreifen, die solche Texte stets aktuell und teilweise auch mehrsprachig zur Verfügung stellen. Auch hier sollten Sie sicherstellen, dass Ihre Datenschutzerklärung stets auf dem aktuellen Stand ist.

Hinterlegen Sie Ihre Datenschutzerklärung innerhalb von Seller Central unter EINSTELLUNGEN • IHRE INFORMATIONEN UND RICHTLINIEN • DATENSCHUTZRICHTLINIE.

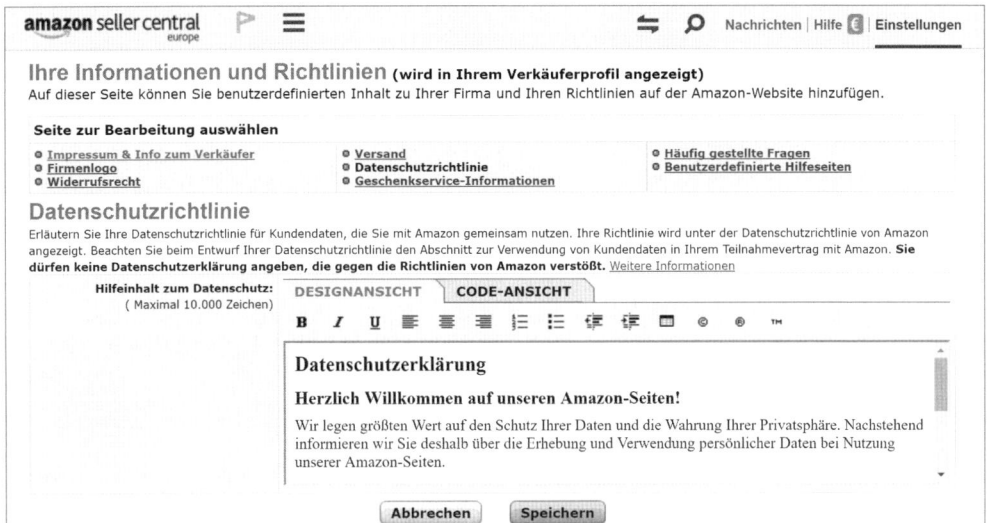

Abbildung 16.2 Formular zum Hinterlegen Ihrer Datenschutzerklärung

16.1.3   Allgemeine Geschäftsbedingungen

Als Händler haben Sie die Möglichkeit (nicht die Verpflichtung), allgemeine Geschäftsbedingungen (AGB) zu definieren. In der Regel stärken Sie dadurch Ihre Rechtsposition gegenüber dem Verbraucher, auch wenn in vielen Fällen aus Gründen des Verbraucherschutzes nicht von den gesetzlichen Vorgaben abgewichen werden darf. Ein Klassiker für eine zulässige Abweichung von der Gesetzeslage ist die Einschränkung der Gewährleistung bei gebrauchten Artikeln. In vielen anderen Fällen verstoßen negative AGB-Regelungen jedoch gegen das sogenannte *Klauselverbot*, führen zur Unwirksamkeit der Regelung und können zugleich als Wettbewerbsverstoß abgemahnt werden.

Im Gegensatz zu Impressum oder Widerrufsbelehrung sieht Amazon keinen gesonderten Platz für die Hinterlegung vor. Amazon bietet Ihnen jedoch an, sogenannte *Benutzerdefinierte Hilfeseiten* zu erstellen. Diese können Sie nutzen, um Ihre AGB zu hinterlegen (siehe Abbildung 16.3).

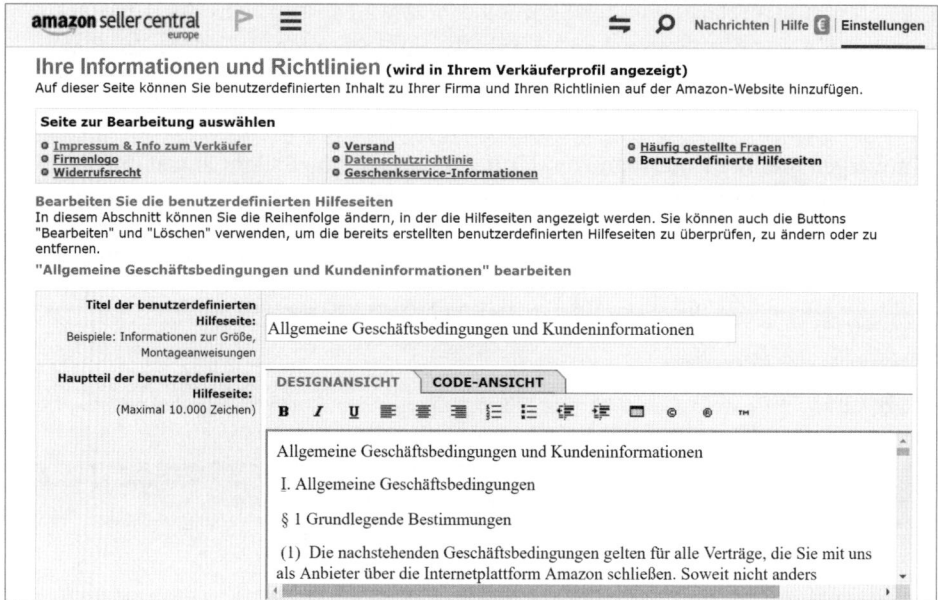

Abbildung 16.3 Benutzerdefinierte Hilfeseiten für AGB

Damit die AGB auch gelten, müssen sie gemäß § 305 Abs. 2 BGB wirksam in den Kauf-
prozess eingebunden werden. Der entsprechende Absatz im BGB lautet wie folgt
(Auszug):

*(2) Allgemeine Geschäftsbedingungen werden nur dann Bestandteil eines Ver-
trags, wenn der Verwender bei Vertragsschluss*

1. die andere Vertragspartei **ausdrücklich** *(...) auf sie* **hinweist** *und*

2. der anderen Vertragspartei die Möglichkeit verschafft, in **zumutbarer Weise** *(...)
von ihrem Inhalt Kenntnis zu nehmen,*

und wenn die andere Vertragspartei mit ihrer Geltung einverstanden ist.

Das Problem ist, dass auch hier der Käufer erst auf den Verkäufernamen klicken
muss, um dann über einen weiteren Klick auf die Verkäuferdetailseite zu gelangen.
Auf der Produktdetailseite weist Amazon zwar hinter dem Verkäufernamen mit dem
Hinweis FÜR WEITERE INFORMATIONEN, IMPRESSUM, AGB UND WIDERRUFSRECHT
KLICKEN SIE BITTE AUF DEN VERKÄUFERNAMEN auf die jeweiligen Rechtstexte hin,
gemäß der Rechtsprechung des Landesgerichtes Wiesbaden (11 O 65/11, 21.12.2011)
genügt dies jedoch nicht, um den Anforderungen von § 305 Abs. 2 BGB zu genügen.

Im weiteren Bestellprozess entfällt dieser Hinweis zudem, und es werden stattdessen
die AGB von Amazon selbst eingebunden. Eine wirksame Einbindung findet daher
nicht statt. Dessen sollten Sie sich bewusst sein, sollte es auf einen Rechtsstreit mit
einem Verbraucher hinauslaufen.

16.1.4   Widerrufsrecht und Widerrufsbelehrung

In diesem Abschnitt gehe ich zu Beginn auf die rechtlichen Grundlagen ein, die für Sie als Verkäufer ganz unabhängig von Amazon als Plattform gelten. Amazon hat jedoch sich selbst und allen seinen Verkäufern erweiterte Rückgaberichtlinien auferlegt, die die Rechte des Kunden erweitern. Dabei spielt es seit April 2017 keine Rolle, ob Sie Ihre Ware über Amazon versenden lassen oder im Eigenversand anbieten.

Rechtliche Grundlagen

Verbrauchern in Deutschland und im europäischen Ausland steht – von einigen Ausnahmen abgesehen –innerhalb einer Frist von mindestens 14 Tagen ein Recht zum Widerruf der Bestellung zu. Die Uhr beginnt erst bei Erhalt der Ware zu ticken und nicht schon zum Zeitpunkt der Bestellung.

Auf dieses Recht muss der Unternehmer zum richtigen Zeitpunkt (Bestellvorgang sowie Bestellbestätigung oder Lieferung der Ware) und in gesetzeskonformer Form (Text- oder Papierform) gem. § 312g BGB in Verbindung mit Art. 246a § 1 Abs. 2 EGBGB hinweisen. Dabei sind gewisse Formvorschriften einzuhalten.

Macht der Verbraucher von seinem Widerrufsrecht Gebrauch, kann er von dem geschlossenen Vertrag ohne Angabe von Gründen zurücktreten, d. h., er schickt die Ware an den Händler und erhält im Gegenzug sein Geld zurück.

Der Widerruf muss vom Verbraucher explizit erklärt werden, d. h., es reicht dem Gesetz nach nicht aus, wenn er die Ware einfach zurückschickt. Der Verbraucher kann u. a. das Muster-Widerrufsformular verwenden, welches Sie ihm im Rahmen der Widerrufsbelehrung zur Verfügung stellen müssen. Der Widerruf kann jedoch inzwischen auch mündlich erklärt werden.

Kommt es zur Rückabwicklung, müssen Sie als Verkäufer innerhalb von 14 Tagen das Geld erstatten. Sie können jedoch mit der Erstattung des Geldes so lange warten, bis Sie die Ware auch wirklich zurückerhalten haben. Der Verbraucher muss die Ware an Sie zurücksenden. Wer die Kosten der Rücksendung trägt, hängt von der Ausgestaltung der Widerrufsbelehrung ab. Soll der Verbraucher die Kosten der Rücksendung tragen, müssen Sie in der Widerrufsbelehrung explizit darauf hinweisen.

Anders sieht es übrigens für gewerbliche Kunden aus. Diese haben kein Recht zum Widerruf, wenn Sie dieses in Ihren AGB explizit ausschließen bzw. den Geltungsbereich der Widerrufsbelehrung auf Verbraucher einschränken.

Weisen Sie den Verbraucher nicht oder nicht korrekt auf sein Widerrufsrecht hin, beträgt die Frist nicht 14 Tage, sondern ein Jahr und 14 Tage. Hinzu kommt die Gefahr, dass Sie von Wettbewerbern abgemahnt werden, was weitere Kosten mit sich bringt. Umso wichtiger ist es, dass Sie sich hier strikt an die aktuellen Formvorschriften halten.

Das jeweils gültige Muster für deutsche Verbraucher finden Sie auf den Seiten des Bundesministeriums der Justiz und für Verbraucherschutz: *http://www.bmjv.de/DE/Themen/FinanzenUndAnlegerschutz/Musterbelehrungen/Musterbelehrungen_node.html*

Das dort unter DOKUMENTE hinterlegte Muster enthält zudem hilfreiche Gestaltungshinweise, die Sie – gegebenenfalls in Abstimmung mit Ihrem Anwalt – durchgehen sollten, da die Widerrufsbelehrung an Ihre Verhältnisse angepasst werden muss, ohne zugleich vom gesetzlichen Muster in unzulässiger Weise abzuweichen. Sie sollten auch im Blick behalten, ob sich das Muster im Laufe der Zeit ändert. Dies war in den vergangenen Jahren häufiger der Fall, wie die Liste der dort verlinkten – mittlerweile ungültigen – Widerrufsbelehrungen zeigt.

Verkaufen Sie auch auf anderen europäischen Marktplätzen, benötigen Sie jeweils eine an die jeweilige Landessprache angepasste Widerrufsbelehrung. Diese erhalten Sie entweder vom Anwalt Ihres Vertrauens oder von einem darauf spezialisierten Anbieter. So stellen z. B. Trusted Shops oder auch der Händlerbund gegen eine monatliche Gebühr jeweils rechtssichere Texte (AGB, Widerrufsbelehrung etc.) zur Verfügung und informieren ihre Kunden, wenn es rechtliche Änderungen gibt.

Die eigene Widerrufsbelehrung können Sie innerhalb von Seller Central unter EINSTELLUNGEN • IHRE INFORMATIONEN UND RICHTLINIEN • WIDERRUFSRECHT hinterlegen:

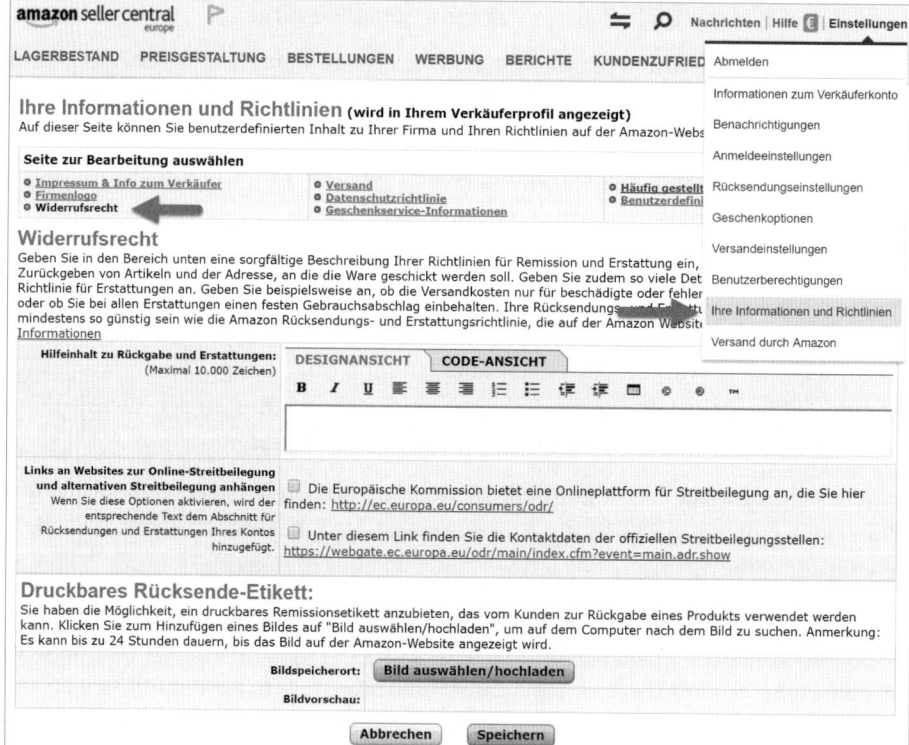

Abbildung 16.4 Einfügen der Widerrufsbelehrung in Seller Central

Hier sollten Sie also Ihre angepasste Version der Widerrufsbelehrung hineinkopieren. Sobald Sie dort die Widerrufsbelehrung hinterlegt haben, findet sich diese auf Ihrer Verkäuferdetailseite wieder. Diese Verkäuferdetailseite bringt jedoch aus rechtlicher Sicht gleich mehrere Probleme mit sich.

Inhaltlich falsche Widerrufsbelehrung bei Teilnahme am FBA-Programm

Haben Sie sich für das *Fulfillment by Amazon*-Programm von Amazon registriert, blendet Amazon stattdessen eine eigene Version der Widerrufsbelehrung ein.

Die von Amazon eingestellte Version ist jedoch inhaltlich bedenklich, setzt sich Amazon u. a. selbst als Widerrufsempfänger ein, was keinen Sinn macht, da der Verbraucher die Ware bei Ihnen kauft und Amazon nur Vermittler bzw. Spediteur ist. Der Verbraucher muss den Widerruf jedoch an Sie als Verkäufer richten und kann den Artikel auch an Sie direkt zurückschicken, auch dann, wenn der Artikel von Amazon geliefert wurde.

Nicht ordnungsgemäße Einbindung im Bestellprozess

Wie oben erwähnt, wird die Widerrufsbelehrung des Verkäufers nur auf dessen Verkäuferdetailseite eingeblendet. Allerdings wird auf diese im Bestellprozess an keiner Stelle Bezug genommen. Allein auf der Produktdetailseite und der Bestellübersichtsseite hat der Käufer die Chance, durch einen Klick auf den Verkäufernamen erst in dessen »Schaufenster« und von dort auf die Detailseite zu gelangen. Die Widerrufsbelehrung findet damit faktisch nicht statt, sofern der Händler dem Verbraucher diese nicht im Nachgang z. B. per E-Mail zukommen lässt.

Amazons Rückgabebedingungen

Amazon ist die gesetzliche Rückgabefrist von 14 Tagen nicht kundenfreundlich genug und hat daher allen Verkäufern und sich selbst eigene, weitergehende »freiwillige« Rücknahmebedingungen auferlegt. Diese sehen vor, dass der Kunde die Ware innerhalb von 30 Tagen an den Verkäufer zurückschicken darf. Ein Widerruf ist nicht nötig, die Rücksendung der Ware reicht aus. Wird Neuware zurückgegeben, so muss diese auch bei Rückgabe vollständig, neu und unbenutzt sein. Zusätzlich hat Amazon für diverse Produktgruppen Sonderregelungen eingeführt. Die vollständigen Rückgaberichtlinien finden Sie hier unter folgender Adresse: *https://www.amazon.de/gp/help/customer/display.html/?nodeId=200804690&ref=ag_xx_shel_home*

Ich empfehle Ihnen dringend, sich mit diesen Richtlinien vertraut zu machen. Als Händler sind Sie angehalten, die eigenen Rückgaberichtlinien bzw. die Widerrufsbelehrung wie folgt zu ergänzen.

Unsere freiwillige Rückgabegarantie

Zusätzlich zu Ihren gesetzlichen Rechten bieten wir Ihnen die folgende freiwillige Rückgabegarantie an:

Produkte, die Sie von uns erwerben, können Sie innerhalb von 30 Tagen ab Erhalt der Ware an uns zurücksenden, sofern keiner der Ausschlussgründe vorliegt, die Ware vollständig ist und sich in demselben Zustand befindet wie bei Erhalt. Waren, für die Sie kein Widerrufsrecht haben, können Sie auch im Rahmen der Rückgabegarantie nicht zurücksenden. Weitere Einzelheiten finden Sie hier. Die Ware ist an [Rücksendeadresse des Verkäufers einfügen] zurückzusenden.

Wenn Sie Waren in Übereinstimmung mit dieser freiwilligen Rückgabegarantie zurücksenden, erstatten wir Ihnen den Kaufpreis. Bei Rücksendungen von Beklei-dung, Schuhen und Handtaschen tragen wir außerdem die Liefer- und Rücksen-dekosten. Bei zurückgesendeten Waren, deren Preis einen Betrag von 40 Euro übersteigt und die Sie innerhalb der ersten 14 Tage an uns absenden, tragen wir ebenfalls die Rücksendekosten. Wir erstatten jedoch nicht die Versandkosten Ihres ursprünglichen Einkaufs. In jedem Fall tragen Sie das Transportrisiko bei der Rücksendung. Diese Rückgabegarantie beschränkt nicht Ihre gesetzlichen Rechte und somit auch nicht Ihr Widerrufsrecht.

Haben Sie als Händler nach gesetzlicher Regelung die Wahl, ob Sie oder der Verbrau-cher die Kosten für die Rücksendung tragen, muss gemäß dieser »freiwilligen Rück-gabegarantie« bei Waren, deren Preis 40 Euro übersteigt und die innerhalb von 14 Tagen zurückgeschickt werden, jetzt der Verkäufer die Rücksendekosten tragen. Die Lieferkosten werden nicht erstattet. Bei Rücksendungen von Bekleidung, Schuhen und Handtaschen geht Amazon noch einen Schritt weiter: Hier trägt der Verkäufer sowohl die Liefer- als auch die Rücksendekosten.

16.1.5   Preisangabenverordnung

Als Händler unterliegen Sie den Vorgaben der Preisangabenverordnung (PAngV). Diese soll in erster Linie Verbraucher vor unklaren oder unwahren Preisangaben schützen. Typische Fallstricke für Händler ergeben sich aus einer falschen Preisaus-zeichnung.

Hinweis zur Mehrwertsteuer

Gegenüber Verbrauchern dürfen Sie als Onlinehändler nach der PAngV grundsätz-lich ausschließlich mit Bruttopreisen werben. Sie sind zugleich hiernach verpflichtet, in unmittelbarer Nähe zum beworbenen Preis anzugeben, dass Ihre Preise die gesetz-liche Umsatzsteuer enthalten. Fehlte der Hinweis zur enthaltenen Mehrwertsteuer auf Amazons Produktdetailseiten anfangs noch, ist dieser nunmehr standardmäßig enthalten. Die Notwendigkeit, den Hinweis zur Mehrwertsteuer im Verkäufernamen zu ergänzen, entfällt damit.

Sie sollten jedoch sicherstellen, dass der Standardhinweis auch für Sie zutrifft. So hat das Landgericht Köln (Az. 31 O 263/16 vom 18. August 2016) eine einstweilige Verfügung gegen einen Schweizer Amazon-Händler erlassen, auf dessen deutschen Produktlistings der Hinweis standardmäßig eingeblendet wurde. Dem Käufer wurde somit suggeriert, dass keine weiteren Kosten mehr anfallen. Beim Versand aus der Schweiz fallen jedoch gegebenenfalls Zoll und Einfuhrumsatzsteuer an, die der Käufer zu tragen hat.

Grundpreisangaben

Die PAngV regelt auch die Angabe von Grundpreisen. So heißt es in § 2 Abs. 1 PAngV:

> *Wer Verbrauchern gewerbs- oder geschäftsmäßig oder wer ihnen regelmäßig in sonstiger Weise Waren in Fertigpackungen, offenen Packungen oder als Verkaufseinheiten ohne Umhüllung nach Gewicht, Volumen, Länge oder Fläche anbietet, hat neben dem Gesamtpreis auch den Preis je Mengeneinheit einschließlich der Umsatzsteuer und sonstiger Preisbestandteile (Grundpreis) in unmittelbarer Nähe des Gesamtpreises (...) anzugeben.*

Auch die (höherrangige) Richtlinie 98 / 6 / EG des Europäischen Parlaments und des Rates vom 16. Februar 1998 über den Schutz der Verbraucher bei der Angabe der Preise sieht in Artikel 3 vor, dass der Händler neben dem Verkaufspreis auch den *Preis je Maßeinheit* angeben muss.

Gemäß der Richtlinie bezeichnet der Preis je Maßeinheit »den Endpreis, der die Mehrwertsteuer und alle sonstigen Steuern einschließt, für ein Kilogramm, einen Liter, einen Meter, einen Quadratmeter oder einen Kubikmeter des Erzeugnisses oder eine einzige andere Mengeneinheit, die beim Verkauf spezifischer Erzeugnisse in dem betreffenden Mitgliedstaat allgemein verwendet wird und üblich ist«.

Damit möchte der Gesetzgeber erreichen, dass Preise für den Verbraucher besser zu vergleichen sind. Die Grundpreisangabe ist daher zugleich eine Information im Sinne des § 5a Abs. 4 UWG. Verletzt der Händler seine Aufklärungspflicht, ergibt sich daraus ein Wettbewerbsverstoß aus dem UWG, da dem Verbraucher eine wesentliche Information vorenthalten wurde.

Als Händler müssen Sie, sofern die von Ihnen beworbene Ware unter den Anwendungsbereich der Vorschrift des § 2 Abs. 1 PAngV (siehe oben) fällt, daher immer auch den Grundpreis in unmittelbarer Nähe zum Endpreis angeben. Amazon ermöglicht die Angabe von Grundpreisen, wie Abbildung 16.5 zeigt.

Da sich Preise bei Amazon regelmäßig ändern können, wäre es zu aufwendig, wenn Sie den Grundpreis immer neu eingeben müssten. Stattdessen können Sie in Seller Central bzw. in der Lagerbestandsdatei immer das jeweilige Gewicht, die Länge, das Volumen etc. angeben, und Amazon errechnet daraus automatisch den jeweiligen Grundpreis.

In Seller Central finden Sie die Einstellung unter LAGERBESTAND • LAGERBESTAND VERWALTEN und dort unter BEARBEITEN des jeweiligen Artikels. Dort gehen Sie in WEITERE DETAILS. Ungefähr in der Mitte können Sie dann Angaben zu Volumen oder Gewicht machen. Um die Einstellungen zu sehen, müssen Sie gegebenenfalls die ERWEITERTE ANSICHT aktivieren (siehe Abbildung 16.6).

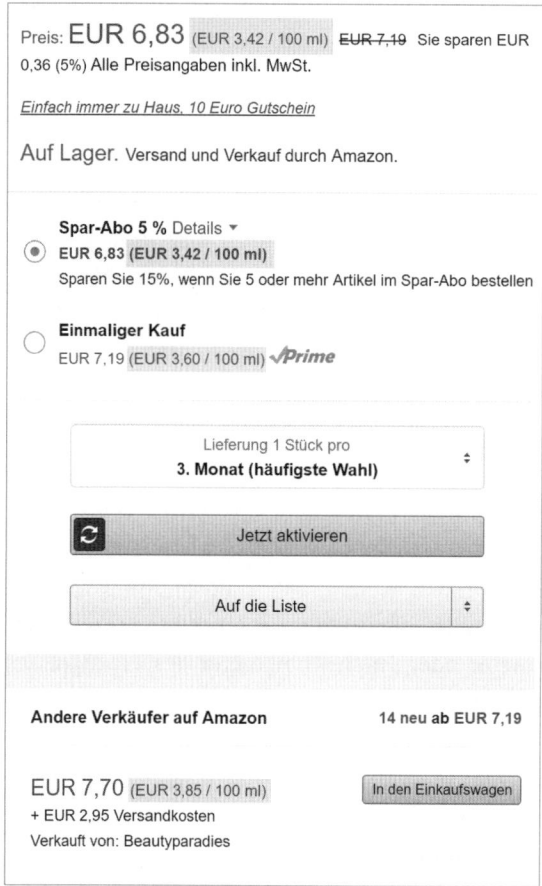

Abbildung 16.5 Amazon zeigt an allen Stellen neben dem Verkaufspreis auch den jeweiligen Grundpreis an.

So können Sie z. B. unter VERKAUFSGEWICHT zwischen Kilogramm, Gramm oder Milligramm und bei VERKAUFSVOLUMEN zwischen Liter oder Milliliter wählen.

Fehlende Grundpreisangaben sind eine häufige Ursache für Abmahnungen. So urteilte auch das Oberlandesgericht Hamm in einem Urteil vom 19. April 2012 (Az. I-4 U 196/11) zugunsten eines Klägers, der seinen Mitbewerber aufgrund von fehlenden Grundpreisen zuvor erfolglos abgemahnt hatte. Vergessen Sie daher diese Angabe nicht.

Abbildung 16.6 Angabe von Grundpreisen in Seller Central

16.1.6   Zusammenfassung

Abschließend bleibt festzuhalten, dass sich Marketplace-Händler hinsichtlich ihrer Informationspflichten auf rechtlich unsicheres Gebiet begeben. Um die vorgenannten Punkte noch einmal zu veranschaulichen, genügt ein Blick auf die letzte Seite vor der verbindlichen Abgabe der Bestellung (siehe Abbildung 16.7). Das Impressum, die AGB oder die Widerrufsbelehrung des jeweiligen Händlers findet man dort vergeblich. Auch die sogenannten *wesentlichen Merkmale* der Ware, die eigentlich am Ende des Bestellvorgangs noch einmal zusammengefasst werden müssen, werden bei Amazon leider bei vielen Produkten nur unvollständig dargestellt.

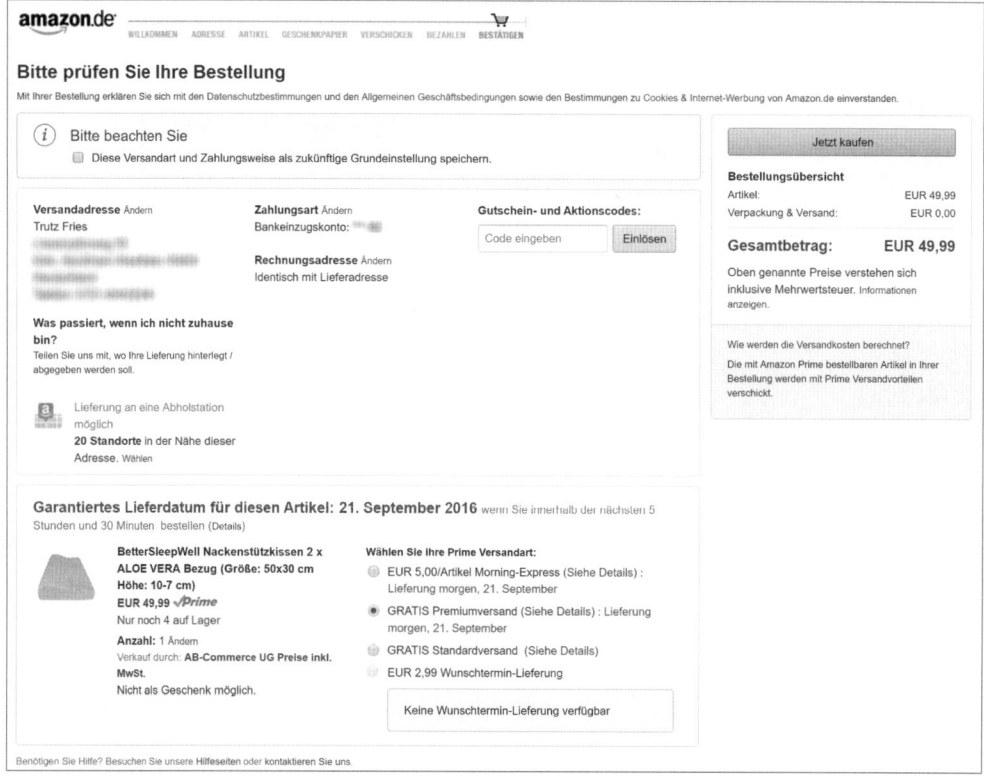

Abbildung 16.7 Auf der Bestellübersicht findet sich kein Hinweis auf Impressum, AGB oder Widerrufsbelehrung des jeweiligen Verkäufers.

Das Risiko einer Abmahnung besteht daher. Allerdings sitzen so viele Händler im Glashaus, dass sich derzeit kaum einer traut, den ersten Stein zu werfen.

16.2   Wettbewerbsrechtliche Aspekte

Der Gesetzgeber hat im Gesetz gegen den unlauteren Wettbewerb (UWG) einige Verhaltensweisen aufgelistet, die Sie als Händler tunlichst unterlassen sollten, um nicht wettbewerbswidrig zu handeln.

16.2.1   Nutzung von »Streichpreisen«

Amazon erlaubt Ihnen, für jeden Artikel neben dem Standardpreis einen sogenannten *Angebotspreis* festzusetzen. Haben Sie diesen Preis gesetzt, wird der Standardpreis auf der Produktdetailseite durchgestrichen und darunter der Angebotspreis angezeigt (siehe Abbildung 16.8). Dies suggeriert dem Käufer, dass es sich bei dem Angebotspreis um ein besonderes Angebot handelt.

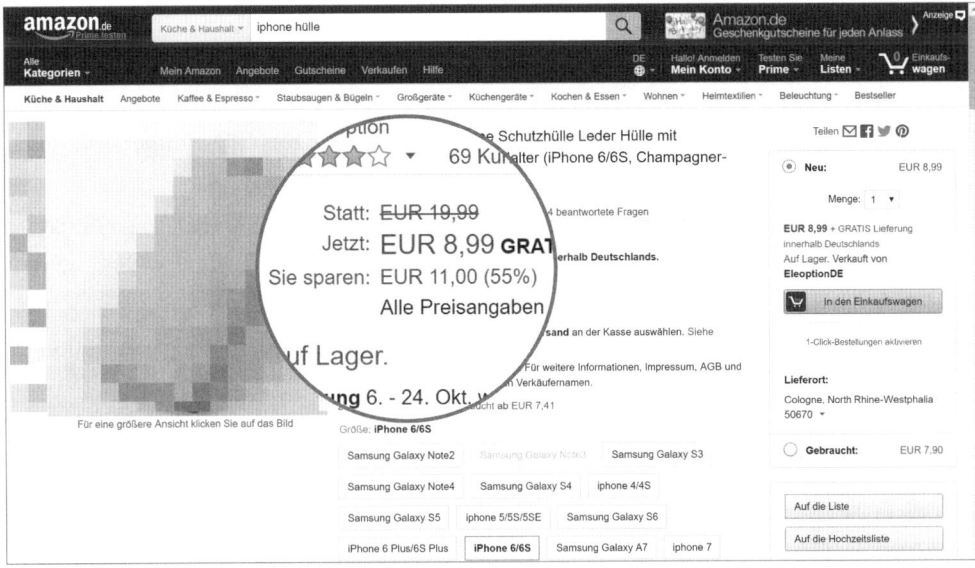

Abbildung 16.8 Streichpreise auf Angebotsdetailseiten

Die meisten Verkäufer nutzen diesen psychologischen Effekt erfolgreich aus, um die Konversionsrate der jeweiligen Artikel zu erhöhen. Allerdings müssen Sie als Händler einige Voraussetzungen beachten, bevor Sie einen Angebotspreis festsetzen.

So heißt es in § 5 Abs. 1 UWG:

> *Unlauter handelt, wer eine irreführende geschäftliche Handlung vornimmt, die geeignet ist, den Verbraucher oder sonstigen Marktteilnehmer zu einer geschäftlichen Entscheidung zu veranlassen, die er andernfalls nicht getroffen hätte.*

In Abs. 4 des gleichen Paragrafen heißt es zudem:

> *Es wird vermutet, dass es irreführend ist, mit der Herabsetzung eines Preises zu werben, sofern der Preis nur für eine unangemessen kurze Zeit gefordert worden ist.*

Demzufolge muss der ursprüngliche Preis auch tatsächlich für eine längere Zeit verlangt worden sein. Was »für eine längere Zeit« bedeutet, hängt wiederum vom Einzelfall ab. Kurzlebige Produkte sind hier anders zu bewerten als langlebige. Unabhängig davon können Sie sich also nicht einfach einen Standardpreis ausdenken.

Zum anderen muss der Standardpreis auch unter vergleichbaren Umständen verlangt worden sein. Hier können Sie z. B. nicht den Ladenpreis einsetzen, da Ladenpreise nicht mit Preisen im Onlinehandel vergleichbar sind, da es sich um unterschiedliche Vertriebswege handelt (Urteil vom Landgericht Köln, Az. 33 O 127/16 vom 30. August 2016).

16.2.2   Hinweis auf »unverbindliche Preisempfehlungen«

Hersteller geben für ihre Produkte häufig eine *unverbindliche Preisempfehlung* (UVP) ab. Händler stellen diese UVP häufig ihrem eigenen Angebot gegenüber, um einen Preisvorteil herauszustellen.

Eine Zeit lang hat Amazon diese unverbindlichen Preisempfehlungen sogar direkt im Listing angezeigt, ohne dass der betroffene Händler diese Angabe selbst getätigt hat.

Der Bundesgerichtshof (BGH) hat in einem Urteil (Az. I ZR 110/15 vom 3. März 2016) entschieden, dass, sofern ein Referenzpreis angegeben wird, dieser auch Gültigkeit haben muss. Im konkreten Fall ging es um eine Armbanduhr, die in der Fachhandelspreisliste des Herstellers nicht mehr angeboten wurde. Der Hersteller bestätigte zwar die ursprüngliche unverbindliche Preisempfehlung, aber das reichte dem BGH nicht aus, und er sah die Angabe der UVP als unzulässig an. Das Urteil ist umso brisanter, da sich der jeweilige Händler den Verstoß zurechnen lassen muss und nicht etwa Amazon selbst, obwohl der Händler diese Angabe dem Listing nicht selbst hinzugefügt, sondern Amazon diese Angabe ergänzt hat.

Für Sie als Händler bedeutet dies, dass Sie sich gut überlegen sollten, ob Sie eine UVP in Ihrem Listing angeben. Letztlich sind Sie in der Pflicht, den Nachweis zu erbringen, dass die UVP Gültigkeit besitzt. Tut sie es nicht, könnten Ihre Wettbewerber Sie erfolgreich abmahnen.

16.2.3   Nutzung irreführender Produktfotos

Amazon erlaubt es Händlern, einem Angebot bis zu zehn Produktfotos hinzuzufügen. Hochwertige Produktfotos spielen bei der Kaufentscheidung eine große Rolle. Bereits im Jahr 2011 stellte der BGH die maßgebliche Bedeutung von Bildern bei Angeboten im Internet fest (Urteil vom 12. Januar 2011, Az. VIII ZR 346/09), wonach Produktbilder Teil der Produktbeschreibung sind.

Bei der Auswahl der Produktfotos sollten Sie daher auch hier wieder die Regelungen des Gesetzes gegen den unlauteren Wettbewerb beachten. In § 5 Abs. 1 Satz 2 Nr. 1 heißt es dazu:

> *Eine geschäftliche Handlung ist irreführend, wenn sie unwahre Angaben enthält oder sonstige zur Täuschung geeignete Angaben über folgende Umstände enthält: die wesentlichen Merkmale der Ware oder Dienstleistung wie (...) Art, Ausführung, (...) Zusammensetzung, Zubehör, (...).*

Der Gesetzgeber schließt dabei das *Zubehör* eines Produktes explizit mit ein.

So befand das Oberlandesgericht Hamm in einem konkreten Fall das Angebot eines Sonnenschirmes als irreführend im Sinne des UWG, da auf dem Hauptbild neben dem Schirm auch die Betonplatten, die den Schirm beschweren, abgebildet waren. Die Betonplatten waren jedoch nicht Teil des Angebotes, worauf der Händler im Angebotstext auch explizit hinwies.

Dieser Hinweis reichte dem Gericht aber nicht aus, da er nicht die gleiche Aufmerksamkeit erfahre wie das Hauptbild, da dieses im Blickfang des Verbrauchers läge.

Der Hinweis, dass die Betonplatten nicht im Angebot enthalten sind, hätte also direkt im oder unter dem Hauptbild erfolgen müssen, was wiederum Amazon in seinen Richtlinien zum Hauptbild ausschließt (»Bilder dürfen nur Text enthalten, der ein Teil des Produktes ist«).

Die Betonplatten haben bei Sonnenschirmen zudem eine wesentliche Funktion, da der abgebildete Sonnenschirm ohne diese Platten nicht sicher aufzustellen ist. Da Betonplatten auch günstig zu erwerben sind, konnte der Verbraucher bei Betrachtung des Bildes aufgrund seines gesunden Menschenverstandes auch nicht davon ausgehen, dass diese nicht Teil des Angebotes sind.

Der beklagte Händler versuchte, sich zudem mit dem Hinweis zu verteidigen, dass er die Bilder gar nicht selbst eingestellt habe. Dem entgegnete das Gericht:

> *Der durchschnittliche Verbraucher (...) geht vielmehr davon aus, dass auch auf der genannten Internetplattform die Produktabbildungen vom jeweiligen Verkäufer stammen oder der Verkäufer sich den Inhalt dieser Abbildungen jedenfalls zu Eigen machen will, wenn er ein Warenangebot auf der genannten Internetplattform einstellt.*

Viele Händler übernehmen die offiziellen Bilder des Herstellers, da dieser in der Regel viel Zeit und Geld darauf verwendet, möglichst hochwertige Produktfotos zu erstellen.

Als Händler sollten Sie daher gut darauf achten, welche Bilder Sie bei Amazon einstellen bzw. an welche Listings Sie sich anhängen. Der vorliegende Fall stellt die besondere Bedeutung heraus, die Bilder im Vergleich zur Produktbeschreibung einnehmen. Die Produktbeschreibung können Sie grundsätzlich nicht dazu nutzen, Aussagen, die in den Bildern gemacht werden, einzuschränken.

Eine besondere Bedeutung kommt dem sogenannten *Hauptbild* zu, da es direkt im Blickfang des Verbrauchers landet. Auf diesem Foto sollte auch nur das abgebildet sein, was tatsächlich zum Lieferumfang gehört – eine Anforderung, die nicht nur gesetzlich, sondern auch seitens Amazon vorgegeben wird, da auch Amazon kein Interesse daran hat, dass Verbraucher über wesentliche Produkteigenschaften getäuscht werden.

16

Da Händler einem Angebot bis zu zehn Bilder hinzufügen können, wird das Produkt häufig nicht nur auf weißem Hintergrund, sondern auch im Kontext der späteren Verwendung gezeigt (sogenannte *Action Shots*). Diese Bilder muss der Verbraucher einzeln anklicken. Auch bei diesen Bildern sollten Sie darauf achten, kein Zubehör abzubilden, bei denen der Verbraucher nach einfachem Ermessen davon ausgehen könnte, dass dieses Teil des Warenangebotes ist. Der »Sonnenschirmfall« zeigt, dass dies ganz besonders für Zubehör gilt, ohne das das Produkt nicht nutzbar ist. Batterien sind ein typisches Beispiel dafür.

Ob die zusätzlichen Bilder und insbesondere Action Shots die gleiche Bedeutung haben wie das Hauptbild, wurde rechtlich noch nicht geklärt.

Am Ende ist es natürlich wieder eine Frage der Abwägung von Risiken: Durch gute Bilder – auch im Kontext mit anderen Gegenständen – steigt in aller Regel auch der Umsatz.

16.2.4   Anhängen an fremde Angebote

Eine Besonderheit Amazons ist, dass grundsätzlich alle Verkäufer alle Produkte verkaufen können. Damit das gleiche Produkt nicht mehrfach in den Suchergebnissen auftaucht, aggregiert Amazon gleichartige Angebote und fasst diese unter einer ASIN zusammen. Mehrere Händler teilen sich damit ein Produktlisting. Verbraucher können auf diese Weise einfacher die Preise der verschiedenen Anbieter vergleichen.

Das Anhängen an fremde Angebote hat deutsche Gerichte schon mehrfach beschäftigt. Dabei wurden unterschiedliche Aspekte beleuchtet:

Nutzung existierender Produktfotos

Professionell erstellte Produktfotos unterliegen in der Regel dem Urheberrecht, sofern diese eine ausreichende Schöpfungshöhe erreicht haben. Die Veröffentlichung dieser Fotos ist damit nur dem Urheber bzw. Personen erlaubt, die über eine entsprechende Nutzungsvereinbarung verfügen.

Für Händler, die sich nun an bestehende Listings »anhängen«, stellt sich somit die Frage, ob diese einen Urheberrechtsverstoß begehen, wenn bereits bestehende Produktfotos in ihrem Listing angezeigt werden.

Das Oberlandesgericht Köln sieht in einem Urteil aus dem Jahr 2014 (Urteil v. 19. Dezember 2014, Az. 6 U 51/14) keinen Verstoß im Sinne des Urheberrechts, wenn sich Marketplace-Händler die gleichen Fotos teilen. Auf die unter Juristen kontrovers diskutierte Begründung soll an dieser Stelle nicht näher eingegangen werden. Da die Urteilsbegründung jedoch nicht ganz unproblematisch ist, sollten Sie bzw. Ihr Anwalt die Rechtsprechung zu diesem Punkt im Auge behalten.

Gleiche betriebliche Herkunft

Teilen sich mehrere Händler ein Listing, erwartet der Kunde, dass es – bis auf den Preis und gegebenenfalls Versandkosten – für diesen keinen Unterschied macht, von welchem Händler er das Produkt kauft. Auch hier wird der Käufer durch das Gesetz gegen unlauteren Wettbewerb (UWG) geschützt.

In einem am Landgericht Düsseldorf verhandelten Fall (Az. 2a O 243/14 vom 15. April 2015) haben zwei Händler ein Produkt (geringwertige Badeentchen) verkauft, die sie beim gleichen Hersteller bezogen haben.

Der ursprüngliche Händler hat zudem darauf verzichtet, das Produkt mit der eigenen Marke zu versehen. Hätte der Händler dies getan, wäre der Fall gegebenenfalls anders entschieden worden. So spielte das Markenrecht bei der vorliegenden Entscheidung keine Rolle. Die Produkte waren aus Sicht des Gerichtes identisch.

Aufgrund der Tatsache, dass der Hersteller der Entchen der gleiche war und vom Händler keine Veränderungen am Produkt vorgenommen wurden, sah das Gericht das »Anhängen« an das bestehende Listing nicht als unlautere Handlung im Sinne des UWG an. Diese Entscheidung wurde auch vor dem Hintergrund getroffen, dass die Händler jeweils eine eigene, unterschiedliche *Global Trade Identification Number* (GTIN) vergeben haben.

Schutz des Markenrechts

Anders entschied das Landgericht Düsseldorf in einem Fall (LG Düsseldorf, Urteil vom 28. Mai 2014, Az. 2a O 277/13), in dem eine markenrechtlich geschützte Handyhülle von einem Händler verkauft wurde, der sich an ein bestehendes Produktlisting anhing. Der Händler, der sich an das Listing anhing, hatte weder die Erlaubnis, Produkte dieser Marke zu verkaufen, noch hat er das Produkt aus gleicher Herkunft bezogen. Hier sah das Gericht daher sowohl einen Marken- als auch einen Wettbewerbsverstoß.

Für Sie als Händler bedeutet dies, dass Sie, bevor Sie sich an ein bestehendes Listing anhängen, genau prüfen sollten, ob Sie die nötigen Voraussetzungen erfüllen. Es ist sowohl die betriebliche Herkunft zu beachten als auch das Markenrecht.

> **Schutzrechte und deren Durchsetzung**
>
> In Kapitel 12 gehe ich genauer auf das Thema »Schutzrechte« ein. Darin erläutere ich auch, wie Sie Ansprüche aus dem Markenrecht durchsetzen bzw. sich dagegen verteidigen können.

Sie sehen: Rechtlich gibt es eine Menge zu beachten. Und so wie ich niemandem empfehlen würde, sein Geschäft ohne einen Steuerberater zu betreiben, sollte man sich auch anwaltlich beraten lassen, um unnötige Kosten, Zeit und Ärger zu vermeiden.

Und Sie sehen auch: Als Händler bewegen Sie sich fast wie auf einem Minenfeld. Das sollte Sie aber nicht abschrecken, am Handel teilzunehmen. Sie sollten sich nur rechtlichen Beistand holen, der Ihnen dabei hilft, die typischen Stolperfallen zu vermeiden, zumal diese sich regelmäßig ändern. Als Händler ist man kaum in der Lage, die Rechtsprechung stets im Blick zu behalten.

Kapitel 17
Buchhaltung, Umsatzsteuer & Co.

Wenn Sie als Händler auf Amazon starten, verkaufen Sie in aller Regel aus Deutschland heraus erst innerhalb Deutschlands und nach Österreich. Die Umsätze sind anfangs noch überschaubar, und zu diesem Zeitpunkt ist die Welt noch in Ordnung. Die Ermittlung des passenden Umsatzsteuersatzes ist in der Regel leicht, Rechnungen werden über ein Tool Ihrer Wahl erstellt, und die Kunden und Sie sind glücklich. Nur ein Mensch schlägt in der Regel schon jetzt die Hände über dem Kopf zusammen, und das ist Ihr Steuerberater. Denn Amazon macht es ihm nicht leicht, alle Geschäftsvorfälle nachzuvollziehen, geschweige denn zu verbuchen.

Richtig kompliziert wird es, wenn Ihre Umsätze bestimmte Schwellen überschreiten, Sie Ihre Ware in Polen oder Tschechien lagern oder am Programm *Paneuropäischer Versand* von Amazon teilnehmen. Dann wird die Ermittlung des richtigen Umsatzsteuersatzes schon fast zur Knobelaufgabe. Auch an die Rechnungsstellung und die Buchhaltung werden neue Anforderungen gestellt. Darüber hinaus treffen Sie noch weitere Pflichten als Händler und Steuerschuldner.

Dieses Kapitel soll Ihnen eine grobe Orientierung im Buchhaltungs- und Steuerdschungel geben. Aber bitte nehmen Sie sich meinen Hinweis zu Herzen. Ziehen Sie in jedem (!) Fall einen erfahrenen Steuerberater zurate, der Sie hier unterstützt. Das sollten Sie eigentlich schon vor Aufnahme der gewerblichen Tätigkeit getan haben, aber sollte das wider Erwarten nicht der Fall sein, dann tun Sie es jetzt. Wenn Sie hier Fehler machen, kann das schwerwiegende Konsequenzen nach sich ziehen, die schon manchen Händler aufgrund heftiger Nachzahlungen an den Rand der Insolvenz gebracht haben. Zudem ändert sich die Steuergesetzgebung ständig, und was ich im Folgenden beschreibe, kann zum Zeitpunkt der Lektüre schon veraltet und somit nicht mehr gultig sein.

In diesem Kapitel dreht sich vieles um Rechnungen. Diese sind die Grundlage für alles Weitere. Bevor Sie eine Rechnung für einen Kunden erstellen, müssen Sie sich Gedanken über den richtigen Umsatzsteuersatz machen. Auf der Rechnung sind neben den Pflichtangaben gegebenenfalls zusätzliche Angaben nötig. Schließlich müssen Sie monatlich Ihre Buchhaltung und damit einhergehend Ihre Umsatzsteuermeldung machen. Und gegebenenfalls sind weitere Meldungen nötig. Auf alle diese Themen gehe ich im Folgenden ein.

17.1   Ermittlung der Umsatzsteuer im Rahmen der Rechnungsstellung

Bevor Sie eine Rechnung erstellen, müssen Sie bestimmen, mit welchem Umsatzsteuersatz die jeweiligen Rechnungspositionen versehen werden müssen. Und das kann komplizierter werden, als man denkt. Ich gehe im Folgenden immer davon aus, dass Sie Händler mit Sitz in Deutschland sind. Unterschiedliche Parameter spielen bei der Ermittlung des richtigen Umsatzsteuersatzes eine Rolle, die ich Ihnen näher erläutern werde.

17.1.1   Die Rolle des Lagerlandes

Bei der Ermittlung des Umsatzsteuersatzes hängt es davon ab, aus welchem Land die Ware verschickt wird (das *Lagerland*). Das kann Ihr eigenes Lager in Deutschland sein oder – wenn Sie den Versand durch Amazon nutzen – eines der Distributionszentren von Amazon, die in derzeit sechs unterschiedlichen Ländern betrieben werden:

- Deutschland
- Polen
- Tschechien
- Frankreich
- Spanien
- Italien
- Großbritannien

In Kapitel 9, »Internationales Verkaufen«, haben Sie gesehen, dass Sie in den Einstellungen Ihres Verkäuferkontos einschränken können, wo Ihre Ware gelagert werden darf. Sie haben hier drei Optionen:

1. nur in Deutschland
2. in Deutschland, Polen und Tschechien
3. in allen EU-Lagern

Sobald Sie sich für die Optionen 2 oder 3 entscheiden und Ihre Ware aus einem ausländischen Warenlager verschickt wird, werden Sie in dem Lagerland umsatzsteuerpflichtig und müssen den dort gültigen Umsatzsteuersatz anwenden, sofern Sie keine Lieferschwellen überschritten oder dafür optiert haben. Was es mit Lieferschwellen auf sich hat, erläutere ich Ihnen jetzt.

17.1.2   Überschreitung von Lieferschwellen

Entscheidend bei der Festsetzung der Umsatzsteuer ist zudem, in welches Land die Ware verschickt wird und wie hoch der gesamte Warenwert ist, den Sie bereits (auch außerhalb von Amazon) in das jeweilige Land »exportiert« haben. Übersteigen die grenzüberschreitenden Lieferungen in ein EU-Land in einem laufenden Jahr eine bestimmte Summe (die *Lieferschwelle*), sind Sie verpflichtet, die Umsatzsteuer des Empfängerlandes zu berechnen und dort abzuführen. In diesem Fall müssen Sie sich im betroffenen EU-Land steuerlich registrieren und eine Umsatzsteuer-ID oder eine Steuernummer beantragen. Für die laufende Ermittlung und Prüfung Ihrer Umsätze für Lieferungen in ein EU-Land sind Sie selbst verantwortlich. Sie sollten daher immer einen Überblick haben, in welchem EU-Land Sie aktuell welche Umsätze getätigt haben.

Ermittlung der bisher erzielten Umsätze

Bei der Ermittlung der Umsätze für die Lieferschwelle gelten nur die steuerbaren grenzüberschreitenden Warenlieferungen/Umsätze, also Ihre Verkäufe an Endverbraucher mit Rechnungen, in denen Sie die deutsche Umsatzsteuer ausgewiesen haben. Beachten Sie bitte, dass alle Nebenleistungen, wie z. B. die Versandkosten, bei der Ermittlung der Umsatzsumme eingerechnet werden müssen. Hingegen werden innergemeinschaftliche Verkäufe an Geschäftskunden (B2B) ohne Umsatzsteuer nicht berücksichtigt.

Die Lieferschwellen belaufen sich mit Stand von April 2017 auf die folgenden Werte:

Land	Währung	Lieferschwelle	Normalsatz	Ermäßigter Satz
Belgien	EUR	35.000	21 %	6 %
Bulgarien	BGN	70.000	20 %	9 %
Dänemark	DKK	280.000	25 %	–
Deutschland	EUR	100.000	19 %	7 %
Estland	EUR	35.000	20 %	9 %
Finnland	EUR	35.000	24 %	10 %/14 %
Frankreich	EUR	35.000	20 %	5,5 %/10 %
Griechenland	EUR	35.000	23 %	13 %/6 %
Irland	EUR	35.000	23 %	13,5 %/9 %
Italien	EUR	35.000	22 %	4 %/10 %
Kroatien	HRK	270.000	25 %	5 %
Lettland	EUR	35.000	21 %	12 %

Tabelle 17.1 Lieferschwellen und nationale Umsatzsteuersätze innerhalb der EU

Land	Währung	Lieferschwelle	Normalsatz	Ermäßigter Satz
Litauen	EUR	35.000	21 %	9 %
Luxemburg	EUR	100.000	17 %	8 %
Malta	EUR	35.000	18 %	5 %
Niederlande	EUR	100.000	21 %	6 %
Österreich	EUR	35.000	20 %	10 %
Polen	PLN	160.000	13 %	8 %
Portugal	EUR	35.000	23 %	6 %
Rumänien	RON	118.000	20 %	5 %/9 %
Schweden	SEK	320.000	25 %	6 %/12 %
Slowakei	EUR	35.000	20 %	10 %
Slowenien	EUR	35.000	22 %	9,50 %
Spanien	EUR	35.000	21 %	10 %
Tschechien	CZK	1.140.000	21 %	10 %/15 %
Ungarn	EUR	35.000	27 %	5 %
Vereinigtes Königreich	GBP	70.000	20 %	5 %
Zypern	EUR	35.000	19 %	9 %

Tabelle 17.1 Lieferschwellen und nationale Umsatzsteuersätze innerhalb der EU (Forts.)

Bei deutschen Händlern, die erfolgreich über Amazon verkaufen und dabei die FBA-Lager in Deutschland nutzen, kommt es häufig vor, dass sie die Lieferschwelle von aktuell 35.000 € für das Land Österreich überschreiten, ohne es zu merken.

Es gilt bei der Ermittlung der Lieferschwellen immer die Summe aller grenzüberschreitenden Lieferungen in ein EU-Land, egal, woher in Europa geliefert wird, also unabhängig davon, aus welchem FBA-Lager die Ware verschickt wurde. Sollte Ihnen die Finanzbehörde eines der betroffenen Länder etwas anderes sagen wollen (z. B. Polen), ist zu empfehlen, gegen entsprechende Bescheide Einspruch einzulegen und sich auf die für alle EU-Staaten geltende Mehrwertsteuersystemrichtlinie zu berufen.

Das deutsche Umsatzsteuerrecht lässt Ihnen in § 3c Abs. 4 UStG die Möglichkeit, für jedes beliebige EU-Land auf die Lieferschwelle zu verzichten, ohne dass diese Lieferschwelle (Umsatzgrenze) überschritten werden muss; das nennt man *Optierung*. Diese Optierung ist für mindestens zwei Jahre bindend und kann erst danach wieder zurückgenommen werden.

Wichtig wird diese Möglichkeit, wenn Sie im Rahmen des Programms *Versand durch Amazon* die Amazon-Lager in Polen und Tschechien nutzen wollen. Hier können Sie auf Antrag für das Land Deutschland und gegebenenfalls für Österreich auf die Lieferschwelle verzichten (optieren), also von Beginn an bei Lieferungen aus Polen oder Tschechien nach Deutschland deutsche Umsatzsteuer berechnen. Täten Sie dies nicht, würde der Grundsatz des Lagerlandes zuschlagen (dazu gleich mehr) und Sie müssten bei der Berechnung der Umsatzsteuer den Normal-Steuersatz von 23 % (Polen) bzw. 21% (Tschechien) anwenden. Da Amazon die Bruttopreise unabhängig von Lagerland, Lieferschwelle etc. ausweist, ginge das zulasten Ihrer Marge.

In Tschechien ist diese Optierung unkompliziert, in Polen schwieriger. Sie müssen einen formellen Antrag stellen und unterliegen nach Antragstellung auf Verzicht der Lieferschwelle für Deutschland einer Sperrfrist von 30 Tagen. Erst nach Ablauf dieser Frist dürfen Rechnungen für Lieferungen aus Polen nach Deutschland mit deutscher Umsatzsteuer erstellt werden. Fragen Sie unbedingt Ihren (idealerweise polnischen) Steuerberater, der für Sie die Registrierung und die laufenden Meldungen in Polen durchführt.

Der Weg der Optierung und der Sperrfrist in Polen ist hinfällig, wenn Sie vor oder während der Sperrfrist mit grenzüberschreitenden Lieferungen aus dem EU-Ausland nach Deutschland die Schwelle von 100.000 € Nettoumsatz erreichen. Hierzu zählen *alle* steuerbaren Lieferungen nach Deutschland (z. B. aus Polen und Tschechien in der Summe). Direkt nach Überschreiten der Schwelle für Lieferungen nach Deutschland (100.000 €) können Rechnungen für Lieferungen aus Polen nach Deutschland mit deutscher Umsatzsteuer erstellt werden.

Ein weiterer Punkt ist bei der Optierung eines EU-Landes zu beachten: Der Verzicht auf die Lieferschwelle in Polen für Deutschland wird nicht automatisch auf andere Lagerländer übertragen. Das bedeutet, dass Sie in jedem Lagerland separat beantragen müssen, ob Sie auf die Lieferschwelle verzichten (optieren) wollen.

Sobald Sie die Lieferschwelle überschritten oder entsprechend optiert haben, gelten die Umsatzsteuersätze des jeweiligen Landes (siehe Tabelle 17.1).

Unterschiedliche Anwendung des ermäßigten Umsatzsteuersatzes

In den meisten Fällen kann der normale Umsatzsteuersatz von 19 % angewendet werden. Bei Büchern, einigen Nahrungsergänzungsmitteln, einigen Medikamenten und Lebensmitteln findet der ermäßigte Umsatzsteuersatz von 7 % Anwendung. Es gibt aber auch Produktarten, die in verschiedenen EU-Ländern unterschiedlich betrachtet werden. Dazu zählen z. B. Nahrungsergänzungsprodukte, für die in Deutschland der normale Umsatzsteuersatz von 19 % erhoben werden muss und in Österreich der verminderte Umsatzsteuersatz von 10 %. Sie als Händler sind dafür verantwortlich, dass Sie wissen, welche Ihrer Artikel in einem EU-Land einen anderen Umsatzsteuersatz haben.

Haben Sie in Deutschland nur Artikel mit dem normalen Umsatzsteuersatz von 19 % im Angebot, können Sie davon ausgehen, dass dies auch für alle anderen EU-Länder gilt. Bieten Sie hingegen Artikel mit unterschiedlichen Umsatzsteuersätzen an, fragen Sie unbedingt den Steuerberater Ihres Lieferschwellenlandes nach dem Umsatzsteuersatz Ihrer Artikel.

17.1.3   Zusammenfassung

Das war jetzt sicher nicht so leicht zu verdauen, daher fasse ich das bisher Geschriebene kurz zusammen.

Sobald Sie in ein Land liefern, bei dem Sie die Lieferschwelle überschritten oder hierfür optiert haben, gilt der nationale Umsatzsteuersatz des Empfängerlandes.

Haben Sie die Lieferschwelle nicht überschritten und nicht optiert und ...

▶ ... versenden aus Deutschland, können Sie immer den deutschen Umsatzsteuersatz anwenden.

▶ ... versenden aus einem EU-Land (inklusive Polen, Tschechien), müssen Sie den Umsatzsteuersatz des Lagerlandes anwenden.

Hier sehen Sie das Gleiche noch mal als Tabelle:

	Empfängerland DE, LS nicht überschritten	Empfängerland DE, LS überschritten oder optiert	Empfängerland EU, LS nicht überschritten	Empfängerland EU, LS überschritten oder optiert
Versand aus DE	DE 19 %	DE 19 %	DE 19 %	Umsatzsteuersatz des Empfängerlandes
Versand aus EU (inklusive PL/CZ)	Umsatzsteuersatz des Lagerlandes	DE 19 %	Umsatzsteuersatz des Lagerlandes	Umsatzsteuersatz des Empfängerlandes

Tabelle 17.2 Entscheidungsmatrix für die Ermittlung des jeweiligen Umsatzsteuersatzes

17.2   Erstellung der korrekten Rechnung

Nachdem Sie den richtigen Umsatzsteuersatz ermittelt haben, können Sie sich an das Erstellen der eigentlichen Rechnung machen. Als ordentlicher Kaufmann müssen Sie das sogar. Der Grund dafür liegt in Ihrer Buchführungspflicht, die in § 238 HGB geregelt ist. Und die Rechnung muss den Vorschriften des § 14 UStG entsprechen. Diese Regeln gelten immer dann, wenn Sie gewerblich tätig sind, also als Händler bei Ihrem zuständigen Gewerbeamt ein Gewerbe angemeldet haben. Es ist dabei unerheblich, ob Sie dieses Gewerbe haupt- oder nebenberuflich betreiben oder ob Sie zu Beginn erst als Kleinunternehmer ohne Umsatzsteuer-Ausweis gem. § 19 Abs. 1 UStG anfangen. Das Gesetz macht in dieser grundsätzlichen Anforderung keinen Unterschied.

Es gibt diverse Pflichtangaben, die jede Rechnung enthalten muss. Auf diese werde ich hier nicht näher eingehen, da ich davon ausgehe, dass Sie als Händler mit den Grundsätzen ordnungsgemäßer Buchführung vertraut sind. Mir geht es um die besonderen Anforderungen an die korrekte Rechnung, die sich aufgrund der Lieferung aus verschiedenen Lagerländern und des Verkaufs über alle Amazon-Plattformen in der EU (z. B. Amazon.co.uk) ergeben. Dabei spielt nicht nur der richtige Umsatzsteuersatz eine Rolle, sondern gegebenenfalls auch der korrekte Ausweis der Beträge in unterschiedlichen Währungen.

Als Händler, der in ganz Europa handelt, werden Sie mit den folgenden Währungen konfrontiert:

▶ Euro (EUR)

▶ britisches Pfund (GBP)

▶ polnischer Zloty (PLN)

▶ tschechische Krone (CZK)

Hier ein nicht ganz unrealistisches Beispiel, welches die Komplexität im Rahmen der Rechnungsstellung aufzeigt:

▶ Ein deutscher Händler nutzt den paneuropäischen Versand und Verkauf u. a. über Amazon.co.uk in Pfund (GBP). Die Rechnung wird demnach in GBP erstellt.

▶ Die Lieferung soll gemäß Kundenwunsch in die Niederlande erfolgen. Die Lieferschwelle für die Niederlande wurde nicht überschritten, und für die Niederlande wurde nicht auf die Lieferschwelle verzichtet.

▶ Die Lieferung erfolgt aus dem Lagerland Polen, also gilt der polnische Umsatzsteuersatz. Da dieser Umsatz und die Umsatzsteuer in Polen zu melden sind, muss die Rechnung auch in polnischen Zloty (PLN) erstellt werden.

▶ Der deutsche Händler muss den Rechnungsbetrag in Deutschland als Erlös erfassen. Dies ist nur in Euro möglich, daher muss auf der Rechnung auch der Gegenwert in EUR ausgewiesen werden.

▶ Aufgrund gesetzlicher Vorgaben muss bei der Währungsumrechnung der Wechselkurs der EZB (Europäische Zentralbank) des Vortages oder des gleichen Tages genutzt werden.

Prüfen Sie also, bevor Sie sich voller Hoffnung für das Pan-EU-Programm anmelden, ob Sie diese Anforderung erfüllen können. Es gibt Rechnungs- und Abrechnungsprogramme, die auf Verkäufe auf Amazon spezialisiert sind – z. B. *Amainvoice*. Hier werden die Rechnungen korrekt erstellt und per E-Mail mit einem beliebigen Anschreiben an Ihre Kunden versendet.

Und auf eine weitere Besonderheit weise ich Sie hin: Es wird früher oder später vorkommen, dass Ihre Lieferung an ein gewerblich tätiges Unternehmen im europäischen Ausland erfolgt, z. B. nach Österreich. Wenn nun dieser Gewerbekunde aus dem europäischen Ausland eine innergemeinschaftliche Rechnung ohne Umsatzsteuer wünscht und Ihnen seine Umsatzsteuer-ID übergibt, müssen Sie für die bestehende Rechnung eine komplette Stornorechnung erstellen und eine neue Rechnung ohne Umsatzsteuer erzeugen. Diese übergeben Sie dann dem Käufer. Den Umsatzsteuerbetrag müssen Sie ihm über Amazon erstatten. Ein finanzieller Nachteil ergibt sich daraus nicht, nur zusätzlicher Aufwand.

17.3   Unterlagen für den Steuerberater aufbereiten

Das Erstellen der Rechnungen bereitet Ihnen keine Probleme mehr, und Sie verkaufen Ihre Waren auf den verschiedenen Marktplätzen. Amazon übernimmt die Zahlungsabwicklung für Sie, und es fallen zeitgleich unterschiedliche Gebühren an, z. B. Ihre monatlichen Gebühren für das Verkäuferkonto, die Verkaufsprovisionen und – sofern Sie den Versand durch Amazon nutzen – auch die Gebühren für Lagerung und Versand.

Sofern Sie als Händler mit Sitz in Deutschland oder Österreich Ihre Umsatzsteuer-Identifikationsnummer in Ihrem Amazon-Konto hinterlegt haben, werden Ihnen die monatlichen Grundgebühren, die Verkaufsgebühren und die Gebühren für *Versand durch Amazon*, der aus den *deutschen* Amazon-Lagern erfolgt, ohne Umsatzsteuer berechnet.

Dieser Vorgang ist im Umsatzsteuergesetz geregelt: Hier wird der Leistungsempfänger als Steuerschuldner festgelegt. Das bedeutet, Sie schulden dem deutschen Finanzamt für die Gebühren die Umsatzsteuer, müssten diese also eigentlich bezahlen. Gleichzeitig können Sie diese Umsatzsteuer als Vorsteuer wieder geltend machen, also abziehen. Unterm Strich zahlen Sie daher nichts.

Bei FBA-Lieferungen aus einem Amazon-Lager im EU-Ausland (z. B. Polen, Tschechien oder Frankreich) besteht die Möglichkeit, dass Ihnen die Lager- und Versandgebühren mit der Umsatzsteuer des jeweiligen Landes berechnet werden. Hier muss dann mit Amazon geklärt werden, welche Umsatzsteuer-IDs wo hinterlegt werden müssen, damit auch diese Gebührenrechnungen ohne Umsatzsteuer ausgestellt werden können.

Die Herausforderung im Rahmen der Buchhaltung besteht für Sie und vor allem Ihren Steuerberater darin, dass sämtliche Gebühren Amazons mit den Erlösen, die Amazon für Sie eingenommen hat, verrechnet werden und Ihnen nur die Differenz überwiesen wird. Diese Verrechnung erfolgt immer für einen Abrechnungszeitraum von maximal zwei Wochen. Sie können die Abrechnung aber auch manuell früher veranlassen. Um einen laufenden Monat annähernd abgrenzen zu können, sollten Sie die Abrechnung grundsätzlich am 1. eines Monats und besonders am 1. Januar auslösen.

Jetzt besteht die Herausforderung einerseits darin, alle Geschäftsvorfälle dieser Abrechnung vollständig und nachvollziehbar zu ermitteln. Nur so ist eine sichere Buchführung möglich. Andererseits müssen Sie für die erzielten Umsatzerlöse die richtigen Umsatzsteuerbeträge im Einzelnen und als Summe ermitteln.

Eine entsprechende Aufstellung von Hand durchzuführen ist mit hohem Aufwand verbunden. Sie sollten daher unbedingt auf entsprechende Tools zurückgreifen, die den Prozess automatisieren. Das Beispiel in Abbildung 17.1 zeigt eine buchhaltungstaugliche Aufbereitung einer Amazon-Auszahlung, die durch das Tool Amainvoice erstellt wurde. Diese gliedert sich in drei Teile. Aufgelistet werden alle Rechnungen und Stornorechnungen inklusive Rechnungsnummer, Amazon-Ordernummer, Bruttobetrag, Umsatzsteuersatz und allen zuzurechnenden Kosten seitens Amazon. Die Vollständigkeit der Belege ist von entscheidender Wichtigkeit; nur so kann das Dokument als Nebenbuchhaltung im Sinne der Grundsätze ordnungsgemäßer Buchführung (GoB) angesehen werden.

| Auszahlungs-Abrechnung Amazon | | Zeitraum vom 24.09.2016 bis 08.10.2016 | | | | | | | | | | | | |
| Amazon Abrechnungs-Nr.: | | Von Rg.-Nr. 1014085 bis Rg.-Nr. 1014506 | | | | | | | | | | | | |

RG-/Storno-RG Datum	RG-/Storno-RG Nummer	Versand-Datum	Amazon Order-Id	RG-/Storno-RG Betrag brutto	RG-/Storno-RG Betrag netto	7% MwSt. (0) stark erm.	19% MwSt. (1) normal	7% MwSt. (2) ermäßigt	Differenzbest. nach UStG (3)	Verkaufsgebühr	Versandgebühr	Variable Abschlussgebühr	Ausgleich für Versand	Ff-Gebühr pro Stück
25.09.2016	1014100	25.09.2016	028-7197749-4549921	7,99€	6,71€	0,00€	1,28€	0,00€	0,00€	-1,20€	0,00€	0,00€	0,00€	-1,77€
25.09.2016	1014101	25.09.2016	305-2926062-4382720	7,99€	6,71€	0,00€	1,28€	0,00€	0,00€	-1,20€	0,00€	0,00€	0,00€	-2,41€
26.09.2016	1014119	26.09.2016	028-0063929-1113918	8,99€	7,55€	0,00€	1,44€	0,00€	0,00€	-1,35€	0,00€	0,00€	0,00€	-2,14€
26.09.2016	1014148	26.09.2016	028-1566011-4160330	7,99€	6,71€	0,00€	1,28€	0,00€	0,00€	-1,20€	0,00€	0,00€	0,00€	-1,77€
26.09.2016	1014134	26.09.2016	028-1987083-5845935	14,52€	12,20€	0,00€	2,32€	0,00€	0,00€	-2,10€	0,00€	0,00€	-0,44€	-3,46€
26.09.2016	1014142	26.09.2016	028-2533857-8637938	11,99€	10,08€	0,00€	1,91€	0,00€	0,00€	-1,80€	0,00€	0,00€	0,00€	-1,77€
26.09.2016	1014122	26.09.2016	028-4640245-6149941	17,82€	14,97€	0,00€	2,85€	0,00€	0,00€	-2,39€	-0,29€	0,00€	0,00€	0,00€
26.09.2016	1014121	26.09.2016	028-7265948-3313104	5,88€	4,94€	0,00€	0,94€	0,00€	0,00€	-0,60€	-0,29€	0,00€	0,00€	0,00€
25.09.2016	1014098	26.09.2016	028-7906689-3113926	5,85€	4,92€	0,00€	0,93€	0,00€	0,00€	-0,59€	-0,29€	0,00€	0,00€	0,00€
26.09.2016	1014118	26.09.2016	302-0110081-6061902	7,99€	6,71€	0,00€	1,28€	0,00€	0,00€	-1,20€	0,00€	0,00€	0,00€	-1,77€
28.09.2016	1014114	26.09.2016	302-0503009-8392351	5,99€	5,03€	0,00€	0,96€	0,00€	0,00€	-0,90€	0,00€	0,00€	0,00€	-2,14€
28.09.2016	2000127		302-0503009-8392351	-5,99€	-5,03€	0,00€	-0,96€	0,00€	0,00€	0,72€	0,00€	0,00€	0,00€	0,00€

Abbildung 17.1 Auszug aus der Auflistung aller Geschäftsvorfälle (Quelle: Amainvoice)

Im Anschluss werden der gesamte Nettoerlös im jeweiligen Zeitraum und der sich daraus ergebende Umsatzsteuerbetrag ausgegeben. Der Nettoerlös (im Beispiel 4.022,51 €) ist der tatsächliche Erlös aus Verkäufen auf Amazon, der im Abrechnungszeitraum erzielt wurde. Er muss als Umsatzerlös auf ein Erlöskonto gebucht werden.

Die ermittelte Umsatzsteuer (im Beispiel 764,28 €) ist der sich aus dem Umsatz ergebende Umsatzsteuerbetrag. Er muss als Verbindlichkeit gebucht und an das Finanzamt abgeführt werden.

Die Summe beider Beträge ergibt den Bruttoerlös (im Beispiel 4.786,79 €). Dies ist der Betrag, den Amazon im Abrechnungszeitraum für Sie einkassiert hat.

```
Lieferungen aus dem Händlerland: Deutschland
RG-Betrag netto (0)           mit 7% MwSt.        0,00 € MwSt.:        0,00 €
RG-Betrag netto (1)           mit 19% MwSt.   4.022,51 € MwSt.:     764,28 €
RG-Betrag netto (2)           mit 7% MwSt.        0,00 € MwSt.:        0,00 €
RG-Betrag brutto (3)       Diff.-Best. nach UStG    0,00 €
RG-Betrag brutto (4)   Kleinunternehmer-Reg. § 19.1 UStG   0,00 €
Land: Deutschland

Wegen Wandlung einer RG in eine innergemeinschaftliche Lieferung
ergibt sich folgende MwSt.-Erstattung:

RG-Nr.alt   GS-Nr.    RG-Nr.neu   RG-Dt.neu  RG-Betr. MwSt.-Erstatt.  USt.-Id.
AM1014225  2000125  AM1014342  04.10.2016   8,39 €      1,60 € ATU69555769
AM1014364  2000126  AM1014469  07.10.2016  14,69 €      2,79 € ATU69555769
                               Summe:      23,08 €      4,39 €
```

Abbildung 17.2 Zusammenfassung der Umsätze und Umsatzsteuersatz (Quelle: Amainvoice)

Zuletzt sollten Sie noch den Auszahlungsbetrag nach Umsatz- bzw. Kostenart aufschlüsseln.

```
Ermittlung des Auszahlungsbetrages
01 RG-/Storno-RG-Beträge brutto        4.786,79 €
02 Verkaufsgebühren                     -665,77 €  Gebühren enthalten keine USt.
03 Versandgebühren                       -42,02 €  Gebühren enthalten keine USt.
04 Variable Abschlussgebühren             -1,01 €  Gebühren enthalten keine USt.
05 Ausgleich für Versand                 -61,13 €  Gebühren enthalten keine USt.
06 Fulfillment-Gebühr pro Stück         -724,19 €  Gebühren enthalten keine USt.
07 Fulfillment-Gebühr pro Bestellung       0,00 €  Gebühren enthalten keine USt.
08 Fulfillment-Gewichtsgebühr              0,00 €  Gebühren enthalten keine USt.
09 Gebühr für Geschenkverpackung           0,00 €  Gebühren enthalten keine USt.
10 Gebühr Entsorg./Rücksend. von Lagerware 0,00 €  Gebühren enthalten keine USt.
11 Multi Channel-Gebühren pro Stück        0,00 €  Gebühren enthalten keine USt.
12 Multi-Channel-Gebühr pro Bestellung     0,00 €  Gebühren enthalten keine USt.
13 Multi-Channel-Transportgebühren         0,00 €  Gebühren enthalten keine USt.
Andere Gebühren:
14 Amazon Service-Gebühr                 -39,00 €  Gebühren enthalten keine USt.
15 Amazon Versandservice-Gebühr            0,00 €  Gebühren enthalten keine USt.
16 Amazon Transaktionsgebühr               0,00 €  Gebühren enthalten keine USt.
17 Amazon FBA Lager-Gebühr               -41,74 €  Gebühren enthalten keine USt.
18 Amazon FBA Langzeit-Lagergebühr         0,00 €  Gebühren enthalten keine USt.
19 Amazon FBA Rücksende-Gebühr             0,00 €  Gebühren enthalten keine USt.
20 Amazon FBA UPS/DHL Einsendegebühr       0,00 €  Gebühren enthalten keine USt.
21 Sonstige Gebühren                       0,00 €  Gebühren enthalten keine USt.
22 Sonstige Erstattungen/Erlöse/Bonus      0,00 €  Erlöse enthalten keine USt.
23 Eingefrorenes Guthaben                  0,00 €
24 Auszahlung von
   eingefrorenem Guthaben                  0,00 €
25 MwSt.-Erstattung wg. innergem. Lieferung -4,39 €
26 Verbindlichkeit gegenüber Amazon        0,00 €
27 Zahlung an Amazon                       0,00 €
28 Auszahlungsbetrag von Amazon        3.207,54 €
29 Fehlbetrag                              0,00 €
Promoaktion-Summe:0,00 €
Von Amazon ausbezahlt: 3207.54 €
```

Abbildung 17.3 Aufschlüsselung des Auszahlungsbetrages (Quelle: Amainvoice)

Der Händler, für den diese Abrechnung erstellt wurde, hat seine Umsatzsteuer-ID bei Amazon hinterlegt. Aus diesem Grund enthalten die Gebühren keine Umsatzsteuer.

Auch diese Auszahlungs-Abrechnung kann als Nebenbuchhaltung im Sinne der Grundsätze ordnungsgemäßer Buchführung (GoB) verwendet werden. Es können die Summen gebucht werden, ohne die Einzelbelege erfassen zu müssen.

Falls Sie noch in einem anderen EU-Land umsatzsteuerpflichtig geworden sind, z. B. weil Sie die Lieferschwelle überschritten haben, die Umsatzsteuer dieses Landes auf den Rechnungen ausgeben und die Umsatzsteuerlast ermitteln wollen, benötigen Sie noch folgende Buchungsdaten:

▶ Übersicht über alle Rechnungen und Stornorechnungen für Lieferungen in das Lieferschwellenland mit dessen Umsatzsteuer

▶ Ausweis von Nettoerlös und Umsatzsteuerbetrag je Lieferschwellenland

Diese Daten können Sie nun an den Steuerberater geben, damit er die entsprechenden Buchungen und Erklärungen für Sie erledigen kann.

17.4   Umsatzsteuer-Registrierung im Ausland

Sobald Sie in einem Land umsatzsteuerpflichtig werden, müssen Sie sich dort auch registrieren. Hier gibt es wie beschrieben zwei Gründe:

▶ Sie haben in einem EU-Land die Lieferschwelle erreicht oder überschritten oder für ein EU-Land den Verzicht auf die Lieferschwelle beantragt.

▶ Sie lagern Ihre Waren in einem Amazon-Lager im EU-Ausland.

In beiden Fällen ist die Umsatzsteuer-Registrierung und die spätere Umsatzsteuer-Erklärung und Umsatzsteuerzahlung in den jeweiligen Ländern unumgänglich. Das Registrierungsverfahren ist für alle EU-Länder ähnlich: Ihr Steuerberater übergibt Ihnen eine Liste aller Unterlagen, die Sie, teilweise im Original, teilweise als beglaubigte Kopie oder nur als Kopie, übergeben müssen. Nach Vorlage aller Unterlagen vergehen bis zur Vergabe der Umsatzsteuer-ID bzw. Steuernummer je nach Land zwischen einem und vier Monaten; in Einzelfällen sind auch schon bis zu sechs Monate vorgekommen.

Bevor der Antrag von Ihrem Berater gestellt werden kann, müssen alle Unterlagen pro Land von Ihnen komplett beigebracht und übergeben werden. Basis für alle späteren Umsatzsteuer-Meldungen in jedem betroffenen EU-Land können nur die ordentliche Rechnung und Stornorechnung sein, die in monatlichen Meldelisten zusammengefasst werden. Es gibt keinen anderen Weg, um für eine spätere Umsatzsteuer-Prüfung sicher vorbereitet zu sein. Klären Sie dies vorab mit Ihrem Berater.

Für Österreich gilt eine Besonderheit: Als Händler, der seinen Sitz nicht in Österreich hat, erhalten Sie dort üblicherweise eine Steuernummer und keine Umsatzsteuer-ID, da Sie dort weder eine Niederlassung haben noch Ihre Waren dort lagern. Die Registrierung erfolgt beim Finanzamt in Graz; häufig kann Ihr deutscher Steuerberater dies übernehmen. Falls nicht, empfiehlt sich ein Steuerberater in Österreich.

17.5 Abgabe der Umsatzsteuer-Meldungen und Umsatzsteuerzahlung

Wenn Sie Ihre Unterlagen zur Ermittlung der Umsatzsteuerschuld in einem EU-Land zusammenstellen, sollte Ihr Paket folgende Daten enthalten:

1. Zusammenstellung aller Rechnungen und Stornorechnungen. Diese sind die Basis für alles Weitere.

2. monatliche Zusammenfassung der Rechnungen und Stornorechnungen (Rechnungsausgangsbuch) differenziert nach
   – betroffenem EU-Land
   – Umsatzsteuerlast pro Land
   – Landeswährung

3. eine monatliche Meldeliste der betroffenen Rechnungen und Stornorechnungen pro EU-Land mit ausgewiesener Umsatzsteuer in Landeshöhe und dies in allen relevanten Landeswährungen

Die Umsatzsteuer-Zahllast in den EU-Ländern muss in den folgenden Währungen erfüllt werden:

▶ Euro: Deutschland, Frankreich, Spanien und Italien

▶ britisches Pfund: Großbritannien

▶ polnischer Zloty: Polen

▶ tschechische Krone: Tschechien

Es gibt Zahlungsanbieter, die auf seriöse und zuverlässige Weise für Sie die Zahlungen in den Fremdwährungen vornehmen – und dies zu einem Bruchteil der üblichen Bankgebühren.

Jedes Land hat unterschiedliche Meldetermine für die Umsatzsteuer-Meldungen und die Zusammenfassende Meldung (siehe Abschnitt 17.6.1) und konkrete Termine für die Zahlung der Umsatzsteuer-Zahllast. Klären Sie diesen wichtigen Punkt mit Ihrem Steuerberater im jeweiligen Land/für das jeweilige Land.

17.6   Sonstige Nachweise und Meldungen

Neben der Umsatzsteuermeldung müssen Sie noch weiteren Pflichten nachkommen. Dazu gehören bestimmte Meldepflichten, aber auch die Archivierung von Nachweisen, dass Ihre Sendungen auch an die angegebenen Stellen verbracht wurden.

17.6.1   Grenzüberschreitender Warenverkehr/Zusammenfassende Meldung (ZM)

Bei Nutzung der Lager außerhalb Deutschlands werden Ihre Waren innerhalb der EU verbracht. Auch Sie verbringen Ware, wenn Sie Ware an ein ausländisches Lager schicken. Beides stellt eine grenzüberschreitende innergemeinschaftliche Verbringung dar. Jedes Land, in das Ihre Waren hinein- oder aus dem Ihre Waren herausgegangen sind, fordert eine *Zusammenfassende Meldung* (ZM) über diese Bewegungen. Sie benötigen also die Information, wann genau welche Waren in welcher Menge von einem Land in ein anderes Land verbracht wurden und welchen Wert diese Waren hatten. Amazon erstellt monatliche Berichte, in denen alle Warenbewegungen zwischen den Lagern und alle Ihre Einsendungen für den betroffenen Monat enthalten sind. Diese sind jedoch auf manuellem Wege kaum auswertbar. Auch hier benötigen Sie Unterstützung durch entsprechende Tools.

Der Wert von jedem Artikel ermittelt sich aus seinen Einkaufskosten zuzüglich anteiligen Neben-, Lager- und Frachtkosten. Dieser Wert wird dem Artikel zugewiesen und zusammen mit den Warenbewegungen zu einer Verbringungsliste verarbeitet. Diese Verbringungsliste ist die Basis für die Zusammenfassende Meldung.

Ihr Steuerberater nimmt diese Liste und meldet im jeweiligen Ausgangsland die innergemeinschaftliche Verbringung und im jeweiligen Empfängerland den innergemeinschaftlichen Erwerb. Hierfür ist Voraussetzung, dass Sie in allen betroffenen Ländern eine Umsatzsteuer-ID haben. Bei korrekter Meldung ergeben sich für Sie daraus auch keine Umsatzsteuerschulden. Sollten Sie jedoch im betroffenen Land nicht oder noch nicht über eine Umsatzsteuer-ID verfügen, können sich jedoch aus den Verbringungen in dieses Land für Sie Umsatzsteuerschulden ergeben.

17.6.2   Qualifizierte Zustellnachweise für Lieferungen in ein Lieferschwellenland

Wenn eine Lieferung aus einem beliebigen Amazon-Lager innerhalb der EU in ein anderes EU-Land erfolgt, für das die Lieferschwelle überschritten oder auf die Lieferschwelle verzichtet wurde, wird, wie beschrieben, die Umsatzsteuer des Empfängerlandes berechnet und dort abgeführt.

Im Umkehrschluss erhält das Lagerland natürlich keine Umsatzsteuer, da die Umsatzsteuer im Empfängerland bezahlt wird. Es gibt Lagerländer, die für solche Sendungen einen *qualifizierten Zustellnachweis* verlangen. Die Finanzämter dieser

Länder wollen also einen konkreten Nachweis, dass die Waren auch wirklich im Empfängerland beim Verbraucher zugestellt wurden.

Da alle betroffenen Sendungen von Amazon versandt werden, stehen nur die Sendungsnummer und der Name des Transportdienstleisters (*Carrier*) zur Verfügung. Es ist nun Ihre Aufgabe, anhand dieser Daten den Zustellnachweis zu erstellen, zu archivieren und mit der betroffenen Rechnung zu verknüpfen. Es können jedoch nur für die Sendungen qualifizierte Zustellnachweise erfasst und archiviert werden, für die Amazon trackbare Sendungsnummern mit Carrier übergibt. Das ist leider nicht immer der Fall. Diese Dokumentation muss auch noch in drei Jahren bei einer Umsatzsteuerprüfung auf Verlangen des Prüfers vorgelegt werden können.

17.6.3 Intrastat-Meldungen

Wenn im laufenden Jahr das Volumen der verbrachten Waren und die Warenlieferungen aus Verkäufen (nur ausgehende Verkäufe) in ein EU-Land hinein oder aus einem EU-Land heraus bestimmte Grenzen überschreitet, fordert Sie das Statistische Bundesamt auf, monatlich eine Intrastat-Meldung abzugeben. Diese Aufforderung kann von jedem EU-Land kommen, in das oder aus dem Sie Waren verbringen oder verkaufen.

Die Schwellenwerte für Intrastat-Meldungen (Waren- und Verkaufswert pro Jahr) belaufen sich mit Stand von April 2017 wie folgt:

	Versendungen	Eingänge
Deutschland	500.000 €	800.000 €
Polen	358.406 €	716.812 €
Tschechien	320.000 €	320.000 €
Frankreich	460.000 €	460.000 €
Großbritannien	310.128 €	1.860.765 €
Italien	200.000 €	200.000 €
Spanien	400.000 €	400.000 €

Tabelle 17.3 Schwellenwerte für Intrastat-Meldungen
(Quelle: IHK Stuttgart, Stand: April 2017)

Um zur Intrastat-Meldung verpflichtet zu sein, sind erhebliche Warenverbringungen und Verkäufe zwischen den Ländern erforderlich. Da die Anforderungen an die Intrastat-Meldung erheblich sind, sollte dieses Thema im Einzelfall von Ihren Beratern oder guten Systemanbietern behandelt werden.

Index

- Rechtssichere Gestaltung Ihrer Webseiten bis zum Check-out

- Fallstricke und Stolpersteine im E-Commerce-Recht

- Mustertexte, Checklisten und Expertentipps aus der Praxis

Michael Rohrlich

Recht für Webshop-Betreiber
Das umfassende Handbuch

Das Verkaufen im Internet ist ein wahres Minenfeld geworden. Bei jeder Handlung lauert die Abmahnung eines Mitbewerbers, und Risiken sind nur schwer überschaubar. An dieser Stelle bietet unser Handbuch kompetente Hilfestellung bei allen juristischen Fragen, die beim Betreiben Ihres Webshops auftreten. AGB, Marken- und Urheberrecht, Datenschutz, Impressumspflicht, Mahnverfahren: Hier finden Sie kompetente Hilfe.

560 Seiten, gebunden, 49,90 Euro
ISBN 978-3-8362-4264-6
www.rheinwerk-verlag.de/4199

Alexander Steireif, Rouven Alexander Rieker, Markus Bückle

Handbuch Online-Shop
Strategien, Erfolgsrezepte, Lösungen

Starten Sie erfolgreich in den Online-Handel! Mit diesem umfassenden
Handbuch erhalten Sie alles, was Sie für den Betrieb eines Online-Shops
benötigen. Es hilft Ihnen bei den grundlegenden Entscheidungen zu Beginn
Ihres Engagements, wie z. B. der Auswahl der geeigneten Software-Lösung,
vermittelt wichtiges Usability- und Marketing-Wissen und zeigt Ihnen, was
Sie bei rechtlichen und buchhalterischen Aspekten zu beachten haben. So
stellen Sie sich den Herausforderungen und Trends im E-Commerce.

690 Seiten, gebunden, 39,90 Euro
ISBN 978-3-8362-2910-4
www.rheinwerk-verlag.de/3626

»Detaillierter Einblick in die rechtlichen Aspekte des Online-Marketings.«

Online Marketing Experts

Christian Solmecke, Sibel Kocatepe

Recht im Online-Marketing

So schützen Sie sich vor Fallstricken und Abmahnungen

Sind Sie bei Ihrer geplanten Online-Marketing-Aktion auch rechtlich auf der sicheren Seite? Wie können Sie sich dabei absichern? Online-Marketing ist der wichtigste Kommunikationskanal der PR- und Marketingarbeit. Schnell haben Sie sich dabei aber auch in juristische Schwierigkeiten gebracht. Die beiden erfahrenen Juristen begleiten Sie von Anfang an bei der Planung Ihres Marketings aus rechtlicher Sicht und der Lösung der wichtigsten Rechtsfragen.

749 Seiten, gebunden, 44,90 Euro
ISBN 978-3-8362-3476-4
www.rheinwerk-verlag.de/3757